Art. 102 AEUV im Lichte eines ökonomisch geprägten Prüfungsansatzes

Beiträge zum nationalen und internationalen öffentlichen Recht

Herausgegeben von Prof. Dr. Burkhard Schöbener

Band 23

Zu Qualitätssicherung und Peer Review der vorliegenden Publikation

Die Qualität der in dieser Reihe erscheinenden Arbeiten wird vor der Publikation durch den Herausgeber der Reihe geprüft.

Notes on the quality assurance and peer review of this publication

Prior to publication, the quality of the work published in this series is reviewed by the editor of the series.

Niklas Haberkamm

Art. 102 AEUV im Lichte eines ökonomisch geprägten Prüfungsansatzes

PL ACADEMIC RESEARCH

Bibliografische Information der Deutschen Nationalbibliothek
Die Deutsche Nationalbibliothek verzeichnet diese Publikation in der DeutschenNationalbibliografie; detaillierte bibliografische Daten sind im Internet über http://dnb.d-nb.de abrufbar.

Zugl.: Köln, Univ., Diss., 2014

D 38
ISSN 1613-8406
ISBN 978-3-631-65951-9 (Print)
E-ISBN 978-3-653-05374-6 (E-Book)
DOI 10.3726/978-3-653-05374-6

PL Academic Research ist ein Imprint der Peter Lang GmbH.

Peter Lang – Frankfurt am Main · Bern · Bruxelles · New York · Oxford · Warszawa · Wien

Diese Publikation wurde begutachtet.

www.peterlang.com

Meinen Eltern

Vorwort

Diese Arbeit lag der Rechtswissenschaftlichen Fakultät der Universität zu Köln als Dissertation vor. Die Arbeit wurde im Frühjahr 2014 abgeschlossen. Bis zu diesem Zeitpunkt ergangene Rechtsprechung und erschienene Literatur fanden noch Eingang in das Manuskript.

Ich danke an dieser Stelle ausdrücklich meinem Doktorvater Herrn Prof. Dr. Burkhard Schöbener für die hervorragende und ausdauernde Betreuung während der Anfertigung dieser Arbeit und die Aufnahme in diese Schriftenreihe. Danken möchte ich auch Prof. Dr. Ulrich Ehricke für die Erstellung des Zweitgutachtens.

Besonderer Dank gilt zudem meinen lieben Eltern, Wilma und Dr. Klaus Haberkamm, die mir den Weg zur Promotion erst ermöglicht und mich während der gesamten Erstellung immer liebevoll und ebenfalls ausdauernd unterstützt haben. Dabei ist der intensive Austausch mit meinem Vater gesondert zu erwähnen, der meine Arbeit immer wieder Korrektur gelesen hat, und mir auf diese Weise vom Anfang bis zum Abschluss in bemerkenswerter Weise geholfen und mich bestärkt hat.

Zuletzt möchte ich Elena für ihre Liebe und Unterstützung danken.

Köln, April 2015 Niklas Haberkamm

Inhaltsverzeichnis

Literaturverzeichnis

Aberle, Gerd: Wettbewerbstheorie und Wettbewerbspolitik, 2. Auflage, Stuttgart u. a. 1992, (zitiert: Aberle, Wettbewerbstheorie und Wettbewerbspolitik, S.).

Adam, Michael/ *Maier-Rigaud*,Frank: The Law and Economics of Article 82 EC and the Commission Guidance Paper on Exclusionary Conduct (Rezensionsabhandlung), in: Zeitschrift für Wettbewerbsrecht 2009, S. 131–146 (zitiert: Adam/Maier-Rigaud, ZWeR 2009, S.).

Ahrens, Börries: Belieferungsverweigerung und Zugangsbeschränkung: Missbrauchsvermutung gegen Marktbeherrscher?, in: Ahrens, Börries/Behrens, Peter/ von Dietze, Phillip (Hrsg.), Marktmacht und Missbrauch, Baden-Baden 2007, S. 43–54, (zitiert: Ahrens, Belieferungsverweigerung und Zugangsbeschränkung: Missbrauchsvermutung gegen Marktbeherrscher?, S.).

Albers, Michael: Der „more economic approach" bei Verdrängungsmissbräuchen: Zum Stand der Überlegungen der Europäischen Kommission, in: Ahrens, Börries/Behrens, Peter/von Dietze, Phillip (Hrsg.), Marktmacht und Missbrauch, Baden-Baden 2007, S. 11–26, (zitiert: Albers, Der „more economic approach" bei Verdrängungsmissbräuchen, S.).

Albert, Hans/ *Bauer*, Wilhelm/ *Besters*, Hans (Hrsg.): Theoretische und institutionelle Grundlagen der Wirtschaftspolitik, Theodor Wessels zum 65. Geburtstag, in: Questiones Oeconomicae, Band 1, Berlin 1967 (zitiert: Albert/Bauer/Besters-*Bearbeiter*, Theoretische und institutionelle Grundlagen der Wirtschaftspolitik, S.).

Areeda, Phillip/ *Hovenkamp* Herbert: Antitrust Law. An Analysis of Antitrust Principles and Their Application, Bd. III A, 2. Aufl., NewYork 2002, (zitiert: Areeda/ Hovenmap, Antitrust Law, §).

Areeda, Phillip/ *Turner*, Donald F.: Predatory Pricing and Related Practices under Section 2 of the Sherman Act, in: Harvard Law Review, Vol. 88, No. 4, 1975, S. 697–733, (zitiert: Areeda/Turner, HLR 1975, S.), Abrufbar unter: http://www.contrib.andrew.cmu.edu/~kryukov/Predation/areeda75.pdf (letzter Abruf 28. 3 2013).

Arndt, Helmut: Marktmacht auf der Nachfrageseite, in: Wirtschaft und Wettbewerb 1972, S. 84–92, (zitiert: Arndt, WuW 1972, S.).

Bartl, Ulrich: Immaterialgüterrechtliche Marktzutrittsschranken im System des Art. 82 EG, Lizenzverweigerung als Missbrauch einer beherrschenden Stellung – Zugleich eine kritische Würdigung der Entscheidung der Europäischen Kommission in der Rechtssache IMS Health, Berlin 2005, (zitiert: Bartl, Immaterialgüterrechtliche Marktzutrittsschranken im System des Art. 82 EG, S.).

Bartling, Hartwig: Leitbilder der Wettbewerbspolitik, München 1980, (zitiert: Bartling, Leitbilder der Wettbewerbspolitik, S.).

Basedow, Jürgen: Konsumentenwohlfahrt und Effizienz – Neue Leitbilder der Wettbewerbspolitik?, in: Wirtschaft und Wettbewerb, 2007, S. 712–715, (zitiert: Basedow, WuW 2007, S.).

Basedow, Jürgen: Marktbeherrschung und SIEC-Test, in: Ahrens, Börries/Behrens, Peter/von Dietze, Phillip (Hrsg.), Marktmacht und Missbrauch, Baden-Baden 2007, S. 27–36, (zitiert: Basedow, Marktbeherrschung und SIEC-Test, S.).

Bass, Hans-Heinrich: Joseph Alois Schumpeter – Gedanken für das 21. Jahrhundert, in: Das Wirtschaftsstudium 1999, 28. Jg., Heft 4, S. 486–492, (zitiert: Bass, WISU 1999, S.).

Baum, Thomas: Per se Rule versus Rule of Reason und Kartellamtsautonomie Eine Hypothese auf Basis der Public Choice-Theorie, in: Wirtschaft und Wettbewerb, 1982, S. 912–919 (zitiert: Baum, WuW 1982, S.).

Bechthold, Rainer/ *Bosch,* Wolfgang/ *Brinker,* Ingo/ *Hirsbrunner,* Simon: EG-Kartellrecht, Kommentar 1. Auflage, München 2005, (zitiert: Bechthold/Bosch/Brinker/Hirsbrunner, EG-Kartellrecht, Art., Rn.).

Behrens, Peter: Parallelhandelsbeschränkungen und Konsumentenwohlfahrt, in: Zeitschrift für Wettbewerbsrecht, 2008, S. 20–41. (zitiert: Behrens, ZWeR 2008, S.).

Behrens, Peter: Der Marktbeherrschungsbegriff in Artikel 82 EG, in: Ahrens, Börries/Behrens, Peter/von Dietze, Phillip (Hrsg.), Marktmacht und Missbrauch, Baden-Baden 2007, S. 37–42, (zitiert: Behrens, Der Marktbeherrschungsbegriff in Artikel 82 EG, S.).

Behrens, Peter: Abschied vom *more economic approach*?, in: Recht, Ordnung und Wettbewerb, hrsg. von Stefan Bechtold, Joachim Jickeli und Mathias Rohe, S. 115–130. Festschrift zum 70. Geburtstag von Wernhard Möschel, Baden-Baden 2011, (zitiert: Behrens, FS Möschel, S.).

Bender, Dieter/ *Berg,* Hartmut/ *Cassel,* Dieter (Hrsg.): Kompendium der Wirtschaftstheorie und Wirtschaftspolitik, Band 2, 9. Auflage, München 2007, (zitiert: Bender/Berg/Cassel-*Bearbeiter,* Kompendium der Wirtschaftstheorie und Wirtschaftspolitik, S.).

Ben-Zie, Berta: Zulässigkeit von Kopplungsgeschäften aus ökonomischer und kartellrechtlicher Sicht (Art. 82 EGV) Hamburg 2007, (zitiert: Ben-Zie, Zulässigkeit von Kopplungsgeschäften aus ökonomischer und kartellrechtlicher Sicht, S.).

Bernhard, Jochen: Schadensberechnung im Kartellzivilrecht vor und nach dem „Praktischen Leitfaden" der Europäischen Kommission, in: Neue Zeitschrift für Kartellrecht, 12/2013, S. 488–494. (zitiert: Bernhard, NZKart 12/2013, S.).

Bien, Florian/ *Rummel,* Per: Ende des More Economic Approach bei der Beurteilung von Rabattsystemen? in: Europäische Zeitschrift für Wirtschaftsrecht, 2012, S. 737–740, (zitiert: Bien/Rummel, EuZW 2012, S.).

Bishop, Simon/ *Marsden*, Philip: The Article 82 Discussion Paper: A Missed Opportunity, in: European Competition Journal 2, 2006, S. 1–7, (zitiert: Bishop/ Marsden, ECJ 2006, S.).

Bittner, Carsten: Verdrängungsstrategien durch Kampfpreise, in: Ahrens, Börries/ Behrens, Peter/von Dietze, Phillip (Hrsg.), Marktmacht und Missbrauch, Baden-Baden 2007, S. 65–76, (zitiert: Bittner, Verdrängungsstrategien durch Kampfpreise, S.).

Bloch, Robert E./ *Kamann*, Hans-Georg/ *Brown*, Jay S./ *Schmidt*, Jens Peter: A Comparative Analysis of Art. 82 of the EC Treaty and Sec. 2 of the Sherman Act, in: Zeitschrift für Wettbewerbsrecht 2005, S. 325–358, (zitiert: Bloch/Kamann/ Brown/Schmidt, ZWeR 2005, S.).

Block, Berit R.: Verkauf unter Einstandspreis, Baden-Baden 2002, (zitiert: Block, Verkauf unter Einstandspreis, S.).

Böge, Ulf: Der „more economic approach" und die deutsche Wettbewerbspolitik, in: Wirtschaft und Wettbewerb, 2004, S. 726–733, (zitiert: Böge, WuW 2004, S.).

Böni, Franz/ *Palzer*, Christoph: Auf einem Auge blind – Das EU-Kartellrecht und die Nachfragemacht in: Recht der internationalen Wirtschaft, 2012, S. 528–533, (zitiert: Böni/Palzer, RIW 2012, S.).

Bork, Robert H.: The Antitrust Paradox: A Policy at War with Itself, New York 1978, (zitiert: Bork, The Antitrust Paradox, S.).

Bornkamm, Joachim/ *Becker*, Mirko: Die privatrechtliche Durchsetzung des Kartellverbots nach der Modernisierung des EG-Kartellrechts, in: Zeitschrift für Wettbewerbsrecht, 2005, S. 213- 236, (zitiert: Bornkamm/Becker, ZWeR 2005, S.).

Bowman, Ward S.: Tying Arrangements and the Leveraging Problem, in: Yale Law Journal 67, 1957, S. 19–36, (zitiert: Bowman, YLJ 1957, S.).

Brinker, Ingo: Die Zukunft des Kartellrechts, in: Neue Zeitschrift für Kartellrecht, 1/2013, S. 2–11, (zitiert: Brinker, NZKart 1/2013, S.).

Budzinski, Oliver: Wettbewerbsfreiheit und More Economic Approach: Wohin steuert die Europäische Wettbewerbspolitik?, in: Quo vadis Wirtschaftspolitik? Ausgewählte Aspekte der aktuellen Diskussion, hrsg. von Gruševaja, Marina/Wonke, Christoph/Hösel, Ulrike/Dunn, Malcolm H., Festschrift für Norbert Eickhof 2008, Band 7, S. 15–38, (zitiert: Budzinski, FS Eickhof, S.).

Budzinski, Oliver: Pluralism of Competition Policy Paradigms and the Call for Regulatory Diversity, Marburger volkswirtschaftliche Beiträge No. 2003, 14, (zitiert: Budzinski, Pluralism of Competition Policy Paradigms and the Call for Regulatory Diversity, S.) abrufbar unter: http://www.econstor.eu/ bitstream/10419/29863/1/506389952.PDF (letzter Abruf 2.4.2013).

Budzinski, Oliver, *Christiansen*, Arndt: The Oracle / PeopleSoft Case: Unilateral Effects, Simulation Models and Econometrics in Contemporary Merger Control, in: Legal Issues of Economic Integration, 2007 Vol. 34 (2), S. 133–166, (zitiert: Budzinski/Christiansen, LIEI 2007, S.).

Budzinski, Oliver, *Christiansen,* Arndt, *Aigner,* Gisela: The Analysis of Coordinated Effects in EU Merger Control: Where Do We Stand after Sony/BMG and Impala?, in: European Competition Journal 2007, Vol. 3 (1), S. 63–88, (zitiert: Budzinski/Christiansen/Aigner, ECJ 2007, S.).

Bueren, Eckart: Der „New economic approach" der Kommission für horizontale und vertikale Wettbewerbsbeschränkungen, in: Wettbewerb in Recht und Praxis 2004, S. 567–575, (zitiert: Bueren, WRP 2004, S.).

Bulst, F. Wenzel: Mehr Licht – zur Anwendung des Art. 82 EG auf Behinderungsmissbräuche, in: Rabels Zeitschrift für ausländisches und internationales Privatrecht 73 (2009), S. 703–725, (zitiert: Bulst, RabelsZ 73 (2009), S.).

Bunte, Hermann-Josef: 6. GWB-Novelle und Mißbrauch wegen Verweigerung des Zugangs zu einer „wesentlichen Einrichtung", in: Wirtschaft und Wettbewerb 1997, S. 302–318, (zitiert: Bunte, WuW 1997, S.).

Calliess, Christian/ *Ruffert,* Mathias (Hrsg.): EUV/AEUV, Das Verfassungsrecht der Europäischen Union mit Europäischer Grundrechtecharta, Kommentar, 4. Auflage, München 2011, (zitiert: Calliess/Ruffert-*Bearbeiter,* Kommentar EUV-EGV, 4. Aufl., Art., Rn.).

Calliess, Christian/ *Ruffert,* Mathias (Hrsg.): EUV/AEUV, Das Verfassungsrecht der Europäischen Union mit Europäischer Grundrechtecharta, Kommentar, 3. Auflage, München 2007, (zitiert: Calliess/Ruffert-*Bearbeiter,* Kommentar EUV-EGV, 3. Aufl., Art., Rn.).

Christiansen, Arndt: Die „Ökonomisierung" der EU-Fusionskontrolle: Mehr Kosten als Nutzen?, in: Wirtschaft und Wettbewerb 2005, S. 285–293, (zitiert: Christiansen, WuW 2005, S.).

Crocioni, Pietro: The Hypothetical Monopolist Test: What it Can and Cannot Tell You, in: European Competition Law Review 2002, S. 354–362, (zitiert: Crocioni, ECLR 2002, S.).

Dauses, Manfred A. (Hrsg.): Handbuch des EU-Wirtschaftsrechts, 31. Ergänzungslieferung, Stand 07/2012, (zitiert: Dauses-*Bearbeiter,* Handbuch des EU-Wirtschaftsrechts §, Rn.).

Deselaers, Götz: Die „Essential-Facilities"-Doktrin im Lichte des Magill-Urteils des EuGH, in: Europäische Zeitschrift für Wirtschaftsrecht 1995, S. 563–569, (zitiert: Deselaers, EuZW 1995, S.).

Dietrich, Michael: Das Microsoft-Verfahren und der „more economic approach" der Kommission, Eine Analyse der Entscheidung im Lichte des Diskussionspapiers und im Vorgriff auf die anstehenden Leitlinien zu Art. 82 EG, in: Medien und Recht – International Edition 2007, S. 201–207, (zitiert: Dietrich, MR-int. 2007, S.).

Drauz, Götz: Reform der Fusionskontrollverordnung – Die Kernpunkte des Grünbuchs der Europäischen Kommission, in: Wirtschaft und Wettbewerb 2002, S. 444–449, (zitiert: Drauz, WuW 2002, S.).

Dreher, Meinrad: Die Zukunft der Missbrauchsaufsicht in einem ökonomisierten Kartellrecht, in: Wirtschaft und Wettbewerb, 2008, S. 23–27, (zitiert: Dreher, WuW 2008, S.).

Dreher, Meinrad/ *Adam,* Michael: The more economic approach to Art. 82 EC and the legal process, in: Zeitschrift für Wettbewerbsrecht, 2006, S. 259- 277, (zitiert: Dreher/Adam, ZWeR 2006, S.).

Eilmannsberger, Thomas: Verbraucherwohlfahrt, Effizienzen und ökonomische Analyse – neue Paradigmen im europäischen Kartellrecht?, in: Zeitschrift für Wettbewerbsrecht, 2009, S. 437–471, (zitiert: Eilmannsberger, ZWeR 2009, S.).

Emmerich, Volker: Kartellrecht, 11. Auflage, München 2008, (zitiert: Emmerich, Kartellrecht, S.).

Emmerich, Volker: Kartellrecht: Preismissbrauch, AEUV Art. 102, Missbrauch einer beherrschenden Stellung durch Praktizierung besonders niedriger Preise, in: Juristische Schulung 2012, S. 1133–1135, (zitiert: Emmerich, JuS 2012, S.).

Engelsing, Felix: Modernisierung von Art. 82 EG: Konsumentenwohlfahrt und Effizienz als neue Leitbilder?, in: Ahrens, Börries/Behrens, Peter/von Dietze, Phillip (Hrsg.), Marktmacht und Missbrauch, Baden-Baden 2007, S. 89–100, (zitiert: Engelsing, Modernisierung von Art. 82 EG, S.).

Eucken, Walter: Grundsätze der Wirtschaftspolitik, 8. Auflage, Stuttgart 2008, (zitiert: Eucken, Grundsätze der Wirtschaftspolitik, S.).

*Fleischer,*Holger/ *Zimmer,* Daniel: Effizienz als Regelungsziel im Handels- und Wirtschaftsrecht, 1. Auflage, Frankfurt am Main, 2008, (zitiert: Fleischer/Zimmer-*Bearbeiter,* Effizienz als Regelungsziel im Handels- und Wirtschaftsrecht, S.).

Fox, Eleanor: Consumer Beware Chicago, in: 84 Michigan Law Review 1986, S. 1714–1720, (zitiert: Fox, MLR 1986, S.).

Frenz, Walter: Marktabgrenzung, Leistungssubstitution und Kreuzpreiselastizität, in: Neue Zeitschrift für Kartellrecht, 7/2013, S. 285–287, (zitiert: Frenz, NZKart 7/2013, S.).

Fritsch, Michael/ *Wein,* Thomas/ *Ewers,* Hans Jürgen: Marktversagen und Wirtschaftspolitik: Mikroökonomische Grundlagen staatlichen Handelns, in: Vahlens Handbücher, 7. Auflage, 2007, (zitiert: Fritsch/Wein/Ewers, Marktversagen und Wirtschaftspolitik, S.).

Fritzsche, Alexander/ *Marquier,* Julia: Kampfpreisunterbietung ohne Verdrängungsabsicht – Das Ende des formbasierten Ansatzes in der europäischen Missbrauchsaufsicht?, in: Europäische Zeitschrift für Wirtschaftsrecht, 2012, S. 536–539, (zitiert: Fritzsche/Marquier, ZWeR 2012, S.).

Fuchs, Andreas: Die Gruppenfreistellungsverordnung als Instrument der europäischen Wettbewerbspolitik im System der Legalausnahme, in: Zeitschrift für Wettbewerbsrecht, 2005, S. 1–31, (zitiert: Fuchs, ZWeR 2005, S.).

Gauß, Nicolas: Die Anwendung des kartellrechtlichen Missbrauchsverbots nach Art. 82 EG (Art. 102 AEUV) in innovativen Märkten, aus der Reihe: Wettbewerb und Regulierung von Märkten und Unternehmen, Band 11, Baden-Baden 2010, (zitiert: Gauß, Die Anwendung des kartellrechtlichen Missbrauchsverbots nach Art. 82 EG (Art. 102 AEUV) in innovativen Märkten, S.).

Geiger, Rudolf: Kommentar zum Vertrag über die Europäische Union und zum Vertrag zur Gründung der Europäischen Gemeinschaft, 4. Auflage, München 2004, (zitiert: Geiger, EUV/EGV Kommentar, Art. Rn.).

Geradin, Damien: Limiting the scope of Article 82 EC: What can the EU learn from the U.S. Supreme Court's judgement in Trinko in the wake of Microsoft, IMS and Deutsche Telekom?, in: Common Market Law Review, 2004, S. 1519–1553, (zitiert: Geradin, CMLR 2004, S.).

Glasl, Daniel: Essential Facilities Doctrine in EC Antitrust Law: A Contribution to the Current Debate, in: European Competition Law Review, 2004, S. 306–314, (zitiert: Glasl, ECLR 2004, S.).

Glassen, Helmut/ *von Hahn,* Helmuth (Hrsg): Frankfurter Kommentar zum Kartellrecht, Band 5, Köln 2001, (zitiert: Glassen/v. Hahn-*Bearbeiter,* Frankfurter Kommentar zum Kartellrecht, Art., Rn.).

Gleiss, Alfred/ *Hirsch,* Martin (Hrsg.): Kommentar zum EWG-Kartellrecht, Band 1, 3. Auflage, Heidelberg 1978, (zitiert: Gleiss/Hirsch-*Bearbeiter,* Art. Rn.).

Grabitz, Eberhard/ *Hilf,* Meinhard/ *Nettesheim,* Martin (Hrsg.): Das Recht der Europäischen Union, Bd. 1, EUV/AEUV, Kommentar Loseblattausgabe, Stand 49. Ergänzungslieferung 2012, (zitiert: Grabitz/Hilf/Nettesheim-*Bearbeiter,* Das Recht der Europäischen Union, 49. Erg.-Lief., Art. Rn.).

Grabitz, Eberhard/ *Hilf,* Meinhard (Hrsg.): Das Recht der Europäischen Union, Bd. 1, EUV/AEUV, Kommentar Loseblattausgabe, Stand 35. Ergänzungslieferung 2008, (zitiert: Grabitz/Hilf-*Bearbeiter,* Das Recht der Europäischen Union, 35. Erg.-Lief., Art. Rn.).

Grabitz, Eberhard/ *Hilf,* Meinhard (Hrsg.): Kommentar zum Recht der Europäischen Union, 2. Band, 40. Auflage 2009, (zitiert: Grabitz/Hilf-*Bearbeiter,* Kommentar zum Recht der Europäischen Union, 40. Auflage, Art. Rn.).

Graevenitz, von, Albrecht: Mitteilungen, Leitlinien Stellungnahmen – Soft Law der EU mit Lenkungswirkung, in: Europäische Zeitschrift für Wirtschaftsrecht, 2013, S. 169–173, (zitiert: v. Graevenitz, EuZW 2013, S.).

Groeben, Hans. v. d./ *Thiesing,* Jochen/ *Ehlermann,* Dieter *(Hrsg.):* Kommentar zum EU-/EG-Vertrag, 2. Band, 5. Auflage, Baden-Baden 1999, (zitiert: Groeben/Thiesing/Ehlermann-*Bearbeiter,* Kommentar zum EU-/EG-Vertrag, Art., Rn.).

Groeben, Hans v. d./ *Schwarze*, Jürgen (Hrsg.): Kommentar zum Vertrag über die Europäische Union und zur Gründung der Europäischen Gemeinschaft, 2. Band, 6. Auflage, Baden-Baden 2003, (zitiert: v. d. Groeben/Schwarze-*Bearbeiter*, Kommentar zum EU-/EG-Vertrag, Art., Rn.).

Grützner, Thomas/ *Jakob*, Alexander (Hrsg.): Compliance von A-Z, Sichwort "More economic approach", München 2010, (zitiert: Grützner/Jakob, Compliance von A-Z, Stichwort).

Hailbronner, Kay/ *Klein*, Eckart/ *Magiera*, Siegfried/ *Müller-Graff*, Peter-Christian (Hrsg.): Handkommentar zum EU-Vertrag, Köln 1998, (zitiert: Hailbronner/Klein/Magiera/Müller-Graff-*Bearbeiter*, EU-Vertrag, Art. Rn.).

Hartmann-Rüppel, Marco: Lizenzverweigerung und Zwangslizenzen – Art. 82 EG vs. Geistige Eigentumsrechte –, in: Ahrens, Börries/Behrens, Peter/von Dietze, Phillip (Hrsg.), Marktmacht und Missbrauch, Baden-Baden 2007, S. 55–64, (zitiert: Hartmann-Rüppel, Lizenzverweigerung und Zwangslizenzen, S.).

Hayek, Friedrich H. v.: Der Wettbewerb als Entdeckungsverfahren, in: Freiburger Studien: Gesammelte Aufsätze 1969, S. 249–265, (zitiert: v. Hayek, Der Wettbewerb als Entdeckungsverfahren, S.).

Heinemann, Andreas: Immaterialgüterschutz in der Wettbewerbsordnung, Tübingen 2002, (zitiert: Heinemann, Immaterialgüterschutz in der Wettbewerbsordnung, S.).

Heitzer, Bernhard: Wettbewerb als originäres Ziel oder als Instrument? in: Orientierungen zur Wirtschafts- und Gesellschaftspolitik 114 (4/2007), S. 4–16, (zitiert: Heitzer, Orientierungen zur Wirtschafts- und Gesellschaftspolitik 114 (4/2007), S.).

Hens, Jörg-Rainer: Das Monopolisierungsverbot in Sec. 2 Sherman Act und der Behinderungsmissbrauch in § 22 Abs. 4 S. 2 Nr. 1 GWB, Göttingen 1983, (zitiert: Hens, Das Monopolisierungsverbot in Sec. 2 Sherman Act, S.).

Herdzina, Klaus: Wettbewerbspolitik, 5. Auflage, Stuttgart 1999, (zitiert: Herdzina, Wettbewerbspolitik, S.).

Hildebrand, Doris: Der „more economic approach" in der Wettbewerbspolitik, in: Wirtschaft und Wettbewerb, 2005, S. 513–520, (zitiert: Hildebrand, WuW 2005, S.).

Hirsbrunner, Simon/ *Schädle*, Anne: Sicherer Hafen oder Bermudadreieck? Wohin geht die Reise bei der Neuorientierung der Praxis der Europäischen Kommission gegenüber Missbräuchen marktbeherrschender Unternehmen i.S. des Art. 82 EG?, in: Europäische Zeitschrift für Wirtschaftsrecht, 2006, S. 583–587, (zitiert: Hirsbrunner/Schädle, EuZW 2006, S.).

Hoeren, Thomas: Anmerkung zum IMS-Health-Urteil des EuGH vom 29.4.2004 – C-418/01, in: MultiMedia und Recht, 2004, S. 459–460, (zitiert: Hoeren, MMR 2004, S.).

Hoffer, Raoul / *Barbist*, Johannes: Das neue Kartellrecht: Kurzkommentierung der neuen Bestimmungen des KartG 2005 und der WettbG-Novelle 2005, Wien 2005, (zitiert: Hoffer/Barbist, Das neue Kartellrecht, S.).

Hoppmann, Erich: Die Abgrenzung des relevanten Marktes im Rahmen der Missbrauchsaufsicht über marktbeherrschende Unternehmen, Baden-Baden 1974, (zitiert: Hoppmann, Die Abgrenzung des relevanten Marktes, S.).

Hovenkamp, Herbert: Federal Antitrust Policy: The Law of Competition and Its Practice, 3. Aufl., St. Paul, Minnesota 2005, (zitiert: Hovenkamp, Federal Antitrust Policy, S.).

Hovenkamp, Herbert: Economies and Federal Antitrust Law, in: Hornbook Series, St. Paul, Minnesota (USA) 1985, (zitiert: Hovenkamp, Economies and Federal Antitrust Law, S.).

Huber, Frank/ *Kopsch*, Anke: Produktbündelung, in: Handbuch Produktmanagement, Albers, Sönke/Hermann, Andreas (Hrsg.), 3. Aufl., 2007, S. 617–648, (zitiert: Huber/Kopsch, Produktbündelung, S.).

Huntley, John A. K. / *Pitt*, Douglas C.: Divestiture and Market Structure: Competition and Deregulation in US Telecommunications, in: European Competition Law Review, 1989, S. 407–435, (zitiert: Huntley/Pitt, ECLR 1989, S.).

Hüffer, Uwe/ *Ipsen*, Knut/ *Tettinger*, Peter J.: Die Transitrichtlinien für Gas und Elektrizität: Eine Studie zu den rechtlichen Schranken bei der Verwirklichung des Binnenmarktes für Energie, in: Bochumer Beiträge zum Berg- und Energierecht, 14. Band, Stuttgart u. a. 1991, (zitiert: Hüffer/Ipsen/Tettinger, Die Transitrichtlinien für Gas und Elektrizität, S.).

Immenga, Ulrich/ *Mestmäcker*, Ernst-Joachim: Kommentar zum Europäischen Kartellrecht, Wettbewerbsrecht, EG Band 1, 1. Teil, 5. Auflage 2012, (zitiert: Immenga/Mestmäcker-*Bearbeiter*, Europäisches Kartellrecht, 5. Aufl., Bd. 1, 1.Teil, Art., Rn.).

Immenga, Ulrich/ *Mestmäcker*, Ernst-Joachim: Kommentar zum Europäischen Kartellrecht, Wettbewerbsrecht, EG Band 1, 1. Teil, 4. Auflage 2007, (zitiert: Immenga/Mestmäcker-*Bearbeiter*, Europäisches Kartellrecht, 4. Aufl., Bd. 1, 1.Teil, Art., Rn.).

Immenga, Ulrich/ *Mestmäcker*, Ernst-Joachim: Kommentar zum Europäischen Kartellrecht, Wettbewerbsrecht, EG Band 1, 2. Teil, 4. Auflage 2007, (zitiert: Immenga/Mestmäcker-*Bearbeiter*, Europäisches Kartellrecht, Bd. 1, 2.Teil, Rn.).

Immenga, Ulrich/ *Mestmäcker*, Ernst-Joachim: Kommentar zum Deutschen Kartellrecht, Wettbewerbsrecht, Gesetz gegen Wettbewerbsbeschränkungen, Band 2, GWB, 4. Auflage 2007, (zitiert: Immenga/Mestmäcker-*Bearbeiter*, Deutsches Kartellrecht, Bd. 2, §, Rn.).

Immenga, Ulrich: Grenzen der Rechtsauslegung – Das Diskussionspapier der EG-Kommission zu Art. 82 EG, in: Europäische Zeitschrift für Wirtschaftsrecht, 2006, S. 481–482, (zitiert: Immenga, EuZW 2006, S.).

Immenga, Ulrich: Ökonomie und Recht in der Wettbewerbspolitik, in: Zeitschrift für Wirtschaftsrecht, 2006, S. 346–366, (zitiert: Immenga, ZWeR 2006, S.).

Jacobi, Philipp: Third-Party-Acces im Europäischen Wettbewerbsrecht: Artikel 82 EG-Vertrag als Grundlage eines Zugangsanspruchs Dritter zu fremden Infrastruktureinrichtungen, Baden-Baden 2002, (zitiert: Jacobi, Third-Party-Acces im Europäischen Wettbewerbsrecht, S.).

Jacobs, Michael S.: An Essay on the Normative Foundations of Antitrust Economics, N.C. L. Rev. 74, 1995, S. 219–266, (zitiert: Jacobs, NCLR 1995, S.).

Jacobson, Jonathan M.: Exclusive Dealing, 'Foreclosure' and Consumer Harm, in: Antitrust Law Journal 70, 2002, S. 311–369, (zitiert: Jacobsen, ALJ 2002, S.). abrufbar unter: http://www.wsgr.com/publications/pdfsearch/jacobson_foreclosure.pdf (letzter Abruf: 28.3.2013).

Jones, Alison/ *Sufrin*, Brenda: EU Competition Law: Text, Cases & Materials, 4. Aufl., Oxford 2010, (zitiert: Jones/Sufrin, EU Competition Law, S.).

Joskow, Paul L./ *Klevorick*, Alvin K.: A Framework for Analyzing Predatory Pricing Policy, Yale Law Journal, 1979, S. 213–270, (zitiert: Joskow/Klevorick, YLJ 1979, S.). abrufbar unter: http://digitalcommons.law.yale.edu/cgi/viewcontent.cgi?article=2334&context=fss_papers (letzter Abruf 28.3.2013).

Kaestner, Jan: Missbrauch von Immaterialgüterrechten, Europäische Rechtsprechung von Magill bis IMS Health, München 2005, (zitiert: Kaestner, Missbrauch von Immaterialgüterrechten, S.).

Kamann, Hans-Georg/ *Bergmann*, Ellen: Die neue EG-Kartellverfahrensordnung – Auswirkungen auf die unternehmerische Vertragspraxis, in: Betriebsberater, 2004, S. 1173–1177, (zitiert: Kamann/Bergmann, BB 2004, S.).

Kantzenbach, Erhard: Die Funktionsfähigkeit des Wettbewerbs, 2. Auflage, Göttingen 1967, (zitiert: Kantzenbach, Die Funktionsfähigkeit des Wettbewerbs, S.).

Kellerbauer, Manuel: Der „more economic approach" bei Anwendung des Artikels 82 EG-Vertrag: Auswirkungen der Mitteilung über die Kommissionsprioritäten auf das Vorgehen gegen Behinderungsmissbräuche in der Europäischen Union, in: Möschel, Wernhard (Hrsg.), 50 Jahre Wettbewerbsgesetz in Deutschland und Europa, S. 69–92, (zitiert: Kellerbauer, Der „more economic approach" bei Anwendung des Artikels 82 EG-Vertrag, S.).

Kellerbauer, Manuel: The Commission's New Enforcement Priorities in Applying Article 82 EC to Dominant Companies´ Exclusionary Conduct: A Shift towards a More Economic Approach? in: European Competition Law Review 2010, S. 175–186, (zitiert: Kellerbauer, ECLR 2010, S.).

Kingreen, Thorsten: Das Sozialstaatsprinzip im Europäischen Verfassungsbund: gemeinschaftsrechtliche Einflüsse auf das deutsche Recht der gesetzlichen Krankenversicherung, Jus publicum, Band 97, Tübingen 2003, (zitiert: Kingreen, Das Sozialstaatsprinzip im Europäischen Verfassungsbund, S.).

Kirchner, Christian: Das Missbrauchsverbot des Art. 102 AEUV: Sinnfälligkeit eines stärker ökonomischen Ansatzes? in: Europarecht, Beiheft 2, S. 103–118, (zitiert: Kirchner, EuR-Bei 2011, S.).

Klaue, Siegfried: Zur Rezeption der amerikanischen „essential-facilities-doctrine" in das europäische und deutsche Kartellrecht, in: Recht der Energiewirtschaft, 1996, S. 51–55, (zitiert: Klaue, RdE 1996, S.).

Kling, Michael/ *Thomas,* Stefan: Kartellrecht, München 2007, (zitiert: Kling/Thomas, Kartellrecht, §, Rn.).

Kloten, Nobert/ *Salins,* Edgar: Utopie und Leitbild im wirtschaftspolitischen Denken, in: Kyklos, International Review for Social Sciences 1967, Vol. 20, Issue 3, S. 331–354, (zitiert: Kloten/Salins, IRSS 1967, S.).

Klotz, Robert/ *Zurkinden,* Philipp: Die Anwendung des Kartellrechts auf kleine und mittlere Unternehmen, in: Wirtschaft und Wettbewerb, 1999, S. 120–132, (zitiert: Klotz/Zurkinden, WuW 1999, S.).

Knieps, Günter: Wettbewerbsökonomie – Regulierungstheorie, Industrieökonomie, Wettbewerbspolitik, 2. Auflage, Berlin 2005, (zitiert: Knieps, Wettbewerbsökonomie, S.).

Koenig, Christian/ *Haratsch,* Andreas/ *Pechstein,* Mathias: Europarecht, 5. Auflage, Tübingen 2006, (zitiert: Koenig/Haratsch/Pechstein, Europarecht, S.).

Krah, Matthias: Missbrauch einer marktbeherrschenden Stellung: Kampfpreise – selektive Preissenkungen – Quersubventionen, in: Europäische Zeitschrift für Wirtschaftsrecht, 2012, S. 207–208, (zitiert: Krah, EuZW 2012, S.).

Kroes, Nellie: Tackling Exclusionary Practices to avoid Exploitation of Market Power: Some preliminary thoughts on the Policy Review of Article 82, in: Fordham International Law Journal, 2006, S. 593–600, (zitiert: Kroes, FILJ 2006, S.). abrufbar unter: http://ir.lawnet.fordham.edu/cgi/viewcontent.cgi?article=2012&context=ilj (letzter Abruf 3.4.2013).

Künzler, Adrian: Effizienz oder Wettbewerbsfreiheit?: Zur Frage nach den Aufgaben des Rechts gegen private Wettbewerbsbestimmungen, Tübingen 2008, (zitiert: Künzler, Effizienz oder Wettbewerbsfreiheit?, S.).

Langen, Eugen *Bunte,* Hermann-Josef (Hrsg.): Kommentar zum deutschen und europäischen Kartellrecht, Band 2, Europäisches Kartellrecht, 10. Auflage, München 2006, (zitiert: Langen/Bunte-*Bearbeiter,* Europäisches Kartellrecht, Art. Rn.).

Lenz, Carl Otto: Kommentar zu dem Vertrag zur Gründung der Europäischen Gemeinschaften, in der durch den Amsterdamer Vertrag geänderten Fassung 2. Auflage, Köln u. a. 1999, (zitiert: Lenz-*Bearbeiter,* Kommentar EG, Art. Rn.).

Liebscher, Christoph/ *Flohr,* Eckhard/ *Petsche,* Alexander (Hrsg.): Handbuch der EU-Gruppenfreistellungsverordnung, 2. Aufl., München 2012, (zitiert: Liebscher/ Flohr/Petsche-*Bearbeiter,* Handbuch der EU-Gruppenfreistellungsverordnung, §, Rn.).

Loewenheim, Ulrich/ *Meesen,* Karl M./ *Riesenkampff,* Alexander (Hrsg.): Kartellrecht, Europäisches und Deutsches Recht, 2. Aufl. München 2009, (zitiert: Loewenheim/Meesen/Riesenkampff-*Bearbeiter,* Kartellrecht, S.).

Lowe, Philip: DG Competition's Review of the Policy on Abuse of Dominance, 2003 Fordham Corp. Law Institute 163, B. Hawk, Ed. 2004, (zitiert: Lowe, DG Competition's Review of the Policy on Abuse of Dominance).

Mantzavinos, Chrysostomos: Wettbewerbstheorie: Eine kritische Auseinandersetzung, Berlin 1994, (zitiert: Mantzavinos, Wettbewerbstheorie, S.).

Markert, Kurt: Die Anwendung des US-amerikanischen Monopolisierungsverbots auf Verweigerungen des Zugangs zu „wesentlichen Einrichtungen", in: Festschrift für Ernst-Joachim Mestmäcker, hrsg. von Immenga, Ulrich/Möschel, Wernhard/Reuther, Dieter, Baden-Baden 1996, S. 661–671, (zitiert: Markert, FS Mestmäcker, S.).

Markert, Kurt: Die Verweigerung des Zugangs zu „wesentlichen Einrichtungen" als Problem der kartellrechtlichen Mißbrauchsaufsicht, in: Wirtschaft und Wettbewerb, 1995, S. 560–571, (zitiert: Markert, WuW 1995, S.).

Maier-Rigaud, Frank P.: Switching Costs in Retroactive Rebates – What's Time Got to Do with it?, in: European Competition Law Review, 2005, S. 272–276, (zitiert: Maier-Rigaud, ECLR 2005, S.).

Mestmäcker, Enst-Joachim/ *Schweitzer,* Heike: Europäisches Wettbewerbsrecht, 2. Auflage, München 2004, (zitiert: Mestmäcker/Schweitzer, Europäisches Wettbewerbsrecht, § Rn.).

Mestmäcker, Ernst-Joachim: How does Regulation 1/2003 give effect to the principles set out in Art. 101, 102 TFEU?, in: Neue Zeitschrift für Kartellrecht, 1/2014, S. 8–12, (zitiert: Mestmäcker, NZKart 1/2014, S.).

Mestmäcker, Ernst-Joachim: Recht und ökonomisches Gesetz: Über die Grenzen von Staat, Gesellschaft und Privatautonomie, 2. Auflage, Baden Baden 1984, (zitiert: Mestmäcker, Recht und ökonomisches Gesetz, S.).

Mestmäcker, Ernst-Joachim: Wettbewerbsfreiheit und Wohlfahrt, Ein ideengeschichtlicher Beitrag zum Verhältnis von Ökonomie und Recht, in: ORDO, Jahrbuch für die Ordnung von Wirtschaft und Gesellschaft, Stuttgart 2012, S. 429–448, (zitiert: Mestmäcker, Wettbewerbsfreiheit und Wohlfahrt, S.).

Möschel, Wernhard: Der Missbrauch marktbeherrschender Stellungen nach Art. 82 EG-Vertrag und der „More Economic Approach", in: JuristenZeitung, 2009, S. 1040–1045, (zitiert: Möschel, JZ 2009, S.).

Möschel, Wernhard: Preis- und Konditionendifferenzierung durch marktbeherrschende Unternehmen nach EG-Recht, in: Recht der internationalen Wirtschaft, 1988, S. 501–508, (zitiert: Möschel, RIW 1988, S.).

Möschel, Wernhard: The Proper Scope of Government viewed from an Ordoliberal Perspective: The Example of Competition Policy, in: Journal of Institutional and Theoretical Economies 2001, 157, S. 3–13, (zitiert: Möschel, JITE 2001, S.).

Motta, Massimo: Competition Policy: Theory and Practice, Cambridge 2004, (zitiert: Motta, Competition Policy, S.).

Muris, Timothy J. Principles for a Succesful Competition Agency, in: The University of Chicago Law Review, 2005 Vol. 72, No. 1, S. 165–187, (zitiert: Muris, CLR 2005, S.).

Müller, Matthias: Die „Essential Facilities“-Doktrin im Europäischen Kartellrecht, in: Europäische Zeitschrift für Wirtschaftsrecht 1998, S. 232–237, (zitiert: Müller, EuZW 1998, S.).

Münder, Johannes/ *Bötticher, von,* Arne: Auswirkungen des europäischen Beihilfenrechts auf die Stellung gemeinnütziger Anbieter sozialer Dienstleistungen in Deutschland, in: Zentralblatt für Jugendrecht, 2003, S. 485 ff., (zitiert: Münder/v. Bötticher, ZfJ 2003, S.).

Naue, Paul M.: Immaterielle Gegenstände – insbesondere Immaterialgüterrechte – als wesentliche Einrichtungen nach Art. 102 AEUV, Frankfurt am Main u. a. 2012, (zitiert: Naue, Immaterielle Gegenstände als wesentliche Einrichtungen nach Art. 102 AEUV, S.).

Neumann, Manfred: Industrial Organization: Ein Überblick über die quantitative Forschung, in: Zeitschrift für Betriebswirtschaft, 1979, S. 645–700, (zitiert: Neumann, ZfB 1979, S.).

Neumann, Manfred/ *Weigand,* Jürgen *(Hrsg.)*: Identifying antitrust markets, in: The International Handbook of Competition, 2004, S. 290–305, (zitiert: Neumann/ Weigand-*Bearbeiter,* The International Handbook of Competition, S.).

Okruch, Stefan: EU-Wettbewerbspolitik zwischen Einheitlichkeit und Vielfalt – Anmerkungen aus ordnungsökonomischer Sicht, in: Wettbewerb und Gesundheitswesen: Konzeptionen und Felder ordnungsökonomischen Wirkens, hrsg. von Daumann, Frank/Okruch, Stefan/Mantzavinos, Chrysostomos, Festschrift für Peter Oberender, Budapest 2006, S. 161–172, (zitiert: Okruch, FS Oberender, S.).

Olten, Rainer: Wettbewerbstheorie und Wettbewerbspolitik, 2. Auflage, München 1998, (zitiert: Olten, Wettbewerbstheorie und Wettbewerbspolitik, S.).

Ondrejka, Peter: Deutsches und europäisches Kartellrecht unter Berücksichtigung des „more economic approach“, Wien 2010, (zitiert: Ondrejka, Deutsches und europäisches Kartellrecht unter Berücksichtigung des „more economic approach“, S.).

O'Donoghue, Robert / *Padilla,* Jorge A.: The Law and Economics of Article 82 EC, Oxford 2006, (zitiert: O'Donoghue/Padilla, The Law and Economics of Article 82 EC, S.).

Papandropoulos, Penelope: What can be expected from the Commission's Non-horizontal Merger Guidelines?, in: Droit & économie, Concurrences 2007,

Band 7 (1), S. 31–37, (zitiert: Papandropoulos, What can be expected from the Commission's Non-horizontal Merger Guidelines?, S.). abrufbar unter: http://ec.europa.eu/dgs/competition/economist/concurrences1_2007.pdf (letzter Abruf 29.3.2013).

Paul, Thomas: Behinderungsmissbrauch nach Art. 82 EG und der „more economic approach", in: FIW-Schriftenreihe Forschungsinstitut für Wirtschaftsverfassung und Wettbewerb e.V. Köln, Heft 221, Köln, München 2008, (zitiert: Paul, Behinderungsmissbrauch nach Art. 82 EG und der „more economic approach", S.).

Posner, Richard A.: Antitrust Law, 2. Aufl., Chicago 2001, (zitiert: Posner, Antitrust Law, S.).

Pries, Thorsten Wilhelm: Kampfpreismissbrauch im ökonomisierten EG-Kartellrecht, Geistiges Eigentum und Wettbewerbsrecht, Band 30, 2009, (zitiert: Pries, Kampfpreismissbrauch im ökonomisierten EG-Kartellrecht, S.).

Rabus, Johannes: Die Behandlung von Effizienzvorteilen in der europäischen Fusionskontrolle und in Art. 81 Abs. 3 EG, in: Beiträge zum europäischen Wirtschaftsrecht, Berlin 2008 Band 48, (zitiert: Rabus, Die Behandlung von Effizienzvorteilen in der europäischen Fusionskontrolle und in Art. 81 Abs. 3 EG, S.).

Rittner, Fritz: Die Rechtssicherheit im Kartellrecht, in: Wirtschaft und Wettbewerb, 1969, S. 65–78, (zitiert: Rittner, WuW 1969, S.).

Rittner, Fritz / *Dreher,* Meinrad: Europäisches und deutsches Wirtschaftsrecht: Eine systematische Darstellung, 3. Auflage, Heidelberg 2008, (zitiert: Rittner/Dreher, Europäisches und deutsches Wirtschaftsrecht, §, Rn.).

Röller, Lars-Hendrik: Der ökonomische Ansatz in der europäischen Wettbewerbspolitik, in: Zukunftsperspektiven der Wettbewerbspolitik. Colloquium anlässlich des 30-jährigen Bestehens der Monopolkommission am 5. November 2004 in der Humboldt-Universität zu Berlin, 2005, S. 37–47, (zitiert: Röller, Der ökonomische Ansatz in der europäischen Wettbewerbspolitik, S.), abrufbar unter: http://ec.europa.eu/competition/speeches/text/sp2005_009_de.pdf (letzter Abruf 29.3.2013).

Röller, Lars-Hendrik/ *De la Mano,* Miguel: The Impact of the New Substantive Test in European Merger Control, in: European Competition Journal, 2006, Vol. 2 (1), S. 9–28, (zitiert: Röller/de la Mano, ECJ 2006, S.).

Röller, Lars-Hendrik/ *Friederiszick,* Hans W.: Ökonomische Analyse in der EU Wettbewerbspolitik: Ein erstes Résumé, in: Neueste Entwicklungen im europäischen und internationalen Kartellrecht, Dreizehntes St. Galler Internationales Kartellrechtsforum, hrsg. von Baudenbacher, Carl, Basel 2007, S., (zitiert: Röller/Friederiszick, Ökonomische Analyse in der EU Wettbewerbspolitik: Ein erstes Résumé, S.). abrufbar unter: http://www.esmt.org/fm/312/%C3%96konomische_Analyse_in_der_EU_Wettbewerbspolitik.pdf (letzter Abruf 29.3.2013).

Roth, Steffen J.: VWL für Einsteiger, 2. Auflage, Stuttgart 2007, (zitiert: Roth, VWL für Einsteiger, S.).

Roth, Wulf-Henning: Effet utile im europäischen Kartellrecht, in: Wettbewerb in Recht und Praxis, 2013, S. 257–265, (zitiert: Roth, WRP 2013, S.).

Roth, Wulf-Henning: The „More economic Approach" and the Rule of Law, in: Schmidtchen, Dieter/Albert, Max/Voigt, Stefan (Hrsg.), Conferences on New Political Economy, Vol. 24: The More Economic Approach to European Competition Law, Tübingen 2007, S. 37–58, (zitiert: Roth, The More Economic Approach to European Competition Law, S.).

Säcker, Franz Jürgen (Hrsg.): Berliner Kommentar zum Energierecht: Energiewettbewerbsrecht, Energieregulierungsrecht, Energieumweltschutzrecht Vahlen 2004, (zitiert: Säcker-*Bearbeiter,* Berliner Kommentar zum Energierecht, §, Rn.).

Sasinowska, Beata: Refusal to supply – Is indispensability still indispensable?, in: Europäische Zeitschrift für Wirtschaftsrecht, 2013, S. 539–543, (zitiert: Sasinowska, EuZW 2013, S.).

Scherer, Joachim: Das Bronner-Urteil des EuGH und die Essential facilities-Doktrin im TK-Sektor, in: MultiMedia und Recht, 1999, S. 315–321, (zitiert: Scherer, MMR 1999, S.).

Scheuffele, Friedrich: Die Essential Facilities-Doktrin – Eine ökonomische und rechtliche Analyse, in: Ökonomie und Recht globaler Netze – Energie – Information – Verkehr, hrsg. von Blankart C./Immenga U./Schwintowski H.-P., Band 5, Baden-Baden 2003, (zitiert: Scheuffele, Die Essential Facilities-Doktrin – Eine ökonomische und rechtliche Analyse, S.).

Schilling, Theodor: Bestand und allgemeine Lehren der bürgerschützenden allgemeinen Rechtsgrundsätze des Gemeinschaftsrechts, in: Europäische Grundrechte Zeitschrift, 2000, S. 3–43, (zitiert: Schilling, EuGRZ 2000, S.).

Schmidt, André: Ordnungspolitische Perspektiven der europäischen Integration im Spannungsfeld von Wettbewerbs- und Industriepolitik, Frankfurt am Main 1998, (zitiert: Schmidt, Ordnungspolitische Perspektiven, S.).

Schmidt, André: Wie ökonomisch ist der „more economic approach"? Einige kritische Anmerkungen aus ordnungsökonomischer Sicht, Freiburger Diskussionsbeiträge zur Ordnungsökonomik Nr. 06/10, Freiburg 2006, (zitiert: Schmidt, Wie ökonomisch ist der „more economic approach"?, S.). abrufbar unter: http://www.walter-eucken-institut.de/fileadmin/bilder/Publikationen/Diskussionspapiere/06_10bw.pdf (letzter Abruf 29.3.2013).

Schmidt, André/ *Voigt,* Stefan: Der „more economic approach" in der Missbrauchsaufsicht: Einige kritische Anmerkungen zu den Vorschlägen der Generaldirektion Wettbewerb, in: Wirtschaft und Wettbewerb, 2006, S. 1097–1106, (zitiert: Schmidt/Voigt, WuW 2006, S.).

Schmidt, Ingo: More economic approach versus Justitiabilität, Kommentar in: Wirtschaft und Wettbewerb, 2005, S. 877, (zitiert: Schmidt, WuW 2005, S.).

Schmidt, Ingo: More economic approach – Ein wettbewerbspolitischer Fortschritt?, in: Recht und Wettbewerb, hrsg. von Brinker, Ingo./ Scheuing Dieter H./ Stockmann, Kurt, Festschrift Rainer Bechthold, München 2006, S. 409–418, (zitiert: Schmidt, FS Bechthold, S.).

Schmidt, Ingo: Wettbewerbspolitik und Kartellrecht, 8. Auflage, Stuttgart 2005, (zitiert: Schmidt, Wettbewerbspolitik und Kartellrecht, S.).

Schmidt, Ingo: Kernpunkte des Referates zum More Economic Approach: Theoretisches Modell oder Verbesserung der Rechtspraxis, Beitrag zum 2. Wissenschaftlichen Roundtable Informationsgesellschaft und Wettbewerb vom 26.10.2007: Praxistauglichkeit des More Economic Approach, S. 1–6, (zitiert: Schmidt, Kernpunkte des Referates zum More Economic Approach, S.). abrufbar unter: http://www.diw.de/documents/dokumentenarchiv/17/diw_01.c.76025.de/20071129_schmidt-rtiw2.pdf, (letzter Abruf: 20.4.2013).

Schmidt, Karsten: Kartellrecht im Schiedsverfahren – Neuorientierung durch VO 1/2003 und 7. GWB-Novelle?, in: Betriebsberater 2006, S. 1397–1405, (zitiert: Schmidt, BB 2006, S.).

Schmidtchen, Dieter: Antitrust zwischen Marktmachtphobie und Effizienzeuphorie, Alte Themen – neue Ansätze, in: Marktwirtschaft und Rechtsordnung, hrsg. von Möschel, W./ Streit M./ Witt, U., Festschrift Erich Hoppmann, Baden Baden 1994, S. 143–166, (zitiert: Schmidtchen, FS Hoppmann, S.).

Schmidtchen, Dieter: Der „more economic approach" in der europäischen Wettbewerbspolitik – ein Konzept mit Zukunft, in: Internationalisierung des Rechts und seine ökonomische Analyse, hrsg. von Eger, Thomas/Bigus, Jochen/Ott, Claus/von Wangenheim, Georg, Festschrift für Hans-Bernd Schäfer, Wiesbaden 2008, S. 473–488, (zitiert: Schmidtchen, FS Schäfer, S.).

Schmidtchen, Dieter: Der „more economic approach" in der Wettbewerbspolitik, in: Wirtschaft und Wettbewerb 2006, S. 6–17, (zitiert: Schmidtchen, WuW 2006, S.).

Schmidtchen, Dieter: Effizienz als Leitbild der Wettbewerbspolitik: Für einen more economic approach, in: Oberender, Peter (Hrsg.), Effizienz und Wettbewerb, Berlin 2005, S. 9–41, (zitiert: Schmidtchen, Effizienz als Leitbild der Wettbewerbspolitik, S.). abrufbar unter: http://www.uni-saarland.de/fak1/fr12/csle/publications/2004-11_moreeconomic.pdf (letzter Abruf 29.3.2013).

Schmidtchen, Dieter: Fehlurteile über den „more economic approach" in der Wettbewerbspolitik, in: Wirtschaft und Wettbewerb, 2006, S. 707, (zitiert: Schmidtchen, WuW 2006, S.).

Schroeder, Werner: Das Gemeinschaftsrechtssystem: Eine Untersuchung zu den rechtsdogmatischen, rechtstheoretischen und verfassungsrechtlichen Grundlagen des Systemdenkens im Europäischen Gemeinschaftsrecht, Tübingen 2002, (zitiert: Schroeder, Das Gemeinschaftsrechtssystem, S.).

Schröter, Helmuth/ *Jakob,* Thinam/ *Mederer,* Wolfgang (Hrsg.): Europäisches Wettbewerbsrecht, Kommentar Baden-Baden 2003, (zitiert: Schröter/Jakob/Mederer-*Bearbeiter,* Kommentar zum Europäischen Wettbewerbsrecht, Art. Rn.).

Schulz, Norbert: Wettbewerbspolitik, Tübingen 2003, (zitiert: Schulz, Wettbewerbspolitik, S.).

Schumacher, Florian: Effizienz und Wettbewerb, Baden-Baden 2011, (zitiert: Schumacher, Effizienz und Wettbewerb, S.).

Schumacher, Florian: Die stärker ökonomisch orientierte Anwendung der Wettbewerbsregeln, in: Die europäische Wirtschaftsverfassung *de lege lata et ferenda* – Verhandlungen des 6. Österreichischen Europarechtstages, hrsg. von Griller, Stefan, Wien 2007, S. 193–219, (zitiert: Schumacher, Die europäische Wirtschaftsverfassung *de lege lata et ferenda,* S.).

Schwalbe, Ulrich: Die Berücksichtigung von Effizienzgewinnen in der Fusionskontrolle: Ökonomische Aspekte, in: Oberender, Peter (Hrsg.), Effizienz und Wettbewerb 2005, S. 63–94, (zitiert: Schwalbe, Die Berücksichtigung von Effizienzgewinnen in der Fusionskontrolle, S.).

Schwarze, Jürgen (Hrsg.): EU-Kommentar, 2. Auflage, Baden-Baden 2009, (zitiert: Schwarze-*Bearbeiter,* EU-Kommentar, Art. Rn.).

Schwarze, Jürgen: Das Missbrauchsverbot des Art. 102 AEUV: Sinnfälligkeit eines stärker ökonomischen Ansatzes? in: Hatje, Armin/Schwarze, Jürgen (Hrsg.), Neues Europäisches Wirtschafts- und Wettbewerbsrecht?, EuR Europarecht, Beiheft 2, 2011, S. 103–119, (zitiert: Schwarze, Das Missbrauchsverbot des Art. 102 AEUV, S.).

Schweitzer, Heike: 10 Jahre VO 1/2300, in: Neue Zeitschrift für Kartellrecht, 1/2014, S. 1–2, (zitiert: Schweitzer, NZKart 1/2014, S.).

Schweitzer, Heike: The History, Interpretation and Underlying Principles of Sec. 2 Sherman Act and Art. 82 EC, in: Ehlermann, Claus-Dieter/Marquis, Mel (Hrsg.), A Reformed Approach to Article 82 EC, European Competition Law Annual 2007, Oxford 2008, S. 119–164, (zitiert: Schweitzer, The History, Interpretation and Underlying Principles of Sec. 2 Sherman Act and Art. 82 EC, S.).

Schweitzer, Heike: Recent developments in EU competition law (2006–2008): Single-firm dominance and the interpretation of Art. 82, in: European Review of Contract Law 2009, S. 175–213, (zitiert: Schweitzer, ERCL 2009, S.).

Seitz, Claudia: Klare Grenzlinie und Minenfeld – Die Marktmissbrauchskontrolle im Arzneimittelsektor nach dem AstraZeneca-Urteil des EuGH, in: Europäische Zeitschrift für Wirtschaftsrecht 2013, S. 377–380, (zitiert: Seitz, EuZW 2013, S.).

Seitz, Claudia: EuGH: Per se-Verbote für Treuerabatte bei Marktbeherrschung und Verzicht auf eine Wirkungsanalyse zur Begründung eines Ausschlusseffekts – „Tomra“, in: Gewerblicher Rechtsschutz und Urheberrecht, Praxis im Immaterialgüter- und Wettbewerbsrecht 2012, S. 245, (zitiert: Seitz, GRUR-Prax 2012, S.).

Shepherd, William G.: Public Policies Toward Business, Homewood 1985, IL, Richard D. Irwin, (zitiert: Shepherd, Public Policies Toward Business, S.).

Shin, Dong-Kweon: Die „Essential-Facilities"-Doktrin im europäischen Kartellrecht Berlin 2003, (zitiert: Shin, Die „Essential-Facilities"-Doktrin im europäischen Kartellrecht, S.).

Simon, Herrmann: Gabler Wirtschaftslexikon, Stichwort: Funktionsrabatt, Gabler Verlag (Hrsg.), zitierfähige URL online im Internet: http://wirtschaftslexikon.gabler.de/Definition/funktionsrabatt.html, (zitiert: Simon, Gabler Wirtschaftslexikon, abrufbar unter: http://wirtschaftslexikon.gabler.de/Definition/funktionsrabatt.html). abrufbar unter: http://wirtschaftslexikon.gabler.de/Definition/funktionsrabatt.html (letzter Abruf 8.4.2013).

Smith, Adam: Der Wohlstand der Nationen: Eine Untersuchung seiner Natur und seiner Ursachen, München 1974, (zitiert: Smith, Der Wohlstand der Nationen, S.).

Soltesz, Ulrich: Europäisches „Soft Law" – Ein Wesen ohne Kuschelfaktor in: Europäische Zeitschrift für Wirtschaftsrecht, 2013, S. 881–882, (zitiert: Soltesz, EuZW 2013, S.).

Soyez, Volker: Die 10%-Bußgeldobergrenze und der „more economic approach", in: Wirtschaft und Wettbewerb, 2013, S. 103, (zitiert: Soyez, WuW 2013, S.).

Spector, David: Loyalty Rebates: An Assessment of Competition Concerns and a Proposed Rule of Reason, in: Competition Policy International, Vol. 1, No. 2, 2005, S. 89–114, (zitiert: Spector, Competition Policy International 2005, S.). abrufbar unter: http://www.cepremap.ens.fr/depot/docweb/docweb0514.pdf (letzter Abruf 8.4.2013).

Sprickmann Kerkerink, Peter: Die Essential-Facilities-Doktrin unter besonderer Berücksichtigung des geistigen Eigentums, Dargestellt am Beispiel des Eisenbahnsektors, Frankfurt am Main 2002, (zitiert: Sprickmann Kerkerink, Die Essential-Facilites-Doktrin, S.).

Stapper, Thilo: Das essential facility Prinzip und seine Verwendung zur Öffnung immaterialgüterrechtlich geschützter de facto Standards für den Wettbewerb, Berlin 2003, (zitiert: Stapper, Das essential facility Prinzip und seine Verwendung zur Öffnung immaterialgüterrechtlich geschützter de facto Standards für den Wettbewerb, S.).

Steven, Marion *Weerth*, Carsten: Gabler Wirtschaftslexikon, Stichwort: zunehmende Skalenerträge, Gabler Verlag (Hrsg.), zitierfähige URL online im Internet: http://wirtschaftslexikon.gabler.de/Archiv/14510/zunehmende-skalenertraege-v7.html. (zitiert: Steven/Weerth, Gabler Wirtschaftslexikon, abrufbar unter: http://wirtschaftslexikon.gabler.de/Archiv/14510/zunehmende-skalenertraege-v7.html). abrufbar unter: http://wirtschaftslexikon.gabler.de/Archiv/14510/zunehmende-skalenertraege-v7.html (letzter Abruf 28.3.2013).

Streinz, Rudolf: EUV / EGV Kommentar, Vertrag über die Europäische Union und Vertrag zur Gründung der Europäischen Gemeinschaft, München 2003, (zitiert: Streinz-*Bearbeiter*, EUV / EGV Kommentar, Art., Rn.).

Sullivan, Lawrence A.: Handbook of the Law of Antitrust, St. Paul 1977, (zitiert: Sullivan, Handbook of the Law of Antitrust, S.).

Thalmann, Peter: Der Fall Microsoft als Exerzierfeld eines „more economic approach"? Zum Urteil des Gerichts erster Instanz vom 17.9.2007, in: Wirtschaftsrechtliche Blätter, Zeitschrift für österreichisches und europäisches Wirtschaftsrecht, Jahrgang 22, Heft 4, 2008, S. 153–162, (zitiert: Thalmann, wbl 2008, S.).

Tirole, Jean: The Theory of Industrial Organization, Cambridge 1988, (zitiert: Tirole, The Theory of Industrial Organization, S.).

Tränkle, Claudia: Die "essential facilities"-Doktrin im europäischen Wettbewerbsrecht, Tübingen 2001, (zitiert: Tränkle, Die „essential facilities"-Doktrin im europäischen Wettbewerbsrecht, S.).

Tschammler, Deniz: Patentstrategien im Fokus von Art. 102 AEUV: Der Begriff des Marktmissbrauchs nach AstraZeneca, in: Wirtschaft und Wettbewerb, 2013, S. 1071–1079, (zitiert: Tschammler, WuW 2013, S.).

Venit, James S./ *Kallaugher,* John J.: Essential Facilities: A Comparative Law Approach, in: Hawk, Berry (Hrsg.), Annual Proceedings of the Fordham Corporate Law Institute, International Antitrust Law and Policy 1994, S. 315–344, New York, Den Haag 1995, (zitiert: Venit/Kallaugher, Essential Facilities: A Comparative Law Approach, S.).

Voigt, Stefan: Marktwirtschaftlicher Wettbewerb als Entdeckungsverfahren, in: Wissen, Freiheit und Ordnung – Friedrich August von Hayek, hrsg. von Papke, Gerhard, Köln 2000, S. 1ff., (zitiert: Voigt, Marktwirtschaftlicher Wettbewerb als Entdeckungsverfahren, S.).

Weimann, Stephan: Industrieverbände im Konflikt mit dem US-amerikanischen Kartellrecht, in: Recht der internationalen Wirtschaft, 1999, S. 769–771, (zitiert: Weimann, RIW 1999, S.).

Weiskopf, David A.: Merger Simulation, in: Antitrust 2003, Vol. 17 (2), S. 57–60, (zitiert: Weiskopf, Antitrust 2003, S.).

Weitbrecht, Andreas: From Freiburg to Chicago and Beyond – the First 50 Years of European Competition Law, in: European Competition Law Review, 2008, S. 81–88, (zitiert: Weitbrecht, ECLR 2008, S.). abrufbar unter: http://www.lw.com/upload/pubContent/_pdf/pub2119_1.pdf (letzter Abruf 29.3.2013).

Weitbrecht, Andreas/ *Mühle,* Jan: Die Entwicklung des europäischen Kartellrechts 2012, in: Europäische Zeitschrift für Wirtschaftsrecht, 2013, S. 255–262, (zitiert: Weitbrecht/Mühle, EuZW 2013, S.).

Weizsäcker von, Carl Christian: Abuse of a Dominant Position and Economic Efficiency, in: Zeitschrift für Wirtschaftsrecht, 2003, S. 58–72, (zitiert: v. Weizsäcker, ZWeR 2003, S.).

Wiedemann, Gerhard: Handbuch des Kartellrechts, 2. Auflage, München 2008, (zitiert: Wiedemann-*Bearbeiter,* Handbuch des Kartellrechts, §, Rn.).

Wils, Wouter P. J.: Ten Years of Regulation 1/2300 – A Retrospective, in: Neue Zeitschrift für Kartellrecht, 1/2014, S. 2–8, (zitiert: Wils, NZKart 1/2014, S.).

Wirtz, Markus, *Möller,* Silke: Das Diskussionspapier der Kommission zur Anwendung von Art. 82 EG auf Behinderungsmissbräuche, in: Wirtschaft und Wettbewerb 2006, S. 226–234, (zitiert: Wirtz/Möller, WuW 2006, S.).

Wish, Richard: Competition Law, 7th Edition, 2011, (zitiert: Wish, Competition Law, S.).

Wurmnest, Wolfgang: Markmacht und Verdrängungsmissbrauch, Tübingen 2010, (zitiert: Wurmnest, Marktmacht und Verdrängungsmissbrauch, S.).

Zimmer, Daniel: Der rechtliche Rahmen für die Implementierung moderner ökonomischer Ansätze, in: Wirtschaft und Wettbewerb, 2007, S. 1198–1209, (zitiert: Zimmer, WuW 2007, S.).

Zimmer, Daniel/ *Paul,* Thomas: Entwicklungstendenzen der europäischen und der deutschen Kartellrechtspraxis – Teil 1, in: JuristenZeitung 2008, S. 611–622, (zitiert: Zimmer/Paul, JZ 2008, S.).

Zöttel, Johannes: Das neue EG-Kartellrecht für Technologietransferverträge, in: Wettbewerb in Recht und Praxis, 2005, S. 33–47, (zitiert: Zöttl, WRP 2005, S.).

Sonstige Dokumente

Bekanntmachung der Kommission (97/C 372/03)	Bekanntmachung der Kommission zur Marktabgrenzung: über die Definition des relevanten Marktes im Sinne des Wettbewerbsrechts der Gemeinschaft, in: Amtsblatt der Europäischen Gemeinschaften, Nr. C 372/5 vom 9.12.1997, S. 5–13, abrufbar unter: http://eur-lex.europa.eu/LexUriServ/LexUriServ.do?uri=CELEX:31997Y1209(01):DE:HTML (letzter Aufruf 03.04.2013).
Bekanntmachung der Kommission, (2004/C 101/08)	Leitlinien zur Anwendung von Artikel 81 Absatz 3 EG-Vertrag, in: Amtsblatt der Europäischen Gemeinschaften, Nr. C 101/97 vom 27.4.2004, S. 97–118, abrufbar unter: http://eur-lex.europa.eu/LexUriServ/LexUriServ.do?uri=OJ:C:2004:101:0097:0118:DE:PDF (letzter Aufruf 8.4.2013).
DG Competition Discussion Paper, EG-Kommission	DG Competition Discussion Paper on the application of Article 82 of the Treaty to exclusionary abuses, veröffentlicht, Brüssel im Dezember 2005, abrufbar unter: http://ec.europa.eu/competition/antitrust/art82/discpaper2005.pdf (letzter Aufruf 29.3.2013).
EAGCP-Report,	Report by the Economic Advisory Group for Competition Policy, An economic approach to Article 82, veröffentlicht: Brüssel im Juli 2005, abrufbar unter: http://ec.europa.eu/dgs/competition/economist/eagcp_july_21_05.pdf (letzter Aufruf 29.3.2013).
Erlass der Verordnung Nr. 17, EG-Kommission	Erlass der Verordnung Nr. 17: Erste Durchführungsverordnung zu den Art. 85 und 86 des Vertrages, in: Amtsblatt der Europäischen Wirtschaftsgemeinschaft, Der Rat, Nr. 013 vom 21.2.1962, S. 204–211, abrufbar unter: http://eur-lex.europa.eu/LexUriServ/LexUriServ.do?uri=CELEX:31962R0017:DE:HTML (letzter Aufruf 3.4.2013).
Diskussionspapier, Bundeskartellamt	Diskussionspapier des Bundeskartellamts für die Sitzung des Arbeitskreises Kartellrecht, Wettbewerbsschutz und Verbraucherinteressen im Lichte neuerer ökonomischer Methoden, veröffentlicht am 27.9.2004, abrufbar unter: http://www.bundeskartellamt.de/wDeutsch/download/pdf/Diskussionsbeitraege/04_AKK.pdf (letzter Aufruf 3.4.2013).

Hintergrundpapier, Bundeskartellamt	Hintergrundpapier des Bundeskartellamts zur Tagung des Arbeitskreises Kartellrecht, Die Zukunft der Missbrauchsaufsicht in einem ökonomisierten Wettbewerbsrecht, veröffentlicht am 20.9.2007, abrufbar unter: http://www.bundeskartellamt.de/wDeutsch/download/pdf/Diskussionsbeitraege/070920_AK_Kartellrecht.pdf (letzter Aufruf 3.4.2013).
Leitlinien der Kommission (2004/C 31/03)	Leitlinien zur Bewertung horizontaler Zusammenschlüsse gemäß der Ratsverordnung über die Kontrolle von Unternehmenszusammenschlüssen, in: Amtsblatt C 31 vom 5.2.2004, S. 5–18, abrufbar unter: http://eur-lex.europa.eu/LexUriServ/LexUriServ.do?uri=OJ:C:2004:031:0005:0018:DE:PDF (letzter Aufruf 10.4.2013).
Leitlinien der Kommission (2008/C 265/07)	Leitlinien zur Bewertung nichthorizontaler Zusammenschlüsse gemäß der Ratsverordnung über die Kontrolle von Unternehmenszusammenschlüssen, in: Amtsblatt C 265/6 vom 18.10.2008, S. 6–25, abrufbar unter: http://eur-lex.europa.eu/LexUriServ/LexUriServ.do?uri=OJ:C:2008:265:0006:0025:de:PDF (letzter Aufruf 10.4.2013).
Mitteilung der Kommission (2011/C 11/01)	Leitlinien zur Anwendbarkeit von Artikel 101 des Vertrags über die Arbeitsweise der Europäischen Union auf Vereinbarungen über horizontale Zusammenarbeit, in: Amtsblatt C 11/1 vom 14.1.2011, S. 1–72, abrufbar unter: http://eur-lex.europa.eu/LexUriServ/LexUriServ.do?uri=OJ:C:2011:011:0001:0072:DE:PDF (letzter Aufruf 9.4.2013).
OECD, Kurzprotokoll	Ausführungen der OECD in der Kurzfassung des 94. Treffens des Competition Committee vom 1.–2.6.2005, abrufbar unter: http://search.oecd.org/officialdocuments/displaydocumentpdf/?cote=DAF/COMP/M(2005)2/ANN5&docLanguage=En (letzter Aufruf 3.4.2013).
Pressemitteilung der Europäischen Kommission IP/08/1877	Pressemitteilung IP/08/1877 der Europäischen Kommission vom 3.12.2008, abrufbar unter: http://europa.eu/rapid/press-release_IP-08-1877_de.htm?locale=FR (letzter Aufruf 4.4.2013).

Prioritätenmitteilung der Europäischen Kommission 2009/C 45/02	Mitteilungen der Organe und Einrichtungen der Europäischen Union, Europäische Kommission, „Erläuterungen zu den Prioritäten der Kommission bei der Anwendung von Artikel 82 des EG-Vertrags auf Fälle von Behinderungsmissbrauch durch marktbeherrschende Unternehmen", Prioritätenmitteilung der Kommission, ABl. 2009, C 45/7 vom 24.2.2009, abrufbar unter: http://eur-lex.europa.eu/LexUriServ/LexUriServ.do?uri=OJ:C:2009:045:0007:0020:DE:PDF (letzter Aufruf 4.4.2013).
Richtlinie des Europäischen Parlaments und des Rates 2001/95/EG	Richtlinie 2001/95/EG des Europäischen Parlaments und des Rates vom 3.12.2001 über die allgemeine Produktsicherheit, ABl. 2001, L 11/4 vom 15.1.2002, abrufbar unter: http://eur-lex.europa.eu/LexUriServ/LexUriServ.do?uri=OJ:L:2002:011:0004:0017:DE:PDF (letzter Aufruf 8.4.2013).
U.S.C.	United States Code, Sammlung und Kodifikation des allgemeinen und permanenten Bundesrechts der Vereinigten Staaten, Titel 15, Section 2, abrufbar unter: http://www.law.cornell.edu/uscode/text (letzter Aufruf 3.4.2013).
Verordnung Nr. 17 des Rates	Verordnung (EWG) Nr. 17 des Rates der Europäischen Wirtschaftsgemeinschaft, Erste Durchführungsverordnung zu den Artikeln 85 und 86 des Vertrages, in: Amtsblatt Nr. 13/204 vom 21.2.1962, S. 204–211, abrufbar unter: http://eur-lex.europa.eu/LexUriServ/LexUriServ.do?uri=CELEX:31962R0017:DE:HTML (letzter Aufruf 8.4.2013).
Verordnung Nr. 1/2003 des Rates	Verordnung (EG) Nr. 1/2003 des Rates vom 16. Dezember 2002 zur Durchführung der in den Artikeln 81 und 82 des Vertrags niedergelegten Wettbewerbsregeln, in: Amtsblatt Nr. L 1/1 vom 4.1.2003, S. 1–25, abrufbar unter: http://eur-lex.europa.eu/LexUriServ/LexUriServ.do?uri=OJ:l:2003:001:0001:0025:de:PDF (letzter Aufruf 3.4.2013).

Verordnung Nr. 139/2004 des Rates	Verordnung (EG) Nr. 139/2004 des Rates vom 20.1.2004 über die Kontrolle von Unternehmenszusammenschlüssen („EG-Fusionskontrollverordnung"), in: Amtsblatt Nr. L 24/1 vom 29.1.2004, S. 1–22, abrufbar unter: http://eur-lex.europa.eu/LexUriServ/LexUriServ.do?uri=CELEX:32004R0139:de:HTML (letzter Aufruf 10.4.2013).
Verordnung Nr. 2790/1999 der Kommission	Verordnung (EG) Nr. 2790/1999 der Kommission vom 22. Dezember 1999 über die Anwendung von Artikel 81 Absatz 3 des Vertrages auf Gruppen von vertikalen Vereinbarungen und aufeinander abgestimmten Verhaltensweisen, Amtsblatt Nr. L 336/21 vom 29.12.1999, S. 21–25, abrufbar unter: http://eur-lex.europa.eu/LexUriServ/LexUriServ.do?uri=OJ:l:1999:336:0021:0025:de:PDF (letzter Aufruf 8.4.2013).
Verordnung Nr. 772/2004 der Kommission	Verordnung (EG) Nr. 772/2004 der Kommission vom 27.4.2004 über die Anwendung von Artikel 81 Absatz 3 EG-Vertrag auf Gruppen von Technologietransfer-Vereinbarungen, in: Amtsblatt Nr. L 123/11 vom 27.4.2004, S. 11–17, abrufbar unter: http://eur-lex.europa.eu/LexUriServ/LexUriServ.do?uri=OJ:l:2004:123:0011:0017:de:PDF (letzter Aufruf 9.4.2013).
Verordnung Nr. 1475/95 der Kommission	Verordnung (EG) Nr. 1475/95 der Kommission vom 28. Juni 1995 über die Anwendung von Artikel 85 Absatz 3 des Vertrages auf Gruppen von Vertriebs- und Kundendienstvereinbarungen über Kraftfahrzeuge, in: Amtsblatt der Europäischen Gemeinschaften, Nr. L 145 vom 29.6.1995, S. 25.
Wettbewerbsbericht 2004 der Kommission	Wettbewerbsbericht der Kommission für 2004, veröffentlicht: Brüssel 2004, abrufbar unter: http://ec.europa.eu/competition/publications/annual_report/2004/de.pdf (letzter Aufruf 3.4.2013).

EuGH-Urteile

Kurzbezeichnung	**Urteil von**	**Rechtssache; Slg**	**Parteien**
„AstraZeneca"	6.12.2012	Rs. C-457/10 P noch nicht in Sammlung veröffentlicht	AstraZeneca AB u. a. gegen Kommission der Europäischen Gemeinschaften
„Tomra"	19.4.2012	Rs. C-549/10 P noch nicht in Sammlung veröffentlicht	Tomra Systems ASA u. a. gegen Kommission der Europäischen Gemeinschaften
„Post Danmark"	27.3.2012	Rs. C-209/10 noch nicht in Sammlung veröffentlicht	Post Danmark A/S gegen Konkurrenceradet
„TeliaSonera Sverige"	17.2.2011	Rs. C-52/09 Slg. 2011, I-00527	Konkurrensverket gegen TeliaSonera Sverige AB
„Deutsche Telekom"	14.10.2010	Rs. C-280/08 P Slg. 2010, I-09555	Deutsche Telekom AG gegen Kommission der Europäischen Gemeinschaften
„GlaxoSmithKline"	6.10.2009	Rs. C-501/06 P u. a. Slg. 2009, I-09291	GlaxoSmithKline Services Unlimited gegen Kommission der Europäischen Gemeinschaften u. a.
„T-Mobile Netherlands"	4.6.2009	Rs. C-8/08 Slg. 2009, I-04529	T-Mobile Netherlands BV u. a. gegen Raad van bestuur van de Nederlandse Mededingingsautoriteit
„France Télécom"	2.4.2009	Rs. C-202/07 P Slg. 2009, I-2369	France Télécom gegen Kommission der Europäischen Gemeinschaften
„British Airways"	15.3.2007	Rs. C-95/04 P Slg. 2007, I-2331	Kommission der Europäischen Gemeinschaften gegen British Airways
„Unilever Bestfoods"	28.9.2006	Rs. C-552/03 P Slg. 2006, I-9091	Kommission der Europäischen Gemeinschaften gegen Unilever Bestfoods

„IMS Health"	29.4.2004	Rs. C-418/01 P Slg. 2004, I-5069	IMS Health GmbH & Co. OHG gegen NDC Health GmbH & Co. KG
„NDC Health/ IMS Health"	11.4.2002	Rs. C-481/01 P (R) Slg. 2002, I-3401	NDC Health GmbH & Co. KG und NDC Health Corporation gegen Kommission der Europäischen Gemeinschaften und IMS Health Inc.
„Ambulanz Glöckner"	25.10.2001	Rs. C-475/99 Slg. 2001, I-8089	Ambulanz Glöckner gegen Landkreis Südwestpfalz.
„Courage und Crehan"	20.9.2001	Rs. C-453/99 Slg. 2001, I-06297	Courage Ltd. gegen Bernard Crehan und Bernard Crehan gegen Courage Ltd.
„Kommission/ Portugiesische Republik"	8.3.2001	Rs. C-276/98 Slg. 2001, I-2613	Kommission der Europäischen Gemeinschaften gegen Portugiesische Republik
„Compagnie Maritime Belge"	16.3.2000	Rs. C-395/96 P u. C-396/96 P Slg. 2000, I-1365	Compagnie Maritime Belge Transports und Compagnie Maritime Belge und Dafra-Lines gegen Kommission der Europäischen Gemeinschaften
„Deutsche Bahn"	27.4.1999	Rs. C-436/97 Slg. 1999, I-2387	Deutsche Bahn AG gegen Kommission der Europäischen Gemeinschaften
„Bronner"	26.11.1998	Rs. C-7/97 Slg. 1998, I-7791	Oscar Bronner GmbH & Co KG gegen Mediaprint Zeitungs- und Zeitschriftenverlag GmbH & Co KG u. a.
„Librandi"	1.10.1998	Rs. C-38/97 Slg. 1998, I-5955	Autotrasporti Librandi Snc di Librandi F. & C. gegen Cuttica spedizioni e servizi internationali Srl.
„SCPA und EMC"	31. 3.1998	Rs. C-68/94 und C-30/95 Slg. 1998, I-1375	Französische Republik und Société commerciale des potasses et de l'azote (SCPA) und Entreprise minière et chimique (EMC) gegen Kommission der Europäischen Gemeinschaften

„Job Centre“	11.12.1997	Rs. C-55/96 Slg. 1997, I-7115 (7147)	Beschwerde der Job Centre coop. Arl. wegen Ablehnung der Genehmigung ihrer Gründungsurkunde durch das Tribunale civile e penale Mailand
„Ladbroke Racing“	11.11.1997	Rs. C-379/95 P Slg. 1997, I-6265	Ladbroke Racing ltd. gegen Kommission der Europäischen Gemeinschaften und Frankreich
„GT-Link“	17.7.1997	Rs. C-242/95 Slg. 1997, I-4453	GT-Link A/S gegen De Danske Statsbaner (DSB)
„Sodemare“	17.6.1997	Rs. C-70/95 Slg. 1997, I-3395	Sodemare SA, Anni Azzurri Holding SpA und Anni Azzurri Rezzato Srl gegen Regione Lombardia
„Tetra Pak II“	14.11.1996	Rs. C-333/94 Slg. 1996, I-5951	Tetra Pak International SA gegen Kommission der Europäischen Gemeinschaften
„Fédération française des sociétés d'assurances u. a./Ministere de l'Agriculture et de la Pêche“	16.11.1995	Rs. C-244/94 Slg. 1995, I-4013 (4030)	Fédération française des sociétés d'assurance, Société Paternelle-Vie, Union des assurances de Paris-Vie und Caisse d'assurance et de prévoyance mutuelle des agriculteurs gegen Ministère de l'Agriculture et de la Pêche
„DIP“	17.10.1995	Rs. C-140–142/94 Slg. 1995, I-3257	DIP SpA gegen Comune di Bassano del Grappa, LIDL Italia Srl gegen Comune di Chioggia und Lingral Srl gegen Comune di Chiogga
„Centro Servizi Spediporto“	5.10.1995	Rs. C-96/94 Slg. 1995, I-2883	Centro Servizi Spediporto Srl gegen Spedizioni Marittima del Golfo Srl.
„Magill“	6.4.1995	Rs. C-241/91 P u. 242/91 P Slg. 1995, I-743	Radio Telefis Eireann (RTE) und Independent Television Publications Ltd (ITP) gegen Kommission der Europäischen Gemeinschaften

„Gøttrup-Klim u. a. Grovvareforeninger/ Dansk Landbrugs Grovvareselskab AmbA“	15.12.1994	Rs. C-250/92 Slg. 1994, I-5641	Gøttrup-Klim u. a. Grovvareforeninger gegen Dansk Landbrugs Grovvareselskab AmbA
„Centre d´insémination de la Crespelle“	5.10.1994	Rs. C-323/93 Slg. 1994, I-5077	Société Civile Agricole du Centre d'Insémination de la Crespelle gegen Coopérative d'Elevage et d'Insémination Artificielle du Département de la Mayenne
„Almelo“	27.4.1994	Rs. C-393/92 Slg. 1994, I-1477	Municipality of Almelo u. a. gegen NV Energiebedrijf Ijsselmij
„Hilti“	2.3.1994	Rs. C-53/92 P Slg. 1994, I-667	Hilti AG gegen Kommission der Europäischen Gemeinschaften
„CIRFS“	24.3.1993	Rs. C-313/90 Slg. 1993, I-1125	CIRFS u. a. gegen Kommission der Europäischen Gemeinschaften
„Merci Convenzionali porto di Genova“	10.12.1991	Rs. C-179/90 Slg. 1991, I-5889	Merci convenzionali porto di Genova SpA gegen Siderurgica Gabrielli SpA.
„AKZO“	3.7.1991	Rs. C-62/86 Slg. 1991, I-3359 (3450)	AKZO Chemie BV gegen Kommission der Europäischen Gemeinschaften
„Höfner und Elser“	23.4.1991	Rs. C-41/90 Slg. 1991, I-1979	Klaus Höfner und Fritz Elser gegen Macroton GmbH
„Delimites“	28.2.1991	Rs. C-234/89 Slg. 1991, I-935	Stergios Delimitis gegen Henninger Bräu AG
„Grimaldi“	13.12.1989	Rs. 322/88, Slg. 1989, I-4407	Grimaldi gegen Fonds des maladies professionnelles
„Lucazeau/ Sacem“	13.7.1989	Rs. 110/88, 241/88 u. 242/88 Slg. 1989, I-2811	François Lucazeau u. a. gegen Société des Auteurs, Compositeurs et Editeurs de Musique (SACEM) u. a.
„Tournier“	13.7.1989	Rs. 395/87 Slg. 1989, I-2521	Ministère public gegen Jean-Louis Tournier.

„Ahmed Saeed Flugreisen“	11.4.1989	Rs. 66/86 Slg. 1989, I-803	Ahmed Saeed Flugreisen und Silver Line Reisebüro GmbH gegen Zentrale zur Bekämpfung unlauteren Wettbewerbs e. V.
„Renault“	5.10.1988	Rs. 53/87 Slg. 1988, I-6067	Consorzio Italiano Delle Componentistic di Ricamobio Per Autoveicoli und Spa Maxicar Gegen Regie Nationale des Usines Renault
„Volvo“	5.10.1988	Rs. 238/87 Slg. 1988, I-6211	AB Volvo gegen Erik Veng (UK) Ltd.
„Bodson“	4.5.1988	Rs. C-30/87 Slg. 1988, I-2479	Corine Bodson gegen SA Pompes funèbres des regions libérées
„Kommission/ Italien“	16.6.1987	Rs. C-118/85 Slg. 1987, I-2599	Kommission der Europäischen Gemeinschaften gegen Italien
„Windsurfing International“	25.2.1986	Rs. C-193/83 Slg. 1986, I-611	Windsurfing International Inc. gegen Kommission der Europäischen Gemeinschaften
„CBEM“	3.10.1985	Rs. 311/84 Slg. 1985, I-3261	SA Centre belge d'études de marché –télémarketing (CBEM) gegen SA Compagnie luxembourgeoise de télédiffusion (CLT) und SA Information publicité Benelux (IPB)
„CICCE“	28.03.1985	Rs. 298/83 Slg. 1985, I-1105	Comité des industries cinématographiques des Communautés européennes (CICCE) gegen Kommission der Europäischen Gemeinschaften
„Michelin I“	9.11.1983	Rs. 322/81 Slg. 1983, I-3461	Kommission der Europäischen Gemeinschaften gegen NV Nederlandse Banden Industrie Michelin
„GVL“	2.3.1983	Rs. 7/82 Slg. 1983, I-483	Gesellschaft zur Verwertung von Leistungsschutzrechten mbH (GVL) gegen Kommission der Europäischen Gemeinschaften

„Gaston“	5.5.1982	Rs. 15/81, Slg. 1982, 1409	Gaston Schul Douane Expediteur BV gegen Inspecteur der Invoerrechten en Accijnzen Roosendaal
„L'Oreal/De Nieuwe Amck“	11.12.1980	Rs. 31/80 Slg. 1980, I-3775	NV L'Oréal und SA L'Oréal gegen PVBA „De Nieuwe AMCK“
„Hoffmann- La Roche“	13.2.1979	Rs. 85/76 Slg. 1979, I-461	Kommission der Europäischen Gemeinschaften gegen Hoffmann La Roche
„B.P.“	29.6.1978	Rs. 77/77 Slg. 1978, I-1513	Benzine en Petroleum Handelsmaatschappij BV u. a. gegen Kommission der Europäischen Gemeinschaften
„United Brands“	14.2.1978	Rs. 27/76 Slg. 1978, I-207	United Brands Company und United Brands Continentaal BV gegen Kommission der Europäischen Gemeinschaften
„Metro“	25.10.1977	Rs. 26/76 Slg. 1977, 1875	Metro SB-Großmärkte GmbH & Co. KG gegen Kommission der Europäischen Gemeinschaften
„Suiker Unie“	16.12.1975	Rs. 40 u. a. /73 Slg. 1975, I-1663	Suiker Unie GmbH u. a. gegen Kommission der Europäischen Gemeinschaften
„Sacchi“	30.4.1974	Rs. 155/73 Slg. 1974, I-409	Giuseppe Sacchi gegen Kommission der Europäischen Gemeinschaften
„BRT“	27.3.1974	Rs. 127/73 Slg. 1974, I-313	Belgische Radio en Televisie gegen SV SABAM und NV Fonior.
„Commercial Solvents“	6.3.1974	Rs. 6 u. 7/73 Slg. 1974, I-223	Istituto Chemioterapico Italiano S.p.A. und Commercial Solvents Corporation gegen Kommission der Europäischen Gemeinschaften
„Europemballage und Continental Can“	21.2.1973	Rs. 6/72 Slg.1973, I-215	Kommission der Europäischen Gemeinschaften gegen Europemballage und Continental Can

„Deutsche Grammophon“	8.6.1971	Rs. 78/70 Slg.1971, I-487	Deutsche Grammophon Gesellschaft mbH gegen Metro-SB-Großmärkte GmbH & Co. KG
„Consten und Grundig“	13.7.1966	Rs. 56/64 und 58/64 Slg.1966, I-321	Établissements Consten S.à.R.L. und Grundig-Verkaufs-GmbH gegen Kommission der Europäischen Gemeinschaften
„Costa/E.N.E.L.“	15.7.1964	Rs. 6/64 Slg.1964, 01141	Herr Flaminio Costa gegen E.N.E.L.
„van Gend en Loos“	5.2.1963	Rs. 26/62 Slg.1963, 00003	N.V. Algemene Transport- en Expeditie Onderneming Van Gend & Loos gegen Niederländische Finanzverwaltung
„Klöckner und Hoesch“	13.7.1962	Rs. 20/61 Slg.1962, I-653 (687)	Klöckner-Werke AG und Hoesch AG Hüttenwerke gegen Hohe Behörde der EGKS
„de Geus“	6.4.1962	Rs. 13/61 Slg. 1962, I-99	Kleidingverkoopbedrijf de Geus en Uitdenbogerd gegen 1. Robert Bosch GmbH, 2. N. V. Maatschappij tot voortzetting van de Zaken der Firma Willem van Rijn

EuG-Urteile

Kurzbezeichnung	**Urteil von**	**Rechtssache; Slg**	**Parteien**
„Telefónica und Telefónica de Espana"	29.3.2012	Rs. T-336/07 noch nicht in Sammlung veröffentlicht	Telefónica, SA und Telefónica de España, SA gegen Kommission der Europäischen Gemeinschaften
„Deutschland/ Kommission"	20.5.2010	Rs. T-258/06 Slg. 2010, II-2027	Bundesrepublik Deutschland gegen Kommission der Europäischen Gemeinschaften
„AC-Treuhand"	8.7.2008	Rs. T-99/04 Slg. 2008, II-1510	AC-Treuhand AG gegen Kommission der Europäischen Gemeinschaften
„Deutsche Telekom"	10.4.2008	Rs. T-271/03 Slg. 2008, II-485	Deutsche Telekom AG gegen Kommission der Europäischen Gemeinschaften
„Microsoft Corporation"	17.9.2007	Rs. T-201/04 Slg. 2007, II-3601	Microsoft Corporation gegen Kommission der Europäischen Gemeinschaften
„France Télécom"	30.1.2007	Rs. T-340/03 Slg. 2007, II-107	France Télécom SA gegen Kommission der Europäischen Gemeinschaften
„GlaxoSmithKline"	27.9.2006	Rs. T-168/01 Slg. 2006, II-2969	GlaxoSmithKline Services Unlimited gegen Kommission der Europäischen Gemeinschaften
„British Airways"	17.12.2003	Rs. T-219/99 Slg. 2003, II-5917	British Airways gegen Kommission der Europäischen Gemeinschaften
„Atlantic Container Line u. a. "	30.9.2003	Rs. T-191/98, T-212/98, T-213/98, T-214/98 Slg. 2003, II-3275	Atlantic Container Line AB u. a. gegen Kommission der Europäischen Gemeinschaften

„Michelin II“	30.9.2003	Rs. T-203/01 Slg. 2003, II-4071	Manufacture française des pneumatiques Michelin gegen Kommission der Europäischen Gemeinschaften
„Schneider Electric“	22.10.2002	Rs. T-310/01 u. T-77/02 Slg. 2002, II-4071	Schneider Electric SA gegen Kommission der Europäischen Gemeinschaften
„Atlantic Container Line AB“	28.2.2002	Rs. T-395/94 Slg. 2002, II-875	Atlantic Container Line AB u. a. gegen Kommission der Europäischen Gemeinschaften
„Compagnie générale maritime“	28.2.2002	Rs. T-86/95 Slg. 2002, II-1011	Compagnie générale maritime gegen Kommission der Europäischen Gemeinschaften
„Irish Sugar“	7.10.1999	Rs. T-228/97 Slg. 1999, II-2969	Irish Sugar plc gegen Kommission der Europäischen Gemeinschaften
„Ducros“	5.11. 1997	Rs. T-149/95 Slg. 1997, II-2031	Établissements J. Richard Ducros gegen Kommission der Europäischen Gemeinschaften
„Compagnie maritime belge transports“	8.10.1996	Rs. T-24 u. a./93 Slg. 1996, II-1201	Compagnie maritime belge transports SA gegen u. a. gegen Kommission der Europäischen Gemeinschaften
„Tetra Pak II“	6.10.1994	Rs. T-83/91 Slg. 1994, II-755	Tetra Pak International SA gegen Kommission der Europäischen Gemeinschaften
„BPB“	1.4.1993	Rs. T-65/89 Slg. 1993, II-389	BPB Industries Plc und British Gypsum Ltd gegen Kommission der Europäischen Gemeinschaften
„Flachglas II“	10.3.1992	Rs. T-68 u. a./89 Slg. 1992, II-1403	Flachglas SIV u. a. gegen Kommission der Europäischen Gemeinschaften
„Hilti“	12.12.1991	Rs. T-30/89 Slg. 1991, II-1439	Hilti AG gegen Kommission der Europäischen Gemeinschaften

„BBC"	10.7.1991	Rs. T-70/89 Slg. II-575	British Broadcasting Corporation und BBC Enterprises Ltd. gegen Kommission der Europäischen Gemeinschaften
„ITB"	10.7.1991	Rs. T-76/89 Slg. II-575	Independent Television Ltd. gegen Kommission der Europäischen Gemeinschaften
„RTE"	10.7.1991	Rs. T-69/89 Slg. 1991, II-485	Radio Telefis Eireann gegen Kommission der Europäischen Gemeinschaften
„Tetra Pak I"	10.7.1990	Rs. T-51/89 Slg. 1990, II-309	Tetra Pak Rausing SA gegen Kommission der Europäischen Gemeinschaften

Entscheidungen der Kommission

„Intel"	Entscheidung der Kommission vom 13.05.2009, in: Amtsblatt der Europäischen Union, Nr. C 227/13 vom 22.9.2009 (Zusammenfassung der Entscheidung). Die gesamte Entscheidung ist in englischer Sprache abrufbar unter: http://ec.europa.eu/competition/antitrust/cases/dec_docs/37990/37990_3581_18.pdf (letzter Abruf: 17.4.2013).
„Wanadoo Espana/ Telefónica"	Entscheidung der Kommission vom 4.7.2007, in: Amtsblatt der Europäischen Union, Nr. C 83/05 vom 2.4.2008.
„Clearstream"	Entscheidung der Kommission vom 2.6.2004, in: Amtsblatt der Europäischen Union, Nr. C 262/39 vom 23.10.2004.
„Wanadoo Interactive"	Entscheidung der Kommission vom 16.7.2003, in: Amtsblatt der Europäischen Union, Nr. C 289/34 vom 29.11.2003.
„Deutsche Telekom"	Entscheidung der Kommission vom 21.5.2003, in: Amtsblatt der Europäischen Gemeinschaften, Nr. L 263/9 vom 14.10.2003.
„Deutsche Post AG II"	Entscheidung der Kommission vom 25.7.2001, in: Amtsblatt der Europäischen Gemeinschaften, Nr. L 331/40 vom 15.12.2001.
„De Post/La Poste"	Entscheidung der Kommission vom 5.12.2001, in: Amtsblatt der Europäischen Gemeinschaften, Nr. L 61/1 vom 2.3.2002.
„Michelin"	Entscheidung der Kommission vom 20.6.2001, in: Amtsblatt der Europäischen Gemeinschaften, Nr. L 143/1 vom 31.5.2002.
„British Airways/ Virgin"	Entscheidung der Kommission vom 14.7.1999, in: Amtsblatt der Europäischen Gemeinschaften, Nr. L 30/1 vom 4.2.2000.
„AAMS"	Entscheidung der Kommission vom 17.6.1998, in: Amtsblatt der Europäischen Gemeinschaften, Nr. L 252/47 vom 12.9.1998.
„Van den Bergh Foods Limited"	Entscheidung der Kommission vom 11.3.1998, in: Amtsblatt der Europäischen Gemeinschaften, Nr. L 246/1 vom 4.9.1998.

„FAG – Flughafen Frankfurt/Main AG“	Entscheidung der Kommission vom 14.1.1998, in: Amtsblatt der Europäischen Gemeinschaften, Nr. L 72/30 vom 11.3.1998.
„Irish Sugar“	Entscheidung der Kommission vom 14.5.1997, in: Amtsblatt der Europäischen Gemeinschaften, Nr. L 258/1 vom 22.9.1997.
„Hafen von Rødby“	Entscheidung der Kommission vom 21.12.1993, in: Amtsblatt der Europäischen Gemeinschaften, Nr. L 55/52 vom 26.2.1994.
„Sealink II“	Entscheidung der Kommission vom 21.12.1993, in: Amtsblatt der Europäischen Gemeinschaften, Nr. L 15/8 vom 18.1.1994.
„CEWAL“	Entscheidung der Kommission vom 23.12.1992, in: Amtsblatt der Europäischen Gemeinschaften, Nr. L 34/20 vom 10.2.1993.
„Sealink I“	Entscheidung der Kommission vom 11.6.1992, nicht veröffentlicht in Amtsblatt der Europäischen Gemeinschaften, EG-Bulletin Nr. 6, 1992, Ziff. 1.3.30.
„British Midland/ Aer Lingus“	Entscheidung der Kommission vom 26.2.1992, in: Amtsblatt der Europäischen Gemeinschaften, Nr. L 96 vom 10.4.1992.
„Tetra Pak“	Entscheidung der Kommission vom 24.7.1991, in: Amtsblatt der Europäischen Gemeinschaften, Nr. L 72 vom 18.3.1992.
„Soda-Solvay“	Entscheidung der Kommission vom 19.12.1990, in: Amtsblatt der Europäischen Gemeinschaften, Nr. L 152/21 vom 15.6.1991.
„Soda-ICI“	Entscheidung der Kommission vom 19.12.1990, in: Amtsblatt der Europäischen Gemeinschaften, Nr. L 152/40 vom 15.6.1991.
„Moosehead/ Whitbread“	Entscheidung der Kommission vom 23.3.1990, in: Amtsblatt der Europäischen Gemeinschaften, Nr. L 100/32 vom 20.4.1990.
„Magill“	Entscheidung der Kommission vom 21.12.1988, in: Amtsblatt der Europäischen Gemeinschaften, Nr. L 78/43 vom 21.3.1989.
„Flachglas“	Entscheidung der Kommission vom 7.12.1988, in: Amtsblatt der Europäischen Gemeinschaften, Nr. L 33/44 vom 4.2.1989.

„London European/ SABENA"	Entscheidung der Kommission vom 4.11.1988, in: Amtsblatt der Europäischen Gemeinschaften, Nr. L 317/47 vom 24.11.1988.
„Eurofix-Bauco/ Hilti"	Entscheidung der Kommission vom 22.12.1987, in: Amtsblatt der Europäischen Gemeinschaften, Nr. L 65/19 vom 11.3.1988.
„BBI/Boosey & Hawkes"	Entscheidung der Kommission vom 29.7.1987, in: Amtsblatt der Europäischen Gemeinschaften, Nr. L 286/36 vom 9.10.1987.
„ECS/AKZO"	Entscheidung der Kommission vom 14.12.1985, in: Amtsblatt der Europäischen Gemeinschaften, Nr. L 374/1 vom 31.12.1985.
„Windsurfing International"	Entscheidung der Kommission vom 11.7.1983, in: Amtsblatt der Europäischen Gemeinschaften, Nr. L 229/1 vom 20.8.1983.
„British Telecommunication"	Entscheidung der Kommission vom 10.12.1982, in: Amtsblatt der Europäischen Gemeinschaft, Nr. L 360/36 vom 21.12.1982.
„GVL"	Entscheidung der Kommission vom 29.10.1981, in: Amtsblatt der Europäischen Gemeinschaften, Nr. L 370/49 vom 28.12.1981.
„Hugin/Liptons"	Entscheidung der Kommission vom 8.12.1977, in: Amtsblatt der Europäischen Gemeinschaften, Nr. L 22/1 vom 27.1.1978.
„A.B.G."	Entscheidung der Kommission vom 19.4.1977, in: Amtsblatt der Europäischen Gemeinschaften, Nr. L 117/1 vom 9.5.1977.
„Europäische Zuckerindustrie"	Entscheidung der Kommission vom 2.2.1973, in: Amtsblatt der Europäischen Gemeinschaften, Nr. L 140/17 vom 26.5.1973.
„Commercial Solvents"	Entscheidung der Kommission vom 14.12.1972, in: Amtsblatt der Europäischen Gemeinschaften, Nr. L 299/1 vom 31.12.1972.
„Continental Can"	Entscheidung der Kommission vom 9.12.1971, in: Amtsblatt der Europäischen Gemeinschaften, Nr. L 7/25 vom 8.1.1972.

United States Supreme Court-Urteile

Kurzbezeichnung	Vorgang vom	Rechtssache	Parteien
„Brooke Group Ltd. v. Brown & Williamson Tobacco Corp.“	Decided June 21, 1993, Argued March 29, 1993	509 U.S. 209 (1993), No. 92	Brooke Group Ltd. gegen Brown & Williamson Tobacco Corp.
„Reiter v. Sonotone Corp.“	Decided June 11, 1979, Argued April 25, 1979	442 U.S. 330 (1979), No. 78 S. 570–571	Kathleen R. Reiter, gegen Sonotone Corporation et al.
„United States v. Grinnell Corp.“	Decided June 13, 1966, Argued March 28–29, 1966	384 U.S. 563 (1966), No. 73, S. 570–571	United States gegen Grinnell Corp.
„United States v. E.I. du Pont de Nemours & Co.“	Decided June 11, 1956, Argued October 11, 1955	351 U.S. 377 (1956), No. 5,	United States gegen E.I. du Pont de Nemours & Co.
„United States v. Aluminum Co. of America“	Decided March 12, 1945	148 F.2d 416 (2d. Cir. 1945), S. 430 f.	United States gegen Aluminum Co. of America
„Morton Salt Co. v. G.S. Suppiger Co.“	Decided January 5, 1942, Argued December 10, 1941	314 U. S. 488 (1942) No. 49	Morton Salt Co. gegen G.S. Suppiger Co.
„Carbice Corp. v. Patents Development Corp.“	Decided March 9, 1931, Argued January 16 and 19, 1931	283 U. S. 27 (1931) No. 54	Carbice Corp. gegen Patents Developments Corp.
„United States v. International Harvester Co.“	Decided June 6, 1927, Argued October 26, 1926	274 U.S. 693 (1927), No. 254, S. 708	United States gegen International Harvester Co.
„United Shoe Machinery Corp. v. United States“	Decided April 17, 1922, Argued March 7, 8, 9, 1921	258 U.S. 451 (1922), No. 119	United States gegen United Shoe Machinery Corp.
„Standard Fashion Co. /. Magrane Houston Co.“	Decided April 10, 1922, Argued Jan. 25, 1921	258 U.S. 346 (1922), No. 20	Standard Fashion Co. gegen Magrane Houston Co.

„Motion Picture Patents Co. /. Universal Film.“	Decided April 9, 1917, Argued January 12 and 15, 1917,	243 U. S. 502 (1917), No. 715	Motion Picture Patents Co. gegen Universal Film. Mfg. Co.
„Terminal Railroad Association of St. Louis“	Decided April 22, 1912, Argued October 20 and 23, 1911	224 U.S. 383 (1912),	United States gegen Terminal Railroad Association of St. Louis et al.
„Standard Oil Co. of New Jersey v. United States“	Decided May 15, 1911, Argued March 14–16, 1910	221 U.S. 1 (1911),	United States gegen Standard Oil Co. of New Jersey

Abkürzungsverzeichnis

AAC	average avoidable costs
a. A.	anderer Ansicht
ABl.	Amtsblatt der Europäischen Union
Abs.	Absatz
a. E.	am Ende
AEUV	Vertrag über die Arbeitsweise der Europäischen Union
ALJ	Antitrust Law Journal
Art.	Artikel
Aufl.	Auflage
BB	Betriebsberater
Bd.	Band
BKartA	Bundeskartellamt
bzgl.	bezüglich
bzw.	beziehungsweise
CMLR	Common Market Law Review
d. h.	das heißt
DG	Directorate General
e. V.	eingetragener Verein
EAGCP	European Advisory Group on Competition
ECJ	European Competition Journal
ECLR	European Competition Law Review
ECR	European Court Reports
EG	Europäische Gemeinschaft
EG (mit Art.)	Vertrag zur Gründung der Europäischen Gemeinschaft in der Fassung von Nizza
EGV (mit Art.)	Vertrag zur Gründung der Europäischen Gemeinschaft in der Fassung von Maastricht
ERCL	European Review of Contract Law
Erg.-Lief	Ergänzungslieferung
EU	Europäische Union
EuG	Gericht der Europäischen Union
EuGH	Gerichtshof der Europäischen Union
EuGRZ	Europäische Grundrechte Zeitschrift
EuR-Bei	Europarecht, Beiheft
EuZW	Europäische Zeitschrift für Wirtschaftsrecht
FILJ	Fordham International Law Journal
FKVO	Fusionskontrollverordnung
Fn.	Fußnote
FS	Festschrift
ggf.	gegebenenfalls

grds.	grundsätzlich
GRUR-Prax	Gewerblicher Rechtsschutz und Urheberrecht, Praxis im Immaterialgüter- und Wettbewerbsrecht
GWB	Gesetz gegen Wettbewerbsbeschränkungen
HLR	Harvard Law Review
Hrsg.	Herausgeber
IRSS	International Review for Social Sciences
i. S. d.	im Sinne des
JITE	Journal of Institutional and Theoretical Economies
JuS	Juristische Schulung
JZ	JuristenZeitung
KartellG	Kartellgesetz
KfZ	Kraftfahrzeug
Komm.	Europäische Kommission
LIEI	Legal Issues of Economic Integration
lit.	Buchstabe (littera)
LRAIC	long-run average incremental costs
MLR	Michigan Law Review
MMR	MultiMedia und Recht
MR-Int.	Medien und Recht –International Edition
NCLR	National Conference of Law Reviews
Nr.	Nummer
NZKart	Neue Zeitschrift für Kartellrecht
RabelsZ	Rabels Zeitschrift für ausländisches und internationales Privatrecht
RdE	Recht der Energiewirtschaft
RG	Reichsgericht
RGZ	Reichsgerichtszeitung
RIW	Recht der internationalen Wirtschaft
Rn.	Randnummer
Rs.	Rechtssache
S.	Seite
s.	siehe
sec.	Section
SIEC	Significant Impediment to Effective Competition
Slg.	Sammlung
u. a.	unter anderem
URL	Uniform Resource Locator
Urt.	Urteil
US	United States of America
v.	vom
v. d.	von der
vgl.	vergleiche
VO	Verordnung

Vol.	Volume
vs.	Versus
VWL	Volkswirtschaftslehre
wbl	Wirtschaftsrechtliche Blätter
WettbG-Novelle	Wettbewerbsgesetznovelle
WISU	Das Wirtschaftsstudium
WRP	Wettbewerb in Recht und Praxis
WuW	Wirtschaft und Wettbewerb
YLJ	Yale Law Journal
z. B.	zum Beispiel
ZfB	Zeitschrift für Betriebswirtschaft
ZfJ	Zentralblatt für Jugendrecht
ZWeR	Zeitschrift für Wettbewerbsrecht

Einleitung und Verlauf der Untersuchung

Die Europäische Wettbewerbspolitik durchläuft seit über zehn Jahren einen Reformprozess, welcher sich auch auf das europäische Wettbewerbsrecht auswirkt und sich über die Neufassung der Kartellverordnung und der Fusionskontrollverordnung, über die Veröffentlichung von Leitlinien für horizontale und nicht-horizontale Zusammenschlüsse bis zur Missbrauchskontrolle nach Art. 102 AEUV erstreckt hat[1]. Der gesamte Veränderungsgehalt dieser Bewegung kann unter dem Begriff des „more economic approach" zusammengefasst werden. Nach diesem Neuansatz des „more economic approach" soll die gesamte Wettbewerbspolitik am aktuellen und wissenschaftlich anerkannten Stand der Ökonomie ausgerichtet werden, so dass ökonomisch geprägte Analysen und Erkenntnisse eine übergeordnete Rolle im europäischen Wettbewerbsrecht einnehmen sollen. Die Missbrauchskontrolle nach Art. 102 AEUV steht seit knapp zehn Jahren ebenfalls im Fokus der Diskussion über die Ökonomisierung des Wettbewerbsrechts. Die vorliegende Arbeit wird die Hintergründe und Anfangsbemühungen der Einführung eines neuen, ökonomisch geprägten Prüfungsansatzes bei der Missbrauchskontrolle aufzeigen, um darauf aufbauend die von der Europäischen Kommission als treibende Kraft fortgeführte Ausformung des Neuansatzes bei der Missbrauchskontrolle darzustellen. Dabei werden neben der förmlichen Umsetzung der Vorstellungen der Kommission, welche im Jahr 2009 in der Mitteilung der Kommission zu den Anwendungsprioritäten bei Fällen des Behinderungsmissbrauchs mündete[2], die inhaltlichen Neuerungen des ökonomischen Ansatzes im Vergleich zum bisherigen Ansatz bei der Missbrauchskontrolle im Fokus der Ausarbeitung stehen.

Die Entwicklung des „more economic approach" in der Missbrauchskontrolle ist auch aktuell noch offen und wird weiterhin kontrovers diskutiert[3]. Die jüngsten Urteile des Europäischen Gerichtshofs und des Gerichts der Europäischen Union geben Gelegenheit, zu untersuchen, wie die Rechtsprechung auf den ökonomischen Vorstoß der Kommission reagiert. Anhand einer eingehenden Analyse der einzelnen Schritte der Kommission auf ihrem Weg zu einem reformierten Prüfungsansatz nach den Vorgaben des „more economic approach" und unter Berücksichtigung der aktuell auf die Reformbewegung reagierenden Rechtsprechung soll in der Arbeit aufgezeigt werden, ob sich der ökonomische Ansatz der Kommission bei der Missbrauchskontrolle nach Art. 102 AEUV durchgesetzt hat und ob die einzelnen

---

1 Vgl. vertiefend Behrens, FS Möschel, S. 115ff.

2 Prioritätenmitteilung der Kommission, „Erläuterungen zu den Prioritäten der Kommission bei der Anwendung von Artikel 82 des EG-Vertrags auf Fälle von Behinderungsmissbrauch durch marktbeherrschende Unternehmen", ABl. 2009, C 45/7, abrufbar unter: http://eur-lex.europa.eu/LexUriServ/LexUriServ.do?uri=OJ:C:2009:045:0007:0020:DE:PDF (letzter Abruf: 11.4.2013).

3 Vgl. Brinker, NZKart 1/2013, S. 7f.

Neuausrichtungen gegenüber dem bisherigen Ansatz überzeugen können. Es soll aufgezeigt werden, ob der Ansatz des „more economic approach“ in seiner Gesamtheit lediglich ein Selbstzweck ist, der die Durchsetzung der Missbrauchskontrolle in der Praxis sogar schwächt und erschwert, oder ob die von der Kommission vorgesehene Ökonomisierung der Missbrauchskontrolle im Ergebnis zu einer Verbesserung der Rechtsanwendung bei Art. 102 AEUV führt.

Im 1. Teil der Untersuchung wird dementsprechend zunächst die Begrifflichkeit des „more economic approach“ erläutert, um im Anschluss die prägnantesten Änderungen im Vergleich zur bisherigen Anwendung von Art. 102 AEUV einleitend aufzuzeigen. Im Anschluss erfolgt eine Darstellung und Einordnung der Entwicklung dieses ökonomischen Ansatzes im gesamten europäischen Wettbewerbsrecht. Die konkrete Einführung des „more economic approach“ in die gemeinschaftsrechtliche Missbrauchsaufsicht nach Art. 102 AEUV wird im 2. Teil der Arbeit anhand des sogenannten EAGCP-Reports[4], des Diskussionspapiers[5] und der Prioritätenmitteilung[6] der Europäischen Kommission aus dem Jahre 2009 dokumentiert. In diesem Zusammenhang ist zu prüfen, wo die Wurzeln des neuen Ansatzes der Europäischen Kommission mit der Neuausrichtung zugunsten der Konsumentenwohlfahrt liegen. Die mit dem konkreten Ansatz des „more economic approach“ einhergehende Verknüpfung von rechtlichen Voraussetzungen mit wirtschaftswissenschaftlichen Vorgaben macht die anschließende Darstellung der Entwicklung von ökonomischen Leitbildern und eine Einordnung des Neuansatzes in die durch die Ökonomie vorgegebenen Modelle erforderlich. Der 3. Teil der Arbeit vergleicht die bisherige Anwendung der Missbrauchskontrolle mit den neuen Vorgaben des „more economic approach“ und verifziert diese anhand der konkret eingeführten Dokumente der Europäischen Kommission. Dabei werden die Vorgaben des EAGCP-Reports, des Diskussionspapiers und der Prioritätenmitteilung der Kommission, die auch in der aktuellen Debatte noch immer eine zentrale Rolle spielen[7], als wesentliche Schritte des Reformprozesses eingehend untersucht. Zuletzt werden dann im 4. Teil der Arbeit die eingangs aufgeworfenen Fragestellungen zum „more economic approach“ unter Berücksichtigung der verschiedenen Ansätze von Recht

---

4 Report by the EAGCP, „An economic approach to Article 82“, veröffentlicht im Juli 2005, abrufbar unter: http://ec.europa.eu/dgs/competition/economist/eagcp_july_21_05.pdf (letzter Abruf: 10.4.2013).

5 Generaldirektion Wettbewerb der EG-Kommission, DG Competition discussion paper on the application of Article 82 of the Treaty to exclusionary abuses, veröffentlicht im Dezember 2005, abrufbar unter: http://ec.europa.eu/competition/antitrust/art82/discpaper2005.pdf (letzter Abruf: 10.4.2013).

6 Prioritätenmitteilung der Kommission, „Erläuterungen zu den Prioritäten der Kommission bei der Anwendung von Artikel 82 des EG-Vertrags auf Fälle von Behinderungsmissbrauch durch marktbeherrschende Unternehmen“, ABl. 2009, C 45/7, abrufbar unter: http://eur-lex.europa.eu/LexUriServ/LexUriServ.do?uri=OJ:C:2009:045:0007:0020:DE:PDF (letzter Abruf: 11.4.2013).

7 Vgl. Mestmäcker, NZKart 1/2014, S. 8ff.

und Ökonomie beantwortet. Dabei werden die herausgearbeiteten Vorgaben der Kommission zum Neuansatz bewertet und in einen Zusammenhang mit den Entscheidungen des EuG und des EuGH gesetzt, um in einer Schlussbetrachtung den Ansatz des „more economic approach" bei der Missbrauchskontrolle nach Art. 102 AEUV abschließend beurteilen zu können.

1. Teil: Einführende Darstellung des „more economic approach" im Gesamtzusammenhang des europäischen Wettbewerbsrechts

1. Kapitel: Einführung in die Problematik – Der ökonomische Ansatz bei der unionsrechtlichen Missbrauchskontrolle

Das Wettbewerbsrecht in der Europäischen Union befindet sich seit über einem Jahrzehnt und auch aktuell noch in einer Umbruchphase[8]. Zunehmend setzt sich eine verstärkte ökonomische Absicherung von wettbewerbsrechtlichen Entscheidungen durch. Hinter diesem Wandel steckt wesentlich die Erwartung, durch eine intensivere ökonomische Betrachtung die Interessen der Verbraucher besser berücksichtigen und schützen zu können[9]. Der neue ökonomische Ansatz wird unter dem Begriff des „more ecomomic approach" vorangetrieben und hat als Ziel, das europäische Wettbewerbsrecht unter Zuhilfenahme wirtschaftswissenschaftlicher Erkenntnisse anzuwenden, und das Wettbewerbsrecht hierdurch zu modernisieren und in seiner Anwendung zu verbessern. Ausgangspunkt des Umdenkens ist die nunmehr immer stärker in den Vordergrund drängende Erkenntnis, dass die Ökonomie und ihre Methoden ein Mittel von zentraler Bedeutung zum Verständnis und zur Bewertung von wettbewerbsrechtlichen Problemen darstellen[10].

Die Europäische Kommission wendet den Ansatz des „more economich approach" bereits seit einiger Zeit bei der Formulierung ihrer Wettbewerbspolitik und bei der Durchsetzung der Wettbewerbsregeln in der Europäischen Union an[11]. Der neue ökonomische Ansatz kam dabei bislang insbesondere bei der Auslegung und Anwendung der Verbote wettbewerbsbeschränkender Vereinbarungen des Art. 101 AEUV und bei wettbewerbsbehindernden Zusammenschlüssen nach Art. 2 der Europäischen Fusionskotrollverordnung zur Geltung[12]. Auch die

8 Insbesondere im Bereich der Missbrauchskontrolle nach Art. 102 AEUV hat sich die Debatte in Bezug auf den „more economic approach" in der jüngeren Vergangenheit noch einmal intensiviert, vgl. Immenga/Mestmäcker-*Fuchs/Möschel,* Europäisches Kartellrecht, 5. Aufl., Bd. 1, 1.Teil, Art. 102 AEUV, Rn. 13.

9 Vgl. Albers, Der „more economic approach" bei Verdrängungsmissbräuchen, S. 11ff.

10 Vgl. Böge, WuW 2004, S. 733.

11 Vgl. Albers, Der „more economic approach" bei Verdrängungsmissbräuchen, S. 11.

12 So hat die Kommission auf dem Weg zu einem reformierten europäischen Wettbewerbssystem mit der Betonung einer stärkeren ökonomischen Ausrichtung nach dem Ansatz des „more economic approach" bereits Leitlinien für die Beurteilung horizontaler Zusammenschlüsse und Leitlinien zur Anwendung von ex-Art. 81

Anwendung von Art. 102 AEUV steht unter dem Einfluss des Ansatzes des „more economic apporach“, welcher auf Initiative der Europäischen Kommission seit einem knappen Jahrzehnt immer stärker auch bei der Missbrauchskontrolle etabliert werden soll[13]. Die wesentlichen Merkmale des „more economic approach“ sind der verstärkte Schutz der Konsumentenwohlfahrt, das Abstellen auf Marktauswirkungen und die Berücksichtigung von Effizienzerwägungen als Rechtfertigungsgründe hinsichtlich eines prinzipiell nach Art. 102 AEUV missbräuchlichen Verhaltens[14].

A. Der ökonomische Neuansatz hinsichtlich Art. 102 AEUV

Die vorliegende Arbeit befasst sich mit der aktuellen Debatte über die Anwendung eines ökonomischeren Ansatzes („more economic approach“) in der wettbewerbsrechtlichen Missbrauchskontrolle nach Art. 102 AEUV unter Berücksichtigung des Gesamtverlaufs der Reformbewegung. Die Kernfrage ist hierbei, wie zukünftig das missbräuchliche Ausnutzen einer marktbeherrschenden Stellung geprüft werden soll, wenn diese Verhaltensweisen marktbeherrschender Unternehmen auf die Verdrängung von Wettbewerbern abzielen. Diese Art von missbräuchlichen Praktiken wird Verdrängungsmissbrauch („exclusionary practices“) genannt[15].

I. Bisheriger Prüfungsansatz bei der Missbrauchskontrolle

Der herkömmliche Ansatz der Missbrauchsaufsicht erlaubt es, ein nach Art. 102 AEUV per se als Missbrauch festgelegtes Verhalten grundsätzlich zu untersagen, wenn das fragliche Unternehmen eine beherrschende Stellung innehat und den fraglichen Markt oder einen wesentlichen Teil davon beherrscht. Beispiele für ein solch missbräuchliches und zu untersagendes Verhalten sind durch den Marktbeherrscher überhöht angesetzte oder zu niedrig gewählte Preise, die dem Zweck dienen, schwächere Wettbewerber oder auf den Markt drängende Unternehmen vom

---

Abs. 3 EG (Art. 101 Abs. 3 AEUV) erlassen sowie die Fusionskontrollverordnung und verschiedene Gruppenfreistellungsverordnungen zu ex-Art. 81 Abs. 3 EG im Sinne des „more economic approach“ überarbeitet, vgl. hierzu ausführlich: Fuchs, ZWeR 2005, S. 1ff. Die Anwendung des „more economic approach“ geht in der Wettbewerbspolitik hiernach über eine bloße verstärkte Nutzung moderner ökonomischer Analysemittel bei der Rechtsanwendung hinaus und setzt somit durch die Schaffung von Wettbewerbsrechtsregeln und der Auslegung des bestehenden Rechts bereits auf einer normativen Ebene an, vgl. Zimmer/Paul, JZ 2008, S. 612.

13 Vgl. Adam/Maier-Rigaud, ZWeR 2009, S. 131f.; Immenga/Mestmäcker-*Fuchs/Möschel*, Europäisches Kartellrecht, 5. Aufl., Bd. 1, 1.Teil, Art. 102 AEUV, Rn. 10.

14 Vgl. Grützner/Jakob, Compliance von A-Z, Stichwort „more economic approach“.

15 Vgl. eingehend zum Verdrängungsmissbrauch: Wurmnest, Marktmacht und Verdrängungsmissbrauch, S. 357ff.

Markt auszuschließen oder fernzuhalten[16]. Ein weiteres per se verbotenes Verhalten ist die Gewährung diskriminierender Vorteile gegenüber bestimmten Abnehmern unter der Bedingung, dass diese dann die Geschäftspolitik des marktbeherrschenden Lieferanten akzeptieren[17]. Der bisherige Ansatz stellt hinsichtlich eines festzustellenden Missbrauchs nach Art. 102 AEUV demnach auf das konkrete Verhalten eines Marktbeherrschers ab, weshalb der bisherige Prüfungsansatz als verhaltensorientierter Ansatz eingeordnet wird[18]. Bestimmte Praktiken sind danach per se als missbräuchlich einzustufen und nach Art. 102 AEUV zu untersagen, man spricht insofern von Per se-Verboten[19]. Von diesem Verbot bestimmter Handlungen gibt es bislang keine Freistellungsregelung wie beispielsweise nach Art. 101 Abs. 3 AEUV[20].

II. Ökonomisch geprägter Neuansatz des „more economic approach“

Der durch die Kommission hinsichtlich der Missbrauchsaufsicht vorgebrachte Ansatz des „more economic approach“, welcher eine deutlich ökonomischere Interpretation und Anwendung von Art. 102 AEUV fordert, entwickelt eine neue Handhabung der wettbewerbsrechtlichen Beurteilung eines potenziell missbräuchlichen Verhaltens. Der Ansatz stützt sich dabei wesentlich auf ökonomische Analysen, um nicht allein das Verhalten an sich, sondern insbesondere die Auswirkungen der einzelnen Missbrauchspraktiken im Interesse braucher einschätzen zu können. Man spricht insofern vom Auswirkungsansatz[21]. Nach diesem Ansatz gewinnt die Konsumentenwohlfahrt als Zielgröße der Wettbewerbspolitik erheblich an Bedeutung, während der bislang primäre Schutz des Wettbewerbs an sich in den

16 Diese Form des Verdrängungsmissbrauchs ist im Beispielkatalog von Art. 102 S. 2 lit. a) AEUV als unmittelbare oder mittelbare Erzwingung von unangemessenen Einkaufs- oder Verkaufspreisen oder sonstigen Geschäftsbedingungen einzuordnen.

17 Vgl. Art. 102 S. 2 lit. c) AEUV, nach welchem die Anwendung unterschiedlicher Bedingungen bei gleichwertigen Leistungen gegenüber bestimmten Handelspartnern als Missbrauch zu untersagen ist, wenn andere Handelspartner hierdurch benachteiligt werden.

18 Dieser formalistische, an typisierten Verhaltensweisen orientierte Ansatz wird in der bisherigen Rechtsanwendung bei der Missbrauchskontrolle auch häufig als „form-based analysis“ bezeichnet, vgl. Immenga/Mestmäcker-*Fuchs/Möschel,* Europäisches Kartellrecht, 5. Aufl., Bd. 1, 1.Teil, Art. 102 AEUV, Rn. 9.

19 Vgl. Wurmnest, Marktmacht und Verdrängungsmissbrauch, S. 5.

20 Vgl. eingehend zur Freistellungsregelung des Art. 101 Abs. 3 AEUV (ex-Art. 81 Abs. 3 EG) und den damit einhergehenden Effizienzvorteilen: Rabus, Die Behandlung von Effizienzvorteilen in der europäischen Fusionskontrolle und in Art. 81 Abs. 3 EG, S. 122ff.

21 Vgl. exemplarisch: Gauß, Die Anwendung des kartellrechtlichen Missbrauchsverbots nach Art. 82 EG (Art. 102 AEUV) in innovativen Märkten, S. 46f.; oftmals wird auch der englische Begriff "effect-based approach" benutzt, vgl. exemplarisch: Möschel, JZ 2009, S. 1040.

Hintergrund rückt[22]. Die im Rahmen von Art. 102 AEUV neuartige Absage an eine formell-orientierte Untersagung bestimmter Praktiken der Marktbeherrscher nach dem neuen, auswirkungsbezogenen Ansatz des „more economic approach“ macht eine umfassende Einzelfallanalyse erforderlich, die über eine erheblich komplexere Prüfung mit entsprechend erweitertem Prüfungsumfang die Fehlerquote bei der Bewertung potenzieller Marktmissbräuche senken soll[23]. Nach dem neuen ökonomischen Ansatz kann demnach nicht weiter allein auf das Verhalten abgestellt werden, um es dann einer bestimmten Missbrauchspraktik zuzuordnen und im Falle der Missbräuchlichkeit zu verbieten. Es muss vielmehr untersucht werden, welche konkreten Auswirkungen, im positiven wie im negativen Sinn, das zu untersuchende Verhalten mit sich bringt. Die damit einhergehende umfassende Einzelfallanalyse birgt das Risiko einer zunehmenden Rechtsunsicherheit, weil eine klare Festlegung, was ein missbräuchliches im Gegensatz zu einem wettbewerbsrechtlich nicht zu beanstandenden Verhalten sei, im Vergleich zum bisherigen verhaltensorientierten Ansatz aufgrund der Berücksichtigung der Auswirkungen nicht mehr möglich ist und damit die klaren Grenzen des bislang starren Systems nicht mehr gezogen werden können[24].

B. Fragestellungen zum „more economic approach“ bei Art. 102 AEUV

Bei der Untersuchung des neuen Ansatzes des „more economic approach“ in Bezug auf die Missbrauchskontrolle nach Art. 102 AEUV stellen sich insbesondere folgende Fragen, die in dieser Arbeit zu beantworten sein werden:

1) Hat sich der von der Kommission vorgesehene Ansatz des „more economic approach“ in der Entscheidungspraxis durchgesetzt und wird durch die Initiative der Kommission dementsprechend das gesamte System der Missbrauchsaufsicht umgestellt?
2) Ist die nach dem Ansatz des „more economic approach“ vorgesehene Verschiebung des primären Schutzziels des unbeeinträchtigten Wettbewerbs hin zu einem primären Schutz der Konsumentenwohlfahrt zur Beurteilung wettbewerbsrechtlicher Verfahren ein adäquateres Mittel und ist dementsprechend eine diesbezügliche Neuausrichtung für das gesamte System der Missbrauchsaufsicht erforderlich?
3) Wie sind die weiteren Neuerungen des „more economic approach“ im Spannungsverhältnis zwischen der angestrebten Einzelfallgerechtigkeit auf der einen Seite und der Praktikabilität und Rechtssicherheit auf der anderen Seite zu bewerten?

22 Vgl. Immenga/Mestmäcker-*Fuchs/Möschel,* Europäisches Kartellrecht, 5. Aufl., Bd. 1, 1.Teil, Art. 102 AEUV, Rn. 9.
23 Vgl. Schmidtchen, WuW 2006, S. 16.
24 Vgl. Schmidt, FS Bechtold, S. 412f.

4) Wie neu ist der ökonomische Ansatz nach dem „more economic approach" in der Missbrauchskontrolle tatsächlich und wie sieht es mit der Umsetzbarkeit des Ansatzes aus ökonomischer Perspektive unter Berücksichtigung entsprechender Wertungskriterien aus?

2. Kapitel: Art. 102 AEUV im Lichte des „more economic approach"

A. Die Begrifflichkeit des „more economic approach"

Der Begriff des „more economic approach" steht generell für eine neue Herangehensweise an die Anwendung wettbewerbsrechtlicher Vorschriften unter verstärkter Berücksichtigung ökonomischer Aspekte[25]. Je nachdem, auf welche wettbewerbsrechtliche Vorschrift der Ansatz angewandt wird, bekommt der „more economic approach" eine andere Ausprägung, wobei die zugrunde liegenden Erwägungen dieselben sind[26]. Nach dem „more economic approach" besteht die Aufgabe der Wettbewerbspolitik grundsätzlich darin, Wettbewerbsbeschrän- kungen unter Zuhilfenahme ökonomischer Erkenntnisse zu identifizieren und zu bekämpfen[27]. Der Neuansatz ist unter anderem dadurch geprägt, dass er die unternehmerischen Verhaltensweisen hinsichtlich ihres Beeinträchtigungspotenzials nicht formalistisch unter Rückgriff auf abstrakt-generalisierende Regeln oder im Wege von Begriffsauslegungen beurteilt, sondern aufgrund einer Untersuchung der Wirkungen im Einzelfall[28]. Ausgangspunkt dieses Umdenkens ist die immer stärker in den Vordergrund drängende Erkenntnis, dass die Ökonomie und ihre Methoden ein Mittel von zentraler Bedeutung zum Verständnis und zur Bewertung von wettbewerbsrechtlichen Problemen sind[29].

Die vier wesentlichen Merkmale des „more economic approach", nämlich der verstärkte Schutz der Konsumentenwohlfahrt, das Abstellen auf Marktauswirkungen, das Anwenden einer „rule of reason" statt der bisherigen Per se-Verbote und die damit einhergehende Berücksichtigung von Effizienzerwägungen als Verteidigungsmöglichkeit, widersprechen den wesentlichen Grundsätzen der bisherigen Rechtsanwendung bei Art. 102 AEUV und werden nachfolgend in einem Überblick gegenübergestellt.

---

25 Vgl. exemplarisch Zimmer/Paul, JZ 2008, S. 612.

26 Vgl. Liebscher/Flohr/Petsche-*Flohr/Schulz*, Handbuch der EU-Gruppenfreistellungsverordnung, § 15, Rn. 50.

27 Vgl. Schmidtchen, WuW 2006, S. 707.

28 Vgl. Schmidtchen, FS Schäfer, S. 474.

29 Vgl. Böge, WuW 2004, S. 733.

B. Gegenüberstellung der neuen Merkmale und der bislang angewendeten Grundsätze

Für ein eingehenderes Verständnis des „more economic approach" ist es erforderlich, zunächst die wesentlichen Grundpfeiler des neuen Ansatzes aufzuzeigen und den bisherigen Ansätzen bei der Missbrauchsaufsicht gegenüberzustellen, um einleitend ein abgerundetes Bild der neuen Tendenz bei der Missbrauchskontrolle zu vermitteln.

I. Schutz der Konsumentenwohlfahrt statt Schutz des Wettbewerbs an sich

Eine wesentliche Veränderung durch den ökonomischen Ansatz betrifft die Schutzrichtung des Art. 102 AEUV. Diese Veränderung ist insofern besonders gewichtig, als das Schutzziel als Ausgang aller Prüfungspunkte im Rahmen von Art. 102 AEUV jeder Missbrauchsprüfung immanent ist und in vielen Zwischenschritten der Prüfung eines möglichen Missbrauchs einer marktbeherrschenden Stellung immer wieder eine Rolle spielt. Bislang wurde dabei ein Konzept des Institutionsschutzes vertreten, nach welchem wettbewerbsrechtliche Strukturen aufrechterhalten werden sollen und damit der unbeeinträchtigte Wettbewerb als Prozess geschützt werden soll[30]. Nach diesen Vorgaben schützt Art. 102 AEUV gerade nicht die einzelnen Interessen der Wettbewerber oder auch der Verbraucher, sondern die Struktur des Marktes und damit den Wettbewerb als solchen, also als Institution[31]. In der europäischen Missbrauchsaufsicht wird nach dem bisherigen Ansatz primär auf die effektive wettbewerbliche Struktur Wert gelegt, ohne dass dabei a priori entschieden ist, in welcher Tiefe eine Analyse des jeweils konkret vorliegenden Wettbewerbsprozesses vorzunehmen ist[32].

Die Kommission hat sich nunmher mit Einführung des „more economic approach" von diesem Ansatz des primären Schutzes der Marktstruktur und damit des unbeeinträchtigten Wettbewerbs gelöst[33]. Sie vertritt die Auffassung, dass der

30 Vgl. Basedow, WuW 2007, S. 714; Hintergrundpapier des Bundeskartellamts für die Sitzung des Arbeitskreises Kartellrecht, „Wettbewerbsschutz und Verbraucherinteressen im Lichte neuerer ökonomischer Methoden" vom 27.9.2004, S. 2,

31 Die Institution Wettbewerb wird nach dem bisherigen Ansatz als ein offener Prozess durch den Schutz der Marktstruktur und des auf dem relevanten Markt vorhandenen Restwettbewerbs geschützt, vgl. Immenga/Mestmäcker-*Fuchs/Möschel,* Europäisches Kartellrecht, 5. Aufl., Bd. 1, 1.Teil, Art. 102 AEUV, Rn. 9; Dreher, WuW 2008, S. 24f.; vgl. Schlussanträge GA Kokott v. 23. 2. 2006, Rs. C-95/04 P, British Airways, Rn. 68.

32 Vgl. Bundeskartellamt, "Die Zukunft der Missbrauchsaufsicht in einem ökonomisierten Wettbewerbsrecht", Hintergrundpapier zur Tagung des Arbeitskreises Kartellrecht am 20.9.2007, S. 6.

33 Bereits zuvor betonte die Kommission die Wichtigkeit des Schutzes der Verbraucher, hielt sich aber an die Vorgaben des EuGH eines primären Schutzes des Wettbewerbs:

primäre Schutzzweck von Art. 102 AEUV die Konsumentenwohlfahrt sei[34]. Nach diesem Ansatz stellt ein funktionsfähiger Wettbewerb kein Ziel an sich dar, sondern ist allein das Mittel zur Erreichung bestimmter übergeordneter Ziele, insbesondere des übergeordneten Schutzes der Verbraucher[35]. Alleinige Voraussetzung für ein Eingreifen des Missbrauchsverbotes nach Art. 102 AEUV kann dementsprechend nach der neuen Schutzrichtung ein Schaden oder zumindest die Gefahr eines Schadens für die Verbraucher sein[36].

II. Auswirkungsorientierter Ansatz statt verhaltensorientierter Ansatz

Eine weitere wichtige Neuerung betrifft die Methode der Feststellung eines konkreten Verstoßes gegen Art. 102 AEUV. In der bisherigen Praxis wurde zur Feststellung eines Verstoßes gegen Art. 102 AEUV allein auf bestimmte als wettbewerbswidrig eingestufte Verhaltensweisen abgestellt. Außer Acht gelassen wurden damit grundsätzlich mit dem Verhalten einhergehende Umstände, wie das konkrete Marktumfeld oder die im konkreten Einzelfall tatsächlich eingetretenen wettbewerblichen Effekte der Handlung, welche nach dem auswirkungsorientierten Neuansatz aufgrund einer ökonomsichen Analyse in die Prüfung miteinbezogen werden sollen[37]. Nach dem Ansatz des „more economic approach" genügt es in den meisten Fällen gerade nicht, lediglich die Form eines unternehmerischen Verhaltens zu bewerten und von dieser Form auf die wettbewerbsbeschränkende Auswirkung des konkreten Verhaltens zu schließen[38]. Vielmehr soll künftig im Einzelfall umfassend geprüft werden, wie genau sich ein konkretes Verhalten auf den Markt auswirkt, weshalb gerade auch positive Auswirkungen eines grundsätzlich missbräuchlichen Verhaltens berücksichtigt werden sollen. Die von der Kommission angestrebte Auswirkungsanalyse erfordert dementsprechend neben der Berücksichtigung der wettbewerbsbeschränkenden und damit für die Konsumentenwohlfahrt negativen Auswirkungen auch die Berücksichtigung von effizienzsteigernden Effekten des Verhaltens des potenziellen

---

"Eine Beendigung eines mißbräuchlichen Verhaltens auf dem geographischen Markt des Vereinigten Königreichs wird den Wettbewerb auf den relevanten britischen Märkten ankurbeln und so den Verbrauchern zugute kommen. Der Stand des Wettbewerbs auf anderen geographischen Märkten wird sich nicht verändern und damit auch den Verbrauchern nicht zum Schaden gereichen", Komm. vom 14.7.1999, ABl., Nr. L 30/1 vom 04.02.2000, Rn. 67, British Airways/Virgin.

34 Vgl. Basedow, WuW 2007, S. 712f.

35 Vgl. Hintergrundpapier des Bundeskartellamts für die Sitzung des Arbeitskreises Kartellrecht, „Wettbewerbsschutz und Verbraucherinteressen im Lichte neuerer ökonomischer Methoden" vom 27.09.2004, S. 3, Zusammenfassung abgedruckt in WuW 2005, S. 49–55.

36 Vgl. Bundeskartellamt, "Die Zukunft der Missbrauchsaufsicht in einem ökonomisierten Wettbewerbsrecht", Hintergrundpapier zur Tagung des Arbeitskreises Kartellrecht am 20.9.2007, S. 6.

37 Vgl. Hirsbrunner/Schädle, EuZW 2006, S. 584–587.

38 Vgl. Schmidtchen, WuW 2006, S. 707.

Marktbeherrschers. Ein und dasselbe Verhalten kann zur gleichen Zeit sowohl negative als auch positive Effekte für die Konsumentenwohlfahrt mit sich bringen[39]. Nach diesem Ansatz können somit wettbewerbsschädigende Effekte eines Verhaltens durch sogenannte Effizienzgewinne, also wettbewerbsfördernde oder wohlfahrtssteigernde Effekte, ausgeglichen werden[40].

Hintergrund dieses neuen Ansatzes ist die ökonomisch geprägte Erkenntnis, dass viele der bislang grundsätzlich als missbräuchlich angesehenen Praktiken wettbewerblich ambivalent sind, d. h. sowohl wettbewerbsbeeinträchtigende als auch wettbewerbsförderliche Wirkung entfalten können[41]. Die konkreten Auswirkungen werden dann in einer Gesamtschau gegenübergestellt, wobei nur bei einem Überwiegen der negativen Auswirkungen das Verbot des Art. 102 AEUV greifen soll[42]. Durch dieses Abrücken vom verhaltensorientierten Ansatz soll im Ergebnis eine höhere Einzelfallgerechtigkeit erzielt werden, weil verschiedene Verhaltensweisen mit der gleichen Wirkung auch gleich beurteilt werden[43].

III. Rule of Reason-Standard statt Per se-Regeln

In engem Zusammenhang mit dem Umschwenken auf den Auswirkungsansatz steht dogmatisch eine Abkehr von den bislang angewendeten Per se-Regeln und einer stattdessen angewandten „rule of reason“[44]. Der Grundsatz des Verbots bestimmter Handlungen, welche in Art. 102 UA. 2 lit. a) bis d) AEUV beispielshaft aufgeführt sind, soll in Zukunft unberücksichtigt bleiben und nunmehr ein Rule

---

39 Diese Erkenntnis, welche die Kommission nun auch im Bereich der Missbrauchskontrolle nach Art. 102 AEUV umsetzen will, wurde bereits im Kartellverbot nach Art. 101 AEUV vertraglich festgehalten. Nach Art. 101 Abs. 3 AEUV i. V. m. der Gruppenfreistellungsverordnung werden bestimmte wettbewerbsbeschränkende und damit konsumentenwohlfahrtsschädigende Verhaltensweisen oder Vereinbarungen unter bestimmten Voraussetzungen vom Kartellverbot nach Art. 101 AEUV befreit, wobei ausdrücklich auf die Konsumentenwohlfahrt abgestellt wird. Der Effizienzeinwand ist demnach im Kartellverbot nach Art. 101 AEUV bereits fester Bestandteil des Europäischen Wettbewerbsrechts.

40 Vgl. Wirtz/Möller, WuW 2006, S. 229f.

41 Vgl. Bundeskartellamt, "Die Zukunft der Missbrauchsaufsicht in einem ökonomisierten Wettbewerbsrecht", Hintergrundpapier zur Tagung des Arbeitskreises Kartellrecht am 20.9.2007, S. 5.

42 Vgl. Dauses-*Emmerich,* Handbuch des EU-Wirtschaftsrechts, Art. 102 AEUV, Rn. 9.

43 Vgl. Schmidtchen, FS Schäfer, S. 485. Ein wesentlicher Diskussionspunkt ist diesbezüglich die Frage, ob die durch den angestrebten Auswirkungsansatz zu erwartende Einzelfallgerechtigkeit gegenüber einem möglichen Verlust an Rechtssicherheit vorzuziehen ist, vgl. *O'Donoghue/Padilla,* S. 182 ff.; *Kellerbauer,* Der „more economic approach“ bei Anwendung des Artikels 82 EG-Vertrag, S. 72f.; Schmidt, FS Bechtold, S. 412 f. Diese Frage wird im Laufe der Arbeit zu beantworten sein.

44 Vgl. Gauß, Die Anwendung des kartellrechtlichen Missbrauchsverbots nach Art. 82 EG in innovativen Märkten, S. 47.

of reason-Standard in die Prüfung eingebaut werden, nach welchem verstärkt auf Verhältnismäßigkeitserwägungen abgestellt werden kann[45]. Das System des Art. 102 AEUV wird hierdurch insofern flexibler, als ein bestimmtes Verhalten zukünftig nach der Vorgabe einer „rule of reason" nicht mehr nach festgelegten Voraussetzungen entweder rechtmäßig oder unrechtmäßig sein kann, sondern unter Abwägung der konkreten Umstände des Einzelfalls entschieden wird, ob das Verhalten einen Verstoß gegen Art. 102 AEUV darstellt oder nicht.

Mit diesem neuen Ansatz können damit in Zukunft auch sogenannte Effizienzeinreden der Marktbeherrscher berücksichtigt werden, nach welchen das grundsätzlich unzulässige Verhalten ebenso vorteilhafte Auswirkungen für den Wettbewerb und damit für die Verbraucher mit sich bringen kann, welche die negativen Auswirkungen aufwiegen[46]. Dabei soll ein Verhalten, welches neben möglichen negativen wettbewerblichen Auswirkungen auch positive wettbewerbliche Auswirkungen hat, entsprechend dem Grundsatz der „rule of reason" nicht als missbräuchlich im Sinne von Art. 102 AEUV eingestuft werden, wenn die positiven Auswirkungen gegenüber den negativen überwiegen. Aus diesen Erwägungen ergibt sich eine neue Verteidigungsmöglichkeit für marktbeherrschende Unternehmen.

IV. Effizienzeinrede oder eingeschränkte Verteidigungsmöglichkeit

Die mit dem Ansatz des „more economic approach" angestrebte Effizienzeinrede im Sinne einer „rule of reason" ermöglicht den marktstarken Unternehmen eine gänzlich neue Verteidigung ihres potenziell missbräuchlichen Verhaltens. Während bislang pauschal auf bestimmte als wettbewerbswidrig eingestufte Verhaltenstypen abgestellt wurde und nur äußerst eingeschränkt eine Rechtfertigung des Verhaltens der Marktbeherrscher möglich war, soll nunmehr durch die Effizienzeinrede auch die wettbewerbsrechtliche Ambivalenz bestimmter Verhaltensweisen berücksichtigt und damit mögliches, überwiegend wettbewerbsförderliches Verhalten durch die Marktbeherrscher selbst vorgebracht werden können. Diesem Neuansatz der Rechtfertigung eines Verhaltens durch Einführung der Effizienzeinrede liegt wiederum das neue primäre Schutzziel der Konsumentenwohlfahrt zugrunde: Ein Verhalten, dessen positive Auswirkungen auf den Wettbewerb gegenüber den negativen Auswirkungen auf den Wettbewerb überwiegen, wirkt sich somit im Ergebnis positiv

45 Nach dem im US-Kartellrecht herrschenden und nach dem Ansatz des „more economic approach" auch im europäischen Wettbewerbsrecht eingeführten Rule of Reason-Standard kann ein grundlegend unzulässiges Verhalten durch überwiegend wettbewerbsfördernde Wirkungen ausgeglichen werden, so dass ein Verstoß gegen wettbewerbsrechtliche Vorschriften in diesem Fall zu verneinen ist, vgl. Grützner/Jakob, Compliance von A-Z, Stichwort „Rule of Reason" .

46 Vgl. Bundeskartellamt, "Die Zukunft der Missbrauchsaufsicht in einem ökonomisierten Wettbewerbsrecht", Hintergrundpapier zur Tagung des Arbeitskreises Kartellrecht am 20.9.2007, S. 5.

auf die Konsumentenwohlfahrt aus und unterstützt damit das neue Ziel der Missbrauchsaufsicht nach dem „more economic approach".

Der EuGH hat in seiner auf die Veröffentlichung des Diskussionspapiers folgenden Rechtsprechung bereits erstmalig die Tendenz zu einer möglichen Etablierung der Effizienzeinrede als neue Verteidigungsmöglichkeit bei der Missbrauchskontrolle angedeutet, indem explizit auf die Effizienzvorteile eines Verhaltens für die Verbraucher und den Wettbewerb abgestellt und die Möglichkeit des Ausgleichs eines an sich missbräuchlichen Verhaltens durch Effizienzvorteile angenommen wurde[47]. Diese Entwicklung wird anhand der Folgerechtsprechung vertiefend zu untersuchen sein[48].

3. Kapitel: Umfassende Neuorientierung des unionsrechtlichen Wettbewerbsrechts als Voraussetzung der Einführung des „more economic approach" bei Art. 102 AEUV

Der Ansatz des „more economic approach" wurde nicht einheitlich in einem Schritt für alle Teilbereiche des europäischen Wettbewerbsrechts eingeführt. Er beschränkt sich aber auch nicht auf einzelne Teilbereiche, sondern entwickelt sich vielmehr innerhalb des Wettbewerbsrechts Stück für Stück weiter, so dass immer neue Teilbereiche durch den neuen ökonomischen Ansatz beeinflusst werden.

A. Verschiedene Bereiche des europäischen Wettbewerbsrechts im Einfluss des „more economic approach"

Die Neuorientierung im europäischen Wettbewerbsrecht in Richtung einer ökonomisch geprägten Herangehensweise an die wettbewerbsrechtlichen Vorschriften erstreckt sich über die Neufassung der Kartellverordnung und der Fusionskontrollverordnung in den Jahren 2002 bis 2004, setzte sich über eine Verfassung von Leitlinien für horizontale Zusammenschlüsse ebenfalls im Jahr 2004 und im Jahre 2007 für nicht-horizontale Zusammenschlüsse bis zur Veröffentlichung der Leitlinien zur Anwendbarkeit von Art. 101 AEUV auf Vereinbarungen über horizontale Zusammenarbeit im Jahre 2011 fort und mündet aktuell in die andauernde Debatte

47 EuGH, Slg. 2007, I-2331, Rn. 87, British Airways: „Es ist zu ermitteln, ob die für den Wettbewerb nachteilige Verdrängungswirkung einer solchen Regelung durch Effizienzvorteile, die auch dem Verbraucher zugutekommen, ausgeglichen oder sogar übertroffen werden kann. Steht die Verdrängungswirkung dieser Regelung in keinem Zusammenhang mit Vorteilen für den Wettbewerb und die Verbraucher oder geht sie über dasjenige hinaus, was zur Erreichung solcher Vorteile erforderlich ist, so ist diese Regelung als missbräuchlich anzusehen."

48 Vgl. 4. Teil, 1. Kapitel.

um die zukünftige Handhabung des Missbrauchsverbotes für marktbeherrschende Unternehmen[49].

Der Prozess der Modernisierung der europäischen Wettbewerbspolitik in Richtung einer stärkeren Ökonomisierung umfasst damit alle Teilbereiche des europäischen Wettbewerbrechts[50]. Im Zuge der Reformbewegung hat sich als gemeinsame, schlagwortartige Bezeichnung der einzelnen Reformschritte der Terminus „more economic approach" herausgebildet, welcher gleichsam übergreifend die verbindende, allen Reformelementen zugrunde liegende Ausrichtung des Modernisierungsprozesses determiniert[51]. Grundlage des Ansatzes des „more economic approach" sollten dabei industrieökonomische Modelle und Erkenntnisse sein, wie z. B. die Modelle und Erkenntnisse der Effizienzvorteile und der unilateralen Effekte, welche wiederum auf verschiedenen ökonomischen Leitbildern beruhen[52]. Die Entscheidung hat danach im Rahmen des jeweiligen wettbewerbsrechtlichen Teilbereichs auf Grundlage einer umfassenden Betrachtung ökonomischer Aspekte zu erfolgen. Der Neuansatz kam im Europäischen Wettbewerbsrecht bislang insbesondere in Bezug auf die Auslegung und Anwendung der Verbote wettbewerbsbeschränkender Vereinbarungen nach Art. 101 AEUV sowie auf wettbewerbsbehindernde Zusammenschlüsse nach Art. 2 der Europäischen Fusionskontrollverordnung zur Geltung[53].

B. Schrittweise Etablierung des „more economic approach" im europäischen Wettbewerbsrecht

Die Einführung des „more „economic approach" vollzog sich in mehreren Schritten. Ende der neunziger Jahre reformierte die Kommission zunächst ihren Ansatz hinsichtlich vertikaler Vereinbarungen grundlegend[54]. Dieser erste Richtungswechsel beruhte auf der Erkenntnis, dass viele vertikale Vereinbarungen im Ergebnis eher wettbewerbsförderlich als wettbewerbsschädlich waren[55].

---

49 Vgl. Soyez, WuW 2013, S. 103, welcher den Ansatz des „more economic approach" zumindest im Jahr 2005 bereits als etablierten Bestandteil in der europäischen Wettbewerbspolitik bezeichnet.

50 Vgl. Budzinski, FS Eickhof, S. 18.

51 Vgl. Albers, Der „more economic approach" bei Verdrängungsmissbräuchen, S. 12ff. Zur Begrifflichkeit des „more economic approach" vgl. auch: Kirchner, Das Missbrauchsverbot des Art. 102 AEUV, S. 103.

52 Vgl. Röller, Der ökonomische Ansatz in der europäischen Wettbewerbspolitik, S. 42.

53 Vgl. hierzu ausführlich Fuchs, ZWeR 2005, S. 1ff.

54 Vgl. Brinker, NZKart 1/2013, S. 2.

55 Vgl. Bundeskartellamt, "Die Zukunft der Missbrauchsaufsicht in einem ökonomisierten Wettbewerbsrecht", Hintergrundpapier zur Tagung des Arbeitskreises Kartellrecht am 20.9.2007, S. 1.

I. Der „more economic approach" bei Art. 101 AEUV

Die erste Initiative in Richtung eines „more economic approach" durch die Kommission geschah im Hinblick auf die Erweiterung der Europäischen Union und eine Häufung von Anwendungsfällen des damaligen Art. 81 EG (Art. 101 AEUV). Als Reaktion auf die neuen Umstände wurde das hinsichtlich ex-Art. 81 EG im Rahmen des Kartellverbotes bestehende Verbot mit Erlaubnisvorbehalt aufgegeben und, im Streben nach einer Dezentralisierung des Wettbewerbsrechts, ein Verbot mit Legalausnahme eingeführt[56]. Bezüglich dieses Wandels bei der Interpretation des Kartellverbotes wurde im europäischen Wettbewerbsrecht erstmalig der Begriff des „more economic approach" verwendet[57]. Schon bei dieser ersten Einführung des „more economic approach" in das europäische Rechtssystem wurde deutlich, dass der neue Ansatz eine grundlegende Änderung des wettbewerbspolitischen Leitbildes mit sich bringen wird[58]. Nach dieser Modernisierung der Prüfung vertikaler Vereinbarungen setzte sich eine im gemeinschaftrechtlichen Wettbewerbsrecht neuartige Entwicklung in Gang. Der Leitgedanke dieses Prozesses war und ist dabei eine Stärkung des ökonomischen Fundaments in der generellen Anwendung des Wettbewerbsrechts[59].

II. Kartellverordnung des Rates (VO 1/2003)

Die Kartellverordnung VO 1/2003 hat die öffentliche Durchsetzung des europäischen Wettbewerbsrechts neu geordnet und steht aktuell aufgrund ihres zehnjährigen Bestehens erneut im Blickpunkt[60]. Ein weiterer Schritt zur verstärkten Ökonomisierung des europäischen Wettbewerbsrechts erfolgte im Bereich der Kartellpolitik. Es blieben zwar die materiellen Regeln des ex-Art. 81 EG bestehen, aber die in der Kartellverordnung niedergelegten Anwendungs- und Durchführungsbestimmungen wurden mit Wirkung vom 1.5.2004 durch die neue Kartellverordnung des Rates[61] grundlegend reformiert[62]. Insbesondere wurde das bis dahin geltende Ex-ante-Anmeldesystem für Freistellungen vom allgemeinen Kartellverbot nach ex-Art. 81 Abs. 3 EG durch das seither praktizierte Ex-post-Legalausnahmesystem abgelöst[63]. Durch diese Neuerung entfiel der Zwang, freistellungsfähige Kartelle, welche die

---

56 Vgl. Gruppenfreistellungsverordnung (EG) für vertikale Vereinbarungen vom 22.12.1999, ABl. Nr. L 336/21 vom 29.12.1999.

57 Vgl. Brinker, NZKart 1/2013, S. 2f.

58 Vgl. Zöttel, WRP 2005, S. 33f.

59 Vgl. Bundeskartellamt, Die Zukunft der Missbrauchsaufsicht in einem ökonomisierten Wettbewerbsrecht, Hintergrundpapier zur Tagung des Arbeitskreises Kartellrecht am 20.9.2007, S. 1.

60 Vgl. Schweitzer, NZKart 1/2014, S. 1.

61 Vgl. Verordnung (EG) Nr. 1/2003 des Rates vom 16. Dezember 2002, ABl. L 1/1 vom 4.1.2003 (nachfolgend: VO 1/2003).

62 Vgl. Weitbrecht, ECLR 2008, S. 81.

63 Vgl. Budzinski, FS Eickhof, S. 16.

Bedingungen des ex-Art. 81 Abs. 3 EG erfüllten, vorab bei der Kommission anzumelden und durch die Generaldirektion Wettbewerb überprüfen zu lassen. Hierdurch kam es zu einer Verringerung des nicht unerheblichen Arbeitsaufwandes der Generaldirektion Wettbewerb der Europäischen Kommission als Prüfungsinstanz, da die Unternehmen in Antizipation der europäischen Wettbewerbsregelungen bis zur Neuregelung zu mehr als 90 % nur legale Kartelle angemeldet hatten, welche dann mit einem erheblichem Aufwand geprüft werden mussten und erst nach dieser Prüfung offiziell zugelassen werden konnten[64]. Die Konzentration der Wettbewerbsbehörde richtet sich nach der Neuregelung nunmehr auf die Verhinderung illegaler Vereinbarungen, welche grundsätzlich ohnehin nicht angemeldet werden. Insofern stehen bei diesem Modernisierungsprozess hin zu einer ökonomischeren Betrachtungsweise bereits die dem Ansatz des „more economic approach“ selbst immanenten Effizienzüberlegungen im Mittelpunkt, indem die Effizienz der Aufdeckung illegaler Kartelle gesteigert werden soll[65].

III. Fusionskontrollverordnung

Eine noch tiefergreifende Reform im Sinne des „more economic approach“ wurde hinsichtlich der Fusionskontrolle durchgesetzt.

1. Fokussierung auf die Auswirkungen eines Verhaltens

Die ebenfalls seit dem 1.5.2004 geltende neue Fusionskontrollverordnung (FKVO)[66] beinhaltet ein gänzlich neues Untersagungskriterium[67]. Der sogenannte SIEC-Test[68] löste den bis dahin angewendeten traditionellen Marktbeherrschungstest ab, nach welchem Fusionen untersagt werden konnten, die eine marktbeherrschende Stellung schaffen oder verstärken[69]. Nach dem neuen SIEC-Test sind Unternehmenszusammenschlüsse zu untersagen, wenn sie zu einer wesentlichen Einschränkung des wirksamen Wettbewerbs führen[70]. Durch diese Neuerung wird nicht mehr hauptsächlich eine bestimmte Marktsituation, nämlich eine marktbeherrschende Stellung, hinsichtlich einer möglichen Untersagung von Zusammenschlüssen als entscheidendes Kriterium herangezogen, sondern es wird vielmehr direkt auf die zu

---

64 Vgl. Budzinski, FS Eickhof, S. 18.
65 Die institutionelle Reform ist als komplementär zu der instrumentellen Reform der Verwendung von Kronzeugenregelungen zur Aufdeckung illegaler Kartelle zu sehen. Auch die Einführung der Kronzeugenregelungen basiert stark auf industrieökonomischen Argumenten, vgl. Vgl. Budzinski, FS für Eickhof, S. 18.
66 Vgl. Fusionskontrollverordnung (EG) Nr. 139/2004 des Rates vom 20.1.2004, ABl. Nr. 24/1 vom 29.1.2004, S. 4.
67 Vgl. Brinker, NZKart 1/2013, S. 2.
68 Significant Impediment of Effective Competition-Test.
69 Vgl. Budzinski, FS Eickhof, S. 18.
70 Kritisch zum SIEC-Test: Basedow, Marktbeherrschung und SIEC-Test, S. 35.

erwartenden Auswirkungen auf den Wettbewerb abgestellt[71]. Dies entspricht dem Grunde nach der Vorgabe einer Berücksichtigung negativer und positiver Effekte auf den Wettbewerb nach dem Auswirkungsansatz des „more economic approach". In den Leitlinien zur Bewertung horizontaler Unternehmenszusammenschlüsse wird zudem entsprechend dem Ansatz des „more economic approach" ausdrücklich die Berücksichtigung möglicher Effizienzvorteile genannt[72]. Die Einführung von Effizienzerwägungen bei der Beurteilung von Wettbewerbsverstößen wird im Bereich der Fusionskontrolle eingeschränkt vorgenommen, da neben den geforderten umfassenden Dokumentations- und Beweiserfordernissen lediglich nicht wesentliche negative Auswirkungen auf den Wettbewerb durch Effizienzgewinne kompensiert werden können[73]. Ein endgültiger Durchbruch hin zu einem System der ausnahmsweisen Genehmigung eines grundsätzlich unzulässigen Verhaltens aufgrund von Effizienzerwägungen konnte aufgrund dieser Einschränkung somit noch nicht erreicht werden. Die Neuregelung in der Fusionskontrolle grenzt damit in der Praxis den vorherigen Ansatz lediglich ein, als dass sie tatsächlich ein neues System einführt[74].

Auch in den Leitlinien der Kommission für nicht-horizontale Zusammenschlüsse werden wiederum nach dem Ansatz des „more economic approach" die Auswirkungen auf den Wettbewerb bei der Untersuchung vertikaler und konglomerater Zusammenschlüsse als wesentliches Kriterium hervorgehoben[75]. Es wird deutlich, dass sich die Wettbewerbspolitik in Zukunft auch im Bereich der nicht-horizontalen Zusammenschlüsse auf moderne industrieökonomische Konzepte im Sinne des „more economic approach" stützen wird[76]. Auch die 2011 veröffentlichten Leitlinien für die Vereinbarungen über horizontale Zusammenarbeit[77] tragen die deutliche Handschrift einer Orientierung an ökonomischen Vorgaben unter Aufgabe der traditionellen Ansätze[78]. Die bislang erforderliche Berücksichtigung einer möglichen

---

71 Vgl. Röller/de la Mano, ECJ 2006, S. 9ff.

72 Leitlinien der Kommission zur Bewertung horizontaler Zusammenschlüsse gemäß der Ratsverordnung über die Kontrolle von Unternehmenszusammenschlüssen, ABl. C 31/5 vom 5.2.2004, S. 5ff.

73 Vgl. Budzinski, FS Eickhof, S. 19.

74 So werden durch den neuen Ansatz der Effizienzverteidigung die Anwendung der Theorie unilateraler Oligopoleffekte auf kleinere Zusammenschlüsse bzw. solche nicht unmittelbarer Wettbewerber eingegrenzt, vgl. Schwalbe, Die Berücksichtigung von Effizienzgewinnen in der Fusionskontrolle, S. 63ff.

75 Vgl. Leitlinien der Kommission zur Bewertung nichthorizontaler Zusammenschlüsse gemäß der Ratsverordnung über die Kontrolle von Unternehmenszusammenschlüssen, ABl. C 256/6 vom 18.10.2008, abrufbar unter: http://eur-lex.europa.eu/LexUriServ/LexUriServ.do?uri=OJ:C:2008:265:0006:0025:de:PDF (letzter Abruf 10.4.2013).

76 Vgl. Papandropoulos, What can be expected from the Commission´s Non-horizontal Merger Guidelines?, S. 31ff.

77 Leitlinien zur Anwendbarkeit von Artikel 101 AEUV auf Vereinbarungen über horizontale Zusammenarbeit, in: Amtsblatt C 11/1 vom 14.1.2011.

78 Vgl. Brinker, NZKart 1/2013, S. 2.

Marktbeherrschung fällt damit zugunsten einer wettbewerblichen Gesamtbetrachtung entsprechend dem Auswirkungsansatz weg, nach welchem die zu erwartenden positiven und negativen Auswirkungen des Zusammenschlusses einzelfallorientiert abgewogen werden können[79].

2. *Rechtsprechung zur Fusionskontrolle*

Auch in der Rechtsprechung setzt sich hinsichtlich der Fusionskontrolle immer weiter eine Anwendung ökonomischer Methoden und Instrumente durch. Insbesondere werden verstärkt ökonometrische Analysen und Fusionssimulationsmodelle eingesetzt[80]. Der Einsatz dieser Methoden, insbesondere der Fusionssimulationsmodelle, entspricht wiederum dem Ansatz des „more economic approach", da hierdurch die zu erwartenden Auswirkungen unter anderem auf die Konsumentenwohlfahrt untersucht werden können[81]. Die angewandten Fusionssimulationsmodelle haben das Ziel, kurzfristige Preis- und Mengeneffekte von Zusammenschlüssen dadurch zu prognostizieren, dass sie auf der Basis eines möglichst geeigneten Wettbewerbsmodells und mit Hilfe vergangenheitsbezogener Marktdaten eine quantitative Prognose über Preis-, Mengen- und damit Wohlfahrtsänderungen infolge der geplanten Fusion liefern[82].

3. *Fusionskontrolle als Mittelpunkt des ökonomischen Neuansatzes*

Der verstärkte Einsatz vielseitiger ökonomischer Instrumente zur Analyse in der Fusionskontrolle stellt ein Herzstück des „more economic approach" im europäischen Wettbewerbsrecht dar. Es wird eine deutliche Tendenz in der unionsrechtlichen Fusionskontrolle hin zu einer stärkeren Effizienzorientierung deutlich, da die mit Hilfe der ökonomischen Instrumente ermittelten Effekte letztendlich die Markteffizienz, also die Funktionsfähigkeit eines Marktes an sich, beschreiben und somit Rückschlüsse auf weitere Parameter, wie beispielsweise die Konsumentenwohlfahrt, zulassen[83].

---

79 Vgl. Budzinski, FS Eickhof, S. 19.

80 Vgl. Budzinski/Christiansen, LIEI 2007, S. 133ff.

81 Ein solch ökonomischer Ansatz wurde von der Kommission durch den Einsatz verschiedener Simulationsmodelle angewendet. So wurden Simulationsmodelle und ökonometrische Methoden durch die Kommission bereits in den Zusammenschlussfällen Volvo/Scania, Philip Morris/Papastratos, Lagardère/Natexis/VUP, Oracle/PeopleSoft, GE/Instrumentarium und Sony/BMG eingesetzt, vgl. Budzinski/Christiansen/Aigner, ECJ 2007, S. 63ff.

82 Vgl. Weiskopf, Antitrust 2003, S. 57ff.

83 Vgl. Budzinski, FS Eickhof, S. 15.

C. Kurzüberlick über die Entwicklung und den aktuellen Stand

Obwohl die Reformbestrebungen der Kommission auch in Bezug auf die Anwendung des Art. 102 AEUV bereits vor über einem Jahrzehnt eingeleitet wurden, wird auch aktuell weiterhin kontrovers über die Ausweitung der Anwendung des ökonomischen Ansatzes auch auf die Missbrauchskontrolle diskutiert[84]. Der Reformprozess im Bereich der Missbrauchsaufsicht wurde bereits durch den damaligen Wettbewerbskommissar Monti ins Leben gerufen[85]. Auch seine Nachfolgerin, Wettbewerbskommissarin Kroes, hat bereits zu Beginn ihrer Amtszeit deutlich gemacht, dass eine Wettbewerbspolitik, die auf ökonomischen Prinzipien beruht, an der Spitze ihrer Agenda stand[86]. Auch ihr Nachfolger als Wettbewerbskommissar, Joaquin Almunia, betont die Wichtigkeit der Reformbewegung hin zu einem „more economic approach" im europäischen Wettbewerbsrecht[87].

Gerade im Bereich der Missbrauchskontrolle ist die Entwicklung hin zu einem von der Europäischen Kommission forcierten Neuansatz nach den Vorgaben des „more economic apporach" weiterhin nicht abschließend geklärt. Während sich die

---

84 Vgl. eingehend dazu: Schumacher, Effizienz und Wettbewerb, S. 293ff.

85 Monti teilte in seiner letzten offiziellen Rede als Wettbewerbskommissar im Jahr 2004 mit, dass ein wesentliches Element seiner fünfjährigen Amtszeit das Zusammenführen von Wettbewerbspolitik und ökonomischem Verständnis gewesen sei. Die Amtszeit von Wettbwerbskommissar Monti kann damit als Vorbereitung für eine spätere Einführung des „more economic approach" im europäischen Wettbewerbsrecht angesehen werden: "[...] a major trend of this mandate has been to ensure that competition policy is fully compatible with economic learning. Furthermore, competition policy is an instrument to foster economic growth, promote a good allocation of resources and to strengthen the competitiveness of European industry for the benefit of the citizens", damaliger Wettbewerbskommissar Mario Monti in seiner Rede beim European Competition Day, Dublin 29.4.2004, abrufbar unter: http://europa.eu/rapid/pressReleasesAction.do?reference=SPEECH/04/212&format=HTML&aged=0&language=EN&guiLanguage=en (letzter Abruf 10.4.2013).

86 "As I'm sure you all know, I am an economist by training. Now I am an antitrust enforcer by profession! As an economist, I want an economically sound framework", formulierte die damalige Wettbewerbskommissarin Nellie Kroes in ihrer Rede am Fordham Corporate Law Institute, New York, 23.9.2005, Speech/05/537, abrufbar unter: http://europa.eu/rapid/press-release_SPEECH-05-537_en.htm (letzter Abruf 10.4.2013); vgl. auch Schmidtchen, FS für Schäfer, S. 473.

87 "Looking at the last 20 years – the lifetime of your organisation – EU competition law has seen a profound transformation in its substantive nature and in its institutional set up. Notable landmarks include: [...] The shift towards a more economic approach generated by a series of new Block exemption regulations and policy guidelines in several areas", führte Wettbewerbskommissar Joaquin Almunia in seiner Rede zum 20. Geburtstag der Europäischen Rechtsakademie (ERA) aus, Trier 8.10.2012, Speech/12/742, abrufbar unter: http://europa.eu/rapid/press-release_SPEECH-12-742_en.htm (letzter Abruf 10.4.2013).

Kommission klar positioniert hat und mit den traditionellen formalen Vorgaben des bisherigen Ansatzes brechen will, ist es nach wie vor offen, wie die europäischen Gerichte auf den Vorstoß der Kommission reagieren und inwieweit die europäische Rechtsprechung den Ansatz des „more economic approach“ verwerfen oder übernehmen wird[88].

88 Vgl. Brinker, NZKart 1/2013, S. 7f.

2. Teil: Konkreter Ansatz des „more economic approach“ bei der Missbrauchskontrolle und die Einordnung in ökonomische Leitbilder

1. Kapitel: Der konkrete Ansatz des „more economic approach“ im Rahmen der Missbrauchskontrolle nach Art. 102 AEUV

A. Einführung des „more economic approach“ durch Initiative der Europäischen Kommission

Die Kommission, die einen Paradigmenwechsel hin zu einer ökonomischen Herangehensweise an Art. 102 AEUV immer weiter vorantreibt, ist die führende Kraft hinsichtlich der Einführung des Ansatzes des „more economic approach“ im Bereich der Missbrauchsaufsicht nach Art. 102 AEUV.

I. Veröffentlichung des EAGCP-Reports

Der erste große Schritt hin zum neuen Ansatz des „more economic approach“ war dabei die Veröffentlichung des Berichts der von der Europäischen Kommission beauftragten EAGCP[89] mit dem Titel „An economic approach to Article 82“[90]. Die EAGCP wurde von der Europäischen Wettbewerbskommissarin Nellie Kroes als Expertengruppe ausdrücklich für die Erstellung eines einführenden Berichts über eine Anwendbarkeit des „more economic approach“ bei der Anwendung von Art. 102 AEUV mit dem speziellen Auftrag einberufen, die Argumente für die Anwendung eines neuen ökonomischen Ansatzes im Rahmen der Missbrauchskontrolle zusammenzutragen und zu präsentieren[91].

89 EAGCP- Economic Advisory Group Competition Policy.

90 Der EAGCP-Report ist abrufbar unter: http://ec.europa.eu/dgs/competition/economist/eagcp_july_21_05.pdf (letzter Abruf 10.4.2013).

91 Die EAGCP setzte sich zusammen aus sieben Experten: Jordi Gual (IESE Business School, Barcelona), Martin Hellwig (Max Planck Institut, Bonn), Anne Perrot (Universität Paris I und Conseil de la Concurrence, Paris), Michele Polo (Bocconi Universität Mailand), Patrick Rey (Koordinator, Universität Toulouse), Klaus Schmidt (Universität München) und Rune Stenbacka (Swedish School of Economics, Helsinki und RUESG, Universität Helsinki).

II. Veröffentlichung des Diskussionspapiers

Im Anschluss an den EAGCP-Report veröffentlichte die Europäische Kommission im Dezember 2005 ein Diskussionspapier zur Missbrauchsaufsicht nach Art. 102 AEUV mit dem Ziel, dem Ansatz des „more economic approach" endgültig auch im Rahmen der Missbrauchskontrolle des Art. 102 AEUV zum Durchbruch zu verhelfen[92].

III. Offene Debatte bei der Einführung des ökonomischen Ansatzes

Mittelbares Ziel dieser Initiative der Kommission ist die feste Verankerung des ökonomischen Ansatzes in der wettbewerbsrechtlichen Missbrauchskontrolle. Die Öffentlichkeit wurde gleichzeitig mit der Veröffentlichung des Diskussionspapiers von der Kommission aufgefordert, zu dem Papier Stellung zu beziehen, woraufhin sich eine rege Diskussion unter Beteiligung verschiedener Interessengruppen entwickelte[93]. Gerade um die Konzeption des Papiers auf eine möglichst breite Diskussionsbasis zu stellen, wurden jegliche Interessengruppen ausdrücklich ermutigt, Stellungnahmen einzureichen[94]. Das unmittelbare Ziel dieser Initiative der Kommission, eine breite öffentliche Auseinandersetzung hinsichtlich einer ökonomisch

92 Im Rahmen der Missbrauchsaufsicht des Art. 102 AEUV wird hinsichtlich der verbotenen missbräuchlichen Ausnutzung einer marktbeherrschenden Stellung in der Regel hauptsächlich zwischen zwei verschiedenen Formen des Marktmissbrauchs unterschieden. Der Behinderungsmissbrauch umfasst Verhaltensweisen, durch die Wettbewerber des marktbeherrschenden Unternehmens vom Markt verdrängt werden sollen. Der davon zu unterscheidende Ausbeutungsmissbrauch vereint die Fälle, in denen marktbeherrschende Unternehmen ihre Marktmacht bewusst ausnutzen, um Wettbewerbsvorteile zu erlangen, wie z.B. durch überhöhte Preisfestsetzung. Die Kommission beschäftigt sich in ihrem Diskussionspapier ausschließlich mit dem Behinderungsmissbrauch. Die Missbrauchsform des Ausbeutungsmissbrauchs soll zu einem späteren Zeitpunkt nach dem neuen Ansatz erarbeitet werden; vgl. Bekanntmachung hinsichtlich der Veröffentlichung des Diskussionspapiers über Marktmissbräuche vom 19.12.2005, Referenz: IP/05/1626, abrufbar unter: http://europa.eu/rapid/press-release_IP-05-1626_de.htm?locale=FR, (letzter Abruf: 10.4.2013). Eine weitere Missbrauchsart ist der Diskriminierungsmissbrauch, der ebenfalls keine Berücksichtigung im Diskussionspapier findet.

93 Insgesamt wurden über 100 Stellungnahmen der führenden Unternehmen, Wirtschaftskanzleien und Organisationen bei der Kommission eingereicht, abrufbar unter: http://ec.europa.eu/comm/competition/antitrust/art82/contributions.html (letzter Abruf 10.4.2013).

94 Vgl. die Ausführungen in der Einleitung des Diskussionspapiers: „Public consultation, DG Competition invites all interested parties to make comments on this discussion paper".

geprägten Anwendung von Art. 102 AEUV anzuregen, wurde hierdurch bereits erreicht[95].

IV. Prioritätenmitteilung der Europäischen Kommission

Am 3.12.2008 hat die Kommission ein sogenanntes „guidance-paper" zu Art. 102 AEUV als vorläufige Version veröffentlicht[96]. Diese Prioritätenmitteilung wurde danach als endgültige Version am 9.2.2009 veröffentlicht und als erstes Dokument der Europäischen Kommission zum „more economic approach" bei der Missbrauchskontrolle überhaupt in alle 22 Sprachen der Europäischen Union und damit erstmalig auch in die deutsche Amtssprache übersetzt[97]. In der Mitteilung werden die Prioritäten der Kommission bei der Anwendung von Art. 102 AEUV im Lichte des „more economic approach" in kompakter Form noch einmal dargestellt[98]. Die Mitteilung dient insbesondere auch dem Ziel, allen Beteiligten das zukünftige Vorgehen der Kommission bei der Überprüfung des Missbrauchs einer marktbeherrschenden Stellung nach dem „more economic approach" nachvollziehbar zu vermitteln und damit eine noch größere Akzeptanz für den neuen Ansatzes zu erreichen[99].

---

95 Vgl. Nellie Kroes, Closing Remarks at Public Discussion on Article 82 (abuse of dominance), Public Discussion on Article 82 Discussion Paper, Brüssel, 14.06.2006, Speech/06/376, S. 2f., abrufbar unter: http://ec.europa.eu/comm/competition/antitrust/art82/kroes.pdf (letzter Abruf 10.4.2013).

96 Prioritätenmitteilung der Kommission, „Erläuterungen zu den Prioritäten der Kommission bei der Anwendung von Artikel 82 des EG-Vertrags auf Fälle von Behinderungsmissbrauch durch marktbeherrschende Unternehmen", ABl. 2009, C 45/7, abrufbar unter: http://eur-lex.europa.eu/LexUriServ/LexUriServ.do?uri=OJ:C:2009:045:0007:0020:DE:PDF (letzter Abruf: 11.4.2013).

97 Nicht nur die Übersetzung in alle Sprachen der Europäischen Union, sondern auch die Veröffentlichung der Prioritätenmitteilung („guidance-paper") im offiziellen Journal der Kommission (C-Serie) am 24.2.2009 in allen 22 Sprachen machte die gefestigte Bedeutung der Auseinandersetzung mit dem ökonomischen Ansatz im Rahmen der Missbrauchskontrolle für die Kommission deutlich.

98 Vgl. den Untertitel der Überschrift der neuen Mitteilung: „Erläuterungen zu den Prioritäten der Kommission bei der Anwendung von Artikel 82 des EG-Vertrags auf Fälle von Behinderungsmissbrauch durch marktbeherrschende Unternehmen."

99 "The paper provides guidance by setting out an approach to deal with abuses of a dominant position by companies. This is in line with our approach to restrictive business practices and merger control, and to recent individual cases of abuses of dominant position. It will ensure that the Commission's intervention is effective, and should leave dominant undertakings in no doubt that they will find the Commission in their way wherever their conduct risks increasing prices, limiting consumer choice or dissuading innovation. Clear rules protecting consumers and promoting innovation are all the more important in times of economic difficulty such as these", sagte Nellie Kroes in ihrer Rede zur zukünftigen Anwendung von Art. 102 AEUV hinsichtlich der Veröffentlichung der Prioritätenmitteilung, Brüssel, 3.12.2008, Referenz

B. Einordnung der Ziele der Einführung des „more economic approach“ bei der Missbrauchsaufsicht nach Art. 102 AEUV

Das Vorantreiben des „more economic approach“ bei Art. 102 AEUV durch die Kommission ist eine logische Konsequenz, nachdem der Ansatz des „more economic approach“ bereits in den aufgezeigten anderen Bereichen des Wettbewerbsrechts eingeführt worden ist. Die Kommission will auch im Bereich der Missbrauchsaufsicht des Art. 102 AEUV moderne mikroökonomische Grundsätze sowie empirische Methoden der Wirtschaftswissenschaften zur Anwendung kommen lassen und damit ein geschlossenes ökonomisches Fundament im europäischen Wettbewerbsrecht etablieren[100]. Darüber hinaus will die Kommission mit ihrem neuen Ansatz aber auch einen grundlegenden Paradigmenwechsel im Bereich der Missbrauchsaufsicht einleiten. Es soll im Anwendungsbereich des Art. 102 AEUV zu einer Akzentverschiebung hinsichtlich der vorgegebenen Schutzrichtung und hinsichtlich der konkreten Anwendung der vorgegebenen Verbotstatbestände kommen, was nach Ansicht der Kommission nicht ohne Einbindung der neuesten ökonomischen Erkenntnisse erfolgen kann.

C. Zielrichtung der Konsumentenwohlfahrt bei Art. 102 AEUV

Die nunmehr nach den Vorgaben der Kommission auch im Rahmen der Missbrauchsaufsicht nach Art. 102 AEUV zu erfolgende Ausrichtung auf die Konsumentenwohlfahrt ist anderen Bereichen der Europäischen Wettbewerbspolitik bereits bekannt.

I. Frühe Tendenz zu einem primären Schutz der Verbraucher

Sowohl in der Rechtsprechung des EuGH[101] als auch in den Entscheidungen der Kommission vor Einführung ihrer Reformbewegung wurde bislang als primäres Ziel der Missbrauchskontrolle nach Art. 102 AEUV die Gewährleistung eines unverfälschten Wettbewerbs vorgegeben. Hauptzielrichtung des Schutzes war damit bislang immer der Wettbewerb an sich[102]. Trotz dieser klaren Vorgabe der Rechtsprechung machte die Kommission auch bereits vor Veröffentlichung des EAGCP-

IP 08/1877, abrufbar unter: http://europa.eu/rapid/press-release_IP-08-1877_en.htm (letzer Abruf 10.4.2013).

100 Vgl. Albers, Der „more economic approach“ bei Verdrängungsmissbräuchen, S. 13.

101 Vgl. exemplarisch EuGH, Slg. 1973, I-215, Rn. 26, Continental Can; EuGH, Slg. 1979, I-461, Rn. 91, 125, Hoffmann La Roche; EuGH, Slg. 1983, I-3461, Rn. 70, Michelin I; EuGH, Slg. 1980, I-3775, Rn. 27, L'Oréal.

102 Vorgegebener primärer Schutzzweck ist der Schutz der Marktstrukturen und des bestehenden Wettbewerbs sowie der daraus abgeleitete Schutz des unbeeinträchtigten Wettbewerbs, vgl. EuGH, Slg. 1973, I-215, Rn. 26, Continental Can; EuGH, Slg. 1979, I-461, Rn. 91, 125, Hoffmann La Roche.

Reports ihre gegenläufige Tendenz hin zu einem primär am Verbraucherschutz orientierten Wettbewerbsrecht deutlich. So stellte bereits im Jahre 2001 der damalige Wettbewerbskommissar Monti fest, dass das Ziel der Wettbewerbspolitik der Schutz der Wohlfahrt der Konsumenten sei, das durch die Aufrechterhaltung eines starken Wettbewerbs auf dem Gemeinsamen Markt zu erreichen sei[103]. Entsprechend war auf Initiative der Kommission im Jahre 2004 auch das Hauptthema des European Competition Day in Dublin wiederum die Wohlfahrt der Konsumenten[104].

II. Bisheriger mittelbarer Schutz der Verbraucher im Europäischen Wettbewerbsrecht

Die Interessen der Verbraucher werden bislang im Europäischen Wettbewerbsrecht entgegen dem Neuansatz der Kommission nicht als Primärziel geschützt[105]. Traditionell liegt dem europäischen Wettbewerbsrecht gerade nicht der in angelsächsischen Ländern eher übliche Ansatz zugrunde, nach welchem Verbraucherinteressen ausdrücklich bei der Entscheidungsfindung im Sinne eines Primärschutzzieles berücksichtigt werden sollen. Dabei ist dem europäischen Wettbewerbsrecht der Schutz der Verbraucher aber auch nicht völlig fremd. Der Verbraucher wird über einen strukturorientierten Weg geschützt, indem das Wettbewerbsrecht den Wettbewerb als Institution schützt. Ein Schutz der Verbraucher wird dabei nach dem bisherigen Ansatz als weitere Folge des Schutzes des Wettbewerbs angesehen[106]. Diese klare Vorgabe eines mittelbaren Schutzes der Verbraucherinteressen, nachrangig zum primären Schutz des unbeeinträchtigten Wettbewerbs, pflegt der EuGH in seiner Rechtsprechung bereits in langer Tradition[107]. Verboten sind nach den Vorgaben der

---

103 Mario Monti, Rede in der Merchant Taylor´s Hall zum Thema "The Future for Competition Policy in the European Union": „Actually, the goal of competition policy in all its aspects, is to protect consumer welfare by maintaining a high degree of competition in the common market", Speech/01/340, London, 9.7.2001, abrufbar unter: http://www.europa.eu/rapid/press-release_SPEECH-01-340_en.doc (letzter Aufruf: 10.4.2013).

104 „Promoting Competition for the benefit of consumers", 9th European Competition Day, Dublin, 29.4.2004, vgl. http://ec.europa.eu/competition/publications/cpn/2004_2_23.pdf (letzter Aufruf: 10.4.2013).

105 Auch wenn es sich nur um einen mittelbaren Schutz handelt, deckt der Schutzbereich von Art. 102 AEUV nicht nur den Bereich von missbräuchlichen Praktiken, die den Verbrauchern unmittelbar Schaden zufügten, sondern ebenso den Bereich solcher Praktiken, die den Verbrauchern lediglich mittelbar schädigen, indem sie die effektive wettbewerbliche Marktstruktur beeinträchtigen, vgl. EuGH, Slg. 1973, I-215, Rn. 26, Continental Can; EuGH, Slg. 1979, I-461, Rn. 91, 125, Hoffmann La Roche. Vgl. auch Art. 102 Abs. 2 lit. c) und d).

106 Vgl. Künzler, Effizienz oder Wettbewerbsfreiheit?, S. 357.

107 Vgl. exemplarisch EuGH, Slg. 1973, 215, Rn. 26, Continental Can; EuGH, Slg. 1974, 223, Rn. 32, Commercial Solvents; vgl. auch EuG, Slg. 2003, II-2641, Rn. 157, Van den Bergh Foods.

Unionsgerichte bislang gerade solche Verhaltensweisen, die primär als wettbewerbsfeindlich definiert werden. Es bedarf keines Nachweises konkreter nachteiliger Marktfolgen eines Verhaltens für die Verbraucher[108]. Auf den Verbraucher bezogene Wohlfahrtswirkungen spielten bei der wettbewerbsrechtlichen Beurteilung eines Marktverhaltens nach Art. 102 AEUV kaum eine Rolle. Dieser Status wird durch die Vorgaben der Kommission hinsichtlich des neuen „more economic approach" grundlegend geändert. Zwar hält die Kommission auch weiterhin grundsätzlich am Schutz des Wettbewerbs als Ziel des Art. 102 AEUV fest, dies jedoch nicht mehr in der vorherigen Gewichtung[109]. Die Kommission entkräftet den Schutz des Wettbewerbs lediglich als Mittel zur Erreichung des nach ihren Vorgaben übergeordneten Zieles der Steigerung der Konsumentenwohlfahrt[110]. So dient nach dem neuen Ansatz der Kommission der Schutz des Wettbewerbs gerade einer effizienten Ressourcenallokation und damit dem übergeordneten Ziel einer Steigerung der Konsumentenwohlfahrt[111].

III. Entwicklung der Schutzrichtung der Konsumentenwohlfahrt im U.S.-Antitrust-Recht

Die Entwicklung im europäischen Wettbewerbsrecht hin zu einer Schutzrichtung, die sich primär an der Konsumentenwohlfahrt ausrichtet, orientiert sich am wettbewerbspolitischen Leitbild des amerikanischen Antitrust-Rechts bzw. an der Schutzrichtung dieses Rechtssystems und weist insofern Parallelen auf. Im amerikanischen Antitrust-Recht wird ein solcher am Verbraucherschutz orientierter Ansatz schon längere Zeit praktiziert[112]. Auch die Entwicklung des Wettbewerbsleitbilds im amerikanischen Antitrust-Recht ist entscheidend geprägt durch einen Wechsel der Schutzzielrichtung weg vom Schutz des Wettbewerbs als Institution und hin zu einem Schutz der Konsumentenwohlfahrt.

---

108 Vgl. EuGH, Slg. 2002, I-3401, 3434, Rn. 80ff., NDC Health/IMS Health.

109 "With regard to exclusionary abuses the obejctive of Article 82 is the protection of competition on the market as a means of enhancing consumer welfare and of ensuring an efficient allocation of resources", vgl. DG Competition Discussion Paper, S. 4.

110 "Effective competition brings benefit to consumers, such as low prices, high quality products, a wide selection of goods and services, and innovation. Competition and market integration serve these ends since the creation and preservation of an open single market promotes an efficient allocation of resources troughout the Community for the benefit of consumers", vgl. DG Competition Discussion Paper, S. 4.

111 Vgl. Engelsing, Modernisierung von Art. 82 EG, S. 92.

112 Vgl. Hintergrundpapier des Bundeskartellamts für die Sitzung des Arbeitskreises Kartellrecht, „Wettbewerbsschutz und Verbraucherinteressen im Lichte neuerer ökonomischer Methoden" vom 27.9.2004, S. 1, Zusammenfassung abgedruckt in WuW 2005, S. 49–55.

1. Die Entwicklung des Wettbewerbsleitbilds im U.S.-Antitrust-Recht

Ende des 19. und Anfang des 20. Jahrhunderts wurde das Antitrust-Recht der Vereinigten Staaten von Amerika in drei Gesetzen kodifiziert[113]. Es handelt sich um den Sherman Act von 1890, den Clayton Act von 1914 und den Federal Trade Commission Act, ebenfalls von 1914. Der im Zusammenhang mit der Missbrauchsaufsicht interessierende Sherman Act trat als Strafgesetz am 2.7.1890 in Kraft und war das erste zentrale bundesstaatliche Gesetz gegen Wettbewerbsbeschränkungen[114]. Der Sherman Act wird auch als Freiheits-Charta bezeichnet und ist bei der Auslegung aufgrund seiner generellen Sprache und aufgrund der offenen Tatbestände immer wieder zugänglich für neue Ziele und Leitbilder[115].

a) Section 1 Sherman Act

Section 1 Sherman Act verbietet jede Art von Vertrag, Vereinigung oder vereinbartem Zusammenwirken, die zu einer Beschränkung des Handels zwischen den einzelnen Bundesstaaten oder des Außenhandels der Vereinigten Staaten führt[116]. Jeglichen wettbewerbsbeschränkenden Absprachen horizontaler wie vertikaler Art und entsprechend aufeinander abgestimmten Verhaltensweisen ist durch diese Regelung Einhalt geboten[117].

b) Section 2 Sherman Act

Section 2 Sherman Act hingegen verbietet die Monopolisierung oder den Versuch der Monopolisierung und den Zusammenschluss bzw. das Zusammenwirken, um den Handel zwischen den Bundesstaaten oder den Außenhandel zu beherrschen[118]. Im Gegensatz zu Section 1 wird bereits der Versuch der Erlangung einer Monopolstellung verboten. Entscheidend ist in dieser Vorschrift zudem die vorausgesetzte Beherrschungsabsicht. Hierdurch wird klargestellt, dass das Innehaben einer Monopolstellung an sich noch nicht verboten ist. Vielmehr sind die weiteren Umstände des Einzelfalls zu berücksichtigen, nämlich die Art und Weise des Erwerbs,

---

113 Ausführlich hierzu Weimann, RIW 1999, S. 770.

114 Vgl. Immenga/Mestmäcker-*Möschel*, Europäisches Kartellrecht, 4. Aufl., Bd. 1, 1.Teil, Art. 82 EG, Rn. 265.

115 Vgl. Scheuffele, Die Essential Facilities-Doktrin – Eine ökonomische und rechtliche Analyse, S. 136.

116 15 U.S.C. Section 1: "Every contract, combination in the form of trust or otherwise, or conspiracy, in restraint of trade or commerce among several States, or with foreign nations, is hereby declared to be illegal [...]".

117 Vgl. Weimann, RIW 1999, S. 770.

118 15 U.S.C. Section 2: "Every person who shall monopolize, or attempt to monopolize, or combine or conspire with any other person or persons, to monopolize any part of the trade or commerce among the several states, or with foreign nations, shall be deemed guilty of felony".

der Ausdehnung und Aufrechterhaltung der Monopolstellung[119]. Außerdem wird im Gegensatz zu Section 1 jegliche Handlung auch einzelner Personen oder Unternehmen erfasst, so dass auch ein Verhalten außerhalb von Vertragsschlüssen, Vereinigungen oder vereinbartem Zusammenwirken in Betracht kommt, ohne dass zudem mehrere Beteiligte zusammenwirken müssen[120]. Section 2 Sherman Act ist vergleichbar mit Art. 102 AEUV. Zwar verbietet die Regelung nach ihrem Wortlaut nicht erst wie Art. 102 AEUV ein konkretes missbräuchliches Verhalten marktbeherrschender Unternehmen, sondern bereits die Monopolisierung und den Versuch der Monopolisierung. Der Prüfungsmaßstab der Monopolisierung beim Section 2 Sherman Act ist aber weitgehend vergleichbar mit dem Maßstab des Marktmachtmissbrauchs bei Art. 102 AEUV. Hinsichtlich eines Monopolisierungsvorwurfes ist nach Section 2 Sherman Act zunächst zu prüfen, ob das Unternehmen im relevanten Markt Monopolmacht besitzt. Wird die Monopolmacht bejaht, ist in einem zweiten Schritt festzustellen, ob sich das Unternehmen eine solche Monopolmacht weiter aneignen oder aufrecht erhalten will, ohne dass die Marktmacht Folge eines natürlichen Wachstums oder eines überlegenen Produkts ist[121]. Im Umkehrschluss ist die Marktmacht im amerikanischen Antitrust-Recht nur dann verboten, wenn sie mit missbräuchlichen Verhalten einhergeht. Im amerikanischen Antitrust-Recht wird in diesem Zusammenhang von einem „unlawful conduct" gesprochen[122]. Ebenso wie im europäischen Wettbewerbsrecht bei Art. 102 AEUV wird damit zumindest mittelbar auf ein missbräuchliches Verhalten des marktbeherrschenden Unternehmens abgestellt und nicht allein das Innehaben einer marktbeherrschenden Position an sich bestraft.

2. *Abkehr vom primären Schutz des Wettbewerbs im U.S.-Antitrust-Recht*

Das Leitbild im amerikanischen Wettbewerbsrecht entsprach hinsichtlich seiner Schutzrichtung ursprünglich dem bisherigen Leitbild im europäischen Wettbewerbsrecht: Die Rechtsprechung stellte im Rahmen des Section 2 Sherman Act als Zielrichtung eindeutig den Schutz des Wettbewerbs als Institution heraus[123]. Diese primäre Schutzrichtung bestand in der amerikanischen Rechtsprechung ungefähr bis 1950 und unterlag danach einem stetigen Wandel. Der Berücksichtigung ökonomischer Aspekte, insbesondere ökonomischer Auswirkungen eines konkreten Verhaltens, kam eine immer größere Bedeutung zu. Aufgrund dieser neuen Interpretation des Section 2 Sherman Act änderte sich ebenfalls die gesamte Zielrichtung und damit das wettbewerbliche Leitbild des amerikanischen Antitrust-Rechts: Neue Zielrichtung wurde nunmehr der primäre Schutz der Konsumentenwohlfahrt. Der

119 Tränkle, Die „essential facilities"-Doktrin im europäischen Wettbewerbsrecht, S. 8.
120 Hens, Das Monopolisierungsverbot in Sec. 2 Sherman Act, S. 5.
121 Vgl. 384 US 563, S. 570–571(1966), US v. Grinnell Corp.
122 Vgl. 274 US 693, 708 (1927), US v. International Harvester Co.
123 Vgl. 148 F.2d 416, 430f. (2d Cir. 1945), US v. Aluminium Co. of America; vgl. auch Bloch/Kamann/Brown/Schmidt, ZWeR 2005, S. 331.

Schutz des Wettbewerbs an sich trat dahinter immer weiter zurück und wird im amerikanischen Antitrust-Recht inzwischen schon nicht einmal mehr zweifelsfrei als mittelbares Ziel anerkannt[124]. Heute hat sich dementsprechend der Ansatz durchgesetzt, dass im Rahmen der Section 2 des Sherman Acts der primäre Schutz der Konsumentenwohlfahrt am wirkungsvollsten durch eine Steigerung der wirtschaftlichen Effizienz erreicht werden kann[125]. Nach diesem Ansatz kann ein ehemals missbräuchliches Verhalten, welches ersichtlich den Wettbewerb auf dem betroffenen Markt behindert, für den Fall erlaubt sein, dass es gleichzeitig überwiegende positive Effekte bewirkt und das fragliche Verhalten somit im Ergebnis trotz der negativen Effekte die wirtschaftliche Effizienz steigert[126].

3. Der Schutz der Konsumentenwohlfahrt im U.S.-Antitrust-Recht

Der aktuelle Ansatz im amerikanischen Antitrust-Recht geht davon aus, dass Wettbewerb nicht Selbstzweck ist, sondern vielmehr als Mittel dient, die Wohlfahrt zu steigern oder zu erhalten. Die Kartellbehörden greifen nach diesem Ansatz nur dann ein, wenn im Einzelfall nachgewiesen ist, dass der Eingriff durch die Behörden einen größeren Nutzen für die Verbraucher mit sich bringt als die Duldung des zu bewertenden Verhaltens[127]. Dieser Schutz der Verbraucher wurde in den USA durch den Supreme Court bereits als primäres Ziel der Wettbewerbspolitik herausgestellt und die Konsumentenwohlfahrt damit offiziell als primärer Schutzzweck durch die Rechtsprechung anerkannt[128].

IV. Zwischenfazit zur Zielrichtung der Konsumentenwohlfahrt

Ebenso wie im amerikanischen Wettbewerbsrecht wird eine grundsätzliche Vorgabe hinsichtlich der Schutzrichtung auch im europäischen Wettbewerbsrecht nach jahrzehntelanger Praxis durch die Kommission nunmehr in anderer Form interpretiert

---

124 "[...], antitrust now finally regards enhancing consumer welfare as its single unifying goal", vgl. Muris, CLR 2005, S. 169

125 Vgl. Bloch/Kamann/Brown/Schmidt, ZWeR 2005, S. 331.

126 Vgl. Bloch/Kamann/Brown/Schmidt, ZWeR 2005, S. 331f.

127 Vgl. Hintergrundpapier des Bundeskartellamts für die Sitzung des Arbeitskreises Kartellrecht, „Wettbewerbsschutz und Verbraucherinteressen im Lichte neuerer ökonomischer Methoden" vom 27.9.2004, S. 2; Zusammenfassung abgedruckt in WuW 2005, S. 49–55.

128 Vgl. 442 U.S. 330, 343 (1979), Reiter v. Sonotone Corp.: "[...] None of the subsequent floor debates reflect any such intent. On the contrary, they suggest that the Congress designed the Sherman Act as a "consumer welfare prescription." R. Bork, The Antitrust paradox 66 (1978). Certainly the leading proponents of the legislation perceived the treble-damages remedy [...] as a means of protecting consumers from overcharges resulting from price fixing"; vgl. eingehend dazu: Wurmnest, Marktmacht und Verdrängungsmissbrauch, S. 50f. [Unterstreichung durch den Verfasser].

und damit die grundlegende Schutzrichtung des Art. 102 AEUV zur Diskussion gestellt. Während im amerikanischen Antitrust-Recht die neue Interpretation des Section 2 des Sherman Acts so weit fortgeschritten zu sein scheint, dass ein Schutz des Wettbewerbs an sich gänzlich gegenüber dem Schutz der Konsumentenwohlfahrt zurücktritt, hält die Kommission in ihren Ausführungen auch weiterhin, wenn auch nur als mittelbares Ziel, an einem Schutz des Wettbewerbs an sich fest[129]. Eine vollkommene Aufgabe des Schutzes des Wettbewerbs ist entsprechend der vertraglich immer noch verbindlichen Vorgabe des ex-Art. 3 Abs. 1 lit. g) EG, wonach allein der Schutz des Wettbewerbs vor Verfälschungen rechtlich bindend vorgegeben ist, im europäischen Wettbewerbsrecht nicht denkbar[130].

2. Kapitel: Die Missbrauchskontrolle im Lichte ökonomischer Leitbilder

A. Zentrale Bedeutung der Wettbewerbspolitik

Eine Verknüpfung von Recht und Wirtschaft wird in der Praxis und in der Lehre immer bedeutender. Die Reformen im europäischen Wettbewerbsrecht geben Anlass, sich verstärkt mit der Bedeutung der ökonomischen Effizienz im Sinne des „more economic approach" als Leitbild der Wettbewerbspolitik zu befassen[131]. Veränderungen der Wettbewerbspolitik, wie die Einführung des „more economic

---

129 "With regard to exclusionary abuses the objective of Article 82 is the protection of competition on the market as a means of enhancing consumer welfare and of ensuring an efficient allocation of resources", vgl. DG Competition Discussion Paper, S. 4.

130 Die Vorgaben von ex-Art. 3 EG wurden nicht vollständig durch eine neue Regelung im Vertrag über die Arbeitsweise der Europäischen Union übernommen. Im Wesentlichen wurde ex-Art. 3 EG ersetzt durch Artikel 7 des Vertrags über die Arbeitsweise der Europäischen Union (AEUV) und Artikel 13 Absatz 1 sowie Artikel 21 Absatz 3 Unterabsatz 2 des Vertrags über die Europäische Union (EUV). Ex-Art. 3 Abs. 1 lit. g) EG wurde im Rahmen der Änderungen des Vertrags von Lissabon in ein Protokoll verschoben. Das Bekenntnis zu einem Binnenmarkt mit freiem und unverfälschtem Wettbewerb taucht damit nicht mehr unmittelbar im Vertragstext auf, was die Befürworter des „more economic approach" als Bestätigung ihres Ansatzes und Aufgabe des bisherigen Ansatzes mit einem primären Schutz des Wettbewerbs ansehen könnten. Eine solche Auslegung ist aber unzutreffend. Das Protokoll, in welchem sich das Bekenntnis zu einem primären Schutz des Wettbewerbs nunmehr befindet, ist ausdrücklich Bestandteil des Vertrags und damit weiterhin völkerrechtlich verbindlich. Damit bleibt der Schutz des Wettbewerbs als Institution trotz dieser vermeintlich formalen Herabstufung eine zentrale Aufgabe der Union, weil er die Grundlagen eines funktionierenden Binnenmarktes und der in hohem Maße wettbewerbsfähigen sozialen Marktwirtschaft nach Art. 3 Abs. 3 EUV liefert, vgl. Wurmnest, Marktmacht und Verdrängungsmissbrauch, S. 241.

131 Schmidtchen, WuW 2006, S. 6.

approach“, sind damit von größter Bedeutung für die Wirtschaftsordnung der Europäischen Union[132]. Um den durch den Ansatz des „more economic approach“ bei Art. 102 AEUV eingeführten interdisziplinären Zusammenhang zwischen Recht und Ökonomie zu verdeutlichen, ist im Folgenden die ökonomische Perspektive des Wettbewerbsrechts anhand der verschiedenen tragenden Wettbewerbsleitbilder der Ökonomie aufzuzeigen. Es ist zu untersuchen, wie sich der neue Ansatz des „more economic approach“ in die bestehenden ökonomischen Leitbilder einordnen lässt oder ob sogar von einem neuen ökonomischen Leitbild in Form des „more economic approach“ gesprochen werden kann.

I. Verschiedene Modelle zum Schutz des Wettbewerbs

Der Wettbewerb kann durch verschiedene Möglichkeiten beeinträchtigt oder sogar ausgeschaltet werden. Dem Staat stehen wiederum vielfältige Möglichkeiten offen, wie er wettbewerbsbeeinträchtigenden Strategien begegnen kann[133]. Die große Bandbreite der möglichen Wirtschaftssysteme basiert auf ebenso vielen zugrunde liegenden ökonomischen Modellen, die wiederum verschiedene Leitbilder der Wettbewerbspolitik vorgeben. Dabei reichen die Möglichkeiten von einem Planwirtschaftssystem bis hin zu einem Laissez-faire-Wirtschaftssystem, welches durch das Nichtvorhandensein jeglicher staatlicher Kontrolle gekennzeichnet ist.

Durchgesetzt hat sich mehrheitlich ein freies Wirtschafts- und Wettbewerbssystem, jedoch nicht gänzlich ohne staatliche Eingriffsmöglichkeiten. Wie genau ein solches System aber ausgestaltet sein kann, hängt von verschiedenen Herangehensweisen ab. Im Ergebnis unterliegt dabei jede Form der Wettbewerbspolitik einem vorgegebenen Leitbild[134]. Ein solches wettbewerbspolitisches Leitbild ist als geschlossener und in sich widerspruchsfreier Zusammenhang von wettbewerbspolitischen Zielen sowie zielkonformen Instrumenten und Trägern der Wettbewerbspolitik zu verstehen[135]. Danach enthält ein Leitbild Hypothesen über die Funktion und die Funktionsweise von Wettbewerbsprozessen, definiert den Begriff der Wettbewerbsbeschränkung und nennt und begründet die vorgegebenen wettbewerbspolitischen Ziele und Präferenzen bei Zielkonflikten sowie die zur Erreichung der Ziele einzusetzenden Instrumente und Träger der Wettbewerbspolitik[136].

---

132 Vgl. Okruch, FS Oberender, S. 162.

133 Vgl. eingehend hierzu Shepherd, Public Policies Toward Business, S. 7ff.

134 Ein Leitbild ist grundlegend als „Ausdruck menschlichen Wollens, als Maßstab für das menschliche Urteil und als Motor menschlichen Handelns“ zu verstehen, vgl. Kloten/Salins, IRSS 1967, S. 334.

135 Vgl. Schmidt, Wettbewerbspolitik und Kartellrecht, S. 2.

136 Vgl. Schmidt, Wettbewerbspolitik und Kartellrecht, S. 2.

II. Wettbewerbspolitik als Instrument zur Schaffung von Wettbewerb

Wettbewerb kann nur stattfinden, wenn die dazu erforderlichen Voraussetzungen erfüllt sind. Aufgabe der Wettbewerbspolitik ist es, genau diese Voraussetzungen zu schaffen und mit Hilfe des Wettbewerbsrechts umzusetzen[137]. Wettbewerbspolitik kann damit gleichgesetzt werden mit dem Schutz und der Förderung von Wettbewerb[138]. Um die wettbewerbspolitische Zielrichtung zu definieren und um deutlich zu machen, wie die genauen Ziele zu erreichen sind, bedarf die Wettbewerbspolitik wiederum eines klaren Leitbildes[139]. Je nachdem welches Leitbild der jeweiligen Wettbewerbspolitik zugrunde gelegt wird, ergibt sich ein anderes Bild der entsprechenden Wettbewerbskontrolle und des zugrunde liegenden Wettbewerbs[140]. Die verschiedenen Auswirkungen der unterschiedlichen Leitbilder auf die Wettbewerbskontrolle und damit letztlich auch auf die Missbrauchsaufsicht des Art. 102 AEUV machen es erforderlich, die tragenden Leitbilder der Wettbewerbstheorie in ihren Grundzügen darzustellen.

B. Der dynamische Wettbewerb nach dem Leitbild der Klassik

Die klassischen Ökonomen entwickelten Ende des 18. und Anfang des 19. Jahrhunderts als Gegenbewegung zum Merkantilismus den Ansatz des klassischen Liberalismus. Statt der bisherigen Bevormundung des einzelnen Bürgers wurde ein System des freien Wettbewerbs eingeführt, in welchem die Freiheit des Einzelnen im Mittelpunkt des Wettbewerbskonzeptes steht[141]. Der Ansatz der klassischen Theorie ist entscheidend geprägt durch den bedeutenden Ökonomen Adam Smith und seine Theorie „der unsichtbaren Hand", nach welcher der Wettbewerb das Ergebnis eines dynamischen Prozesses aus Aktion und Reaktion ist[142]. Jeder Marktteilnehmer ist

---

137 Dabei lassen sich die wettbewerbspolitischen Maßnahmen grundsätzlich in interventionistische Maßnahmen und vorgegebene Regeln einteilen. Zudem ist hinsichtlich dieser Maßnahmen zwischen der ex-ante-Kontrolle und der ex-post-Kontrolle sowie zwischen einem Ansatzpunkt an der Marktstruktur oder am Marktverhalten zu unterscheiden.

138 Vgl. Herdzina, Wettbewerbspolitik, S. 7.

139 Vgl. Bender/Berg/Cassel-*Berg*, Kompendium der Wirtschaftstheorie und Wirtschaftspolitik, 8. Aufl., S. 305.

140 Wettbewerbspolitische Leitbilder sind dabei als ein geschlossener und in sich widerspruchsfreier Zusammenhang von wettbewerbspolitischen Zielen sowie als zielkonforme Instrumente und Träger der Wettbewerbspolitik zu verstehen, vgl. Schmidt, Wettbewerbspolitik und Kartellrecht, S. 2.

141 „System of free competition", vgl. Bartling, Leitbilder der Wettbewerbspolitik, S. 9.

142 Der Begriff der unsichtbaren Hand („invisible hand") stammt von Adam Smith (1723–1790), dem Gründervater der Volkswirtschaftslehre. In seinem Werk „Der Wohlstand der Nationen" aus dem Jahre 1776 stellt Smith die These auf, dass es für das Gemeinwohl vollkommen ausreiche, wenn jedes Individuum nur in seinem eigenen Interesse handele, weil gerade das Streben nach dem eigenen Vorteil dazu

hiernach für sich selbst eigenverantwortlich tätig. Der Marktteilnehmer agiert zu seinem eigenen Nutzen und erhält dementsprechend im Ergebnis genau das, was ihm aufgrund seiner Leistung und seinem Engagement auf dem Markt zusteht[143]. Der Wettbewerb ist nach diesem wettbewerbspolitischen Ansatz durch ein freies Spiel der Einzelinteressen gekennzeichnet. Der unbeschränkte Leistungswettbewerb führt danach zum höchsten Gemeinwohl, welches nach der heute vorherrschenden Terminologie unter den Begriff der Effizienz zu fassen ist. Nach der Ansicht der Klassiker wird dieser Zustand der Effizienz als Ergebnis des freien Wirkens durch mögliche Eingriffe des Staates entscheidend gestört. Konsequenterweise spricht sich der klassische Ansatz daher gegen jegliche Intervention von Seiten des Staates aus[144]. Die Klassiker versäumten es, die Bedingungen, unter denen der Wettbewerb die gewünschte Effizienz aufweisen kann, im Einzelnen aufzuzeigen, so dass sich in der Folgezeit weitere Leitbilder entwickelten, welche versuchten, ein Wettbewerbskonzept aufzuzeigen, nach welchem eine totale Übereinstimmung von Einzel- und Gesamtinteressen im Sinne der Effizienz vorherrscht[145].

C. Der Wettbewerb in einem Modell der vollständigen Konkurrenz nach der Neoklassik

Die nach dem Leitbild der Klassik vorgegebene dynamische Analyse wurde von einer statischen Betrachtungsweise des Leitbilds der Neoklassik abgelöst. Die Bewegung in Richtung eines Gleichgewichtszustands im Sinne der Effizienz nach den Vorgaben der Klassik wurde zu einem Modell der vollständigen Konkurrenz umgedeutet, welches gerade die Bedingungen zum Einhalten eines grundsätzlich gegebenen Zustands in den Vordergrund stellte[146]. Das Leitbild in der Neoklassik ist dementsprechend durch das Streben nach vollkommenem Wettbewerb zur Erhaltung des Zustandes der Effizienz gekennzeichnet. Dieses nach dem Ansatz der Neoklassik vorgegebene Marktgleichgewicht macht auch den Unterschied zum Ansatz der Klassik deutlich: Wettbewerb findet nach diesem Ansatz gerade nicht mehr als dynamischer Prozess statt, sondern es besteht die Statik eines allgemeinen Gleichgewichts, welches es zu erhalten gilt[147]. In einer solchen Situation des Gleichgewichts herrscht nach diesem Ansatz ein Zustand maximaler wirtschaftlicher Effizienz. Staatliche Eingriffe sind nach Ansicht der Neoklassik dabei erforderlich, um einen Zustand der vollkommenen Konkurrenz in einem vorgegebenen

---

führe, das Allgemeinwohl zu fördern. Jeder einzelne werde „von einer unsichtbaren Hand geleitet, um einen Zweck zu fördern, den zu erfüllen er in keiner Weise beabsichtigt" habe, vgl. Smith, Der Wohlstand der Nationen, S. 371.

143 Vgl. Smith, Der Wohlstand der Nationen, S. 371f.

144 Schmidtchen, Effizienz als Leitbild der Wettbewerbspolitik, S. 36.

145 Schmidt, Wettbewerbspolitik und Kartellrecht, S. 3.

146 Schmidt, Wettbewerbspolitik und Kartellrecht, S. 3.

147 Vgl. Bender/Berg/Cassel-*Berg*, Kompendium der Wirtschaftstheorie und Wirtschaftspolitik, 9. Aufl., S. 308.

Marktgleichgewicht herzustellen. Damit beinhaltet dieses Leitbild eine Forderung nach staatlich gelenkten Eingriffen in das Marktgeschehen, da nur durch diese Eingriffe der erstrebte Zustand erreicht werden könne[148]. Der neoklassische Ansatz macht es damit zur Aufgabe der Wettbewerbspolitik, für vollständige Konkurrenz zu sorgen und Marktmacht respektive Marktversagen zu korrigieren[149]. Das Leitbild der Neoklassik konnte sich ebenfalls nicht durchsetzen. In der wirtschaftswissenschaftlichen Diskussion setzte sich die Erkenntnis durch, dass auf einem Markt eine Situation der vollständigen Konkurrenz niemals zu realisieren sei[150]. Besonders problematisch am Leitbild der vollständigen Konkurrenz ist die Vernachlässigung der Dynamik im Wettbewerb durch die Vorgabe eines Marktgleichgewichts[151]. Daneben wurden wesentliche Faktoren wie Innovation und die Bedürfnisse der Verbraucher ebenso nicht berücksichtigt wie bestehende Marktunvollkommenheiten[152].

D. Leitbild des funktionsfähigen Wettbewerbs

Im Anschluss an die neoklassische Wettbewerbstheorie setzte sich das Leitbild des funktionsfähigen Wettbewerbs durch. Dieses Leitbild strebt wie sein Vorgänger einen Zustand der vollkommenen Konkurrenz an, geht aber nicht mehr von einem gegebenen Gleichgewicht des Wettbewerbs aus[153]. Marktunvollkommenheiten sind demnach unumgänglich und werden im Hinblick auf den technischen Fortschritt sogar als wünschenswert angesehen[154]. Das Leitbild des funktionsfähigen Wettbewerbs („workable competition") wird auch als wettbewerbspolitisches Leitbild der Harvard School bezeichnet[155]. Ziel dieses Leitbildes ist entsprechend der Akzeptanz von Marktunvollkommenheiten gerade nicht mehr der vollkommene Wettbewerb, sondern vielmehr der sogenannte „workable competition" als „second best", also ein funktionsfähiger Wettbewerb, der keinen vollkommenen Zustand erreicht, sondern

148 Vgl. Voigt, Marktwirtschaftlicher Wettbewerb als Entdeckungsverfahren, S. 3.

149 Vgl. Schmidtchen, Effizienz als Leitbild der Wettbewerbspolitik, S. 36ff.

150 Vgl. die „Dilemmathese" nach Straffa, die Theorien der „monopolistic competition" nach Chamberlain oder die Theorie des „imperfect competition" nach Robinson, in: Schmidt, Wettbewerbspolitik und Kartellrecht, S. 8.

151 Zu berücksichtigende Faktoren wie Produkt- und Prozessinnovationen und damit verbundene Pioniergewinne würden das vorgegebene Gleichgewicht zerstören und letztlich zu der Bildung von Oligopolen führen, vgl. Bender/Berg/Cassel-*Berg*, Kompendium der Wirtschaftstheorie und Wirtschaftspolitik, 9. Aufl., S. 308.

152 Vgl. eingehend zur Kritik am Leitbild der Neoklassik Schmidt, Wettbewerbspolitik und Kartellrecht, S. 8.

153 Vgl. Aberle, Wettbewerbstheorie und Wettbewerbspolitik, S. 29.

154 Vgl. Schmidt, Wettbewerbspolitik und Kartellrecht, S. 11.

155 Entscheidend geprägt wurde dieses Leitbild durch den Ökonomen John Maurice Clark. In seinem Werk „Toward a Concept of Workable Competition"aus dem Jahre 1940 stellt er fest, dass der Ansatz der Neoklassik nicht Grundlage der Wettbewerbspolitik sein kann, da der darin vorausgesetzte vollkommene Wettbewerb in der Realität nicht existiere, vgl. Mantzavinos, Wettbewerbstheorie, S. 23.

bei der „zweitbesten Lösung“ ansetzt[156]. Der Ansatzpunkt nach diesem Second-Best-Ansatz ist die sogenannte Gegengift-These, nach der eine Marktunvollkommenheit mit einer weiteren Marktunvollkommenheit zu bekämpfen ist[157]. Auch der Ansatz des „workable competition“ konnte sich nicht durchsetzen. Der sehr stark normativ geprägte Charakter dieses Leitbilds entspricht nach neueren ökonomischen Erkenntnissen gerade nicht der Vielschichtigkeit der Marktprozesse und kann daher Marktsituationen hinsichtlich des konkreten Grades der Funktionsfähigkeit des vorliegenden Wettbewerbes nicht umfassend analysieren[158]. Dennoch ist rückblickend festzustellen, dass der Ansatz des funktionierenden Wettbewerbs mit seiner positiven Bewertung gewisser Marktunvollkommenheiten ein entscheidender Schritt für die weitere Entwicklung der folgenden Leitbilder der Wettbewerbspolitik war, auf die immer noch zurückgegriffen wird[159].

E. Leitbild des effektiven Wettbewerbs

Der Begriff des effektiven Wettbewerbs („effective competition“) steht für eine weitere, umfassende und dynamisch geprägte Wettbewerbstheorie, welche maßgeblich durch die Einführung des Begriffs des Innovationswettbewerbs nach Schumpeter geprägt wurde[160]. Abgestellt wird auf das Verhalten des einzelnen Wettbewerbers, der sich durch sein innovatives Verhalten gegenüber den übrigen Wettbewerbern einen Vorsprung im Wettbewerb verschaffen kann. Die anderen Wettbewerber können diesen Vorsprung durch Imitation des innovativen Wettbewerbers aufholen und damit ein Gleichgewicht herstellen[161]. Dieses Leitbild sieht den Wettbewerb als dynamischen Prozess, der durch eine Folge nie abgeschlossener Vorstoß- und Verfolgungsphasen charakterisiert ist[162]. Das Leitbild des effektiven Wettbewerbs konnte sich letztlich ebenfalls in der Leitbilddiskussion der Ökonomie durchsetzen,

156 Nach dieser Theorie des Zweitbesten wird die Auffassung vertreten, dass bei Vorliegen von Marktunvollkommenheiten das Hinzutreten weiterer Unvollkommenheiten eine bessere Annäherung an das Wohlfahrtsmaximum im Sinne der Effizienz darstellen kann als die Verminderung der existierenden Unvollkommenheiten, vgl. Schmidt, Wettbewerbspolitik und Kartellrecht, S. 11.

157 Vgl. Schmidt, Wettbewerbspolitik und Kartellrecht, S. 11.

158 Vgl. Olten, Wettbewerbstheorie und Wettbewerbspolitik, S. 87.

159 Vgl. Schmidt, Wettbewerbspolitik und Kartellrecht, S. 11.

160 Vgl. Neumann, ZfB 1979, S. 645ff; Schmidt, Wettbewerbspolitik und Kartellrecht, S. 12.

161 Vgl. Bass, WISU 1999, S. 486ff.

162 Die Pioniergewinne aufgrund temporärer Vorzugsstellungen sind dabei sowohl Folge als auch Voraussetzung für dieses Wettbewerbsleitbild. Sie sollen nicht sofort wieder abgebaut werden, sondern allmählich verschwinden, was für den initiativ handelnden Unternehmer eine reaktionsfreie Zeit voraussetzt, um Unternehmen einen Anreiz zur Initiative zu geben, vgl. Schmidt, Wettbewerbspolitik und Kartellrecht, S. 12.

weil der Zusammenhang zwischen der Innovationstätigkeit und der Diffusion der Innovationen nach dieser Theorie ungeklärt bleibt[163].

F. Das Leitbild optimaler Wettbewerbsintensität

Zeitgleich zum Leitbild des effektiven Wettbewerbs entwickelte sich das Leitbild der optimalen Wettbewerbsintensität[164]. Nach diesem Leitbild geht es in der Wettbewerbspolitik nicht um die Beseitigung von Marktunvollkommenheiten, sondern um die mit der Existenz von Marktunvollkommenheiten einhergehende Analyse von Marktstruktur, Marktverhalten und Marktergebnis[165]. Ein wesentliches Element dieses Leitbildes einer optimalen Wettbewerbsintensität ist die Kausalität zwischen der Marktstruktur und dem Marktergebnis[166]. Unter Annahme der Kausalität kann ein erwünschtes Marktergebnis durch gezielte Steuerung der Marktstruktur erreicht werden[167]. Dieses Marktergebnis wird dabei nicht zuletzt durch die Wettbewerbsintensität auf dem betroffenen Markt bedingt[168]. Unter Berücksichtigung der Anzahl der jeweiligen Anbieter auf dem Markt ist danach eine ideale Wettbewerbsintensität im Sinne einer Effizienz im Bereich sogenannter weiter Oligopole[169] mit mehreren,

---

163 Vgl. eingehend zur Kritik Schmidt, Wettbewerbspolitik und Kartellrecht, S. 20f.

164 Dieser Ansatz korrespondiert mit dem Leitbild des effektiven Wettbewerbs hinsichtlich der Ablehnung eines stationären Gleichgewichtszustandes und der Annahme eines dynamischen Prozesses, der durch eine Folge von Ungleichgewichten aufgrund von Vorstoß- und Verfolgungsphasen charakterisiert ist. Allein die Marktunvollkommenheiten werden von den beiden Leitbildern aufgrund eines abweichenden methodischen Ansatzes verschieden beurteilt, vgl. Schmidt, Wettbewerbspolitik und Kartellrecht, S. 13.

165 Vgl. Kantzenbach, Die Funktionsfähigkeit des Wettbewerbs, S. 16ff.

166 Vgl. Schmidt, Wettbewerbspolitik und Kartellrecht, S. 15.

167 Die optimale Erfüllung verschiedener Funktionen, wie die Einkommensverteilung, die Angebotszusammensetzung, die Produktionssteuerung, die Anspassungsflexibilität und die Funktion der Innovationen gilt als das zu erreichende Ziel, weshalb nach einer Form des Wettbewerbes gesucht werden muss, die diese Wettbewerbsfunktionen optimal erfüllt, vgl. Olten, Wettbewerbstheorie und Wettbewerbspolitik, S. 88.

168 Die Wettbewerbsintensität spiegelt dabei die Dynamik des Wettbewerbsprozesses wider. Diese kann definiert werden als die Geschwindigkeit, mit der Innovationsvorsprünge von sogenannten Pionier-Unternehmen durch Imitation von Wettbewerbern eliminiert werden, vgl. Schmidt, Ordnungspolitische Perspektiven, S. 116.

169 Die von Kantzenbach vorgegebene Referenzsituation des weiten Oligopols ist gekennzeichnet durch eine begrenzte, wenn auch relativ große Zahl von Anbietern, die in einer gewissen Reaktionsverbundenheit stehen, durch eine mäßige Produktdifferenzierung, durch mäßig beschränkte Markttransparenz, durch etwa gleiche Stärke der Oligopolisten und durch die Bereitschaft der Wettbewerber, bei ihren Strategien Wettbewerb zu erhalten, ohne dabei ihr Verhalten aufeinander abzustimmen.

jedoch nicht vielen Anbietern gegeben[170]. Das Leitbild empfiehlt staatliche Eingriffe, die gezielt darauf ausgerichtet sind, solche weiten Oligopole herzustellen[171]. Das Leitbild der optimalen Wettbewerbsintensität konnte sich ebenso wie das Leitbild des effektiven Wettbewerbs letztlich nie durchsetzen, da eine genaue Definition hinsichtlich der Bestimmung der optimalen Weite eines Oligopols fehlt[172]. Zudem ist dieser Ansatz mit der Festlegung auf zwei wesentliche Marktstrukturelemente als bestimmende Faktoren insgesamt als zu eng gefasst anzusehen[173].

G. Leitbild der Neuklassik

Seit den 1980er Jahren entwickelte sich ein weiteres Leitbild der neuen Industrieökonomie, das sogenannte Leitbild der Neuklassik. Dieses durch Hoppmann[174] geprägte Wettbewerbsleitbild knüpft an das Modell des freien Wettbewerbs der Klassik an und entwickelt es nach modernen ökonomischen Erkenntnissen weiter. Die Wettbewerbsfreiheit umfasst hiernach sowohl die Freiheit der Konkurrenten zu Vorstoß und Imitation als auch die Auswahlfreiheit der Partner auf der Marktgegenseite[175]. Das Vorhandensein von Wettbewerbsfreiheit wird dabei lediglich als notwendige, aber nicht abschließende Voraussetzung für einen effizienten Wettbewerb angesehen. Hinzukommen muss ein Wettbewerbswille der Marktteilnehmer, durch welchen der Markt aufgrund ökonomischer Anreize und Sanktionen eine leistungsfähige Koordination der Pläne und Handlungen der Unternehmen auf dem Markt herbeiführt[176]. Eine Festlegung des Wettbewerbs nach einem bestimmten Verständnis oder nach Zielen einer vorgegebenen Wettbewerbspolitik wird entschieden abgelehnt[177]. Statt inhaltlich festgelegte Zielfunktionen für den Wettbewerb zu bestimmen, sei es Aufgabe der Wettbewerbspolitik, adäquate Wettbewerbsregeln vorzugeben, die wettbewerbsbeschränkenden Entwicklungen entgegenwirken. Die

---

170 Vgl. Schmidt, Wettbewerbspolitik und Kartellrecht, S. 13f.

171 Vgl. Schmidt, Wettbewerbspolitik und Kartellrecht, S. 15f.

172 Vgl. eingehend zur Kritik Schmidt, Wettbewerbspolitik und Kartellrecht, S. 16.

173 Weitere wichtige Faktoren wie Rivalitätsneigung und Risikoneigung der Wettbewerber werden nach Kantzenbach gänzlich außer Acht gelassen, vgl. Bender/Berg/Cassel-*Berg*, Kompendium der Wirtschaftstheorie und Wirtschaftspolitik, 9. Aufl., S. 315ff.

174 Erich Hoppmann war ein deutscher Wirtschaftswissenschaftler (1923 –2007). Er war einer der führenden deutschen Ökonomen auf dem Gebiet der Wettbewerbspolitik.

175 Die Wettbewerbsfreiheit wird dabei unter zwei Aspekten, nämlich der Freiheit als Abwesenheit von Zwang durch Dritte und der Freiheit als Abwesenheit von Beschränkungen des Tauschverkehrs durch Marktteilnehmer verstanden, vgl. Schmidt, Wettbewerbspolitik und Kartellrecht, S. 17.

176 Vgl. Schmidt, Wettbewerbspolitik und Kartellrecht, S. 17.

177 Der Wettbewerb wird als spontane Ordnung im Sinne eines Such- und Entdeckungsverfahren verstanden, dessen Ergebnisse nicht vorhersehbar sind, vgl. v. Hayek, Der Wettbewerb als Entdeckungsverfahren, S. 249f.

Wettbewerbspolitik muss nach diesem Leitbild dafür sorgen, dass Marktprozesse ermöglicht werden, die durch das Fehlen unangemessener Benachteiligungen gekennzeichnet sind[178]. Die nach dem Leitbild der Neuklassik erstrebte Freiheit des Wettbewerbs soll im Ergebnis, zusammen mit vorhandener unternehmerischer Initiative und Dynamik („spirit of competition"), zu einem positiven ökonomischen Marktergebnis im Sinne der Effizienz führen[179]. Das Leitbild der Neuklassik wird kritisiert, weil vorgegebene Faktoren wie die Wettbewerbsfreiheit, die unangemessene Marktmacht und der sogenannte „spirit of competition" für eine praktische Anwendung zu unbestimmt sind und weil das Leitbild damit keine genau festzulegenden Parameter bietet[180].

H. Das Leitbild der Chicago School

Die amerikanische Antitrust-Politik der 1970er und 1980er Jahre wurde wesentlich durch das Wettbewerbsleitbild der sogenannten „Chicago School of Antitrust Analysis" geprägt.

I. Maximierung der Konsumentenwohlfahrt

Wichtigstes Ziel der Wettbewerbspolitik ist nach Ansicht der Vertreter dieser Theorie[181] die Maximierung der Konsumentenwohlfahrt („consumer welfare"), wie es den Vorgaben des „more economic approach" entspricht. Der Begriff der Konsumentenwohlfahrt wird dabei zusammen mit dem Begriff der Effizienz („efficiency") benutzt. Durch ein Überwiegen von positiven Auswirkungen gegenüber möglichen negativen Auswirkungen wird die Gesamtwohlfahrt gesteigert und es entstehen Effizienzen. Verbote im Sinne von Per se-Regeln werden nach diesem Leitbild abgelehnt, vielmehr sollen Wettbewerbshandlungen anhand einer Abwägung ihrer Auswirkungen im Sinne der Effizienz bewertet werden[182]. Die Vorgaben des Leitbilds der Chicago School decken sich in diesen Punkten mit dem Ansatz des „more economic approach".

II. Effizienzsteigerung als übergeordnetes Ziel

Das Leitbild der Chicago School orientiert sich an einer Steigerung der Effizienz, die als Indikator für den Faktor Wohlfahrt dient. Es wird zwischen der sogenannten

---

178 Vgl. Olten, Wettbewerbstheorie und Wettbewerbspolitik, S. 99.

179 Vgl. Olten, Wettbewerbstheorie und Wettbewerbspolitik, S. 101.

180 Vgl. eingehend zur Kritik Schmidt, Wettbewerbspolitik und Kartellrecht, S. 20f.

181 Die wichtigsten Vertreter der Chicago School waren u. a. Posner, Stigler, Bork, Demsetz und Director.

182 Vgl. Schmidt, Wettbewerbspolitik und Kartellrecht, S. 22f.

„allokativen Effizienz“[183] und der „produktiven Effizienz“[184] unterschieden. Die Erlangung von Monopolmacht durch einseitige Handlungen eines Wettbewerbers gehe danach auch immer einher mit einer Verringerung des Gewinns des Monopolisten und stelle damit keine Gefahr für den Wettbewerb dar[185]. Einzelne Behinderungspraktiken eines Wettbewerbers können nach Ansicht der Vertreter der Chicago School die produktive Effizienz dieses Unternehmens steigern. Damit würde zugleich die Konsumentenwohlfahrt im Ganzen gesteigert. Im Ergebnis kann nach Ansicht der Chicago School die Behinderungspraktik eines Wettbewerbers, z. B. durch den Einsatz von Kampfpreisen, Rabatten oder Kopplungen, als wünschenswerter Vorgang anzusehen sein, weil er dem Ziel der Wettbewerbspolitik nach dem Leitbild der Chicago School, nämlich der Maximierung bzw. Steigerung der Konsumentenwohlfahrt, entspricht[186].

III. Situation der vollständigen Konkurrenz

Ein weiteres Kriterium dieses Leitbildes ist die vollständige Konkurrenz zwischen den einzelnen Wettbewerbern. Die Konkurrenzsituation unter den Wettbewerbern sei nicht als vorgegebenes Ziel, sondern als eine Art übergeordneter Orientierungspunkt zu sehen[187]. Im Gegensatz zu den Wettbewerbsleitbildern der Harvard School mit ihrem Ansatz des „workable competition“[188] und der Neuklassik nach Hoppmann müsse der Wettbewerb sich vollkommen selbst überlassen werden, ohne jegliche Einwirkung von außen. Hierdurch müssten sich die Wettbewerber an ein Gleichgewicht anpassen, welches sich stetig ändert. Die Gefahr von Marktmacht könne danach nur kurzfristig entstehen, weil sie langfristig durch den sich selbst

---

183 Unter allokativer Effizienz ist die volkswirtschaftlich optimale Verteilung von Ressourcen zu verstehen, d. h. das Angebot entspricht den Konsumentenpräferenzen und die Preise nähern sich den Grenzkosten an.

184 Unter produktiver Effizienz ist die effiziente Ressourcenverwertung in den einzelnen Unternehmen in ihrer Funktion als Wettbewerber zu verstehen, d. h. es werden Kostenersparnisse durch die optimal angepasste Größe der jeweiligen Unternehmen im Verhältnis zu den Wettbewerbern erreicht.

185 Vgl. Schmidt, Wettbewerbspolitik und Kartellrecht, S. 23.

186 Demnach dienen einseitige Verhaltensweisen trotz der Behinderung dritter Unternehmen allein der Erhöhung der produktiven Effizienz des behindernden Unternehmens und damit der Erhöhung der Konsumentenwohlfahrt als Ganzes, vgl. Schmidt, Wettbewerbspolitik und Kartellrecht, S. 27.

187 Vgl. Schmidt, Wettbewerbspolitik und Kartellrecht, S. 24, der in diesem Zusammenhang von einem „Leitstern“ in Abgrenzung zu einem zu erreichenden Endziel spricht.

188 Die von der Chicago School vertretene Ansicht wird oft als Gegenbewegung zu der von der Harvard School vertretenen Ansicht des funktionsfähigen Wettbewerbs angesehen. Die Chicago School trat dem zuvor herrschenden Leitbild mit einem Leitbild der staatlichen Beschränkung entgegen und vertraute auf effiziente Marktmechanismen, vgl. Schmidt, Wettbewerbspolitik und Kartellrecht, S. 25f.

wandelnden Wettbewerb ausgelöscht werde[189]. Das Leitbild der Chicago School wird häufig als Sozialdarwinismus kritisiert[190]. Der geforderte vollkommene Wettbewerb im Sinne eines Kräftemessens der Wettbewerber übersehe als statisches Konzept die Existenz von Fällen des Marktversagens, insbesondere die Existenz von Informationsdefiziten und Marktzutrittshindernissen[191]. Zudem wird kritisiert, dass die Effizienz als das ausschließliche Ziel der Wettbewerbspolitik dem demokratischen Gesetzgeber das Recht nimmt, mit seiner Wettbewerbspolitik auch andere Ziele zu verfolgen[192].

I. Einordnung der verschiedenen wettbewerbspolitischen Leitbilder

Grundsätzlich sind zwei verschiedene Arten von wettbewerbspolitischen Leitbildern zu unterscheiden. Auf der einen Seite steht der wohlfahrtsökonomische Ansatz, auf der anderen Seite der systemtheoretische Ansatz. Während der wohlfahrtsökonomische Ansatz als Ziel die Steigerung der Gesamtwohlfahrt verfolgt, steht beim systemtheoretischen Ansatz, der auf der klassischen Wettbewerbstheorie basiert, die Freiheitsfunktion im Mittelpunkt der Wettbewerbspolitik[193].

I. Wohlfahrtsökonomischer Ansatz

Nach dem wohlfahrtsökonomischen Ansatz werden ausschließlich ökonomische Zusammenhänge betrachtet, es wird nach der tatsächlichen Funktionsfähigkeit des Wettbewerbs gefragt. Nach diesem Ansatz sind freiheitsbeschränkende Eingriffe in den Wettbewerb als wettbewerbspolitische Maßnahmen erforderlich, um über eine bestimmte Marktstruktur das Marktverhalten so zu beeinflussen, dass ein bestimmtes wohlfahrtssteigerndes Marktergebnis erzielt wird[194]. Entscheidend geprägt wurde der wohlfahrtsökonomische Ansatz durch das wettbewerbspolitische Leitbild der Neuklassik als Gegenmodell zum Leitbild der Klassik. Dem wohlfahrtsökonomischen Ansatz können darüber hinaus das Leitbild des funktionsfähigen Wettbewerbs, das Leitbild des effektiven Wettbewerbs und das Leitbild der optimalen Wettbewerbsintensität zugeordnet werden. Das Leitbild der Chicago School mit

189 Man spricht auch mit der Terminologie von Charles Darwin vom „survival of the fittest", vgl. Bender/Berg/Cassel-*Berg*, Kompendium der Wirtschaftstheorie und Wirtschaftspolitik, 9. Aufl., S. 319.

190 Andere bezeichnen den Ansatz der Chicago School ablehnend als „preistheoretisches laissez-faire-Konzept" oder einfach als „politisches Credo", vgl. Bender/Berg/Cassel-*Berg*, Kompendium der Wirtschaftstheorie und Wirtschaftspolitik, 9. Aufl., S. 319; Olten, Wettbewerbstheorie und Wettbewerbspolitik, S. 105.

191 Vgl. eingehend zur Kritik: Schmidt, Wettbewerbspolitik und Kartellrecht, S. 26f.

192 Vgl. Fox, MLR 1986, S. 1715f.

193 Vgl. Herdzina, Wettbewerbspolitik, S. 108ff.

194 Vgl. Herdzina, Wettbewerbspolitik, S. 106f.

seinem Streben nach Effizienz entspricht nach seiner Zielsetzung wohl ebenso dem wohlfahrtsökonomischen Ansatz.

II. *Systemtheoretischer Ansatz*

Als Gegenmodell zum wohlfahrtsökonomischen Ansatz ist der sogenannte systemtheoretische Ansatz zu verstehen. Der systemtheoretische Ansatz geht davon aus, dass eine Harmonie zwischen dem vorgegebenen Freiheitsziel und den ökonomischen Funktionen besteht, weshalb die Freiheit im Wettbewerb als unumgängliche Voraussetzung für alle wettbewerblichen Marktprozesse angesehen wird. Nach dem systemtheoretischen Ansatz verbieten sich daher alle staatlichen Eingriffe in den Wettbewerb als freiheitsbeschränkende Eingriffe von außen[195]. Dem systemtheoretischen Ansatz können das Leitbild der Klassik und der Neuklassik eindeutig zugeordnet werden. Obwohl auch das Leitbild der Chicago School hinsichtlich seiner Zielsetzung klar dem wohlfahrtsökonomischen Ansatz zuzuordnen ist, beinhaltet es auch Elemente des systemtheoretischen Ansatzes. So wird die klare Empfehlung ausgegeben, nicht oder möglichst gering in den Wettbewerb einzugreifen[196].

J. Fazit zu den verschiedenen Wettbewerbstheorien

Es bleibt festzuhalten, dass jede der dargestellten Wettbewerbstheorien ihre eigenen Stärken und Schwächen hat. Keine dieser Theorien kann im Vergleich mit den anderen vollumfänglich überzeugen. Aus diesem Grund existiert in der Ökonomie bis heute keine allgemein gültige Theorie des Wettbewerbs. Auch hinsichtlich der beiden dargestellten verschiedenen Arten von Leitbildern nach dem wohlfahrtsökonomischen Ansatz und nach dem systemtheoretischen Ansatz hat sich keine von beiden gegenüber der anderen entscheidend durchsetzen können[197]. Es ist heute wohl generell anerkannt, dass die Wettbewerbspolitik sowohl den Wettbewerb als Institution und als marktwirtschaftliches Anreiz-, Lenkungs- und Kontrollverfahren sichern muss, als auch die einzelnen Wettbewerber als Individuen in ihren Freiheiten nicht zu stark beschränken darf. Auch wenn die diesbezüglich eingesetzten Mittel der verschiedenen Theorien deutlich variieren, besteht in der ökonomischen Lehre Einigkeit darüber, dass der Wettbewerb in unterschiedlichsten Spielarten stattfinden kann, ohne dass bestimmte Marktsituationen erfüllt sein müssen. Übereinstimmend werden bestimmte Faktoren, wie zu hohe Marktzutrittsschranken oder Marktaustrittsschranken sowie zu hohe Konzentration auf dem jeweiligen

195 Vgl. Herdzina, Wettbewerbspolitik, S. 108ff.
196 Vgl. Herdzina, Wettbewerbspolitik, S. 113ff.
197 Dies wird insbesondere am aufgezeigten Beispiel des bedeutsamen Leitbildes der Chicago School deutlich, welches Elemente sowohl des wohlfahrtsökonomischen Ansatzes als auch des systemtheoretischen Ansatzes vereint.

Markt, als wettbewerbsbeschränkend angesehen[198]. Hieraus lassen sich im Umkehrschluss positive Wettbewerbsvoraussetzungen festlegen, nämlich geringe Marktzutritts- und Marktaustrittschranken und ein geringer Konzentrationsgrad auf dem jeweiligen Markt. Es ist zu untersuchen, wie diese verschiedenen Faktoren sich im Rahmen der Missbrauchsaufsicht nach Art. 102 AEUV nach den Vorgaben des „more economic approach" auswirken.

K. Die Anwendung von Art. 102 AEUV im Lichte der verschiedenen Leitbilder

Eine eindeutige Zuordnung eines bestimmten Leitbildes bei der bisherigen Auslegung von Art. 102 AEUV ist nicht möglich[199].

I. Einfluss des Leitbildes der Neuklassik auf Art. 102 AEUV

Bislang wurde bei der Auslegung von Art. 102 AEUV aber verstärkt das ordoliberale Wettbewerbsleitbild der Neuklassik herangezogen[200]. Nach dem Grundgedanken dieses Wettbewerbsleitbildes spielt die individuelle Freiheit der Wettbewerber, welche sich durch unternehmerische Initiative, Dynamik und Verantwortung ausdrückt, eine wichtige Rolle[201]. Die missbräuchliche Ausnutzung einer marktbeherrschenden Stellung im Sinne des Art. 102 AEUV steht nach dem Verständnis dieses Leitbildes einer solchen individuellen Freiheit und damit letztlich der gesamten Freiheit des Wettbewerbs entgegen. Einem Missbrauch von Marktmacht hat die Wettbewerbspolitik entsprechend den Vorgaben der Neuklassik durch Vorgabe adäquater Wettbewerbsregeln entgegenzuwirken[202]. Über die Etablierung und Anwendung von Art. 102 AEUV soll wettbewerbsrechtlich sichergestellt werden, dass auch marktbeherrschende Unternehmen so handeln müssen, als ob sie, wie

198 Vgl. Bender/Berg/Cassel-*Berg*, Kompendium der Wirtschaftstheorie und Wirtschaftspolitik, 9. Aufl., S. 321.

199 a. A. Ondrejka, Deutsches und europäisches Kartellrecht unter Berücksichtigung des „more economic approach", S. 184, der den Neuansatz vereinfachend unter den wohlfahrtsökonomischen Ansatz einordnet.

200 Konkret werden Bezüge zum Ordoliberalismus hergestellt, welcher auf die Freiburger Schule um Walter Eucken zurückgeht und als deutsche Variante der Neuklassik gilt, vgl. Bloch/Kamann/Brown/Schmidt, ZWeR 2005, S. 329.

201 Der Appell an die Verantwortung und die Initiative der Marktteilnehmer entspricht dem Leitbild der Neuklassik und findet sich ebenfalls in der Rechtsprechung des EuGH wieder: „the fact that operators subject to effective competition have a practice which is authorized [nach Art. 101 Abs. 3 AEUV] does not mean that adoption of the same practice by an undertaking in a dominant position can never constitute an abuse of that position", EuGH, Slg. 2000, I-1365, 131, Compagnie Maritime Belge; vgl. auch Bloch/Kamann/Brown/Schmidt, ZWeR 2005, S. 330 (Klammersetzung durch den Verfasser).

202 Vgl. EuGH, Slg. 1973, I-215, Rn. 25f., Continental Can.

die übrigen Marktteilnehmer, den üblichen Auswirkungen des Wettbewerbs ausgesetzt wären[203]. Entsprechend dem bisherigen Ansatz bei Art. 102 AEUV werden grundlegende Regelungen hinsichtlich bestimmter Verhaltensweisen festgesetzt, innerhalb derer dann ein geordneter Wettbewerb stattfinden kann[204]. Die Vorgabe von Per se-Verboten nach dem bisherigen Ansatz korrespondiert damit ebenfalls mit dem Wettbewerbsleitbild der Neuklassik[205]. Zudem wird jeweils nicht schon das alleinige Bestehen einer marktbeherrschenden Stellung sanktioniert, sondern es muss ein konkretes missbräuchliches Verhalten vorliegen, um einen Eingriff des Staates bzw. der Wettbewerbsbehörden zu rechtfertigen[206]. Ein Schutz der einzelnen Wettbewerber war im Rahmen der Missbrauchskontrolle nach dem bisherigen Ansatz explizit ebenso wenig vorgesehen wie ein primärer Schutz der Verbraucher[207]. Auch diese Vorgabe stimmt mit dem Leitbild der Neuklassik überein, bei welchem die Freiheit des Marktes und abgestuft dazu erst die Freiheit der Marktteilnehmer im Fokus stehen[208]. Damit stimmt der bisherige Ansatz bei der Missbrauchsaufsicht in diesen Punkten mit dem Leitbild der Neuklassik überein, welches Eingriffe in den Wettbewerb nur nach einem streng vorgegebenen Rahmen ohne Prüfung der konkreten Auswirkungen im Einzelfall zulassen will[209].

II. Verschiebung des zugrunde liegenden Leitbilds durch den Ansatz des „more economic approach"

Nach dem bisherigen Ansatz bei Art. 102 AEUV und dem entsprechenden Leitbild der Missbrauchskontrolle, den Wettbewerb innerhalb des Binnenmarktes vor Verfälschungen zu schützen, war bislang das primäre Schutzziel der unbeeinträchtigte Wettbewerb als Institution[210]. Dieses Ziel verschiebt sich nach den Vorgaben des des „more economic approach". Nach dem neuen Leitbild der Kommission werden die Verbraucher und deren Schutz in den Fokus der Anwendung des Art. 102 AEUV

---

203 Vgl. EuGH, Slg. 1979, I-461, Hoffmann-La Roche; vgl. Bloch/Kamann/Brown/Schmidt, ZWeR 2005, S. 329.

204 Vgl. Möschel, JITE 2001, S. 3ff.

205 Nach der Freiburger Schule hat sich der Staat als Teilnehmer aus dem Markt herauszuhalten. Lediglich durch die Vorgabe des gesetzgeberischen Rahmens hat der Staat hiernach die Freiheit des Wettbewerbs zu gewährleisten, vgl. Engelsing, Modernisierung von Art. 82 EG, S. 91; vgl. auch Möschel, JITE 2001, S. 3ff.

206 Vgl. EuGH, Slg. 1983, I-3461, S. 70, Michelin I; EuGH, Slg. 1979, I-461, Rn. 123, 125, Hoffmann-LaRoche/Kommission; vgl. auch Calliess/Ruffert-*Weiß*, Kommentar EUV-EGV, 4. Aufl., Art. 102 AEUV, Rn. 1.

207 Vgl. EuGH, Slg. 2002, I-3401, 3434, Rn. 80ff., NDC Health/IMS Health.

208 Vgl. Engelsing, Modernisierung von Art. 82 EG, S. 91.

209 Vgl. Bloch/Kamann/Brown/Schmidt, ZWeR 2005, S. 330.

210 Vgl. EuGH, Slg. 1973, I-215, Continental Can; vgl. auch Mestmäcker/Schweitzer, Europäisches Wettbewerbsrecht, § 1, Rn. 1ff.; vgl. Bloch/Kamann/Brown/Schmidt, ZWeR 2005, S. 328f.

gestellt. Durch die Einführung der Berücksichtigung von Effizienzen im Rahmen des neuen Auswirkungsansatzes wendet sich die Kommission zudem bewusst von der bisherigen Praxis der Per se-Regelungen ab. Die neue Tendenz in Richtung eines ökonomisch geprägten Prüfungsansatzes bei Art. 102 AEUV löst sich damit von den Vorgaben des bisherigen wettbewerbspolitischen Leitbildes und zeigt viele Parallelen zum wettbewerbspolitischen Leitbild der Chicago School auf. So wird ebenso wie beim Leitbild der Chicago School auch beim Ansatz des „more economic approach" der Schutz der Konsumenten in den Vordergrund gestellt und es erfolgt eine Berücksichtigung von Effizienzen, d. h. es wird die Betonung auf die konkreten Auswirkungen im Markt gelegt.

III. Weiterentwicklung des Leitbilds der Chicago School als neues Leitbild des „more economic approach"?

Trotz der aufgezeigten Parallelen zwischen dem Ansatz des „more economic approach" und dem wettbewerbspolitischen Leitbild der Chicago School sind einige Unterschiede auszumachen, die insbesondere auf neuesten wirtschaftlichen Erkenntnissen beruhen, welche bei der Anwendung des „more economic approach" nach den Vorgaben der Kommission berücksichtigt werden und nicht mehr den Vorgaben der Chicago School entsprechen[211]. So ist das Leitbild der Chicago School im Vergleich zum Ansatz des „more economic approach" aufgrund der Nichtberücksichtigung von Marktunvollkommenheiten wie Marktzutrittsschranken und der Möglichkeit strategischen Verhaltens als eher statisch, vereinfachend und abstrahierend anzusehen[212]. Diese vom Ansatz der Chicago School nicht berücksichtigten Umstände beruhen auf der modernen ökonomischen Lehre und entsprechen damit dem Anspruch des „more economic approach". Diese Weiterentwicklung des Ansatzes der Chicago School wurden unter dem Begriff der sogenannten Post-Chicago School zusammengefasst[213]. Die nach dem Ansatz der Post-Chicago School vorgebrachten neuen Erkenntnisse führen den Ansatz der Chicago School kritisch fort und entsprechen durch ihre wirtschaftswissenschaftliche Aktualität wohl am ehesten dem Ansatz des „more economic approach". Zwar hält der Ansatz der Post-Chicago School ebenso wie die Chicago School ein Einschreiten der Wettbewerbsbehörden aufgrund der Eigenverantwortlichkeit der Unternehmen und der Selbstregulierung

211 Vgl. Hovenkamp, Federal Antitrust Policy, S. 63: "One detects a certain resistance among Chicago School antitrust scholars to new development in economic theory that undermine favorite Chicago School ideas".

212 Heinemann, Immaterialgüterschutz in der Wettbewerbsordnung, S. 77.

213 Der Begriff der Post-Chicago School geht auf ein 1994 von den amerikanischen Kartellbehörden, der Georgetown University und der American Bar Association veranstaltetes Symposium zurück und ist eine Art Sammelbegriff, unter dem die Kritik an der Chicago-School aus verschiedenen Richtungen im Sinne einer Weiterentwicklung zusammengefasst wird, vgl. Heinemann, Immaterialgüterschutz in der Wettbewerbsordnung, S. 76.

der Märkte zunächst grundsätzlich für nicht erforderlich. Die Post-Chicago School erfordert aber aufgrund der Berücksichtigung neuester wirtschaftswissenschaftlicher Erkenntnisse sehr viel komplexere Analysen von Wettbewerbsbeschränkungen als die Chicago School[214]. Nach dieser neuen Tendenz führen gerade die von der Chicago School nicht berücksichtigten Marktunvollkommenheiten, wie z. B. unvollkommene Information oder Marktzutrittsschranken, dazu, dass das Eigeninteresse der Unternehmen noch weiter vom öffentlichen Interesse abweicht und ein Eingreifen der Kartellbehörden erforderlich macht, wenn die hierdurch entstehenden negativen Auswirkungen überwiegen[215]. In diesem Punkt entsprechen die Vorgaben der Post-Chicago School wiederum eher dem Ansatz des „more economic approach", nach welchem ebenso der konkrete Einzelfall und damit gegebenenfalls vorliegende Marktzutrittsschranken oder andere Marktunvollkommenheiten unter Bezugnahme auf modernste ökonomische Erkenntnisse in die Prüfung einbezogen werden sollen und je nach den konkret festgestellten Auswirkungen eine Untersagung nach Art. 102 AEUV in Frage kommt oder nicht. Ebenso wie der Ansatz der Post-Chicago School sieht sich der Ansatz des „more economic approach" aufgrund der Vorgabe einer umfassenden ökonomischen Analyse des Einzelfalls Kritik ausgesetzt, weil dies neben der höheren Einzelfallgerechtigkeit auch zu einer verstärkten Rechtsunsicherheit führen kann[216].

Der Ansatz der Post-Chicago School ist trotz der Einbindung neuester ökonomischer Erkenntnisse noch zu sehr am Leitbild der Chicago-School ausgerichtet, um ein eigenständiges wettbewerbspolitisches Leitbild zu formen. Zudem stimmen auch bestimmte Ansätze der Post-Chicago School nicht mit den Vorgaben des „more economic approach" überein[217]. Das von der Chicago-School klar vorgegebene vorrangige Schutzziel der Steigerung von Effizienzen im Interesse der

214 Nach dem Ansatz der Post-Chicago School führen verschiedene Formen von Marktversagen in der Realität immer wieder dazu, dass eine Kontrolle des Wettbewerbs durch die Wettbewerber und neu auf den Markt dringender Anbieter versagt und ein wettbewerbsrechtliches Einschreiten des Staates im Gegensatz zur Ansicht der Chicago-School unbedingt erforderlich ist, vgl. Schmidtchen, FS Hoppmann, S. 162ff.

215 Vgl. Jacobs, NCLR 1995, S. 264.

216 Vgl. hinsichtlich der Parallele: Hovenkamp, Federal Antitrust Policy, S. 70: "The Chicago School offers simplicity, elegance and often relatively easy answers to antitrust questions. The alternatives are almost always messier, more expensive, and less determinate. But policy has to reflect the world we live in, and the world is a messy place".

217 So ist nach den Vorgaben der Post-Chicago School ein wettbewerbsschädigendes Verhalten unter bestimmten Voraussetzungen auch ohne eine Marktmacht des handelnden Unternehmens möglich. Trotz der sehr eingeschränkten Definition von Marktmacht der Chicago School, nach welcher eine Marktmacht bereits bei der Fähigkeit, die Preise zu erhöhen und die Produktion zu senken, vorliegt, entspricht der „more economic approach" damit wiederum eher den Vorgaben dieses Leitbilds der Chicago School, nach denen zwingend Marktmacht vorhanden sein

Konsumentenwohlfahrt kommt darüber hinaus dem Ansatz des „more economic approach" näher als der Ansatz der Post-Chicago School, nach welchem auch andere Ziele wie die Mittelstandsförderung oder die gesellschaftspolitische Funktion der Machtbegrenzung eine ebenso gewichtige Rolle wie der Schutz der Konsumentenwohlfahrt spielen[218]. Im Ergebnis ist eine klare Zuordnung des „more economic approach" somit weder zum Leitbild der Chicago School noch zum Leitbild der Post-Chicago School möglich, obschon der neue Ansatz der Kommission diesen beiden Leitbildern am weitesten entspricht[219]. Insbesondere die Prämisse der Kommission, eine Prüfung basierend auf den neuesten ökonomischen Standards vorzunehmen, lässt eine weitere Entwicklung entsprechend den Vorgaben der Post-Chicago School als naheliegend erscheinen. Dementsprechend werden in Zukunft im Rahmen der Weiterentwicklung des Ansatzes der Post-Chicago School wohl noch klarere Parallelen zum Ansatz des „more economic approach" im Rahmen von Art. 102 AEUV gezogen werden können.

---

muss, um eine im Rahmen von Art. 102 AEUV relevante Handlung vorzunehmen, vgl. Heinemann, Immaterialgüterschutz in der Wettbewerbsordnung, S. 78.

218 Vgl. Heinemann, Immaterialgüterschutz in der Wettbewerbsordnung, S. 78.

219 Dieses sich neu herausbildende Leitbild nennt Schmidtchen vereinfachend „Neue Wettbewerbspolitk". Er stellt heraus, dass der neue Ansatz im Antitrust-Zeitalter bereits in anderen Teilen der Welt, wie in den Vereinigten Staaten, Kanada, Australien und Neuseeland, seit einiger Zeit praktiziert wird und eine Wettbewerbspolitik beschreibt, in welcher die Effizienz zum Leitbild erhoben wird, vgl. Schmidtchen, WuW 2006, S. 6.

3. Teil: Vergleich der bisherigen Prüfungsvoraussetzungen mit den Vorgaben des „more economic approach“

1. Kapitel: Die Funktion von Art. 102 AEUV und seine bisherige Anwendung

Um eine eingehendere Untersuchung des neuen Ansatzes des „more economic approach“ anhand des EAGCP-Reports, des Diskussionspapiers und der Prioritätenmitteilung der Kommission vornehmen zu können, soll zuvor die Handhabung des „status quo“ bei der Missbrauchsaufsicht des Art. 102 AEUV aufgezeigt werden, um auf der Grundlage des bisherigen Ansatzes die Neuerungen des „more economic approach“ klarer einordnen zu können. Im Folgenden werden dementsprechend die Funktion von Art. 102 AEUV und seine bisherige Anwendung im Europäischen Wettbewerbsrecht kurz dargestellt. Anhand dieser Feststellungen können im Anschluss die mit dem Ansatz des „more economic approach“ verfolgten Veränderungen eingehend anhand der durch die Kommission eingebrachten Dokumente untersucht werden.

A. Art. 102 AEUV im System des europäischen Wettbewerbsrechts

Neben dem Kartellverbot in Art. 101 AEUV und der Fusionskontrolle ist Art. 102 AEUV die dritte tragende Säule im europäischen Wettbewerbsrecht[220]. Art. 102 AEUV kommt dabei die Funktion zu, eine Beeinflussung durch einen marktmächtigen Wettbewerber zu verhindern, wenn diese Beeinflussung den Wettbewerb schädigt[221]. Nach dem Wortlaut von Art. 102 UAbs. 1 AEUV ist die missbräuchliche Ausnutzung einer beherrschenden Stellung auf dem Gemeinsamen Markt oder auf einem wesentlichen Teil desselben durch ein oder mehrere Unternehmen verboten, soweit dies dazu führen kann, den Handel zwischen Mitgliedstaaten zu beeinträchtigen[222]. Art. 102 AEUV ergänzt das allgemeine Kartellverbot des Art. 101 AEUV. Während Art. 101 AEUV nur zwei- oder mehrseitige wettbewerbsbeschränkende Vereinbarungen erfasst, wendet sich Art. 102 AEUV gegen das missbräuchliche, nichtabgestimmte einseitige Verhalten eines marktbeherrschenden Unternehmens. Der in der bisherigen Anwendung von Art. 102 AEUV primär geschützte

220 Vgl. Behrens, Der Marktbeherrschungsbegriff in Artikel 82 EG, S. 41.

221 Vgl. Langen/Bunte-*Dirksen*, Europäisches Kartellrecht, Art. 82, Rn. 2.

222 Im Anschluss sind mehrere Regelbeispiele für mögliche Verhaltensweisen aufgeführt, welche insbesondere einen Missbrauch darstellen können, vgl. Art. 102 S. 2 lit. a) – d) AEUV.

Wettbewerb kann nämlich ebenso durch einzelne Unternehmen gefährdet bzw. beeinträchtigt werden, wenn diese über eine so große Wirtschaftsmacht verfügen, dass ihr Verhalten allein durch den bestehenden Wettbewerb auf dem betroffenen Markt nicht mehr kontrolliert werden kann[223]. Im Vergleich zum Kartellverbot des Art. 101 AEUV und der Fusionskontrolle findet man zu Art. 102 AEUV nur verhältnismäßig wenige wettbewerbsrechtliche Verfahren, dennoch kommt der Marktmachtaufsicht des Art. 102 AEUV eine starke wettbewerbspolitische Bedeutung zu, insbesondere im Hinblick auf die Öffnung traditionell monopolistisch geprägter Märkte[224].

B. Die bisherige Anwendung von Art. 102 AEUV

Grundsätzlich ist allein das Innehaben einer marktbeherrschenden Position nicht durch Art. 102 AEUV untersagt, es muss zudem ein missbräuchliches Ausnutzen dieser Position gegeben sein[225]. Art. 102 AEUV unterwirft solche Unternehmen, die eine marktbeherrschende Stellung innehaben, damit einer besonderen Aufsicht[226]. Es gibt verschiedene Formen des Missbrauchs einer marktbeherrschenden Stellung, wie z. B. Kampfpreisunterbietungen, Preisdiskriminierungen, Schaffung unfairer Handelsbedingungen, Ausschließlichkeits- und Kopplungsgeschäfte oder Lieferboykotte, welche in Art. 102 UAbs. 2 AEUV in der Form von Regelbeispielen anhand von vier vertraglich festgelegten Regelgruppen in einem nicht abschließenden Beispielkatalog zusammengefasst werden[227].

C. Tatbestandsvoraussetzungen eines Missbrauchs nach Art. 102 AEUV

Die Voraussetzungen für den Missbrauch einer marktbeherrschenden Stellung nach dem bisherigen Ansatz bei Art. 102 AEUV sind kurz aufzuzeigen.

---

223 Kingreen, Das Sozialstaatsprinzip im Europäischen Verfassungsbund, S. 342.

224 Vgl. Dauses-*Emmerich*, Handbuch des EU-Wirtschaftsrechts § 102 AEUV, Rn. 2; Immenga/Mestmäcker-*Möschel*, Europäisches Kartellrecht, 4. Aufl., Bd. 1, 1. Teil, Art. 82 EG, Rn. 37.

225 Vgl. Calliess/Ruffert-*Weiß*, Kommentar EUV-EGV, 4. Aufl., Art. 102 AEUV, Rn. 1; Langen/Bunte-*Dirksen*, Europäisches Kartellrecht, Art. 82, Rn. 71.

226 Wettbewerbspolitisch ist das Instrument der Missbrauchsaufsicht insofern gerechtfertigt, als bei zunehmender Marktmacht eines einzelnen Unternehmens die Selbstregulierung des Marktes schwindet und damit die Gefahr eines Missbrauchs der Marktmacht steigt, vgl. Koenig/Haratsch/Pechstein, Europarecht, S. 459.

227 Vgl. EuGH, Slg. 1973, I-215, 246, Rn. 26, Continental Can; vgl. auch Hoffer/Barbist, Das neue Kartellrecht, S. 122; eingehend zur nicht abschließenden Aufzählung bereits hinsichtlich Art. 86 EWG: Gleiss/Hirsch-*Hirsch*, Art. 86, Rn. 52; Dauses-*Emmerich*, Handbuch des EU-Wirtschaftsrechts, Art. 82 EG, Rn. 351; Jones/Sufrin, EU Competition Law, S. 240.

I. Unternehmensbegriff

Mittel- und Ausgangspunkt der Untersuchung eines möglichen Missbrauchs nach Art. 102 AEUV sind immer im Wettbewerb besonders dominant auftretende Unternehmen bzw. deren Verhaltensweisen[228]. Eine im AEU-Vertrag festgelegte Definition des Unternehmensbegriffs gibt es nicht[229]. Der Begriff wurde vielmehr induktiv durch die Entscheidungspraxis der Kommission und des EuGH sowie auch durch das Schrifttum geprägt[230]. Der Unternehmensbegriff bei der Missbrauchsaufsicht entspricht dabei dem Unternehmensbegriff bei Art. 101 AEUV. Man spricht in diesem Zusammenhang vom sogenannten funktionalen Unternehmensbegriff[231]. Dieser funktionale Unternehmensbegriff wurde durch die Rechtsprechung des EuGH zu ex-Art. 81 EG (Art. 101 AEUV) geprägt und umfasst jede Einheit, welche eine wirtschaftliche Tätigkeit ausübt, unabhängig von ihrer Rechtsform[232]. Der Begriff ist weit gefasst, er umgreift alle natürlichen und juristischen Personen, Personengesellschaften, öffentlichen Unternehmen und Sondervermögen, welche eine auf Dauer angelegte wirtschaftliche Tätigkeit bzw. Funktion ausüben[233]. Der Begriff des Unternehmens ist dabei tätigkeits- und gerade nicht gegenstandsbezogen[234]. Es wird allein auf die Teilnahme am Wirtschaftsverkehr, insbesondere das Angebot oder die Nachfrage von Gütern und Dienstleistungen aller Art abgestellt[235]. Auf eine Gewinnerzielungsabsicht kommt es dabei grundsätzlich nicht an[236]. Die jeweilige

---

228 Der Begriff des Unternehmens ist hier als unionsrechtlicher Begriff zu verstehen und auszulegen, unabhängig von den Begriffsbestimmungen in den Wettbewerbsgesetzen der einzelnen Mitgliedstaaten, vgl. hierzu Glassen/v. Hahn-*Roth/Ackermann*, Frankfurter Kommentar zum Kartellrecht, Art. 81, Rn. 10 mit Nachweisen zur entsprechenden Praxis der Kommission und des EuGH.

229 Vgl. Koenig/Haratsch/Pechstein, Europarecht, S. 461.

230 Obwohl im AEU-Vertrag keine festgelegte Definition des Unternehmensbegriffs zu finden ist, wird entsprechend der allgemeinen Rechtsprechung bzw. Entscheidungspraxis und der weitgehend einheitlichen Ansicht im Schrifttum dennoch von einem einheitlichen Unternehmensbegriff für das gesamte europäische Wettbewerbsrecht ausgegangen; vgl. exemplarisch EuGH, Slg. 1997, I-6265, Rn. 31, Ladbroke Racing; vgl. auch Koenig/Haratsch/Pechstein, Europarecht, S. 461.

231 Kingreen, Das Sozialstaatsprinzip im Europäischen Verfassungsbund, S. 313.

232 Vgl. exemplarisch EuGH Slg. 1991, I-1979, 2016, Rn. 21, Höfner und Elser; EuGH Slg. 2001, I-8089, 8145, Rn. 19, Ambulanz Glöckner.

233 Vgl. auch Calliess/Ruffert-*Weiß*, Kommentar EUV-EGV, 3. Aufl., Art. 81, Rn. 31ff.

234 Dementsprechend ist es möglich, dass ein und dasselbe Rechtssubjekt bei einer Tätigkeit als Unternehmen anzusehen ist, während bei einer anderen Tätigkeit die Voraussetzungen für die Unternehmenstätigkeit nicht gegeben sind, vgl., Schwarze-*Brinker*, EU-Kommentar, Art. 81, Rn. 26.

235 EuGH Slg. 1987, I-2599, 2621, Rn. 7, Kommission/Italien; Grabitz/Hilf-*Stockenhuber*, Kommentar zum Recht der Europäischen Union, 40. Auflage, Art. 81, Rn. 56; Wiedemann-*Wiedemann*, Handbuch des Kartellrechts, § 1, Rn. 1.

236 Vgl. EuGH, Slg. 1995, I-4013, 4030, Rn. 21, Fédération française des sociétés d'assurance u. a.; EuGH, Slg. 1997, I-7119, 7147, Rn. 21, Job Centre; Schwarze-*Brinker*,

Organisationsform ist für die Qualifikation als Unternehmen dabei ebenfalls nicht von Bedeutung[237]. Der unionsrechtliche Unternehmensbegriff beschreibt nur die tatsächlich am Markt operierende Einheit und darf nicht mit den Begriffen Rechtsträger und Eigentümer verwechselt werden[238].

II. Die Tatbestandvoraussetzung des relevanten Marktes

Der Handlungsspielraum von Unternehmen wird durch eine Abgrenzung des jeweils betroffenen Marktes bestimmt[239]. Nach dem sogenannten Marktmachtkonzept ist die wirtschaftliche Macht bzw. Stärke eines Unternehmens dementsprechend immer im Verhältnis zu einem bestimmten Markt festzustellen[240]. Die Bestimmung des relevanten Marktes ist damit eine wesentliche Ausgangsfrage, die für die Anwendung des Art. 102 AEUV unerlässlich ist. Das Missbrauchsverbot gilt ausschließlich für Unternehmen, die eine beherrschende Stellung auf dem für den Einzelfall relevanten Markt einnehmen. Der relevante Markt lässt sich dabei in sachlicher, räumlicher und zeitlicher Hinsicht definieren[241].

1. Der sachlich relevante Markt

Zunächst ist bei der marktbezogenen Analyse eines missbräuchlichen Verhaltens der sachlich relevante Markt zu bestimmen.

EU-Kommentar, Art. 81, Rn. 27; Hailbronner/Klein/Magiera/Müller-Graff-*Müller-Graff*, EU-Vertrag, Art. 81, Rn. 34. Es fallen sogar Tätigkeiten gemeinnütziger Träger, in denen Leistungen gegen Entgelt erbracht werden, unter den Unternehmensbegriff, wenn sie ebenso auch von gewerblichen Anbietern erbracht werden könnten, vgl. EuGH, Slg. 1974, I-313, BRT; Münder/v. Bötticher, ZfJ 2003, S. 485 (485f.).

237 Vgl. EuGH, Slg. 1991, I-1979, 2016, Rn. 21, Höfner und Elser; vgl. diesbezüglich auch bereits die Ausführungen in EuGH, Sl. 1962, I-653, 687, Klöckner und Hoesch.

238 Vgl. Koenig/Haratsch/Pechstein, Europarecht, S. 453.

239 Vgl. Mestmäcker/Schweitzer, Europäisches Wettbewerbsrecht, § 16, Rn. 10.

240 Vgl. Calliess/Ruffert-*Weiß*, Kommentar EUV-EGV, 4. Aufl., Art. 102 AEUV, Rn. 5; Grabitz/Hilf-*Jung*, 35. Erg.-Lief., Das Recht der Europäischen Union, Art. 82, Rn. 26.

241 Vgl. Calliess/Ruffert-*Weiß*, Kommentar EUV-EGV, 4. Aufl., Art. 102 AEUV, Rn. 6; vgl. hierzu auch die Bekanntmachung der Kommission über die Definition des relevanten Marktes im Sinne des Wettbewerbsrechts der Gemeinschaft, nach welcher erst die genaue Abgrenzung des relevanten Marktes nach diesen Faktoren die Feststellung ermöglicht, ob ein Unternehmen für einen abgegrenzten Wirtschaftssektor in der Lage ist, die Aufrechterhaltung eines wirksamen Wettbewerbs zu verhindern, vgl. Bekanntmachung der Kommission zur Marktabgrenzung vom 9.12.1997, ABl. 1997, C 372/5, Rn. 7, 11.

a) Bezugnahme auf Waren und Dienstleistungen

Sachlich relevant ist ein Markt im Rahmen der Missbrauchsaufsicht, wenn er Waren oder Dienstleistungen umfasst, die Gegenstand einer missbräuchlichen Verhaltensweise sein können[242]. Dabei sind alle Produkte oder Dienstleistungen einzubeziehen, die aufgrund ihrer Merkmale wie Qualität, Preis oder Verwendungszweck vom Verbraucher als gleichartig angesehen werden[243].

b) Austauschbarkeit der Produkte oder der Dienstleistungen

Nach dem herrschenden Bedarfsmarktkonzept ist das entscheidende Kriterium die Austauschbarkeit des Produktes oder der Dienstleistung aus der Sicht der jeweiligen Marktgegenseite[244]. Hält der Verbraucher Waren oder Dienstleistungen für untereinander substituierbar, ist hinsichtlich dieser Angebote von einem gemeinsamen sachlichen Markt auszugehen[245]. Auch der EuGH und die Kommission folgen in ihrer Entscheidungspraxis diesem Prinzip der funktionellen Äquivalenz[246]. Der Produktmarkt ist nach Maßgabe der fraglichen Erzeugnisse abzugrenzen, die aus der Sicht der Verbraucher zur Befriedigung eines gleich bleibenden Bedarfs geeignet und mit anderen Produkten in geringem Maße austauschbar sind[247]. Der EuGH differenziert hinsichtlich der Marktabgrenzung im Vergleich zur Kommission sogar noch genauer, indem er nicht auf die Produkte selbst, sondern auf die Merkmale der Produkte abstellt, welche die Produkte im Verhältnis zueinander austauschbar machen[248]. Im Ergebnis besteht aber zwischen diesen leicht unterschiedlichen Herangehensweisen

---

242 Vgl. Grabitz/Hilf/Nettesheim-*Jung*, Das Recht der Europäischen Union, 49. Erg.-Lief., Art. 102, Rn. 36.

243 Vgl. Geiger, EUV/EGV Kommentar, Art. 82, Rn. 7.

244 Vgl. Dauses-*Emmerich*, Handbuch des EU-Wirtschaftsrechts, Art. 102 AEUV, Rn. 15.

245 Vgl. Hoppmann, Die Abgrenzung des relevanten Marktes, S. 32.

246 Bzgl. des EuGH vgl. EuGH, Slg. 1973, I-215, 248, Continental Can; EuGH, Slg. 1991, I-3359, 3450, Rn. 51, AKZO; EuGH, Slg. 1998, I-7791, 7829, Rn. 33, Bronner; bzgl. der Kommission vgl. Bekanntmachung der Kommission zur Marktabgrenzung vom 9.12.1997, ABl. 1997, C 372/5, Rn. 7 (zuvor bereits Art. 3 Abs. 3 VO 418/85/EWG, ABl. 1985 L 53/5).

247 Vgl. Mestmäcker/Schweitzer, Europäisches Wettbewerbsrecht, § 16, Rn. 12. Lediglich in einigen Nuancen ergaben sich teilweise Unterschiede zwischen der Entscheidungspraxis der Kommission und des EuGH, die inzwischen gegenseitig angeglichen wurden. So erkennt der Europäische Gerichtshof inzwischen die sogenannte Kreuzpreiselastizität entsprechend den Vorgaben der Kommission an. Auf der anderen Seite stellt die Kommission inzwischen bei der Prüfung der subjektiven Äquivalenz entsprechend der Rechtsprechung des EuGH auf einen objektiven Verbraucherbegriff ab, vgl. Grabitz/Hilf/Nettesheim-*Jung*, Das Recht der Europäischen Union, 49. Erg.-Lief., Art. 102, Rn. 38.

248 Vgl. EuGH, Slg. 1979, I-461, 516f., Rn. 27ff, Hoffmann-La Roche; EuGH, Slg. 1973, I-215, 248ff., Rn. 33ff., Continental Can.

der Kommission und des EuGH in Bezug auf die praktischen Auswirkungen kein Unterschied[249].

2. Der *räumlich relevante Markt*

Im Anschluss an die Bestimmung des sachlichen Marktes wird im Rahmen der Missbrauchskontrolle der geographisch relevante Markt geprüft.

a) Bezugnahme auf das Territorium

Der räumlich relevante Markt wird ergänzend zur Bestimmung des sachlich relevanten Marktes festgestellt[250]. Räumlich relevant ist ein Markt hinsichtlich eines Territoriums, in welchem die entscheidenden Produkte oder Dienstleistungen vertrieben werden und in dem die Wettbewerbsbedingungen hinreichend homogen sind, um eine Einschätzung der wirtschaftlichen Macht des betroffenen Unternehmens zu ermöglichen[251]. Dabei kommt es nicht auf die Größe des betreffenden Territoriums an, sondern auf die Struktur des Marktes, den Umfang der Produktion und die Höhe des Konsums auf dem betreffenden Markt[252]. So kann eine marktbeherrschende Stellung auch hinsichtlich eines sehr kleinen Marktes festgestellt werden, wenn die Präsenz und das Verhalten des Marktbeherrschers auf diesem räumlich relevanten Markt dazu führen kann, den zwischenstaatlichen Handel zu beeinträchtigen[253].

b) Kriterium der Homogenität der Wettbewerbsbedingungen

Das wesentliche Kriterium bei der Bestimmung des räumlich relevanten Marktes ist die Homogenität der Wettbewerbsbedingungen[254]. Ein bestimmtes Gebiet bildet danach einen eigenen räumlichen Markt, wenn die Wettbewerbsbedingungen darin hinreichend homogen sind und sich das Gebiet von benachbarten Gebieten durch

---

249 Vgl., Langen/Bunte-*Dirksen*, Europäisches Kartellrecht, Art. 82, Rn. 21.

250 Vgl. eingehend dazu: Immenga/Mestmäcker-*Fuchs/Möschel*, Europäisches Kartellrecht, 5. Aufl., Bd. 1, 1.Teil, Art. 102 AEUV, Rn. 65ff.

251 Vgl. EuGH Slg. 1978, 207, Rn. 10f., United Brands; Bekanntmachung der Kommission zur Marktabgrenzung vom 9.12.1997, ABl. Nr. C 372/5, Rn. 8; vgl. auch Bechthold/Bosch/Brinker/Hirsbrunner, EG-Kartellrecht, Art. 82, Rn. 13.

252 Vgl. Schwarze-*Brinker*, EU-Kommentar, Art. 82, Rn. 18.

253 Als Beispiele für sehr kleine Märkte können einzelne Flughäfen oder maritime Seehäfen genannt werden, vgl. Komm. vom 14.1.1998, ABl. 1998 L 72/30, Rn. 57 – Flughafen Frankfurt/Main AG; Komm. vom 21.12.1993, ABl. 1994 L 15/89, Sealink II; Komm. vom 21.12.1993, ABl. 1994, L 55/52, Hafen von Rødby.

254 Hinsichtlich des Kriteriums der Homogenität der Wettbewerbsbedingungen bezieht sich die Prüfung wiederum auf den festgestellten sachlich relevanten Markt: Die Einheitlichkeit muss sich auf den Absatz aller Produkte beziehen, die den sachlich relevanten Markt ausmachen, vgl. Komm. vom 2.2.1973, ABl. 1973, L 140/17, Rn. E. 1 – E. 3 –Europäische Zuckerindustrie.

spürbar unterschiedliche Wettbewerbsbedingungen unterscheidet[255]. Die Festlegung des räumlich relevanten Marktes besteht damit letztlich in der Ermittlung des Territoriums, innerhalb dessen ein Nachfrager auch auf bestehende Alternativangebote ausweichen könnte und würde, um sich dem Druck eines Anbieters zu entziehen[256].

3. *Der zeitlich relevante Markt*

Weiterhin wird hinsichtlich des relevanten Marktes zusätzlich oftmals noch der zeitlich relevante Markt bestimmt.

a) Bezugnahme auf eine grundsätzlich feststehende Komponente

Das Unterscheidungskriterium des zeitlich relevanten Marktes spielt in der Praxis nur eine untergeordnete Rolle. Art. 102 AEUV verlangt, dass die marktbeherrschende Stellung eines Unternehmens während der gesamten Zeitspanne vorlag, in welcher dem fraglichen Unternehmen ein missbräuchliches Verhalten vorgeworfen wird[257]. Der zeitliche Faktor kommt bei der Marktabgrenzung nur in seltenen Fällen zum Tragen, da die zu untersuchenden Märkte hinsichtlich der zeitlichen Komponente grundsätzlich feste Strukturen aufweisen[258]. Zudem wird die zeitliche Komponente in vielen Fällen auch schon bei der Prüfung des sachlich relevanten Marktes abgedeckt[259].

b) Kriterium der Befriedigung eines gleichbleibenden Bedarfs

Konkret muss bei der Prüfung des sachlich relevanten Marktes der relevante Produktmarkt bestimmt werden. Die Bestimmung des relevanten Produktmarktes verlangt nach ständiger Rechtsprechung des EuGH die „Befriedigung eines

---

255 Dauses-*Emmerich*, Handbuch des EU-Wirtschaftsrechts, Art. 102 AEUV, Rn. 20.

256 Aus diesem Grund ist auch hinsichtlich des räumlich relevanten Marktes die Substituierbarkeit der Produkte oder Dienstleistungen aus der Sicht der Marktgegenseite zu berücksichtigen, vgl. Immenga/Mestmäcker-*Möschel*, Europäisches Kartellrecht, 5. Aufl., Bd. 1, 1.Teil, Art. 102, Rn. 65; Dauses-*Emmerich*, Handbuch des EU-Wirtschaftsrechts, Art. 82 EG, Rn. 326; Grabitz/Hilf-*Jung*, Das Recht der Europäischen Union, 35. Erg.-Lief., Art. 82, Rn. 42.

257 EuGH, Slg 1975, I-1663, Rn. 450, Suiker Unie; EuGH, Slg. 1978, I-207, Rn. 23, 33, 34, 35, United Brands.

258 Lediglich in Marktstrukturen mit zeitlich befristeten und häufig wechselnden Angeboten wie der Unterhaltungsbranche können zeitliche Aspekte relevant sein, die eine Abgrenzung verschiedener Märkte erforderlich machen. Außerdem kann die Saisonbedingtheit bestimmter Produkte und Dienstleistungen eine Untersuchung hinsichtlich des zeitlich relevanten Marktes erforderlich machen, vgl. Bechthold/Bosch/Brinker/Hirsbrunner, EG-Kartellrecht, Art. 82, Rn. 16.

259 Vgl. Groeben/Thiesing/Ehlermann-*Schröter*, Kommentar zum EU-/EG-Vertrag, Art. 82, Rn. 154; Grabitz/Hilf-*Jung*, Das Recht der Europäischen Union, 35. Erg.-Lief., Art. 82, Rn. 47.

gleichbleibenden Bedarfs"[260]. Die Bedürfnisse der Verbraucher hinsichtlich der relevanten Produkte müssen von gewisser Dauer und Regelmäßigkeit sein, eine zeitlich nur begrenzte Nachfrage genügt danach nicht[261].

III. Voraussetzung einer marktbeherrschende Stellung

Nach Ermittlung des relevanten Marktes muss untersucht werden, ob das betroffene Unternehmen auf dem konkret festgestellten Markt eine beherrschende Stellung innehat[262]. Dabei spielt es grundsätzlich keine Rolle, wie die beherrschende Stellung eines Unternehmens entstanden ist[263]. Dementsprechend erfolgt auch keine Privilegierung von Unternehmen, die ihre Vormachtstellung durch lauteren Leistungswettbewerb erworben haben, noch erfolgt eine Schlechterstellung derjenigen Marktteilnehmer, welche auf Grund unlauterer Praktiken ihre Spitzenposition erworben haben. Selbst wenn die Marktbeherrschung durch staatliche Interventionen entstanden ist, steht dies einer Anwendung von Art. 102 AEUV nicht entgegen[264].

1. Keine Definition der marktbeherrschenden Stellung im AEU-Vertrag

Anders als in verschiedenen nationalen Rechtsordnungen findet sich weder im AEU-Vertrag noch im übrigen Unionsrecht eine feststehende Definition der Marktbeherrschung[265]. Das Vorliegen der Marktmacht wird anhand verschiedener Kriterien festgestellt. Diese Kriterien beziehen sich auf die Struktur des Marktes selbst, die Position, die das fragliche Unternehmen auf dem Markt einnimmt, die Unternehmensstruktur und das Verhalten des Unternehmens auf dem relevanten Markt[266].

---

260 EuGH, Slg. 1973, I-215, Rn. 32, Continental Can; EuGH, Slg. 1980, I-3775, Rn. 25, L'Oréal; EuGH, Slg. 1983, I-3461, Rn. 37, Michelin I; EuGH, Slg. 1991, I-3359, Rn. 51, AKZO; EuGH, Slg. 1998, I-7791, Rn. 32f., Bronner.

261 Vgl. Langen/Bunte-*Dirksen*, Europäisches Kartellrecht, Art. 82, Rn. 22.

262 Vgl. Grabitz/Hilf/Nettesheim-*Jung*, Das Recht der Europäischen Union, 49. Erg.-Lief., Art. 102, Rn. 60; vgl. eingehend zur Begrifflichkeit der Marktbeherrschung: Immenga/Mestmäcker-*Möschel*, Europäisches Kartellrecht, 5. Aufl., Bd. 1, 1.Teil, Art. 102, Rn. 73ff.

263 Vgl. Mestmäcker, Recht und ökonomisches Gesetz, S. 589; Emmerich, Kartellrecht, S. 451.

264 Vgl., Grabitz/Hilf-*Jung*, Das Recht der Europäischen Union, 35. Erg.-Lief., Art. 82, Rn. 72.

265 Vgl. Böni/Palzer, RIW 2012, S. 528; vgl. exemplarisch für die Vorgabe einer Definition: § 19 Abs. 2 GWB, wonach ein Unternehmen marktbeherrschend ist, soweit es als Anbieter oder Nachfrager einer bestimmten Art von Waren oder gewerblichen Leistungen ohne Wettbewerber ist oder eine im Verhältnis zu seinen Wettbewerbern überragende Marktstellung hat.

266 Vgl. Loewenheim/Meessen/Riesenkampff- *Bergmann*, Kartellrecht, Art. 82 EG, Rn. 92f.

2. *Entscheidungspraxis des EuGH und der Kommission*

Nach der Rechtsprechung des EuGH nimmt ein Unternehmen auf einem Markt eine beherrschende Stellung ein, wenn seine Machtstellung es ihm erlaubt, die Aufrechterhaltung wirksamen Wettbewerbs auf dem relevanten Markt zu verhindern, indem sie ihm die Möglichkeit verschafft, sich seinen Konkurrenten, Abnehmern bzw. Verbrauchern gegenüber in nennenswertem Umfang unabhängig zu verhalten[267]. Unter unabhängigem Marktverhalten versteht man, dass das betreffende Unternehmen ohne Rücksicht auf seine Marktpartner oder Konkurrenten seine Aktionsparameter festlegen kann[268]. Dies ist nach Ansicht der Kommission zumindest dann der Fall, wenn das Unternehmen aufgrund seines Marktanteils, gegebenenfalls in Verbindung mit der Verfügbarkeit von technischem Wissen, Rohstoffen oder Kapital, die Möglichkeit hat, für einen bedeutenden Teil der Erzeugnisse, die dem sachlich relevanten Markt zuzuordnen sind, die Preise zu bestimmen und die Produktion und Verteilung zu kontrollieren[269]. Sogar wenn ein Abnehmer des möglichen Marktbeherrschers selbst über eine erhebliche Marktstärke verfügt, steht das einer Annahme der beherrschenden Position des Anbieters nicht entgegen, wenn der marktstarke Abnehmer auf eine Belieferung durch den Marktbeherrscher angewiesen ist[270]. Sowohl nach Ansicht der Kommission[271] als auch nach Ansicht des EuGH[272] hat die Marktbeherrschung damit bislang zwei charakteristische Elemente: das unabhängige Verhalten des betreffenden Unternehmens und sein Potenzial, wirksamen Wettbewerb zu verhindern[273]. Das Element des Wettbewerbsverhinderungspotenzials erfordert die Fähigkeit, sowohl aktuelle Marktteilnehmer vom Wettbewerb auszuschließen als auch Zukünftige am Markteintritt zu hindern[274]. Ausreichend ist eine ernsthafte Schwächung des Wettbewerbers; eine völlige Verdrängung der Wettbewerber bzw. eine völlige Ausschaltung des Wettbewerbs ist nicht erforderlich[275]. Die beiden Elemente der Marktbeherrschung stehen dabei in

---

267 Eine völlige Ausschaltung des Wettbewerbs ist dabei nicht erforderlich, vgl. EuGH, Slg. 1978, I-207, Rn. 63ff., United Brands; EuGH, Slg. 1979, I-461, Rn. 38, Hoffmann-La Roche; EuGH, Slg. 1988, I-2479, Rn. 26, Blodson.

268 EuGH, Slg. 1979, 461, Rn. 39, Hoffmann-La Roche.

269 Komm. vom 9.12.1971, ABl. EG 1972 L 7/25, Rn. 35, Continental Can.

270 In solchen Fällen wird aber eine Abwägung der beiden Machtpositionen erforderlich, vgl. EuG Slg. 1992, II-1403, Rn. 366, Flachglas II; Komm. vom 14.5.1997, ABl. 1997 L 258/1, Rn. 108, Irish Sugar.

271 Vgl. exemplarisch Komm. vom 9.12.1971, ABl. EG 1972 L 7/25, S. 35, Continental Can.

272 Vgl. exemplarisch EuGH, Slg. 1978, I-207, Rn. 121ff., United Brands.

273 Vgl. auch Emmerich, Kartellrecht, S. 451.

274 Vgl. Dauses-*Emmerich*, Handbuch des EU-Wirtschaftsrechts, Art. 102 AEUV, Rn. 35; Grabitz/Hilf/Nettesheim-*Jung*, Das Recht der Europäischen Union, 49. Erg.-Lief., Art. 102 AEUV, Rn 7.

275 EuGH, Slg. 1978, I-207, Rn. 121, 124 –United Brands; Komm. vom 19.12.1990, ABl. 1991 L 152/21, Rn. 41, Soda-Solvay; Komm. vom. 19.12.1990, ABl. 1991 L 152/40, Rn. 42, Soda-ICI.

einem engen Zusammenhang[276]. Beide Elemente sind Indikatoren dafür, dass sich das betreffende Unternehmen der steuernden Funktion eines wirksamen Wettbewerbs entziehen kann und über einen übermäßig weiten, vom Wettbewerb nicht mehr hinreichend kontrollierten Verhaltensspielraum verfügt[277].

3. Kriterium der Marktstruktur

Ein wesentliches Kriterium bei der Untersuchung der Marktmacht ist die Marktstruktur[278]. Neben dem Kriterium der Marktstruktur sind weitere Kriterien, wie das Marktverhalten und die Unternehmensstruktur, zu berücksichtigen[279]. Die Marktstruktur wird durch verschiedene Faktoren bestimmt. Insbesondere ist der Marktanteil des potenziell marktbeherrschenden Unternehmens von Bedeutung[280]. Der jeweilige Marktanteil eines Unternehmens ist abhängig von der Produktions-, der Angebots- und der Nachfragestruktur auf dem relevanten Markt[281]. Zudem werden die Anzahl und Stärke der Wettbewerber auf dem relevanten Markt sowie die Stellung des mutmaßlichen Marktbeherrschers im Verhältnis zu den Marktanteilen der nächstgrößeren Wettbewerber untersucht[282].

---

276 Grabitz/Hilf/Nettesheim-*Jung*, Das Recht der Europäischen Union, 49. Erg.-Lief., Art. 102 AEUV, Rn. 8.

277 Vgl. Dauses-*Emmerich*, Handbuch des EU-Wirtschaftsrechts, Art. 82 EG, Rn. 334, 337.

278 Marktstruktur ist in diesem Zusammenhang als konkret vorzufindende Wettbewerbssituation auf dem relevanten Markt zu verstehen; vgl. Langen/Bunte-*Dirksen*, Europäisches Kartellrecht, Art. 82, Rn. 38.

279 Sowohl der EuGH als auch die Kommission gehen im Wege einer Gesamtbetrachtung aller für den konkreten Fall wichtigen Kriterien vor, wobei immer eine besondere Betonung auf der Untersuchung der Marktstruktur liegt, vgl. Groeben/Thiesing/Ehlermann-*Schröter*, Kommentar zum EU-/EG-Vertrag, Art. 82, Rn. 126; Immenga/Mestmäcker-*Möschel*, Europäisches Kartellrecht, 4. Aufl., Bd. 1, 1.Teil, Art. 82 EG, Rn. 73.

280 Zwar kann die Bedeutung der Marktanteile von Markt zu Markt unterschiedlich sein, es ist aber nach der Rechtsprechung des EuGH grundsätzlich davon auszugehen, dass besonders hohe Marktanteile ohne weiteres den Beweis für das Vorliegen einer Marktbeherrschung liefern, vgl. EuGH Slg. 1979, I-461, Rn. 39, Hoffmann-La Roche; vgl. auch, Calliess/Ruffert-*Weiß*, Kommentar EUV-EGV, 3. Aufl., Art. 82, Rn. 10. In einem Fall hat der EuGH auch bereits einen weniger hohen Marktanteil in Höhe von 50% als „besonders hohen Marktanteil“ beurteilt, weil die unternehmerische Präsenz über einen Zeitraum von vier Jahren konstant gehalten und zudem von weiteren Faktoren wie unternehmerischen Vorteilen und überlegenem Know-how verstärkt wurde, vgl. EuGH, Slg. 1991, I-3359, Rn. 60, AKZO.

281 Vgl. EuGH, Slg. 1979, I-461, 521, Rn. 40, Hoffmann-La Roche.

282 Vgl. EuGH, Slg. 1971, I-487, Rn. 17, Deutsche Grammophon.

a) Bewertung des Marktanteils

Ausgangspunkt bei der Bewertung des Marktanteils ist eine Marktstrukturanalyse. Untersucht wird dabei die konkrete Wettbewerbssituation auf dem relevanten Markt. Diese Wettbewerbssituation wird insbesondere durch den Marktanteil charakterisiert[283]. Bei einem Marktanteil von über 75 % geht der EuGH grundsätzlich von einem besonders hohen Marktanteil und damit vom Beweis einer Marktbeherrschung aus, ohne eine weitergehende Prüfung vorzunehmen[284]. Im Bereich von Marktanteilen zwischen 25 % und 70 % müssen nach der Rechtsprechung des EuGH für die Annahme einer beherrschenden Stellung ergänzende Anhaltspunkte hinzukommen[285]. Marktanteile unter 25 % schließen eine beherrschende Stellung grundsätzlich aus[286]. Die Marktanteile fungieren damit als wesentliche Beurteilungskriterien. Sie zeigen in ihrer absoluten Funktion die tatsächliche Größe des Unternehmens und in ihrer relativen Funktion den Abstand zu den Konkurrenten[287]. Es lassen sich demnach folgende Grundsätze ableiten: Je größer der Marktanteil des zu prüfenden Unternehmens ist, desto weniger Bedeutung kommt möglichen anderen Marktbeherrschungsfaktoren zu. Zudem genügen desto geringere Marktanteile, um eine beherrschende Stellung zu begründen, je größer der Abstand zu den Konkurrenten ist.

---

283 Daneben ist die Anzahl und Stärke der Wettbewerber sowie das Verhältnis zu den Marktanteilen des nächstgrößeren Wettbewerbers zu berücksichtigen, vgl. EuGH, Slg. 1971, I-487, Rn. 17, Deutsche Grammophon; EuGH, Slg. 1978, I-207, Rn. 108ff., United Brands.

284 Vgl. EuGH, Slg. 1979, I-461, Rn. 52ff., Hoffmann-La Roche; Die Kommission fordert auch bei Marktanteilen von mehr als 75% das Vorliegen weiterer Faktoren bzgl. der Unternehmensstruktur oder des konkreten Verhaltens des Unternehmens, um eine beherrschende Stellung festzustellen, vgl. Komm. vom 29.7.1987, ABl. 1987 L 286/36, Rn. 18, BBI/Boosey & Hawkes; Komm. vom 22.12.1987, ABl. 1988, L 65/19, Rn. 66ff., Hilti; vgl. Langen/Bunte-*Dirksen*, Europäisches Kartellrecht, Art. 82, Rn. 47. Der EuG geht hingegen bereits bei einem Marktanteil von etwa 70 % ohne weitere Prüfung von einer marktbeherrschenden Stellung aus, vgl. EuG, Slg. 1991, II-1439, Rn. 92, Hilti; Slg. 1996, II-1201, Rn. 76ff., CEWAL.

285 EuGH, Slg. 1991, I 3439, 3453, Rn. 60, AKZO; EuGH, Slg. 1983, I-3461, 3505, Rn. 33, Michelin I. Bei Marktanteilen zwischen 25 % und 75 % wird als ergänzender Anhaltspunkt oftmals die sogenannte relative Marktstärke untersucht. Unter relativer Marktstärke versteht man den Abstand zwischen den Marktanteilen des mutmaßlich herrschenden Unternehmens und den Marktanteilen der unmittelbaren Wettbewerber, vgl. Grabitz/Hilf/Nettesheim-*Jung*, Das Recht der Europäischen Union, 49. Erg.-Lief., Art. 102 AEUV, Rn 91.

286 Vgl. Dauses-*Emmerich*, Handbuch des EU-Wirtschaftsrechts, Art. 102 AEUV, Rn. 42.

287 Vgl. Calliess/Ruffert-*Weiß*, Kommentar EUV-EGV, 4. Aufl., Art. 102 AEUV, Rn. 10; Dauses-*Emmerich*, Handbuch des EU-Wirtschaftsrechts, Art. 102 AEUV, Rn. 41.

b) Weitere Kriterien

Weitere Kriterien, die bei der Beurteilung der Marktbeherrschung herangezogen werden, sind Marktzutrittsschranken wie die Unabhängigkeit von marktmächtigen Großkunden[288], größere unternehmerische Kapazitäten und Ressourcen[289], langandauernde Erfahrung auf dem relevanten Markt[290], ein breiteres Leistungsangebot auf dem relevanten Markt[291], technologische Überlegenheit[292], besonderes produktspezifisches Know-How[293], eine besonders gefestigte Schutzposition durch den Besitz von Immaterialgüterrechten[294], eine besonders hoch entwickelte Vertriebsorganisation[295] und das Fehlen potenzieller Wettbewerber[296]. Diese zusätzlichen Bewertungskriterien stammen zumeist aus der Unternehmensstrukturanalyse und werden neben den relativen Marktanteilen insbesondere bei einem Marktanteil zwischen 25 % und 40 % des mutmaßlichen marktbeherrschenden Unternehmens herangezogen[297].

c) Marktbeherrschung durch nachfragende Unternehmen

Neben solchen Unternehmen, die Waren und Dienstleistungen anbieten, können auch nachfragende Unternehmen gegenüber ihren Anbietern eine marktbeherrschende Stellung einnehmen[298]. Bereits das Missbrauchsbeispiel der unangemessenen Einkaufspreise nach Art. 102 UAbs. 2 lit. a) AEUV weist auf eine solche Möglichkeit der beherrschenden Stellung eines Nachfragers hin[299]. Dies ist der Fall, wenn nach Überprüfung des Nachfragewettbewerbs auf dem konkreten Beschaffungsmarkt festgestellt wird, dass die Anbieter in einem solchen Abhängigkeitsverhältnis zum nachfragenden Unternehmen stehen, dass ihnen ein Ausweichen auf andere Abnehmer praktisch nicht möglich ist[300]. Auch hinsichtlich der

---

288 EuG, Slg. 1999, II-2969, Rn. 97f., Irish Sugar.

289 Vgl. EuG, Slg. 1996, II-1201, Rn. 78, CEWAL.

290 Vgl. Komm vom 11.3.1998, ABl. 1998 L 246/1, Rn. 260 –Van den Bergh Foods Limited.

291 Vgl. EuGH, Slg. 1983, I-3461, Rn. 55, Michelin I.

292 Vgl. EuGH, Slg. 1979, I-461, Rn. 48, Hoffmann-La Roche; EuGH, Slg. 1983, I-3461, Rn. 55, Michelin I.

293 Vgl. EuGH, Slg. 1991, I-3359, Rn. 61 – AKZO; Komm. vom 11.3.1998, ABl. 1998 L 246/1, Rn. 260 – Van den Bergh Foods Limited.

294 Vgl. EuG, Slg. 1991, II-1439, Rn. 93, Hilti; EuG, Slg. 1996, II-1201, Rn. 80, CEWAL.

295 Vgl. EuGH, Slg. 1979, I-461, Rn. 48, Hoffmann-La Roche; EuGH, Slg. 1983, I-3461, Rn. 58, Michelin I; EuGH, Slg. 1991, I-3359, Rn. 61, AKZO.

296 Vgl. EuGH, Slg. 1979, I-461, Rn. 48, Hoffmann-La Roche.

297 Vgl. Klotz/Zurkinden, WuW 1999, S. 126.

298 EuGH, Slg. 1985, I-1105, Rn. 21ff., CICCE; vgl. auch Arndt, WuW 1972, S. 84ff.; Wiedemann-*de Bronett*, Handbuch des Kartellrechts, § 22, Rn. 11.

299 Vgl. Immenga/Mestmäcker-*Fuchs/Möschel*, Europäisches Kartellrecht, 5. Aufl., Bd. 1, 1.Teil, Art. 102 AEUV, Rn. 83.

300 EuGH, Slg. 1995, I-743, Rn. 34, Magill; EuGH, Slg. 1999, I-2387, Rn. 58, Deutsche Bahn.

Marktbeherrschungselemente auf der Nachfragerseite wurden bislang weder vom EuGH noch von der Kommission klare Prüfungskriterien vorgegeben. Da die Voraussetzungen für die Entstehung der Marktmacht aber dieselben sind wie auf der Anbieterseite, lassen sich die Kriterien des unabhängigen Marktverhaltens und des Wettbewerbsverhinderungspotenzials aber spiegelbildlich auf diese Fälle übertragen[301]. Neben diesen Merkmalen spielt auch die konkrete wirtschaftliche Abhängigkeit der Anbieter eine wichtige Rolle[302]. Diese Abhängigkeit ist entscheidend durch die Flexibilität in der Verwertbarkeit der Leistung bedingt und nimmt mit einem größeren Spezialisierungsgrad der Produkte zu[303].

d) Verschiedene Erscheinungsformen der Marktmacht

Es gibt verschiedene Erscheinungsformen von Marktmacht. Neben der individuellen Marktbeherrschung eines einzelnen Unternehmens gibt es auch die sogenannte kollektive Marktbeherrschung, bei der mehrere Unternehmen gemeinsam eine marktbeherrschende Stellung einnehmen[304]. Ebenso wie bei der Einzelmarktbeherrschung liegt auch hinsichtlich der kollektiven Beherrschung keine Definition vor; es sind aber grundsätzlich ebenfalls die zuvor herausgearbeiteten Voraussetzungen anzuwenden. Besondere Bedeutung bei der Prüfung einer kollektiven Marktbeherrschung kommt der Frage zu, was genau unter „mehreren Unternehmen" zu verstehen ist. Voraussetzung für eine kollektive Marktbeherrschung ist nach der Entscheidungspraxis des EuGH und der Kommission eine so enge Verflechtung der Unternehmen, dass diese auf dem Markt in gleicher Weise vorgehen können, da nur bei einem gemeinsamen Vorgehen auf dem betroffenen Markt von einer für eine Marktbeherrschung erforderlichen Einheit ausgegangen werden kann[305]. Dabei ist für die erforderliche kollektive beherrschende Stellung eine einheitliche

301 Vgl. Langen/Bunte-*Dirksen*, Europäisches Kartellrecht, Art. 82, Rn. 66; Grabitz/Hilf-*Jung*, Das Recht der Europäischen Union, 35. Erg.-Lief., Art. 82, Rn. 59.

302 Vgl. Groeben/Thiesing/Ehlermann-*Schröter*, Kommentar zum EU-/EG-Vertrag, Art. 82, Rn. 61.

303 So kommt es z. B. in der Automobilindustrie sehr schnell zur Annahme einer beherrschenden Stellung, weil jedes der Zulieferteile einen gesonderten relevanten Markt darstellt, auf dem der Abnehmer faktisch eine Monopolstellung einnimmt, vgl. Immenga/Mestmäcker-*Möschel*, Europäisches Kartellrecht, 4. Aufl., Bd. 1, 1.Teil, Art. 82 EG, Rn. 61f.

304 Vgl. Dauses-*Emmerich*, Handbuch des EU-Wirtschaftsrechts, Art. 102 AEUV, Rn. 45; Bechthold/Bosch/Brinker/Hirsbrunner, EG-Kartellrecht, Art. 82, Rn. 21.

305 EuGH, Slg. 1994, I-1477, Rn. 42, Almelo; Slg. 1995, I-2883, Rn. 33, Centro Servizi Spediporto; Slg. 1995, I-3257, Rn. 26, DIP; EuGH Slg. 1997, I-3395, Rn. 46, Sodemare; Slg. 1998, I-5955, Rn. 32, Librandi; Komm. vom 7.12.1988, ABl. 1989 L 33/44, Rn. 79, Flachglas; Komm. vom 23.12.1992, ABl. 1993 L 34/20, Rn. 49, 61, CEWAL; vgl. auch Calliess/Ruffert-*Weiß*, Kommentar EUV-EGV, 3. Aufl., Art. 82, Rn. 17.

Festlegung der Verhaltensweisen erforderlich[306]. Die vorausgesetzte Verknüpfung darf aber wiederum nicht so eng sein, dass die verschiedenen Unternehmen als ein zusammengefasstes Rechtssubjekt und damit als ein einziges Unternehmen angesehen werden können[307].

e) Erstreckung auf den Gemeinsamen Markt

Zuletzt gibt Art. 102 UAbs. 1 AEUV vor, dass der fragliche Markt einen wesentlichen Teil des Gemeinsamen Marktes darstellen muss, damit die Missbrauchskontrolle überhaupt zur Anwendung kommt[308]. Diese Einschränkung basiert auf der Tatsache, dass die Feststellung des sachlich, räumlich und zeitlich relevanten Marktes zu einer Anerkennung sehr enger Märkte führen kann und es nicht im Schutzzweck von Art. 102 AEUV liegt, kleine lokale Märkte vor Missbräuchen marktbeherrschender Unternehmen zu schützen[309]. Die Missbrauchsaufsicht verhindert damit keine Machtmissbräuche auf regionalen oder lokalen Märkten, sondern schützt die Wirtschaftsordnung des Binnenmarktes als Element der gesamteuropäischen Integration[310]. Zumindest das jeweilige Staatsgebiet eines Mitgliedstaates stellt einen wesentlichen Teil des Gemeinsamen Marktes nach Art. 102 AEUV dar[311].

IV. Voraussetzung einer missbräuchlichen Ausnutzung

Die festgestellte marktbeherrschende Stellung muss das Unternehmen nach Art. 102 AEUV missbräuchlich ausgenutzt haben.

1. Bezugnahme auf das konkrete Verhalten des Unternehmens

Eine solche missbräuchliche Ausnutzung ist gegeben, wenn das konkrete Verhalten des Marktbeherrschers durch Anwendung bestimmter Mittel, die von den Mitteln eines normalen Produkt- oder Leistungswettbewerbs abweichen, die Wettbewerber

---

306 EuGH, Slg. 1979, I-461, Rn. 39, Hoffmann/La Roche; ein Oligopol ist grundsätzlich nicht ausreichend für eine kollektive Marktbeherrschung, da dieses durch parallele Verhaltensweisen und gegenseitige Beeinflussung der betroffenen Unternehmen gekennzeichnet ist, vgl. Calliess/Ruffert-*Weiß*, Kommentar EUV-EGV, 4. Aufl., Art. 102 AEUV, Rn. 17.

307 EuGH, Slg. 1989, I-803, Rn. 35, Ahmed Saeed Flugreisen; vgl. auch Schwarze-*Brinker*, EU-Kommentar, Art. 82, Rn. 14; Calliess/Ruffert-*Weiß*, Kommentar EUV-EGV, 4. Aufl., Art. 102 AEUV, Rn. 17.

308 EuGH, Slg. 1978, I-207, Rn. 57, United Brands; EuGH, Slg. 1988, I-2479, Rn. 26, Bodson.

309 Vgl. Dauses-*Emmerich*, Handbuch des EU-Wirtschaftsrechts, Art. 102 AEUV, Rn. 27.

310 Vgl. Grabitz/Hilf/Nettesheim-*Jung*, Das Recht der Europäischen Union, 49. Erg.-Lief., Art. 102, Rn. 56.

311 Vgl. Komm. vom 19.4.1977, ABl. 1977 L 117/1, Rn. 34, A.B.G.; Komm. vom 7.12.1988, ABl. 1989, L 33/44, Rn. 79, Flachglas.

beschränkt oder benachteiligt[312]. Wesentlich ist bei der bisherigen Anwendung von Art. 102 AEUV damit allein das konkrete Verhalten des Unternehmens[313].

2. *Fehlende Definition und Regelbeispiele des Art. 102 UAbs. 2 AEUV*

Eine feststehende Definition des Missbrauchsbegriffs gibt es ebenso wenig wie eine Definition der marktbeherrschenden Stellung[314]. Art. 102 UAbs. 2 lit. a) – d) AEUV nennt lediglich nicht abschließende Regelbeispiele für missbräuchliches Verhalten[315]. Die Rechtsprechung hat diese Beispiele immer weiter konkretisiert bzw. erweitert[316]. Von den verschiedenen Missbrauchsformen haben für die vorliegende Untersuchung solche Missbrauchsformen Relevanz, welche dem Behinderungsmissbrauch zuzuordnen sind, da sich die Initiative zur Einführung des „more economic approach“ bislang allein auf den Behinderungsmissbrauch bezieht. Während Art. 102 UAbs. 2 lit. a) AEUV den klassischen Ausbeutungsmissbrauch umfasst und hier hinsichtlich der bisherigen Anwendung von Art. 102 AEUV nur der Vollständigkeit halber kurz dargestellt wird, enthalten die Regelbeispiele nach Art. 102 UAbs. 2

312 Vgl. Geiger, EUV/EGV Kommentar, Art. 82 EG, Rn. 9.

313 Die marktbeherrschende Stellung auf dem relevanten Markt rechtfertigt für sich allein noch keine wettbewerbsrechtlichen Eingriffe, es wird aber bereits allein aufgrund der marktbeherrschenden Stellung von einer besonderen Verantwortung dahingehend ausgegangen, die Wirksamkeit eines unverfälschten Wettbewerbs im Gemeinsamen Markt nicht zu beeinträchtigen, vgl. EuGH, Slg. 1983, I-3461, Rn. 57, Michelin I; EuG, Slg. 1990, II-309, Rn. 37, Tetra Pak I; EuG, Slg. 1993, II-389, Rn. 67, BPB; EuG, Slg. 1999, II-2969, Rn. 112, Irish Sugar.

314 Vgl. Dauses-*Emmerich*, Handbuch des EU-Wirtschaftsrechts, Art. 102 AEUV, Rn. 51.

315 Genannt werden die Erzwingung unangemessener Einkaufs- oder Verkaufspreise oder Geschäftsbedingungen unter lit a), die Einschränkung der Erzeugung, des Absatzes oder der technischen Entwicklung zum Schaden der Verbraucher unter lit. b), die Anwendung unterschiedlicher Bedingungen bei gleichwertigen Leistungen gegenüber Handelspartnern, wodurch diese im Wettbewerb benachteiligt werden unter lit. c) und die Knüpfung der Bedingung an den Abschluss von Verträgen, dass die Vertragspartner zusätzliche Leistungen annehmen, die weder sachlich noch nach Handelsbrauch in Beziehung zum Vertragsgegenstand stehen unter lit. d) von Art. 102 S. 2 AEUV.

316 Vgl. bzgl. der Unangemessenheit der Preise EuGH, Slg. 1994, I-5077, Rn. 25, Centre d'insémination de la Crespelle; EuGH, Slg. 1974, I-313, Rn. 15, BRT. Vgl. bzgl. der Unangemessenheit der Geschäftsbedingungen EuGH, Slg. 1989, I-2521, Rn. 45, Tournier. Bzgl. der Einschränkung von Erzeugung, Absatz oder technischer Entwicklung vgl. EuGH, Slg. 1991, I-5889, Rn. 18ff., Merci Convenzionali porto di Genova; EuGH, Slg. 1988, I-6211, Rn. 9, Volvo. Bzgl. der Diskriminierung, insbesondere der Geschäftsverweigerung vgl. EuGH, Slg. 1983, I-483, Rn. 56, GVL; EuGH, Slg. 1978, I-1513, Rn. 29, 34, B.P.; EuGH, Slg. 1978, I-207, Rn. 184, 194, United Brands; EuG, Slg. 1994, II-755, Rn. 206, Tetra Pak. Bzgl. des Kopplungsverbots vgl. EuGH, Slg. 1979, I-461, Rn. 227, 233, Hoffmann-La Roche.

lit. b) – d) AEUV Mischformen sowohl des Ausbeutungsmissbrauchs als auch des Behinderungsmissbrauchs[317]. Als konkrete Formen des Behinderungsmissbrauchs, bei welchen der Wettbewerb durch eine Behinderung der Wettbewerber negativ beeinflusst wird und welche den Regelbeispielen nach Art. 102 UAbs. 2 lit. b) – d) AEUV zuzuordnen sind, sind die gezielte Kampfpreisunterbietung, Rabattsysteme, Kopplungen, Bündelungen, Alleinbezugsbindungen sowie die Geschäftsverweigerung zu nennen[318]. Eine weitere wesentliche Form des Behinderungsmissbrauchs ist die Zugangsverweigerung, bei welcher der Marktbeherrscher einem Konkurrenten den Marktzutritt verwehrt[319]. Die Rechtsprechung hat diese Fälle in der Vergangenheit teilweise unter die Generalklausel von Art. 102 UAbs. 1 AEUV und teilweise unter das Regelbeispiel Art. 102 UAbs. 2 lit. b) AEUV subsumiert[320].

a) Unmittelbare oder mittelbare Erzwingung von unangemessenen Einkaufs- oder Verkaufspreisen oder sonstigen Geschäftsbedingungen

Die Erzwingung von unangemessenen Preis- oder Geschäftsbedingungen durch marktbeherrschende Unternehmen sind als Anwendungsfall des Ausbeutungsmissbrauchs in Art. 102 UAbs. 2 lit. a) AEUV festgelegt[321]. Preise sind unangemessen, wenn sie in einer unverhältnismäßigen Beziehung zum wirtschaftlichen Wert des ihnen zugrunde liegenden Produktes stehen[322]. Die erforderlichen Feststellungen des wirtschaftlichen Wertes werden dabei anhand des sogenannten Vergleichsmarktkonzeptes durchgeführt, nach welchem Preise und Kosten in Bezug auf die sogenannten Vollkosten verglichen werden, um festzustellen, ob die tatsächlichen Preise die Vollkosten erheblich übersteigen[323]. Unangemessene Geschäftsbedingungen sind

317 Vgl. Jacobi, Third-Party-Acces im Europäischen Wettbewerbsrecht, S. 72.

318 Vgl. Dauses-*Emmerich*, Handbuch des EU-Wirtschaftsrechts, Art. 102 AEUV, Rn. 51.

319 Diese Missbrauchsform kann hingegen keinem der Regelbeispiele eindeutig zugeordnet werden, vgl. Langen/Bunte-*Dirksen*, Europäisches Kartellrecht, Art. 82, Rn. 72; vgl. Immenga/Mestmäcker-*Möschel*, Europäisches Kartellrecht, 4. Aufl., Bd. 1, 1.Teil, Art. 82 EG, Rn. 130; vgl. Hüffer/Ipsen/Tettinger, Die Transitrichtlinien für Gas und Elektrizität, S. 219.

320 Vgl. EuGH, Slg. 1978, I-207, 297, Rn. 182f., United Brands; EuGH, Slg. 1995, I-743, 824, Rn. 54, Magill, als Beispiel einer Zuordnung zum Regelbeispiel des Art. 102 S. 2 lit. b AEUV (ex-Art. 82 UAbs. 2 lit. b) und EuGH, Slg. 1983, I-483, 509, Rn. 56, GVL, als Beispiel einer Zuordnung zur Generalklausel des Art. 102 UAbs. 1 AEUV (ex-Art. 82 UAbs. 1 EG).

321 Calliess/Ruffert-*Weiß*, Kommentar EUV-EGV, 4. Aufl., Art. 102 AEUV, Rn. 44.

322 EuGH, Slg. 1994, I-5097, Rn. 25, Centre d´insémination de la Crespelle; EuGH, Slg. 1997, I-4453. Rn. 39, GT-Link.

323 Dabei setzen sich die Vollkosten aus den nicht direkt zuzuordnenden Gemeinkosten und den direkt dem unmittelbaren Kostenträger zuzuordnenden Einzelkosten zusammen, vgl. EuGH Slg. 1978, I-207, United Brands; EuGH Slg. 1989, I-803, Ahmed Saeed Flugreisen.

im Wege einer Verhältnismäßigkeitsprüfung festzustellen, in welcher die Grundsätze des Diskriminierungsverbots, der Verhältnismäßigkeit und die allgemeinen Vertragsziele berücksichtigt werden[324]. Je stärker in diese Grundsätze und damit die Funktionsfähigkeit des Wettbewerbs eingegriffen wird, desto größer ist die Wahrscheinlichkeit einer Unangemessenheit der vereinbarten Geschäftsbedingungen[325].

b) Einschränkung von Erzeugung, Absatz oder technischer Entwicklung

Nach Art. 102 UAbs. 2 lit. b) AEUV ist die Einschränkung von Erzeugung, Absatz oder technischer Entwicklung zum Schaden der Verbraucher durch das Verhalten eines marktbeherrschenden Unternehmens als weitere verbotene Verhaltensweise im Katalog des Art. 102 AEUV festgehalten. Die zu prüfenden Einschränkungen können sich dabei sowohl auf Einschränkungen beim Marktbeherrscher selbst als auch bei seinen Wettbewerbern beziehen[326]. Dabei ist es unerheblich, ob die Einschränkung durch ein einseitiges Verhalten des Marktbeherrschers oder auf eine vertragliche Vereinbarung zurückzuführen ist[327]. Unter Einschränkung von Erzeugung oder Absatz werden alle Maßnahmen verstanden, welche mit dem Ziel, die Preise hochzutreiben, eine künstliche Verringerung des Angebots trotz größerer Nachfrage erzeugen[328]. Eine Einschränkung der technischen Entwicklung ist jede Verhaltensweise, die den Zugang zum aktuellen Stand der Technik und seiner Weiterentwicklung verhindert oder verhindern soll[329].

c) Anwendung unterschiedlicher Bedingungen bei gleichwertigen Leistungen

Nach Art. 102 UAbs. 2 lit. c) AEUV ist die Anwendung unterschiedlicher Bedingungen bei gleichwertiger Leistung als unzulässige Verhaltensweise per se untersagt. Diese Anwendung muss in einem Geschäftsverhältnis gegenüber Handelspartnern erfolgen, Konsumenten werden hiervon nicht erfasst[330]. Zunächst ist aus der Sicht

---

324 EuGH, Slg. 1974, I-313, BRT; EuGH, Slg. 1974, I-409, Sacchi; EuGH, Slg. 1978, I-207, United Brands.

325 Komm. vom 17.6.1998, ABl. 1998 L 252/47, Rn. 34ff., AAMS; Komm. vom 24.7.1991, ABl. 1992 L 72/1, Rn. 23ff., Tetra Pak.

326 Vgl. EuGH, Slg. 1978, I-207, Rn. 151ff., United Brands.

327 Calliess/Ruffert-*Weiß*, Kommentar EUV-EGV, 4. Aufl., Art. 102 AEUV, Rn. 48.

328 Hierunter fällt z. B. die Einstellung der Produktion von benötigten und nachgefragten Ersatzteilen zum Zwecke der Preiserhöhung durch Einschränkung der eigenen Produktion, EuGH, Slg. 1988, I-6067, Rn. 16, Renault; EuGH, Slg. 1988, I-6211, Rn. 9, Volvo. Ebenfalls können Wettbewerbs- und Exportverbote bzw. die Vereinbarung von Verwendungs- und Vertriebsbindungen zum Zwecke der Einschränkung fremden Absatzes Beeinträchtigungen nach diesem Regelbeispiel darstellen; vgl. Komm. vom 22.12.1987, ABl. 1988 L 65/19, Rn. 76 -Eurofix-Bauco/Hilti; Komm. vom 7.12.1988, ABl. 1989, L 33/44, Rn. 81, Flachglas.

329 Vgl. EuGH Slg. 1991, I-5923, Rn. 19, Merci Convenzionali porto di Genova; Komm. vom 10.12.1982, ABl. 1982 L 360/36, Rn. 34, British Telecommunication.

330 Komm. vom 29.10.1981, ABl. 1981 L 370/49, Rn. 61, GVL.

der Handelspartner unter Zugrundelegung eines objektiven Maßstabes zu prüfen, ob die fraglichen Leistungen als gleichwertig einzustufen sind[331]. Bei entsprechender Feststellung, dass die Leistungen gleichwertig sind, ist jede Ungleichbehandlung ein Verstoß gegen Art. 102 AEUV, da Ungleichbehandlungen ausschließlich aus leistungsbezogenen Gründen gerechtfertigt sind[332]. Die Handelspartner müssen benachteiligt werden, wovon bei einer Ungleichbehandlung trotz gleichwertiger Leistung im Sinne einer Diskriminierung mit Indizwirkung ausgegangen werden kann[333].

d) Bedingungen zur Abnahme zusätzlicher Leistungen

Nach Art. 102 UAbs. 2 lit. d) AEUV sind sogenannte Kopplungsgeschäfte, die den Abschluss von Verträgen von Bedingungen abhängig machen, nach welchen die Vertragspartner zusätzlich Leistungen abnehmen müssen, die weder sachlich noch nach Handelsbrauch in Beziehung zum Vertragsgegenstand stehen, als unzulässiges Verhalten untersagt[334]. Unzulässige Kopplungsgeschäfte können dabei durch vertragliche Vereinbarungen, durch positive Anreize und auch durch faktischen Zwang zustande kommen[335]. Art. 102 UAbs. 2 lit. d) AEUV enthält die Besonderheit, dass eine Rechtfertigung des grundsätzlich verbotenen Verhaltens möglich ist[336]. Zunächst ist danach zu prüfen, ob die gekoppelte Leistung eine zusätzliche Leistung des Marktbeherrschers ist oder ob die Leistung dem eigentlichen Vertragsgegenstand zugeordnet werden kann[337]. Bei Bejahung einer zusätzlichen Leistung kann das marktbeherrschende Unternehmen sein Verhalten dadurch rechtfertigen, dass die zusätzliche Leistung aufgrund einer technischen oder wirtschaftlichen Notwendigkeit, welche z. B. die Qualität[338] und die Betriebssicherheit[339] gewährleisten

---

331 EuGH Slg. 1989, I-2811, Rn. 33; Lucazeau/Sacem.

332 Vgl. Calliess/Ruffert-*Weiß*, Kommentar EUV-EGV, 3. Aufl., Art. 82, Rn. 59; vgl. auch Komm. vom 29.10.1981, ABl. 1981 L 370/49, Rn. 48, GVL.

333 EuGH, Slg. 1974, I-409, Rn. 17, Sacchi; Komm. vom 10.12.1982, ABl. 1982 L 360/36, Rn. 30, British Telecommunication.

334 Vgl. Grabitz/Hilf/Nettesheim-*Jung*, Das Recht der Europäischen Union, 49. Erg.-Lief., Art. 102 AEUV, Rn. 356; vgl. auch Art. 101 Abs. 1 lit. e) AEUV, der ein gleichartiges Verbot beinhaltet.

335 Vgl. Mestmäcker/Schweitzer, Europäisches Wettbewerbsrecht, § 18, Rn. 25.

336 Vgl. Immenga/Mestmäcker-*Fuchs/Möschel*, Europäisches Kartellrecht, 5. Aufl., Bd. 1, 1.Teil, Art. 102 AEUV, Rn. 289f.; Mestmäcker/Schweitzer, Europäisches Wettbewerbsrecht, § 17, Rn. 23.

337 Vgl. Immenga/Mestmäcker-*Fuchs/Möschel*, Europäisches Kartellrecht, 5. Aufl., Bd. 1, 1.Teil, Art. 102 AEUV, Rn. 290.

338 Vgl. Komm. vom 23.3.1990, ABl. 1990 L 100/32, Rn. 15, Moosehead/Whitbread.

339 Vgl. Komm. vom 22.12.1987, ABl. 1988 L 65/19, Rn. 79, 92f., Eurofix-Bauco/Hilti.

oder die Produkthaftung[340] sichern soll[341], erforderlich sei. Für das Vorliegen eines Missbrauchs nach Art. 102 AEUV muss das marktbeherrschende Unternehmen zudem zumindest den Markt des koppelnden Gutes beherrschen, da ansonsten eine Erzwingung der Abnahme des gekoppelten Gutes gegenüber dem Vertragspartner nicht möglich ist[342].

D. Praktische Rechtsanwendung des Art. 102 AEUV

Die aktuelle Rechtsanwendung der Missbrauchsaufsicht im Rahmen von Art. 102 AEUV erfolgt in einem zweistufigen Verfahren.

I. Zweistufige Anwendung von Art. 102 AEUV

Auf der ersten Stufe wird festgestellt, ob ein Unternehmen auf einem Markt eine beherrschende Stellung einnimmt. Wird eine solche Stellung auf dem konkreten Markt bejaht, wird auf der zweiten Stufe geprüft, ob ein konkretes Verhalten dieses Unternehmens einen Missbrauch dieser marktbeherrschenden Stellung darstellt[343].

II. Auswirkungen eines Verstoßes gegen Art. 102 AEUV

Das Verbot des Missbrauchs einer marktbeherrschenden Stellung nach Art. 102 AEUV gilt unmittelbar und, anders als bei Art. 101 AEUV, vorbehalt- und ausnahmslos[344]. Konkrete Sanktionen neben dem allgemeinen Verbot einer missbräuchlichen Ausnutzung der marktbeherrschenden Stellung sind in Art. 102 AEUV nicht geregelt und ergeben sich aus Art. 3 Abs. 1, Art. 15, Abs. 2 lit. a) und Art. 16 Abs. 1 lit. a) der Verordnung Nr. 17 des Europäischen Rates aus dem Jahre 1962[345]. In dieser Verordnung werden die rechtlichen Konsequenzen eines nach Art. 102 AEUV missbräuchlichen Verhaltens aufgeführt, welche durch die Kommission und die nationalen Wettbewerbsbehörden durchgesetzt werden[346]. Neben der Untersagung des konkreten Verhaltens wird ein Missbrauch nach Art. 102 AEUV insbesondere

---

340 Vgl. Verordnung der Europäischen Kommission Nr. 1475/95 über die Anwendung von Artikel 85 Absatz 3 des Vertrages auf Gruppen von Vertriebs- und Kundendienstvereinbarungen über Kraftfahrzeuge, ABl. 1996 L 145/25.

341 Vgl. Calliess/Ruffert-*Weiß*, Kommentar EUV-EGV, 3. Aufl., Art. 81, Rn. 145.

342 Vgl. Hovenkamp, Economies and Federal Antitrust Law, S. 238.

343 Vgl. Bishop/Marsden, ECJ 2006, S. 1ff.

344 Vgl. Calliess/Ruffert-*Weiß*, Kommentar EUV-EGV, 4. Aufl., Art. 102 AEUV, Rn. 74; Immenga/Mestmäcker-*Immenga*, Europäisches Kartellrecht, Bd. 1, 2.Teil, Rn. F 20.

345 Vgl. Verordnung (EWG) Nr. 17 des Rates der Europäischen Wirtschaftsgemeinschaft, Erste Durchführungsverordnung zu den Artikeln 85 und 86 des Vertrages, in: Amtsblatt Nr. 13 vom 21.2.1962, S. 204.

346 Vgl. Immenga/Mestmäcker-*Möschel*, Europäisches Kartellrecht, Bd. 1, 1. Teil, Art. 82 EG, Rn. 20ff.

durch die Verhängung empfindlicher Bußgelder sanktioniert[347]. Als weitere Sanktionsmöglichkeit im Zusammenhang mit Immaterialgüterrechten kann auch eine Erteilung von sogenannten Zwangslizenzen angeordnet werden[348]. Art. 102 AEUV führt zudem in der praktischen Durchsetzung in Deutschland bei Vorliegen aller Tatbestandsmerkmale als Schutzgesetz i. S. d. § 823 Abs. 2 BGB zu Schadensersatzansprüchen der betroffenen Wettbewerber und sonstiger betroffener Marktpartner[349]. Zudem sind nach dem sogenannten „*effet utile*" des Unionsrechts Verträge, deren Abschluss gegen ein Verbot des Art. 102 AEUV verstößt, nach § 134 BGB nichtig[350]. Eine weitere Einzelfallüberprüfung nach nationalem Recht, z. B. nach § 138 BGB, ist nach der Feststellung eines Verstoßes gegen Art. 102 AEUV nicht mehr erforderlich und würde dem vorgegebenen „effet utile" zuwiderlaufen[351].

E. Bisherige Anwendung des Art. 102 AEUV in Bezug auf Verteidigungsmöglichkeiten

Hinsichtlich der praktischen Interpretation von Art. 102 AEUV kam es nach dem bisherigen Ansatz vor Einführung des „more economic approach" allein auf die Missbräuchlichkeit eines konkreten Verhaltens der marktbeherrschenden Unternehmen an. Der bislang praktizierte Ansatz ging von Per se-Verboten bzgl. bestimmter Verhaltensweisen aus, ohne mögliche Auswirkungen dieser Verhaltensweisen entsprechend dem neuen Ansatz der Kommission zu berücksichtigen. Nach den bisherigen Vorgaben musste die Kommission bei Vorliegen der aufgezeigten Tatbestandsmerkmale des Art. 102 AEUV grundsätzlich aufgrund eines bestimmten festgestellten Verhaltens und des damit per se greifenden Verbots das marktbeherrschende Unternehmen sanktionieren; eine eigenständige Verteidigungsmöglichkeit oder eine Freistellung entsprechend der Regelung in Art. 101 Abs. 3 AEUV, welche das festgestellte missbräuchliche Verhalten ausnahmsweise zulässig machen könnte, war nicht vorgesehen[352]. Zwar wurde durch die Rechtsprechung teilweise in Ausnahmefällen eine annähernd eigenständige Verteidigung über die Notstandsfälle der

---

347 So hat die Kommission im Jahre 2004 in einer Entscheidung in einem Missbrauchsverfahren gegen Microsoft, welche durch das Europäische Gericht 1. Instanz am 17. 9.2007 bestätigt wurde, ein Bußgeld in Höhe von 497 Mio. Euro verhängt, vgl. EuG, Slg. 2007, II-3601, Microsoft Corporation/Kommission, abgedruckt in: WuW 2007, S. 1209.

348 Vgl. EuGH, Slg. 1995, I-743, Rn. 90f., Magill; Calliess/Ruffert-*Weiß*, Kommentar EUV-EGV, 4. Aufl., Art. 102 AEUV, Rn. 75.

349 EuGH, Slg. 1974, I-409, Rn. 18, Sacchi; vgl. Calliess/Ruffert-*Weiß*, Kommentar EUV-EGV, 4. Aufl., Art. 102 AEUV, Rn. 74.

350 Vgl. Grabitz/Hilf/Nettesheim-*Jung*, Das Recht der Europäischen Union, 49. Erg.-Lief., Art. 102 AEUV, Rn 391; Lenz-*Grill*, Kommentar EG, Art. 82, Rn. 44.

351 Vgl. Calliess/Ruffert-*Weiß*, Kommentar EUV-EGV, 4. Aufl., Art. 102 AEUV, Rn. 74.

352 Vgl. exemplarisch EuGH, Slg. 2000, I-1365, 1480 f. Rn. 130, 135, Compagnie Maritime Belge, mit weiteren Nachweisen.

sogenannten „objective necessity defence" oder die Fälle der „meeting competition defence" bei Kampfpreisstrategien geprüft[353]. Die Voraussetzungen für eine solche Verteidigungsmöglichkeit wegen der sich aus objektiven Gründen ergebenen Notwendigkeit eines grundsätzlich missbräuchlichen Verhaltens wurden aber durch die Rechtsprechung so eng gefasst, dass sich diese Art der Verteidigung der Marktbeherrscher nicht als eigenständige Rechtfertigungsmöglichkeit durchsetzen konnte, sondern als immanenter Bestandteil der Missbrauchsprüfung in Ausnahmefällen anzusehen ist[354]. Mögliche Auswirkungen auf die Verbraucher und damit auf die Konsumentenwohlfahrt im Sinne der neuen Möglichkeit einer Effizienzverteidigung spielten nach dem bisherigen Ansatz vor Einführung des „more economic approach" hinsichtlich der Verteidigungsmöglichkeit der marktbeherrschenden Unternehmen keine wesentliche Rolle[355].

2. Kapitel: Konkrete Einführung des „more economic approach" im Rahmen der Missbrauchskontrolle durch den EAGCP-Report

Nachdem der Ansatz des „more economic approach" im Rahmen des Art. 101 AEUV bereits etabliert worden war, wurden mit Veröffentlichung des EAGCP-Reports, „Report by the EAGCP. An economic approach to Article 82"[356], die ersten entscheidenden Schritte hin zu einer Anwendung des neuen ökonomischen Ansatzes auch im Rahmen von Art. 102 AEUV vorgenommen. Bereits in dem Bericht der Expertengruppe EAGCP wurde die neue Tendenz der neuen ökonomischen Ausrichtung des Prüfungsansatzes klar herausgestellt, indem konkret auf die Auswirkungen für die Verbraucher abgestellt und eine faktenbasierte, ökonomische Prüfung jedes

---

353 Die jeweiligen Voraussetzungen greifen nur in wenigen Ausnahmefällen und sind von den marktbeherrschenden Unternehmen selbst vorzutragen, vgl. exemplarisch zur „meeting competition defence" EuGH Slg. 1991, I-3359, 3470, Rn. 134, 156, Akzo; vgl. exemplarisch zur „objective necessity defence" EuGH, Slg. 1978, I-207, R. 189. United Brands; EuG Slg. 1993, II-389, 418, Rn. 69, BPB, welche deutlich machen, dass die weitere, als Ausnahme vorgesehene, Verteidigungsmöglichkeit der „objective necessity defence" sehr einfach dadurch ausgehebelt werden konnte, dass sie nicht auf eine Verstärkung der marktbeherrschenden Stellung abzielen durfte. Da eine solche Verstärkung der marktbeherrschenden Stellung aber fast immer mit der vorgetragenen Verteidigung einhergeht, ist eine Entkräftung des Missbrauchsvorwurfs danach nur äußerst schwer möglich.

354 Vgl. Immenga/Mestmäcker-*Fuchs/Möschel*, Europäisches Kartellrecht, 5. Aufl., Bd. 1, 1.Teil, Art. 102 AEUV, Rn. 154.

355 Eine Ausnahme hierzu stellte lediglich Art. 102 AEUV S. 2 lit. b) EG dar, wonach eine Einschränkung der Erzeugung, des Absatzes oder der technischen Entwicklung nur missbräuchlich ist, wenn sie einen Schaden der Verbraucher mit sich bringt.

356 Die Veröffentlichung des EAGCP-Reports erfolgte nur in englischer Sprache.

Einzelfalls vorgegeben wurde[357]. Dabei wird in dem EAGCP-Report erstmalig im Bereich der Missbrauchskontrolle der unmittelbare Schutz der Verbraucher als primäres Ziel in den Vordergrund gestellt[358]. Die Berücksichtigung der Interessen der Verbraucher geschieht dabei unter der Begrifflichkeit der sogenannten Konsumentenwohlfahrt[359]. Auch in der aktuellen Diskussion zum „more economic approach" wird weiterhin auf den EAGCP-Report Bezug genommen, um die Bedeutung ökonomischer Prüfungskriterien neben den rein juristischen bei der Missbrauchskontrolle nach Art. 102 AEUV zu verdeutlichen[360].

A. Der EAGCP-Report „An economic approach to Article 82"

Die Kommission beauftragte unter der Leitung der Wettbewerbskommissarin Nellie Kroes eine auserwählte Gruppe von Experten mit der Bezeichnung "Economic Advisory Group for Competition Policy (EAGCP)", sich mit einer ökonomischen Analyse bei der Anwendung der Missbrauchskontrolle auseinander zu setzen[361]. Als Resultat dieser Untersuchung veröffentlichte die EAGCP im Juli 2005 einen Bericht mit dem Titel „An economic approach to Article 82". Mit der Veröffentlichung des Berichts wurde der erste bedeutende Schritt in Richtung einer Modernisierung der Missbrauchsaufsicht nach Art. 102 AEUV gemäß den Vorstellungen der Kommission vollzogen. Der Bericht umfasst insgesamt 53 Seiten und macht in drei Kapiteln einen Vorschlag für eine neue Herangehensweise an die Marktmachtkontrolle des Art. 102 AEUV (ex-Art. 82 EG). Im ersten Kapitel werden allgemeine Grundsätze aufgestellt Im zweiten Kapitel werden die möglichen Wettbewerbsbeeinträchtigungen durch das Verhalten marktbeherrschender Unternehmen dargestellt. Im letzten Kapitel werden die Konsequenzen des neuen Ansatzes hinsichtlich der verschiedenen möglichen Missbrauchspraktiken erörtert.

---

357 "Such an approach focuses on the presence of anti-competitive effects that harm consumers, and is based on the examination of each specific case, based on sound economics and grounded on facts", EAGCP-Report, S. 2.

358 Ein Handeln, das sich als nachteilig für den Wettbewerb herausstellt, ist auch als nachteilig für die Verbraucher anzusehen, da der Verbraucher von einem funktionierenden Wettbewerb profitiert. Der Schutz des Wettbewerbs ist bei dieser Herangehensweise somit wiederum nur Mittel zum Zweck, nämlich dem Schutz der Konsumentenwohlfahrt, vgl. EAGCP-Report, S. 11f. und später bestätigend auch nochmals DG Competition Discussion Paper, S. 4.

359 Unter dem Oberbegriff „consumers matter" verwendet die EAGCP insbesondere die Begriffe „consumer welfare" bzw. „consumer welfare standard", vgl. Section 2, EAGCP-Report, S. 7ff.

360 Vgl. Mestmäcker, NZKart 1/2014, S. 8.

361 Die EAGCP ist in drei Untergruppen unterteilt, nämlich in die Untergruppen Kartelle, Zusammenschlüsse und Beihilfen. Das Gutachten wurde durch die Untergruppe Kartelle erstellt.

B. Allgemeine Grundsätze des 1. Kapitels[362]

Als Grundforderung des EAGCP-Berichts lässt sich bereits im ersten Kapitel eine konkrete Abkehr vom bisherigen Prüfungsansatz hin zu einer neuen Methode erkennen. Die neue Prüfungsmethode setzt nicht mehr bei den Verhaltensweisen der Marktbeherrscher an[363], sondern schlägt eine ökonomische Analyse der Auswirkungen dieser Verhaltensweisen vor. Erst nachdem diese Auswirkungen festgestellt und analysiert worden sind, kann nach dem Ansatz der EAGCP entschieden werden, ob ein Verhalten aufgrund der negativen Auswirkungen als missbräuchlich nach Art. 102 AEUV angesehen werden muss oder trotz der negativen Auswirkungen wegen des Vorliegens überwiegender positiver Auswirkungen nicht als solches zu beurteilen ist. Es wird also ein Wechsel vom bisherigen „form-based approach" zum neuen „effects-based approach" angestrebt[364]. Die EAGCP führt konkret aus, dass mit dem neuen Ansatz berücksichtigt werden könne, dass auf der einen Seite verschiedene Verhaltensweisen auf einem Markt dieselben Auswirkungen nach sich ziehen können, auf der anderen Seite aber ein und dieselbe Verhaltensweise auf einem Markt gänzlich unterschiedliche Auswirkungen erzielen kann[365]. Mit dieser Argumentation liefert die EAGCP eine entscheidende Begründung für die Annahme, dass nach dem neuen Ansatz die Umstände des Einzelfalls wesentlich treffender erfasst werden können als nach dem bisherigen Ansatz. Gleichzeitig setzt die EAGCP mit diesem Vorstoß einen Paradigmenwechsel in Gang, der von den Per se-Verboten weg und hin zu einer „rule of reason" im Bereich des Art. 102 AEUV führen soll[366].

Der neue auswirkungsbezogene Ansatz erfordert nach dem Vorschlag der EAGCP im Vergleich zum bisherigen formbezogenen Ansatz eine Erweiterung des Prüfungsumfangs. Zu prüfen ist nach Ansicht der EAGCP, ob das Verhalten des Marktbeherrschers im konkreten Fall auch tatsächlich wettbewerbsschädliche

---

362 Chapter I: General principles, EAGCP-Report, S. 5ff.

363 Wie z. B. missbräuchliches Verhalten durch das Einsetzen von Rabattsystemen, Bündelungen, Kampfpreisstrategien oder Alleinbezugsbindungen durch die Marktbeherrscher.

364 "[...] we will argue here in favour of a similar move for the enforcement of Article 82 on abuses of dominance. In particular, we will argue that the competition authority should adopt an effects-based rather than a form-based approach to competition policy", vgl. EAGCP-Report, S. 4.

365 "While alternative practices can serve the same purpose in given circumstances, the same practice can also have either pro- or anticompetitve effects, depending on the cirumstances", vgl. EAGCP-Report, S. 6.

366 "Thus, if for example, a per se approach were to be adopted, the per se rule should be a systematic ban only if the expected cost of false negatives is perceived to dominate. The economic approach highlighted below suggests however that in general both types of errors are likely, and that they can be much more accurately asssessed when taking into account the specific circumstances of a case. This therefore provides a strong argument in favour of a rule of reason", vgl. EAGCP-Report, S. 7.

Auswirkungen hat[367]. Mit dieser Erweiterung des Prüfungsumfangs soll gleichzeitig die bislang umfassend geprüfte Marktbeherrschung weniger intensiv untersucht werden. Diese Folge ist nur konsequent, da sich durch die Feststellung einer im Rahmen der Missbrauchkontrolle nach dem neuen Ansatz relevanten Auswirkung sogleich auf eine dieser Auswirkung zugrunde liegende Marktbeherrschung schließen lässt[368]. Die EAGCP will in diesem Zusammenhang bestehende ökonomische Modelle und Anwendungsformeln heranziehen und bei Bedarf sogar neue Modelle entsprechend der zu untersuchenden Situation entwickeln[369]. Durch die Einführung des Auswirkungsansatzes als Prüfungsmaßstab bricht die EAGCP mit dem bislang herrschenden Prüfungsmaßstab. Der EuGH hatte die Prüfung der bestehenden Marktmacht immer wieder auch dazu genutzt, von marktbeherrschenden Unternehmen eine besondere Verantwortung gegenüber dem Wettbewerb einzufordern und diese Prüfungsvoraussetzung dadurch besonders zu betonen[370].

367 "In the first place, in deciding to bring a case, the competition authority should therefore focus on identifying the competitive harm in concern. To do so, the authority must analyse the practice in question to see wether there is a consistent and verifiable economic account of significant competitive harm", vgl. EAGCP-Report, S. 13.

368 "In contrast to a form-based approach, an effects-based approach needs to put less weight on a separate verification of dominance, except possibly for a de minimis consideration. If an effects-based approach yields a consistent and verifiable amount of significant competitive harm, that in itself is evidence of dominance.", vgl. EAGCP-Report, S. 14.

369 "However, for each particular effect that is considered, the arguments that are made should be grounded in formal analysis. At this level the analysis should rely on models as tools to asses the validity of the argument – in its relation to the facts, as well as internal consistency, and consistency with the other arguments that are given. Where empirical information points to effects that have not yet been studied in the literature, it may be necessary to develop a model from scratch, relying on standard methods", vgl. EAGCP-Report, S. 13.

370 Vgl. exemplarisch EuGH Slg. 1979, I- 461, Rn. 91, Hoffmann-La Roche. Nach Ansicht der EAGCP ist aber nur die Herangehensweise neu, die vom EuGH geforderte besondere Verantwortung marktbeherrschender Unternehmen werde gleichfalls berücksichtigt: "Our proposed effect-based approach also allows us to capture in a balanced and meaningful way the notion of special responsibility of a dominant firm", vgl. EAGCP-Report, S. 15.

C. Wettbewerbsbeeinträchtigungen nach Kapitel 2 des EAGCP-Reports[371]

Die EAGCP stellt eingangs heraus, dass die von ihr im Report vorgegebene Zielrichtung den Vorgaben der Lissabon-Agenda entspricht, wonach immer ein Zuwachs durch neue Firmen und neuartige Marktaktivitäten angestrebt werden sollen[372].

I. Erster Abschnitt: Marktabschottung eines Einzelmarktes[373]

Zunächst befasst sich der Report mit einer Marktabschottung hinsichtlich eines einzigen Marktes. Die EAGCP zeigt mögliche Verhaltensweisen, die zu einer solchen Marktabschottung potenzieller Wettbewerber führen können, auf und unterscheidet dabei zwischen zwei grundlegenden Varianten, der Verhinderung des Markteintritts und der Verdrängung aus dem Markt[374]. Es wird auf die Gemeinsamkeiten der vielen verschiedenen möglichen Verhaltensweisen abgestellt und eine in allen Fällen der Abschottung zu findende Zeitkomponente herausgearbeitet[375]. Anhand einer ersten aggressiven Verhaltensphase und der zweiten, der Amortisationsphase („recoupment period"), werden verschiedene Möglichkeiten der Abschottung aufgezeigt[376]. Die EAGCP stellt in diesem Zusammenhang fest, dass neben den von den Marktbeherrschern durch Abschottungsmaßnahmen erzielten Negativeffekten durchaus auch positive Effekte für den Wettbewerb und dadurch auch für die Konsumentenwohlfahrt zu verzeichnen sind[377]. Der Bericht stellt bereits auf explizit ökonomische Faktoren und zudem auf verschiedene zeitliche Abschnitte hinsichtlich der Auswirkungen der Abschottungsmaßnahmen ab. Unter Berücksichtigung

371 Chapter II: Competitive harms, EAGCP-Report, S. 17ff.

372 “In addition, by focussing on the impact of competition policy towards barriers to entry, such an approach guarantees an easier acces to markets for new entrants; it therefore contributes to fostering the birth of new activities and firms, in line with the ‘Lisbon agenda’”, vgl. EAGCP-Report, S. 17.

373 Section 1: Exclusion within one market, EAGCP-Report, S. 18ff.

374 “Exclusion can be intended in two different ways: the rival firm can be forced to exit, or alternatively it can refrain from entering the market”, vgl. EAGCP-Report, S. 18.

375 "These practices share many common features, which allow us to describe exclusion within one market in general terms. First, the anticompetitive strategies have a time dimension, and entail an aggressive phase followed by a recoupment period”, vgl. EAGCP-Report, S. 18.

376 Vgl. EAGCP-Report, S. 18f.

377 "Although these conducts are focussed on reducing rivals’ profits, during this initial phase, in most cases, we also observe an adverse effect on the incumbent’s profits, and an improvement in consumer welfare”, vgl. EAGCP-Report, S. 19.

von Gewinn und Verlust sowie Amortisation der Unternehmen schließt die EAGCP dann auf die konkreten Auswirkungen der Verhaltensweisen für die Verbraucher[378].

Die EAGCP unterteilt die aufgezeigten Abschottungsmaßnahmen anhand von Vorgaben aus der ökonomischen Literatur[379] noch in drei weitere Formen[380]. Genannt werden die sogenannte „reputation“, wobei der Marktbeherrscher durch ein besonders aggressives Verhalten das zukünftige Verhalten von Wettbewerbern im Sinne einer Abschreckung beeinflussen will, das sogenannte „signal jamming“, wobei der Marktbeherrscher ein Informationsdefizit der Wettbewerber durch gezielte Setzung irreführender Informationen ausnutzt, und zuletzt die sogenannte „financial predation“, welche durch verschiedene Verhaltensweisen erreicht werden kann und dadurch gekennzeichnet ist, dass der Marktbeherrscher seine finanziellen Vorteile gegenüber den Wettbewerbern ausnutzt[381]. Hinsichtlich der möglichen Abschottung durch die aufgezeigten Verhaltensweisen stellt die EAGCP ausdrücklich klar, dass es durchaus auch Möglichkeiten im zulässigen Rahmen gibt, wie z. B. Kopplungen oder Rabattsysteme, die lediglich eine Reaktion auf den Marktzutritt eines Wettbewerbers sind, nicht in Verdrängungsabsicht vorgenommen werden und damit im Einzelfall auch nicht als wettbewerbsschädigendes Verhalten eingestuft werden können[382]. Die EAGCP will hiermit klarstellen, dass nicht jedes gegen einen Wettbewerber gerichtete Verhalten, welches Abschottungseffekte mit sich bringt, auch wettbewerbswidrig sein muss. Hinter diesem Gedanken ist wiederum deutlich der neue Ansatz des „more economic approach“ zu erkennen, und zwar insofern, als gegen Wettbewerber gerichtete Verhaltensweisen in einem gewissen Rahmen dem Wettbewerb immanent sind und die Verhaltensweisen auch immer hinsichtlich möglicher wettbewerbsfördernder Maßnahmen und möglicher Effizienzen zu untersuchen sind[383]. Gerade das sorgfältige Herausarbeiten, ob ein bestimmtes Verhalten im konkreten Fall einen Missbrauch darstellt oder nicht, ist nach Ansicht der EAGCP das

378 So wird festgestellt, dass abschottende Maßnahmen kurzfristig, z. B. durch Kampfpreisstrategien, aus der Sicht der Verbraucher durchaus Vorteile mit sich bringen können. Die EAGCP stellt aber fest, dass langfristig die negativen Auswirkungen in der Phase der Amortisation überwiegen, vgl. EAGCP-Report S. 18 f.

379 Es wird exemplarisch Bezug genommen auf: Motta, Competition Policy.

380 Vgl. EAGCP-Report, S. 20f.

381 Es wird auf die sogenannte “deep pocket theory” abgestellt, nach welcher der finanziell stärkere Marktbeherrscher mögliche Verluste durch einen Preiskrieg gegen den Wettbewerber so lange tragen kann, bis der Wettbewerber vom Markt verdrängt ist, vgl. EAGCP-Report, S. 21.

382 “We have to stress here that, in all the situations described above in which exclusion in one market might occur, most of the strategic variables [...] that can support an exclusionary purpose can also be adopted when exclusion is not on the agenda and “normal” oligopolistic rivalry prevails. [...] For instance, a reduction in prices is a normal reaction to the entry of a competitor, and it can be part of a predatory strategy”; vgl. EAGCP-Report, S. 21f.

383 “Hence pro-competitive and efficiency arguments can be potentially relevant in any situation involving these practices“, vgl. EAGCP-Report, S. 21f.

vorgegebene Ziel der Wettbewerbskontrolle[384]. Durch eine genaue Untersuchung, ob für das Verhalten des Marktbeherrschers auch andere Erklärungen in Betracht kommen, die nicht missbräuchlich sind, soll im Einzelfall festgestellt werden, ob ein Missbrauch nach Art. 102 AEUV vorliegt oder nicht[385]. Die EAGCP gibt konkrete Fragestellungen vor, um den aufgezeigten neuen Ansatz der Analyse einer möglichen Abschottung im konkreten Einzelfall durchzuführen[386]. Zur Beantwortung dieser Fragen sind umfangreiche ökonomische Analysen und Informationen über die betroffenen Unternehmen notwendig[387].

II. Zweiter Abschnitt: Abschottung hinsichtlich eines horizontal verbundenen Marktes[388]

Im Anschluss stellt die EAGCP fest, dass auch horizontal verbundene Märkte („related or adjacent markets") von abschottenden Maßnahmen betroffen sein können[389]. Das bedeutet, dass sich eine Abschottungsmaßnahme auch auf einem horizontal mit dem Hauptmarkt verbundenen Markt auswirken kann[390]. Dabei unterscheidet die EAGCP zunächst in langer wettbewerbsrechtlicher Tradition zwischen horizontal und vertikal verbundenen Märkten[391]. Solche Abschottungsmaßnahmen zeichnen

384 "We therefore need to carefully identify the precise story that is supposed to summarize the alleged abusive behaviour, and to compare it with possible alternative explanations, if there are any, that derive from a non-abusive oligopolistic practice", vgl. EAGCP-Report, S. 22.

385 "This exercise identifies the relevant elements and the facts that allow discrimination between the lawful and the anticompetitive explanations in a given and specific situation", vgl. EAGCP-Report, S. 22.

386 "i) Does the competitor rely on external funding? ii) Do the financing conditions depend on the performance of the borrower? iii) Does the aggressive conduct of the incumbent reduce the ability of the competitor to obtain external finance? iv) Is the impact of the reduced cash flow on the incumbent's financing opportunities limited? v) Is the incumbent able to recoup the reduced profits once exclusion is realized?", vgl. EAGCP-Report, S. 22.

387 "The first two conditions require an analysis of the financial contracts of the competitor; [...] Finally, condition iv) can be verified by looking at the possibilities for internal financing from other lines of business, or at the impact of localized losses of the incumbent on the volumes of credit received, while point v) can be assessed by considering the prospects of future entry into the market", vgl. EAGCP-Report, S. 22.

388 Section 2: Exclusion in adjacent markets, EAGCP-Report, S. 23ff.

389 "The actions of dominant firms may also generate anticompetitive effects in what are known as related or adjacent markets", EAGCP-Report, S. 23.

390 Insbesondere sei dies möglich durch Kopplungen, gemeinsame Rabattaktionen, technische Integration und gezielte Inkompatibilität, vgl. EAGCP-Report, S. 23.

391 "This feature distinguishes these markets from vertically related markets (see Rey, P., and J. Tirole (2003), A Primer on Foreclosure, forthcoming in: Handbook

sich dadurch aus, dass gerade die Verbindung der Märkte durch den Marktbeherrscher insofern ausgenutzt wird, als die Wettbewerber sich einem so erheblichen Wettbewerbsnachteil ausgesetzt sehen, dass sie entweder nicht mehr effektiv im horizontal verbundenen Markt arbeiten können oder dass sie abgehalten werden, im Hauptmarkt aktiv zu werden[392]. Nachdem die EAGCP verschiedene Verhaltensmuster hinsichtlich einer Abschottung auf einem horizontal verbundenen Markt aufgezeigt hat[393], setzt sie sich konkret mit wirtschaftwissenschaftlichen Ansätzen bezüglich der Abschottung auf horizontal verbundenen Märkten auseinander. Konkret bezieht sich der Bericht auf eine Ansicht der Chicago School, nach welcher marktbeherrschende Unternehmen keine abschottenden Maßnahmen gegen Wettbewerber benachbarter Märkte unternehmen würden[394]. Die Chicago School stützt ihre Ansicht auf die Annahmen, dass ein Marktbeherrscher nur auf dem Hauptmarkt eine Marktmacht vorweisen kann[395] und jede Maßnahme zur Abschottung auf dem benachbarten Markt auch negative Wirkungen auf dem eigenen Hauptmarkt nach sich zieht und ein marktbeherrschendes Unternehmen aus diesem Grunde eine Wettbewerbsbeeinträchtigung auf dem benachbarten Markt vermeiden würde[396]. Die EAGCP führt aus, dass die Ansicht der Chicago School in bestimmten Situationen durchaus zutreffend sein kann, insgesamt jedoch zu eng ist, da nach neuesten wirtschaftswissenschaftlichen Erkenntnissen in bestimmten Situationen ein Marktbeherrscher seine Marktmacht gerade auch auf benachbarte Märkte ausweiten wird

of Industrial Organization Vol. 3, M. Armstrong and R. Porter, eds., Elsevier: Amsterdam)“, EAGCP-Report, S. 23, Fn. 12.

392 “The key condition needed for these actions to cause competitve harm, is that the linkage must place some rivals at a competitive disadvantage so that they cannot compete effectively in the adjacent market or so that they might be deterred from competing in the home market“, EAGCP-Report, S. 23.

393 Hierbei bezieht sie sich auf konkrete Fälle aus der Missbrauchsaufsicht: “Examples of these practices are the bundling and technical integration of the Windows operating system and the web browser by Microsoft; the tying of nail guns to the sale of exploding cartridges by Hilti; or the early IBM Transamerica case involving the redesign and incompatibility of IBM’s CPU with non-IBM periphal tape drive systems”, EAGCP-Report, S. 23.

394 “It will have no interest in reducing competition in the adjacent market and will extract all its profit in the home market”, EAGCP-Report, S. 24.

395 “According to this view, the dominant firm enjoys a position of market power only in the home market, even if there are two markets and thus two sources of profits to be made”, EAGCP-Report, S. 24.

396 Die EAGCP erläutert diese Ansicht der Chicago School anhand eines theoretischen Beispiels und setzt dabei bestimmte ökonomische Faktoren voraus, um am Ende die These der Chicage School zu bestätigen: “Under these conditions the dominant company will have no interest in reducing competition in the adjacent market, since any profit increase in market B will be more than offset by lower profits in market A”, EAGCP-Report, S. 24.

und sich auch auf diesen Märkten missbräuchlich verhalten kann[397]. Nach Ansicht der Expertengruppe können marktbeherrschende Unternehmen insbesondere dann ein Interesse haben, einen benachbarten Markt abzuschotten, wenn es sich um einen komplementären Markt handelt[398]. In solchen Fällen ist der Eintritt eines Wettbewerbers in den benachbarten Komplementärmarkt oft nur ein Zwischenschritt, um danach auf dem Hauptmarkt zu agieren[399]. Indem ein Marktbeherrscher einen solchen benachbarten Komplementärmarkt abschottet, versucht er mittelbar den Wettbewerber an einem späteren Eintritt in den Hauptmarkt zu hindern[400].

Die EAGCP schließt ihre Ausführungen zur Abschottung horizontal verbundener Märkte mit der Feststellung, dass mit Hilfe ökonomischer Analysen und unter Berücksichtigung wirtschaftlicher Faktoren, wie z. B. des Verhältnisses der verschiedenen angebotenen Produkte zueinander oder der Markteintrittskosten, den Behörden eine präzise Vorgabe zur Untersuchung eines wettbewerbsschädlichen Verhaltens gegeben ist[401].

III. Dritter Abschnitt: Abschottung hinsichtlich eines vertikal verbundenen Marktes[402]

Die Untersuchung der EAGCP befasst sich hinsichtlich der Wettbewerbsschädigungen durch Abschottungsmaßnahmen im Anschluss mit vertikal miteinander verbundenen Märkten[403]. Hiernach muss das marktbeherrschende Unternehmen einen sogenannten Engpass („bottleneck“) bzw. eine Schnittstelle kontrollieren[404].

---

397 “[...] the modern economic analysis of strategic leveraging of a dominant position in adjacent markets has shown that, beyond the Chicago School critique, there may well be sound profit-maximizing reasons why dominant firms attempt to extend their market power beyond their home market“, EAGCP-Report, S. 26.

398 Komplementäre Märkte sind solche benachbarten Märkte, in denen sich die angebotenen Produkte sinnvoll ergänzen, z. B. ein KfZ-Produktionsmarkt und ein KfZ-Zubehörlieferungsmarkt.

399 “A key condition for this result is that the entry be easier (or faster) in the adjacent than in the home market. Entry into the adjacent market is just an intermediate step towards competing in the complementary home market“, EAGCP-Report, S. 25.

400 “By making entry in the adjacent market impossible, the incumbent tries to prevent entry into his home market”, EAGCP-Report, S. 25.

401 “Most importantly, economic analysis provides policy-makers with a fairly detailed roadmap of the specific circumstances that need to be present (such as the relationship between the products, the costs of entry, or the irreversibility of bundling) for these leveraging practices to be judged as detrimental to the competitive process”, EAGCP-Report, S. 26.

402 Section 3: Exclusion in vertically related markets, EAGCP-Report, S. 26ff.

403 Section 3: Exclusion in vertically related markets, EAGCP-Report, S. 26ff.

404 “The dominant firm controls a ‘bottleneck’, that is, an input in the production process that is necessary for upstream or downstream firms to exert their activity”, EAGCP-Report, S. 26.

Dadurch, dass das marktbeherrschende Unternehmen den Zugriff bzw. den Zugang zu der kontrollierten Schnittstelle, auf welche die Wettbewerber für das Aufrechterhalten ihrer Marktaktivität angewiesen sind, verweigern oder anderweitig behindern kann, besteht die Möglichkeit einer solchen vertikalen Marktabschottung[405]. Die EAGCP gibt in ihrem Bericht verschiedene Möglichkeiten vor, wie ein Marktbeherrscher ein solch missbräuchliches Verhalten durchsetzen kann, und stellt die möglichen Auswirkungen auf den Wettbewerb dar[406]. Wiederum greift die EAGCP in diesem Zusammenhang auf die Lehre der Chicago School zurück. Nach Ansicht der Chicago School hat ein marktbeherrschendes Unternehmen, welches eine Schnittstelle zwischen vertikal verbundenen Märkten kontrolliert, immer ein Interesse an einem ausgeglichenen und möglichst vollkommenen Wettbewerb im vertikal verbundenen Markt[407]. Der Marktbeherrscher verfolge nur das Ziel einer Profitsteigerung auf dem Hauptmarkt, welche er über die Kontrolle der Schnittstelle zu diesem Hauptmarkt sehr gezielt beeinflussen könne. Er habe hingegen keinerlei Ambitionen, den Wettbewerb auf dem vertikal verbundenen Markt zu beeinträchtigen[408]. Dementsprechend stuft die Chicago School die Gefahr der Abschottung hinsichtlich vertikal verbundener Märkte als gering ein. Die EAGCP stimmt der Auffassung der Chicago School grundsätzlich zu, stellt aber wiederum klar, dass durchaus Situationen denkbar sind, in welchen ein Marktbeherrscher dennoch wettbewerbsschädigend auf den vertikal verbundenen Markt Einfluss nehmen kann[409]. So seien gewisse Situationen bei Einbeziehung ökonomischer Erkenntnisse denkbar, in denen es auch bei vertikal verbundenen Märkten zu einer Abschottung kommen könnte, z. B. wenn das marktbeherrschende Unternehmen aus wirtschaftlichen Gründen den eigenen Markt durch Abschottung schützen wolle[410]. Die EAGCP schließt die Ausführungen zum Missbrauch der Marktmacht hinsichtlich vertikal verbundener Märkte mit der Feststellung, dass moderne ökonomische Untersuchungen über die Erkenntnisse der bislang prägenden Ansätze der Chicago School hinausgehen und ein wettbewerbsschädigendes Verhalten in weiteren Situationen

---

405 "The dominant firm forecloses these vertically related markets by denying or otherwise limiting acces to its bottleneck to one ore more competitors", EAGCP-Report, S. 26.

406 Vgl. EAGCP-Report, S. 26f.

407 "[...] on the contrary, imperfect competition in the downstream market may actually create distortions and reduce the profitability of the bottleneck, e. g., by reducing the variety of quality of the goods and services produced", EAGCP-Report, S. 26f.

408 "However, as pointed out by the Chicago School critique, there is a single final market and therefore only one profit to be reaped. And since the dominant firm can get this profit by exerting its market power over the bottleneck, it has no incentive to distort competition in the other markets", vgl. EAGCP-Report, S. 27.

409 "While the Chicago critique is correct, anticompetitive effects may still arise in specific circumstances.", vgl. EAGCP-Report, S. 27.

410 Vgl. EAGCP-Report, S. 27 f.

und auch in vielen verschiedenen Formen auftreten kann[411]. Die EAGCP führt abschließend aus, dass die Anwendung des „more economic approach“ den Behörden ein geeignetes Instrumentarium an die Hand gibt, um auch in außergewöhnlichen Situationen missbräuchliches Verhalten zu identifizieren und einzugreifen[412].

D. Erörterung der Konsequenzen einzelner Praktiken im 3. Kapitel des EAGCP-Reports[413]

Nachdem die EAGCP zuvor den neuen ökonomischen Ansatz hinsichtlich verschiedener Möglichkeiten von Wettbewerbsbeeinträchtigungen vorgestellt hat, wird in diesem Kapitel die praktische Anwendung des neuen Ansatzes zu den Missbrauchspraktiken nach Art. 102 AEUV und den entsprechenden Auswirkungen herausgearbeitet[414]. So soll unter Berücksichtigung ökonomischer Aspekte zunächst festgestellt werden, welche Art von Wettbewerbsschädigung vorliegt[415]. Eine wesentliche Änderung im Vergleich zur bisherigen Anwendung von Art. 102 AEUV ist in diesem Zusammenhang folgender von der EAGCP vorgegebene Prüfungsschritt: Nachdem festgestellt ist, dass eine Beeinträchtigung vorliegt, soll nach Ansicht der EAGCP geprüft werden, ob dieser Schaden durch positive Auswirkungen („pro-competitive effects“) kompensiert werden kann[416]. Die EAGCP konkretisiert diesen neuen Ansatz anhand der verschiedenen Missbrauchspraktiken des Art. 102 AEUV. Es werden die Missbrauchspraktiken des Preismissbrauchs, der Rabatte, der Kopplungen und Bündelungen, der Geschäftsverweigerung, der Alleinbezugsbindungen und der gezielten Kampfpreisunterbietung unter den neuaufgestellten Vorgaben analysiert.

---

411 “To sum up, modern economic analysis has gone beyond the Chicago School critique and identified several reasons why a firm may use its dominant position in one market to distort competition in vertically related markets. Furthermore, several alternative types of practices can be used to that purpose – e.g., refusal to deal, exclusive dealing, prohibitively high access prices for downstream rivals, etc”, EAGCP-Report, S. 28f.

412 “The economic approach also emphazises the relation between ex post intervention and ex ante investment incentives. It can thus help competition authorities to identify the specific circumstances calling for intervention.”, EAGCP-Report, S. 29.

413 Chapter III: Implications for practices, EAGCP-Report, S. 29ff.

414 “The previous chapter has highlighted the economic approach to different types of competitive harm. We now discuss how this approach can be put to work in Art. 82 cases”, EAGCP-Report, S. 29.

415 “[...] when a complaint arises or when a competition authority suspects an abuse of dominance, from an economic perspective the first question is: What is the nature of the competitive harm involved in that case?“, EAGCP-Report, S. 29.

416 “Once a competitive harm has been identified and the relevant facts established, the next step should be to see if pro-competitive effects might counterbalance them”, EAGCP-Report, S. 30.

I. Erster Abschnitt: Preisdiskriminierung[417]

Der Bericht der EAGCP greift hinsichtlich der einzelnen Missbrauchspraktiken immer wieder die bestehenden Grundlagen auf und überträgt diese auf den neuen Ansatz unter Berücksichtigung möglicher positiver Auswirkungen durch das Verhalten. Zunächst wird eine kurze Definition einer Preisdiskriminierung gegeben: Eine solche Missbrauchspraktik liegt vor, wenn hinsichtlich verschiedener Produktangebote oder verschiedener Abnehmer ohne sachlichen Grund unterschiedliche Preise gefordert werden[418]. Bis zu diesem Punkt ist keine Veränderung der bisherigen Prüfung einer Preisdiskriminierung gegeben. Im Anschluss wird aber konkret im Sinne einer Abwägung auf die Auswirkungen einer solchen Preisdiskriminierung abgestellt, was nach dem bisherigen Prüfungsansatz nicht vorgesehen ist. Nach der Feststellung, dass sich ein missbräuchliches Verhalten grundsätzlich negativ auf den Wettbewerb, die Gesamtwohlfahrt und insbesondere auch auf die Konsumentenwohlfahrt auswirken kann[419], führt die EAGCP unter Verweis auf die neuesten wirtschaftswissenschaftlichen Erkenntnisse aus, dass unter gewissen Umständen eine Preisdiskriminierung durchaus auch positive Auswirkungen auf die Gesamtwohlfahrt und die Konsumentenwohlfahrt haben kann[420]. Ein solch positiver Effekt soll insbesondere durch eine größere Leistungsabgabe bzw. einen größeren Produktionsertrag („Output") des Marktbeherrschers erreicht werden können[421]. Die EAGCP geht sogar so weit, zu konstatieren, dass die durch das missbräuchliche Verhalten betroffenen Verbraucher letztlich trotz der höheren Preise profitieren, weil sie unmittelbar in den Genuss der größeren Leistungsabgabe bzw. des größeren Produktionsertrags des Marktbeherrschers kommen[422]. Nach Ansicht der EAGCP

417 Section 1: Price Discrimination, EAGCP-Report, S. 30ff.

418 "Price discrimination consists in charging different prices for different units and/ or to different customers", EAGCP-Report, S. 30.

419 "[...] any price discrimination which reduces (or barely increases) total output is necessarily detrimental for total welfare and even more so for consumer welfare", vgl. EAGCP-Report, S. 31.

420 "However more recently economic analysis has also shown that, in some circumstances, price discrimination can increase total welfare and even consumer welfare", vgl. EAGCP-Report, S. 31.

421 „In particular, this is likely to be the case if price discrimination permits a significant expansion of output.", vgl. EAGCP-Report, S. 31. Es werden verschiedene Situationsbeispiele aufgezeigt. So sollen zusätzlich Angebote zu niedrigeren Preisen dem Marktbeherrscher ermöglichen, auch zusätzliche Verbrauchersegmente zu bedienen. Zudem sollen die durch die Diskriminierung eingefahrenen Gewinne durch erneute Investition in den Markt wettbewerbsfördernde Auswirkungen mit sich bringen; vgl. EAGCP-Report, S. 31.

422 "[...] price discrimination is likely to benefit consumers, sometimes even those who pay the higher prices: Even though they pay more than other consumers, they benefit from the fact that the firm invests and makes its output available to them", vgl. EAGCP-Report, S. 31.

dürfe auf einen Missbrauch im Ergebnis gerade nicht bereits aus dem Verhalten, der Preisdiskriminierung an sich, sondern vielmehr erst aus den negativen Auswirkungen auf den Wettbewerb geschlossen werden, weshalb der auswirkungsbezogene Ansatz hinsichtlich der Untersuchung einer möglichen Preisdiskriminierung dem bislang praktizierten formbezogenen Ansatz vorzuziehen sei[423].

II. Zweiter Abschnitt: Rabatte[424]

Auch hinsichtlich der Missbrauchsform der Rabatte geht die EAGCP davon aus, dass hierdurch sehr wohl auch positive Auswirkungen erzeugt werden können[425]. Denkbar seien nach der Ansicht der Expertengruppe sowohl Effizienzsteigerungen bei den Verbrauchern als auch bei Wettbewerbern oder Abnehmern des marktbeherrschenden Unternehmens sowie beim marktbeherrschenden Unternehmen selbst[426]. In dem Bericht wird zwischen den sogenannten Treuerabatten und Mengenrabatten unterschieden, wobei die Gefahr eines Missbrauchs bei Treuerabatten höher einzuschätzen sei, weil diese Fälle weitaus seltener aufgrund effizienzsteigernder Gesichtspunkte zustande kämen[427]. Wiederum gibt die EAGCP abschließende Hinweise, wie im Falle eines möglichen Missbrauchs durch Rabatte vorzugehen sei. Die Untersuchung solle auf die vorgebrachten wirtschaftswissenschaftlichen Erkenntnisse gestützt werden und dabei insbesondere mögliche wettbewerbsfördernde Auswirkungen herausarbeiten[428]. Die EAGCP spricht sich diesbezüglich

423 "This therefore again calls for an effect-based approach, which first identifies the type of exclusionary effect involved, rather than a form-based approach, to the spectrum of business practices in which price discrimination is a central element", vgl. EAGCP-Report, S. 34.

424 Section 2: Rebates, EAGCP-Report, S. 34ff.

425 "Potential anticompetitive effects" und "Pro-competitive effects and efficiency considerations", vgl. EAGCP-Report, S. 35f.

426 "Rebates that are targeted to those consumers who are more likely to switch to competitors imply a more intense competition for these consumers; they clearly benefit from this situation.", "In a vertical relationship in particular, rebates that take the form of non-linear pricing may be used as an incentive mechanism to induce efficient behaviour of retailers.", "Rebates may also generate efficiency gains for the dominant firm, for instance economies of scale for this firm, or economies of transaction costs for the customers (the buyer concentrates its purchase on a single seller)", vgl. EAGCP-Report, S. 36.

427 "[...] rebates that take the form of pure quantity rebates are more likely to be motivated by efficiency considerations than fidelity rebates", vgl. EAGCP-Report, S. 36.

428 "To deal with an alleged story of anticompetitive rebates, the competition authority should follow the analysis that derives from the previous considerations, e.g., it should first identify the kind of exclusionary strategy at work, and look for possible pro-competitive effects of the practice", vgl. EAGCP-Report, S. 37.

explizit gegen eine weitere Anwendung von Per se-Verboten aus, die allein auf das Verhalten des Marktbeherrschers abstellen[429].

III. Dritter Abschnitt: Kopplung und Bündelung[430]

Der Bericht stellt zunächst die verschiedenen Erscheinungsformen der Kopplung und der Bündelung dar[431]. Wie bereits zuvor zeigt die EAGCP die möglichen Auswirkungen solcher Verhaltensweisen auf und unterscheidet dabei erneut zwischen wettbewerbsfördernden und wettbewerbsschädigenden Auswirkungen[432]. Sie stellt bereits eingangs klar, dass eine Herangehensweise, die mit Per se-Verboten arbeitet, aufgrund der Nichtberücksichtigung positiver Auswirkungen, aus ihrer Sicht auch in diesem Bereich problematisch ist[433]. Eine Abschottung des Hauptmarktes kann nach Ansicht der Expertengruppe mittelbar dadurch erfolgen, dass das marktbeherrschende Unternehmen potenzielle Wettbewerber bereits durch eine Koppelung oder Bündelung hinsichtlich eines komplementären Produkts des Wettbewerbers auf einem verbundenen Markt verdrängt bzw. abschottet, um damit zu verhindern, dass sich die betroffenen Wettbewerber später auf dem Hauptmarkt betätigen[434]. Mit dieser These widerspricht die EAGCP wiederum der Ansicht der Chicago School, die davon ausgeht, dass ein marktbeherrschendes Unternehmen keinerlei Interesse daran haben wird, den Wettbewerb auf einem benachbarten, hier gekoppelten, Markt zu verringern, um potenzielle zukünftige Wettbewerber zu verdrängen.

---

429 “This approach clearly stands in contrast with a per se prohibition”; vgl. EAGCP-Report, S. 37.

430 Section 3: Tying and bundling, EAGCP-Report, S. 38ff.

431 “First of all, tying consists in making the purchase of one good (the tying good) conditional upon the purchase of another one (the tied good), whereas bundling refers to the sale of two products together. Bundling may be pure (the goods are available only together) or mixed (they are also available separately). [...] Tying and bundling can be achieved through technological links or through a contractual practice. Tying and bundling may concern goods that are complements, or substitutes, or independent“, vgl. EAGCP-Report, S. 38 f.

432 “Tying and bundling can give rise to many anticompetitive effects“, “Pro-competitive effects of tying and bundling”, vgl. EAGCP-Report, S. 39f.

433 “The problem is to identify cases where tying is anticompetitive, that is, profitable for the firm that implements the practice, while inducing exclusion and hurting consumers. These cases are relatively scarce, a condition which does not favour a prohibition per se”; vgl. EAGCP-Report, S. 39.

434 “Bundling may be used in order to protect the dominant firm´s home market. This is the case, for instance, when it is easier for a competitor to enter market A if it is active on market B with a complementary good. Then, in order to deter entry of its competitor on market B into its home market A, a firm might want to sell bundles of its own products, therefore eliminating its competitor on market B, and making entry into market A unprofitable.”; vgl. EAGCP-Report, S. 39.

Wiederum analysiert die EAGCP mögliche positive Aspekte und Auswirkungen dieser nach dem bisherigen Ansatz per se verbotenen Praktiken: Sowohl durch Kopplungen als auch durch Bündelungen verschiedener Produkte können die Vertriebswege verbessert werden. Diese Effizienzsteigerung kann nach Ansicht der EAGCP beispielsweise zu einer gesteigerten Qualität der Produkte aufgrund von Kostenersparnissen oder technischen Vereinfachungen aufgrund des Zusammenfassens verschiedener Produkte des Marktbeherrschers führen[435]. In einer umfassenden Prüfung müsse somit unter Berücksichtigung verschiedener ökonomischer Faktoren im Einzelfall festgestellt werden, was genau die konkreten Auswirkungen der Bündelung oder Koppelung sind, um die wettbewerbsschädigenden und wettbewerbsfördernden Auswirkungen vergleichend gegenüberzustellen[436]. Diese Forderung wird von der EAGCP durch einen Beispielsfall und konkrete Fragestellungen zur Analyse der vorgegebenen Situation untermauert[437].

IV. Vierter Abschnitt: Geschäftsverweigerung[438]

Auch die Missbrauchsform der Geschäftsverweigerung wird eingangs kurz dargestellt[439]. Der Bericht knüpft hinsichtlich der missbräuchlichen Praktik der Geschäftsverweigerung an mögliche Beweggründe des marktbeherrschenden Unternehmens an. Durch eine Geschäftsverweigerung gegenüber einem Wettbewerber kann ein marktbeherrschendes Unternehmen das missbräuchliche Ziel verfolgen, seine Marktmacht auf einem vertikal verbundenen Markt auszuweiten[440]. Die EAGCP sieht aber auch andere, nicht missbräuchliche Ziele einer Geschäftsverweigerung durch marktbeherrschende Unternehmen. Hiernach können technische Gründe einer Geschäftsverweigerung ebenso zugrunde liegen wie Gründe der eigenen

435 "Efficiency justifications are particularly common when the linkages are established by technological means (technical integration, standards, and compatibility): cost savings, quality improvements and the overcoming of information problems are important sources of gains", vgl. EAGCP-Report, S. 40.

436 "To sum up, depending on the nature of competition, the cost structure of the tied market, the magnitude of costs savings associated with bundling, and the existence of strategic reasons, bundling can have exclusionary effects or pro-competitive effects and should thus be analyzed in the light of the effect of the practice."; vgl. EAGCP-Report, S. 41.

437 EAGCP-Report, S. 41f.

438 Section 4: Refusal to Deal, EAGCP-Report, S. 43ff.

439 "Refusal to deal may take several forms. The dominant firm may simply refuse to supply the essential good, or it may charge a prohibitively high price. It may take the bottleneck good incompatible with the products offered by its competitors, or it may tie the essential good to some other good, thus making it unattractive for competing firms to buy the bundle.", vgl. EAGCP-Report, S. 43.

440 "By refusing access to the input good the dominant firm extends its monopoly from the market for the essential input to the potentially competitive downstream market.", vgl. EAGCP-Report, S. 43.

Unternehmensreputation[441]. Wiederum werden die möglichen positiven und negativen Auswirkungen auf den Wettbewerb und auf die Verbraucher gegenübergestellt, wobei nicht nur auf die kurzfristigen, sondern auch auf langfristige Auswirkungen der Geschäftsverweigerung hingewiesen wird[442]. Die EAGCP stellt damit klar, dass eine Geschäftsverweigerung nicht per se missbräuchliche Ziele verfolgt und insbesondere, wie die bereits zuvor dargestellten Praktiken, nicht ausschließlich wettbewerbsbeeinträchtigende Auswirkungen nach sich ziehen muss.

Die EAGCP greift im Rahmen der Erörterung der Geschäftsverweigerung eine mögliche weitere Situation auf, in welcher der Marktbeherrscher eine besondere Exklusivstellung aufgrund eines Immaterialgüterrechts innehat. Unter dem Gesichtspunkt der Gesamtwohlfahrt sei zu berücksichtigen, dass eine Geschäftsverweigerung, die nach den Vorgaben der Missbrauchskontrolle für missbräuchlich erklärt wird, zu einer Verpflichtung zum Geschäft für das marktbeherrschende Unternehmen führen kann. Eine solche drohende Verpflichtung im Sinne einer Zwangslizenz könne dazu führen, dass die marktbeherrschenden Unternehmen keinen Anreiz mehr haben, in gewisse Entwicklungen und Innovationen zu investieren[443]. Die EAGCP sieht staatliche Eingriffe in der Form von Geschäftsverpflichtungen bzw. Zwangslizenzen damit besonders kritisch, wenn sich das marktbeherrschende Unternehmen auf gewerbliche Schutzrechte stützen kann. Solche Schutzrechte habe der Staat durch seine Gesetzgebung selbst erteilt und könne sie demnach nicht einfach wieder aufheben, sondern müsse in solchen Fällen besonders restriktiv im Sinne des Schutzes der Immaterialgüterrechte vorgehen[444]. Die EAGCP differenziert aber auch in Bezug auf die vom Staat erteilten Monopolrechte. Auf der einen Seite sieht sie solche Schutzrechte, die das marktbeherrschende Unternehmen durch eigene Investition und Innovation erworben hat, als besonders schützenswert an. Auf der anderen Seite setzt sie den Schutzstandard bei solchen Rechten, die das Unternehmen nicht selbst, sondern z. B. durch Übernahme oder aufgrund früherer

---

441 Vgl. EAGCP-Report, S. 44.

442 "Potential anticompetitive effects", "Pro-competitive effects and efficiency considerations", "But even if a refusal to deal harms consumers in the short-run, it may be socially beneficial in the long-run."; vgl. EAGCP-Report, S. 43f.

443 "If the bottleneck is due to an intellectual property right, the competition authorities should be particularly reluctant to interfere. Intellectual property rights have been granted by the state in order to create market power and to give innovators a reward for their efforts.[...] To the extent that the rival firm obtains favourable terms by threatening to sue in order to impose a duty to deal, the bottleneck owner obtains a lower return on his investment. Because there is no active intervention, the effect is not visible, but nonetheless it reduces the incentive to innovate", vgl. EAGCP-Report, S. 44.

444 Vgl. EAGCP-Report, S. 44; vgl. hierzu auch die Ausführungen im 3. Teil, 3. Kapitel, B., VII, 4., d).

staatlicher Monopole erworben hat, sehr viel geringer an[445]. Die EAGCP spricht sich damit auch hinsichtlich der Geschäftsverweigerung für eine genaue Prüfung der konkreten Umstände des Einzelfalls aus. Wird einem marktbeherrschenden Unternehmen der Zwang auferlegt, mit einem Wettbewerber ein Geschäft abzuschließen und dem Wettbewerber damit mögliche selbst entwickelte Innovationen offen zu legen, wird der Marktbeherrscher in Zukunft nicht mehr auf die Investition in solche Innovationen vertrauen können, weil der mögliche Wissensvorsprung durch eine Geschäftsverpflichtung zunichte gemacht würde. Fehlende Investitionen in Innovationen wirken sich nach der Argumentation der EAGCP dann wiederum negativ auf die Konsumentenwohlfahrt aus, da die gesamte Weiterentwicklung auf dem Markt gehemmt wird[446].

Zuletzt macht die EAGCP darauf aufmerksam, dass mögliche Verpflichtungen zu Geschäftsabschlüssen weitreichende Konsequenzen für das gesamte Wettbewerbsverhalten hätten. So könne eine restriktive Politik der Wettbewerbsbehörden von Abnehmern als Druckmittel gegenüber ihren Lieferanten eingesetzt werden, da ein Geschäftsabschluss in einer solchen Situation im Notfall auch über ein Verfahren erzwungen werden könne[447]. Die EAGCP schließt ihre Ausführungen zur Geschäftsverweigerung mit dem Vorschlag, dass die Wettbewerbsbehörden mögliche missbräuchliche Fälle der Geschäftsverweigerung mit eindeutigen Vorgaben untersuchen, die klare Standards enthalten, um hinsichtlich der Intention des Marktbeherrschers zwischen missbräuchlichen und legitimen Zielen zu unterscheiden und damit wettbewerbs- bzw. gemeinwohlschädliche Auswirkungen aufgrund des eigenen Eingreifens zu verhindern[448].

---

445 “If the bottleneck is mainly due to the investment and innovation efforts of the dominant firm, the returns of the investment should not be expropriated and the competition authority should not interfere even at the cost of a static inefficiency (a temporary monopoly). The competition authority should be particularly reluctant to interfere when the source of the bottleneck is an intellectual property right. However, if the bottleneck stems from historical legacy, economies of scale and scope, or network externalities, an intervention may be justified“, vgl. EAGCP-Report, S. 45f.

446 Vgl. hierzu auch die Ausführungen in: Verordnung Nr. 772/2004 (EG) über die Anwendung von Artikel 81 Absatz 3 EG-Vertrag auf Gruppen von Technologietransfer-Vereinbarungen, ABl. Nr. L 123/11 vom 27.4.2004, Rn. 5ff.

447 “The competition authority should also be aware that its approach to refusal-to-deal cases affects outcomes even when firms reach a voluntary agreement so, in fact, there is no refusal to deal. The possibility that the bottleneck owner may be sued affects the participants´ bargaining positions. If the rival firm can threaten to sue in order to impose a deal, it is in a much stronger position than if the owner of the bottleneck can refuse to deal.”, vgl. EAGCP-Report, S. 46.

448 ”To avoid competitive harm from these effects of anticipations, the competition authority should have clear guidelines for the assessment of refusal-to-deal cases, providing well-specified standards by which to compare exclusionary concerns and concerns about returns on investments”, vgl. EAGCP-Report, S. 46.

V. Fünfter Abschnitt: Alleinbezugsbindungen[449]

Zunächst wird die Missbrauchsform der Alleinbezugsbindungen sehr knapp aufgezeigt[450]: Diese Missbrauchsform ist immer dadurch gekennzeichnet, dass durch die exklusive Vereinbarung zwischen zwei Parteien eine oder mehrere Parteien ausgeschlossen werden. Die EAGCP stellt auch diese Missbrauchspraktik durch Aufzeigen der möglichen Auswirkungen ins Licht des neuen ökonomischen Ansatzes. Unter Bezugnahme auf wirtschaftswissenschaftliche Erkenntnisse werden zunächst die wettbewerbsschädlichen Auswirkungen herausgestellt und mit Beispielen verdeutlicht[451]. Von Alleinbezugsbindungen betroffene Unternehmen können sowohl bereits in dem Markt tätige Unternehmen sein, die Gefahr laufen, vom Markt verdrängt zu werden, oder solche Unternehmen, die erst in den Markt eintreten wollen und durch die Alleinbezugsbindung abgeschottet werden können[452]. Den wettbewerbsschädlichen Auswirkungen werden wieder die von der EAGCP herausgearbeiteten möglichen wettbewerbsfördernden Auswirkungen gegenübergestellt[453]. Als Beispiele möglicher positiver Auswirkungen nennt der Bericht die Absicherung kundenspezifischer Investitionen, bei denen der Marktbeherrscher als Lieferant seinen Abnehmer hinsichtlich des vertriebenen Produktes speziell schult. Diese Schulung steigert mittelbar auch die Wohlfahrt der Konsumenten, die dadurch eine bessere Beratung erfahren. Diese Wissensweitergabe an die Abnehmer lassen sich marktbeherrschende Unternehmen häufig durch Alleinbezugsbindungen sichern, damit das erlangte Wissen nicht bei Konkurrenzprodukten angewandt wird. Als weiterer Effizienzeinwand wird die Werterhaltung eines Produktes genannt, die durch eine Alleinbezugsbindung und den damit kontrollierten Absatz gefördert werden kann[454]. Die EAGCP arbeitet heraus, dass eine Alleinbezugsbindung gerade nur bei Auftreten externer Effekte, die sich negativ auf eine dritte Partei auswirken, missbräuchlich sein kann. Nach Ansicht der EAGCP müssen die Wettbewerbsbehörden demnach bei dem Verdacht einer missbräuchlichen Alleinbezugsbindung zunächst prüfen, ob überhaupt solche negativen externen Effekte für mindestens

---

449 Section 5: Exclusive Dealing, EAGCP-Report, S. 47ff.

450 "Exclusive dealing refers to all practices that commit a firm to deal exclusively with some vertically related firms but not with others. For example, a dominant seller may prohibit buyers from dealing with its competitors, or a dominant seller may commit to deal exclusively with one (or several, as in the Eurotunnel case) vertically related firm (or firms), but not with others", vgl. EAGCP-Report, S. 47.

451 "In recent years several economic theories have been developed showing that exclusive dealing may indeed have anticompetitive effects if it imposes an externality on a third part."; vgl. EAGCP-Report, S. 47f.

452 Vgl. EAGCP-Report, S. 47.

453 "Potential anti-competitive effects"; "Pro-competitive effects and efficiency considerations", vgl. EAGCP-Report, S. 47f.

454 "Another efficiency argument is that the manufacturer may use an exclusive dealing arrangement in order to maintain the value of his product.", vgl. EAGCP-Report, S. 48.

eine dritte Partei vorliegen[455]. Wenn hierbei bereits festgestellt wird, dass keine solchen externen Effekte vorliegen, kommt ein Eingreifen der Behörden nach Ansicht der EAGCP nicht in Betracht, so dass das Vorliegen positiver Auswirkungen nicht mehr zu prüfen ist[456]. Werden bei der Prüfung externe Effekte festgestellt, ist nach den Vorgaben der EAGCP die Situation des belasteten Dritten genau zu untersuchen. Es werden verschiedene Faktoren vorgegeben, welche für das Bejahen eines Missbrauchs in diesem Fall zu prüfen sind[457]. Abschließend wird klargestellt, dass negative Auswirkungen der exklusiven Vertragsbindung für den Dritten durch Effizienzen ausgeglichen werden können[458].

Die EAGCP führt ihre Linie einer genauen Überprüfung der konkreten Auswirkungen des Verhaltens eines Marktbeherrschers und eines eventuell damit verbundenen, sehr restriktiven Eingreifens der Wettbewerbsbehörden konsequent fort. Bei Alleinbezugsbindungen geht die Expertengruppe im Vergleich zu den vorherigen Praktiken noch einen Schritt weiter, indem sie im Rahmen der vorgeschlagenen auswirkungsbezogenen Prüfung die Voraussetzung des Vorliegens von externen Effekten einbaut. Werden keine solchen externen Effekte festgestellt, ist demnach ein Missbrauch von vornherein ausgeschlossen, ohne dass noch mögliche Effizienzsteigerungen den wettbewerbsschädigenden Auswirkungen gegenübergestellt werden müssen.

VI. Sechster Abschnitt: Gezielte Kampfpreisunterbietung[459]

Die EAGCP stellt die Missbrauchsart der gezielten Kampfpreisunterbietung kurz dar und zeigt mögliche wettbewerbsschädigende Auswirkungen eines solchen Verhaltens auf[460]. Ein Missbrauch durch Kampfpreisunterbietung ist hiernach durch zwei

455 "We argue above that an exclusive dealing contract may have anticompetitive effects only if it imposes a negative externality on a third part. Thus, the competition authority first has to point out exactly which externality on a third party it is that explains why the buyer agreed to accept an anticompetitive exclusive dealing contract", vgl. EAGCP-Report, S. 49.

456 "If the competition authority cannot identify such an external effect, then there is no anticompetitive effect and the case should be dismissed.", vgl. EAGCP-Report, S. 49.

457 So soll z. B. die effiziente Mindestabsatzmenge für einen Wettbewerber hinsichtlich eines möglichen Markteintritts berechnet werden, um zu prüfen, ob einem Wettbewerber auch bereits bei einem geringen Absatz ein Markteintritt möglich ist und damit mögliche Alleinbezugsbindungen nicht missbräuchlich sind; vgl. EAGCP-Report, S. 49f.

458 "Even if there is a negative external effect on a third party, it is still possible that the exclusive dealing contract gives rise to efficiencies that outweigh the anticompetitive effects.", vgl. EAGCP-Report, S. 48.

459 Section 6: Predatory Pricing, EAGCP-Report, S. 50ff.

460 "Predatory pricing is a strategy that consists of two phases: a predatory phase and a recoupment phase. [...] Thus predatory behaviour is characterized by a phase

Phasen gekennzeichnet. In einer ersten Phase senkt der Marktbeherrscher massiv die Preise, um gezielt Wettbewerber auszuschalten. Dabei nimmt er auch bewusst Verluste in Kauf. In der zweiten Phase kann der Marktbeherrscher dann aufgrund des nicht mehr vorhandenen oder zumindest schwer beeinträchtigten Wettbewerbs die Preise stark heben und Gewinne einfahren, die weit über die vorherigen Verluste hinausgehen. Die EAGCP stellt in diesem Zusammenhang fest, dass der Missbrauch durch Kampfpreisstrategien nur schwer nachzuweisen ist, da es jedem Unternehmen grundsätzlich freisteht, seine Preise auf dem Markt eigenständig festzulegen, und niedrige Preise dem Wettbewerb somit immanent sind.[461]. Die größte Schwierigkeit liegt hiernach in der Unterscheidung zwischen nicht missbräuchlicher niedriger Preisgestaltung und missbräuchlicher Kampfpreisgestaltung sei[462]. So sei es üblich, bei Einführung eines neuen Produktes, bei Erschließung eines neuen Konsumentenkreises oder in einer Umstrukturierungs- oder Lernphase besonders niedrige Preise anzusetzen. Ein solches Verhalten stellt aber gerade keinen Verstoß gegen Art. 102 AEUV dar. Es müsse daher die genaue Art der Beeinträchtigung und ihrer Auswirkungen herausgearbeitet werden, wobei die EAGCP auf das hohe Risiko einer Fehleinschätzung durch die Behörden hinweist[463].

Die EAGCP zeigt an einem konkreten Beispiel („test market predation based on signal jamming") auf, wie der neue ökonomische Ansatz angewandt werden soll. Wiederum soll mit Hilfe verschiedener ökonomischer Erkenntnisse die konkrete Situation dahingehend untersucht werden, ob nach Einbeziehung aller Faktoren im Ergebnis überhaupt von einer überwiegenden Beeinträchtigung ausgegangen werden könne. Ein wichtiges Indiz dafür, dass kein solches Überwiegen der negativen Auswirkungen vorliegt, soll nach Ansicht der EAGCP die fehlende Möglichkeit der Amortisation („recoupment") der zuvor durch die niedrige Preisstrategie erlittenen

---

of short-term price reduction succeeded by a phase during which the predator, equipped with sufficiently strong market power, can raise prices so as to increase long-run profits once competition is eliminated or sufficiently weakened."; vgl. EAGCP-Report, S. 50.

461 "In general, predatory pricing poses a challenge of intrinsic difficulty to the antitrust authorities, because the challenged practice is that of a low price during the predatory phase. But at a general level the objective of antitrust is precisely to promote competitive prices."; vgl. EAGCP-Report, S. 50.

462 "Overall, the challenge for the design of antitrust policy against predation is related to the ability of the antitrust authority to separate a price that is low for predatory purposes from a price that might be set very low as part of an efficiency-enhancing competitive process.", vgl. EAGCP-Report, S. 51.

463 "Thus, the competition authorities with limited knowledge of industry- and firm-specific data faces a complex problem when attempting to identify those circumstances under which loss-inducing predatory prices cause harm to competition. For that reason the antitrust authorities have to be fully aware of the risks of misclassification when approaching a predation case", vgl. EAGCP-Report, S. 51.

Verluste sein[464]. Nach Ansicht der EAGCP müssen die Behörden die entscheidenden Schlüssel-Fakten („key facts") durch Bestimmung des hinter der Maßnahme stehenden Anliegens herausarbeiten[465]. Es wird wieder eine konkrete und sehr umfangreiche ökonomische Prüfung durch die Behörden gefordert. Neu ist die von der EAGCP vorgeschlagene Verteilung der Beweislast. Nachdem die Behörden durch Herausarbeiten der Schlüssel-Fakten ein relativ starkes Indiz für eine gezielte Kampfpreisunterbietung erbracht haben, soll es Aufgabe des Marktbeherrschers sein, mögliche Effizienzsteigerungen zur Verteidigung aufzuzeigen[466].

E. Zusammenfassung

Zusammengefasst beinhalten die Neuerungsvorschläge der EAGCP eine Änderung des Prüfungsansatzes von der Bewertung bestimmter Verhaltensweisen hin zu der Bewertung konkreter Auswirkungen eines bestimmten Verhaltens[467]. Dabei können auch verschiedene Missbrauchspraktiken hinsichtlich ihrer Auswirkungen auf den Markt gemeinsam überprüft werden. Obwohl durch den EAGCP-Report nur eine grobe Neuausrichtung vorgegeben wird, lässt sich bereits eine Prüfungsmethode nach dem „more economic approach" herausarbeiten:

- So soll zunächst festgestellt werden, ob mit dem Verhalten eines marktbe herrschenden Unternehmens eine beeinträchtigende Auswirkung einher geht.
- Dann soll geprüft werden, um welche Art von Beeinträchtigung es sich genau handelt und welche Auswirkungen diese Beeinträchtigung auf die Konsumentenwohlfahrt hat.
- Zuletzt soll anhand von Effizienzerwägungen überprüft werden, ob die Beeinträchtigung für die Verbraucher durch Effizienzsteigerungen kom pensiert werden kann.

Mit diesem Ansatz wird zunächst ein neues Prüfungskriterium in die Missbrauchsaufsicht eingeführt: Es muss konkret geprüft werden, ob eine Wettbewerbsbeeinträchtigung erfolgt ist, die sich negativ für die Verbraucher auswirkt. Mit Einführung dieses neuen Prüfungskriteriums wird ein bislang wesentliches Prüfungskriterium in seiner Bedeutung abgeschwächt: Eine selbstständige Prüfung, ob eine Marktbeherrschung vorliegt, ist danach in der bisherigen Form nicht mehr erforderlich.

---

464 "[…] if instead signal jamming strategies fail to exclude other firms under similar market conditions the predator would not be able to recoup and the conditions of persistent competitive harm would not be satisfied.", vgl. EAGCP-Report, S. 52.

465 "[…] identifying the nature of the concern (a consistent 'predation story') allows the antitrust authority to spell out the key facts that need to best established […]", vgl. EAGCP-Report, S. 53.

466 "If it has done so and if the evidence of predatory pricing is sufficiently strong, the burden of proof for a convincing efficiency defense should switch to the defendant.", vgl. EAGCP-Report, S. 53.

467 Übergang vom „form-based approach" zum „effect-based approach".

Vielmehr kann bei einer festgestellten Beeinträchtigung des Marktes im Sinne eines ersten Anscheins davon ausgegangen werden, dass das hinter der Beeinträchtigung stehende Unternehmen ein marktbeherrschendes Unternehmen ist. Schließlich wird der Prüfungsmaßstab insofern erweitert, als nach Feststellung einer Beeinträchtigung, welche sich negativ auf die Konsumentenwohlfahrt auswirkt, zu untersuchen ist, ob dieser Beeinträchtigung möglicherweise aus ökonomischer Sicht Effizienzsteigerungen entgegenstehen. Bei Überwiegen solcher Effizienzen ist ein Verhalten demnach nicht als missbräuchlich einzustufen und der Marktbeherrscher kann von den Wettbewerbsbehörden für sein Verhalten nicht sanktioniert werden. Diese Änderungen bringen einen neuen, eigenständigen Prüfungsstil im Rahmen der Missbrauchskontrolle mit sich. Es ist zu bedenken, dass der Bericht sich bei den vorgegebenen weitreichenden Änderungen zu einseitig und zu wenig präzise allein für eine Einführung des neuen Ansatzes ausspricht, ohne möglicherweise damit verbundene Probleme zu beleuchten. Der Schwerpunkt des EAGCP-Reports liegt demnach darin, aufzuzeigen, dass bestimmte Verhaltensweisen im Markt durchaus trotz negativer Auswirkungen auch überwiegende positive Wirkungen haben können. Allein diese Neuausrichtung des Fokus bei der Missbrauchskontrolle als ein erster Schritt zur Durchsetzung eines ökonomischen Ansatzes im Rahmen von Art. 102 AEUV und die damit einhergehende Rolle eines Plädoyers für diesen neuen Ansatz rechtfertigen die eher einseitigen Ausführungen der EAGCP.

F. Zwischenfazit zum EAGCP-Report

Die EAGCP beschreitet mit ihrem Bericht gänzlich neue Wege auf dem Gebiet der Marktmissbrauchsaufsicht nach Art. 102 AEUV. Die Vorschläge der Expertengruppe unterscheiden sich deutlich von der bisherigen Anwendungspraxis. Immer wieder wird in dem Bericht die starke Bedeutung der umfassenden Einzelfallbetrachtung hervorgehoben. Eine wesentliche Bedeutung des Berichts kommt dementsprechend der Abkehr von den bislang praktizierten Per se-Verboten und der neuen Berücksichtigung von Effizienzsteigerungen anhand des Auswirkungsnsatzes zu. Durch diesen neuen Ansatz ist es erstmals möglich, bislang grundsätzlich missbräuchliches Verhalten aufgrund der gegenüber der beeinträchtigenden Wirkung überwiegenden Effizienzsteigerung als nicht missbräuchlich einzustufen. Das Umdenken dient nach Ansicht der EAGCP einer gesteigerten Konstanz in der Entscheidungspraxis sowie verbesserten Handlungsmöglichkeiten der Wettbewerbsbehörden[468]. Hinsichtlich der Wirkung des Berichts ist zu bedenken, dass er keinerlei Verpflichtung erreicht, sondern lediglich dem Zweck dient, erste Vorschläge hinsichtlich der zukünftigen Ausübung der Missbrauchsaufsicht nach den Vorgaben der Kommission zu liefern. Dennoch setzt der Bericht durch seine weitgehenden und grundlegenden

468 “This would not only ensure that treatment is more consistent, but it would also focus the attention and the scarce resources of competition authorities on those cases where competitive harm is likely to be important.”; vgl. EAGCP-Report, S. 7.

Änderungen gegenüber der bisherigen Anwendungspraxis ein deutliches Signal. Dieses Signal lässt eine Weichenstellung in Richtung eines stark ökonomisch geprägten Ansatzes in der Anwendungspraxis der Missbrauchskontrolle durch die Kommission bereits eindeutig erkennen. Dennoch ist festzuhalten, dass der EAGCP-Report nur ein erster Schritt in eine neue Richtung ist. Dementsprechend sind die Ausführungen lediglich als eine grobe Einführung eines ökonomischen Ansatzes im Bereich der Missbrauchsaufsicht zu werten, obwohl sich die Expertengruppe bemüht, ihre Ausführungen weitgehend durch konkrete Beispiele zu verdeutlichen. Der Bericht zeigt hinsichtlich der verschiedenen Missbrauchsmöglichkeiten immer wieder anhand von Beispielen die Ambivalenz eines möglicherweise missbräuchlichen Verhaltens auf. Gerade durch das durchgehende Vorbringen der neben den negativen Auswirkungen ebenfalls vorhandenen positiven Auswirkungen will der EAGCP-Report zu einem Umdenken anregen, um eine Abkehr von dem bisher starren Gerüst hin zu einer neuen, ökonomisch geprägten und den Umständen des Einzelfalls eher gerecht werdenden Anwendung von Art. 102 einzuleiten.

3. Kapitel: Das Diskussionspapier der Europäischen Kommission

Nach der im Anschluss an die Veröffentlichung des EAGCP-Reports erfolgten Modernisierung der Fusionskontrolle nach den Vorgaben des „more economic approach" veröffentlichte die Europäische Kommission im Dezember 2005 das sogenannte „DG Competition discussion paper on the application of Article 82 of the Treaty to exclusionary abuses" und manifestierte damit ihren Reformwillen in Bezug auf die Missbrauchskontrolle nach Art. 102 AEUV endgültig[469].

A. Allgemeiner Teil des Diskussionspapiers der Europäischen Kommission

Im allgemeinen Teil werden nach der Einleitung das Verhältnis von Art. 102 AEUV (ex-Art. 82 EG) zu anderen Vorschriften, die Definition des Marktes, der Begriff der

469 Vgl. Engelsing, Modernisierung von Art. 82 EG, S. 89. Das Diskussionspapier besteht aus einem allgemeinen und einem speziellen Teil. Nach einer generellen Einleitung werden in den ersten vier Kapiteln von der Kommission grundlegende Gesichtspunkte bei der Missbrauchsaufsicht unter dem Aspekt einer ökonomischen Auslegung dargestellt. Im speziellen Teil werden die verschiedenen Fälle von Behinderungsmissbrauch unter dem Gesichtspunkt des „more economic approach" der Kommission untersucht. Hierbei wird zwischen Kampfpreisen (predation), Alleinbezug, Alleinvertrieb und Rabatten (single branding and rebates), Koppelungen und Bündelungen (tying and bundling), Lieferverweigerung (refusal to supply) und der Verweigerung des Zugangs zu nachgelagerten Märkten (refusal of entry to aftermarkets) unterschieden.

Marktbeherrschung und grundlegende Feststellungen hinsichtlich der Analyse des Behinderungsmissbrauchs erörtert[470].

I. Erstes Kapitel: Einleitung

In der Einleitung des Diskussionspapiers stellt die Kommission klar, dass sie mit dem Diskussionspapier eindeutige Vorgaben für ihre neue Rechtsanwendung bei der Missbrauchskontrolle geben will[471]. Die Kommission macht zudem direkt deutlich, dass das Ziel des Schutzes des Wettbewerbs zwar auch weiterhin bestehen bleiben soll – dies jedoch nur nachrangig, um die primär geschützte Konsumentenwohlfahrt zu steigern und eine effiziente Allokation von Ressourcen zu sichern[472]. Ein effektiver Wettbewerb dient hiernach hauptsächlich dem Wohl der Verbraucher, die hierdurch die Vorteile von niedrigen Preisen, hochqualitativen Produkten, einer großen Auswahl von Produkten und Dienstleistungen sowie einer ständig voranschreitenden Innovation genießen können[473]. Damit wird die neue Schutzrichtung ohne Umschweife den weiteren Ausführungen vorangestellt und ihre wesentliche Bedeutung im Rahmen des „more economic approach" gleich eingangs verdeutlicht.

Die Kommission führt weiterhin aus, dass bei der Erarbeitung des Diskussionspapiers neben der bisherigen eigenen Erfahrung bei der Missbrauchskontrolle auch die Rechtsprechung des Europäischen Gerichtshofs und des Gerichts der

470 Der allgemeine Teil besteht mit der Einleitung aus fünf Kapiteln: 1. Einführung (Rn. 1–7), 2. Verhältnis von Art. 82 EG zu anderen Vorschriften (Rn. 8–10), 3. Marktdefinition (n. 11–19), 4. Marktbeherrschung (Rn. 20–50), 5. Allgemeiner Rahmen für die Beurteilung von missbräuchlichem Verhalten (Rn. 51–92).

471 "This discussion paper sets out possible principles for the Commission's application of the Article 82 of the Treaty to exclusionary abuses", DG Competition Discussion Paper, S. 4. Die Kommission führt eingangs aus, dass die Einzelheiten einer Analyse von den konkreten Umständen des Einzelfalls abhängen und aufgrund der großen Fülle von verschiedenen möglichen Missbrauchspraktiken nicht alle möglichen missbräuchlichen Verhaltensweisen in dem Diskussionspapier behandelt werden können und sich daher die Ausführungen allein auf die Fälle von Behinderungsmissbrauch beziehen. Dementsprechend werden Ausbeutungs- und Diskriminierungsmissbräuche im Diskussionspapier nicht aufgegriffen, vgl. DG Competition Discussion Paper, S. 4.

472 "With regard to exclusionary abuses the objective of Article 82 is the protection of competition on the market as a means of enhancing consumer welfare and of ensuring an efficient allocation of resources", DG Co/mpetition Discussion Paper, S. 4.

473 "Effective competition brings benefits to consumers, such as low prices, high quality products, a wide selection of goods and services, and innovation. Competition and market integration serve these ends since the creation and preservation of an open single market promotes an efficient allocation of resources throughout the Community for the benefit of consumers", DG Competition Discussion Paper, S. 4.

Europäischen Union berücksichtigt wurde[474]. Die Kommission stellt in diesem Zusammenhang auch direkt klar, dass das Diskussionspapier keine Bindungswirkung entfalten kann. Nichtsdestotrotz hat sie das Diskussionspapier bewusst im Stil von Leitlinien entworfen, um klare Vorgaben zu bieten und den Prozess der Durchsetzung eines ökonomischen Ansatzes effektiv voranzutreiben[475]. Trotz dieser vorgegebenen eingeschränkten Wirkung des Diskussionspapiers stellt die Kommission ebenfalls bereits in der Einleitung ein eindeutiges Ziel des Diskussionspapiers fest: Die Anwendung von Art. 102 AEUV soll in Zukunft durch eine Herangehensweise der Kommission geprägt sein, die sich an den Auswirkungen eines Verhaltens auf dem Markt orientiert[476]. Das Diskussionspapier ist damit als Weiterentwicklung der Feststellungen des EAGCP-Reports zu werten. Aufgrund der Tatsache, dass sich die Ausführungen aber lediglich auf den Behinderungsmissbrauch beziehen, und aufgrund der nicht bindenden Wirkung des Diskussionspapiers kann bereits einleitend festgestellt werden, dass eine endgültige Verankerung des „more economic approach" im europäischen Wettbewerbsrecht durch das Diskussionspapier nicht erreicht wird.

II. Zweites Kapitel: Verhältnis zu anderen Vorschriften

Im Anschluss an die Einleitung stellt die Kommission knapp das Verhältnis von Art. 102 AEUV zu anderen Vorschriften dar. Es wird festgestellt, dass Art. 101 AEUV (ex-Art. 81 EG) und Art. 102 AEUV beide in Bezug auf Verdrängungsmissbräuche zumindest mittelbar dasselbe Ziel des Aufrechterhaltens eines effektiven Wettbewerbs verfolgen und nach gefestigter Rechtsprechung auch nebeneinander angewandt werden können[477]. Die Kommission schließt aus der vorgenommenen einheitlichen Betrachtung, dass die Ausnahmeregelung nach Art. 101 Abs. 3 AEUV auch im Rahmen des Art. 102 AEUV insofern Berücksichtigung finden muss, als ein Verhalten, welches mehr Vorteile als Nachteile mit sich bringt und alle Voraussetzungen nach

---

474 "This paper draws and elaborates on the Commission's evolving experience with the application of Art. 82 as well as on the case-law of the Court of Justice and the Court of First Instance of the European Communities", DG Competition Discussion Paper, S. 5.

475 "Being a discussion paper this paper cannot create any legitimate interest nor can it be relied upon to provide guidance to current Commission enforcement policy. While the discussion paper sets out possible principles for the Commission´s application of Art. 82 EG of the Treaty to exclusionary abuses, it is in good parts drafted in the style of guidelines in order to avoid too much conditional phrasing and enhance its readability", DG Competition Discussion Paper, S. 5.

476 "In applying Article 82, the Commission will adopt an approach which is based on the likely effects on the market", DG Competition Discussion Paper, S. 4f.

477 "Articles 81 and 82 of the Treaty both pursue, with regard to exclusionary practices, the aim of maintaining effective competition on the market and, according to settled case law, can be applied simultaneously", DG Competition Discussion Paper, S. 5.

Art. 101 Abs. 3 AEUV erfüllt, auch im Rahmen der Missbrauchskontrolle zukünftig keinen Verstoß darstellen kann[478]. Bislang war ein Verhalten nach Art. 101 Abs. 3 AEUV nur insoweit freigestellt, als es nicht gleichzeitig auch gegen Art. 102 AEUV verstößt[479]. Damit stellt die Kommission mit ihrer Verbindung der Wertungsverhältnisse eine Konvergenz zwischen der Anwendung der beiden Regelungen her und beabsichtigt somit im Sinne ihres Neuansatzes für die Zukunft Widersprüche auszuschließen, nach welchen ein und dasselbe Verhalten gegen Art. 102 AEUV verstoßen kann, während es nach der Freistellung des Art. 101 Abs. 3 AEUV gerechtfertigt ist. Die Kommission führt hierdurch eine klare Abkehr von der bisherigen Praxis durch, was entsprechend der zukünftig zu berücksichtigenden Möglichkeit des Effizienzeinwandes die einzig konsequente Vorgehensweise darstellt[480].

III. Drittes Kapitel: Marktdefinition

Die Kommission stellt am Anfang des dritten Kapitels klar, dass das im Rahmen des „more economic approach" neu vorgetragene Konzept der Bewertung einer Marktbeherrschung entscheidend auf ökonomischen Kriterien beruhen soll. Durch diese Feststellung rückt die Kommission auch hinsichtlich der für die Marktbeherrschung zwingend erforderlichen Marktdefinition den ökonomischen Ansatz direkt in den Vordergrund und untermauert damit die konsequente Verlagerung hin zu einem „more economic approach"[481]. Als Hauptzweck der Marktdefinition wird eine genaue, systematische Analyse der unmittelbaren Wettbewerbsbeeinträchtigungen durch das Verhalten eines marktbeherrschenden Unternehmens herausgestellt[482]. Damit wird betont, dass die Marktdefinition auch im neuen Konzept ein

---

478 Als Stützung ihrer Ansicht bezieht sich die Kommission auf die Leitlinien zur Anwendung von Artikel 81 Absatz 3 EG-Vertrag, in: Amtsblatt der Europäischen Gemeinschaften, Nr. C 101/97 vom 27.4.2004, Rn. 106. Zudem beruft sie sich auf verschiedene Rechtsprechung des EuGH, vgl. DG Competition Discussion Paper, S. 5.

479 Vgl. Immenga/Mestmäcker-*Fuchs/Möschel*, Europäisches Kartellrecht, 5. Aufl., Bd. 1, 1.Teil, Art. 102 AEUV, Rn. 26.

480 Dass Effizienzberücksichtigungen im Rahmen von Art. 101 Abs. 3 AEUV (ex-Art. 81 Abs. 3 EG) bereits eine gewichtige Rolle spielen, hat die Kommission auch in ihrer Verordnung Nr. 772/2004 vom 27. April 2004 über die Anwendung von Artikel 81 Absatz 3 EG-Vertrag auf Gruppen von Technologietransfer-Vereinbarungen klargestellt, vgl. Verordnung (EG) Nr. 772/2004 der Kommission, in: Amtsblatt Nr. L 123/11 vom 27.4.2004, Rn. 6, über die Anwendung von Artikel 81 Absatz 3 EG-Vertrag auf Gruppen von TechnologietransferVereinbarungen.

481 "The concept of a dominance contained in Article 82 of the Treaty relates to a position of economic strength on a market", DG Competition Discussion Paper, S. 6.

482 "The main purpose of market definition is to identify in a systematic way the immediate competitive constraints faced by an undertaking", DG Competition Discussion Paper, S. 6.

unausweichlicher Prüfungsschritt auf dem Weg zur Feststellung eines Verstoßes gegen Art. 102 AEUV sein wird. Für eine Definition des Marktes in Bezug auf die angebotenen Produkte oder Dienstleistungen und auf die geographischen Grenzen des Marktes ist es nach den Ausführungen im Diskussionspapier zunächst erforderlich, alle Wettbewerber zu bestimmen, welche das Verhalten des Marktbeherrschers beeinflussen können[483]. Damit hält die Kommission am bisherigen Ansatz in Bezug auf die Bestimmung eines sachlich und räumlich relevanten Marktes fest und erweitert diesen hinsichtlich einer Prüfung der Beeinflussungsmöglichkeiten der Wettbewerber untereinander.

1. *Preisgestaltung als Prüfungskriterium*

Nach dieser allgemeinen Vorgabe konzentriert sich die Kommission auf ein neuartiges Prüfungskriterium zur erforderlichen Marktdefinition. Dieses neue Prüfungskriterium ist die Preisgestaltung auf dem festzustellenden Markt, die im Falle einer tatsächlichen Marktbeherrschung mit sehr hoher Wahrscheinlichkeit über einem durchschnittlichen, von den Kräften eines funktionierenden Wettbewerbs bestimmten Marktpreis liegen wird[484]. Mit der Einbeziehung des Preisniveaus auf dem festzustellenden Markt betont die Kommission ein weiteres wirtschaftliches Kriterium, das ohne eine Anwendung ökonomischer Erkenntnisse nicht in die Prüfung einzubeziehen ist. Die Kommission führt weiter aus, dass daneben aber auch noch andere, variierende Methoden zur Entwicklung alternativer Definitionen von Märkten berücksichtigt werden sollen, weil eine einzige Art der Marktdefinition unter dem Gesichtspunkt der Vielzahl der zu berücksichtigenden Einzelfälle nicht ausreichend erscheint[485]. Damit lässt sie genug Spielraum, die Marktdefinition im Rahmen des „more economic approach" zukünftig weiter zu spezifizieren und dann, wenn möglich, sogar unter Berücksichtigung der verschiedenen Aspekte des jeweiligen Falls individuell zu gestalten. Mit der in Aussicht gestellten Anwendung verschiedener Methoden bei der Marktdefinition soll eine im Einzelfall zu weit gefasste Marktdefinition verhindert werden, die sich bei der Konzentration auf lediglich einen Aspekt, wie z. B. die alleinige Untersuchung der Preisgestaltung,

---

483 "The objective of defining a market in both its product and geographic dimension is to identify all actual competitors of the undertaking concerned that are capable of constraining its behavior.", DG Competition Discussion Paper, S. 6.

484 "This paper does, however, provide additional guidance with respect to one specific market definition issue that may arise in the context of Art. 82 cases: the price charged by the allegedly dominant undertaking – if it is indeed dominant – will almost inevitably have been raised above the competitive level.", DG Competition Discussion Paper, S. 7.

485 "It is necessary to rely on a variety of methods for checking the robustness of possible alternative market definitions", DG Competition Discussion Paper, S. 7.

ergeben kann[486]. Insbesondere können nach diesen Vorgaben die neuesten ökonomischen Erkenntnisse in die Prüfung des relevanten Marktes eingearbeitet werden.

2. *SSNIP-Test*

Die Kommission schlägt in diesem Zusammenhang eine konkrete Regelung zur Marktdefinition unter Berücksichtigung des Preisniveaus vor. Bei der Marktdefinition soll demnach der schon zuvor in anderen Bereichen des Wettbewerbsrechts, insbesondere bei der Fusionskontrolle, angewandte SSNIP-Test nun auch im Rahmen der Missbrauchskontrolle Anwendung finden[487]. Bei diesem Test werden die für die Marktabgrenzung relevanten Substitutionsbeziehungen gemessen, indem kleine, aber aussagekräftige Preiserhöhungen unter dem Gesichtspunkt untersucht werden, in welchem Ausmaß sie Ausweichreaktionen der Abnehmer zugunsten anderer Produkte bewirken[488]. Der SSNIP-Test wurde bei der Marktabgrenzung von der Kommission bislang hauptsächlich zur Bestimmung der Kreuzpreiselastizität im Rahmen der Fusionskontrolle angewandt[489].

a) Zielrichtung des SSNIP-Tests

Ziel des Tests ist es, herauszufinden, ob die Verbraucher eine geringe, aber signifikante Preiserhöhung[490] durch das marktbeherrschende Unternehmen akzeptieren oder ob sie auf Konkurrenzprodukte bzw. andere anbietende Wettbewerber an anderen Orten umsteigen würden[491]. Solange der Verbraucher den Preisanstieg akzeptiert, wird dieser nach dem SSNIP-Test als profitabel für den Marktbeherrscher klassifiziert.

---

486 "Unless appropriately accounted for, this can lead to markets being defined too widely", DG Competition Discussion Paper, S. 7.

487 Die Kommission entwickelte den SSNIP-Test (auch hypothetischer Monopolistentest genannt) bereits im Jahre 1997, vgl. Bekanntmachung der Kommission zur Marktabgrenzung, ABl. 1997, C 372/5, Rn. 15ff. Der Test wurde somit im Rahmen der Marktabgrenzung bei der Fusionskontrolle von der Kommission entwickelt. Die Abkürzung SSNIP-Test steht für „Small but Significant Non-transitory Increases-in-Price-Test".

488 Vgl. Behrens, Der Marktbeherrschungsbegriff in Artikel 82 EG, S. 40.

489 Vgl. Bekanntmachung der Kommission zur Marktabgrenzung, ABl. 1997, C 372/5, Rn. 15; Auch der EuGH hat das Kriterium der Kreuzpreiselastizität bei der Marktabgrenzung anerkannt, EuG Slg. 1991, II-1439 (1467f.), Rn. 50f., Hilti.

490 Man geht bei Anwendung des SSNIP-Tests von einer Preiserhöhung im Bereich von etwa 5–10 % aus, vgl. Competition Discussion Paper, S. 7.

491 "Under the SSNIP-test, which in particular in merger cases constitutes a central part of the Commission's approach to market definition, it is asked whether the customers of the undertaking(s) concerned would switch to readily available substitutes or to suppliers located elsewhere to such an extent that it would unprofitable to implement a small but significant, non-transitory increase in relative prices for the products and the areas being considered", DG Competition Discussion Paper, S. 7.

b) Relevanter Markt beim SSNIP-Test

Alle Konkurrenzprodukte und alle anderen Anbieter auf anderen Gebieten, die bei diesem Test berücksichtigt werden und für die sich die Verbraucher bei einer Preiserhöhung entscheiden würden, statt der Preiserhöhung des potenziellen Marktbeherrschers zu folgen, bilden nach dem SSNIP-Test den relevanten Markt. Die in dem Test berücksichtigten Konkurrenzprodukte und Anbieter in anderen Gebieten werden so lange erweitert, bis die Verbraucher die angenommene Preiserhöhung des potenziellen Marktbeherrschers akzeptieren und sich nicht mehr für die Angebote von dessen Wettbewerbern entscheiden würden. Die Produkte bzw. Anbieter, die von den Verbrauchern trotz Preiserhöhung durch den Marktbeherrscher nach den Vorgaben des SSNIP-Tests nicht mehr berücksichtigt würden, sind demnach nicht mehr Bestandteil des relevanten Marktes[492]. Eine solche Marktdefinition berücksichtigt in einem konkret festgelegten und bereits in anderen Bereichen erprobten Verfahren nicht nur das ökonomisch wichtige Kriterium der Preisgestaltung auf einem Markt, sondern stellt entsprechend den eingangs getroffenen Vorgaben der Kommission auf die Beeinflussungsmöglichkeit der Wettbewerber untereinander ab, insbesondere in Bezug auf eine mögliche Wirkung des Verhaltens der Wettbewerber auf das Verhalten des Marktbeherrschers.

c) Rückgriff auf Vorgaben und Erfahrungen bei der Fusionskontrolle

Um ein umfassendes Bild dieser neuartigen Methode der Marktdefinition zu geben, greift die Kommission auf ihre Erfahrungen im Rahmen der Anwendung des SSNIP-Tests bei der Fusionskontrolle zurück. Der Test basiert auf der Annahme, dass der für die Durchführung des Tests zu bestimmende bzw. festzulegende Ausgangspreis, welcher dann entsprechend erhöht wird, dem durchschnittlichen Wettbewerbspreis entspricht[493]. Auf einem Markt, auf dem ein marktbeherrschendes Unternehmen bereits agiert, kann dieser Ausgangspreis aber bereits weit über einem solchen durchschnittlichen Wettbewerbspreis liegen[494]. Eine für die Durchführung des Tests erforderliche weitere Erhöhung des Preises um 5–10 % könnte im Einzelfall dann

---

492 "[...] additional substitutes and areas are added to the relevant market until such a price increase would be profitable. At that point, a hypothetical single seller of the now included products and within the now included areas would be able to profitably raise prices by 5%-10%, signifying that the products and areas in question constitute a market that is worth monopolising", DG Competition Discussion Paper, S. 7.

493 D. h. dem Preis, der sich in einem natürlichen Wettbewerbsverhältnis durch die gegebenen Bedingungen entwickelt hat (freier Marktpreis).

494 Die Kommission nennt ebenso die Möglichkeit, dass ein marktbeherrschendes Unternehmen seine Marktmacht auf einen Sekundär-Markt ausweitet und dieser, zu definierende, Sekundär-Markt gerade hinsichtlich der Preisstruktur nicht der Preisstruktur auf dem Primärmarkt entspricht, vgl. DG Competition Discussion Paper, Kapitel 10, S. 69f.

zu einer deutlich zu hoch angesetzten Preisstruktur und damit zu verfälschten Ergebnissen bei der Marktdefinition führen. Bei einer zu hoch angesetzten Preisstruktur ist die Wahrscheinlichkeit, dass die Verbraucher auf Konkurrenzprodukte ausweichen, erheblich höher. Damit besteht die Gefahr, dass eine Marktdefinition bei Anwendung des SSNIP-Tests aufgrund des zu hoch angesetzten Ausgangspreises selbst zu weit ausfällt[495]. Diese von der Kommission selbst aufgeführte mögliche Problematik bei der Anwendung des SSNIP-Tests wurde erstmalig im amerikanischen Antitrust-Recht als sogenannte „cellophane fallacy“ bekannt[496]. Die Kommission geht durch das Aufzeigen möglicher Schwachstellen in der neuen Anwendung ökonomischer Erkenntnisse einen nachvollziehbaren Weg. Sie macht deutlich, dass sie sich durchaus auch der Risiken und Schwachstellen des Neuansatzes bewusst ist. Es wäre dementsprechend als Fehler zu werten, wenn die Kommission ihren Neuansatz allein als positiv und risikolos entsprechend der eher einseitigen Darstellungen im EAGCP-Report darstellen würde, um auf diesem Weg den Ansatz des „more economic approach“ anzupreisen. Ein später bei einer möglichen Umsetzung des Neuansatzes in der Praxis insoweit auftretendes Problem würde dem Ansatz der Kommission ohne entsprechenden vorherigen Hinweis einen irreparablen Schaden zufügen und die Akzeptanz des ökonomischen Ansatzes erheblich gefährden.

d) Rückschlüsse aus den Vorgaben der Fusionskontrolle

Die Kommission belässt es nicht bei einem Aufzeigen möglicher Risiken, sondern bemüht sich um einen konkreten Vorschlag, wie man der Gefahr falscher Ergebnisse begegnen kann. Als mögliche Lösung des Problems nennt die Kommission die Bestimmung eines üblichen Wettbewerbspreises zur Anwendung eines einheitlichen Ausgangspreises bei der Anwendung des SSNIP-Tests[497]. Die Kommission schränkt diesen Lösungsansatz aber insofern wieder ein, als eine solche Festlegung des Ausgangspreises in den meisten Fällen aufgrund der dann nicht vorgenommenen Berücksichtigung der Umstände des Einzelfalls nicht zu akkuraten Ergebnissen führen könne und aufgrund der im Rahmen des SSNIP-Tests ebenfalls zu

---

495 "Otherwise, the market could be defined too widely, as it might include products or geographic areas, which only impose a competitive constraint due to the fact, that prices have already been elevated above competitive levels“, DG Competition Discussion Paper, S. 7.

496 Vgl. DG Competition Discussion Paper, S. 7. Die Bezeichnung „cellophane fallacy“stammt von einem amerikanischen Wettbewerbsfall, in welchen ein Hersteller von Zellophan involviert war, vgl. 351 U.S. 377 (1956), U.S. vs. E.I. du Pont de Nemours & Co.

497 “The SSNIP-test at prevailing prices remains useful in the sense that it is indicative of substitute patterns at such price. Products and areas that can be excluded from the relevant market at prevailing prices would also be excluded from the relevant market at any lower competitive price.”, DG Competition Discussion Paper, S. 8.

berücksichtigenden Marktnachfrage in der Praxis nur schwer anwendbar sei[498]. Eine Vermeidung falscher Ergebnisse bei der Anwendung des SSNIP-Tests wird damit wohl nur möglich sein, wenn eine Anwendung zukünftig nur in solchen Fällen vorgenommen werden wird, in denen das einzubeziehende Preisniveau nicht bereits zu stark durch den potenziellen Marktbeherrscher beeinflusst worden ist. Sind diese Voraussetzungen nicht gegeben, gewinnen die eingangs zur Marktdefinition von der Kommission erwähnten alternativen Möglichkeiten der Marktdefinition an Bedeutung.

e) Zwischenfazit zur Einführung des SSNIP-Tests

Das Aufzeigen möglicher Risiken bei der Anwendung des „more economic approach" verleiht der Kommission Glaubwürdigkeit bei ihren Reformbestrebungen. Hierdurch hält sie ihre eigene Vorgabe hinsichtlich der Effizienzeinrede ein, sowohl die negativen als auch der positiven Aspekte und Auswirkungen in Bezug auf die Anwendung des Tests zu berücksichtigen. Für eine Anwendung des Tests spricht sie sich dementsprechend aus, wenn die positiven Áuswirkungen, nämlich eindeutigere und dem Einzelfall gerechter werdende Ergebnisse bei der Marktabgrenzung, gegenüber den negativen Auswirkungen, nämlich die Gefahr einer zu weiten Marktabgrenzung aufgrund zu hoch angesetzter Ausgangspreise, überwiegen.

3. Weitere Prüfungsansätze zur Marktdefinition

Die Kommission bemüht sich alternative Prüfungsansätze zu liefern, um den relevanten Markt nach ihrem Neuansatz definieren zu können, falls eine Anwendung des SSNIP-Tests nicht in Frage kommt.

a) Wirkung auf Verbraucher

Als eine weitere Möglichkeit der Marktdefinition wird eine Untersuchung der Wirkung der angebotenen Produkte und Dienstleistungen auf die Verbraucher genannt[499]. Es soll untersucht werden, ob die Verbraucher verschiedene Produkte so stark differenzieren, dass ein willkürlicher Austausch der Produkte nicht mehr den Verbraucherbedürfnissen entspricht[500]. Für den Fall, dass die Verbraucher die Produkte nicht mehr in der vorgegebenen Form differenzieren, sondern die verglichenen

498 "However, in most cases it is not possible to reconstruct the competitive price with the requisite degree of accuracy. As a correct application of the SSNIP-test also involves some knowledge of the demand curve at the competitive price, this method is rather difficult to apply in practice", DG Competition Discussion Paper, S. 8.

499 "Another approach is to examine the characteristics and intended use of the products concerned and to assess whether they are capable of satisfying an inelastic consumer need", DG Competition Discussion Paper, S. 8.

500 Die Kommission stützt sich auf die vorgenommene Marktdefintion in folgenden Fällen: EuG Slg. 2002, II-1011, Rn. 32, Compagnie générale maritime u.a./

Produkte für gegeneinander austauschbar halten, wird von einem sachlichen Markt ausgegangen[501]. Mit diesen Vorgaben hält die Kommission trotz der Betonung des Fokusses auf die Auswirkungen für die Verbraucher als vermeintliche Kriterien des „more economic approach" letztlich schlicht und einfach am Bedarfsmarktkonzept nach dem bisherigen Ansatz fest[502]. Allerdings soll eine Prüfung der Austauschbarkeit der Produkte nach dem neuen Ansatz nur noch zur Anwendung kommen, wenn die neu vorgestellten Prüfungskriterien bzgl. der Preisgestaltung im konkreten Fall keine eindeutigen Ergebnisse liefern. Die Kommission will bei der Bestimmung des sachlich relevanten Marktes somit zukünftig grundsätzlich neue Wege unter Anwendung ökonomisch geprägter Prüfungsmethoden gehen. Dabei stützt sie sich auf konkrete und in anderen Bereichen, wie der Fusionskontrolle, bereits durchgeführte Vorgaben, ohne einen abschließenden Regelungsgehalt zur Bestimmung des sachlich relevanten Marktes vorzugeben und auf den bisherigen Prüfungsansatz zumindest als Ausweichmöglichkeit gänzlich verzichten zu wollen.

b) Geographischer Ansatz

Im Anschluss wird ebenfalls bezüglich des räumlich zu bestimmenden Marktes eine neuartige Herangehensweise unter Berücksichtigung der Preisgestaltung in einer bestimmten Region vorgestellt, wonach verschiedene Preise in verschiedenen geographischen Regionen verglichen werden sollen[503]. Neben der Bestimmung des räumlichen Marktes sollen hierdurch auch Erkenntnisse in Bezug auf den sachlichen Markt erlangt werden[504]. Es wird untersucht, ob ein marktbeherrschendes Unternehmen, welches ein bestimmtes Produkt in verschiedene Regionen liefert bzw. in diesen Regionen anbietet, auch verschieden hohe Preise in den verschiedenen Regionen fordert[505]. Im Vergleich mit den Preisen der Wettbewerber für die angebotenen

---

Kommission, EuGH Slg. 1978, I-207, Rn. 12, United Brands und EuGH Slg. 1989, I-803, Rn. 39 f., Ahmed Saeed Flugreisen.

501 "In most cases it is not decisive that a certain group of consumers does not consider the products in question to be good substitutes. [...] In that case the group of consumers with less elastic demand may be in a market of their own", DG Competition Discussion Paper, S. 8.

502 Vgl. 3. Teil, 1. Kap., C., II., 1., d).; vgl. auch Dauses-*Emmerich*, Handbuch des EU-Wirtschaftsrechts, Art. 102 AEUV, Rn. 15.

503 "It may also be relevant to compare prices across various regions", DG Competition Discussion Paper, S. 8.

504 "This may in the first place be helpful to determine the geographic market, but may also be useful in determining the product market", DG Competition Discussion Paper, S. 8.

505 "If an undertaking supplies a product in several regions and charges higher prices in regions where it has a higher share of sales of that type of product, it is an indication that the main competitive constraint comes from other suppliers of that type of product and not from suppliers of other types of products.", DG Competition Discussion Paper, S. 8.

Produkte lassen sich dann wiederum Rückschlüsse auf einen gemeinsamen Markt ziehen. So gilt die Vermutung, dass ein vom potenziellen Marktbeherrscher höher angesetzter Preis für ein und dasselbe Produkt bei gleichzeitig höheren Verkaufszahlen gerade eine wettbewerbliche Beschränkung gegenüber solchen Wettbewerbern mit sich bringt, die auf demselben relevanten Markt tätig sind und das Produkt im Vergleich zu einem niedriger angesetzten Preis anbieten. Die Kommission rückt hiermit von der bisherigen klaren Trennung der Prüfung des sachlich relevanten und des räumlich relevanten Marktes ab. Es wird eine Vermischung dieser beiden Prüfungselemente vorgenommen, nach welcher die Untersuchung der Preise in verschiedenen Gebieten zunächst Rückschlüsse in Bezug auf den räumlichen Markt und zudem unter Berücksichtigung der Auswirkungen der Preisbildung auf die Wettbewerber auch Rückschlüsse auf den sachlichen Markt ergeben soll. Der Prüfung des räumlich relevanten Marktes kommt damit nach dem neuen Ansatz der Kommission keine eigenständige Bedeutung zu.

Die Kommission gibt noch zu bedenken, dass neben der Intensität des Wettbewerbs weitere Faktoren die Verschiedenheit von Preisbildung in unterschiedlichen Regionen beeinflussen können und im Sinne der Berücksichtigung der Umstände des Einzelfalls nicht vernachlässigt werden dürfen[506]. Hierdurch gibt die Kommission auch in diesem Zusammenhang vor, dass sie kein starres Prüfungsschema, sondern jeweils im Interesse der Einzelfallgerechtigkeit verschiedene, flexibel einzusetzende Kriterien in ihre zukünftige Prüfung eines möglichen Marktmissbrauchs nach Art. 102 AEUV einbauen will.

4. *Zwischenfazit zur neuen Marktdefinition*

Die Kommission berücksichtigt bei der Marktdefinition nach dem neuen Ansatz konsequent ökonomische Faktoren und verändert damit den bislang herrschenden Ansatz zur Bestimmung des sachlich und des räumlich relevanten Marktes. Diesbezüglich bietet das Diskussionspapier bestimmte Prüfungsvorgaben, wie den SSNIP-Test, behält sich aber genügend Spielraum vor, um weitere und womöglich neuartige ökonomische Erkenntnisse in die Bestimmung des relevanten Marktes einfließen lassen zu können. Die Kommission stellt dabei unter Bezugnahme auf die Preisgestaltung als ökonomisches Kriterium wiederum, insbesondere durch die Ermittlung der Wirkung der angebotenen Produkte auf die Bedürfnisse der Verbraucher, die Interessen des Verbrauchers nach den Vorgaben des „more economic approach“ in den Vordergrund. Lediglich ergänzend soll das bislang angewandte Bedarfsmarktkonzept herangezogen werden.

---

506 “Price comparisons across regions should, however, take into account whether there are other factors differing between the regions than the intensity of competition.” DG Competition Discussion Paper, S. 8f.

IV. Viertes Kapitel: Marktbeherrschung

1. Vorgaben des EuGH

Hinsichtlich des Begriffs der Marktbeherrschung greift die Kommission in ihrem Diskussionspapier zunächst auf die nach der gefestigten Rechtsprechung entsprechend dem bisherigen Ansatz vorgegebene Definition zurück[507]. Hiernach liegt eine marktbeherrschende Stellung vor, wenn das zu untersuchende Unternehmen eine solche wirtschaftliche Stärke vorweisen kann, dass es die Möglichkeit hat, einen funktionierenden Wettbewerb auf dem relevanten Markt zu verhindern, indem es sich seinen Wettbewerbern, seinen Abnehmern und auch den Verbrauchern gegenüber in einem erheblichen Ausmaß unabhängig verhalten kann[508]. Diese Definition will die Kommission in ihrer zukünftigen Interpretation von Art. 102 AEUV auch weiterhin als Ausgangspunkt berücksichtigen und stellt sie ihren Überlegungen zur Marktbeherrschung dementsprechend voran[509]. Es ist festzustellen, dass der Begriff der „beherrschenden Stellung" nach diesen Vorgaben der verwendeten Definition von Marktmacht bzw. Marktbeherrschung bei Art. 2 Abs. 2 und Abs. 3 FKVO entspricht und einen rein juristischen Terminus darstellt[510]. Insbesondere in der Anwendung des Begriffs durch den EuGH, auf welche sich die Kommission explizit bezieht, wird deutlich, dass es sich um eine rein rechtlich gebrauchte Begrifflichkeit handelt[511]. Ebenso wenig, wie der Begriff der Marktbeherrschung bei der Fusionskontrolle einen ökonomisch geprägten Begriff darstellt, ist er es nach den Vorgaben der Rechtsprechung bei der Anwendung im Bereich Missbrauchsprüfung nach Art. 102 AEUV.

---

507 Vgl. exemplarisch EuGH, Slg. 1979, I-461, Rn. 38, Hoffmann-La Roche.

508 Vgl. exemplarisch EuGH, Slg. 1978, I-207, Rn. 63ff., United Brands; EuGH, Slg. 1979, I-461, Rn. 38, Hoffmann-La Roche.

509 Diese Definition entspricht auch den Vorgaben der Rechtsprechung, welche ausdrücklich auch auf die Verbraucher abstellt: "According to settled case law, dominance is a position of economic strength enjoyed by an undertaking which enables it to prevent effective competition being maintained on the relevant market by affording it the power to behave to an appreciable extent independently of its competitors, its customers and ultimately of the consumers", DG Competition Discussion Paper, S. 9.

510 Vgl. auch Behrens, Der Marktbeherrschungsbegriff in Artikel 82 EG, S. 37. Sogar die Voraussetzungen für das Vorliegen der Marktbeherrschung bei Fusionskontrolle und bei der Missbrauchsaufsicht sind untereinander austauschbar, vgl. EuGH, Slg. 2000, I-1365, Schlussanträge vom 29.10.1998, Rn. 26, 27, Compagnie Maritime Belge.

511 Vgl. EuGH, Slg. 1978, I-207, Rn. 63ff., United Brands; EuGH. Slg. 1979, I-461, Rn. 38, Hoffmann-La Roche.

2. *Marktbeherrschung in der ökonomischen Analyse*

In der ökonomischen Analyse hingegen existiert eine davon zu unterscheidende, eigenständige Definition der Marktbeherrschung bzw. der Marktmacht. In der Ökonomie wird der spezielle Marktmachtbegriff der ökonomischen Theorie verwendet[512]. Hiernach wird gemäß dem sogenannten „Lerner-Index" der Abstand der tatsächlich durch den potenziellen Marktbeherrscher geforderten Preise auf dem Markt von den jeweiligen Grenzkosten gemessen. Unter Berücksichtigung der Nachfrage durch die Verbraucher bzw. der sogenannten Nachfrage-Elastizität wird dadurch festgestellt, wie stark der potenzielle Marktbeherrscher seine Preise oberhalb der Grenzkosten ansetzen kann[513]. Grundsätzlich wäre eine Anwendung dieses ökonomischen Marktmachtbegriffs auch bei einer Anwendung im Bereich von Art. 102 AEUV denkbar. Unter rein ökonomischen Gesichtspunkten müsste sich die Begrifflichkeit der Marktbeherrschung ebenso wie der tatsächlich verwendete Begriff der Marktmacht an einer Preis-Absatz-Funktion messen lassen, welche die Marktnachfrage zeigt und den Zusammenhang zwischen dem Marktpreis eines Guts und seiner zu diesem Preis absetzbaren Menge beschreibt[514]. Eine Marktbeherrschung würde demnach vorliegen, wenn ein Unternehmen in der Lage wäre, sich unabhängig von den ökonomischen Vorgaben zu bewegen, d. h. die Produktion zu verringern oder die Preise erheblich zu erhöhen, ohne dabei Einbußen bei der Nachfrage hinzunehmen[515]. Nach ökonomischen Aspekten ist dies im Falle der Monopolstellung eines Unternehmens ohne Zweifel der Fall, die Marktmacht ist entsprechend des Lerner-Index umso größer, je höher der Monopolgrad ist[516]. Eine Marktmacht kann unter ökonomischen Gesichtspunkten dementsprechend bereits vorliegen, sobald ein Unternehmen einen gewissen Preisbildungsspielraum hat und sich trotz Einschränkung der Produktion oder Erhöhung der Preise im Wettbewerb behaupten kann[517].

---

512 Vgl. Schulz, Wettbewerbspolitik, S. 39.

513 Bei konstanten Grenzkosten wird der Abstand der tatsächlich geforderten Preise von den variablen Durchschnittskosten ermittelt, vgl. Schulz, Wettbewerbspolitik, S. 29.

514 Vgl. Roth, VWL für Einsteiger, S. 72f.

515 Vgl. Behrens, Der Marktbeherrschungsbegriff in Artikel 82 EG, S. 37.

516 Vgl. Roth, VWL für Einsteiger, S. 175ff.

517 Überträgt man den bislang entsprechend den Vorgaben der Rechtsprechung rein rechtlich verwendeten Begriff der Marktbeherrschung auf die dargestellte Marktmacht der ökonomischen Theorie, muss man feststellen, dass es sich bei der rein rechtlichen Marktbeherrschung um eine qualifizierte Art der Marktmacht nach der ökonomischen Theorie handelt, vgl. Behrens, Der Marktbeherrschungsbegriff in Artikel 82 EG, S. 37.

3. *Voraussetzungen der Marktbeherrschung unter dem Einfluss der ökonomischen Lehre*

Diese Vorgaben macht sich die Kommission nunmehr auch in ihren Ausführungen im Diskussionspapier zu Eigen und erweitert im Sinne des „more economic approach“ die bisherige Prüfung der Marktbeherrschung um Erkenntnisse aus der ökonomischen Theorie. Die Kommission leitet dementsprechend aus der Definition der Rechtsprechung drei Voraussetzungen ab, die nach den Vorgaben der Kommission künftig in einem ökonomischen Licht ausgelegt und geprüft werden müssen, damit von einer Marktbeherrschung ausgegangen werden kann[518]:

- Das Unternehmen muss zunächst eine wirtschaftliche Stärke[519] auf einem Markt innehaben[520].
- Zudem muss durch diese wirtschaftlich starke Stellung für das Unternehmen die Möglichkeit eröffnet sein, den wirksamen Wettbewerb zu behindern[521].

---

518 "This definition of dominance consists of three elements, two of which are closely linked: (a) there must be a position of economic strength on a market which (b) enables the undertaking(s) in question to prevent effective competition being maintained on that market by (c) affording it the power to behave independently to an appreciable extent", DG Competition Discussion Paper, S. 9.

519 Das Element der Stärke in der Definition impliziert nach Ansicht der Kommission zunächst eine führende Rolle auf dem konkreten Markt, ggf. zusammen mit anderen Unternehmen: "It also implies that an undertaking either on its own or together with other undertakings must hold a leading position on that market compared to its rivals", DG Competition Discussion Paper, S. 9.

520 Diese erste Voraussetzung dient der Kommission als Einfallstor der Anwendung ökonomischer Erkenntnisse entsprechend den Vorgaben der ökonomischen Theorie. Die Kommission stellt aber auch ausdrücklich klar, dass Marktmacht zukünftig wie in der bisherigen Anwendung von 102 AEUV zwangsläufig immer nur in Verbindung mit einem bestimmten Markt festgestellt werden kann und gerade nicht in einem abstrakten ökonomischen Zusammenhang: "The first element implies that dominance exists in relation to a market. It cannot exist in the abstract", DG Competition Discussion Paper, S. 9.

521 Diese zweite Voraussetzung verbindet zusammen mit der folgenden dritten Voraussetzung die Erkenntnisse der ökonomischen Theorie mit den klassischen Vorgaben der Missbrauchskontrolle. Die zuvor unter ökonomischen Aspekten festgestellte Marktstärke muss gerade dazu führen, dass ein funktionsfähiger Wettbewerb auf dem betroffenen relevanten Markt verhindert oder eingeschränkt wird: "The second and the third elements concern the link between the position of economic strength held by the undertaking concerned and the competitive process", DG Competition Discussion Paper, S. 9.

- Die letzte Voraussetzung fordert die Macht des Unternehmens, sich auf dem in Frage stehenden Markt in einem beträchtlichen Ausmaße unabhängig zu verhalten[522].

4. *Einordnung der vorgegebenen Voraussetzungen*

a) Kausale Verknüpfung der Voraussetzungen

Die Voraussetzungen der Kommission sind in einer Art Kausalkette miteinander verknüpft. Die erforderliche wirtschaftliche Stärke muss so ausgeprägt sein, dass sich das Unternehmen aufgrund dieser Stärke unabhängig gegenüber seinen Wettbewerbern verhalten kann; und wiederum muss sich durch diese Unabhängigkeit die Möglichkeit der Wettbewerbsbeeinträchtigung für das Unternehmen ergeben.

b) Unabhängigkeit als zentrales Element der Voraussetzungen

Das wesentliche Element der vorgegebenen Voraussetzungen ist die Möglichkeit des unabhängigen Handelns gegenüber den Wettbewerbern. Gerade aufgrund der aus dieser geforderten Unabhängigkeit resultierenden Alleinstellung des fraglichen Unternehmens ergeben sich die Gefahr einer Marktbeherrschung und damit die Gefahr eines Missbrauchs. Die Kommission führt aus, dass eine Marktbeherrschung vorliegt, wenn ein Unternehmen aus eigener Kraft einen effektiven Wettbewerb auf dem fraglichen Markt verhindern kann, weil es in einem erheblichen Maße im Verhältnis zu den anderen Wettbewerbern auf dem Markt unabhängig handeln kann[523]. Dabei betont die Kommission ausdrücklich, dass das Kriterium der Unabhängigkeit entsprechend der dritten Voraussetzung das entscheidende Kriterium bei der zukünftigen Prüfung der Marktbeherrschung sein wird[524]. Um den Grad der Unabhängigkeit festzustellen, will die Kommission die Einflussmöglichkeiten der

522 Die zweite und dritte Voraussetzung betreffen die Verknüpfung zwischen der Position der ökonomischen Stärke des marktbeherrschenden Unternehmens und dem Wettbewerbsprozess, z. B. die Frage, wie sich die betroffenen Unternehmen in Beziehung zueinander verhalten, "The second and the third elements concern the link between the position of economic strength held by the undertaking concerned and the competitive process, i. e. the way in which the undertaking and other players act and inter-act on the market", DG Competition Discussion Paper, S. 9.

523 "Dominance is the ability to prevent effective competition being maintained on the market and to act to an appreciable extent independently of other players", DG Competition Discussion Paper, S. 9.

524 "The notion of independence, which is the special feature of dominance, is related to the level of competitive constraint facing the undertaking(s) in question", DG Competition Discussion Paper, S. 9. Die Kommission bezieht sich bei ihren Ausführungen wieder auf die frühere Entscheidungspraxis des EuGH und macht damit erneut deutlich, wie gewichtig sie auch Erkenntnisse des bisherigen Ansatzes in ihre neuartigen Überlegungen miteinbezieht, vgl. die Vorgaben in EuGH, Slg. 1979, I-461, Rn. 42–48, Hoffmann-La Roche.

Wettbewerber auf das fragliche Unternehmen prüfen. Der Grad der Unabhängigkeit hängt demnach davon ab, inwieweit der potenzielle Marktbeherrscher selbst durch seine Wettbewerber in seinem Verhalten eingeschränkt wird. Nach den strengen Vorgaben des Diskussionspapiers darf ein Marktbeherrscher gerade keinen solchen Einschränkungen ausgesetzt sein, um als Marktbeherrscher eingestuft zu werden[525]. Die erforderliche Unabhängigkeit ist demnach ausschließlich gegeben, wenn das fragliche Unternehmen ohne jegliche Einschränkung durch das Verhalten der Wettbewerber auf dem relevanten Markt handeln kann[526].

c) Beachtliche Marktmacht

Positiv ausgedrückt, verlangt der neue Ansatz entsprechend den Vorgaben der Kommission eine dementsprechende „beachtliche Marktmacht" („substantial market power") des fraglichen Unternehmens, die sich gerade aus den zuvor aufgestellten Voraussetzungen in Bezug auf die Unabhängigkeit ergibt[527]. Durch Aufstellen dieser Voraussetzung unter Vorgabe der Begrifflichkeit der erheblichen Marktmacht greift die Kommission explizit auf die Erkenntnisse der ökonomischen Theorie zurück. So führt sie aus, dass eine solche Marktmacht die Fähigkeit meint, bestimmte Marktparameter über einen längeren Zeitraum zu beeinflussen. Zu diesen Marktparametern zählen unter anderem die Preise, das Output, das Merkmal der Innovation und verschiedene Qualitätsstandards[528]. Damit stellt die Kommission entgegen der bisherigen Praxis neben der eigenen Leistungsfähigkeit des in Frage stehenden Unternehmens zusätzlich ausdrücklich auf weitere exogene Marktfaktoren ab, welche stark ökonomisch geprägt sind. In diesem Zusammenhang ist zu berücksichtigen, dass diese exogenen Faktoren wiederum im Zusammenhang mit weiteren Faktoren zu betrachten sind. Die ökonomisch geprägten Marktparameter werden ohne Zweifel von der Größe des jeweils zugrunde liegenden Marktes und dem jeweils auf dem Markt herrschenden Wettbewerbsniveau bedingt. Die Prüfung des Vorliegens einer Marktmacht baut damit auf dem von der Kommission entwickelten Konzept zur

---

525 "On the other hand, the fact that an undertaking is compelled by the pressure of its competitors' price reductions to lower its own prices is in general incompatible with the independent conduct which is the hallmark of a dominant position", DG Competition Discussion Paper, S. 10.

526 " In that case the undertaking concerned is likely to be subject to effective competitive constraints, which is incompatible with the existence of substantial market power", DG Competition Discussion Paper, S. 10.

527 "The notion of independence, which is a special feature of dominance, is related to the level of competitive constraint facing the undertaking(s) in question. For dominance to exist the undertaking(s) concerned must not be subject to effective competitive constraints. In other words, it thus must have substantial market power", DG Competition Discussion Paper, S. 9.

528 "Market power is the power to influence market prices, output, innovation, the variety or quality of goods and services, or other parameters of competition on the market for a significant period of time", DG Competition Discussion Paper, S. 9f.

Abgrenzung des relevanten Marktes auf. Die Abgrenzung des relevanten Marktes ist somit auch nach dem neuen Ansatz eine wesentliche Vorstufe der Prüfung der Marktbeherrschung, die aufgrund der ebenfalls eindeutigen ökonomischen Bezüge mit der Prüfung der Marktmacht in einem gesamtökonomischen Zusammenhang steht.

d) Zwischenfazit zu den Voraussetzungen

Das Diskussionspapier hält demnach an dem bisherigen Rahmen der zwangsläufig vorhergehenden Prüfung und Feststellung des relevanten Marktes und der nachfolgenden Prüfung der marktbeherrschenden Stellung auf genau diesem festgestellten relevanten Markt fest. Lediglich der Inhalt dieser einleitenden Prüfung ist aufgrund der verstärkten Anwendung ökonomischer Erkenntnisse neu. Die Kommission berücksichtigt bei der Prüfung der Marktbeherrschung zukünftig die Vorgabe der Preisgestaltung und weitere wirtschaftliche Marktparameter und stellt damit auch die für den Marktmissbrauch wesentliche Prüfung der marktbeherrschenden Stellung in einen ökonomischen Zusammenhang. Sie nimmt dabei explizit Bezug auf die Vorgaben der ökonomischen Theorie zur Marktmacht, indem sie auf die tatsächlich vom potenziellen Marktbeherrscher geforderten Preise abstellt und diese entsprechend dem Ansatz des „Lerner-Index" in Zusammenhang mit den Preisen eines funktionierenden Wettbewerbs setzt[529]. Sie wird somit auch hinsichtlich dieses grundlegenden Prüfungspunktes der marktbeherrschenden Stellung den Vorgaben des „more economic approach" im Sinne eines ökonomisch geprägten Prüfungsrahmens für die Missbrauchskontrolle nach Art. 102 AEUV gerecht.

5. Einzelmarktbeherrschung auf der Angebotsseite

Im Anschluss an diese grundlegenden Ausführungen zur Prüfung der Marktbeherrschung wird im Diskussionspapier zwischen der Marktbeherrschung von Zulieferern und Ankäufern unterschieden. Diese Unterscheidung hat allein klarstellenden Charakter. Es wird klargestellt, dass sich die Vorgaben im Diskussionspapier allein mit der erforderlichen Marktmacht der Zulieferer und nicht der Ankäufer auf einem

---

529 "An undertaking that is capable of substantially increasing prices above the competitive level for a significant period of time holds substantial market power and possesses the requisite ability to act to an appreciable extent independently of competitors, customers, and consumers." DG Competition Discussion Paper, S. 10. Die Kommission schließt den Kreis bezüglich der Prüfung der marktbeherrschenden Stellung wieder, indem sie von dem ökonomischen Ansatz der Untersuchung des Preisverhaltens des Marktbeherrschers in Bezug auf das Preisniveau des relevanten Marktes wiederum auf die erforderliche Unabhängigkeit schließt. Dabei stellt sie, ebenfalls entsprechend dem Ansatz des „more economic approach" und dem damit verbundenen neuen Schutzzweck, nicht nur auf eine Unabhängigkeit gegenüber den Wettbewerbern, sondern auch gegenüber den Verbrauchern ab.

Markt und damit mit der Marktbeherrschung auf der Angebotsseite dieses Einzelmarktes beschäftigen[530].

a) Marktverhalten als Indikator einer Marktbeherrschung

Die Kommission stellt im Anschluss zu den grundsätzlichen Voraussetzungen des Vorliegens einer marktbeherrschenden Stellung eine Art weiteres Indiz auf, das auf eine Marktbeherrschung schließen lässt und dementsprechend wiederum den aufgestellten Vorgaben der einleitenden Prüfung entspricht. Sie wertet demnach überdurchschnittlich hohe Gewinne als mögliches Anzeichen für eine nicht vorhandene Wettbewerbsbeschränkung des Unternehmens durch das Verhalten der Wettbewerber. Hieraus schließt die Kommission, dass bereits das Marktverhalten selbst ein Indikator für eine mögliche Marktbeherrschung sein kann, wenn z. B. eine Preiserhöhung des fraglichen Unternehmens vorgenommen wird, während gleichzeitig die Kosten fallen[531]. Die Kommission weist in diesem Zusammenhang ausdrücklich darauf hin, dass es sich bei dieser Betrachtung lediglich um einen möglichen Indikator für eine Marktbeherrschung und nicht um eine zwingende Voraussetzung handelt, da es ebenfalls möglich sein kann, dass sogar eine Marktbeherrschung vorliegt, wenn das fragliche Unternehmen statt Gewinnen über einen gewissen Zeitraum Verluste einfährt[532]. Durch diese Ergänzung der grundsätzlichen Voraussetzungen erweitert die Kommission ihren neuen Prüfungsansatz um einen weiteren Aspekt und gestaltet dadurch ihre Prüfung im Sinne der Einzelfallgerechtigkeit noch flexibler.

---

530 "Both suppliers and buyers can have market power. However, for clarity, market power will usually refer here to a supplier´s market power", DG Competition Discussion Paper, S. 10. Im Gegensatz zur bisherigen Praxis, nach welcher eine Marktmacht auf der Nachfrageseite in derselben Form geprüft wurde wie eine Marktmacht auf der Angebotsseite, unterscheidet die Kommission nunmehr eindeutig zwischen diesen beiden Formen der Marktmacht. Eine genaue Abgrenzung der verschiedenen Handhabung ist aber aufgrund der Ausführungen der Kommission nicht möglich, da die Kommission sich auf die Prüfung der Marktmacht auf der Angebotsseite beschränkt, vgl. bzgl. der bisherigen Handhabung v. d. Groeben/Schwarze-*Schröter*, Kommentar zum EU-/EG-Vertrag, Art. 82, Rn. 74.

531 "Higher than normal profits may be an indication of a lack of competitive constraints on an undertaking. More in general, the way in which a firm acts in a market may in itself be indicative of substantial market power, for instance where an undertaking increases its price while benefiting from falling costs.", DG Competition Discussion Paper, S. 10.

532 "However, an undertaking´s economic strength cannot be measured by its profitability at any specific point in time; even short-run losses are not incompatible with a dominant position", DG Competition Discussion Paper, S. 10. Hierbei handelt es sich z. B. um die von einem Marktbeherrscher in Kauf genommenen kurzzeitigen Verluste (sog. „short-run losses") durch ein aggressives Preisverhalten, um Wettbewerber vom Markt zu verdrängen.

b) Kein Erfordernis der völligen Ausschaltung des Wettbewerbs

Zusätzlich stellt die Kommission klar, dass es entsprechend dem bisherigen Ansatz bei der Prüfung der Marktbeherrschung nicht nötig ist, dass das marktbeherrschende Unternehmen den Wettbewerb völlig ausschaltet[533]. Auf der anderen Seite spricht es – gemäß den Vorgaben der Kommission zur Unabhängigkeit und der damit einhergehenden wesentlichen Marktmacht – gegen eine Marktbeherrschung, wenn das Unternehmen durch seine Konkurrenten dazu veranlasst werden kann, seine Preise zu senken oder den Output zu erhöhen. Auch wenn eine totale Ausschaltung des Wettbewerbs nicht gefordert wird, muss der Wettbewerb zumindest so weit beeinträchtigt sein, dass die erforderliche Unabhängigkeit des marktbeherrschenden Unternehmens gegeben ist. Eine Abhängigkeit von der Preisgestaltung der Konkurrenten spricht demnach klar gegen ein Vorliegen der erforderlichen Marktmacht und kann damit als eine Art Ausscheidungskriterium für eine Marktbeherrschung angesehen werden[534].

6. Marktanteile

Wichtigster Ausgangspunkt bei der Beurteilung der Marktbeherrschung war nach dem bisherigen Ansatz immer der Marktanteil[535]. Nach den Vorgaben des Diskussionspapiers wird die Prüfung des Marktanteils neben anderen Prüfungskriterien als Indiz für die erforderliche Unabhängigkeit und die dementsprechend geforderte wesentliche Marktmacht auch weiterhin ein wichtiger Bestandteil der Prüfung der marktbeherrschenden Stellung bleiben[536]. Die Marktanteile des potenziellen Marktbeherrschers sind je nach dem konkreten Einzelfall in Verbindung mit den anderen von der Kommission vorgegebenen Kriterien in einer Gesamtschau zu

533 Die Kommission beruft sich auf verschiedene Urteile: EuGH Slg. 1978, I-207, Rn. 113, United Brands; EuG Slg. 2002, II-875, Rn. 330, Atlantic Container Line AB.

534 "On the other hand, the fact that an undertaking is compelled by the pressure of its competitors' price reductions to lower its own prices is in general incompatible with the independent conduct which is the hallmark of a dominant position. In that case the undertaking concerned is likely to be subject to effective competitive constraints, which is incompatible with the existence of substantial market power", DG Competition Discussion Paper, S. 10.

535 Auch in der Rechtsprechung werden zur Feststellung der wirtschaftlichen Stärke die aktuellen Marktanteile von Unternehmen, welche äquivalent zur Marktabgrenzung entwickelt werden, herangezogen; vgl. exemplarisch EuGH, Slg. 1979, S. I-461, Rn. 41, Hoffmann-La Roche.

536 "In conducting this analysis it is relevant to consider in particular the market position of the allegedly dominant undertaking, the market position of competitors, barriers to expansion and entry, and the market position of buyers", DG Competition Discussion Paper, S. 10. "The starting point of this analysis is the market shares of the various players. Market shares provide useful first indications of the market structure and of the competitive importance of various undertakings active on the market", DG Competition Discussion Paper, S. 11.

prüfen. Es wird im Diskussionspapier klargestellt, dass einzelne Prüfungskriterien jeweils allein betrachtet nicht unmittelbar auf eine Marktbeherrschung schließen lassen[537]. Die Kommission weist zudem darauf hin, dass Marktanteile im Zeitablauf betrachtet werden müssen, da sich aus Veränderungen am besten Rückschlüsse auf die Marktverhältnisse ziehen lassen[538]. Ein hoher Marktanteil des fraglichen Unternehmens kann demnach ein Indikator für eine Marktbeherrschung sein, wobei das Unternehmen die Marktanteile bereits über einen gewissen Zeitraum halten muss[539].

a) Schwellenwerte

Im Diskussionspapier werden die von der Rechtsprechung gebildeten Schwellenwerte als Ausgangspunkt für die Annahme einer Marktbeherrschung genannt. Hiernach kann eine Marktbeherrschung sicher angenommen werden, wenn das Unternehmen 50 % oder mehr der Marktanteile hält und die Mitbewerber weitaus kleinere Marktanteile innehaben. Marktanteile von 40 % bis 50 % lassen eine Marktbeherrschung als wahrscheinlich erscheinen, aber auch unter 40 % Marktanteil ist eine Marktbeherrschung möglich, wie der EuGH im United Brands-Urteil festgestellt hat[540]. Bei einem Marktanteil von lediglich 25 % ist eine Marktbeherrschung als unwahrscheinlich einzustufen[541]. Damit setzt die Kommission in ihrem

---

537 "The existence of a dominant position may derive from several factors which, taken separately, are not necessarily determinative", DG Competition Discussion Paper, S. 10. So können einzelne Kriterien für sich noch keine marktbeherrschende Stellung begründen. Das Zusammenspiel dieser Kriterien kann in der geforderten Gesamtschau dann aber eine marktbeherrschende Stellung des zu überprüfenden Unternehmens ergeben. In Bezug auf diese Gesamtbetrachtung der verschiedenen Faktoren bezieht sich die Kommission wiederum auf die Entscheidungspraxis des EuGH, vgl. EuGH, Slg. 1978, I-461, Rn. 39, Hoffmann-La Roche.

538 So geht die Kommission davon aus, dass eine signifikante Veränderung der Marktanteile über einen gewissen Zeitraum ein Indikator für einen effektiven Wettbewerb auf dem Markt sein kann: "If market shares have fluctuated significantly over time, it is an indication of effective competition", DG Competition Discussion Paper, S. 11.

539 "If the undertaking concerned has a high market share compared to other players on the market, it is an indication of dominance, provided that this market share has been held for some time." DG Competition Discussion Paper, S. 11.

540 EuGH Slg. 1978, I-207, Rn. 108f, United Brands.

541 "It is very likely that very high market shares, which have been held for some time, indicate a dominant position. This would be the case where an undertaking holds 50 % or more on the market, provided that rivals hold a much smaller share of the market. In the case of lower market shares, dominance is more likely to be found in the market share range of 40 % to 50 % than below 40 %, although also undertakings with market shares below 40 % could be considered to be in a dominant position. However, undertakings with market shares of no more than 25 % are not likely to enjoy a dominant position on the market concerned", DG Competition Discussion Paper, S. 11.

Diskussionspapier die Schwellen für eine Marktbeherrschung weiterhin entsprechend der bisherigen Anwendung eher niedrig an und stellt ausdrücklich klar, dass eine Marktbeherrschung auch in Zukunft bei Marktanteilen von unter 40 % möglich sein wird[542]. Dies ist als klare Entscheidung gegen eine „Safe-Harbour"-Lösung bei Marktanteilen von unter 40 % zu sehen[543]. Hierzu ist festzustellen, dass die Kommission im Rahmen der Missbrauchskontrolle nach Art. 102 AEUV erst in einem einzigen Fall eine Marktbeherrschung bei einem Marktanteil des zu überprüfenden Unternehmens unterhalb der Grenze von 40 % angenommen hat[544]. Trotzdem hat sie sich in ihrem Diskussionspapier bewusst gegen die Einführung eines „Safe Harbour" bei Marktanteilen unterhalb von 40 % entschieden, also eine Festlegung, dass ein Missbrauch bei einem solchen Marktanteil oder bei noch schwächeren Marktanteilen kategorisch ausgeschlossen ist. Hierdurch behält sie ihre Flexibilität, in jedem Einzelfall eine Marktbeherrschung anhand der konkreten Umstände des vorliegenden Falls prüfen zu können, und widerspricht damit klar dem Wunsch großer Unternehmen[545]. Eine solche Entscheidung gegen einen „Safe Harbour" ist im Rahmen des neu eingeführten „more economic approach" als stringent zu werten, da der neue Ansatz entsprechend dem Auswirkungsansatz gerade enormen Wert auf eine umfassende Analyse aller Umstände des konkreten Einzelfalls legt und eine Anwendung von Per se-Regelungen im Sinne eines „Safe Harbours" vermeiden will.

---

542 "[...] although also undertakings with share markets below 40 % could be considered to be in an dominant position.", DG Competition Discussion Paper, S. 11.

543 Die Kommission entscheidet sich bewusst gegen einen generellen Ausschluss einer Marktbeherrschung unterhalb einer bestimmten Marktanteilsstärke im Sinne eines „Safe Harbour"und bezieht sich auf zwei Urteile des EuGH, vgl. EuGH Slg. 1978, I-207, Rn. 108f, United Brands und EuGH Slg. 1994, I-5641, Rn. 48, Gottrup-Klim e.a. Grovvareforeninger/Dansk Landbrugs Grovvareselskab AmbA. Während das bekanntere Urteil „United Brands" eine Marktbeherrschung bei einem Marktanteil von 40% bis 45% annimmt und damit zwar den für eine „Safe Harbour"-Regelung in Betracht kommenden Bereich streift, wird in dem anderen von der Kommission zitierten Urteil eine Marktbeherrschung bei Marktanteilen von 32% und 36% unter Berücksichtigung der Anzahl und der Stärke der Wettbewerber auf dem relevanten Markt angenommen.

544 Komm. vom 14.7.1999, ABl. 2000, L 30/1, Rn. 91, British Airways/Virgin. Eine Marktbeherrschung wurde hier bereits bei einem Marktanteil von 39,7% angenommen.

545 Vgl. exemplarisch die Ausführungen in der Stellungnahme des Deutschen Industrie- und Handelskammertages zum Diskussionspapier der Europäischen Kommission vom 31.3.2006, S. 2, abrufbar unter: http://ec.europa.eu/competition/antitrust/art82/contributions.html (letzter Abruf: 8.4.2013).

b) Weitere Faktoren

Bei der Untersuchung der Schwellenwerte darf die Analyse nach Ansicht der Kommission aber nicht stehen bleiben[546]. Vielmehr sollen weitere Faktoren wie etwa die Produktdifferenzierung berücksichtigt werden[547]. Dabei ist entsprechend der neuen Schutzrichtung bei der Anwendung von Art. 102 AEUV auf die Sicht der Verbraucher abzustellen, welche die Produkte nach verschiedenen Faktoren unterscheiden[548]. Die Kommission geht bei der vorgeschlagenen Analysemethode noch weiter ins Detail. Demnach soll z. B. auch der betriebene Werbeaufwand der Unternehmen als Indikator für die von den Unternehmen beabsichtigte Produktdifferenzierung berücksichtigt werden können[549]. Anhand der verschieden starken Differenzierung der angebotenen Produkte schließt die Kommission auf eine verschieden starke gegenseitige Beeinflussung der Wettbewerber im Markt[550]. Hiernach kann ein Wettbewerber mit einem größeren Marktanteil, aber einem aus der Sicht der Verbraucher weniger austauschbaren Produkt im Vergleich zu den Produkten des Marktbeherrschers das Handeln eines marktbeherrschenden Unternehmens möglicherweise weniger stark beeinflussen als ein marktanteilsschwächeres Unternehmen, wenn dieses ein gleichwertiges und damit austauschbares Produkt anbietet[551]. Demnach wird ein Marktbeherrscher bestrebt sein, sein Produkt so weit wie möglich von den

---

546 Die Kommission stellt klar, dass die Aussagekraft von Marktschwellenuntersuchungen in jedem Einzelfall unterschiedlich zu bewerten ist und die Marktanteile dabei nur ein Mittel zur Untersuchung der entscheidenden Marktmacht darstellen: "The strength of any indication based on market share depends on the facts of each individual case. Market share is only a proxy for the market power, which is the decisive factor", DG Competition Discussion Paper, S. 12.

547 "The importance of market shares may be qualified by an analysis of the degree of product differentiation in the market", DG Competition Discussion Paper, S. 12.

548 Die Kommission gibt exemplarisch verschiedene Faktoren vor, nach welchen die Verbraucher die angebotenen Produkte differenzieren: das Markenimage, die genauen Produkteigenschaften, die Produktqualität, die Kundendienstleistung oder der Standort des Verkäufers, vgl. DG Competition Discussion Paper, S. 12.

549 "The level of advertising in a market may be an indicator of the firms´ efforts to differentiate their products", DG Competition Discussion Paper, S. 12.

550 "When products are differentiated the competitive constraint that they impose on each other is likely to differ even where they form part of the same relevant market", DG Competition Discussion Paper, S. 12.

551 "Substitutability is a question of degree. In assessing the competitive constraint imposed by rivals, it must therefore be taken into account what is the degree of substitutability of their products with those offered by the allegedly dominant undertaking. It may be that a rival with 10 % market share imposes a greater competitive constraint on an undertaking with 50 % market share than another rival supplying 20 % of the market. This may for instance be the case where the undertaking with the lower market share and the allegedly dominant undertaking both sell premium branded products whereas the rival with the larger market share sells a bargain brand", DG Competition Discussion Paper, S. 12.

Produkten seiner Wettbewerber zu differenzieren oder aber solche Wettbewerber, die mit den eigenen Produkten austauschbare Produkte auf den Markt bringen, versuchen vom Markt zu drängen, um seine marktmächtige Position weiter auszubauen. Dadurch, dass die Kommission hinsichtlich der Differenzierung der angebotenen Produkte erneut auf die Sicht der Verbraucher abstellt, bezweckt sie wiederum den Schutz der Verbraucher nach den Vorgaben des „more economic approach". Es wird gerade nicht eine objektive Differenzierbarkeit der Produkte berücksichtigt. Die von der Kommission gewählte Verbraucherperspektive ermöglicht es vielmehr, die tatsächlichen Bedürfnisse der Verbraucher zu berücksichtigen und in diesem Zusammenhang z. B. auch eine mögliche gezielte Beeinflussung der Verbraucher durch Werbung oder andere Marketingmöglichkeiten des Marktbeherrschers in die Prüfung einzubeziehen[552].

c) Zwischenfazit zur Prüfung der Marktanteile

Es bleibt festzuhalten, dass die Kommission das bisher vorherrschende Modell des Abstellens auf Marktanteile zur Bewertung der Unabhängigkeit und der damit verbundenen wesentlichen Marktmacht zwar weiterhin als Grundlage der Prüfung einer Marktbeherrschung anwenden will. Eine solche Prüfung der Marktanteile soll aber um neue, ökonomische Faktoren erweitert und dadurch präzisiert werden. Die Marktanteile werden dementsprechend grundsätzlich nur noch als ein erster, wenn auch wesentlicher, Indikator verstanden, dessen Aussagekraft im Verhältnis zur jeweiligen Marktstruktur und zu den jeweiligen Marktbedingungen über einen gewissen Zeitraum unter Bezugnahme auf neue ökonomische Kriterien wie die Produktdifferenzierung oder die Werbemaßnahmen zu beurteilen ist. Bei großen Schwankungen der Marktanteile in dem zu untersuchenden Zeitraum ist nach den Vorgaben der Kommission grundsätzlich von einem effektiven Wettbewerb auf dem Markt auszugehen, während aktuelle Marktanteile ohne Berücksichtigung der bisherigen Entwicklung dieser Anteile auf dem Markt im Vergleich zum bisherigen Ansatz wesentlich an Bedeutung verlieren. Die von der Kommission im Rahmen des „more economic approach" immer wieder vorgenommene umfassende Betrachtung der Umstände des Einzelfalls wird hier auch in Bezug auf die Nachhaltigkeit von Marktanteilen vorgenommen, um zukünftig jeweils dem Einzelfall gerechter werdende Ergebnisse zu erzielen. Die Kommission nimmt mit diesem weiterentwickelten Ansatz in Bezug auf die Prüfung von Einzelmarktbeherrschung ökonomische

552 Vgl. die Ausführungen der Kommission, die eine Sicht der Verbraucher und damit einen Schutz der Verbraucher in Bezug auf die Produktdifferenzierung und die damit zusammenhängende Gefahr einer möglichen Beeinflussung explizit herausstellen: "Products are differentiated when they differ in the eyes of the consumers for instance due to brand image, product features, product quality, level of service or the location of the seller. The level of advertising in a market may be an indicator of the firms' efforts to differentiate their products", DG Competition Discussion Paper, S. 12.

Grundlagen wie Marktdynamik, Wachstum auf dem Markt, z. B. durch Innovation und dadurch entstehende Produktdifferenzierung, sowie andere Marktgegebenheiten in die Prüfung auf. Die Bewertung der Nachhaltigkeit von Marktanteilen ist dabei nur durch eine ökonomische Analyse der zurückliegenden und der zukünftigen, d. h. potenziellen Entwicklung eines bestimmten Marktes möglich. Bei einer solchen Analyse müssen sowohl der Sättigungsgrad bzw. die Reife des jeweiligen Marktes als auch eine umfassende Bewertung der vorhandenen Strukturen einbezogen werden[553]. Die durch eine solche Untersuchung gewonnenen Erkenntnisse müssen dann nach dem „more economic approach" immer ins Verhältnis gesetzt werden zu den Marktanteilen des jeweiligen Marktbeherrschers. Handelt es sich um einen gesättigten Markt, sind die Bedingungen für einen Wettbewerber, in den Markt einzutreten, schwerer als auf einem jungen, dynamischen Markt mit ständigen Schwankungen bei den Marktanteilen. In einem solchen Fall wären hinsichtlich der Prüfung einer Marktbeherrschung nach den Vorgaben der Kommission auch geringere Anforderungen an die Höhe der Marktanteilsschwelle zu stellen. Die Kommission gibt damit in ihrem Diskussionspapier einen offen gestalteten Prüfungsapparat in Bezug auf die Feststellung einer Marktbeherrschung durch Untersuchung der Marktanteile vor, in welchem verschiedene Faktoren nebeneinander zu prüfen sind und sich dabei durchaus beeinflussen können.

7. Marktzutritts- und Expansionsschranken

Ein weiterer Prüfungspunkt zur Feststellung der Marktmacht soll auch weiterhin das Vorliegen möglicher Marktzutritts- und Expansionsschranken bleiben. Eine Berücksichtigung solcher Schranken soll zukünftig aber grundsätzlich vorgenommen werden. Es sind immer Veränderungen des Marktes durch Marktzutritte weiterer Wettbewerber oder Expansionen bei den bereits vorhandenen Wettbewerbern, welche die Ausübung von Marktmacht durch einen Marktbeherrscher verhindern können, zu prüfen[554]. Marktzutritte oder Expansionen können durch das Bestehen von Marktzutritts- und Expansionsschranken behindert bzw. sogar verhindert werden. Die Marktzutritts- und Expansionsschranken sind wiederum im Zusammenhang mit den Marktanteilen bzgl. der Prüfung der Marktmacht zu sehen. Falls keine

553 "Changes in historic market shares may also provide useful information about the competitive process and the likely future importance of the various competitors, for instance whether firms have been gaining or losing market shares. In any event, the Commission interprets market shares in the light of likely market conditions, for instance, whether the market is highly dynamic in character and whether the market structure is unstable due to innovation or growth.", DG Competition Discussion Paper, S. 11.

554 "In assessing whether expansion or entry has been, would have been or is likely to be timely, the Commission will look at whether any such expansion or entry has been or would have been or will be sufficiently immediate and persistent to prevent the exercise of substantial market power", DG Competition Discussion Paper, S. 12.

oder nur sehr niedrige Schranken für neue Markteintritte oder Expansionen auf dem betroffenen Markt vorhanden sind, relativiert dieser Sachverhalt den Indikator großer Marktanteile eines potenziellen Marktbeherrschers[555].

a) Bisherige Vorgaben und der neue ökonomische Einfluss

Die Bedeutung von Marktzutritts- und Expansionsschranken wurde auch bislang schon sowohl von der Kommission und dem EuGH als auch der Literatur im Bereich der Missbrauchskontrolle als erheblich angesehen[556]. Auch in der Ökonomie wird die Bedeutung solcher Schranken hervorgehoben[557]. So übt nach der volkswirtschaftlichen Theorie der umkämpften Märkte („contestable markets") bereits die Möglichkeit von Marktzutritten weiterer Wettbewerber oder die Möglichkeit der Expansion bei den bereits vorhandenen Wettbewerbern eine disziplinierende Wirkung auf das Verhalten dominanter Unternehmen aus[558]. Die Kommission verbindet nunmehr diese ökonomischen Ansätze mit den bereits vorhandenen Ansätzen hinsichtlich der Bewertung der Schranken. Dabei sollen sowohl aktuelle Vorgänge[559] als auch Vorgänge aus der Vergangenheit betrachtet werden[560]. Zu fragen ist demnach z. B., ob es bereits in der näheren Vergangenheit erfolgreiche Zutritte zu dem

---

555 "If the barriers to expansion faced by the rivals and to entry faced by potential rivals are low, the fact that one undertaking has a high market share may not be indicative of dominance", DG Competition Discussion Paper, S. 12. Die Kommission konkretisiert ihre Ausführungen durch das Beispiel einer beabsichtigten Preiserhöhung des potenziellen Marktbeherrschers. Jeder Versuch des potenziellen Marktbeherrschers, die Preise über das Wettbewerbsniveau zu heben, würde bei niedrigen Schranken dazu führen, dass neue Wettbewerber durch das einfach zu unterbietende Preisniveau angelockt würden und die dementsprechend zu erwartenden Marktzutritte die auf höheren Profit zielende Preispolitik des potenziellen Marktbeherrschers unterlaufen würden: "Any attempt by an undertaking to increase prices above the competitive level would attract expansion or new entry by rivals thereby undermining the price increase", DG Competition Discussion Paper, S. 12.

556 Vgl. v. d. Groeben/Schwarze-*Schröter*, Kommentar zum EU-/EG-Vertrag, Art. 82, Rn. 176; EuGH, Slg. 1979, I-461ff., Hoffmann-La Roche.

557 Vgl. Bender/Berg/Cassel-*Kerber*, Kompendium der Wirtschaftstheorie und Wirtschaftspolitik, S. 312f.

558 Vgl. Fritsch/Wein/Ewers, Marktversagen und Wirtschaftspolitik, S. 249.

559 D. h. aktuelle Marktzutritte bzw. kurz bevorstehende Marktzutritte neuer Wettbewerber, wobei unerhebliche Marktzutritte z. B. in Marktnischen nicht berücksichtigt werden: "Expansion or entry which is not of sufficient scope and magnitude is not likely to constitute an effective constraint on the undertaking concerned. Small-scale entry, for instance into some market ‚niche', may not be considered sufficient", DG Competition Discussion Paper, S. 12.

560 "The Commission will look carefully at the history of the industry when assessing barriers to expansion or entry. [...] if previous attempts to expand in or enter into the market have been unsuccessful, perhaps due to deterring behaviour by

relevanten Markt gegeben hat. Für den Fall, dass diese Frage bejaht wird, geht die Kommission in ihren Vorgaben von einem Indiz für das Nichtvorhandensein von Marktzutrittsschranken aus[561]. Das Diskussionspapier zeigt in diesem Zusammenhang die konkreten Auswirkungen von Marktzutrittsschranken im Wettbewerb auf und setzt diese in einen ökonomischen Zusammenhang. Als mögliche Auswirkung können den potenziellen Marktneuling allein schon die Kosten für den Markteintritt aufhalten. Sind die Kosten für den potenziellen Marktneuling zu hoch, sind auch die Marktzutrittsschranken zu hoch und der Markteintritt stellt sich damit insgesamt als unprofitabel dar[562]. Die Kommission unterscheidet nach ihrem ökonomisch geprägten Ansatz zwischen den Marktpreisen vor und nach dem Eintritt des neuen Wettbewerbers („prices post expansion or entry"). Ob ein Markteintritt für den neuen Wettbewerber profitabel ist, muss im Verhältnis der Eintrittskosten zu den später auf dem Markt zu erzielenden bzw. durchsetzbaren Preisen beurteilt werden. Die Marktpreise nach dem Eintritt hängen nach ökonomischen Erkenntnissen wiederum davon ab, in welchem Umfang der neue Wettbewerber auf dem Markt produziert und damit welchem neuen Output sich der Markt durch den neuen Wettbewerber ausgesetzt sieht[563].

b) Wechselwirkung der Marktzutrittsschranken

Neben dieser Berücksichtigung wirtschaftlicher Faktoren stellt die Kommission auch deutlich die wechselseitige Wirkung von Marktzutrittsschranken heraus. Die Schrankenwirkung hat neben den negativen Auswirkungen auf mögliche Marktneulinge spiegelbildlich zur Konsequenz, dass der mutmaßliche Marktbeherrscher sich durch den verhinderten oder erschwerten Marktzutritt weniger Wettbewerb auf dem betroffenen Markt ausgesetzt sieht und dementsprechend höhere Preise verlangen kann[564]. Die Kommission führt aus, dass marktstarke Unternehmen dementsprechend ihre Strategie auch bewusst darauf ausrichten können, Marktschranken

---

incumbents, then expansion and entry would seem less likely to have constituted an effective constraint", DG Competition Discussion Paper, S. 12.

561 "It is not likely that the Commission will find barriers to expansion and entry in an industry that has experienced frequent and successful examples of entry", DG Competition Discussion Paper, S. 12.

562 "Whether expansion or entry is profitable depends in particular on the cost of (efficient) expansion or entry and the likely prices post expansion or entry. The higher the cost of expansion or entry and the lower the likely post expansion or entry prices, the greater the risk that expansion or entry will be unprofitable and therefore not attempted", DG Competition Discussion Paper, S. 13.

563 "The prices post expansion or entry depend firstly on the impact on prices of the additional output put on the market by the expansion and or by the new entrant", DG Competition Discussion Paper, S. 13.

564 "Barriers to expansion and entry are factors that make entry impossible or unprofitable while permitting established undertakings to charge prices above competitive level", DG Competition Discussion Paper, S. 13.

zu etablieren, um sich möglichst große eigene Vorteile zu sichern[565]. In diesem Zusammenhang will die Kommission auch die zukünftige Entwicklung des Marktes bei der Frage, ob sich ein Markteintritt für einen Wettbewerber als profitabel darstellt, in die Prüfung einbeziehen. In einem stark wachsenden Markt ist die Wahrscheinlichkeit eines profitablen Markteintritts demnach z.B. größer als auf einem abfallenden oder stagnierenden Markt[566].

c) Konkrete Marktzutrittsschranken

Anhand konkreter Marktzutrittsschranken zeigt die Kommission auf, dass sie künftig neben rechtlich bedingten Ursachen für die Beschränkungen inbesondere auch wirtschaftliche Zusammenhänge im Sinne des „more ecocomic approach" berücksichtigen wird[567]. Marktzutrittsschranken, die ein Marktneuling für seinen Marktzutritt überwinden muss, sind nach der generellen Vorgabe zunächst alle Umstände, die dem marktbeherrschenden Unternehmen gegenüber den Wettbewerbern Vorteile gewähren[568]. Die Kommission nennt lediglich einige Beispiele für Marktzutrittsschranken, ohne dabei einen abschließenden Katalog präsentieren zu wollen[569].

---

565 "The prices post expansion or entry depend [...] also on the reaction of incumbents, in particular the allegedly dominant undertaking. Likely strategic responses from the incumbents are therefore taken into account", DG Competition Discussion Paper, S. 13.

566 "When assessing whether or not expansion or entry would be profitable, the likely evolution of the market should also be taken into account. Expansion or entry is more likely to be profitable in a market that is expected to experience high growth in the future relative to a market that is expected to decline or stagnate", DG Competition Discussion Paper, S. 13.

567 "Barriers to expansion and entry can have a number of origins relating to the legal or economic environment that pertains on the relevant market." DG Competition Discussion Paper, S. 13.

568 "When identifying possible barriers to expansion and entry it is important to focus on whether rivals can reasonably replicate circumstances that give advantages to the allegedly dominant undertaking", DG Competition Discussion Paper, S. 13.

569 Als Beispiele für Marktzutrittsschranken werden z. B. gesetzliche Zulassungsbeschränkungen, Konzessionen, oder gewerbliche Schutzrechte genannt, wobei versunkene Kosten (welche der neue Wettbewerber bei einem Fehlschlag nicht zurückerhält), Skaleneffekte (die den Platzhalter begünstigen), Mindestmengen für einen profitablen Zutritt, Kostenvorteile (wie z. B. privilegierter Zugang zur Forschung), Finanzierung (seltene Marktzutrittsschranke), Vorproduktion, Vertriebsnetze, Umstellkosten für Kunden und der besondere Ruf des marktbeherrschenden Unternehmens einzelnd aufgegriffen werden, vgl. DG Competition Discussion Paper, S. 13ff.

aa) Rechtliche Schranken

Als Beispiele für Marktzutrittsschranken werden zunächst Schranken rechtlicher Natur aufgeführt. Jegliche Gesetzesvorgaben, die den fraglichen Markt betreffen, können sich als Zutrittsschranken für neue Wettbewerber auswirken. So können gesetzliche Schranken in Bezug auf die Anzahl der Marktteilnehmer dadurch entstehen, dass exklusive Rechte in der Form von Konzessionen, Lizenzen oder Immaterialgüterrechten an bestimmte Marktteilnehmer vergeben werden[570]. Durch die so erlangte Sonderstellung können Unternehmen eine rechtlich begründete Monopolstellung einnehmen[571]. Weitere rechtliche Schranken können sich aus tarifrechtlichen Vorgaben oder Zollbegünstigungen ergeben.

bb) Ökonomische Schranken

Im Anschluss zeigt die Kommission ökonomische Faktoren auf, die sich als Marktzutrittsschranken auswirken können. Zunächst nennt die Kommission das Problem der sogenannten irreversiblen oder versunkenen Kosten („sunk costs"). Es handelt sich dabei um Kosten, die bereits in der Vergangenheit entstanden sind und deren gegenwärtiges oder zukünftiges Anfallen durch vergangene Entscheidungen unwiderruflich festgelegt ist[572]. Solche Kosten ergeben sich aus dem Wert von Aufwendungen oder Produktionsfaktoren, welche für den Markteintritt erforderlich sind, deren Wert aber bei einem späteren Marktaustritt unwiederbringlich abgeschrieben werden muss („capacity constraints")[573]. Gestalten sich die Marktverhältnisse in der Art, dass Wettbewerber besonders stark investieren müssen, um bei einem Markteintritt die eigene Kapazität bzw. das eigene Leistungsvermögen zu sichern oder ausweiten zu können, müssen dabei sehr wahrscheinlich erhebliche Kosten in Form der irreversiblen Kosten in Kauf genommen werden[574]. Für potenzielle Neueintritte in den Markt fließen diese Kosten somit nicht allein als Kostenfaktor in die Marktzutrittsentscheidung ein, sondern stellen aufgrund ihres unwiederbringlichen Charakters ein erhebliches wirtschaftliches Risiko dar, was zu einer Marktzutrittsschranke führen kann. Je höher die Investition und damit die irreversiblen Kosten für den Wettbewerber ausfallen, desto größer ist auch das Risiko, bei einem Scheitern auf

---

570 "The legislative framework covering the market can be an important barrier. Such legislation may limit the number of market participants, for example by granting special or exlusive rights in the shape of concessions, licenses or intellectual property rights", DG Competition Discussion Paper, S. 13.

571 "Legislative measures that grant a single undertaking the exclusive right to perform a certain activity exclude rivals and may lead to such an undertaking having a legal monopoly in a relevant market", DG Competition Discussion Paper, S. 13.

572 Vgl. Fritsch/Wein/Ewers, Marktversagen und Wirtschaftspolitik, S. 205.

573 Vgl. Fritsch/Wein/Ewers, Marktversagen und Wirtschaftspolitik, S. 205f.

574 "Competitors may have to commit large sunk cost investments in order to expand capacity. An investment or cost is sunk when it cannot be recovered if the undertaking exits the market", DG Competition Discussion Paper, S. 13.

dem Markt dementsprechende Verluste zu erleiden. Mit zunehmender Höhe dieser Kosten bei einem Markteintritt tritt wiederum eine wechselseitige Wirkung in der Form ein, dass der Markteintritt für den Wettbewerber an Attraktivität verliert und gleichzeitig die disziplinierende Wirkung auf den potenziellen Marktbeherrscher nachlässt, so dass bei diesem die Handlungsfreiheit weiter steigt und er seine bereits starke Position auf dem Markt weiter ausbauen kann.

Die Kommission nennt als weitere mögliche Schranken sogenannte Skalen- und Verbundeffekte („economies of scale and scope") und greift damit rein wirtschaftswissenschaftlich geprägte Begrifflichkeiten auf. Bei dem Vorliegen von Skalen- und Verbundeffekten kommt es zu einer Verteilung der Fixkosten auf einen größeren Output oder eine größere Anzahl der Produkte, wodurch eine Reduzierung der Durchschnittskosten erreicht werden kann[575]. Positive Skalen- und Verbundeffekte verschaffen dem marktstarken Unternehmen Vorteile gegenüber seinen Wettbewerbern, weil der potenzielle Marktbeherrscher durch seine Vorteile in Bezug auf die Produktionsfaktoren bei demselben Kapitaleinsatz eine größere Produktionsmenge erreichen kann als die übrigen Wettbewerber. Für einen Wettbewerber ist ein Markteintritt bei einem Vorliegen solcher Effekte folglich mit höheren Kosten verbunden, da er mehr Kapital investieren muss, um die gleiche Produktionsmenge zu erreichen, die ein potenzieller Marktbeherrscher investiert. Je stärker die Skaleneffekte ausfallen, desto mehr Kosten kommen damit auf den Marktneuling zu, so dass sich ab einem bestimmten Maß ein Markteintritt als nicht mehr profitabel darstellt und verhindert wird[576].

Marktzutrittsschranken können sich ebenfalls durch absolute Kostenvorteile, z. B. durch einen privilegierten Zugang zu wesentlichen Einrichtungen („essential facilities"), zur Forschung oder zu natürlichen Ressourcen ergeben[577]. Absolute

575 "Scale and scope economies result from the spreading of fixed costs over larger output or a broader set of products, leading to a reduction of average costs", DG Competition Discussion Paper, S. 14. Die größere Produktionsmenge wird dabei durch den Einsatz von größeren und stärkeren Produktionsfaktoren bzw. durch die Bündelung der vorhandenen Produktionsfaktoren erzielt.

576 "When economies of scale and scope are important and require a substantial production capacity compared to the size of the market, efficient expansion or entry is more costly and risky. Large fixed costs have to be committed and the output produced will constitute a significant increase in output, which is likely in itself to have a significant impact on price post expansion or entry", DG Competition Discussion Paper, S. 14.

577 Die Kommission gibt weitere Bedingungen vor, hinsichtlich derer das Vorliegen absoluter Kostenvorteile verstärkt zu einer Marktzutrittsschranke führen kann, und stellt dabei hauptsächlich auf die Finanzstärke der verschiedenen Marktteilnehmer im Verhältnis zueinander ab: "[...] in those cases where (i) finance is relevant to the competitive process in the industry under review; (ii) there are significant asymmetries between competitors in term of their internal financing capabilities; and (iii) particular features of the industry make it difficult for firms to attract external funds", DG Competition Discussion Paper, S. 14.

Kostenvorteile resultieren dabei aus der privilegierten Stellung des potenziellen Marktbeherrschers, welcher seine finanzielle Überlegenheit gegenüber seinen Wettbewerbern ausspielen kann[578]. Weitere Schranken sind der privilegierte Zugang zu Nachlieferungen und Input („privileged acces to supply") durch eine vertikale Integration des potenziellen Marktbeherrschers auf dem Markt oder durch dessen möglichen Einfluss auf die vorhandenen Anbieter[579] sowie ein eigenes hochentwickeltes Vertriebsnetz des marktstarken Unternehmens („a highly developed distribution and sales network"), an dem die potenziellen neuen Marktteilnehmer nicht partizipieren bzw. zu dem sie kein konkurrierendes, eigenes Vertriebsnetz aufbauen können.[580] Es genügt unter diesem Aspekt auch die bereits etablierte Position des Marktbeherrschers auf dem betroffenen Markt („the established position of the incumbent firms on the market") als mögliche Schranke[581].

d) Zwischenfazit zu den Marktzutrittsschranken

Was die Prüfung der marktbeherrschenden Stellung betrifft, will die Kommission somit auch weiterhin die bereits bestehenden Marktzutrittsschranken, wie z. B. rechtlich begründete Barrieren, berücksichtigen. Neu wird dabei die Einbeziehung

578 Als ein weiteres Beispiele für solche absoluten Kostenvorteile wird im Diskussionspapier zudem der privilegierte Zugang zu Immaterialgüterrechten, Innovationsmöglichkeiten und Kapital genannt, welcher es den Wettbewerbern erschwert, effektiv zu konkurrieren: "Absolute cost advantages: these include preferential access to essential facilities, natural resources, innovation and R&D, intellectual property rights and capital conferring a competitive advantage on the allegedly dominant undertaking, which makes it difficult for other undertakings to compete effectively.", DG Competition Discussion Paper, S. 14.

579 "Privileged access to supply: the allegedly dominant undertaking may be vertically integrated or may have established sufficient control or influence over the the supply of inputs that expansion or entry by smaller rival firms may be difficult or costly", DG Competition Discussion Paper, S. 14.

580 "A highly developed distribution and sales network: the allegedly dominant undertaking may have its own dense outlet network, established distribution logistics or wide geographical coverage that would be difficult for rivals to replicate", DG Competition Discussion Paper, S. 14.

581 Mit Bezug darauf werden von der Kommission wiederum verschiedene Faktoren aufgezeigt, welche eine etablierte Position des potenziellen Marktbeherrschers zu einer Marktzutrittsschranke werden lassen können: "The established position of the incumbent firms on the market: it may be difficult to enter an industry where experience or reputation is necessary to compete effectively, both of which may be difficult to obtain as an entrant. Factors such as consumer loyalty to a particular brand, the closeness of relationships between suppliers and customers, the importance of promotion or advertising, or other reputation advantages will be taken into account", DG Competition Discussion Paper, S. 14f.

umfassender und hochkomplexer ökonomischer Zusammenhänge sein[582]. Neben der Berücksichtigung verschiedener Kostengrößen und der damit erforderlichen Berechnung dieser Kosten, wie der irreversiblen Kosten, der Durchschnittskosten oder der absoluten Kosten, sollen zukünftig beispielsweise auch komplexe Skalen- und Verbundeffekte berücksichtigt werden. Die Kommission öffnet den Prüfungsbereich der Missbrauchskontrolle somit auch in diesem Punkt konsequent für einen Einzug wirtschaftswissenschaftlicher Erkenntnisse und gestaltet durch das gleichzeitige Festhalten an bislang praktizierten Lösungsansätzen den Prüfungsraum und den Prüfungsumfang erheblich umfangreicher.

8. Marktposition von Abnehmern

Als weiteren Punkt behandelt die Kommission die Nachfragemacht von Abnehmern. Dabei setzt die Kommission einen neuen Ansatz um, nach welchem für das Vorliegen von Nachfragemacht eine marktbeherrschende Stellung nicht unbedingt erforderlich ist[583]. Nach diesem Ansatz ist bei Art. 102 AEUV die Prüfung der Nachfragemacht unter Berücksichtigung wettbewerbsökonomischer Fakten sogar im Hinblick auf eine mögliche Verhinderung einer marktbeherrschenden Stellung auf der Anbieterseite durch die marktstarken Abnehmer zu berücksichtigen und zu analysieren. Die Kommission setzt damit ihre neuartige Bewertung von Nachfragemacht, welche sie bereits bei der Fusionskontrolle eingeführt hat, auch im Rahmen der Missbrauchskontrolle nach Art. 102 AEUV um[584]. Es wird dementsprechend festgestellt, dass die Nachfragemacht der Abnehmer ein zu berücksichtigendes

582 So wird z. B. der ökonomische Zusammenhang eines insgesamt größeren Outputs an Produktion durch den Markteintritt eines Wettbewerbers von der Kommission berücksichtigt. Der zusätzliche Output wirkt sich auf die Preise auf dem betroffenen Markt aus. Neue Wettbewerber bewirken über den weiteren Output in Verbindung mit dem allgemeinen Marktmechanismus ein Absinken der jeweiligen Preise und damit eine Einschränkung der Rentabilität. Die Reaktion eines potenziellen Marktbeherrschers auf diese ökonomischen Vorgänge werden dann nach dem Ansatz der Kommission in Bezug auf eine marktbeherrschende Stellung genau untersucht, wobei wiederum ökonomische Faktoren in die Prüfung einbezogen werden.

583 Vgl. European E & M Consultants, Competition Competence Report 5/2005, S. 2, abrufbar unter: http://www.ee-mc.com/mailingE/V-2005.pdf (letzter Abruf 8.4.2013).

584 Vgl. Europäische Kommission, Leitlinien zur Bewertung horizontaler Zusammenschlüsse gemäß der Ratsverordnung über die Kontrolle von Unternehmenszusammenschlüssen, 2004/C31/03, Rn. 64. Hiernach kann es „sogar Unternehmen mit hohen Marktanteilen [...] unmöglich sein, einen wirksamen Wettbewerb spürbar zu behindern und in spürbarem Maße unabhängig von ihren Kunden vorzugehen, wenn diese Nachfragemacht ausüben können."

Kriterium sein kann, das die vorhandene Marktmacht eines potenziellen Marktbeherrschers einschränken kann[585].

9. Kollektive Marktbeherrschung

Der allgemeine erste Teil des Diskussionspapiers schließt mit einer Darstellung der kollektiven Marktbeherrschung[586]. Die Kommission berücksichtigt damit, dass Art. 102 AEUV weiterhin unabhängig von der Anzahl des oder der marktbeherrschenden Unternehmen(s) sowohl eine einzelne als auch eine kollektive Marktbeherrschung verbietet. Eine kollektive Marktbeherrschung liegt nach dem neuen Ansatz der Kommission immer dann vor, wenn mehrere marktstarke Unternehmen aus ökonomischer Sicht auf einem bestimmten Markt als Einheit agieren[587]. Entscheidend ist dabei, dass diese als Einheit verbundenen Unternehmen auf dem Markt weitgehend unabhängig von den anderen Wettbewerbern ihre eigene Politik durchsetzen können[588]. Außer auf die bislang bekannten Prüfungskriterien[589] setzt

---

585 Wirtschaftliche Macht auf der Nachfrageseite kann unter bestimmten, strengen Voraussetzungen eine marktbeherrschende Stellung auf der Anbieterseite sogar ausgleichen: "However, given the fact that dominance is assessed in relation to a market, it is not sufficient that certain strong buyers may be able to extract more favourable conditions from the allegedly dominant undertaking than their weaker competitors. The presence of strong buyers can only serve to counter a finding of dominance if it is likely that in response to prices being increased above the competitive level, the buyers in question will pave the way for effective new entry or lead existing suppliers in the market to significantly expand their output so as to defeat the price increase", DG Competition Discussion Paper, S. 15.

586 Man spricht von einer sogenannten Reaktionsverbundenheit.

587 "For collective dominance to exist under Article 82, two or more undertakings must from an economic point of view present themselves or act together on a particular market as a collective entity", DG Competition Discussion Paper, S. 16.

588 "What matters is that they are able to adopt a common policy on the market and act to a considerable extent independently of their competitors, their customers and also of consumers", DG Competition Discussion Paper, S. 16. Die Unabhängigkeit soll sich nach den Vorgaben der Kommission insoweit auch gegenüber den von der Kommission nunmehr in den Fokus der Schutzrichtung von Art. 102 AEUV gestellten Verbrauchern zeigen. Die Kommission bezieht sich hinsichtlich dieser kollektiven Unabhängigkeit wiederum auf ein Urteil des EuGH und bezieht dadurch die bisherige Rechtsprechung in ihre Ausführungen ein, vgl. EuGH Slg. 1998, I-1375, Rn. 221, SCPA und EMC/Kommission.

589 Insbesondere wird in dieser Hinsicht die Möglichkeit einer zwischen den Unternehmen getroffenen Vereinbarung oder einer Koordination aus gesetzlich vorgegeben Gründen genannt: "This may, for instance, be the case if undertakings have concluded cooperation agreements that lead them to coordinate their conduct on the market. It may also be the case if ownership interests and other links in law lead the undertakings concerned to co-ordinate.", DG Competition Discussion Paper, S. 16.

die Kommission in ihrem Diskussionspapier auf eine ökonomische Beurteilung der Kooperation zwischen den fraglichen Unternehmen, ohne den bisherigen Ansatz tatsächlich weiterzuentwickeln[590].

B. Spezieller Teil des Diskussionspapiers der Europäischen Kommission

I. Einleitung

Der spezielle Teil des Diskussionspapiers gibt zunächst einen grundlegenden Rahmen für die Beurteilung eines Behinderungsmissbrauchs vor. Es wird eingangs nochmals klargestellt, dass das Diskussionspapier ausschließlich den Behinderungsmissbrauch und lediglich die bekanntesten Missbrauchspraktiken behandelt[591].

II. Zielsetzung und Schutzzweck von Art. 102 AEUV

Die Kommission befasst sich direkt am Anfang des 5. Kapitels mit der Zielsetzung von Art. 102 AEUV. Zunächst wird festgestellt, dass Art. 102 AEUV im Zusammenhang mit der Untersuchung von Behinderungsmissbräuchen auch nach dem neuen Ansatz des „more economic approach“ grundsätzlich immer noch das Ziel hat, den Wettbewerb auf dem Markt zu schützen[592]. Im selben Satz stellt die Kommission aber bereits fest, dass dieses Ziel nur als Mittel zum Zweck dient, die primär zu schützende Konsumentenwohlfahrt zu steigern und die effiziente

590 So soll neben einer grundsätzlichen ökonomischen Bewertung insbesondere auch die konkrete Marktstruktur aus ökonomischer Sicht untersucht werden:"However, the existence of an agreement or of other links in law is not indispensable to a finding of a collective dominant position. Such a finding may be based on other connecting factors and depends on an economic assessment and, in particular, on an assessement of the structure of the market in question", DG Competition Discussion Paper, S. 16.

591 Es werden die Missbrauchspraktiken der Kampfpreise, der Alleinbezüge und Rabatte, der Kopplungen und Bündelungen sowie der Geschäftsverweigerungen genannt: "This discussion paper only deals with exclusionary abuses and in that category only with the most common abuses, that is, predatory pricing, single branding and rebates, tying and bundling, and refusal to supply", vgl. DG Competition Discussion Paper, S. 17.

592 Damit hält sich die Kommission betont an die ehemals im Vertrag selbst festgehaltenen Vorgaben in ex-Art. 3 Abs. 1 lit. g) EG, wonach der Wettbewerb innerhalb des Binnenmarktes vor Verfälschungen zu schützen ist. Die erneute Akzentuierung macht deutlich, dass die Kommission daran interessiert ist, den neuen Weg nicht ohne Berücksichtigung der vorherigen Anwendung und der zu beachtenden Vorgaben zu gehen.

Aufteilung von wirtschaftlichen Möglichkeiten sicherzustellen[593]. Der Schutzzweck der Missbrauchskontrolle richtet sich nach den Feststellungen der Kommission gerade nicht gegen Faktoren wie höhere Qualität, neuartige und innovative Produkte oder hochwertigere Arbeitsleistung an sich, vielmehr soll eine gleichwertige Nutzung des Marktes durch die Wettbewerber sichergestellt werden, ohne dass diese durch von marktbeherrschenden Unternehmen aufgestellte Bedingungen beeinträchtigt werden[594]. Weiterhin stellt die Kommission unmittelbar zu Beginn ihrer Ausführungen im speziellen Teil des Diskussionspapiers klar, dass sie künftig den bislang vorherrschenden, verhaltensorientierten Ansatz durch einen auswirkungsorientierten Ansatz austauschen will und betont damit einen weiteren Grundpfeiler des „more economic approach". Gemäß den Ausführungen der Kommission müssen die Schäden durch einen Behinderungsmissbrauch, also die Auswirkungen, die durch Verhaltensweisen, welche geeignet sind, Wettbewerber vom Markt zu drängen oder vom Markt fernzuhalten, verursacht sind, nach dem neuen Ansatz nicht nur auf kurze Sicht untersucht werden, sondern auch auf mittelfristige und langfristige Sicht[595]. Diese Vorgabe der Kommission unterstützt den gewollten weiten Fokus beim Auswirkungsansatz und dient zudem auch dem vorgegebenen Ziel des primären Schutzes der Konsumentenwohlfahrt. Würden allein die unmittelbaren Auswirkungen eines Verhaltens berücksichtigt, würde übersehen, dass das Verhalten eines Marktbeherrschers kurzfristig durchaus positive Auswirkungen für die Verbraucher haben, es sich langfristig aber durchaus als nachteilig für diese erweisen kann, oder umgekehrt[596].

593 "The essential objective of Article 82 when analysing exclusionary conduct is the protection of competition on the market as a means of enhancing consumer welfare and of ensuring an efficient allocation of resources", DG Competition Discussion Paper, S. 17.

594 Die Kommission spricht sich damit nochmals klar für einen Leistungswettbewerb aus: "Furthermore, the purpose of Article 82 is not to protect competitors from dominant firms' genuine competition based on factors such as higher quality, novel products, opportune innovation or otherwise better performance, but to ensure that these competitors are also able to expand in or enter the market and compete therein on the merits, without facing competition conditions which are distorted or impaired by the dominant firm", DG Competition Discussion Paper, S. 17f.

595 "Furthermore, not only short term harm, but also medium and long term harm arising from foreclosure is taken into account", vgl. DG Competition Discussion Paper, S. 18.

596 So kann z. B. eine Kampfpreisstrategie eines Marktbeherrschers kurzfristig eine teilweise rapide Senkung der Preise für die betroffenen Produkte mit sich bringen, die für die Verbraucher, die dasselbe Produkt in derselben Qualität zu einem günstigeren Preis erwerben können, von Vorteil ist. Langfristig stellt sich die Kampfpreisstrategie für die Verbraucher aber als durchaus negativ dar, weil der Marktbeherrscher durch das starke Herabsetzen der Preise seine Wettbewerber, welche ebenfalls ihre Preise senken müssen, aufgrund seiner stärkeren Position vom Markt verdrängen wird. Nach dem Verdrängen der Wettbewerber vom Markt

III. Vorgabe der Einzelfallprüfung

Die Kommission stellt für die Untersuchung der verschiedenen Missbrauchspraktiken unterschiedliche, spezifisch ökonomische Untersuchungen in Aussicht, die individuell auf den Verstoß zugeschnitten sein sollen[597]. Ausdrücklich nur für die Fälle, in denen eine individuelle Untersuchung anhand von spezifischen Tests und speziellen ökonomischen Methoden nicht möglich sein sollte, will die Kommission aber auch weiterhin auf den bisherigen Prüfungsansatz zurückgreifen[598].

IV. Marktabschottung nach dem neuen Ansatz

Bei der Verhinderung des Markteintritts kommt nach Ansicht der Kommission nach dem neuen Ansatz nicht jeder beliebige Marktzutritt zu jedem Preis als Prüfungskriterium in Betracht. Es muss sich vielmehr um einen „profitablen Zutritt" eines angemessen starken Wettbewerbers zum Markt handeln, der verhindert wird[599].

1. Schutz des effizienten Wettbewerbers

Die Kommission verdeutlicht durch diese Feststellung, dass nach ihrer Ansicht nur leistungsstarke Wettbewerber als Prüfungsmaßstab hinsichtlich der Verdrängungswirkung des Marktbeherrschers herangezogen werden dürfen. Diese Ausgrenzung der leistungsschwachen Wettbewerber ist in Zusammenhang mit der nach dem „more economic approach" alles überragenden Konsumentenwohlfahrt zu sehen, welche letztlich nach den Vorgaben der Kommission gerade nur durch leistungsstarke und damit effiziente Wettbewerber gefördert wird[600]. Diese Vorgaben sind

---

hebt der Marktbeherrscher die Preise auf ein suprakompetitives Niveau, um die zuvor erlittenen Verluste wieder auszugleichen und weiteren Gewinn zu erzielen. Die Verbraucher müssen die dann weit über dem Durchschnitt liegenden Preise akzeptieren, weil durch die erfolgreiche Kampfpreisstrategie des Marktbeherrschers keine Wettbewerber mehr vorhanden sind, die den Marktbeherrscher unter dem Aspekt der überhöhten Preise disziplinieren könnten.

597 "In the remainder of this section and in the following sections concerning individual abuses, more detailed principles and tests, sometimes tailored to specific practices, are provided", vgl. DG Competition Discussion Paper, S. 18.

598 "Where in a particular case it proves not possible to apply the more detailed principles and tests, for instance because of insufficient access to relevant data, the Commission will analyse the case using the general principles in view of the central concern described above", vgl. DG Competition Discussion Paper, S. 18.

599 "[...] potential competitors are completely or partially denied profitable acces to a market", DG Competition Discussion Paper, S. 18.

600 Auch an diesem Punkt verdeutlicht die Kommission ihre Vorgabe eines stark leistungsorientierten Ansatzes zum Wohle der Verbraucher: "The essential objective of Article 82 when analysing exclusionary conduct is the protection of competition on the market as a means of enhancing consumer welfare and of ensuring an efficient allocation of resources", DG Competition Discussion Paper, S. 17.

ein klares Signal gegen den bislang in der Missbrauchskontrolle praktizierten verhaltensorientierten Ansatz mit seinen grundsätzlich starren Per se-Verboten. Die Kommission betont in diesem Zusammenhang ausdrücklich, dass sie künftig Verhaltensweisen als zulässig bewerten will, soweit diese positive Auswirkungen auf die Verbraucher haben, beispielsweise durch Schaffung neuartiger und innovativer Produkte mit höherer Qualität[601].

2. *Neuer Prüfungsmaßstab bei Preismissbräuchen*

Die Kommission greift zunächst den Preismissbrauch als besondere Form des Behinderungsmissbrauchs auf. Bei diesen sogenannten preisgebundenen Verhaltensweisen wird die Beeinträchtigung im Falle eines Missbrauchs gerade durch Einwirken auf die Preisgestaltung erwirkt[602]. Künftig soll nur von einem Missbrauch durch Erzeugung eines Abschottungseffektes ausgegangen werden, wenn das konkrete Verhalten einen ebenso effizienten Wettbewerber („as efficient competitor")[603] des Marktbeherrschers vom Markt ausschließen würde[604]. Durch Einführung dieses ökonomisch geprägten, neuen Maßstabs des „ebenso effizienten Wettbewerbers" bei der Prüfung von preisbezogenen Missbrauchsstrategien verleiht die Kommission der von ihr angestrebten ökonomisch geprägten Prüfungsansatzes nach den Vorgaben des „more economic approach" auch in Bezug auf die konkrete Missbrauchsform der preisbezogenen Verhaltensweisen eine konkrete Gestalt.

---

601 Nach den Vorgaben der Kommission soll das Verbot der Missbrauchskontrolle gerade nicht bei effizienzförderndem Verhalten des marktbeherrschenden Unternehmens greifen, unabhängig davon, ob ein solches Verhalten nach dem strengeren verhaltensorientierten Ansatz unzulässig wäre: „Furthermore, the purpose of Article 82 is not to protect competitors from dominant firms' genuine competition based on factors such as higher quality, novel products, opportune innovation or otherwise better performance, but to ensure that these competitors are also able to expand in or enter the market and compete therein on the merits, without facing competition conditions which are distorted or impaired by the dominant firm", DG Competition Discussion Paper, S. 17f.

602 "priced-based exlcusionary conduct", vgl. DG Competition Discussion Paper, S. 19.

603 "The more detailed principles described in this paper for assessing alleged price-based exclusionary conduct are based on the premise that in general only conduct which would exclude a hypothetical 'as efficient' competitor is abusive", DG Competition Discussion Paper, S. 19f.

604 Im Umkehrschluss kann nach den Vorgaben des Diskussionspapiers ein Abschottungseffekt in allen Fällen, von nichtpreisbezogenem Missbrauchsverhalten bereits vorliegen, wenn ein im Vergleich zum Marktbeherrscher weniger effizienter bzw. ineffizienter Wettbewerber beeinträchtigt wird, vgl. auch Paul, Behinderungsmissbrauch nach Art. 82 EG und der „more economic approach", S. 168.

3. Der „as efficient competitor“-Test

Grundlage dieses neuen Prüfungsansatzes ist der sogenannte „as efficient competitor“-Test, welcher nach Ansicht der Kommission geeignet ist, zwischen missbräuchlichem und nichtmissbräuchlichem Verhalten eines Marktbeherrschers zu differenzieren[605]. Der „as efficient competitor“-Test wurde im US-amerikanischen Antitrust-Recht entwickelt und ist dort bereits länger als Prüfungskriterium etabliert[606].

a) Maßstab des „ebenso effizienten Wettbewerbers“

Dabei ist der dem Test zugrunde liegende „ebenso effiziente Wettbewerber“ ein hypothetischer Wettbewerber, der zu den gleichen Kosten produziert, beziehungsweise auf dem Markt tätig ist, wie der Marktbeherrscher[607]. Eine missbräuchliche Beeinträchtigung eines solchen „ebenso effizienten Wettbewerbers“ ist nach den Vorgaben der Kommission grundsätzlich nur möglich, wenn das marktbeherrschende Unternehmen Preise ansetzt, die unterhalb der eigenen Kosten liegen[608].

b) Stützung des Schutzziels der Konsumentenwohlfahrt

Der „as efficient competitor“-Test basiert auf dem Gedanken, dass Art. 102 AEUV gerade nicht einzelne Wettbewerber, sondern das übergeordnete Ziel der Konsumentenwohlfahrt und nachrrangig den Wettbwerb schützen soll[609]. In diesem Verständnis wird als Maßstab ein starker Wettbewerber angenommen, welcher ähnlich effizient wie das marktbeherrschende Unternehmen arbeitet und damit einen wirksamen Wettbewerb garantiert[610]. Nach den Vorgaben des „as efficient competitor“-Tests liegt ein Missbrauch nach Art. 102 AEUV damit nur vor, wenn das Verhalten des Marktbeherrschers geeignet ist, einen dem Maßstab des Tests

605 Vgl. Engelsing, Modernisierung von Art. 82 EG, S. 95.

606 Der Test wurde insbesondere von den Befürwortern der Chicago School verbreitet. Phillip Areeda und Donald Turner haben 1975 in ihrem Pionierwerk zur Kampfpreisunterbindung erstmals ausdrücklich auf diesen Test Bezug genommen, vgl. Areeda/Turner, HLR 1975, S. 697, 709, 711; vgl. auch Posner, Antitrust Law, S. 194f. Der Test wurde vor der Einführung in die europäische Missbrauchskontrolle bereits in anderen Bereichen des Wettbewerbsrechts angewandt, vgl. Kurzprotokoll zum 94. Treffen des Competition Committee vom 1. bis 2. Juni 2005, in welchem verschiedene Anwendungen des Tests dargestellt werden (DAF / COMP / M[2005]2 / ANN5 vom 07.12.2005). Auch das Grundsatzpapier der OECD bezieht sich hinsichtlich der „competition on the merits“ auf den Test.

607 "The 'as efficient' competitor is a hypothetical competitor having the same costs as the dominant company“, DG Competition Discussion Paper, S. 20.

608 “Foreclosure of an as efficient competitor can in general only result if the dominant company prices below its own costs”, vgl. DG Competition Discussion Paper, S. 20.

609 Vgl. Engelsing, Modernisierung von Art. 82 EG, S. 89, 95.

610 Vgl. Engelsing, Modernisierung von Art. 82 EG, S. 95.

zugrunde liegenden Wettbewerber auszuschalten. Nach der Argumentation der Kommission werden weniger effiziente Wettbewerber damit auch ohne das fragliche Preisverhalten des Marktbeherrschers im Laufe eines normalen Wettbewerbs aus dem Markt verdrängt werden und sind dementsprechend im Sinne des leistungsorientierten Ansatzes des „more economic approach“ nicht schützenswert. Zusammengefasst wird anhand des Tests geprüft, ob ein hypothetischer Konkurrent, der ein identisches Produkt herstellt oder eine identische Dienstleistung anbietet und dabei mindestens genauso kostengünstig wie der Marktbeherrscher wirtschaftet, durch dessen fragliche Verhaltensweise an einer profitablen Angebotstätigkeit auf dem betroffenen Markt gehindert werden könnte[611].

c) Kostenmaßstab als Prüfungskriterium

Zur Beurteilung der Effizienz der Unternehmen gibt die Kommission das Kriterium der Kosten des Marktbeherrschers vor. Durch eine Abwägung zwischen den Kosten wird wiederum die Berücksichtigung der Wirkung des Verhaltens auf die Wohlfahrt der Verbraucher sichergestellt. Es wird hierdurch klargestellt, dass weniger effiziente Wettbewerber auch weniger Schutz genießen als starke Wettbewerber, welche den Wettbewerb und damit die Wohlfahrt der Verbraucher stärker fördern. Für eine Untersuchung der preisgebundenen Missbrauchspraktiken sind die Kosten des Marktbeherrschers als Maßstab genau zu untersuchen. Die Berechnung der Produktionskosten ist somit von wesentlicher Bedeutung. Die Kommission stellt in diesem Zusammenhang verschiedene Berechnungsmethoden vor[612]. Als mögliche Bezugsgrößen bei der Berechnung werden die Grenzkosten[613], die durchschnittlichen

611 Hinsichtlich dieses neuen Prüfungsmaßstabs nach den Vorgaben des „more economic approach“ ist anzumerken, dass die Vorgabe des hypothetischen, „ebenso effizienten Wettbewerbers“ gerade nur ein formell vorgegebenes Prüfungskriterium sein darf, da die marktbeherrschenden Unternehmen ansonsten in Bezug auf die Gestaltung ihrer Preispolitik einen Freischein hätten gegenüber weniger effizienten Wettbewerbern. Auch weniger effiziente tatsächliche Wettbewerber müssen sich auf das Testergebnis berufen können, weil ein solches Verhalten von keinem Wettbewerber hinzunehmen ist, egal wie effizient er tatsächlich ist, vgl. Paul, Behinderungsmissbrauch nach Art. 82 EG und der „more economic approach“, S. 152.

612 “Marginal cost is the cost of producing the last unit of output. Average variable cost is the average of the costs that vary directly with the output of the company. Average avoidable cost is the average of the costs that could have been avoided if the company had not produced a discrete amount of (extra) output, in this case usually the amount allegedly subject to abusive conduct. Long-run average incremental cost is the average of all the (variable and fixed) costs that a company incurs to produce a particular product. Average total cost is the average of all the variable and fixed costs”, vgl. DG Competition Discussion Paper, S. 19.

613 „marginal costs (MC)“.

variablen Kosten[614], die durchschnittlichen vermeidbaren Kosten[615], die langfristigen durchschnittlichen Mehrkosten[616] und die durchschnittlichen Gesamtkosten[617] genannt[618]. Um ein ökonomisch fundiertes Gerüst zu präsentieren, definiert die Kommission im Anschluss eingehend die verschiedenen Kostenarten in Bezug auf eine Untersuchung der preisgebundenen Missbrauchspraktiken[619]. Welche Kostenart bei der Prüfung der Effizienz der Wettbewerber und des Marktbeherrschers zum Tragen kommt, hängt danach jeweils von der konkreten Art des Missbrauchs und damit vom Einzelfall ab. Durch die Vorgabe, dass je nach der im Einzelfall vorliegenden Art der Missbrauchspraktik eine andere Bezugsgröße zur Berechnung der Produktionskosten heranzuziehen ist, setzt die Kommission ihren Ansatz konsequent fort, nach welchem ein flexibles Prüfungssystem vorgegeben wird, das in verschiedener Ausformung speziell nach den Vorgaben des Einzelfalls angewandt werden und damit eine möglichst hohe Einzelfallgerechtigkeit erzielen kann. Die Kommission merkt in diesem Zusammenhang an, dass bei dieser Analyse niemals eine isolierte Kostenbetrachtung erfolgen darf. Vielmehr muss der Maßstab der Kosten innerhalb des komplexen Gesamtkontextes der Marktverhältnisse gesehen werden. Eine

614 „average variable costs (AVC)".

615 „average avoidable costs (AAC)".

616 „long-run average incremental costs (LAIC)".

617 „average total costs (ATC)".

618 Vgl. ausführlich zu den verschiedenen Kostenbegriffen und zur Kostenermittlung im Preismissbrauchsverfahren: Säcker-*Engelsing*, Berliner Kommentar zum Energierecht, § 19 GWB, Rn. 316ff.

619 "In case of multi-product companies it may be difficult to calculate ATC because of certain common costs, which are fixed costs that are necessary for the production of more than one product and where it is difficult to allocate these costs to the different products. Where necessary to apply a cost benchmark based on ATC, the Commission will allocate common costs in proportion to the turnover achieved by the different products unless other cost allocation methods are for good reasons standard in the sector in question or in case the abuse biases the allocation based on turnover. Whereas ATC takes account of all variable and fixed costs, LAIC takes account of only the product specific variable and fixed costs. The LAIC will thus usually fall below ATC because it does not take into account (non-attributable) common costs. The LAIC will usually be above AAC because LAIC takes into account all product specific fixed costs, including product specific fixed costs made before the period of abusive pricing, whereas AAC only takes product specific fixed costs into account that are made in order to foreclose. The AAC will be higher than AVC to the extent that the company does make product specific fixed costs to behave abusively, otherwise AAC and AVC are the same by taking into account the variable costs only. Finally, MC, because it concerns the additional cost made to produce one extra unit of output and does not concern an average, can be lower or higher than all the other cost benchmarks, depending on the actual output and capacity constraints of the company in question", vgl. DG Competition Discussion Paper, S. 20.

solche Gesamtbetrachtung berücksichtigt nach den ambitionierten Vorgaben der Kommission den Umstand, dass Wettbewerber anfänglich durchaus höhere Kosten haben können, weil sie noch keine sogenannten Skaleneffekte nutzen können[620].

d) Gefahr eines Informationsdefizites

Die Kommission räumt hinsichtlich der Anwendung des neuartigen Tests ein, dass eine Anwendung nur möglich ist, wenn genügend Informationen hinsichtlich der Preisgestaltung und vor allem der Kosten des marktbeherrschenden Unternehmens vorliegen[621]. Die Kommission reagiert hiermit auf verschiedene Kritikpunkte, welche im Vorfeld der Veröffentlichung des Diskussionspapiers hinsichtlich des Tests aufgekommen waren. So wurde vorgebracht, dass der Test scheitere, sobald ein Wettbewerber mit zunehmenden Skalenerträgen produziert, was bedeutet, dass die Durchschnittskosten dieses Wettbewerbers mit steigender Produktion sinken[622]. Der

---

620 "Here too the assessment does not (only) compare cost and price of the dominant company but will apply the as efficient competitor test in its specific market context, for instance taking account of economies of scale and scope, learning curve effects or first mover advantages that later entrants can not be expected to match even if they were able to achieve the same production volumes as the dominant company", vgl. DG Competition Discussion Paper, S. 21.

621 "To apply the as efficient competitor test the authority in principle needs to have reliable information on the pricing conduct and costs of the dominant company. A number of remarks need to be made in this context. Firstly, it may be necessary to look at revenues and costs of the dominant company in a wider context. It may not be sufficient to only assess whether the price or revenue covers the costs for the product in question, but it may be necessary to look at incremental revenues in case the dominant company's conduct negatively affects its revenues in other markets or of other products. Similarly, in case of two sided markets it may be necessary to look at revenues and costs of both products at the same time. Secondly, in case reliable information on the dominant company's costs is not available it may be necessary to apply the as efficient competitor test using cost data of apparently efficient competitors. Thirdly, where no reliable information on cost data is available but where the Commission has nonetheless been able to build on other arguments a credible case of abuse, the dominant company may show that it is not pricing below the appropriate cost benchmark. Fourthly, it may sometimes be necessary in the consumers' interest to also protect competitors that are not (yet) as efficient as the dominant company. Here too the assessment does not (only) compare cost and priceof the dominant company but will apply the as efficient competitor test in its specific market context, for instance taking account of economies of scale and scope, learning curve effects or first mover advantages that later entrants can not be expected to match even if they were able to achieve the same production volumes as the dominant company", vgl. DG Competition Discussion Paper, S. 21. Eine für den Test erforderliche Informationsbeschaffung hat damit eine Vielzahl von Faktoren zu berücksichtigen und gestaltet sich sehr kompliziert.

622 Vgl. Engelsing, Modernisierung von Art. 82 EG, S. 95.

Test greift in diesem Fall insofern nicht, als ein marktbeherrschendes Unternehmen grundsätzlich größere Mengen als seine Konkurrenten produziert, weshalb seine Durchschnittskosten unter den Durchschnittskosten seiner Wettbewerber liegen, obwohl seine Kostenfunktion immer oberhalb der Kostenfunktion seiner Wettbewerber liegt[623]. In Bezug auf die Gefahr eines Informationsdefizits aufgrund des nicht vorhandenen Kooperationswillens eines Marktbeherrschers besteht dann nur die Möglichkeit, auf vorliegende Erfahrungswerte aus anderen Verfahren zurückzugreifen, statt sich mit den tatsächlichen Umständen des Einzelfalls entsprechend der Vorgabe des „more economic approach" auseinanderzusetzen[624].

e) Problem des zeitlichen Faktors

Weiterhin ist der zeitliche Faktor zu berücksichtigen. Der Maßstab des ebenso effizienten Wettbewerbers muss berücksichtigen, dass Wettbewerber in ihrer Marktstärke und damit in ihrer Effizienz noch wachsen können, weshalb ein starrer Maßstab insbesondere jungen, neu auf den Markt strebenden Unternehmen im Einzelfall nicht gerecht werden könnte[625]. Der Handlungsspielraum für Marktbeherrscher bei der Gestaltung der Preispolitik würde bei einer starren Anwendung des Maßstabs des ebenso effizienten Wettbewerbers erheblich steigen, und es wäre nicht berücksichtigt, dass in Einzelfällen auch weniger effiziente Wettbewerber das Marktniveau auf einem so hohen Niveau halten können, dass eine Beeinträchtigung durch den Marktbeherrscher bereits unterhalb des neuen Prüfungsmaßstabs des „as efficient competitors" als Missbrauch nach Art. 102 AEUV gewertet werden sollte[626]. Hierdurch könnte es zu einer deutlichen Verschiebung des Prüfungsmaßstabs bei der Missbrauchskontrolle kommen, nach welcher marktbeherrschende Unternehmen entschieden weniger sanktioniert werden könnten.

---

623 Dies ist insbesondere in netzgebundenen Branchen von Bedeutung, weil das marktbeherrschende Unternehmen, oftmals als ehemaliger Staatsmonopolist, aufgrund seiner etablierten Position, seiner Größe und seines Umfangs einen eindeutigen Vorteil gegenüber seinen Wettbewerbern hat, vgl. Engelsing, Modernisierung von Art. 82 EG, S. 95.

624 Vgl. zu der grundlegenden Erwägung, Erfahrungswerte heranzuziehen: Joskow/Klevorick: YLJ 1979, S. 213ff.

625 Diesbezüglich führt die OECD in ihrer Kurzfassung der Diskussion zur „Competition on the Merits" aus: „Der Test wäre unzureichend, wenn man ihn dahingehend auslegen würde, dass er die Verdrängung neuer Unternehmen zulässt, die zwar zu dem Zeitpunkt weniger effizient sind, die aber mit der Zeit ebenso effizient, wenn nicht effizienter als etablierte Unternehmen würden, gäbe man ihnen die Chance, lange genug zu überleben", vgl. OECD Kurzprotokoll zum 94. Treffen des Competition Committee vom 1. bis 2. Juni 2005, in welchem verschiedene Anwendungen des Tests dargestellt werden (DAF / COMP / M[2005]2 / ANN5 vom 07.12.2005).

626 Vgl. Engelsing, Modernisierung von Art. 82 EG, S. 96.

f) Problem des Analyseumfangs

Ein weiteres Problem des „as efficient competitor"-Tests liegt darin begründet, dass die Analyse der Kosten des marktbeherrschenden Unternehmens eine äußerst komplexe, zeit- und ressourcenintensive Prüfung erfordert[627]. Aufgrund der Tatsache, dass für Kosten sowohl in der Praxis als auch in der Theorie keine gefestigten Vorgaben exisitieren, besteht das Risiko, dass die im Verfahren gegen einen Marktbeherrscher angewandten Kostenberechungsmethoden und die entsprechenden Ergebnisse vor Gericht angefochten werden und damit eine zusätzliche Unsicherheit in die Missbrauchskontrollverfahren bringen[628].

g) Hilfsmaßstab des "apparently efficient competitors"

Die Kommission will in Bezug auf das aufgezeigte Konfliktpotenzial hilfsweise einen modifizierten Prüfungsansatz anwenden und bedient sich insofern des Maßstabs des „apparently efficient competitors"[629]. Dieser Hilfsmaßstab soll immmer dann greifen, wenn gerade keine verlässlichen Informationen zu beschaffen sind[630]. Es soll eine hypothetische Grundlage herangezogen werden, um trotz eines Informationsdefizites nicht vollkommen auf diesen ökonomisch geprägten Teilaspekt des „more economic approach" verzichten zu müssen. Eine genaue Erklärung, nach welchen Kriterien und Voraussetzungen eine Anwendung dieses Maßstabes des „apparently efficient competitors" zu erfolgen hat, gibt die Kommission in ihrem Diskussionspapier nicht[631].

---

627 Diese Problematik wurde im Bereich der Kostenkontrolle in Preismissbrauchsfällen im Energiesektor bereits durch das Bundeskartellamt festgestellt, vgl. BKart, Verfügung v. 14.02.2003, WuW / E DE-V 722 – TEAG; vgl. OLG Düsseldorf, Beschluss vom 30.04.2003, WuW / E DE-R 1094 – TEAG.

628 Vgl. Engelsing, Modernisierung von Art. 82 EG, S. 96.

629 "Secondly, in case reliable information on the dominant company's costs is not available it may be necessary to apply the as efficient competitor test using cost data of apparently efficient competitors", DG Competition Discussion Paper, S. 21.

630 "Where however reliable information on the dominant company's costs is not available, the Commission may instead use cost data of apparently efficient competitors", DG Competition Discussion Paper, S. 30.

631 So gibt die Kommission auch an der dritten und letzten Stelle der Erwähnung dieses Hilfsmaßstabs im Diskussionspapier lediglich vor, dass dieser herangezogen werden kann, wenn nicht genügend Informationen für eine Anwendung des eigentlich anzuwendenen Maßstabs des "as efficient competitors" vorhanden sind: "Where it is not possible to establish accurately the required share because reliable information on the dominant company's costs is not available, the Commission may use cost data of apparently efficient competitors", DG Competition Discussion Paper, S. 50.

V. Neue Verteidigungsmöglichkeit durch Effizienz-Einwand

Einen Kernpunkt innerhalb der von der Kommission im speziellen Teil des Diskussionspapiers aufgestellten Vorgaben des „more economic approach" nimmt der Effizienzeinwand ein.

1. Bisherige Handhabung der Kommission und der Rechtsprechung

Bislang wurde den Unternehmen lediglich eingeräumt, ihr Verhalten durch das Aufzeigen besonderer Umstände zu verteidigen („justification")[632]. Der EuGH prüfte eine solche Rechtfertigungsmöglichkeit bislang äußerst restriktiv in einem zweiten Verfahrensschritt nach der Feststellung des Vorliegens eines Missbrauchs einer marktbeherrschenden Stellung[633].

2. Neue Verteidigungsmöglichkeit nach dem „more economic approach"

Die Kommission führt in ihrem Diskussionspapier nun mit der bis zur Einführung des „more economic approach" im Rahmen der Missbrauchskontrolle unbekannten eigenständigen Verteidigungsmöglichkeit des Effizienz-Einwandes eine neue Möglichkeit der Verteidigung für marktbeherrschende Unternehmen in die europäische Missbrauchskontrolle ein[634]. Dabei ist sie gleich zu Beginn ihrer Ausführungen bemüht, aufzuzeigen, dass Effizienzerwägungen auch bereits in der bisherigen Rechtsprechung eine Rolle gespielt haben, natürlich ohne dabei eine eigenständige Verteidigungsmöglichkeit zu bieten[635]. Neben der Berücksichtigung von

---

632 Vgl. die Rechtsprechung des EuGH: EuGH, Slg. 1983, I-3461, Rn. 85, Michelin I; EuGH, Slg. 1979, I-461, Rn. 90, Hoffmann-La Roche; EuGH, Slg. 1975, I-1663, Rn. 518, Suiker Unie.

633 Der Gerichtshof unterscheidet dabei bislang zwischen den sogenannten objektiven und den sogenannten anderen Rechtfertigungsgründen, vgl. exemplarisch EuGH, Slg. 1983, I-3461, Rn. 85, Michelin I; EuGH, Slg. 1979, I-461, Rn. 90, Hoffmann-La Roche; EuGH, Slg. 1975, I-1663, Rn. 518, Suiker Unie.

634 "Exclusionary conduct may escape the prohibition of Article 82 in case the dominant undertaking can provide an objective justification for its behaviour or it can demonstrate that its conduct produces efficiencies which outweigh the negative effect on competition", vgl. DG Competition Discussion Paper, S. 24.

635 "See for instance Case 40 / 70 Sirena S.r.l. v Eda S.r.l. and others [1971] ECR 69, paragraph 17; Case 78 / 70 Deutsche Grammophon Gesellschaft mbH v Metro-SB-Großmärkte GmbH & Co. KG [1971] ECR 487, paragraph 19; Case 27 / 76 United Brands, cited in footnote 5, paragraphs 182–184; Case 77 / 77 Benzine en Petroleum Handelsmaatschappij BV and others v Commission [1978] ECR 1513, paragraphs 32–34; Case 395 / 87 Ministère public v Jean-Louis Tournier [1989] ECR 2521, paragraph 46; Case 311 / 84 Centre belge d'études de marché – Télémarketing (CBEM) v SA Compagnie luxembourgeoise de télédiffusion (CLT) and Information publicité Benelux (IPB) [1986] ECR 3261, paragraph 27; Joined cases C-241 / 91 P and C-242 / 91 P Radio Telefis Eireann (RTE) and Independent Television

Effizienzgewinnen will die Kommission künftig als objektive Rechtfertigungsgründe weiterhin die bereits in der europäischen Rechtsprechung etablierten Verteidigungsmöglichkeiten der „objective necessity defence[636]" und der „meeting competition defence[637]" bei preisbezogenen Missbrauchspraktiken zulassen.

3. Voraussetzungen der Effizienzverteidigung

Nach diesem neuartigen Effizienz-Einwand soll ein an sich missbräuchliches Verhalten ausnahmsweise dann zulässig sein, wenn bei umfassender Betrachtung die mit dem missbräuchlichen Verhalten verbundenen Vorteile für den Wettbewerb gegenüber den Nachteilen überwiegen[638].

Publications Ltd (ITP) v Commission (Magill) [1995] ECR 743 paragraph 55; Case T- 30 / 89 Hilti, cited in footnote 18, paragraphs 102–119; Case T-83 / 91 Tetra Pak International SA v Commission (Tetra Pak II), paragraphs 115, 136 and 207; Case T-228 / 97 Irish Sugar, cited in footnote 38, paragraphs 167, 188–189 and 218; Case C-163 / 99 Portuguese Republic l v Commission [2001] ECR 2613, paragraph 53", vgl. DG Competition Discussion Paper, S. 24, Fn. 58.

636 "The dominant company may be able to show that the conduct concerned is objectively necessary, for instance because of reasons of safety or health related to the dangerous nature of the product in question", vgl. DG Competition Discussion Paper, S. 25. Vgl. exemplarisch die diesebezüglichen Vorgaben in der bisherigen Rechtsprechung: EuGH, Slg. 1994, I-667, Rn. 118, Hilti; Slg. 1996, I-5951, Rn. 83f., 138, Tetra Pak II.

637 "The meeting competition defence is only applicable in relation to behaviour which otherwise would constitute a pricing abuse", vgl. DG Competition Discussion Paper, S. 25. Hinsichtlich der bereits etablierten Verteidigungsmöglichkeiten bemüht sich die Kommission, durch die Betonung der Berücksichtigung sämtlicher, insbesondere ökonomisch geprägter Kriterien, auch in diesem Bereich einen gewissen Einfluss des „more economic approach" zu suggerieren. So sollen in die Bewertung auch die Marktverhältnisse und die konkrete Geschäftssituation („business realities") des Marktbeherrschers im Wettbewerb berücksichtigt werden, vgl. DG Competition Discussion Paper, S. 26. Zudem stellt die Kommission bei der zu prüfenden Voraussetzung, ob das ausnahmsweise gerechtfertigte Verhalten mit dem Ziel der Missbrauchskontrolle übereinstimmt, fast beiläufig auf die von ihr als neues, primäres Schutzziel proklamierte Konsumentenwohlfahrt ab und macht auch an diesem Punkt die angestrebte Neuausrichtung nach dem Leitbild des „more economic approach" deutlich: „As to the third condition of the proportionality test, it must be shown that meeting competition is a proportionate response in view of the aim of Article 82. This requires, with a view to protect the consumers' interest, a case by case weighing of the interest of the dominant company to minimise its losses and the interest of its competitors to enter or expand", vgl. DG Competition Discussion Paper, S. 26.

638 Damit folgt eine Effizienzverteidigung nach den Vorgaben der „efficiency defence" dem Muster der Verteidigungsmöglichkeiten im Bereich von Art. 101 Abs. 3 AEUV und im Bereich der Fusionskontrolle nach Art. 2 FKVO, vgl. Paul, Behinderungsmissbrauch nach Art. 82 EG und der „more economic approach", S. 169.

a) Überblick zu den Voraussetzungen

Gleich zu Beginn der Ausführungen zum Effizienz-Einwand stellt die Kommission vier Voraussetzungen auf, die nach ihrer Ansicht erfüllt sein müssen, damit eine solche Verteidigungseinrede erfolgreich eingebracht werden kann:

- Zunächst müssen, zumindest voraussichtlich, Effizienzen unmittelbar durch das Verhalten des marktbeherrschenden Unternehmens, d. h. kausal realisiert werden[639].
- Zudem muss das betreffende Verhalten unbedingt erforderlich sein, um die konkreten Effizienzen zu realisieren, d. h. es darf alternativ kein milderes Mittel geben[640].
- Die Effizienzen müssen weiterhin gerade dem Verbraucher zugute kommen, d. h. der Marktbeherrscher muss seine Effizienzgewinne an die Verbraucher weitergeben und diese so angemessen an den Effizienzen beteiligen, dass mögliche Beeinträchtigungen durch das Verhalten des Marktbeherrschers zumindest ausgeglichen werden[641].
- Zuletzt darf der Wettbewerb in Bezug auf die betroffenen Produkte nicht gänzlich oder zumindest überwiegend eliminiert werden[642].

Sind alle vier Voraussetzungen erfüllt, liegt nach Ansicht der Kommission ein Verhalten vor, das die wesentlichen Grundzüge von Wettbewerb an sich widerspiegelt, nämlich das Streben nach der Gunst der Verbraucher durch das Angebot besserer Produkte oder besserer Preise[643]. Aus diesem Verständnis leitet die Kommission die Existenzberechitgung einer im Rahmen der Missbrauchskontrolle völlig neuartigen Verteidigungsmöglichkeit ab, welche den marktbeherrschenden Unternehmen völlig neue Optionen an die Hand gibt, bislang unzulässiges Verhalten künftig wettbewerbsrechtskonform zu gestalten.

b) Unmittelbare Folge aus marktbeherrschendem Verhalten

Als erste Voraussetzung müssen die Effizienzen aus dem Verhalten des Marktbeherrschers resultieren. Sie müssen also eine unmittelbare Folge dieses Verhaltens

---

639 "[...] that efficiencies are realised or likely to be realised as a result of the conduct concerned“, vgl. DG Competition Discussion Paper, S. 26.

640 "[...] that the conduct concerned is indispensable to realise these efficiencies", vgl. DG Competition Discussion Paper, S. 26.

641 "[...] that the efficiencies benefit consumers“, vgl. DG Competition Discussion Paper, S. 26.

642 "[...] that competition in respect of a substantial part of the products concerned is not eliminated“, DG Competition Discussion Paper, S. 26.

643 "Where all four conditions are fulfilled the net effect of such conduct is to promote the very essence of the competitive process, namely to win customers by offering better products or better prices than those offered by rivals", DG Competition Discussion Paper, S. 26.

sein und dürfen nicht erst mittelbar aus dem Verhalten hervorgehen[644]. Der Marktbeherrscher muss nachweisen, dass das konkrete Verhalten dazu beiträgt, dass zum Beispiel die Produktion oder der Vertrieb von Produkten verbessert wird[645]. Die Kommission macht deutlich, dass jeder substantiierte Vortrag des Marktbeherrschers hinsichtlich möglicher Effizienzen berücksichtigt wird, auch wenn zudem noch weitere Verteidigungsmöglichkeiten vorgetragen werden[646]. Die Kommission stellt damit klar, dass die neue Effizienzeinrede trotz der klaren Vorgaben als äußerst weit gefasst zu verstehen ist, weil dem Marktbeherrscher außerhalb der aufgestellten Voraussetzungen keine inhaltlichen Grenzen in Bezug auf den Inhalt seiner neuen Verteidigungsmöglichkeiten gesetzt werden sollen.

c) Unumgänglichkeit des Verhaltens

Als zweite Voraussetzung wird hinsichtlich der Effizienzen eine unumgängliche Erforderlichkeit bezüglich des relevanten Verhaltens vorgegeben. Konkret muss das missbräuchliche Verhalten unerlässlich für das Erreichen der Effizienzen sein. Auch hinsichtlich des Vorliegens dieser Voraussetzung trägt das marktbeherrschende Unternehmen die Beweislast[647]. So muss der Marktbeherrscher nachweisen, dass es keine weiteren wirtschaftlich durchführbaren und weniger wettbewerbsbeeinträchtigenden Möglichkeiten gibt, um die angestrebten

---

644 Die Kommission passt die ökonomischen Erkenntnisse zur Kausalität von Effizienzgewinnen hier letztlich der Rechtsanwendung an. Effizienzgewinne ergeben sich nach der wirtschaftswissenschaftlichen Theorie grundsätzlich gerade nicht aus der beanstandeten Handlung selbst, sondern vielmehr aus der zugrunde liegenden Handlungsfreiheit. Man spricht in der ökonomischen Literatur vom Antagonismus zwischen ex-ante und ex-post-Effizienz, vgl. Motta, Competition Policy, S. 65f.; Geradin, CMLR 2004, S. 1539ff.

645 Eine solche Verbesserung kann z. B. durch eine Verbesserung der Produktqualität, der Produktverteilung, der Förderung des technischen oder wirtschaftlichen Fortschritts sowie durch Schaffung von speziellen Kostenverminderungen erreicht werden: "The dominant company must thus in the first place be able to show that the conduct is undertaken to contribute to improving the production or distribution of products or to promote technical or economic progress, for instance by improving the quality of its product or by obtaining specific cost reductions or other efficiencies", vgl. DG Competition Discussion Paper, S. 26. Die beispielhaft genannten Verbesserungen bzw. Effizienzen müssen dabei aber unmittelbar kausal aus dem Verhalten des Marktbeherrschers hervorgehen.

646 So könnte ein marktbeherrschendes Unternehmen beispielsweise vortragen, dass bestimmte kundenspezifische Investitionen durch das relevante Verhalten geschützt werden müssen: „Such claim may for instance concern the protection of client-specific investments made by the dominant company", vgl. DG Competition Discussion Paper, S. 26.

647 "The dominant company must in the second place show that the conduct is indispensable to achieve the alleged efficiencies", vgl. DG Competition Discussion Paper, S. 26.

Effizienzen zu erreichen[648]. Diese Voraussetzung ähnelt den Vorgaben der Kommission zur „meeting competition defence", weil der Marktbeherrscher auch hier aufzeigen muss, dass sein Verhalten unerlässlich ist, d. h. dass kein milderes Alternativverhalten möglich ist. Die Kommission lockert den Nachweis von Effizienzen an dieser Stelle aber im Vergleich zu den Vorgaben bezüglich der „meeting competition defence" auf, indem sie vorgibt, dass nicht jede denkbare Alternative geprüft werden werden muss. Es genügt vielmehr, wenn die Prüfung sich auf betriebswirtschaftlich realistische und betriebswirtschaftlich naheliegende Alternativverhalten beschränkt[649]. Dies ist eine nicht unbeachtliche Vorgabe der Kommission zugunsten der marktbeherrschenden Unternehmen[650].

d) Aufwiegen der negativen Auswirkungen

Als dritte Voraussetzung müssen nach den Vorgaben der Kommission die Verbraucher durch das an sich missbräuchliche Verhalten tatsächlich in der Form profitieren, dass die durch die Maßnahme entstandenen Nachteile durch die positiven Auswirkungen zumindest aufgewogen werden. Diese Abwägung ist wesentlich bei der Verteidigung durch Effizienzen und trägt auch am deutlichsten den Gedanken des „more economic approach" in sich. War bisher jedes missbräuchliche Verhalten, welches den unverfälschten Wettbewerb behindert, per se ein Verstoß gegen Art. 102 AEUV, kommt es nach den Vorgaben der Kommission zu einer tatsächlichen Abwägung der Auswirkungen des grundsätzlich missbräuchlichen Verhaltens. Die Kommission fordert im Sinne des neuen ökonomischen Ansatzes, dass der

---

648 Dabei muss der Marktbeherrscher zudem noch die konkreten Marktverhältnisse und die Geschäftssituation des eigenen Unternehmens („business realities facing the dominant company") in seinem Nachweis berücksichtigen, vgl. DG Competition Discussion Paper, S. 27.

649 "The dominant company is not required to consider hypothetical or theoretical alternatives. The Commission will only contest the claim where it is reasonably clear that there are realistic and attainable alternatives", vgl. DG Competition Discussion Paper, S. 27.

650 Die Kommission versucht diese klare Erleichterung für die marktbeherrschenden Unternehmen durch eine Beweislastverteilung, nach welcher die Beweislast dafür, dass die in Frage kommenden Alternativmittel weniger vorteilhaft sind beziehungsweise weniger Effizienzgewinne mit sich bringen, bei den Marktbeherrschern liegt, wieder einzuschränken: "The dominant company must explain and demonstrate why seemingly realistic and less restrictive alternatives would be significantly less efficient", vgl. DG Competition Discussion Paper, S. 27. Da dieser Prüfunsgpunkt nach den vorherigen Vorgaben hinsichtlich der zugunsten der Marktbeherrscher aufgestellten Vermutung in der Praxis oftmals wohl nicht erreicht werden dürfte, kann dieser Einschränkung des von der Kommission zugunsten der Marktbeherrscher eingeräumten großzügigen Maßstabs keine große Bedeutung in der Praxis zukommen.

Marktbeherrscher seine Effizienzgewinne ebenfalls an die Verbraucher weitergibt[651]. Auch an dieser Stelle versäumt es die Kommission nicht, darauf hinzuweisen, dass das nachgelagerte Schutzziel des unbeeinträchtigen Wettbewerbs nur das Mittel zum eigentlichen Zweck des primären Schutzes der Konsumentenwohlfahrt sein soll[652]. Bei einem Ausgleich oder einem Überwiegen der Vorteile für die Verbraucher gegenüber den durch das Verhalten des Marktbeherrschers entstehenden Nachteilen ist der von der Kommission angestrebte Schutz der Verbraucherinteressen damit erst dann erfüllt, wenn tatsächlich alle Beeinträchtigungen für die Konsumentenwohlfahrt durch die Vorteile mindestens kompensiert werden[653].

aa) Grad der Marktbeherrschung

Das wesentliche Kriterium bei dieser Einschränkung ist entsprechend den Vorgaben der Kommission zu Art. 101 Abs. 3 AEUV und Art. 2 FKVO letztlich der Grad der Marktbeherrschung beziehungsweise die Marktstärke des Marktbeherrschers: Je stärker der Marktbeherrscher auf dem relevanten Markt aufgestellt ist, desto unwahrscheinlicher ist es, dass er seine Effizienzgewinne an die Verbraucher weitergibt[654]. Das Kriterium der Marktstärke trägt damit nach den Vorgaben im Diskussionspapier der Tatsache Rechnung, dass ein sehr marktstarkes Unternehmen mit der Stärke eines Fast-Monopolisten[655] mögliche Effizienzgewinne nicht in der Form an die Verbraucher weitergeben wird, wie es auf einem von Wettbewerb

---

651 Vgl. die grundlegenden Ausführungen der Kommission, nach welchen der Effizienz-Gedanke und der Schutz der Verbraucher in einem engen Zusammenhang stehen: "The Community competition rules protect competition on the market as a means of enhancing consumer welfare and of ensuring an efficient allocation of resources", vgl. DG Competition Discussion Paper, S. 27.

652 "In order to fulfill the third condition the dominant company needs to show that efficiencies brought about by the conduct concerned outweigh the likely negative effects on competition and therewith the likely harm to consumers that the conduct might otherwise have. This will be the case when the Commission on the basis of sufficient evidence is in a position to conclude that the efficiencies generated by the conduct are likely to enhance the ability and incentive of the dominant company to act pro-competitively for the benefit of consumers", vgl. DG Competition Discussion Paper, S. 27.

653 "This requires that the pass-on of benefits must at least compensate consumers for any actual or likely negative impact caused to them by the conduct concerned", vgl. DG Competition Discussion Paper, S. 27.

654 "It is therefore, when assessing the pass-on requirement, highly unlikely that the exclusionary conduct of a dominant company with a market position approaching that of a monopoly, or with a similar level of market power, can be justified on the ground that efficiency gains would be sufficient to outweigh its actual or likely anti-competitive effects and would benefit consumers", vgl. DG Competition Discussion Paper, S. 27.

655 Vgl. zur monopolannähernden Stellung ("superdominance") des Marktbeherrschers: Wirtz/Möller, WuW 2006, S. 230.

geprägten Markt der Fall wäre. Die Kommission nennt hinsichtlich der von ihr vorgebrachten Einschränkung der Effizienzverteidigung durch die vorgegebene vierte Voraussetzung einen Marktanteil von 75 % als Richtwert, ab welchem von einer Nichtweitergabe der Effizienzen an die Verbraucher auszugehen ist[656]. Bei Erreichen eines solchen Marktanteils will die Kommission die Möglichkeit der Effizienzverteidigung offensichtlich verwehren und nimmt Bezug auf die Rechtsprechung nach dem bisherigen Ansatz[657].

bb) Ausnahme nach den Vorgaben der Ökonomie

Dennoch scheint sich die Kommission zumindest eine theoretische Möglichkeit offen halten zu wollen, zukünftig marktbeherrschende Unternehmen mit einem Marktanteil von über 75 % dennoch in die Gunst einer Effizienzverteidiguing kommen zu lassen. Durch die Betonung, dass die Vorgaben zur Deckelung der Effizienzverteidigung bei einem entsprechenden Marktanteil nur „generell" gegeben und Effizienzvorteile damit zumindest grundsätzlich in absehbarer Zukunft nicht zu erwarten seien, ist zumindest eine diesebezügliche Ausnahme denkbar[658]. Eine solche Möglichkeit einer Ausnahme entspricht auch den Vorgaben der Kommission, jeweils eine möglichst flexible Prüfung sämtlicher Umstände des Einzelfalls vorzunehmen und damit eine möglichst hohe Einzelfallgerechtigkeit zu erzielen, ohne starren Vorgaben im Sinne der Per se-Verbote ausgesetzt zu sein. Das Vorbringen der Kommission entspricht zudem den Vorgaben in der Ökonomie. So ist es in der

---

656 Bei einer solchen monopolartigen Stellung mit einem Marktanteil von 75 % ist nach den Vorgaben der Kommission aufgrund dementsprechend hoher Marktzutrittsbarrieren in absehbarere Zukunft zudem nicht mit substanziellen Marktzutritten zu rechnen: "A dominant company is in general considered to have a market position approaching that of a monopoly if its market share exceeds 75% and there is almost no competition left from other actual competitors in the market, for instance because they are producing at considerably higher costs and / or are severely capacity constrained for a longer period of time, and entry barriers are so substantial that relevant entry can not be expected in the foreseeable future", vgl. DG Competition Discussion Paper, S. 28.

657 Die Kommission stützt sich auf die Vorgabe des EuGH, in welcher dieser feststellt, dass bei einer solchen Marktstärke kein wirksamer Wettbewerb mehr auf dem relevanten Markt durch die Wettbewerber aufrechterhalten werden kann, vgl. EuGH, Slg. 1979, I-461, Rn. 38f., Hoffmann-La Roche; EuG, Slg. 1999, II-2969, Rn. 186, 233, Irish Sugar; vgl. Paul, Behinderungsmissbrauch nach Art. 82 EG und der „more economic approach", S. 170.

658 "A dominant company is <u>in general</u> considered to have a market position approaching that of a monopoly if its market share exceeds 75% and there is almost no competition left from other actual competitors in the market, for instance because they are producing at considerably higher costs and/or are severely capacity constrained for a longer period of time, and entry barriers are so substantial that relevant entry <u>can not be expected in the foreseeable future</u>", vgl. DG Competition Discussion Paper, S. 28 [Unterstreichungen durch den Verfasser].

Ökonomie durchaus möglich, dass – entgegen den bisherigen Vorgaben der europäischen Rechtsprechung – beispielsweise eine Kopplungsbindung zum Zwecke der Preisdifferenzierung (sogenanntes „metering") sogar bei Vorliegen eines Monopols beziehungsweise eines Marktanteils des Marktbeherrschers von über 75 % die Gesamtversorgungslage verbessert und damit letztlich auch die Verbraucherwohlfahrt im Sinne der Effizienzeinrede gesteigert werden kann[659]. Aus ökonomischer Sicht ist eine Ablehnung des Effizienzeinwandes damit sogar bei einem Marktanteil von mehr als 75 % zu statisch und im Ergebnis damit abzulehnen[660]. Unter Berücksichtigung der Vorgaben der Kommission, bislang starre Regelungen durch eine möglichst flexible Prüfung des Einzelfalls zu ersetzen, erscheint ein Rückgriff auf diese Vorgaben der ökonomischen Theorie bei der zukünftigen Anwendung des „more economic approach" durch die Kommission insofern als nicht unwahrscheinlich.

cc) Berücksichtigung langfristiger Effizienzgewinne

Die Kommission stellt in ihrem Diskussionspapier weiter klar, dass neben den sofort eintretenden Effizienzgewinnen grundsätzlich auch eine langfristige Betrachtung vorgenommen werden kann und damit nicht nur kurzfristige Vorteile Berücksichtigung finden dürfen[661]. Durch die Berücksichtigung künftiger Effizienzgewinne durch ein aktuell wettbewerbsschädigendes Verhalten erweitert die Kommission den Rahmen der Effizienzverteidigung in nicht unerheblichem Umfang. In der Praxis könnten marktbeherrschende Unternehmen danach in letzter Konsequenz grundsätzlich missbräuchliches Verhalten aktuell rechtfertigen, weil durch das fragliche Verhalten in der Zukunft Effizienzgewinne zu erwarten sind[662]. Die Kommission

---

659 Vgl. Knieps, Wettbwerbsökonomie, S. 238ff; grundlegend hierzu Bowman, YLJ 1957, S. 23f. In den Praxisfällen liegt stets die Situation zugrunde, dass ein Marktbeherrscher in Monopolstellung den Verkauf eines bestimmten Grundproduktes von der gleichzeitigen Abnahme bestimmter Komplementärprodukte abhängig macht. Durch die Kopplung eines verbrauchbaren Produktes mit dem Grundprodukt ist der Marktbeherrscher in der Lage, den Preis für das Gesamtsystem variabel anhand der jeweiligen Nutzungsintensitäten seiner Abnehmer zu gestalten. Im Ergebnis wurde in den gemäß amerikanischem Kartellrecht entschiedenen Fällen festgestellt, dass trotz der vorhandenen Monopolstellung das Grundprodukt zu einem sehr günstigen Preis angeboten wurde, während allein die verbrauchbaren Komplementärprodukte für einen verhältnismäßig teuren Preis verkauft wurden, vgl. 243 U. S. 502 (1917), Motion Picture Patents Co. ./. Universal Film. Mfg. Co.; 283 U. S. 27 (1931), Carbice Corp. ./. Patents Development Corp; 314 U. S. 488 (1942), Morton Salt Co. ./. G.S. Suppiger Co.; vgl. diesbezüglich auch Tirole, The Theory of Industrial Organization, S. 146ff.

660 Vgl. Paul, Behinderungsmissbrauch nach Art. 82 EG und der „more economic approach", S. 171.

661 Vgl. DG Competition Discussion Paper, S. 27.

662 Diese Vorgaben weiten die an sich schon Marktbeherrscher-freundliche Verteidigungsmöglichkeit der Effizienzeinrede so weit aus, dass der objektive Betrachter

stellt aber einschränkend klar, dass künftige Effizienzgewinne im Rahmen der Verteidigungsmöglichkeit immer weniger berücksichtigt werden sollen, je weiter entfernt sich diese in der Zukunft realisieren[663].

e) Keine vollständige Ausschaltung des Wettbewerbs

Als letzte Voraussetzung für eine erfolgreiche Effizienzverteidigung fordert die Kommission, dass der Wettbewerb auf dem betroffenen Markt nicht vollständig ausgeschaltet wird[664]. Da die Auswirkungen auf einen Markt, auf welchem der Wettbewerb komplett ausgeschaltet wird, weil der Marktbeherrscher ohne jeglichen Druck durch Wettbewerber quasi wie ein Monopolist uneingeschränkt entscheiden kann, so elementar negativ sind, dass ein Überwiegen möglicher Vorteile grundsätzlich nicht mehr erreichbar erscheint, setzt die Kommission ihrer nach den vorherigen Voraussetzungen sehr weit gefassten Möglichkeit der Effizienzverteidigung hiermit eine Grenze, um elementare Marktstrukturschäden zu Lasten der Verbraucher zu verhindern[665]. Diese letzte Voraussetzung wirkt wie ein nachträgliches Zugeständnis an den bisherigen Ansatz, welcher im Gegensatz zum „more economic approach" gerade nicht das primäre Schutzziel der Konsumentenwohlfahrt, sondern des unbeeinträchtigten Wettbewerbs vorgibt. Es wirkt, als wolle die Kommission durch diese Voraussetzung verdeutlichen, dass sie nach der Berücksichtigung der Konsumentenwohlfahrt auch die Berücksichtigung des unbeeinträchtigten Wettbewerbs als nachrangiges Schutzziel nicht vergessen habe, zumindest wenn der Wettbewerb vollständig ausgeschaltet zu werden droht[666]. Die Kommission erkennt

---

den Eindruck bekommen kann, dass sich die Kommission mit ihrem Neuansatz im Sinne eines Lobbyisten für die Interessen der marktbeherrschenden Unternehmen einsetze.

663 "In making this assessment it must be taken into account that the value of a gain for consumers in the future is not the same as a present gain for consumers. In general, the later the efficiencies are expected to materialise in the future, the less weight the Commission can assign to them", vgl. DG Competition Discussion Paper, S. 27. Die Effizienzgewinne müssen sich demnach zumindest in absehbarer Zukunft („timely") realisieren, um von der Kommission berücksichtigt zu werden, vgl. ebenfalls DG Competition Discussion Paper, S. 27, im Anschluss.

664 "The fourth condition is that competition in respect of a substantial part of the products concerned is not and will not be eliminated", vgl. DG Competition Discussion Paper, S. 27.

665 "When competition is eliminated the competitive process is brought to an end and short-term efficiency gains are outweighed by longer-term losses stemming *inter alia* from expenditures incurred by the dominant company to maintain its position (rent seeking), misallocation of resources, reduced innovation and higher prices", vgl. DG Competition Discussion Paper, S. 27f.

666 "Ultimately the protection of rivalry and the competitive process is given priority over possible pro-competitive efficiency gains", vgl. DG Competition Discussion Paper, S. 28.

zumindest an, dass selbst bei möglichen Effizienzgewinnen des Marktbeherrschers diese nicht oder nur sehr unwahrscheinlich überwiegen können[667], wenn durch das fragliche Verhalten gleichzeitig der gesamte Wettbewerb ausgeschaltet wird[668]. Es bleibt festzuhalten, dass der Ansatz der Kommission in Bezug auf die neue Verteidigungsmöglichkeit der Effizienzeinrede deutlich den hervorgehobenen Schutz der Verbraucher betont, während gleichzeitig der Schutz des Wettbewerbs in seiner Gewichtung intensiv herabgestuft wird.

4. *Beweislast bei der Effizienzeinrede*

Ein wesentlicher Punkt bei der Effizienzverteidigung ist die Beweislastverteilung. Der sehr großzügig gestaltete Verteidigungsrahmen wird durch die Vorgaben zur Beweislastverteilung wieder teilweise eingeschränkt. Im Diskussionspapier wird die Beweislast grundsätzlich entsprechend Art. 2 der Verordnung 1/2003/EG[669] verteilt. Das bedeutet, dass in Missbrauchsverfahren die Beweislast grundsätzlich denjenigen trifft, der den Verstoß gegen Art. 102 AEUV geltend macht, sprich die Behörde oder den Wettbewerber als Partei[670]. Sobald ein marktbeherrschendes Unternehmen jedoch den Effizienzeinwand vorbringt und sich damit darauf beruft, dass das fragliche Verhalten ausnahmsweise nicht missbräuchlich ist, kommt es zu einer Beweislastumkehr[671]. Das betroffene Unternehmen muss demnach alle Tatsachen nachweisen,

---

667 Durch die gewählte Formulierung will die Kommission die Möglichkeit der Rechtfertigung trotz eines Ausschaltens des Wettbewerbs letztlich zumindest aber nicht endgültig ausschließen und lässt eine zumindest denkbare Option bewusst offen: "It is therefore, also when assessing the no-elimination-of competition requirement, <u>highly unlikely</u> that abusive conduct of a dominant company with a market position approaching that of a monopoly, or with a similar level of market power, <u>could be justified on the ground that efficiency gains would be sufficient to counteract its actual or likely anti-competitive effects and would benefit consumers</u>. Similarly, in a market where demand is very inelastic <u>it is highly unlikely</u> that abusive conduct of a dominant company which strengthens its dominant position <u>can be justified on the ground that efficiency gains would be sufficient to counteract the actual or likely anti-competitive effects and would benefit consumers"</u>, vgl. DG Competition Discussion Paper, S. 28 [Unterstreichungen durch den Verfasser].

668 "It is therefore, also when assessing the no-elimination-of competition requirement, highly unlikely that abusive conduct of a dominant company with a market position approaching that of a monopoly, or with a similar level of market power, could be justified on the ground that efficiency gains would be sufficient to counteract its actual or likely anti-competitive effects", vgl. DG Competition Discussion Paper, S. 28.

669 Verordnung (EG) Nr. 1/2003 des Rates vom 16. Dezember 2002 zur Durchführung der Artikel 81 und 82 des Vertrages niedergelegten Wettbewerbsregeln, ABl. 2003 Nr. L 1/1.

670 Vgl. Engelsing, Modernisierung von Art. 82 EG, S. 98.

671 "The burden of proof for such an [...] efficiency defence will be on the dominant company", vgl. DG Competition Discussion Paper, S. 24; vgl. diesbezüglich auch:

die einen möglichen Effizienznachweis begründen. Eine solche Beweislastverteilung erscheint zwingend erforderlich, da diese der Interessenlage entspricht und zudem allein die marktbeherrschenden Unternehmen über die internen Informationen für den Nachweis eines möglichen Effizienzgewinnes verfügen[672].

VI. Einzelne Missbrauchspraktiken

In den folgenden Kapiteln geht die Kommission auf die verschiedenen Fälle des Behinderungsmissbrauchs nach den Vorgaben des „more economic approach" ein.

1. Kampfpreise

Durch Kampfpreise versucht ein Unternehmen seine Wettbewerber in Bezug auf die Preisgestaltung massiv zu unterbieten und auf Dauer vom Markt zu verdrängen[673]. Die strategische Senkung des Preises mit dem Ziel der Verdrängung der Wettbewerber auf dem relevanten Markt stellt eine der ältesten und bekanntesten Missbrauchspraktiken im Wettbewerbsrecht überhaupt dar[674].

a) Bisheriger Prüfungsansatz bei Kampfpreisen

Im europäischen Wettbewerbsrecht wurden die Vorgaben zum Prüfungsansatz bei Kampfpreisen wesentlich durch die AKZO-Entscheidung des EuGH geprägt[675]. In der relevanten, im Vergleich zu anderen Missbrauchspraktiken erst sehr späten Entscheidung stellte der EuGH im Jahre 1991 erstmalig die Voraussetzungen für

---

Immenga/Mestmäcker-*Fuchs/Möschel*, Europäisches Kartellrecht, 5. Aufl., Bd. 1, 1.Teil, Art. 102 AEUV, Rn. 161, zur Bestätigung dieser Beweislastverteidung in der späteren Prioritätenmitteilung.

672 Vgl. Engelsing, Modernisierung von Art. 82 EG, S. 99.

673 Vgl. hierzu ausführlich Bittner, Verdrängungsstrategien durch Kampfpreise, S. 65ff.

674 Bereits Ende des 19. Jahrhunderts beschäftigte sich das britische House of Lords mit der Missbrauchspraktik von Kampfpreisen, vgl. Mogul Steamship Co. /. McGregor, Gow & Co. et al. (1892) A. C. 25. Der U. S. Supreme Court entschied Anfang des 20. Jahrhundert in einer wegweisenden Entscheidung das erste Mal über Kampfpreise, vgl. Standard Oil Co. of New Jersey ./. United States, 221 U. S. 1 (1911). Im deutschen Wettbewerbsrecht beschäftigt sich eine Entscheidung des Reichsgerichts aus dem Jahre 1931 das erste Mal mit dieser Missbrauchsvariante, vgl. RG v. 18.12.1931, RGZ 134, 342, 350ff.

675 Vgl. EuGH, Slg. 1991, I-3359, AKZO. Der britische Chemiehersteller ECS hatte in dem der Rechtssache zugrunde liegenden Sachverhalt Beschwerde gegen das Preisverhalten der niederländischen AKZO Chemie B. V. eingereicht. Der relevante Markt zur Überprüfung eines Missbrauchs durch Kampfpreise war der Mehlzusatzsektor. Die Preissenkung erfolgte nach dieser Beschwerde allein als Vergeltungsmaßnahme, weshalb die Beschwerde von der Kommission zur Entscheidung angenommen wurde.

die Anwendbarkeit der Missbrauchskontrolle auf Kampfpreissachverhalte auf[676]. In dieser Entscheidung wurde insbesondere die Voraussetzung einer subjektiven Verdrängungsabsicht hervorgehoben[677]. Zuvor hatte die Europäische Kommission in der dem Urteil des EuGH zugrunde liegenden Entscheidung als zentrale Voraussetzung für das Vorliegen eines Missbrauchs bereits auf eine subjektive Verdrängungsabsicht des Marktbeherrschers abgestellt[678]. Hierdurch wurde auch durch die Kommission ein subjektives Tatbestandsmerkmal in den Mittelpunkt der Missbrauchsanalyse bei Fällen von Kampfpreisunterbietungen gestellt[679]. Objektiv kostenbezogene Kriterien wurden hingegen bewusst nicht in die Prüfung einbezogen[680]. Die Kommission blendete dementsprechend vor Einleitung der Reformbestrebungen ökonomisch geprägte Prüfungsansätze, wie den Vergleich des Kostenmaßstabs im Verhältnis zum Preisniveau, bei der Prüfung von Kampfpreisstrategien bewusst aus. Bemerkenswert ist aber, dass der EuGH trotz des grundsätzlichen Abstellens auf die subjektive Schädigungsabsicht im Gegensatz zur vorausgehenden Entscheidung der Kommission bereits Kostenmaßstäbe als objektive Kriterien in seine Prüfung einbezogen hat. So stellte der EuGH in seinem AKZO-Urteil entgegen den vorhergehenden Feststellungen der Kommission fest, dass Preise, die unter den durchschnittlichen variablen Kosten liegen, immer als missbräuchlich anzusehen seien, da ein Marktbeherrscher

---

676 „Artikel 86 EWG-Vertrag [verbietet] es einem beherrschenden Unternehmen, einen Mitbewerber zu verdrängen und auf diese Weise die eigene Stellung zu stärken, indem es zu anderen Mitteln als denjenigen des Leistungswettbewerbs greift. Unter diesem Gesichtspunkt kann nicht jeder Preiswettbewerb als zulässig angesehen werden“, vgl. EuGH, Slg. 1991, I-3359, Rn. 70, AKZO.

677 Die Beweislast lag grundsätzlich bei den Behörden, wobei in solchen Fällen, in denen der Verdrängungseffekt einer Preisunterbietungsmaßnahme – und damit der wettbewerbsschädigende Zweck – offensichtlich war, keine Beweismittel für die Schädigungsabsicht mehr erforderlich waren, vgl. Komm. v. 14.12.1985, ABl. EG (1985) Nr. L 374, Rn. 80, ECS/AKZO.

678 Vgl. Komm. v. 14.12.1985, ABl. EG (1985) Nr. L 374, Rn. 43, 81f., ECS/AKZO.

679 Vgl. Möschel, RIW 1988, S. 505. Diese subjektive Voraussetzung wurde im zugrunde liegenden Verfahren nach der Entscheidung der Kommission durch interne Gesprächsvermerke des Marktbeherrschers nachgewiesen, sogenannte „smoking guns“, vgl. Komm. v. 14.12.1985, ABl. EG (1985) Nr. L 374, Rn. 33, ECS/AKZO. Vgl. bzgl. des Nachweises anhand von „smoking guns“ auch Wish, Competition Law, S. 705.

680 So stellte die Kommission im wegweisenden ECS/AKZO-Verfahren fest, dass es bezüglich der Missbräuchlichkeit einer Preisunterbietung nicht auf den Kostenmaßstab im Verhältnis zum Preisniveau ankommt „Die Preisunterbietung kann einen wettbewerbsschädlichen Zweck haben, gleichgültig, ob das angreifende Unternehmen seine Preise über oder unter den eigenen Kosten festsetzt“, vgl. Komm. v. 14.12.1985, ABl. EG (1985) Nr. L 374, Rn. 79 ECS/AKZO. Im US-Antitrust-Law wurden hingegen insbesondere durch Initiative des Schrifttums intensive objektive kostenbezogene Maßstäbe zur Beurteilung der Missbräuchlichkeit von Preisunterbietungen herangezogen, vgl. Areeda/Turner, HLR 1975, S. 697ff.

nur dann ein Interesse habe, derartige Preise anzusetzen, wenn er seine Wettbewerber ausschalten wolle, um danach unter Ausnutzung seiner Monopolstellung die Preise wieder erheblich anzuheben[681]. Damit ist festzustellen, dass der EuGH punktuell ökonomisch geprägte Prüfungskriterien unabhängig vom neuen Ansatz des „more economic approach" bereits weit früher in seine Prüfung hat einfließen lassen, ohne dass die Kommission diesen Weg vorgegeben hat. Der EuGH kombinierte den subjektiv geprägten Ansatz letztlich mit objektiven Preiskriterien, indem er in einem der Leitsätze des AKZO-Urteils feststellte, dass bereits Preise, die unter den durchschnittlichen Gesamtkosten, aber über den durchschnittlichen variablen Kosten liegen, „als missbräuchlich anzusehen sind, wenn sie im Rahmen eines Plans festgesetzt wurden, der die Ausschaltung eines Konkurrenten zum Ziel hat[682]".

b) AKZO-Formel des EuGH

Diese Vorgaben formten die sogenannte AKZO-Formel des EuGH, nach welcher Preise unterhalb der durchschnittlichen variablen Kosten, also den Kosten, die von der produzierten Menge abhängig sind, immer als missbräuchlich einzustufen sind[683]. Weiterhin sind danach Preise, die unter den durchschnittlichen Gesamtkosten, also den Fixkosten zuzüglich der variablen Kosten, aber über den durchschnittlich variablen Kosten liegen, missbräuchlich, wenn sie im Rahmen eines Plans zur Ausschaltung eines Konkurrenten festgesetzt wurden[684]. Preise, welche hingegen oberhalb der durchschnittlichen Gesamtkosten festgesetzt werden, sind nach den Vorgaben des Gerichtshofs grundsätzlich als nicht missbräuchlich einzustufen[685]. Trotz des Anliegens des EuGH, durch Einbeziehung objektiver, kostenbezogener Maßstäbe eine Objektivierung des Kampfpreistatbestandes durch eine Anbindung an verifizierbare Kriterien zu erlangen, blieb auch in der Rechtsprechung des EuGH die subjektive Schädigungs- beziehungsweise Verdrängungsabsicht als subjektives

681 Vgl. EuGH, Slg. 1991, I-3359, Rn. 71ff., AKZO. Der EuGH behielt seine Einstellung hinsichtlich der Berücksichtigung von objektiven Preiskriterien auch in der Folgezeit bei, vgl. EuGH, Slg. 1996, I-5951, Rn. 41, Tetra Pak II: „Preise, die unter den durchschnittlichen variablen Kosten liegen, [sind] stets als missbräuchlich anzusehen". [Klammerzusatz durch Verfasser]

682 Vgl. EuGH, Slg. 1991, I-3359, AKZO. Interessant hierzu sind auch die Feststellungen des Generalanwalts Fennelly im Verfahren Compagnie Maritime Belge zu dieser Vorgehensweise des EuGH: „Es ist [...] bemerkenswert, dass der Gerichtshof im Urteil AKZO dem Denkansatz der Kommission nicht gefolgt ist; allerdings muss gesagt werden, dass er ihn auch nicht ausdrücklich verworfen hat", vgl. Schlussanträge, EuGH, Slg. 2000, I-1365, Rn. 126, Compagnie Maritime Belge.

683 Vgl. Immenga/Mestmäcker-*Fuchs/Möschel*, Europäisches Kartellrecht, 5. Aufl., Bd. 1, 1.Teil, Art. 102 AEUV, Rn. 234.

684 Vgl. Immenga/Mestmäcker-*Fuchs/Möschel*, Europäisches Kartellrecht, 5. Aufl., Bd. 1, 1.Teil, Art. 102 AEUV, Rn. 234.

685 Vgl. Krah, EuZW 2012, S. 207.

Tatbestandsmerkmal ein wesentliches Prüfungskriterium[686]. So stellte der Gerichtshof in seinem Compagnie-Maritime-Belge-Urteil fest, dass ein Missbrauch auf jeden Fall vorliegt, wenn dem preisbezogenen Verhalten des Marktbeherrschers ein Plan zugrunde liegt, welcher die Ausschaltung eines Wettbewerbers zum Ziel hat, selbst wenn die angesetzten Preise im konkreten Fall insgesamt sogar kostendeckend sind[687]. Ein konkreter Nachweis, dass die der Verdrängungsabsicht zugrunde liegende Kompensation der Kampfpreise durch spätere Anhebung der Preise als objektives Kriterium zu belegen oder zumindest zu erwarten ist, wird in der bisherigen Rechtsprechung nicht für erforderlich gehalten[688]. Es genügt letztlich eine hinreichend erwiesene Verdrängungsabsicht[689].

c) Zwischenergebnis zum bisherigen Prüfungsansatz

Es lässt sich festhalten, dass die bisherige Beurteilungspraxis sowohl der Kommission als auch des EuGH in Bezug auf die Missbrauchspraktik von Kampfpreisunterbietungen hauptsächlich eine subjektiv orientierte Prüfung vornimmt und dementsprechend als wesentliches Merkmal auf die Verdrängungsabsicht des Marktbeherrschers bezüglich seiner Preispolitik abstellt. Obwohl der EuGH ebenfalls hauptsächlich auf dieses subjektive Element der Verdrängungsabsicht abstellte, zog er aber auch bereits belegbare Kostenmaßstäbe als objektiv ökonomische Indikatoren heran, welche nunmehr im Rahmen des „more economic approach" nach den Vorgaben der Kommission eine wesentliche Rolle einnehmen sollen.

---

686 Vgl. Block, Verkauf unter Einstandspreis, S. 58f.

687 EuGH, Slg. 2000, I-1365, Rn. 117ff., Compagnie Maritime Belge.

688 So stellte der EuGH fest, dass ein zusätzlicher Nachweis, dass der Marktbeherrscher eine tatsächliche Chance habe, seine durch die Kampfpreise entstandenen Verluste wieder auszugleichen, nicht erforderlich sei, vgl. EuGH, Slg. 1996, I-5951, Rn. 44, Tetra Pak II.

689 Vgl. EuGH, Slg. 1996, I-5951, Rn. 44, Tetra Pak II. Dieser Ansatz des EuGH wurde in einer jüngeren Entscheidung des EuG noch einmal aufgegriffen, vgl. EuG, Slg. 2007, II-107, Rn. 227, France Télécom. Hierin unterscheidet sich die bisherige europäische Rechtsprechung zu Kampfpreisen von der amerikanischen Rechtsprechung, nach welcher ein sogenannter recoupment-Nachweis gefordert wird, vgl. exemplarisch 509 U. S. 209, 224 (1993), Brooke Group Ltd. ./. Brown & Williamson Tobacco Corp. Die Erforderlichkeit eines solchen Amortisationsnachweises macht den Unterschied zum subjektiven Ansatz im bisherigen europäischen Wettbewerbsrecht deutlich und stützt sich auf die Erkenntnis, dass ein Verdrängungsplan nur dann angenommen werden kann, wenn überhaupt eine Aussicht auf eine spätere Kompensation der Verluste für den Marktbeherrscher bestehe. Gemäß dem amerikanischen Ansatz trifft die Kartellbehörden die Beweislast für einen Nachweis, dass die Markt- und Wettbewerbsverhältnisse eine „gefährliche Wahrscheinlichkeit" für eine spätere Phase höherer Monopolpreise erwarten lassen und demnach eine begründete Aussicht auf eine Amortisation der missbräuchlich niedrigen Preisunterbietungen gegeben ist, vgl. hierzu ausführlich Areeda/Hovenkamp, Antitrust Law, §§ 726ff.

d) Neuer Ansatz im Diskussionspapier

Zunächst wird auf das Erfordernis der subjektiven Strategie bei Kampfpreisen Bezug genommen, nach welcher die marktbeherrschenden Unternehmen kurzfristige Verluste aufgrund der massiv gesenkten Preise bewusst akzeptieren, um das eigentliche Ziel, einen Wettbewerber vom Markt zu drängen oder von einem Eintritt in den Markt abzuhalten, zu erreichen und damit den auf dem betroffenen Markt bestehenden Wettbewerb behindern[690].

aa) Neuer Bezug zur Konsumentenwohlfahrt

Die Kommission stellt in ihrem Diskussionspapier eingangs klar, dass eine Abgrenzung von Kampfpreisen zu einem normalen Preiswettbewerb, welcher immer auch das Senken von Preisen vorsieht, in der Praxis äußerst schwer ist[691]. Es wird ausgeführt, dass durch einen rechtmäßigen Preiswettbewerb im Endeffekt der Verbraucher am meisten profitiert, weshalb ein solcher über die Senkung von Preisen ausgetragener Wettbewerb sogar ausdrücklich – entsprechend dem vorgegebenen Ziel des vorrangigen Verbraucherschutzes – erwünscht ist[692]. Zudem sei allein die Tatsache, dass die durch das Senken der Preise entstehenden Verluste später durch ein Anheben der Preise kompensiert werden, für sich allein kein Hinweis auf ein missbräuchliches Verhalten[693]. Die Kommission stellt damit die Missbrauchsform

---

690 Hierdurch leitet die Kommission ihren neuen Ansatz auf Grundlage der bisherigen Vorgaben der Entscheidungspraxis ein, welche wesentlich auf das subjektive Element der Schädigungsabsicht und den bisherigen Ansatz des primären Schutzes des Wettbewerbs abstellten. Hierdurch wird wiederum der sanfte Übergang zum neuen Ansatz des „more economic approach“ ohne eine vollkommene Abkehr von der bisherigen Praxis verdeutlicht: “For the purposes of Article 82 predatory pricing can be defined as the practice where a dominant company lowers its price and thereby deliberately incurs losses or foregoes profits in the short run so as to enable it to eliminate or discipline one or more rivals or to prevent entry by one or more potential rivals thereby hindering the maintenance or the degree of competition still existing in the market or the growth of that competition”, vgl. DG Competition Discussion Paper, S. 28.

691 ”Predatory pricing is in practice often difficult to distinguish from normal price competition. The lowering of prices, the directly visible part of predation, is also an essential element of competition“, vgl. DG Competition Discussion Paper, S. 28.

692 “By lowering its price and/or improving the quality of its products a company competes on the market. This is competition that benefits consumers and that a competition authority wants to defend and protect. Pricing is not predatory merely because a company is lowering its price”, vgl. DG Competition Discussion Paper, S. 28.

693 Ein solcher Ablauf sei z. B. wettbewerbsrechtlich zulässig, um in einen Markt einzusteigen oder um die Verbraucher an ein neues Produkt zu gewöhnen: “Pricing is also not predatory just because the lower price means incurring losses or foregoing profits in the short run. An investment in temporarily lower prices may

der Kampfpreise unmissverständlich unter die Vorgabe ihres neuen Leitbildes des primären Schutz der Verbraucherwohlfahrt[694]. Maßgeblich für eine Beurteilung, ob es sich um verbotene Kampfpreise handelt, ist wiederum der von der Kommission nach den Vorgaben im Diskussionspapier zugrunde gelegte Kostenmaßstab. Bevor die Kommission im Diskussionspapier auf die nach ihrem Neuansatz relevanten, verschiedenen Kostenarten hinsichtlich dieser Missbrauchsform eingeht, stellt sie vorgreifend fest, dass die Dauer des missbräuchlichen Verhaltens den zeitlichen Rahmen der Überprüfung bildet und misst damit im Sinne der Einzefallgerechtigkeit kurzfristigen Preissenkungen ein geringeres Missbrauchspotenzial als langfristigen Preissenkungsstrategien zu[695].

bb) Durchschnittliche vermeidbare Kosten

Im Anschluss führt die Kommission hinsichtlich der Beurteilung von Kampfpreisen eine neue Kostengröße als Beurteilungsmaßstab nach dem „more economic approach" ein, indem sie zunächst feststellt, dass die nach dem bisherigen Ansatz zu prüfenden Grenzkosten bei der Prüfung nicht als zugrunde zu legender Maßstab geeignet sind, weil dieser Kostenmaßstab nur sehr schwer festzustellen sei und für jede produzierte Einheit verschieden hoch sein kann[696]. Vielmehr ist nach Ansicht der Kommission auf den Kostenmaßstab der „durchschnittlichen vermeidbaren Kosten" abzustellen[697]. Der Maßstab der durchschnittlichen vermeidbaren Kosten deckt sich dabei nach den Vorgaben der Kommission häufig mit dem Maßstab der

---

for instance be required to enter a market or to make more customers familiar with the product", vgl. DG Competition Discussion Paper, S. 28.

694 Die Kommission macht durch die aufgezeigten Ausführungen unmissverständlich deutlich, dass sie Niedrigpreisstrategien als zulässig einstufen will, solange diese den Verbauchern Vorteile bringen, unabhängig davon, ob das entsprechende Verhalten nach dem bisherigen Ansatz missbräuchlich war.

695 "To use a cost benchmark one needs to decide on the relevant time period over which to measure the costs. This is important because what is a fixed cost in the short run may become a variable cost in the longer run. In the long run all factors of production become variable as the production process, the plant and machines will be replaced. What are fixed and variable costs can only be determined in the actual situation of the case", vgl. DG Competition Discussion Paper, S. 32.

696 "In theory, the MC benchmark does answer the question for each individual unit of output separately; a price below MC means that the production and sale of that unit led to an immediate loss that could have been avoided by not producing that unit. However, not only is the per unit approach cumbersome, in most cases there will be no data available to calculate MC", vgl. DG Competition Discussion Paper, S. 32.

697 "The AAC benchmark is the appropriate and practical answer to the question about avoidable losses", vgl. DG Competition Discussion Paper, S. 32.

durchschnittlichen variablen Kosten. Dies liegt daran, dass sich die Fixkosten durch geringere Produktion meist nicht verringern[698].

cc) Sacrifice-Test

Die Kommission führt unter Bezugnahme auf diese für sie künftig wesentliche Kostenart der durchschnittlichen vermeidbaren Kosten den sogenannten Sacrifice-Test in die Missbrauchskontrolle ein, anhand dessen eine Vermutung der Missbräuchlichkeit auf Grundlage der durchschnittlichen vermeidbaren Kosten hergeleitet werden soll[699]. Zu prüfen ist das Vorliegen einer Selbstschädigung des marktbeherrschenden Unternehmens durch billigende Inkaufnahme von Verlusten bzw. Gewinneinbußen, die unter Bedingungen eines unbeeinträchtigten Wettbewerbs nicht eingetreten wären[700]. Im Ergebnis besteht nach diesem Maßstab eine widerlegbare Vermutung für das Vorliegen von Kampfpreisen, wenn der Angebotspreis unter den durchschnittlichen vermiedenen Kosten liegt[701]. Liegt der Angebotspreis zwar über den durchschnittlichen vermiedenen Kosten, aber noch unter den durchschnittlichen Gesamtkosten, kann nach dem Ansatz der Kommission nicht mehr von einer solchen widerlegbaren Vermutung ausgegangen werden[702]. Für die Annahme eines

698 "Often the AAC benchmark will be the same as the AVC benchmark as in many cases only variable costs can be avoided", vgl. DG Competition Discussion Paper, S. 32.

699 "If the price charged by the dominant company is below AAC this means that the dominant company incurred a loss that it could have avoided. It is, at least in the short run, not minimising its losses. This is sufficient to presume that the dominant company made this sacrifice in order to exclude the targeted competitor", vgl. DG Competition Discussion Paper, S. 31.

700 Vgl. Pries, Kampfpreismissbrauch im ökonomisierten EG-Kartellrecht, S. 92f.

701 Die Kommission stellt somit bewusst auf die Kosten ab, die das marktbeherrschende Unternehmen ohne das missbräuchliche Verhalten hätte vermeiden können, da ein unter diesen Kosten liegender Preis zumindest kurzfristig zu Verlusten führt, die aufgrund der mangelnden Wirtschaftlichkeit und damit aufgrund ihrer Vermeidbarkeit nach Ansicht der Kommission für die Vermutung einer missbräuchlichen Preisstrategie zur Verdrängung des Wettbewerbers ausreichen: „If the price charged by the dominant company is below AAC this means that the dominant company incurred a loss that it could have avoided. It is, at least in the short run, not minimising its losses. This is sufficient to presume that the dominant company made this sacrifice in order to exclude the targeted competitor", vgl. DG Competition Discussion Paper, S. 31.

702 "Pricing below average total cost will not entail losses by the mere production of that (particular part of its) output. While the sales do not cover total costs, they still allow coverage of all variable costs and a part of the fixed costs. It is for this reason that above average avoidable cost predation can not be presumed. Extra elements of proof are required to substantiate a prohibition decision", vgl. DG Competition Discussion Paper, S. 33.

Missbrauchs bedarf es in einem solchen Fall weiterer Umstände, nämlich eines unmittelbaren oder mittelbaren Nachweises der Verdrängungsstrategie[703].

dd) Unmittelbare und mittelbare Beweise

Die Kommission erklärt im Anschluss, was genau sie unter unmittelbaren und mittelbaren Beweisen versteht. Demnach werden unmittelbare Beweise zum Beispiel durch belastende Dokumente erbracht, welche das missbräuchliche Verhalten direkt aufdecken[704]. Für den Fall, dass solche unmittelbaren Nachweise nicht vorliegen oder nicht herangezogen werden können, will die Kommission künftig auch mittelbare Nachweise der Missbräuchlichkeit zulassen. Ein mittelbarer Nachweis ist demnach gegeben, wenn den Niedrigpreisen kein nachvollziehbares kaufmännisches Konzept zugrunde liegt („no commercial sense") und dementsprechend die Missbrauchsabsicht als einzige rationale Erklärung des Verhaltens des marktbeherrschenden Unternehmens in Frage kommt[705]. Wird im Ergebnis demnach festgestellt, dass

---

703 "Direct evidence of a predatory strategy" und "Indirect evidence of a predatory strategy", DG Competition Discussion Paper, S. 33.

704 Der von der Kommission verlangte unmittelbare Nachweis fordert demnach schlüssige und detaillierte Dokumente oder Unterlagen des marktbeherrschenden Unternehmens, welche die Schädigungsabsicht nachweisen: "Direct evidence of a predatory strategy can consist of documents from the dominant company, such as a detailed plan demonstrating the use of predatory prices to exclude a rival, to prevent entry or to pre-empt the emergence of a market, or evidence of concrete threats of predatory action. Such evidence needs to be clear cut about the predatory strategy and for instance indicate the specific steps the dominant company is taking and not just concern company internal general talk that the dominant company "will crush the competition"", vgl. DG Competition Discussion Paper, S. 33.

705 Für einen entsprechenden Nachweis muss nach den Vorgaben der Kommission das gesamte wirtschaftliche Umfeld des fraglichen Unternehmens analysiert werden: "In case there is no direct evidence of a predatory strategy a case will have to be built on indirect evidence of such a strategy to predate. In arguing such a case the following elements will in particular be of relevance to show a plausible scheme of predation: does the pricing behaviour only make commercial sense as part of a predatory strategy or are there also other reasonable explanations, is there an actual or likely exclusionary effect, the scale, duration and continuity of the low pricing, does the dominant company actually incur specific costs in order for instance to expand capacity which enables it to react to entry, are certain customers selectively targeted, is there concurrent application of other exclusionary practices, does the dominant company have the possibility to off-set its losses with profits earned on other sales, does it have the possibility to recoup the losses in the foreseeable future through (a return to) high prices, can predation on one market have a reputation effect on other markets, is the prey particularly dependent on external financing and does the preyhave counter strategies", vgl. DG Competition Discussion Paper, S. 33.

den Niedrigpreisen keinerlei wirtschaftlich sinnvolles Konzept oder wirtschaftlich plausible Erklärung zugrunde liegen, muss im konkreten Einzelfall eine Behinderungswirkung nach den Vorgaben der Kommission nicht mehr nachgewiesen werden[706]. Ist so ein eindeutiges Urteil über das zugrunde liegende wirtschaftliche Konzept nicht möglich, fordert die Kommission eine darüber hinausgehende Feststellung, ob eine Behinderungswirkung durch das fragliche Verhalten zumindest als wahrscheinlich erscheint[707]. In diesem Prüfungspunkt weicht die Kommission damit systemwidrig von ihrem Auswirkungsansatz ab, indem sie auf eine Feststellung der konkreten Schädigungsfolgen verzichten will.

ee) Preise oberhalb der Gesamtkosten

Zum Abschluss dieser abgestuften Analyse einer Kampfpreisstrategie anhand der verschiedenen Kostenarten stellt die Kommission fest, dass Preise, die oberhalb der Gesamtkosten liegen, hinsichtlich der Annahme einer missbräuchlichen Kampfpreisstrategie grundsätzlich unbedenklich sind. Dabei liegt die Betonung auf „grundsätzlich“, weil nach dem neuen Ansatz der Kommission wiederum durchaus Situationen denkbar sind, in denen missbräuchliche Kampfpreise vorliegen, obwohl die angesetzten Preise über den Gesamtkosten liegen[708]. Die Kommission macht damit auch in diesem Punkt deutlich, dass sie sich immer den Weg einer einzelfallbezogenen, flexiblen Prüfung aufrecht erhalten will und sich somit in Abgrenzung

706 "If the pricing behaviour only makes commercial sense as part of a predatory strategy and there are no other reasonable explanations, such will normally suffice to show a strategy to predate, certainly if also other exclusionary practices are applied by the dominant company. In such a case it will not be necessary to show that a foreclosure effect is likely", vgl. DG Competition Discussion Paper, S. 33f.

707 Die Kommission betont, dass allein die Wahrscheinlichkeit einer beeinträchtigenden Wirkung für sich nicht als ausreichend angesehen werden kann, sondern auf weitere Umstände des Einzelfalls zurückgegriffen werden muss, um eine Schlussfolgerung ziehen zu können: „In all other cases it is at least necessary to show that a foreclosure effect is likely in view of the scale, duration and continuity of the low pricing before predatory pricing can be found to exist. In general it will not suffice to show only the likely foreclosure effect. The investigation of more elements is usually necessary before a strategy to predate can be convincingly shown", vgl. DG Competition Discussion Paper, S. 34.

708 Ein solcher Fall eines Missbrauchs der marktbeherrschenden Stellung durch das Ansetzen von Preisen, die tatsächlich über den Gesamtkosten liegen, ist nach Ansicht der Kommission beispielsweise im Fall von kollektiven Abschottunsstrategien gegeben: "An example of such an exceptional situation is where companies in a collective dominant situation apply a clear strategy to collectively exclude or discipline a competitor by selectively undercutting the competitor and thereby putting pressure on its margins, while collectively sharing the loss of revenues", vgl. DG Competition Discussion Paper, S. 37.

zum bisherigen Ansatz nicht vor Berücksichtigung der konkreten Umstände des Einzelfalls in Bezug auf das Ergebnis festlegen will.

e) Zwischenergebnis zum Neuansatz bei Kampfpreisen

Die Kommission orientiert sich bei dem von ihr im Diskussionspapier vorgegebenen Prüfungsrahmen von Kampfpreisstrategien zunächst an den grundsätzlichen Vorgaben der Rechtsprechung nach dem AKZO-Urteil des Europäischen Gerichtshofs. Auch nach den Vorgaben im Diskussionspapier muss eine Missbrauchsabsicht im Einzelfall nicht nachgewiesen werden, wenn der vom Marktbeherrscher angesetzte Preis eine bestimmte Kostengrenze unterschreitet[709]. Damit wird der von der Kommission als einer der Grundpfeiler des „more economic approach" vorgesehene Auswirkungsansatz in Bezug auf diesen Prüfungspunkt nicht konsequent verfolgt. Lediglich die Berechnung der Kostengrenze modifiziert die Kommission, indem sie statt den bislang wesentlichen durchschnittlichen variablen Kosten die durchschnittlichen vermeidbaren Kosten in Relation zu den tatsächlich angesetzten Preisen setzt und damit erneut ihre Kenntnis und hohe Wertschätzung hinsichtlich ökonomischer Größen wie der verschiedenen Kostenarten, angepasst an die konkreten Umstände unter Berücksichtigung modernster Vorgaben der Ökonomie, verdeutlicht. Die Kommission kann sich aber trotz dieses neuen, ökonomischen Akzents in Bezug auf die Prüfung von Kampfpreisen nicht dazu durchringen, den von ihr vorgeschlagenen Auswirkungsansatz auch hinsichtlich dieses Prüfungspunktes konsequent durchzusetzen. Vielmehr behält die Kommission die Vorgaben des bisherigen Ansatzes bei und modifiziert diese lediglich geringfügig durch eine weitergehende Analyse anhand der ökonomischen Bezugsgröße des Kostenmaßstabes. So werden nach den Vorgaben des Diskussionspapiers bestimmte Preisansetzungen auch künftig grundsätzlich als Verhalten auf Basis einer Missbrauchsvermutung verboten sein, ohne dass eine weitere Prüfung der konkreten Auswirkungen der Preisgestaltung erforderlich wird.

Zuletzt verschiebt die Kommission die obere Grenze einer missbräuchlichen Preisgestaltung durch die Feststellung, dass künftig auch solche Preisansetzungen durchaus missbräuchlich nach Art. 102 AEUV sein können, bei denen die Preise über den durchschnittlichen Gesamtkosten liegen. Da solche Konstellationen aber nur in Ausnahmefällen in Betracht kommen, ist dieser Ansatz der Kommission zu vernachlässigen und wirkt wie ein Versuch, trotz der Beibehaltung der Vermutung einer Missbrauchsabsicht den Eindruck einer möglichst flexiblen Prüfung unter Berücksichtigung der konkreten Umstände des Einzelfalls zu hinterlassen.

2. Alleinbezugsvereinbarungen und Rabatte

Ein Fall der Alleinbezugs- oder Exklusivitätsvereinbarung ist gegeben, wenn sich ein Abnehmer verpflichtet, seinen gesamten Bedarf bei einem einzigen Lieferanten

709 Vgl. EuGH, Slg. 1991, I-3359, Rn. 71ff. – AKZO.

zu decken. Der Missbrauchstatbestand der Alleinbezugsvereinbarungen und Rabatte wird zusammenfassend auch als Fallgruppe der Wettbewerbsverbote bezeichnet[710]. Der praktische Wert dieses Missbrauchstatbestandes ist noch größer als der Tatbestand der Kampfpreisunterbindungen und erfasst die in der Praxis häufig vorkommenden Fälle, in welchen vertragliche Vereinbarungen und Anreizsysteme getroffen, beziehungsweise geschaffen werden, welche die Abnehmer oder auch Lieferanten ganz oder zumindest überwiegend an das marktbeherrschende Unternehmen binden[711]. Wesentliches Kriterium ist dabei, dass das gebundene Unternehmen keine betriebswirtschaftlich sinnvollen Möglichkeiten mehr besitzt, mit anderen Wettbewerbern in Geschäftsbeziehungen zu treten[712].

a) Bisheriger Prüfungsansatz bei Alleinbezugsvereinbarungen und Rabatten

Der bisherige Ansatz im europäischen Wettbewerbsrecht zu den Fällen der Wettbewerbsverbote orientiert sich an den Vorgaben des amerikanischen Antitrust-Rechts, welches sich bereits im Jahre 1914 erstmals mit solchen Exklusivitätsvereinbarungen auseinander zu setzen hatte[713]. Auch der Supreme Court beschäftigte sich intensiv mit der Fallgruppe der Wettbewerbsverbote und setzte klare Grenzen in Bezug auf exklusive Vereinbarungen[714].

---

710 Die Bezeichnung als Fallgruppe der Wettbewerbsverbote geht zurück auf die Definitionsnorm der Verordnung (EG) Nr. 2790/1999 der Kommission vom 22. Dezember 1999 über die Anwendung von Artikel 81 Absatz 3 des Vertrages auf Gruppen von vertikalen Vereinbarungen und aufeinander abgestimmten Verhaltensweisen (Vertikal-GVO). Nach Art. 1 lit. b der Vertikal-GVO sind Wettbewerbsverbote alle unmittelbaren oder mittelbaren Verpflichtungen, die den Käufer veranlassen, keine Waren oder Dienstleistungen herzustellen, zu beziehen, zu verkaufen oder weiterzuverkaufen, die mit den Vertragswaren oder -dienstleistungen im Wettbewerb stehen, sowie alle unmittelbaren oder mittelbaren Verpflichtungen des Käufers, mehr als 80% seiner auf der Grundlage des Einkaufswertes des vorherigen Kalenderjahres berechneten gesamten Einkäufe von Vertragswaren oder -dienstleistungen sowie ihrer Substitute auf dem relevanten Markt vom Lieferanten oder einem anderen vom Lieferanten bezeichneten Unternehmen zu beziehen.

711 Vgl. Immenga/Mestmäcker-*Fuchs/Möschel*, Europäisches Kartellrecht, 5. Aufl., Bd. 1, 1.Teil, Art. 102 AEUV, Rn. 214.

712 Paul, Behinderungsmissbrauch nach Art. 82 EG und der „more economic approach", S. 199.

713 So wurde die Sec. 3 des Clayton Acts als Kontrollnorm geschaffen, um solche Vereinbarungen mit wettbewerbsschädigenden Auswirkungen zu verhindern, vgl. Jacobson, ALJ 2002, S. 317f.

714 Vgl. 258 U. S. 346 (1922), Standard Fashion Co. /. Magrane Houston Co.; 258 U. S. 451 (1922), United Shoe Machinery Corp. /. United States.

aa) Ausschließlichkeitsbindungen

Im europäischen Recht erging die erste Entscheidung zu einem Fall des Wettbewerbsverbotes erst deutlich später[715]. Im Jahre 1979 bestätigte der EuGH in seiner Leitentscheidung Hoffmann-La Roche die Anwendbarkeit des Missbrauchsverbots auf Exklusivitätsvereinbarungen im Sinne von Wettbewerbsverboten[716] und gab in seinem Urteil eindeutige Vorgaben zu diesem Missbrauchstatbestand[717]. So wurde durch den EuGH festgestellt, dass Ausschließlichkeitsbindungen grundsätzlich als missbräuchlich zu werten sind, wenn sie dem Vertragspartner durch ein Unternehmen in einer marktbeherrschenden Position einseitig benachteiligend auferlegt werden[718]. Zudem wurde festgestellt, dass dieser Grundsatz unabhängig davon gilt, ob die Bindungsvereinbarung freiwillig[719] oder unter wirtschaftlichem Druck zustande kommt, ob sie rechtlicher oder faktischer Natur ist und ob sie den gesamten Bedarf des Vertragspartners oder nur einen beträchtlichen Teil betrifft[720]. Diese strikten Vorgaben bei Fällen der Wettbewerbsverbote sieht der EuGH dadurch begründet, dass die Bindungsvereinbarungen nicht auf einer wirtschaftlichen Leistung, welche die jeweilige Belastung und den entsprechenden Vorteil rechtfertigt, beruhen, sondern allein darauf abzielen, eine Wahl des Vertragspartners zwischen verschiedenen Bezugsquellen zu verhindern oder zumindest zu beeinträchtigen und dadurch anderen Wettbewerbern den Zugang zum relevanten Markt zu erschweren oder sogar zu verhindern[721]. Missbräuchliche Fälle von Wettbewerbsverboten

---

715 Zwar gab es bereits im Jahre 1962 eine Entscheidung des EuGH zu vertikalen Bindungsvereinbarungen, sie bezog sich aber allein auf das Kartellverbot nach dem heutigen Art. 101 Abs. 1 AEUV und nicht auf die Missbrauchskontrolle nach dem heutigen Art. 102 AEUV, vgl. EuGH, Slg. 1962, I-99, de Geus.

716 Zu den Anwendungsfällen dieses Missbrauchstatbestandes zählen auch alle Formen von Rabatt-, Boni- und Skontivereinbarungen, soweit der Marktbeherrscher seinen Abnehmern als Gegenleistung für besondere Bezugstreue einen Preisnachlass gewährt und diese aus betriebswirtschaftlichen Gesichtspunkten wie eine Exklusivbindungsvereinbarung wirken, vgl. Mestmäcker/Schweitzer, Europäisches Wettbewerbsrecht, § 17, Rn. 52.

717 Vgl. EuGH, Slg. 1979, I-461, Rn. 90ff. und Rn. 149ff., Hoffmann-La Roche.

718 Dieser Grundsatz der Missbräuchlichkeit wurde nach dem Hoffmann-La Roche-Urteil des EuGH durchgehend gerichtlich bestätigt, vgl. die Zusammenfassung der Rechtsprechung bei Grabitz/Hilf-*Jung*, Kommentar zum Recht der Europäischen Union, 35. Auflage, Art. 82, Rn. 174.

719 Es wurde durch den EuGH sogar vorgegeben, dass eine Alleinbezugsvereinbarung selbst dann missbräuchlich ist, wenn die Initiative zum Abschluss der Vereinbarung allein vom Handelspartner des marktbeherrschenden Unternehmens ausgeht, vgl. EuGH, Slg. 2006, I-9091, Rn. 129, Unilever Bestfoods.

720 Vgl. EuGH, Slg. 1979, I-461, Rn. 149, Hoffmann-La Roche; vgl. auch EuGH, Slg. 1991, I-3359, Rn. 149, AKZO.

721 Vgl. EuGH, Slg. 1979, I-461, Rn. 90, Hoffmann-La Roche. In sämtlichen folgenden Urteilen zu Wettbewerbsverboten wird die wettbewerbsfeindliche Intention des Marktbeherrschers zu Lasten der Handlungsfreiheit des Handelspartners und

wurden entsprechend diesen Vorgaben des EuGH als Verstoß gegen einen normalen Produkt- und Dienstleistungswettbewerb und damit als leistungswidrige Behinderungspraktiken bezüglich der Regelbeispiele in Art. 102 UAbs. 2 lit. a), b) und c) AEUV gerichtlich festgestellt[722].

Es lässt sich festhalten, dass die Rechtsprechung bislang äußerst strenge Vorgaben in Bezug auf Exklusivvereinbarungen und Rabatte setzt und beinahe stets von leistungswidrigen Behinderungspraktiken ausgeht[723]. Auch in der jüngeren Rechtsprechung wurde diese restriktive Haltung beibehalten[724].

bb) Rabatte

Entsprechend den engen Vorgaben der Rechtsprechung im Bereich der Ausschließlichkeitsvereinbarungen bewertet die bisherige Rechtsprechung nur in besonderen Ausnahmefällen Vergünstigungen und Anreize im Bereich der Rabatte als nicht missbräuchlich. Gefordert wird eine klare und verifizierbare kostenbezogene Rechtfertigung der Vergünstigungen und Rabatte, entweder in Form einer Kostenübernahme des Abnehmers[725] oder in Form einer genuinen Kostenersparnis auf Seiten des Anbieters in Folge von Skalen- oder Verbunderträgen[726]. Die Rechtsprechung macht in diesem Zusammenhang die Vorgabe, dass die Kosteneinsparung des Marktbeherrschers und der gewährte Nachlass gegenüber seinem Vertragspartner sich in der Höhe des Betrages decken müssen[727]. Aus diesen Vorgaben lässt sich der Grundsatz ableiten, dass Nachlässe durch marktbeherrschende Unternehmen

---

zu Lasten der Marktzutrittsmöglichkeiten der Wettbewerber herausgestellt, vgl. Schröter/Jakob/Mederer-*Schröter*, Kommentar zum Europäischen Wettbewerbsrecht, Art. 82 EG, Rn. 215; Grabitz/Hilf-*Jung*, Kommentar zum Recht der Europäischen Union, 35. Auflage, Art. 82, Rn. 174.

722 Vgl. die umfassenden Rechtsprechungsnachweise in: Mestmäcker/Schweitzer, Europäisches Wettbewerbsrecht, § 17 Rn. 52.

723 Vgl. Paul, Behinderungsmissbrauch nach Art. 82 EG und der „more economic approach", S. 200.

724 Vgl. das Urteil British Airways und das Urteil Michelin II des EuG, in welchen verschiedene Rabattsysteme wie Zielrabattsysteme für Reisevermittler, Jahresmengenrabattsysteme, Serviceprämien und Steigerungsprämien durchweg als missbräuchlich beurteilt wurden, weil die finanziellen Anreize jeweils auf eine Bezugskonzentration beim marktbeherrschenden Unternehmen abzielten und damit nach Art. 102 AEUV zu untersagen waren, vgl. EuG, Slg. 2003, II-4071, Rn. 58, Michelin II und EuG, Slg. 2003, II-5917, Rn. 245, British Airways, bestätigt durch EuGH, Slg. 2007, I-2331, Rn. 68, British Airways.

725 Sog. Funktionsrabatt, bei welchem der Abnehmer bestimmte Aufgaben des Marktbeherrschers übernimmt und diesem hierdurch Kosten erspart, vgl. Simon, Gabler Wirtschaftslexikon, abrufbar unter: http://wirtschaftslexikon.gabler.de/Definition/funktionsrabatt.html.

726 Vgl. Kamann/Bergmann, BB 2004, S. 1174ff.

727 Es wird aber keine konkrete Prüfung der Deckungsgleichheit im Einzelfall vorgenommen, sondern vielmehr vermutet, dass z. B. bei Mengenrabatten der gewährte

dann gewährt werden dürfen, wenn sie sich ausschließlich an dem Umfang der tatsächlichen Käufe durch den Abnehmer des marktbeherrschenden Unternehmens orientieren[728]. Das Vorliegen der Voraussetzungen für eine solche Ausnahme der Rechtmäßigkeit wird im Rahmen des bisherigen Ansatzes nach einem strengen Maßstab geprüft. So wird insbesondere ermittelt, ob die gewährten Rabatte darauf abzielen, dem jeweiligen Abnehmer gerade durch die Gewährung eines Vorteils, welcher nicht auf einer wirtschaftlichen Leistung beruht, die Wahlmöglichkeit in Bezug auf seine Vertragspartner zu nehmen oder zumindest einzuschränken[729]. Weiterhin wird geprüft, ob das Ziel der Vereinbarung nicht darin liegt, gegenüber Handelspartnern bei gleichwertigen Leistungen unterschiedliche Bedingungen festzulegen, um durch einen aufgrund der gewährten Rabatte verfälschten Wettbewerb lediglich die beherrschende Stellung auf dem Markt zu festigen oder zu stärken[730]. Auch der Zeitraum des gewährten Nachlasses spielt nach dem bisherigen Ansatz bei der Beurteilung eine Rolle, wobei eine Missbräuchlichkeit umso wahrscheinlicher ist, je länger die Zeitspanne des gewährten Nachlasses ist[731].

b) Zwischenergebnis zum bisherigen Prüfungsansatz

Im Ergebnis lässt sich festhalten, dass die europäische Rechtsprechung Ausschließlichkeitsbindungen und Rabattsysteme grundsätzlich als unzulässige Wettbewerbsverbote klassifiziert, weil vertraglichen Exklusivbindungen eine wettbewerbsfeindliche Ziel- und Zweckbindung unterstellt wird und Rabattsysteme hiernach den Zweck der Kunden- beziehungsweise Abnehmerbindung und damit eine wettbewerbsfeindliche Zielrichtung verfolgen, welche jeweils nur in Ausnahmefällen widerlegt werden kann[732].

Nachlass den Zugewinn an Effizienz und Größenvorteilen des marktbeherrschenden Unternehmen widerspiegelt, vgl. EuG, Slg. 2003, II-4071, Rn. 58, Michelin II.

728 Die Rechtsprechung hat einen solchen Grundsatz bislang ausschließlich für die Fälle der reinen Mengenrabatte formuliert, wonach „ein marktbeherrschendes Unternehmen seinen Kunden Mengenrabatte gewähren [darf], die ausschließlich an dem Umfang der bei ihm getätigten Käufe anknüpfen", EuG, Slg. 2003, II-4071, Rn. 71, Michelin II; EuGH, Slg. 2001, I-2613, Rn. 50, Portugiesische Republik.

729 Vgl. EuG, Slg. 2003, II-4071, Rn. 62, Michelin II.

730 Vgl. EuG, Slg. 2003, II-4071, Rn. 62, Michelin II.

731 So sollen Zeiträume bis zu drei Monaten gegen eine Missbräuchlichkeit sprechen, während Zeiträume von einem Jahr aufgrund eines Sogeffekts zum Jahresende grundsätzlich als missbräuchlich bewertet werden, vgl. Komm. v. 20.06.2001, ABl. EG (2002) Nr. L 143, S. 1, Rn. 216, Michelin und EuGH, Slg. 1983, I-3461, Rn. 71, Michelin I.

732 Vgl. Paul, Behinderungsmissbrauch nach Art. 82 EG und der „more economic approach", S. 202f.

c) Neuer Ansatz im Diskussionspapier

Die Kommission übernimmt diese restriktiven Vorgaben des bisherigen Ansatzes nicht und gibt stattdessen ökonomische Vorgaben zur Prüfung von Ausschließlichkeitsbindungen und Rabatten.

aa) Vorgaben der ökonomischen Theorie

In der ökonomischen Theorie wird einerseits grundlegend – entsprechend den bisherigen Vorgaben der Rechtsprechung – davon ausgegangen, dass Ausschließlichkeitsvereinbarungen gerade als strategisches, machtausbauendes Mittel von marktbeherrschenden Unternehmen eingesetzt werden können und zwar gezielt zum Zwecke der Marktabschottung und Stärkung der Marktposition des Marktbeherrschers[733]. Nach den Ansätzen der Chicago School ist ein Einsatz von Exklusivbindungen und Rabattsystemen aber nicht nur in einer ausschließlich für den Marktbeherrscher profitablen Form möglich[734]. Nach diesem Ansatz sind durchaus wettbewerbsfördernde Effizienzgewinne durch die Vereinbarungen von Ausschließlichkeitsbindungen und Rabattsystemen denkbar[735]. Der in der Ökonomie neuere Ansatz der Post Chicago School geht auf der Grundlage einer spieltheoretisch orientierten Wettbewerbsökonomik davon aus, dass eine pauschalierte Beurteilung, wie sie grundsätzlich von der bisherigen Rechtsprechung vorgenommen wurde, nicht möglich ist, weil weder Ausschließlichkeitsvereinbarungen noch Rabattsysteme per se wettbewerbsfördernd oder -schädigend sind, weshalb grundsätzlich eine Prüfung des Einzelfalls vorgenommen werden muss[736].

bb) Abkehr vom bisherigen Ansatz

Diesen neuen ökonomischen Ansatz greift die Kommission in ihrem Diskussionspapier auf, indem sie sich zunächst eindeutig von der bisherigen, gemeinschaftsrechtlichen Spruchpraxis im Sinne des Hoffmann-La Roche Urteils des EuGH distanziert[737]. Die Kommission will entsprechend den Vorgaben im Diskussionspapier auf Grundlage des modernen ökonomischen Ansatzes Alleinbezugsvereinbarungen und auch Rabattsysteme nicht einer starren, sondern flexibleren Prüfung anhand der konkreten Umstände des Einzelfalls unterziehen und dabei gerade auch im Sinne des „more economic approach“ wettbewerbsfördernde Auswirkungen dieser Praktiken

---

733 Vgl. Spector, Competition Policy International 2005, S. 97ff.

734 Vgl. Bork, The Antitrust Paradox, S. 304ff.

735 Vgl. Bork, The Antitrust Paradox, S. 304f.

736 Vgl. Paul, Behinderungsmissbrauch nach Art. 82 EG und der „more economic approach“, S. 203.

737 "Both the positive and negative effects depend on the form of the single branding obligation and / or rebate system, on the extent such obligations or rebate systems are used by the supplier and on the circumstances on the market where they are applied", DG Competition Discussion Paper, S. 40.

im Sinne von Effizienzgewinnen berücksichtigen[738]. Marktbeherrschende Unternehmen sollen danach die bislang grundsätzlich als Wettbewerbsverbot behandelten Praktiken durch verschiedene, weitergehende Einwände rechtfertigen können. So sieht das Diskussionspapier beispielsweise vor, dass ein Marktbeherrscher seine Praktiken durch einen Nachweis signifikanter, beziehungsspezifischer Investitionen rechtfertigen kann[739].

d) Vertragliche Alleinbeziehungsbindungen

Durch Aufgabe des bisher vorherrschenden Per se-Verbots, welches seit dem Hoffmann-La Roche Urteil des EuGH stringent durchgesetzt wurde, will die Kommission künftig Exklusivverträge einer flexibleren Würdigung unterziehen und dabei auf die wettbewerbsschädlichen Wirkungen im Sinne des Auswirkungsansatzes abstellen[740]. Der bisherige Ansatz bei Exklusivvereinbarungen wird zugunsten eines neuen, ökonomisch geprägten Auswirkungsansatzes aufgegeben[741]. Die Kommission behält einen grundsätzlich weit gefassten Marktabschottungsbegriff bei und versucht die bisherigen Vorgaben für die Gruppe der Wettbewerbsverbote durch konkrete neue Vorgaben des Auswirkungsansatzes zu ersetzen.

aa) Reichweite der Exklusivbindungen

Zunächst wird hinsichtlich vertraglicher Alleinbezugsvereinbarungen allgemein vorgegeben, dass diese hinsichtlich einer Missbräuchlichkeit konkret anhand ihrer

738 "The Commission will make its assessment of the obligation or system in the light of the likely and actual foreclosure effects. In that context it will also consider the possibilities of the existing and possible future competitors to curb and counter the fidelity enhancing potential of the dominant company's conduct", DG Competition Discussion Paper, S. 41.

739 "A third example could be that the rebate system or the single branding obligation is indispensable to provide the incentive for the dominant supplier to make certain relationship-specific investments in order to be able to supply a particular customer", DG Competition Discussion Paper, S. 53.

740 "The Commission will make its assessment of the obligation or system in the light of the likely and actual foreclosure effects. In that context it will also consider the possibilities of the existing and possible future competitors to curb and counter the fidelity enhancing potential of the dominant company's conduct", DG Competition Discussion Paper, S. 41.

741 Die Kommission bricht aber wiederum nicht gänzlich mit dem alten Ansatz, indem sie feststellt, dass Exklusivverbindungen zumindest ihrer Natur nach immer die Gefahr einer Marktabschottung mit sich bringen, und damit die grundsätzliche Vorgabe des bisherigen Ansatzes bestätigt: "Single branding obligations, because they require the buyer to purchase all or a significant part of its requirements from the dominant supplier, have by their nature the capability to foreclose", DG Competition Discussion Paper, S. 42.

Auswirkungen geprüft werden sollen[742]. Das wesentliche Prüfungskriterium bezüglich dieser wettbewerbsschädlichen Effekte soll dabei die Reichweite der Exklusivbindungen auf dem relevanten Markt sein[743]. Nach dem Ansatz des „more economic approach" soll demnach die Wahrscheinlichkeit eines Missbrauchs umso größer sein, je höher die Anzahl der gebundenen Marktteilnehmer und je größer der dadurch vertraglich gebundene Bedarfsanteil auf dem relevanten Markt ist[744].

bb) Beeinflussung eines wesentlichen Teils des Marktes

Die Kommission wird künftig prüfen, inwieweit vertragliche Exklusivbindungen Auswirkungen auf den gesamten Markt und insbesondere auf die Marktnachfrage haben, so dass eine Vermutung eines Verstoßes gegen Art. 102 AEUV besteht, wenn ein wesentlicher Teil des Marktes und der Nachfrage von der Exklusivbindung beeinflusst wird[745]. Das Diskussionspapier gibt damit einen neuen Rahmen zur Beurteilung dieser Praktiken vor, ohne dabei konkrete Anhaltspunkte in Form von Prozentzahlen des Deckungsbereiches bezüglich der Nachfrage oder der künftig je nach Einzelfall zu berücksichtigenden Bedarfsdeckungsraten für einen betroffenen Markt zu bieten[746].

cc) Kurze Bindungszeiträume

In Bezug auf die Länge der Vertragslaufzeiten von Alleinbezugsbindungen gibt die Kommission vor, dass künftig sogar sehr kurze Vertragslaufzeiten und damit

---

742 "The Commission will make its assessment of the obligation or system in the light of the likely and actual foreclosure effects", DG Competition Discussion Paper, S. 41.

743 "The potential negative effects will in general depend on the size of the tied market share", DG Competition Discussion Paper, S. 41.

744 "The obligation may for instance require the buyer to purchase a significant percentage of its total requirements or a minimum amount which constitutes a significant percentage of its total requirements from the dominant supplier. The higher the percentage, the stronger the foreclosure potential. Such an obligation may lead to market distorting anti-competitive effects even if only a modest part of market demand is affected by the obligation", DG Competition Discussion Paper, S. 42.

745 "Where the dominant company applies a single branding obligation to a good part of its buyers and this obligation therefore affects, if not most, at least a substantial part of market demand, the Commission is likely to conclude that the obligation has a market distorting foreclosure effect and thus constitutes an abuse of the dominant position", DG Competition Discussion Paper, S. 43.

746 So werden zukünftig im jeweils konkreten Fall verschiedene Orientierungsgrößen und -kriterien heranzuziehen sein, welche z. B. in der Form von Marktanteilsziffern, Vorgaben zu maximalen Vertragslaufzeiten oder Bedarfsdeckungsraten, welche z. B. in Art. 3, Art. 5 und Art. 1 lit. b der Gruppenfreistellungsverordnung für vertikale Bindungen und in anderen Gruppenfreistellungsverordnungen zu finden sind.

sehr kurze Bindungszeiträume nicht grundsätzlich gegen eine Missbräuchlichkeit sprechen sollen[747]. Durch diese Vorgabe erweitert die Kommission ihren Prüfungsmaßstab und stellt damit heraus, dass sie sich nicht auf starre Vorgaben, wie zum Beispiel eine lange Vertragslaufzeit als determinierendes Indiz für eine Missbräuchlichkeit, festlegen will, sondern stattdessen anhand der Vorgaben des Einzelfalls beurteilen wird.

Die Kommission stellt andererseits aber auch klar, dass sehr kurze vertragliche Bindungen gerade auch gegen eine wettbewerbsfeindliche Zielrichtung und damit gegen eine Missbräuchlichkeit sprechen können[748].

dd) Effizienzverteidigung

Bezüglich der Möglichkeit, sich bei Vorliegen einseitig benachteiligender Exklusivbindungen zu verteidigen, bietet die Kommission ebenfalls nur exemplarische Vorgaben an und räumt den Marktbeherrschern damit einen flexiblen, auf den Einzelfall bezogenen Spielraum für eine mögliche Effizienzverteidigung ein. So sollen beispielsweise vertragsspezifische Finanzaufwendungen, durch welche in eine langfristige Beziehung der Vertragspartner insbesondere durch den Marktbeherrscher investiert wird, als mögliche Verteidigungsform einer Effizienzsteigerung vorgebracht werden können[749]. Die Kommission stellt mit ihrem Beispiel einer Effizienzverteidigung klar, dass eine solche Verteidigung nur unter Berücksichtigung der Verantwortung des Marktbeherrschers gegenüber dem Markt und damit auch gerade gegenüber den Verbauchern als weiteren Marktteilnehmern durch eine umfassende Steigerung der Effizienz möglich sein soll. Hierdurch macht sie im Sinne der dritten Voraussetzung deutlich, dass gewöhnliche Investitionen des

---

747 "[...] in general a short duration or a right to terminate the single branding obligation does not limit its likely foreclosure effect", DG Competition Discussion Paper, S. 43.

748 Die Kommission verdeutlicht damit, dass die Länge einer vertraglichen Bindung nach ihrem Ansatz niemals für sich allein einen Rückschluss auf eine mögliche Missbräuchlichkeit geben kann, sondern immer nur im Gesamtkontext der jeweiligen Marktsituation unter Berücksichtigung besonderer Umstände des Einzelfalls und unter ökonomischem Blickwinkel zu prüfen ist. Solche besonderen Umstände sollen nach den Vorgaben des Diskussionspapiers z. B. vorliegen, wenn es sich bei dem von der vertraglichen Bindung betroffenen Produkt um ein homogenes Produkt handelt und die Wettbewerber zudem keinen Kapazitätsgrenzen unterliegen: "[...] under particular circumstances a short duration or right to terminate at short notice may make a market distorting foreclosure effect unlikely. Such may be the case where the product is a homogeneous good and competitors are not capacity constrained", DG Competition Discussion Paper, S. 43.

749 "Before such can be considered necessary it must be shown that the relationship-specific investment is a significant long-term investment that is not recouped in the short term and that the investment is asymmetric, i.e. that the supplier invests more than the buyer", DG Competition Discussion Paper, S. 53.

Marktbeherrschers, welche gerade nicht beziehungsspezifisch sind, keine Rechtfertigung im Sinne einer Effizienzsteigerung begründen können[750].

ee) Zwischenergebnis zu den Alleinbeziehungsbindungen

Im Ergebnis setzt die Kommission hinsichtlich der Missbrauchsform der Alleinbezugsbindungen konsequent ihren neuen, ökonomischen Ansatz durch, wobei sie wiederum auf wirtschaftswissenschaftliche Erkenntnisse zurückgreift. Sie wendet sich vom bisherigen verhaltensabhängigen Ansatz ab und stellt den neuen Auswirkungsansatz in den Vordergrund. Zudem will die Kommission vermehrt ökonomische Faktoren wie die Marktnachfrage oder Bedarfsdeckungsraten in ihre Prüfung einbinden. Durch die Vorgabe bestimmter Orientierungsgrundsätze ohne eine konkrete Festlegung von genauen Prüfungspunkten überlässt es die Kommission ihrer späteren Enscheidungspraxis zu vertraglichen Exklusivbindungen, die eher allgemein gehaltenen Vorgaben anhand des konkreten Falls zu präzisieren. Dabei wird insbesondere die auch für diese Gruppe der Missbrauchsfälle vorgesehene Effizienzverteidigung eine Rolle spielen.

e) Rabattsysteme

Die Ausführungen der Kommission zur künftigen Beurteilung von Rabattsystemen im Diskussionspapier sind sehr komplex und ausführlich. Wie eingangs aufgezeigt, wird die Kommission auch bezüglich der Prüfung von Rabattsystemen auf den Auswirkungsansatz abstellen[751]. Hinsichtlich der Fallgruppe der Rabattsysteme wird zwischen den sogenannten „unbedingten Rabatten“ und „bedingten Rabatten“ unterschieden.

aa) Unbedingte Rabatte

Bei unbedingten Rabatten erhalten ausgewählte Abnehmer Nachlässe auf jeden einzelnen Kauf, ohne weitere Bedingungen einhalten zu müssen[752]. Diese Kategorie der Rabattsysteme ist nach Ansicht der Kommission entsprechend den Vorgaben

---

750 “General or market-specific investments in (extra) capacity are normally not relationship-specific investments”, DG Competition Discussion Paper, S. 53.

751 Vgl. eingehend auch Bittner, Verdrängungsstrategien durch Kampfpreise, S. 81ff.

752 „Unconditional rebates, while granted to certain customers and not to others, are granted for every purchase of these particular customers, independently of their purchasing behaviour”, DG Competition Discussion Paper, S. 52. Die Kommission nimmt damit den ökonomischen Ansatz der interpersonalen Preisdifferenzierung bzw. der Preisdifferenzierung dritten Grades nach den Vorgaben der Ökonomie auf. Hiernach werden verschiedene Abnehmer zwar nicht gleich behandelt, weil nur einige den besonderen Preisnachlass erhalten, der Preisnachlass an sich ist jedoch uniform und vom konkreten Kaufverhalten unabhängig, vgl. Paul, Behinderungsmissbrauch nach Art. 82 EG und der „more economic approach“, S. 239.

zu Kampfpreisunterbindungen zu prüfen[753]. Behinderungseffekte können beispielsweise durch gezieltes Einräumen unbedingter Rabatte gegenüber Abnehmern, die einen Wechsel des Lieferanten erwägen, erzeugt werden[754]. Die Kommission stellt hinsichtlich der Einräumung von unbedingten Rabatten eine Vermutung für das Vorliegen eines Missbrauchs auf. Allein die Selektivität der unbedingten Rabatte, die bestimmungsgemäß nur einem bestimmten Teil der Abnehmer eingeräumt werden und dadurch den Einkaufspreis der Abnehmer ohne Bezug auf deren Leistung verändern, ist demnach ein Anzeichen für eine Behinderungsabsicht seitens des Marktbeherrschers[755].

bb) Bedingte Rabatte

Bei den bedingten Rabatten werden Nachlässe nur als Belohnung für bestimmte Verhaltensweisen der Abnehmer gewährt. Es handelt sich damit in Abgrenzung zu den unbedingten Rabatten um Rabattsysteme, welche sich am Kaufverhalten der Abnehmer orientieren, indem sie die einzelnen, vom Vertragspartner abgenommenen Einheiten mit unterschiedlichen Preisen belegen. Aus diesem Grund ist diese Form der Rabattsysteme im Vergleich zu den unbedingten Rabatten grundsätzlich als nicht missbräuchlich zu bewerten, wenn nicht zusätzliche Vereinbarungen wie die Abnahme einer garantierten Mindestmenge oder ähnlich einseitige Klauseln zu Lasten des Abnehmers getroffen werden[756]. Gerade die Vereinbarung bestimmter Bedingungen durch Ausnutzung der Machtposition des marktbeherrschenden Unternehmens kann bei der Gewährung eines Rabattes einen Missbrauch nach Art. 102 AEUV mit einem beachtlichen Verdrängungseffekt darstellen[757].

---

753 "To assess possible exclusionary effects the Commission will apply to these unconditional rebates and the resulting lower prices for certain customers the guidance as developed in the section on predatory pricing", DG Competition Discussion Paper, S. 52.

754 "However, unconditional rebates may also have exclusionary effects, for instance if a rebate is offered only to customers that might more easily switch to foreign suppliers because they are located in a border region", DG Competition Discussion Paper, S. 52.

755 "Unconditional rebates differentiate the purchase price between customers and may have exploitative effects", DG Competition Discussion Paper, S. 52.

756 "Conditional rebates where the condition that triggers the rebate is the supply of a service by the customer, such as a rebate for payment in cash or payment upon delivery, will normally not be abusive. However, this does not mean that conditional rebate systems as described in the previous paragraphs can be justified by claiming that the buyers are encouraged but not obliged to use the rebates obtained if they exceed a certain percentage of total requirements or an individualised volume target, for promotion or other activities", DG Competition Discussion Paper, S. 52.

757 "Conditional rebates that are granted on all purchases in the reference period once a certain threshold is exceeded can have a strong foreclosure effect. To induce such an effect it is necessary that the dominant supplier sets the threshold above the

Die Kommission entwickelt zu dieser Form der Rabattsysteme einen gänzlich neuen Prüfungsansatz, der in dieser Form bislang keine Vorläufer in der bisherigen Rechtsprechung zur Missbrauchskontrolle hatte: So will die Kommission künftig unter Anwendung ökonomischer Erkenntnisse zwischen den sogenannten „kontestablen", also bestreitbaren, und „inkontestablen", also nicht bestreitbaren Mengensegmenten unterscheiden und auf diese Weise die konkreten Rabattschwellenwerte anhand der Umstände des Einzelfalls präziser untersuchen[758]. Hiernach sind die überlegenen Produkte des Marktbeherrschers, in Bezug auf welche die Produkte der Wettbewerber lediglich eine partielle Ergänzung und kein vollwertiges Substitut darstellen, das inkontestable Mengensegment und damit der nicht bestreitbare Teil der Nachfrage. Bezüglich dieses Teils des relevanten Marktes findet bereits allein aufgrund der Überlegenheit des Marktbeherrschers und der damit einhergehenden eingeschränkten Substituierbarkeit der Produkte kein wirklicher Wettbewerb statt. Der eigentliche Wettbewerb bezieht sich dann ausschließlich auf das begrenzte Marktsegment, welches nach den Vorgaben der Kommission als kontestables Markensegment bezeichnet wird[759]. Die Kommission will mit dieser ökonomisch geprägten Unterscheidung verhindern, dass der Marktbeherrscher seine gesicherte Abnahmebasis im Bereich des inkontestablen Mengensegments als Ausgangspunk und Grundlage für die Verhinderung oder Beeinträchtigung des Wettbewerbs im kontestablen Mengensegment ausnutzt[760]. Hierdurch soll den Wettbewerbern des Marktbeherrschers, welche lediglich im kontestablen Mengensegment wettbewerbsfähig sind, die Möglichkeit gegeben werden, eine betriebswirtschaftlich sinnvolle Liefermenge abzusetzen, wodurch wiederum der Neueintritt oder das

level that the buyer would purchase from the dominant company in the absence of any loyalty enhancing obligation or rebate", DG Competition Discussion Paper, S. 44.

758 "In that context, as the leveraging between the 'non-contestable' and the 'contestable' portion of demand allows the rebate system to operate without a profit sacrifice and thus to operate for a long time, an abuse is considered likely if the resulting price does not cover average total cost and the part of demand to which the rebate is applied is important enough to create a foreclosure effect", DG Competition Discussion Paper, S. 51.

759 Aus ökonomischer Sicht kann sogar von zwei unterschiedlichen Märkten gesprochen werden, dem rein monopolistischen Markt mit seinem inkontestablen Markensegment und dem begrenzt wettbewerblich strukturierten Markt mit seinem kontestablen Mengensegment, vgl. Paul, Behinderungsmissbrauch nach Art. 82 EG und der „more economic approach", S. 216ff.

760 "The rebate enables the dominant supplier to use the inelastic or 'non contestable' portion of demand of each buyer, i.e. the amount that would anyhow be purchased by the buyer, as leverage to decrease the price for the elastic or 'contestable' portion of demand, i.e. the amount for which the buyer may prefer and be able to find substitutes", DG Competition Discussion Paper, S. 44f.

Expandieren im Markt gewährleistet werden soll[761]. Die Kommission wird damit künftig eine genaue Untersuchung der Rabattschwellenwerte vornehmen und dabei den Bezugspunkt der Rabatte mit einer möglichen missbräuchlichen Wirkung in der Form des Abschottungseffektes in Relation setzen. Es soll geprüft werden, ob der Rabatt bezüglich der Abnahme von Waren des inkontestablen oder des kontestablen Marktsegments gewährt wird. Als Anknüpfungspunkt werden dabei die durchschnittlichen Gesamtkosten des Marktbeherrschers genommen[762]. Liegt der Bezugspunkt der Rabatte im inkontestablen Segment, ist ein Abschottungseffekt nach den Vorgaben der Kommission eher unwahrscheinlich, so dass eine Vermutung eines Missbrauchs nach Art. 102 AEUV nicht greifen soll[763]. Diese negative Vermutung liegt darin begründet, dass nach dem ökonomisch geprägten Blickwinkel die Waren ohnehin durchweg vom Marktbeherrscher bezogen worden wären[764]. Sind hingegen Waren aus dem Bereich des kontestablen Segments betroffen, liegen also die Rabattschwellenwerte höher, ist die Möglichkeit eines Missbrauchs nach den Vorgaben der Kommission erheblich höher, so dass eine tiefergehende Analyse erforderlich ist[765]. Dabei muss wiederum der Preis, welchen der Marktbeherrscher innerhalb seines Rabattsystems vorsieht, mit seinen durchschnittlichen Gesamtkosten ins Verhältnis gesetzt werden[766].

---

761 "However, what is relevant for an assessment of the loyalty enhancing effect is not competition to provide an individual unit, but the foreclosing effect of the rebate system on commercially viable amounts supplied by (potential) competitors of the dominant supplier. These competitors are smaller rivals already active in the market and potential entrants. The rebate system should not hinder as efficient competitors to expand or enter", DG Competition Discussion Paper, S. 45.

762 Die durchschnittlichen Gesamtkosten werden mit dem vom Marktbeherrscher angesetzten Preis ins Verhältnis gesetzt: "The main reason to take ATC as the cost benchmark below which the rebate system is considered to lead to an exclusionary effective price is that the leveraging between the 'non-contestable' and the 'contestable' portion of demand allows the rebate system to operate without a profit sacrifice and thus to operate for a long time", DG Competition Discussion Paper, S. 45.

763 "In case the effective price is above cost this may make it possible for efficient competitors (in the long run) to match the dominant company's offer, but it may exceptionally still work as a disincentive on expansion or entry by competitors", DG Competition Discussion Paper, S. 45.

764 "The rebate enables the dominant supplier to use the inelastic or 'non contestable' portion of demand of each buyer, i.e. the amount that would anyhow be purchased by the buyer, as leverage to decrease the price for the elastic or 'contestable' portion of demand, i.e. the amount for which the buyer may prefer and be able to find substitutes", DG Competition Discussion Paper, S. 44f.

765 Dies ist beispielsweise bei Zielrabatten der Fall, welche eine sich sukzessiv steigernde Abnahmemenge für die Gewährung des Rabattes voraussetzen.

766 Bei einem Zielrabattsystem, in welchem der erzielte Preis bei Erreichen einer kontinuierlich steigenden Absatzmenge beständig sinkt, ist nach den Vorgaben der

Die Kommission will somit künftig hinsichtlich der Art der bedingten Rabattgewährung und deren Bezugspunkt durch Anwendung ökonomischer Prüfungskriterien differenzieren: Wird der Rabatt jeweils ausschließlich auf Abnahme von Waren des kontestablen Segments gewährt, soll entsprechend des „more economic approach" geprüft werden, ob der durch den Marktbeherrscher geforderte und tatsächlich erzielte Preis durch die Rabattgewährung unter die durchschnittlichen Gesamtkosten des Marktbeherrschers sinkt[767]. Für den Fall, dass die Prüfung genau zu diesem Ergebnis kommt, soll ohne weitere Prüfung ein Missbrauch der marktbeherrschenden Stellung nach Art. 102 AEUV gegeben sein, ohne dass der Marktbeherrscher die ansonsten von der Kommission vorgesehenen Effizienzverteidigung vorbringen darf[768].

cc) Sogeffekt

Für den Fall, dass die Prüfung zu einem anderen Ergebnis führt, will die Kommission auf den zuvor bereits durch die Rechtsprechung eingeführten, sogenannten Sogeffekt abstellen[769]. Dieser Sogeffekt umfasst Rabattsysteme mit einem weitreichenden Referenzzeitraum, bei welchem ein Warenbezug des Vertragspartners von anderen Anbietern mit Fortschreiten der Referenzperiode immer unattraktiver, und damit unwahrscheinlicher, wird[770]. Dieser Sogeffekt ist nach den Vorgaben

---

Kommission zu prüfen, ob der Preis zu einem bestimmten Zeitpunkt während des Rabattsystems unter die durchschnittlichen Gesamtkosten des Marktbeherrschers sinkt und damit eine Vermutung der Missbräuchlichkeit mit sich zieht oder ob der ständig abgesenkte Preis kontinuierlich über den durchschnittlichen Gesamtkosten bleibt, vgl. Paul, Behinderungsmissbrauch nach Art. 82 EG und der „more economic approach", S. 239.

767 "To answer this question the Commission will endeavour to calculate, in view of the level of the rebate percentage, what is the effective price for the buyer over such a commercially viable share in case this share would allow the buyer to benefit from the rebate on the purchases below the threshold", DG Competition Discussion Paper, S. 45.

768 "The lower the calculated effective price is compared to the average price of the dominant supplier, the stronger the loyalty enhancing effect. In case this effective price is below the average total cost of the dominant company, it will be very difficult and possibly even impossible for as efficient competitors to compete with the dominant company for this part of demand", DG Competition Discussion Paper, S. 45.

769 "The fact that exceeding the threshold will not only reduce the price for all purchases above the threshold, but also for all previous purchases during the reference period, will create a so-called 'suction' effect", DG Competition Discussion Paper, S. 44.

770 Dies liegt darin begründet, dass der Preis pro Absatzmenge in einem solchen Rabattsystem immer weiter sinkt, um den Abnehmer bis zum Erreichen einer allerletzten Einheit, welche zum Überschreiten der Rabattschwelle erforderlich ist, an dieses System zu binden. Würde er die erforderliche Rabattschwelle nicht

der Ökonomie ein wesentlicher Faktor bei der Beurteilung von Rabattsystemen und ihrer Auswirkungen auf den Markt und den Wettbewerb[771]. Hiernach ist ein Verdrängungswettbewerb, der durch Kundenbindungssysteme Erfolg verspricht, zwangsläufig mit dem Auftreten eines solchen Sogeffekts verbunden[772]. Die Kommission greift bei ihren Ausführungen zum Sogeffekt bei Rabattsystemen zunächst die Vorgaben des EuGH auf. Der EuGH hatte in seinem Michelin I-Urteil festgestellt, dass ein Jahresumsatzrabattsystem, bei dem die Rabatte jeweils nach den in einem verhältnismäßig langen Referenzzeitraum verkauften Mengen gewährt wurden, dazu führt, dass am Ende des Referenzzeitraums der Druck auf die Käufer wächst, die notwendige Abnahmemenge zu erreichen, um den entsprechenden Vorteil zu erlangen bzw. den für den gesamten Zeitraum vorhersehbaren Verlust aufgrund der Nichterlangung des Rabatts zu vermeiden[773]. Die Missbräuchlichkeit entsteht nach den Vorgaben der Rechtsprechung damit durch den wirtschaftlichen Druck, der auf den Vertragspartner des Marktbeherrschers ausgeübt wird. Dieser Druck wird insbesondere kurz vor Ende der Referenzperiode ausgeübt, wodurch aufgrund des Jahresumsatzrabattystems ein Wechsel zu einem anderen Anbieter praktisch ausgeschlossen scheint[774]. Die Ökonomie verwendet für diese Situation den Begriff der einseitig-imperfekten Substitutionsbeziehung[775]. Die Kommission misst diesen einseitig-imperfekten Substitutionsbeziehungen in ihrem Diskussionspapier eine große Bedeutung im Rahmen der Missbrauchsaufsicht nach Art. 102 AEUV zu. So führt sie aus, dass ein Rabattsystem grundsätzlich keinen Missbrauchsfall darstellt, wenn gerade alle Abnehmer vollumfänglich durch sämtliche Anbieter umworben werden können und die Produkte der Wettbewerber und des Marktbeherrschers

---

überschreiten, würde das gesamte Rabattsystem rückwirkend seine Preisnachlässe entwerten, weshalb ein Wechsel zu einem Wettbewerber je unwahrscheinlicher wird, desto weiter ein Abnehmer im Rabattsystem vorangeschritten ist, vgl. auch Paul, Behinderungsmissbrauch nach Art. 82 EG und der „more economic approach", S. 214, 240.

771 Vgl. Maier-Rigaud, ECLR 2005, S. 272ff.; Knieps, Wettbewerbsökonomie, S. 212ff.

772 Vgl. Paul, Behinderungsmissbrauch nach Art. 82 EG und der „more economic approach", S. 214.

773 Vgl. EuGH, Slg. 1983, 3461, Rn. 81, Michelin I. Auch der EuG bezog sich bei der Beurteilung von Rabattsystemen und einer damit verbundenen missbräuchlichen Unzulässigkeit immer wieder auf diesen Sogeffekt, vgl. EuG, Slg. 2003, II-4071, Rn. 85, Michelin II und EuG, Slg. 2003, II-5917, Rn. 246, British Airways (bestätigt durch EuGH, Slg. 2007, I-2331).

774 Vgl. exemplarisch EuG, Slg. 2003, II-4071, Rn. 85, Michelin II.

775 Eine solche Beziehung liegt nach den ökonomischen Vorgaben vor, wenn die Produkte der übrigen Anbieter dem Produkt des Marktbeherrschers in bestimmter Hinsicht unterlegen sind und von einem signifikant großen Anteil der Nachfrageseite nur als partielle Ergänzung betrachtet werden, so dass die Abnehmer im Ergebnis zugunsten des Marktbeherrschers nicht von allen Anbietern vollumfänglich umworben werden können, vgl. ausführlich zu Rabattsystemen: Spector, Competition Policy International 2005, S. 96ff.

dabei vollständig austauschbar sind[776]. Liegt hiernach keine einseitig-imperfekte Substitutionsbeziehung vor, scheidet ein Missbrauch grundsätzlich aus, solange im konkreten Einzelfall keine weiteren Umstände eine Missbräuchlichkeit begründen[777]. Die Kommission will durch diese Vorgaben klarstellen, dass ein Rabattsystem grundsätzlich als zulässiges Wettbewerbsinstrument im Interesse der profitierenden Verbraucher anzusehen ist. Bei Zielrabattsystemen muss demnach der Reiz des herabgesenkten Preises für die letzte Mengeneinheit so groß sein, dass er so gut wie zwangsläufig unter den durchschnittlichen Gesamtkosten liegen wird und damit das Kriterium des von der Rechtsprechung vorgegebenen, wirtschaftlichen Drucks auf den Abnehmer erfüllen wird[778]. Um diesen Umstand zu berücksichtigen, stellt die Kommission auf eine „betriebswirtschaftlich sinnvolle Liefermenge" ab[779]. Es ist somit zu prüfen, ob ein Wettbewerber einen bestimmten Preis für eine betriebswirtschaftlich sinnvolle Menge – und nicht für die letzte Mengeneinheit vor Erreichen der Rabattschwelle – erzielen könnte, welcher trotz des durch den Marktbeherrscher hervorgerufenen Sogeffekts über den durchschnittlichen Gesamtkosten des Marktbeherrschers liegt[780].

---

776 "In markets where for all or most part of demand there are proper substitutes, for instance where the product is homogeneous and the competitors to the allegedly dominant company are not capacity constrained, rebate systems will generally not have a market distorting foreclosure effect", DG Competition Discussion Paper, S. 42.

777 "If competitors are competing on equal terms for all the customers and for each individual customer's entire demand, then a rebate system is unlikely to have a foreclosure effect unless the effective price under the rebate system, calculated over all sales by the dominant company to its customer(s), is found to be predatory", DG Competition Discussion Paper, S. 42.

778 "The fact that exceeding the threshold will not only reduce the price for all purchases above the threshold, but also for all previous purchases during the reference period, will create a so-called 'suction' effect. The price of the units of the last transaction before the threshold is exceeded will effectively be seriously lower and is possibly even negative because this transaction triggers the rebate for all the purchases below the threshold in the reference period. The higher the amount that constitutes the threshold and the higher the rebate percentage, the stronger the suction effect will be near the threshold", DG Competition Discussion Paper, S. 44.

779 "[...] In other words, whether the rebate system hinders them to supply commercially viable shares of individual customers' requirements", DG Competition Discussion Paper, S. 45. Ansonsten wäre so gut wie jedes Rabattsystem in Bezug auf die letzten Mengeneinheiten vor Erreichen der Rabattschwelle als missbräuchlich zu bewerten, weil die Preise in Bezug auf diese letzten Mengeneinheiten immer unterhalb der durchschnittlichen Gesamtkosten liegen.

780 „As these competitors can not compete for an individual customer's entire demand [...] the question is whether the rebate system hinders them from supplying commercially viable amounts to individual customers", DG Competition Discussion Paper, S. 45.

dd) Neue Formel auf Grundlage des „as efficient competitor"-Tests

Die Kommission verbindet ihren Neuansatz bei der Prüfung bedingter Rabattsysteme mit dem bereits hinsichtlich preisbezogenener Missbrauchsformen in die Missbrauchskontrolle eingeführten Prüfungsmaßstab des „as efficient competitor"[781]. Nach diesem Ansatz der Kommission liegt immer ein Verstoß gegen Art. 102 AEUV vor, wenn ein ebenso effizienter Wettbewerber den vom Marktbeherrscher vorgegebenen Preis für seine Produkte nicht realisieren kann und daher Preise unterhalb der durchschnittlichen Gesamtkosten des Marktbeherrschers ansetzen muss, um Abnehmer für seine Produkte zu finden[782]. Sobald ein ebenso effizienter Wettbewerber eine von der Kommission vorgegebene betriebswirtschaftlich sinnvolle Menge gegenüber Abnehmern durchsetzen kann, indem er den geforderten Preis für diesen erforderlichen Anteil („required share") trotz des Sogeffekts erzielen kann, kann er demnach kostendeckend auf dem Markt tätig werden und es liegt kein Missbrauch vor[783]. Die Kommission leitet aus diesen Vorgaben einen eigenständigen Prüfungsansatz für Rabattsysteme ab, nach welchem einerseits ein Missbrauch indiziert ist, wenn es auf dem relevanten Markt unwahrscheinlich ist, dass die Wettbewerber den erforderlichen Anteil gegenüber den Abnehmern durchsetzen können, und andererseits ein Missbrauch unwahrscheinlich ist, wenn der erforderliche Anteil durch die Wettbewerber abgesetzt werden kann[784]. Hierdurch gibt die Kommission zur Berechnung des erforderlichen, abzusetzenden Anteils eine neue Berechnungsgleichung

---

781 Vgl. 3. Teil, 3. Kapitel, B., IV., 3.

782 Um die als Prüfungskriterium wesentliche betriebswirtschaftlich sinnvolle Liefermenge näher zu definieren, stellt die Kommission auf eine einfache ökonomische Kenngröße ab, den sogenannten „erforderlichen Anteil" („required share"). Dieser umfasst genau den Anteil an der Gesamtbestellmenge eines durchschnittlichen Abnehmers, den ein ebenso effizienter Wettbewerber des Marktbeherrschers für sich vereinnahmen müsste, um unter Berücksichtigung des Sogeffektes kostendeckend und wettbewerbsfähig auf dem relevanten Markt bestehen zu können, und ist vergleichbar mit dem ökonomischen break-even-Punkt: "As a first step the Commission will endeavour to calculate how big a share of customers' requirements on average the entrant at least should capture so that the effective price is at least as high as the average total cost of the dominant company (‚the required share')", vgl. DG Competition Discussion Paper, S. 46.

783 "In a number of cases the size of this share, when compared to the actual market shares of competitors and their shares of the customers' requirements, may make it clear whether the rebate system is able to have a foreclosure effect. In case the shares of the customers' requirements purchased from actual rivals are smaller than the required share, the rebate scheme is likely to have a foreclosure effect where there is in addition no indication that these rivals are less efficient", vgl. DG Competition Discussion Paper, S. 46.

784 Nach dieser Formel ist der erforderliche Anteil (RQS) der gewährte Rabatt in Prozent (R), multipliziert mit dem Listenpreis ohne Rabatt (P), geteilt durch den Listenpreis ohne Rabatt (P) abzüglich der durchschnittlichen Gesamtkosten des Marktbeherrschers (ATC), vgl. DG Competition Discussion Paper, S. 47.

vor, nach welcher sich die Größe des Anteils der Liefermenge, welche erforderlich ist, um kostendeckend vorgehen zu können, in Prozent errechnen lässt[785]. Ergibt sich bei der Berechnung der Größe des erforderlichen Anteils anhand der Formel der Kommission zum Beispiel, dass der erforderliche Anteil bei 20% liegt, bedeutet das, dass ein Wettbewerber des Marktbeherrschers mindestens 20% der Gesamtabnahmemenge eines durchschnittlichen Kunden zu dem angesetzten Preis trotz des bestehenden Sogeffekts vertraglich übernehmen müsste, um kostendeckend anbieten zu können. Für den Fall, dass die tatsächlichen Marktanteilswerte im konkreten Einzelfall als Bemessungsgrundlage nicht ausreichend sind, will die Kommission prüfen, welche Absatzmenge von einem ebenso effizienten Wettbewerber zu erwarten und wahrscheinlich ist[786]. Auch in diesem Punkt schlägt die Kommission konsequent ihren neuen, ökonomisch geprägten Weg ein und will hinsichtlich neu auf den Markt drängender Wettbewerber eine ökonomische Größe der sogenannten minimaleffizienten Betriebsgröße bestimmen, um zu ermitteln, ob die Werte der Neueinsteiger auf dem konkreten relevanten Markt grundsätzlich unterhalb oder oberhalb der vorgegebenen Schwelle des erforderlichen Anteils der Absatzmenge liegen[787].

---

785 Gewährt der Marktbeherrscher beispielsweise 10% Rabatt auf ein bestimmtes Produkt, welches zu Durchschnittskosten von 50 € produziert und zu einem Listenpreis von 100 € verkauft wird, liegt nach dieser Formel der erforderliche Anteil bei 20%, vgl. folgende Berechnungsgleichung: RQS = R x P/(P – ATC), DG Competition Discussion Paper, S. 47.

786 "Where it is not clear from the required share itself whether or not the rebate system is likely to have a foreclosure effect, the Commission will endeavour to assess the commercially viable share an efficient competitor or entrant can be expected to supply and to compare this with the required share", vgl. DG Competition Discussion Paper, S. 47.

787 "The commercially viable share that is appropriate in a particular case will have to be assessed in its specific market and sector context. In its assessment the Commission will in particular be attentive that the rebate system does not foreclose potential competitors. As to the latter, the Commission will in general first assess what is the effect of the rebate system on a company that wants to enter at minimum efficient scale [Unterstreichung durch den Verfasser]. The Commission will establish the effect on an entrant that would enter at minimum efficient scale and which would sell the same percentage to each customer in the market. If this first estimate of the commercially viable share is smaller than the required share, the Commission will continue to investigate whether this estimate of the commercially viable share is not too low. It may be too low, for instance, because entry is likely to occur at a larger scale than the minimum efficient scale, because other incumbent competitors are likely to expand at a larger scale or because entrants are likely to concentrate sales on a limited number of customers to whom they can sell more per customer. Such reasons may necessitate revising the estimate upward and establish whether the revised commercial viable share is still smaller than the required share", vgl. DG Competition Discussion Paper, S. 48.

ee) Effizienzeinrede

Darüber hinaus will die Kommission künftig in ihre Prüfung noch weitere ökonomische Faktoren nach dem „more economic approach“ einbinden. So soll künftig auch die Wettbewerbsdynamik auf dem relevanten Markt ein Prüfungskriterium bei der Bewertung von Rabattsystemen sein[788]. Dabei führt die Kommission nicht nur stringent ihre Abkehr vom verhaltensabhängigen Ansatz und die Etablierung des Auswirkungsansatzes fort, indem sie auf die tatsächlichen Auswirkungen der wettbewerblichen Situation auf dem Markt abstellt. Sie gibt zudem dem Marktbeherrscher verschiedene, ökonomisch geprägte Faktoren an die Hand, um eine gegen ihn gemäß der vorgegebenen Prüfung gerichtete Vermutung der Missbräuchlichkeit im Einzelfall zu widerlegen[789]. Diese Verteidigungsmöglichkeit baut die Kommission nach dem Ansatz des „more economic approach“ weiter zur Möglichkeit der Effizienzeinrede durch den Marktbeherrscher aus[790]. Beispielsweise wird es den Marktbeherrschern künftig möglich sein, ein grundsätzlich missbräuchliches Rabattsystem zu rechtfertigen, indem sie nachweisen, dass die gegenüber den Abnehmern gewährten Preisnachlässe vollumfänglich auf eigenen Kostenersparnissen beruhen. Bei dieser Kostenrechtfertigung sollen aber strikt nur hinreichend nachgewiesene Kostenersparnisse vorgebracht werden können, so dass allgemeine Ausführungen

---

788 Durch die Berücksichtigung der Wettbewerbsdynamik soll die rabattbezogene Behinderungswirkung durch den Marktbeherrscher mit gegenläufigen Indikatoren bzgl. der Wettbewerbssituation auf dem konkreten Markt in Verbindung gesetzt werden. Beispielsweise soll geprüft werden, ob der Sogeffekt des Marktbeherrschers nicht durch ein besonders aggressives Wettbewerbsverhalten der weiteren Marktteilnehmer, eine signifikante Anzahl an Marktneuzutritten oder ein überdurchschnittlich ausgeprägtes Wechselverhalten der Abnehmer tatsächlich ausgeglichen wird: “In case such a presumption of abuse is established, the dominant company may rebut the Commission’s preliminary conclusion by showing that the rebate system nonetheless does not and will not have a foreclosure effect, for instance because the individualised or standard volume targets are set particularly low compared to the buyers’ total purchases from the dominant company. The dominant company may thus be able to show that the rebate system does not and will not create a foreclosure effect because most or all buyers can switch to and purchase substantial additional amounts from other suppliers without losing the rebate. Another way to rebut the Commission’s preliminary conclusion may be to show that entry or expansion of competitors is in effect not limited to the amount assessed by the Commission as the commercially viable share. In case the dominant company can show that entry or expansion can take place without extra difficulties at a larger scale, then the Commission will reassess the effective price in the light of this higher amount”, vgl. DG Competition Discussion Paper, S. 50.

789 Vgl. DG Competition Discussion Paper, S. 50.

790 “In case a single branding obligation or a rebate system is likely to have an appreciable foreclosure effect, the dominant company may argue that it can justify its obligation or rebate system because of efficiency considerations”, vgl. DG Competition Discussion Paper, S. 53.

über andere ökonomische Größen, wie Skalenerträge oder Einsparungen, nicht ausreichen[791]. Ein weiterer möglicher Effizienz-Einwand soll der Nachweis der Verringerung einer sogenannten doppelten Marginalisierung sein[792]. Da im Fall einer solchen doppelten Marginalisierung insbesondere die Verbraucher am Ende der Preiskette benachteiligt werden, besteht in der Ökonomie weitgehend Einigkeit, dass eine solche Situation den Gesamtabsatz und damit die Konsumentenwohlfahrt sogar weitaus stärker einschränkt, als es eine Wettbewerbssituation mit einem vertikal integrierten reinen Monopol tun würde[793]. Demnach fordert die Kommission mit Blick auf diese Effizienzverteidigung einen Nachweis des Marktbeherrschers, dass der Wiederverkaufspreis, den seine Abnehmer ohne rabattbedingte Einsparungen verlangen würden, höher liegt als derjenige, den ein vertikal integrierter Monopolist verlangen würde, und sein Rabattsystem damit zur Überwindung des Problems der doppelten Marginalisierung beiträgt[794].

Die Kommission eröffnet damit auch für diesen Missbrauchstatbestand eine grundsätzliche Verteidigungsmöglichkeit durch Aufzeigen von Effizienzgewinnen, wodurch den Marktbeherrschern die Möglichkeit eröffnet wird, ein nach dem

---

791 "A first example could be that the rebate system is indispensable to obtain cost advantages and pass them on to the customers. These cost advantages may be related to the size of the individual transaction or delivery and to the size of total purchases by a customer in a particular period. Such cost savings need to be substantiated. General remarks about transaction cost savings or general claims of better production planning are not enough", vgl. DG Competition Discussion Paper, S. 53.

792 Das Problem der doppelten Marginalisierung ist in der Ökonomie eines der bekanntesten preistheoretischen Problemfelder und beschreibt die Problematik, dass auf Herstellerebene nur ein einziger Hersteller tätig ist, so dass die dem Handel in Rechnung gestellten Einkaufspreise zwangsläufig einen bestimmten Monopolaufschlag enthalten. Zudem wird auf diesen bereits überhöhten Preis auf der Händlerstufe im Falle einer imperfekten Oligopolwettbewerbssituation durch die Händler ein zweiter Marktmachtaufpreis hinzugefügt, weshalb im Ergebnis gegenüber den Abnehmern ein doppelter Preisaufschlag gefordert wird, vgl. Paul, Behinderungsmissbrauch nach Art. 82 EG und der „more economic approach", S. 231f.

793 Vgl. Motta, Competition Policy, 2004, S. 307ff.

794 "A second example could be that the rebate system is indispensable to incite the customers to purchase and resell a higher volume and avoid double marginalisation. Here it needs to be shown in the first place that the customer has considerable market power and that without the rebate system the resulting resale price applied by the customer would be higher than the price a vertically integrated monopolist would ask and that thus without the rebate system total output would be lower. Such efficiency may require a rebate system with conditional rebates on incremental purchases above a certain threshold but is unlikely to require and is unlikely to be efficiently achieved with a rebate system with conditional rebates on all purchases", vgl. DG Competition Discussion Paper, S. 53.

bisherigen Ansatz unzulässiges Verhalten im Interesse der Konsumentenwohlfahrt zu rechtfertigen.

ff) Zwischenergebnis zu den Rabattsystemen

Die Kommission setzt in Bezug auf den Missbrauchstatbestand von Rabattsystemen durch die Vorgaben des „more economic approach" neue Maßstäbe. Die Ausführungen greifen zunächst konsequent die neuen Leitkriterien des Auswirkungsansatzes, der Konsumentenwohlfahrt und auch der Effizienzverteidigung auf. Diese Kriterien sind allesamt im Kontext der Rabattsysteme auf ein komplexes, ökonomisches Grundgerüst gestellt. Die Kommission nutzt bekannte wirtschaftswissenschaftliche Ansätze und baut diese in ihren künftigen Prüfungsrahmen bei Rabattsystemen ein. Darüber hinaus nutzt sie ihren Neuansatz sogar dafür, eine eigene Formel für die Berechnung des von ihr selbst aufgestellten Prüfungsmerkmals eines erforderlichen Anteils zu entwickeln. Ob sich diese Formel in der Praxis bewährt oder ob künftig Korrekturen oder sogar Alternativen gefunden werden müssen, wird anhand der Entscheidungspraxis aufzuzeigen sein. Da die Kommission sowohl hinsichtlich möglicher Effizienzverteidigungen als auch hinsichtlich der verschiedenen, in die Prüfung einzubeziehenden, ökonomischen Parameter lediglich exemplarische Ansatzpunkte liefert, bleibt die Anwendung in der Praxis aber durchweg flexibel und ist im konkreten Einzelfall in der Praxis ausbau- und korrekturfähig. Damit stellt die Kommission das Gerüst des Art. 102 AEUV hinsichtlich der Prüfung von Rabattsystemen auf eine komplett neue Basis und begeht dabei nicht den Fehler, auf diesem bislang im europäischen Wettbewerbsrecht unbekannten Feld zu enge Vorgaben zu machen, welche sich in der Praxis nicht halten lassen. Als Kehrseite dieses offenen Prüfungsrahmens bleibt die Unsicherheit in Bezug auf die künftige Rechtsanwendung, da durch die Vorgaben der Kommission nur äußerst grob auszumachen ist, welche ökomomisch geprägten Faktoren künftig aufgrund der Umstände des Einzelfalls in die Prüfung einfließen sollen und damit letztlich über eine Missbräuchlichkeit entscheiden.

3. Kopplungen und Bündelungen

Im nächsten Abschnitt widmet sich das Diskussionspapier den Missbrauchsformen der Kopplungen und der Bündelungen. Dieser Missbrauchstatbestand umfasst alle gekoppelten und gebündelten Produktangebote eines Marktbeherrschers, also die vertragliche und technische Zusammenfassung mehrerer Einzelprodukte zu einem Gesamtangebot[795]. Auf Grundlage dieses bereits in den Verträgen von Rom

795 Dabei sind Kopplungen solche Produktangebote, bei denen der Marktbeherrscher den Verkauf des Grundproduktes (koppelndes Gut) unter die Bedingung stellt, dass der Abnehmer gleichzeitig ein weiteres Produkt (gekoppeltes Gut) des Marktbeherrschers fortlaufend mit Erhalt des Grundproduktes erwirbt. In den meisten Fällen hängt das gekoppelte Gut als Zugabe zum Grundprodukt von diesem ab. So ist beispielsweise ein Computer das Grundprodukt als koppelndes Gut und die

selbstständig festgelegten Regelbeispiels wird die an den Abschluss von Verträgen geknüpfte Bedingung zusätzlicher Leistungen, die weder sachlich noch nach Handelsbrauch in Beziehung zum Vertragsgegenstand stehen und damit allein aufgrund der Marktstärke des marktbeherrschenden Unternehmens vereinbart werden, als missbräuchlich erklärt[796].

a) Bisheriger Prüfungsansatz bei Kopplungen und Bündelungen

Obwohl diese Fallgruppe bereits sehr lange vertraglich verankert ist, konnte die Rechtsprechung letztlich keine klaren Vorgaben für das Vorliegen der Voraussetzungen eines solchen Marktmachtmissbrauchs aufstellen[797]. Vielmehr hat die Rechtsprechung die Unsicherheit bei der praktischen Anwendung dieses Fallbeispiels noch vergrößert, indem festgestellt wurde, dass ein Missbrauch auch außerhalb der Tatbestandsmerkmale des Art. 102 UAbs. 2 lit. d) AEUV vorliegen kann[798]. Statt eindeutige Vorgaben oder Leitentscheidungen in Bezug auf das Vorliegen der Voraussetzungen eines solchen Missbrauchsfalls zu bieten, bewirkte die Rechtsprechung Unsicherheiten und heftige Diskussionen[799]. Sowohl die Kommission als auch der EuGH haben in ihrer Spruchpraxis aber immer deutlich gemacht, dass dieser Missbrauchstatbestand nicht durch bestimmte Feststellungen eingegrenzt werden darf, sondern ein offener Tatbestand bleiben soll[800]. Nach den allgemein gehaltenen Vorgaben liegt eine Kopplung bereits dann vor, wenn die Einzelleistungen grundsätzlich getrennt voneinander auf verschiedenen Märkten handelbar und damit

---

dazugehörige Software wie das Betriebssystem das gekoppelte Gut. Ein Fall der Bündelung liegt vor, wenn zwei oder mehrere, voneinander unabhängige Produkte durch den Marktbeherrscher als ein Gesamtpaket an die Abnehmer verkauft werden. Dabei wird zwischen der sogenannten reinen Bündelung („pure bundling") und der gemischten Bündelung („mixed bundling") unterschieden. Während das Produktpaket bei der reinen Bündelung ausschließlich als Gesamtpaket angeboten wird, werden die verschiedenen Produktbestandteile bei der gemischten Bündelung auch einzeln durch den Marktbeherrscher verkauft, vgl. ausführlich hierzu Huber/Kopsch, Produktbündelung, S. 619ff.

796 Vgl. Immenga/Mestmäcker-*Fuchs/Möschel*, Europäisches Kartellrecht, 5. Aufl., Bd. 1, 1.Teil, Art. 102 AEUV, Rn. 274.

797 Vgl. Grabitz/Hilf-*Jung*, Kommentar zum Recht der Europäischen Union, 35. Auflage, Art. 82, Rn. 171.

798 So stellt der EuGH fest, dass sogar bei Vorliegen einer sachlichen oder nach Handelsbrauch bestehenden Rechtfertigung durchaus ein Missbrauch durch Kopplungen oder Bündelungen vorliegen kann, vgl. EugH, Slg. 1996, I-5951, Rn. 37, Tetra Pak II.

799 Vgl. Bechthold/Bosch/Brinker/Hirsbrunner, EG-Kartellrecht, Art. 82 EG, Rn. 43; Streinz-*Eilmansberger*, Art. 82 EG, Rn. 64.

800 Vgl. exemplarisch: Komm. vom 22.12.1987, ABl. EWG (1988) Nr. L 65, S. 19, Hilti; EuGH, Slg. 1994, I-667, Hilti.

aus Konsumentensicht keine funktionell austauschbaren Substitute sind[801]. Nach der bisherigen Anwendungspraxis kamen damit so gut wie alle als Warenpaket zusammengefügten Produkte für eine Überprüfung wegen einer missbräuchlichen Koppelung in Betracht[802]. Damit war der Anwendungsbereich sehr weit und es wurden dementsprechend verhältnismäßig viele Verfahren eingeleitet[803]. Neben dem weiten Tatbestand waren insbesondere die Verteidigungsmöglichkeiten der Marktbeherrscher sehr eingeschränkt. So war eine Verteidigung der Zusammenfügung von Produkten zu einem Warenpaket nach Ansicht des EuGH nur möglich, wenn eine „untrennbare Verbindung" der Einzelprodukte gegeben war[804].

b) Zwischenergebnis zum bisherigen Prüfungsansatz

Im Ergebnis war die bisherige Spruchpraxis in Bezug auf Kopplungen damit äußerst streng und lief auf eine Art Per se-Verbot eines Großteils der Kopplungen und Bündelungen von marktbeherrschenden Unternehmen hinaus[805].

---

801 Vgl. Immenga/Mestmäcker-*Möschel*, Europäisches Kartellrecht, 4. Aufl., Bd. 1, 1. Teil, Art. 82 EG, Rn. 207f., mit weiteren Nachweisen zur Spruchpraxis der Kommission und des EuGH. Eine in der Literatur weit verbreitete Ansicht, nach welcher eine Kopplung zumindest bei Warengesamtheiten und komplexen technischen Erzeugnissen auszuschließen sei, wurde weder von der Kommission noch vom EuGH übernommen, vgl. Schröter/Jakob/Mederer-*Schröter*, Kommentar zum Europäischen Wettbewerbsrecht, Art. 82 EG, Rn. 241; Vgl. Langen/Bunte-*Dirksen*, Europäisches Kartellrecht, Art. 82 EG, Rn. 158.

802 Zudem sah die Kommission sogar ohne ein Abstellen auf die grundsätzlich immer zu prüfende Ausnutzung der marktbeherrschenden Stellung und einer daraus hervorgehenden Verdrängungswirkung bereits dann eine missbräuchliche Koppelung als gegeben an, wenn allein finanzielle Anreize gegenüber den Abnehmern gesetzt wurden. So war der Tatbestand einer Kopplung bereits gegeben, wenn das Gesamtpaket der Produkte günstiger angeboten wurde als die jeweiligen einzelnen Produkte, vgl. Komm., vom 5.12.2001, ABl. EG (2002), Nr. L 61, S. 32, Rn. 54ff., De Post ./. La Poste.

803 Übersicht der Spruchpraxis bei Immenga/Mestmäcker-*Möschel*, Europäisches Kartellrecht, 4. Aufl., Bd. 1, 1. Teil, Art. 82 EG, Rn. 207f., wobei z. B. logisch zusammengehörende Produkte wie das Surfbrett und der dazugehörige Mast (Takelage) eines Windsurfsegelgeräts als eine Kopplung nach dem entsprechend weit gefassten Tatbestand angesehen wurden, vgl. Komm. ABl. EWG (1983) Nr. L 229, S. 1, Windsurfing International; EuGH, Slg. 1986, I-611, Windsurfing International.

804 Eine solche „untrennbare Verbindung" war nach den sehr restriktiven Vorgaben bereits dann ausgeschlossen, wenn Wettbewerber des Marktbeherrschers bereits theoretisch die einzelnen Produkte des Gesamtpaketes eigenständig herstellen und vertreiben könnten, vgl. EuGH, Slg. 1996, I-5951, Rn. 37, Tetra Pak II.

805 Diese restriktive Auslegung wird im Falle grundsätzlich zusammengesetzter Produkte, wie beispielsweise Autos, für deren Einzelbestandteile auch jeweils eigenständige Märkte bestehen, gelockert. In solchen Fällen wird grundsätzlich bereits das Vorliegen eines Kopplungsgeschäftes nach Art. 102 S. 2 lit. d) AEUV verneint,

c) Neuer Ansatz im Diskussionspapier

Die Kommission geht hinsichtlich der Prüfung einer Missbräuchlichkeit nach Art. 102 AEUV bei Kopplungen und Bündelungen entsprechend den Vorgaben des „more economic approach“ einen gänzlich neuen Weg.

aa) Einführung des Vier-Stufen-Tests

Die Kommission führt als neuen Prüfungsansatz einen Vier-Stufen-Test ein, mit Hilfe dessen der bislang sehr weit gefasste Rahmen dieses Missbrauchtatbestandes eingeschränkt werden soll.

aaa) Marktbeherrschende Stellung auf dem Ausgangsmarkt

Auf einer ersten Stufe soll nach den Vorgaben des Diskussionspapiers zunächst die beherrschende Stellung des fraglichen Unternehmens gerade auf dem Ausgangsmarkt des koppelnden Produkts, also des Grundprodukts, festgestellt werden[806]. Eine beherrschende Stellung auf dem Markt des gekoppelten Produktes wird für eine Missbräuchlichkeit nicht vorausgesetzt. Liegt aber eine solche Stellung auf dem Markt vor, besteht nach den Vorgaben der Kommission eine gewisse Wahrscheinlichkeit im Sinne einer Vermutung, dass ein Missbrauch nach Art. 102 AEUV gegeben ist[807]. Der erste Schritt der neuen Analyse einer möglicherweise missbräuchlichen Koppelung oder Bündelung ist damit durch die bereits aus dem allgemeinen Teil bekannte Prüfung des oder der relevanten Märkte des koppelnden und des gekoppelten Gutes gekennzeichnet[808].

bbb) Unterscheidbarkeit der Produkte

Auf der zweiten Stufe des neuen Prüfungsansatzes wird untersucht, ob und wie die gekoppelten Produkte voneinander unterscheidbar sind. Die Kommission stellt

---

soweit die Abnehmer das zusammengesetzte Hauptprodukt in einem gewissen Umfang ohne die entsprechenden Nebenprodukte überhaupt nachfragen, vgl. Immenga/Mestmäcker-*Fuchs/Möschel*, Europäisches Kartellrecht, 5. Aufl., Bd. 1, 1.Teil, Art. 102 AEUV, Rn. 281.

806 “For tying to be abusive the company concerned needs to be dominant in the tying market“, vgl. DG Competition Discussion Paper, S. 55. Im Falle von Bündelungen muss eine beherrschende Stellung lediglich auf einem der betroffenen Märkte festgestellt werden: „In case of bundling dominance in one of the markets concerned is necessary“, vgl. DG Competition Discussion Paper, S. 55, Fn. 117.

807 “It is not necessary that the company also is dominant in the tied market. However, dominance also in the tied market renders the finding of an abuse more likely”, vgl. DG Competition Discussion Paper, S. 55f.

808 “In order to assess this properly it is normally necessary to define the relevant market(s) on which both the tying and the tied product are sold”, vgl. DG Competition Discussion Paper, S. 56.

diesbezüglich wiederum explizit auf die Interessen der Verbraucher ab[809]. So soll es gerade nicht darauf ankommen, ob die gekoppelten Produkte objektiv verschiedenen oder denselben Produktmärkten zugeordnet werden können. Vielmehr soll entscheidend sein, ob die gekoppelten Produkte aus der Sicht der Verbraucher auch separat voneinander gekauft werden, wenn sie nicht als Produktpaket zusammengefasst sind[810]. Die Kommission eröffnet mit dieser zweiten Prüfungsstufe zunächst einen ähnlich großen Anwendungsraum für Prüfungen möglicher Missbrauchsfälle, wie er zuvor bereits durch die Spruchpraxis im europäischen Wettbewerbsrecht eröffnet wurde[811]. Die Kommission schränkt diesen grundsätzlich weiten Rahmen aber bedingt auch wieder ein, indem sie feststellt, dass als Paket zusammengefasste Produkte gerade nicht als Kopplungen oder Bündelungen, sondern unmittelbar als Einheit angesehen werden müssen, weil es beispielsweise aus technischen Gründen schwierig ist, das eine Produkt entgegen der etablierten Vertriebstechnik ohne das andere Produkt zu verkaufen[812]. Hierdurch beabsichtigt die Kommission für bestimmte Produkteinheiten künftig den Anwendungsbereich von Art. 102 AEUV UAbs. 2 lit d) AEUV von Anfang zu verschließen. Die Kommission zeigt in ihrem Diskussionspapier auch an diesem Punkt wieder mögliche Beispiele nach

---

809 "What can be considered as distinct products is determined by the demand of the customers", vgl. DG Competition Discussion Paper, S. 56.

810 "Two products are distinct if, in the absence of tying or bundling, from the customers' perspective, the products are or would be purchased separately. It is, however, not necessary that the two products belong to two separate product markets", vgl. DG Competition Discussion Paper, S. 56.

811 Die Vorgaben der Kommission lassen sich in die Richtung verstehen, dass es auf die Stärke der Nachfrage der Verbraucher in Bezug auf die einzelnen Produkte als separater Kauf nicht ankommen kann. Hieraus würde sich in letzter Konsequenz ergeben, dass die Voraussetzung eines Verstoßes gegen das Missbrauchsverbot – da es nicht darauf ankommt, ob die Produkte auf verschiedenen oder demselben Produktmarkt angesiedelt sind – bereits hinsichtlich einer Zusammenfassung mehrerer Einheiten ein und desselben Produktes erfüllt sein kann. Damit könnte ein im Doppelpack angebotenes Produkt als vertriebenes Paket nach den Vorgaben des Diskussionspapiers grundsätzlich eine missbräuchliche Ausnutzung einer marktbeherrschenden Stellung darstellen: „Practices involving two or more units of the same product, such as imposing minimum purchasing requirements and giving loyalty rebates, may also be abusive; such practices are analysed in section 7 on single branding and rebates", vgl. DG Competition Discussion Paper, S. 56, Fn. 118. Die Kommission will in Zukunft solche grundsätzlich möglichen Fälle eines Missbrauchs aber entsprechend ihren Vorgaben zu missbräuchlichen Exklusivvereinbarungen und Rabatten prüfen.

812 "Commercial usage may also indicate that two products are not distinct, and that the tying may be done for non-exclusionary purposes. Often combinations have become accepted practice because the nature of the product makes it technically difficult supplying one product without also supplying another product", vgl. DG Competition Discussion Paper, S. 56.

den Vorgaben ihres neuen Ansatzes auf. So wird die Problematik angesprochen, nach welcher durch neue Technologien geprägte Produkte, die zuvor einzeln hergestellt und verkauft wurden, nunmehr aufgrund der technischen Weiterentwicklung zusammen in einer Einheit hergestellt und verkauft werden können[813]. Die Kommission führt aus, dass in einem solchen Fall von einer zulässigen Produkteinheit – und damit gerade nicht von einer missbräuchlichen Koppelung oder Bündelung – ausgegangen werden kann, wenn die verschiedenen Komponenten so integriert worden sind, dass die Nachfrage der Verbraucher nach den Einzelprodukten entsprechend der neuen Herstellungsmethode als Produkteinheit erloschen ist[814].

ccc) Marktverzerrender Abschottungseffekt

Auf der dritten Stufe ihres neuen Prüfungsansatzes bei Kopplungen und Bündelungen will die Kommission künftig das Vorliegen eines marktverzerrenden Abschottungseffektes prüfen („market distorting foreclosure effect“)[815]. Es soll zunächst festgestellt werden, welche Kunden als Abnehmer des gekoppelten Produktes so stark durch das Verhalten des Marktbeherrschers gebunden sind, dass dessen Wettbewerber verdrängt oder beeinträchtigt werden[816]. Die Kommission will wieder möglichst flexibel und einzelfallbezogen prüfen und zwischen verschiedenen Arten der Kopplungen und Bündelungen differenzieren. So soll je nach Einzelfall bezüglich vertraglich vereinbarter und technisch bedingter Kopplungen eine Vermutung dafür sprechen, dass die Intensität der Bindung der Abnehmer so stark ist, dass ein missbräuchlicher Verdrängungseffekt zu bejahen ist[817].

---

813 “A particular problem arises in determining whether a new product development integrating two products that previously were distinct would mean that the combination in the future should be considered to be one product”, vgl. DG Competition Discussion Paper, S. 56.

814 “Deciding this entails evaluating whether consumer demand has shifted as a consequence of the product integration so that there is no more independent demand for the tied product. Such a scenario could be envisaged in cases of technological integration rather than in cases of contractual tying or bundling”, vgl. DG Competition Discussion Paper, S. 56.

815 “The main direct anticompetitive effect of tying and bundling is possible foreclosure on the market of the tied product”, vgl. DG Competition Discussion Paper, S. 56.

816 “In principle, the assessment of the foreclosure effect on the tied market can be considered to consist of two parts. First, to establish which customers are ‘tied’ in the sense that competitors to the dominant company cannot compete for their business”, vgl. DG Competition Discussion Paper, S. 56.

817 “In the case of tying and pure bundling, the individual customers in question clearly are foreclosed to the competitors – at least until the expiry of contracts in the case of contractual tying”, vgl. DG Competition Discussion Paper, S. 56.

ddd) Fallgruppe der Bündelrabatte

Eine differenzierte Prüfung ist nach den Vorgaben des Diskussionspapiers dann erforderlich, wenn ein Fall der sogenannten Bündelrabatte („mixed bundling") vorliegt, bei welchen die Produkte sowohl als Gesamtpaket als auch einzeln angeboten werden[818]. In diesen Fällen ist ein für einen Missbrauch erforderlicher, marktverzerrender Abschottungseffekt durch Verdrängung oder Beeinträchtigung der Wettbewerber nicht so eindeutig gegeben. In diesen Fällen soll nach dem Prüfungsmaßstab des „as efficient competitor" geprüft werden, wie ein ebenso effizienter Wettbewerber auf das Verhalten des Marktbeherrschers reagieren würde[819]. Die abstrakte Vorgabe hinsichtlich der Wettbewerbsfähigkeit des ebenso effizienten Wettbewerbers wird durch klare ökonomische Faktoren in der Form einer konkreten Berechnungsmethode untermauert, so dass eine praktische Umsetzung der Vorgaben der Kommission erfolgen kann[820].

---

818 In einer solchen Situation erscheint es für den Abnehmer in Bezug auf den Preis nach den Vorgaben der Kommission grundsätzlich zumeist sinnvoller, zunächst ein einzeln angebotenes Produkt des Marktbeherrschers zu erwerben und das grundsätzlich im Gesamtpaket gekoppelte weitere Produkt bei einem Wettbewerber des Marktbeherrschers zu erwerben: "In the case of mixed bundling this is less clear. Both products are available but may be priced in such a way that it would not be rational for customers to buy individual products from the bundle to match them with complementary products produced by a competitor", vgl. DG Competition Discussion Paper, S. 56.

819 So soll nach der Kommission ein missbräuchlicher Abschottungseffekt vorliegen, wenn ein ebenso effizienter Wettbewerber, welcher nicht alle, sondern einen Teil der gebündelten Produkte des Marktbeherrschers anbietet, mit seinem Angebot aufgrund der Höhe des Bündelrabatts des Marktbeherrschers nicht auf dem Markt bestehen könnte: "Competitors are foreclosed if the discount is so large that efficient competitors offering only some but not all of the components, cannot compete against the discounted bundle", vgl. DG Competition Discussion Paper, S. 56.

820 So will die Kommission den für die Einzelprodukte angesetzten Preis mit dem für das Produktbündel angesetzten, niedrigeren Preis vergleichen und den Differenzbetrag mit den langfristigen durchschnittlichen Zusatzkosten durch die Herstellung („long run incremental costs") hinsichtlich der einzelnen Produkte in Verbindung bringen. Ein Fall der missbräuchlichen Bindung, welche zu einem Abschottungseffekt führt, liegt laut Kommission dann vor, wenn der ermittelte Differenzbetrag unterhalb der langfristigen Zusatzkosten für die einzelnen Produkte liegt (Bsp.: Preis für das Produktbündel aus drei Produktkomponenten: 100 €, Preis für die einzelnen Komponenten: jeweils 40 €, langfristige durchschnittliche Zusatzkosten pro einzelner Komponente: 10 €. Der vom Marktbeherrscher gewährte Bündelrabatt liegt somit bei 20 €, während die Zusatzkosten für alle drei Produkte insgesamt 30 € betragen. Der gewährte Bündelrabatt bringt demnach entsprechend den Vorgaben der Kommission eine solche Bindungswirkung mit sich, dass ein ebenso effizienter Wettbewerber auf dem Markt nicht mehr wettbewerbsfähig ist und ein marktverzerrender Abschottungseffekt vorliegt). Kein Missbrauch ist demnach gegeben, wenn die Zusatzkosten unterhalb des gewährten

eee) Offene Gestaltung der Prüfungskriterien

Auf der dritten Stufe der von der Kommission vorgegebenen Prüfung ist zu prüfen, ob die festgestellte Bindungswirkung so viele Abnehmer betrifft, dass im Ergebnis von einer Abschottung des gesamten Marktes ausgegangen werden kann[821]. Die Wahrscheinlichkeit eines Missbrauchs ist nach den Vorgaben im Diskussionspapier umso höher ist, je höher die Prozentzahl der gebundenen Abnehmer und damit der getätigten Verkäufe auf dem relevanten Markt ausfällt[822]. Auch in diesem Zusammenhang betont die Kommission ausdrücklich, dass sich eine mechanische Anwendung der Vorgaben entsprechend ihrem modernisierten Ansatz verbietet und immer eine flexible Prüfung unter Berücksichtigung aller wesentlichen Umstände des Einzelfalls vorgenommen werden muss[823]. So sollen immer verschiedene, nicht starr vorgegebene Faktoren geprüft werden, um die Abschottung des gesamten gekoppelten Marktes zu untersuchen[824]. Ein weiterer Prüfungsfaktor ist die konkrete Stellung und Stärke des Marktbeherrschers auf dem betroffenen gekoppelten Markt, aber auch seine Stellung und Stärke auf dem koppelnden Markt, wodurch sich das Erfordernis einer Gesamtschau seiner Stärke und der daraus resultierenden

---

Bündelrabatts liegen: "The incremental price that customers pay for each of the dominant company's products in the bundle should therefore cover the long run incremental costs of the dominant company of including this product in the bundle. This would allow an equally efficient competitor with only one product to compete profitably against the bundle. Long run incremental cost is used as the cost concept, since this captures the extra costs of the dominant company's activities in the market(s) in which it is not dominant. If a price charged by the dominant company covers its incremental costs, such a price cannot normally be considered exclusionary", vgl. DG Competition Discussion Paper, S. 57.

821 "[In principle, the assessment of the foreclosure effect on the tied market can be considered to consist of two parts. First, to establish which customers are 'tied' in the sense that competitors to the dominant company cannot compete for their business.] Second, to establish whether these customers 'add up' to a sufficient part of the market being tied", vgl. DG Competition Discussion Paper, S. 56f.

822 "In general, the higher the tied percentage of total sales on the tied market, the larger is normally the foreclosure effect", vgl. DG Competition Discussion Paper, S. 58.

823 Dazu gehört auch, dass die Kommission ihre Entscheidung als widerlegbar begreift: "The elements described below therefore cannot be applied in a mechanical way. Where the Commission on the basis of the elements described below finds that the dominant company ties a sufficient part of the market, the Commission is likely to reach the rebuttable conclusion that the tying practice has a market distorting foreclosure effect and thus constitutes an abuse of dominant position", vgl. DG Competition Discussion Paper, S. 57.

824 "The second part of the assessment is to establish whether the market as a whole can be considered to be foreclosed. The analysis of the foreclosure effect will take into account several factors", vgl. DG Competition Discussion Paper, S. 58.

Auswirkung ergibt[825]. Als ebenfalls denkbaren Prüfungsfaktor gibt die Kommission eine Untersuchung der Abnehmer und ihres Kaufverhaltens im jeweiligen Einzelfall vor. Bezüglich dieses Prüfungskriteriums soll ermittelt werden, wie viele Abnehmer gerade beide beziehungsweise alle, Produkte des Produktbündels nachfragen[826] oder wie sich dieses Kaufverhalten der Abnehmer auf die Wettbewerber, gerade auf neu in den Markt drängende Wettbewerber, auswirkt[827]. Die Kommission gibt zur Betonung ihrer Ambitionen bei der Erlangung einer möglichst hohen Einzelfallgerechtigtkeit noch zahlreiche weitere, ökonomisch geprägte Faktoren vor, welche bei der Prüfung je nach den Umständen des Einzelfalls zur Anwendung kommen können[828]. Zudem werden die Auswirkungen der Koppelung oder Bündelung auf die Marktentwicklung[829], die Produktdifferenzierung der Wettbewerber und die

825 "[...] the overall strength of the dominant company on both the tying and the tied markets should also be taken into account", vgl. DG Competition Discussion Paper, S. 58.

826 "Another factor that may be important in assessing whether there is an appreciable foreclosure effect is the number of customers that buy both products. For instance, if only a third of the customers in the tied market buy both products, tying may pose less of a risk, since the tying practice may remain contained to at most a third of the market. However, the tying could still in this case have an appreciable foreclosure effect, for example if some or all of the tied customers are particularly important from an entry-deterring point of view", vgl. DG Competition Discussion Paper, S. 59.

827 "Another important factor is the identity of the tied customers. For example, some customers may be important from an entry-deterring point of view in that they would be most likely to be responsive to offers from alternative suppliers. These customers may form a particular way of distributing the tied product that would be suitable for a new entrant. They may also be customers situated in a geographic area well suited to new entry, for example because of proximity to suppliers in other geographical areas. Or they could be the customers of specific, targeted competitors. A growing share of a market with network effects may also be problematic even if the share is still fairly low", vgl. DG Competition Discussion Paper, S. 58f.

828 So soll beispielsweise geprüft werden, ob der betroffene Markt für das gekoppelte Produkt aufgrund von Skalenerträgen, Lern-, oder Netzwerkeffekten sowie klassischen Zutrittsbarrieren für die zu prüfende Marktabschottung besonders anfällig ist: "The foreclosure effect is likely to be stronger if there are significant scale economies, learning curve or network effects or entry barriers in the tied market. Scale economies and learning curve effects may mean that rivals in the tied market are not able to stay in the market if the dominant company forecloses part of the tied market through tying or bundling", vgl. DG Competition Discussion Paper, S. 59.

829 Es soll geprüft werden, wie sich die Märkte unter Berücksichtigung der Kopplung oder Bündelung entwickelt haben und ob die Stellung des Marktbeherrschers durch diese Entwicklung gestärkt wurde: "The market performance of the dominant company and its competitors may provide evidence about the foreclosure

Nachfrage durch die Abnehmer[830], die Möglichkeiten der Wettbewerber, ebenfalls ein Produktbündel anzubieten[831], sowie das Verhalten der Abnehmer in Bezug auf eigene Maßnahmen zur Unabhängigkeit vom angebotenen Produktbündel[832] als mögliche Prüfungskriterien im jeweiligen Einzelfall vorgegeben. Ergibt die Prüfung anhand der vielseitigen, von der Kommission vorgegebenen oder auch denkbaren, weiteren Faktoren, dass der gesamte betroffene Markt durch das Verhalten des Marktbeherrschers abgeschottet wird, leitet die Kommission auf den letzten Prüfungsschritt und damit auf die vierte Stufe ihrer Prüfung über.

fff) Effizienzeinrede

Auf der vierten Prüfungsstufe räumt die Kommission dem marktbeherrschenden Unternehmen die neue Verteidigungsmöglichkeit der Effizienzeinrede durch Aufzeigen von überwiegenden Effizienzen als Folge des grundsätzlich missbräuchlichen Verhaltens ein. Eine Effizienzverteidigung soll nach den Vorgaben der Kommission

---

effect. The market share of the dominant company in the tied market may rise after the company starts or intensifies the tying practice and some or all of its competitors may be marginalised or exit. Also entry attempts can provide evidence about possible foreclosure effects", vgl. DG Competition Discussion Paper, S. 59.

830 Hiernach kann aufgrund einer großen Produktdifferenzierung trotz der Produktbündelung des Marktbeherrschers eine große Nachfrage bzgl. der Angebote des Wettbewerbers bestehen bleiben: "Product differentiation in the tied market may reduce the foreclosure effect as competitors are more likely to be able to survive in the market. Customers with strong preferences for the products of competitors in the tied market may, for instance, prefer to switch to a rival product in the tying market rather than forego their preferred product in the tied market", vgl. DG Competition Discussion Paper, S. 59.

831 Wettbewerber, die von anderen Herstellern auf anderen Märkten bündelungsfähige Produkte kaufen und diese als eigenes Produktbündel auf den Markt bringen, können durch diese Gegenstrategie die Wahrscheinlichkeit einer Abschottung des gesamten betroffenen Marktes verringern: "Rivals may have effective counter-strategies at their disposal that would allow them to protect themselves against the strategies of the dominant company. Such counterstrategies could, for instance, consist in buying from a producer in the other market in order to create a bundle that can compete with the combined offering of the dominant company", vgl. DG Competition Discussion Paper, S. 59.

832 So soll das Verhalten der Wettbewerber als Reaktion auf das Verhalten des Marktbeherrschers ebenfalls zu berücksichtigen sein. Je innovativer die Wettbewerber reagieren, umso weniger ist dabei die Wahrscheinlichkeit, dass der ganze Markt abgeschottet wird: "Also important customers may have effective counter-strategies. This may, in particular, be the case for customers in the tied market, especially if the tying company is not also dominant in this market. If such buyers are not themselves tied they may be able to prevent the marginalisation of the rivals to the dominant company or sponsor new entry into the tied market", vgl. DG Competition Discussion Paper, S. 59.

zum Beispiel durch Einsparungen bei den Produktionskosten, den Vertriebskosten oder den Transaktionskosten möglich sein[833]. Auch die Konsumentenwohlfahrt als primäre Zielkomponente eines Effizienzgewinnes wird in diesem Zusammenhang nochmals erwähnt[834]. Im Ergebnis fordert die Kommission auch bezüglich dieses Missbrauchstatbestandes die Erfüllung der von ihr in Bezug auf die Effizienzverteidigung vorgegebenen Voraussetzungen ein[835].

---

833 "The dominant company may also invoke an efficiency defence. Tying and bundling may help to produce savings in production, distribution or transaction costs", vgl. DG Competition Discussion Paper, S. 60.

834 Die Kommission führt aus, dass ein markbeherrschendes Unternehmen als Verteidigung bzgl. dieser Missbrauchspraktik auch vorbringen kann, dass die Zusammenführung verschiedener Produkte zu einem Produktbündel auch die Sicherheit und Gesundheit der Verbraucher verbessern kann, weil durch die Zusammenführung die Qualität und die Nutzung der Produkte verbessert würden: "The dominant company may argue that it is an objective necessity to tie products for reasons of quality or good usage of the products necessary to protect the health or safety of the customers", vgl. DG Competition Discussion Paper, S. 60.

835 Sie verweist auf ihre vorherigen Ausführungen, nach welchen das Verhalten des Marktbeherrschers insbesondere unausweichlich ist: "For tying not to be abusive, it must be shown that all of the conditions described in section 5.3.3 are fulfilled", vgl. DG Competition Discussion Paper, S. 60. Die Kommission betont in diesem Zusammenhang erneut, dass gerade eine allein vertraglich bedingte Bündelungs- oder Kopplungsvereinbarung die erforderlichen Voraussetzungen nicht erfüllt und dementsprechend wahrscheinlicher ein Missbrauchsfall bzgl. der umgesetzten Marktmacht darstellt: "In many cases contractual tying may not be indispensable to achieve the efficiencies and the price incentive contained in mixed bundling normally needs only to reflect the effective cost efficiency that is realised", vgl. DG Competition Discussion Paper, S. 60. Auch das Sicherheits- und Gesundheitsargument bzgl. der Situation der Verbraucher sieht die Kommission kritisch, indem sie darauf hinweist, dass es nicht die Aufgabe marktbeherrschender Unternehmen sei, die Gesundheit oder den Schutz der Verbraucher zu fördern: "The general framework for analysis of such arguments is given in section 5.3.1. It is, however, worth recalling that it is not the task of a dominant company to take steps on its own initiative to eliminate products which it regards, rightly or wrongly, as dangerous or inferior to its own products", vgl. DG Competition Discussion Paper, S. 60. Hierdurch zieht die Kommission die Glaubhaftigkeit solcher von einem Marktbeherrscher vorgebrachten Argumente grundsätzlich in Zweifel und betont implizit, dass das eigentliche Ziel des marktbeherrschenden Unternehmens immer die Steigerung des eigenen Profits sein wird, vgl. diesbezüglich auch die ähnliche Auffassung des EuGH in folgender Entscheidung: EuGH, Slg. 1991, I-667, Rn. 118, Hilti. Ob diese Argumentation der Kommission schlüssig ist, muss insofern bezweifelt werden, als produzierende Marktbeherrscher bereits entsprechend den nationalen Vorgaben zur Produkthaftung (in Deutschland beispielsweise das Produkthaftungsgesetz) und auch den gemeinschaftrechtlichen Vorgaben zur Produktsicherung (Richtlinie 2001/95/EG des Europäischen Parlaments und des Europäischen Rates vom 03.12.2001, Art. 3 Abs. 1, in: ABl. EG 2002 Nr. L 11/4,

d) Zwischenergebnis zu Kopplungen und Bündelungen

Die Kommission versucht der Prüfung missbräuchlicher Kopplungen und Bündelungen eine neue Kontur, beziehungsweise im Vergleich mit der bisherigen gemeinschaftsrechtlichen Entscheidungspraxis überhaupt eine Kontur, zu geben. Hierfür soll künftig ein vierstufiger Test angewendet werden, nach welchem anhand konkreter Prüfungsvoraussetzungen festgestellt werden kann, ob das konkrete Verhalten des marktbeherrschenden Unternehmens missbräuchlich ist oder nicht. Während dabei bestimmte Prüfungsstufen ähnlich weit gefasst wie in der bisherigen Entscheidungspraxis bleiben, werden bezüglich anderer Prüfungsvoraussetzungen ökonomische Faktoren hinzugefügt, welche den Prüfungsrahmen im Vergleich zum bisherigen Prüfungsansatz nach ökonomischen Vorgaben und Erkenntnissen konkretisieren sollen. Dabei bleibt die Kommission ihrer Linie im Diskussionspapier treu, indem sie die Prüfung insbesondere auf der dritten Stufe, der Feststellung eines marktverzerrenden Abschottungseffektes auf einem hinreichenden Teil des betroffenen Marktes, im Rahmen des grundsätzlich konkretisierten Analyseverfahrens wiederum höchstmöglich flexibel an den konkreten Umständen des Einzelfalls ausgerichtet hält. Auch die weiteren Vorgaben des „more economic approach" werden in der Form des Auswirkungsansatzes, der Konsumentenwohlfahrt und der Effizienzverteidigung in die neue Prüfungsform integriert, ohne dass klare Prüfungsvorgaben festgelegt werden.

4. *Geschäftsverweigerungen*

Bei der Missbrauchsform der Geschäftsverweigerungen ist zwischen der Beendigung bestehender Lieferbeziehungen und der Geschäftsverweigerung mit Blick auf neu zu begründende Vertragsverhältnisse zu differenzieren[836].

a) Bisheriger Prüfungsansatz bei Geschäftsverweigerungen

Es sind vielfältige Verhaltensweisen marktbeherrschender Unternehmen zu unterscheiden, die eine missbräuchliche Geschäftsverweigerung begründen können[837].

S. 4ff.) sehr wohl den Verbraucherschutz als primäres Ziel zu beachten haben, um überhaupt produzieren zu können.

836 Vgl. eingehend zu dieser Differenzierung: Immenga/Mestmäcker-*Fuchs/Möschel*, Europäisches Kartellrecht, 5. Aufl., Bd. 1, 1.Teil, Art. 102 AEUV, Rn. 310ff. und 320.

837 Neben der Nichtaufnahme neuer und der Beendigung bestehender Geschäftsbeziehungen können insbesondere auch die Verweigerung der Belieferung, die Nichtweitergabe wichtiger Informationen oder Know-How, die Weigerung der Lizenzierung von Immaterialgüterrechten oder des Zugangs zu Engpässen oder Netzwerken eine solche Form der Missbräuchlichkeit darstellen: "This type of exclusion may cover a broad range of practices, such as the termination of an existing commercial relationship, the refusal to supply products, to provide information, to license intellectual property rights (IPR), or to grant access to an essential facility or a network", vgl. DG Competition Discussion Paper, S. 61.

Zudem können auch nicht eindeutige Verhaltensweisen des zu überprüfenden Unternehmens als Missbrauch einer marktbeherrschenden Stellung angesehen werden[838]. Diese Vielfältigkeit von Missbrauchsformen der Geschäftsverweigerung spiegelt sich auch in der bisherigen Spruchpraxis wieder, in welcher viele verschiedene Verhaltensweisen als missbräuchliche Geschäftsverweigerung nach Art. 102 AEUV festgestellt wurden[839]. Die Vielfältigkeit möglicher missbräuchlicher Verhaltensweisen wird insofern berücksichtigt, als die Verweigerung des Eingehens einer Geschäftsbedingung mit einem Abnehmer immer nur in Bezug auf die Möglichkeit der Durchsetzung konkreter, gegenseitiger Vertragsleistungen, welche das marktbeherrschende Unternehmen möglichst einseitig positiv für sich zu gestalten beabsichtigt, geprüft wird[840]. Wesentlich sind somit nach dem bisherigen Ansatz die Beurteilung der hinter der Geschäftsverweigerung stehenden Motivation des Marktbeherrschers und die daraus resultierende, vom Marktbeherrscher ausgehende, vertikale Verhaltensbindung der Wettbewerber[841]. Ein Missbrauch liegt demnach vor, wenn der Marktbeherrscher zumindest mittelbar, zum Beispiel durch eine Tochterfirma, einen angegliederten Unternehmenssektor oder eine weitere unternehmensverbundene Gesellschaft, in einem Wettbewerbsverhältnis zu dem betroffenen Vertragspartner steht und damit zu diesem ein im Markt vertikal integriertes Unternehmen darstellt[842]. Damit kann sich ein solcher Missbrauch nicht

---

838 So können bereits verschiedene Preis- oder Vertragsgestaltungen als Geschäftsverweigerung angesehen werden, weil das Geschäft nur zu diesen Bedingungen des Marktbeherrschers abgeschlossen wird und zu anderen, für den Marktbeherrscher ungünstigeren Bedingungen durch diesen verweigert wird: "Practices such as delaying tactics in supplying, imposing unfair trading conditions and charging such prices that it is not economically viable for the buyer to continue its activity may also in reality amount to a refusal to supply", vgl. DG Competition Discussion Paper, S. 61.

839 Neben den bereits erwähnten Verhaltensformen wurden auch solche Praktiken sowohl vom EuGH als auch von der Kommission als missbräuchlich beurteilt, mit welchen die Marktbeherrscher ihre Vertragspartner beeinflussen oder sanktionieren wollen, um sie zu einer bestimmten Verhaltensweise zu bewegen oder um ein Verhalten des Vertragspartners, welches nicht nach den Vorstellungen des Marktbeherrschers war, nachträglich zu sanktionieren, vgl. EuGH, Slg. 1978, I-207, Rn. 184, 194, United Brands; Komm. v. 29.07.1987, IV/32.279, ABl. EWG (1987) Nr. L 286, S. 36 Rn. 19, BBI/Boosey & Hawkes.

840 Vgl. Paul, Behinderungsmissbrauch nach Art. 82 EG und der „more economic approach", S. 270.

841 "In such circumstances the refusal to supply is best viewed as an instrument to achieve another purpose, such as exclusive dealing or tying, and should therefore be analysed as part of a single branding or tying practice. Such practices are normally not aimed at excluding the buyer but rather a competitor of the dominant company", vgl. DG Competition Discussion Paper, S. 61.

842 Vgl. Grabitz/Hilf-*Jung*, Kommentar zum Recht der Europäischen Union, 35. Auflage, Art. 82, Rn. 206; Mestmäcker/Schweitzer, Europäisches Wettbewerbsrecht, § 18, Rn. 15f.

nur auf dem unmittelbar betroffenen Markt, sondern auch auf dem vor- oder auch auf einem nachgelagerten Markt auswirken. Die diesem Missbrauchstatbestand zugrunde liegende Situation ist dementsprechend nicht anhand einheitlicher Prüfungsvorgaben zu untersuchen, weshalb die Rechtsprechung teilweise sehr unterschiedlich ausfällt[843]. So hat die Kommission vor ihren Reformbestrebungen in einem Fall entschieden, dass ein Marktbeherrscher im Rahmen der grundsätzlich gegebenen Wettbewerbsfreiheit wie jeder andere Wettbewerber auch in seiner Vertragsgestaltung eigenständig und frei entscheiden kann und deshalb keinem missbräuchlichen Kontrahierungszwang unterworfen ist[844]. Die überwiegende Rechtsprechung beurteilt die zugrunde liegende Situation jedoch in einem anderen Sinne. Hiernach besteht eine Vermutung hinsichtlich der missbräuchlichen Ausnutzung einer marktbeherrschenden Stellung, wenn ein Marktbeherrscher zu seinem Abnehmer zumindest mittelbar auf einem vor- oder nachgelagerten Markt in einem Wettbewerbsverhältnis steht[845]. Gerade die Ausweitung der Marktmacht auf einen solchen benachbarten Markt durch die Ausnutzung der überlegenen Marktstellung bei der Vertragsgestaltung will die Rechtsprechung hinsichtlich der Fallgruppe der Geschäftsverweigerungen verhindern, weshalb die grundsätzlich gegebene Vertragsfreiheit bei der Beteiligung eines marktbeherrschenden Unternehmens oftmals zurücktreten muss[846].

aa) Abbruch bestehender und Nichtaufnahme neuer Geschäftsbeziehungen

Die bisherige Rechtsprechung unterscheidet zwischen dem Abbruch bestehender und der Nichtaufnahme neuer Geschäftsbeziehungen[847]. Während die Entscheidungspraxis den Abbruch bestehender Geschäftsbeziehungen bislang sehr restriktiv

843 Zur Heterogenität und dogmatischen Aufarbeitung der noch nicht gefestigten Rechtsprechung vgl. Jones/Sufrin, EC Competition Law, S. 466.

844 Vgl. Komm. v. 29.07.1987, IV / 32.279, ABl. EWG (1987), Nr. L 286, S. 36, Rn. 19, BBI. /. Boosey & Hawkes.

845 In diesen Fällen besteht nach den Vorgaben der Rechtsprechung eine Vermutung, dass der Geschäftsverweigerung eine missbräuchliche Motivation zugrunde liegt, vgl. exemplarisch EuGH, Slg. 1974, I-223, Rn. 25, Commercial Solvents.

846 Grundsätzlich steht es einem Unternehmen frei, mit wem und zu welchen Bedingungen es einen Vertrag schließt. Dieser Grundsatz besteht im Europarecht hinsichtlich der Auswahl-, der Abschluss- und der Gestaltungsfreiheit, vgl. eingehend zur diesem Grundsatz entgegenstehenden Martkmachtausweitung auf benachbarte Märkte: Markert, FS Mestmäcker, S. 670.

847 Vgl. hierzu Vgl. Langen/Bunte-*Dirksen*, Europäisches Kartellrecht, Art. 82 EG, Rn. 168ff. mit umfassenden Rechtsprechungsnachweisen; Schröter/Jakob/Mederer-*Schröter*, Kommentar zum Europäischen Wettbewerbsrecht, Art. 82, Rn. 252. Bzgl. der Nichtaufnahme neuer Geschäftsbeziehungen unterscheidet die Rechtsprechung dann wiederum, ob die verweigerte Leistung des Marktbeherrschers vor der Verweigerung bereits selbstständig durch den Marktbeherrscher an dritte Abnehmer vermarktet wurde oder ob die Leistung bis zur Verweigerung allein

als missbräuchlich beurteilt[848], wird die Nichtaufnahme neuer Geschäftsbeziehungen weniger streng beurteilt[849]. Für den Fall, dass die verweigerte Leistung bereits zuvor auf dem Markt angeboten wurde, ging die bisherige Entscheidungspraxis der Kommission hingegen ebenso wie in den Fällen des Abbruchs einer bestehenden Geschäftsbeziehung von einer Missbrauchsvermutung hinsichtlich des Verhaltens des Marktbeherrschers aus[850]. Bezüglich des Abbruchs bestehender Geschäftsbeziehungen stellte der EuGH eine grundlegende Vorgabe auf, nach welcher ein marktbeherrschendes Unternehmen, welches zu seinen Gunsten, oder zu Gunsten eines zur selben Gruppe gehörenden Unternehmens, einem auf einem benachbarten Markt tätigen Wettbewerber eine Leistung durch Geschäftsabbruch vorenthält, ohne ein objektives Bedürfnis zu haben, grundsätzlich missbräuchlich handelt, wenn durch dieses Verhalten der Wettbewerb dieses mittelbaren Konkurrenten ausgeschaltet

---

intern durch den Marktbeherrscher für das eigene Unternehmen genutzt wurde, vgl. Streinz-*Eilmansberger*, EUV / EGV, Art. 82 EG, Rn. 39.

848 So wird per se von einer missbräuchlichen Behinderung ausgegangen, wenn die Geschäftsverweigerung einen Wettbewerber auf einem nachgelagerten Markt betrifft, und eine Absicht unterstellt, diesen vom Markt zu drängen, vgl. Komm. vom 14.12.1972, IV / 26.911, ABl. EWG (1972) Nr. L 299, S. 51, Commercial Solvents; bestätigt durch EuGH, Slg. 1974, I-223, Commercial Solvents. Auch die Verweigerung der Lieferung von wesentlichen Ersatzteilen trotz eines vorherigen langjährigen Vertragsverhältnisses wurde in diesem Sinne als Verstoß gegen das Missbrauchsverbot gewertet, vgl. Komm. vom 8.12.1977, V / 29.132, ABl. EWG (1978) Nr. L 22, S. 23, Hugin . /. Liptons. Eine Rechtfertigungsmöglichkeit wird nur in Ausnahmefällen als gegeben angesehen, z. B. wenn der Vertragspartner des Marktbeherrschers durch eigenes eklatantes Fehlverhalten aufgrund technischer oder wirtschaftlicher Unzuverlässigkeit den Abbruch der Geschäftsbeziehung quasi aufzwingt, vgl. Komm. vom 26.2.1992, IV / 33.544, ABl. EG (1992) Nr. L 96, S. 34, Rn. 25, British Midland . /. Aer Lingus. Weiterhin kann eine Einschränkung der Geschäftsbeziehung aufgrund von nachgewiesenen Kapazitäts- und Lieferengpässen entsprechend der Bedeutung der verschiedenen Vertragspartner und einer damit einhergehenden Einschränkung der Leistungen als Rechtfertigungsgrund dienen, vgl. EuGH, Slg. 1978, I-1513, Rn. 29ff., B.P.

849 Ein Missbrauch der marktbeherrschenden Stellung ist bei der Verweigerung neuer Geschäftsbeziehungen gegenüber Wettbewerbern auf vor- oder nachgelagerten Märkten demnach nur dann gegeben, wenn sich bei einer Gesamtbetrachtung der vorliegenden Situation eine Kontrahierungspflicht für den Marktbeherrscher ergibt, vgl. Schröter/Jakob/Mederer-*Schröter*, Kommentar zum europäischen Wettbewerbsrecht, Art. 82 EG, Rn. 252; Vgl. Langen/Bunte-*Dirksen*, Europäisches Kartellrecht, Art. 82 EG, Rn. 172, jeweils mit weiteren Rechtsprechungsnachweisen.

850 Vgl. Komm. v. 4.11.1988, IV / 32.318, ABl. EWG (1988) Nr. L 317, S. 47, Rn. 26ff., London European . /. SABENA. Als dogmatische Grundlage dieser Entscheidungspraxis wird auf das Diskriminierungsverbot in Art. 102 UAbs. 2 lit. c) AEUV (ex-Art. 82 UAbs. 2 lit. c) EG) abgestellt, vgl. Komm. v. 2.6.2004, COMP / 38.096, Nr. C 262, Rn. 216, 299 – Clearstream.

werden kann[851]. Bezüglich der Nichtaufnahme neuer Geschäftsbeziehungen wurde bislang in der Spruchpraxis weniger streng geurteilt, dass ein Missbrauch nicht vorliegt, wenn der Marktbeherrscher die verweigerte Leistung zuvor niemals auf dem Markt gegenüber Abnehmern angeboten und diese Leistung ausschließlich für sich selbst genutzt hat[852].

bb) Essential Facilities-Doktrin

Die letztgenannten Fälle werden dogmatisch unter dem Begriff der Essential Facilities-Doktrin behandelt, soweit das marktbeherrschende Unternehmen eine sogenannte „wesentliche Einrichtung" („essential facility") kontrolliert, auf deren Nutzung die anderen Wettbewerber angewiesen sind, um auf dem Markt tätig zu werden[853]. Diese Doktrin behandelt Fälle, in denen ein Marktbeherrscher seine Stellung hinsichtlich einer wesentlichen Einrichtung, welche er aufgrund seiner Marktmacht beherrscht, missbräuchlich ausnutzt und damit den Wettbewerb auf dem betroffenen Markt be- oder sogar verhindert[854].

aaa) Entwicklung der Doktrin im U.S.-Antitrust-Recht

Die Doktrin wurde als Rechtsfigur im amerikanischen Antitrust-Recht entwickelt und hat damit dort ebenso wie der „more economic approach" seinen Ursprung[855].

---

851 Vgl. EuGH, Slg. 1985, I-3261, Rn. 27, CBEM.

852 Problematisch wird die Situation, wenn ein Unternehmen gewisse Infrastrukturen zum Vertrieb von Waren innehat oder Hilfsmittel in Form von Waren oder Dienstleistungen erbringt, auf die andere Unternehmen zurückgreifen müssen, um selbst wirtschaftlich in Erscheinung treten zu können. Kommt das auf den Markt drängende Unternehmen nicht aus eigener Kraft an dem auf dem Markt herrschenden Unternehmen vorbei, liegt eine so genannte „bottleneck-Situation" vor. Die Marktbeherrscher können sich außer auf die Vertragsfreiheit auch auf die Eigentums- und Berufsfreiheit berufen, um ihre Ausschließlichkeit zu begründen, vgl. Shin, Die „Essential-Facilities"-Doktrin im europäischen Kartellrecht, S. 232. Zur Lösung dieses Spannungsverhältnisses wurde die sogenannte Essential-Facilities-Doktrin etabliert. Diese Doktrin stellt ein Mittel zu dem Zweck eines Ausgleichs zwischen den Ausschließlichkeitsrechten des marktbeherrschenden Einrichtungsinhabers und den gegenläufigen Wettbewerbsinteressen dar, vgl. Sprickmann Kerkerinck, Die Essential-Facilities-Doktrin, S. 31.

853 Vgl. Markert, WuW 1995, 560 ff.

854 Vgl. ausführlich hierzu Mestmäcker/Schweitzer, Europäisches Wettbewerbsrecht, § 18, Rn. 43; Markert, WuW 1995, 560 ff.

855 Die Wurzeln der Essential Facilities-Doktrin gehen zurück auf eine alte Tradition des Common Law, welche im 19. Jahrhundert zur Anwendung kam, vgl. Venit/Kallaugher, Essential Facilities: A Comparative Law Approach, S. 319f. Nach dieser Tradition waren die Inhaber lokaler Monopole verpflichtet, sich gegenüber ihren potenziellen Kunden fair zu verhalten, vgl. Sullivan, Handbook of the Law of Antitrust, S. 125. Ende des 19. und Anfang des 20. Jahrhunderts wurde das Antitrustrecht

Im Gegensatz zum europäischen Wettbewerbsrecht berücksichtigte das amerikanische Antitrust-Recht im Rahmen der Anwendung der Essential Facilities-Doktrin bereits früh die, neben den negativen Auswirkungen bestehenden, ebenfalls möglichen positiven Auswirkungen eines grundsätzlich missbräuchlichen Verhaltens im Sinne des nunmehr durch die Kommission auch in der Missbrauchskontrolle eingeführten Auswirkungsansatzes und des damit verknüpften Effizienzeinwands[856].

---

der Vereinigten Staaten von Amerika in drei Gesetzen kodifiziert, vgl. Weimann, RIW 1999, S. 770. Es handelt sich um den Sherman Act von 1890, den Clayton Act von 1914 und den Federal Trade Commission Act, ebenfalls von 1914. Der hier interessierende Sherman Act trat als Strafgesetz am 2. Juli 1890 in Kraft und war das erste zentrale bundesstaatliche Gesetz gegen Wettbewerbsbeschränkungen, vgl. Immenga/Mestmäcker-*Möschel*, Europäisches Kartellrecht, Bd. 1, 1. Teil, Art. 82, Rn. 265. Der Sherman Act wird auch als Freiheits-Charta bezeichnet. Aufgrund seiner generellen Sprache und aufgrund der offenen Tatbestände ist er immer wieder zugänglich für neue Ziele und Leitbilder, vgl. Scheuffele, Ökonomie und Recht globaler Netze – Energie – Information – Verkehr, S. 136. Die Rechtsprechung des U. S.-Supreme-Court hinsichtlich Section 1 und Section 2 des Sherman Acts ist für die Entwicklung der Essential-Facilities-Doktrin von erheblicher Bedeutung, vgl. Tränkle, Die "essential facilities"-Doktrin im europäischen Wettbewerbsrecht, S. 5. Schon im Jahre 1912 befasste sich die Rechtsprechung in den USA das erste Mal mit dem Problem der Verweigerung des Zugangs zu einer wesentlichen Einrichtung, vgl. U. S. . /. Terminal Railroad Association of St. Louis et al., 224 U. S. 383 (1912). Dieses Urteil des Supreme Court zur Terminal Railroad Association of St. Louis wird als Ursprung der Essential-Facilities-Doktrin gesehen, vgl. Immenga/Mestmäcker-*Möschel*, Deutsches Kartellrecht, Bd. 2, § 19, Rn. 178.

856 So stellte der U. S.-Supreme-Court bereits in seinem Urteil zur Terminal Railroad Association of St. Louis im Jahre 1912 die grundsätzlich positiven Auswirkungen des an sich missbräuchlichen Verhaltens fest. Der Supreme Court wertete den Zusammenschluss der verschiedenen Eisenbahngesellschaften unter der alleinigen Kontrolle und im alleinigen Eigentum einer Gesellschaft grundsätzlich eher positiv als negativ, da dieser Zusammenschluss eine effiziente Nutzung der Infrastruktur ermögliche, vgl. US. ./. Terminal Railroad Association of St. Louis et al., 224 U. S. 383 (411): "[...] must also provide definitely for the use of the terminal facilities by any other railroad [...], upon such and reasonable terms and regulations as will, in respect of use, character, and cost of service, place every such company upon as nearly an equal plane as may be with respect to expenses and charges as that occupied by the proprietary companies". Dennoch wurde die marktbeherrschende Gesellschaft als Inhaberin einer „essential facility" im Urteil verpflichtet, sämtlichen anderen Eisenbahngesellschaften die Nutzung ihrer Anlagen zu gleichen Bedingungen wie den eigenen Gesellschaftern zu gewähren. Dieses Urteil macht dennoch die Wertschätzung des U. S.-Supreme-Court bzgl. der durch das Verhalten des Marktbeherrschers entstandenen Effizienzen deutlich, da es das mildeste Mittel war, um gegen den festgestellten Missbrauch vorzugehen. Der Gerichtshof verzichtete ausdrücklich auf das nach amerikanischem Antitrust-Recht mögliche Rechtsmittel der Entflechtungsmaßnahme und ordnete stattdessen die Verpflichtung an, andere Wettbewerber gleichberechtigt in den Zusammenschluss eintreten

bbb) Essential Facilities-Doktrin im europäischen Wettbewerbsrecht

Die Essential Facilities-Doktrin hat bereits weit vor Einführung des „more economic approach" Einzug in das europäische Wettbewerbsrecht gefunden[857]. Die Doktrin wurde im europäischen Wettbewerbsrecht als Anlehnung an die Essential Facilities-Doktrin im amerikanischen Antitrustrecht entwickelt, was durch zahlreiche Verweise belegt ist[858]. Bei der Rezeption des Konzepts der Essential Facilities-Doktrin war zunächst wiederum die Kommission die treibende Kraft[859]. Der EuGH hat sich später in seiner allgemeinen Spruchpraxis zur Missbrauchskontrolle an die Entscheidungspraxis der Kommission angelehnt, ohne die Anwendung der Essential Facilities-Doktrin jemals explizit zu bestätigen[860]. Dogmatisch festgelegt hat sich der EuGH damit gerade nicht, was dazu führt, dass die Anwendung der Essential Facilities-Doktrin bei der Missbrauchsform der Geschäftsverweigerungen auch im europäischen Wettbewerbsrecht weiterhin nicht abschließend geklärt ist[861]. Die relevanten Entscheidungen der europäischen Spruchpraxis betrafen Fälle der Geschäftsverweigerung, in denen sich ein beherrschendes Unternehmen gegenüber einem Wettbewerber geweigert hatte, Waren zu liefern oder Dienstleistungen zu erbringen, und selbst die für ein Tätigwerden der Wettbewerber erforderliche wesentliche Einrichtung kontrollierte[862]. Im Ergebnis handelt es sich bei diesen Fällen

---

zu lassen, vgl. Huntley/Pitt, ECLR 1989, S. 407ff., wonach das amerikanische Kartellrecht im Gegensatz zum europäischen und auch deutschen Wettbewerbsrecht Entflechtungen als Instrument der Kartellaufsicht kennt.

857 Vgl. zu den vorherigen Regeln des EG-Vertrags: Bartl, Immaterialgüterrechtliche Marktzutrittsschranken im System des Art. 82 EG, S. 51.

858 Vgl. Schlussanträge des Generalanwalts Jacobs zu EuGH Slg. 1998, I-7791 7807f., Rn. 45ff., Bronner; Bunte, WuW 1997, S. 308; Müller, EuZW 1998, S. 233; Scherer, MMR 1999, S. 315.

859 Die Kommission hat die Essential Facilities Doktrin erstmals ausdrücklich in den sogenannten „Drei-Hafen-Entscheidungen" erwähnt und angewandt. Diese Hafen-Entscheidungen werden als Ausgangspunkt der Anwendung der Doktrin im europäischen Wettbewerbsrecht angesehen: Komm. vom 11.6.1992, EG-Bulletin Nr. 6, 1992 Ziff. 1.3.30, Sealink I (nicht veröffentlicht im EGABl., Kurzdarstellung im XXII. Bericht über die Wettbewerbspolitik (1992), Ziff. 219; Komm. vom 21.12.1993, ABl. EG 1994, Nr. L 15 / 8, Sealink II; Komm. vom 21.12.1993, ABl. EG 1994, Nr. L 55 / 52, Hafen von Rødby.

860 Vgl. exemplarisch EuGH, Slg. 2004, I-5069, Rn. 53, IMS Health.

861 Vgl. Immenga/Mestmäcker-*Fuchs/Möschel*, Europäisches Kartellrecht, 5. Aufl., Bd. 1, 1.Teil, Art. 102 AEUV, Rn. 332f.; Tränkle, Die "essential facilities"-Doktrin im europäischen Wettbewerbsrecht, S. 2.

862 Die als Ausgangspunkt der Anwendung der Doktrin im europäischen Wettbewerbsrecht anzusehenden Hafen-Entscheidungen sind vergleichbar mit dem Urteil zur Terminal Railroad Association in den USA. Allen drei Fällen lag die Verweigerung des Zugangs zu Hafenanlagen zugrunde. In den Urteilen Commercial Solvents und CBEM befasste sich erstmalig der EuGH mit der Problematik des verweigerten Zugangs zu einer wesentlichen Einrichtung im Sinne der Essentialk

um eine Untergruppe der Geschäftsverweigerung in der Form der Nichtaufnahme von Geschäftsbeziehungen, die grundsätzlich dadurch gekennzeichnet ist, dass für die begehrte Leistung kein für Dritte zugänglicher Markt exisitiert[863].

b) Zwischenergebnis zum bisherigen Prüfungsansatz

Im Ergebnis lässt sich festhalten, dass eine einheitliche Rechtsprechung im Bereich der Geschäftsverweigerungen nicht gegeben ist. Der Abbruch bestehender Geschäftsbeziehungen wird nach den Vorgaben der Rechtsprechung strenger beurteilt als die Verweigerung der Aufnahme neuer Geschäftsbeziehungen. Die Rechtsprechung sieht bislang für beide Fälle der Geschäftsverweigerung unter verschiedenen Voraussetzungen eine Missbrauchsvermutung vor, welche dann vom Marktbeherrscher zu widerlegen ist. Gelingt eine solche Widerlegung nicht, unterliegt der Marktbeherrscher einem gerichtlich festgelegten Kontrahierungszwang.

c) Neuer Ansatz im Diskussionspapier

Die Kommission beginnt ihre Ausführungen zur Geschäftsverweigerung mit der Feststellung, dass sowohl Geschäftsverweigerungen selbst als auch bereits die Androhung von Geschäftsverweigerungen missbräuchlich sein können[864]. Der Tatbestand der missbräuchlichen Geschäfts- oder Lieferverweigerungen wird nach den Vorgaben der Kommission künftig nicht nur in Bezug auf die Nichtaufnahme neuer Geschäftsbeziehungen und den Abbruch bestehender Geschäftsbeziehungen, sondern ebenfalls auf die Androhung des Abbruchs bereits bestehender Geschäftsbeziehungen Anwendung finden. Durch diese Feststellung löst sich die Kommission bereits zu Beginn ihrer Ausführungen von dem bislang durch die Rechtsprechung der Unionsgerichte vorgegebenen Prüfungsrahmen und macht dadurch deutlich, dass im jeweiligen Einzelfall die entsprechenden Umstände zu Ergebnissen führen können, welche von Ergebnissen nach dem bisherigen Prüfungsrahmen

---

Facilities Doktrin. Beide Urteile sind keine direkten Anwendungsfälle der Essential Facilities Doktrin, werden aber regelmäßig in Bezug auf die Doktrin zitiert, weil sie als entsprechender Unterfall der Rechtsprechung zur Liefer- bzw. Geschäftsverweigerung angesehen werden, vgl. Glasl, ECLR 1994, S. 306; Deselaers, EuZW 1995, S. 563; Klaue, RdE 1996, S. 55.

863 Vgl. Immenga/Mestmäcker-*Fuchs/Möschel*, Europäisches Kartellrecht, 5. Aufl., Bd. 1, 1.Teil, Art. 102 AEUV, Rn. 331, wo ebenfalls eine gesonderte Darstellung dieser Untergruppe der Essential Facilities Doktrin vorgenommen wird.

864 "Refusals to supply or threats of refusals to supply by dominant companies may, however, be anticompetitive. Examples include halting supplies to punish buyers for dealing with competitors and refusing to supply buyers that do not agree to exclusive dealing or tying arrangements", vgl. DG Competition Discussion Paper, S. 61.

abweichen[865]. Behinderungen mit vertikaler Wirkung sind insbesondere die Lieferverweigerungen[866]. Hierbei stehen die Wettbewerber gerade mit dem Marktbeherrscher nicht auf einer Stufe, es handelt sich um ein Ober- und Unterverhältnis[867].

aa) Abbruch bestehender und Nichtaufnahme neuer Geschäftsbeziehungen

Die Unterscheidung zwischen dem Abbruch bereits bestehender und der Verweigerung neuer Geschäftsbedingungen bleibt nach den Vorgaben des Diskussionspapiers bestehen[868]. Es werden zu beiden Fallgruppen bestimmte Voraussetzungen aufgestellt, nach welchen entsprechend der Vorgaben des „more economic approach" künftig von einer Missbrauchsvermutung auszugehen ist.

bb) Voraussetzungen zum Abbruch bestehender Geschäftsbeziehungen

Die Kommission führt in Bezug auf die Fallgruppe des Abbruchs bestehender Geschäftsbeziehungen aus, dass eine einmal eingegangene Geschäftsbeziehung

---

865 Die Kommission knüpft mit dieser Vorgabe aber durchaus an ihre eigenen Vorgaben in ihrer vorherigen Entscheidungspraxis an, nach welcher beispielsweise bereits eine langanhaltende und beharrliche Hinhaltetaktik oder die grundsätzlich deutlich gemachte Bereitschaft zum Geschäftsabschluss ausschließlich nur zu unzumutbar nachteiligen Bedingungen im Einzelfall einer tatsächlichen Verweigerung gleichgesetzt und damit als missbräuchliches Verhalten beurteilt wurden, vgl. Komm. vom 2.6.2004, Abl. 2004, Nr. C 262/39, Rn. 223, Clearstream; Komm. vom 25.7.2001, ABl. 2001, Nr. L-331/40, Rn. 141ff., Deutsche Post AG II; vgl. auch Langen/Bunte-*Bulst*, Europäisches Kartellrecht, Art. 82, Rn. 255ff. mit weiteren Beispielen aus der Entscheidungspraxis.

866 "The second group of abuses consists of refusal to supply, which here includes margin squeeze cases", vgl. DG Competition Discussion Paper, S. 22.

867 Es wird zwischen den sogenannten „upstream markets" und den „downstream markets" unterschieden. Während die Behinderung bei einem Missbrauchsfall mit horizontaler Wirkung von einem Marktbeherrscher auf einem „upstream market" ausgeht und sich gegen einen Wettbewerber ebenfalls auf dem „upstream market" richtet, geht die Behinderungswirkung bei einem Missbrauchsfall mit vertikaler Wirkung vom Marktbeherrscher auf dem „upstream market" aus und richtet sich gegen einen Wettbwerber auf dem untergeordneten „downstream market": "Whereas the aim in the situations described above is to exclude B, a rival in the upstream market, in the typical refusal to supply case the aim is to exclude an already active or a potential participant in the downstream market, for instance Z (vertical foreclosure)", vgl. DG Competition Discussion Paper, S. 22. Die Lieferverweigerungen werden als Unterfall der Geschäftsverweigerung einheitlich untersucht.

868 "Undertakings are generally entitled to determine whom to supply and to decide not to continue to supply certain trading partners", vgl. DG Competition Discussion Paper, S. 60; "Termination of an existing supply relationship", vgl. DG Competition Discussion Paper, S. 62; "Refusal to start supplying an input", vgl. DG Competition Discussion Paper, S. 64.

grundsätzlich als schützenswert anzusehen ist und greift damit den Grundgedanken der bisherigen Rechtsprechung auf, nach welchem der Abbruch solcher Beziehungen grundsätzlich mit einer Missbrauchsvermutung belegt wurde[869]. Eine Missbrauchsvermutung soll zukünftig hingegen in der Entscheidungspraxis der Kommission erst greifen, wenn vier im Diskussionspapier vorgegebene Voraussetzungen erfüllt sind[870].

aaa) Tatsächlicher Geschäftsabbruch

Die erste Voraussetzung fordert einen tatsächlichen Geschäftsabbruch nach einem abstrakt vorgegebenen, offenen Prüfungsmaßstab. Ein tatsächlicher Geschäftsabbruch kann demnach vorliegen, wenn eine explizite Kündigung des Vertragsverhältnisses durch den Marktbeherrscher gegeben ist. Ein weiterer Fall eines solchen tatsächlichen Geschäftsabbruchs kann nach den Vorstellungen der Kommission gegeben sein, wenn zwar keine ausdrückliche Kündigung vorliegt, die bisherigen Geschäftsbeziehungen aber de facto nicht fortgeführt werden, weil der Marktbeherrscher von seinem Vertragspartner eine Fortführung unter die Bedingung unfairer Handelskonditionen oder überhöhter Forderungen stellt[871]. Durch die Verwendung

---

869 Dabei greift die Kommission entsprechend ihrem ökonomischen Neuansatz den Terminus der Effizienz auf, indem sie unterstellt, dass der Marktbeherrscher die Geschäftsbeziehung ursprünglich eingegangen ist, weil er sie für effizient hielt: "That the dominant company in the past has found it in its interest to supply an input to one or more customers shows that the dominant company at a certain point in time considered it efficient to engage in such supply relationships. This and the fact that its customers are likely to have made investments connected to these supply relationships create a rebuttable presumption that continuing these relationships is pro-competitive", vgl. DG Competition Discussion Paper, S. 62f. Durch diese Einführung der im Rahmen des Neuansatzes wesentlichen Begrifflichkeit der Effizienz bei der Bezuganahme auf die Vorgaben des bisherigen Ansatzes verbindet die Kommission beide Ansätze und relativiert hierdurch das Festhalten am ursprünglichen Ansatz.

870 "The following four conditions normally have to be fulfilled in order to find the termination of a supply relationship abusive: (i) the behaviour can be properly characterised as termination; (ii) the refusing undertaking is dominant; (iii) the refusal is likely to have a negative effect on competition; (iv) the refusal is not justified objectively or by efficiencies", vgl. DG Competition Discussion Paper, S. 63.

871 "Behaviour properly characterized as termination: In many cases it is evident that an undertaking is terminating a supply relationship. In other situations it will have to be established that a certain type of behaviour in reality amounts to a termination. This can involve evaluating practices such as, for instance, delaying tactics in supplying, imposing unfair trading conditions, or charging excessive prices for the input", vgl. DG Competition Discussion Paper, S. 63. Mit diesem Ansatz knüpft die Kommission im Diskussionspapier an ihre bereits aufgezeigte Entscheidungspraxis an.

allgemein gehaltener Begriffe wie „unfaire Handelskonditionen“ oder „überhöhte Forderungen“ gibt die Kommission einen sehr weiten Rahmen für die künftige Prüfung dieser Fallgruppe vor. Lediglich punktuell versucht die Kommission diesen weiten Rahmen durch einzelne Konkretisierungen präziser zu gestalten. Eine unfaire Handelskondition wird dem Vertragspartner danach beispielsweise auferlegt, wenn die Forderungen des Marktbeherrschers eine sog. Preis-Kosten-Schere schaffen[872]. Die Kommission greift damit zur Konkretisierung ihres künftigen Prüfungsrahmens bewusst auf ein ökonomisch geprägtes Prüfungskriterium zurück. Nach den entsprechenden Vorgaben im Diskussionspapier kann eine Preis-Kosten-Schere vorliegen, wenn die Preisvorgabe des Marktbeherrschers hinsichtlich der relevanten Inputfaktoren so hoch angesetzt ist, dass ein Wettbewerber hierdurch auf dem für ihn relevanten, nachgelagerten Markt keinen eigenen dem Markt entsprechenden Gewinn mehr erzielen kann[873]. Die Kommission gibt als Maßstab einen auf dem Markt integrierten, „angemessen effizienten Wettbewerber“ („reasonably efficient competitor“) vor, der im Vergleich zum Maßstab des „ebenso effizienten Wettbewerbers“ („as efficient competitor“) auch eine schwächere Marktposition innehaben kann[874]. Die erste Voraussetzung stellt im Vergleich zum bisherigen Prüfungsansatz keinerlei Neuerung dar, lediglich die Herangehensweise an diesen Prüfungspunkt

---

872 “A particular behaviour, which can amount to a termination, is a ‘margin’ or ‘price squeeze’”, vgl. DG Competition Discussion Paper, S. 63. Eine missbräuchliche, oftmals auf dem Telekommunikationssektor auftretende Preis-Kosten-Schere liegt nach den Vorgaben der Kommission vor, wenn die Differenz zwischen den Endkundenentgelten eines marktbeherrschenden Unternehmens und dem Vorleistungsentgelt für vergleichbare Leistungen an seine Wettbewerber entweder negativ ist oder nicht ausreicht, um die produktspezifischen Kosten des marktbeherrschenden Betreibers für die Erbringung seiner eigenen Endkundendienste im nachgeordneten Markt zu decken“, Komm. v. 21.05.2003, ABl. EU 2003, L 263, S. 24, Rn. 107, Deutsche Telekom.

873 “This may occur when the upstream input owner is integrated downstream and thus competing with actual or potential buyers of the input, and the margin between the price for the upstream input charged to competitors on the downstream market and the downstream price charged by the input owner is insufficient to allow a reasonably efficient competitor to obtain a normal profit” vgl. DG Competition Discussion Paper, S. 63.

874 “The typical benchmark for a reasonably efficient competitor is the integrated input owner. A margin squeeze could therefore be demonstrated by showing that the input owner’s own downstream operations could not trade profitably on the basis of the upstream price charged to its competitors by its upstream operating arm”, vgl. DG Competition Discussion Paper, S. 63. Durch diese Abweichung vom strengeren Prüfungsmaßstab des “as efficient competitor” berücksichtigt die Kommission das de facto vorgegebene übergeordnete Verhältnis des Marktbeherrschers gegenüber seinen Abnehmern. Der strengere Maßstab würde in Bezug auf die zu prüfenden Vertragsverhältnisse zwischen dem Marktbeherrscher und seinen untergeordneten Vertragspartnern zu unstimmigen Ergebnissen führen.

wird nach den Ausführungen im Diskussionspapier einen stärkeren ökonomischen Fokus haben.

bbb) Marktbeherrschung

Als zweite Voraussetzung für das Greifen der Missbrauchsvermutung fordert die Kommission eine bereits zuvor erörterte Voraussetzung: Der Geschäftsabbruch muss einhergehen mit dem Kriterium der Marktbeherrschung[875]. Dass die Kommission die Marktbeherrschung als eigene Voraussetzung in dem von ihr vorgegebenen Prüfungsrahmen hervorhebt, irritiert zunächst, weil dieser Prüfungspunkt bereits im allgemeinen Teil, unabhängig von der konkreten Missbrauchsform, zu prüfen ist. Die Kommission erwähnt diese Voraussetzung im vorliegenden Zusammenhang aber noch einmal ausdrücklich als eigenständige Voraussetzung, weil sie im Zusammenhang mit dem Abbruch bestehender Geschäftsbeziehungen die Besonderheit herausarbeiten will, dass die Marktmacht gerade nicht nur auf dem hauptsächlich betroffenen Markt vorliegen muss, sondern auch auf einem nebengelagerten Markt, der als Verbindungsmarkt dient, bestehen kann[876].

ccc) Möglicher Abschottungseffekt

Die dritte von der Kommission vorgegebene Voraussetzung für das Greifen der Missbrauchsvermutung ist der wahrscheinliche Eintritt eines marktverzerrenden Abschottungseffekts durch den Abbruch der Geschäftsbeziehungen[877]. Die Kommission stellt diesbezüglich eingangs noch einmal klar, dass das Abbrechen einer Geschäftsbeziehung grundsätzlich zu den normalen Vorgängen im Wettbewerb gehört und ein Missbrauch nur in Frage kommt, wenn der Abbruch auf dem nachgelagerten Markt negative Auswirkungen auf den Wettbewerb hat[878]. Bei der Beurteilung der negativen Auswirkungen im nachgelagerten Markt kommt es insoweit gerade nicht darauf an, dass der gesamte Wettbewerb ausgeschaltet wird[879]. Vielmehr ist die

---

875 "[...] (ii) the refusing undertaking is dominant" [...], vgl. DG Competition Discussion Paper, S. 63.

876 "A termination of a supply relationship can only raise competition problems if the undertaking refusing to supply has a dominant position on a defined market. This will often be an 'upstream' input market, but it may also be a distinct market where access is needed to link this market with another market, for example to interface information", vgl. DG Competition Discussion Paper, S. 63.

877 "Likely market distorting foreclosure effect", vgl. DG Competition Discussion Paper, S. 63.

878 "The termination of one individual customer from the downstream market does not in itself constitute an abuse. An abuse may only arise when the termination is likely to have a negative effect on competition in the downstream market", vgl. DG Competition Discussion Paper, S. 63.

879 "This should however not be understood to mean the complete elimination of all competition", vgl. DG Competition Discussion Paper, S. 63.

Wettbewerbsintensität auf diesem Markt des Geschäftspartners vor dem Abbruch der Geschäftsbeziehungen bei der Untersuchung zu berücksichtigen[880]. Hiernach sind negative Auswirkungen auf den Wettbewerb sehr viel wahrscheinlicher, wenn der Abbruch einen alleinstehenden Wettbewerber des Marktbeherrschers betrifft und der Marktbeherrscher selbst auch auf dem nachgelagerten Markt tätig ist, als in einer nachgelagerten Marktsituation, in der mehrere Wettbewerber des Marktbeherrschers vorhanden sind und der Marktbeherrscher nicht selbst auf diesem nachgelagerten Markt tätig ist[881]. Weiterhin will die Kommission individuell auf die Stellung und Tätigkeit des vom Geschäftsabbruch betroffenen Wettbewerbers auf dem relevanten Markt abstellen[882]. Negative Auswirkungen sind demnach insbesondere zu befürchten, wenn der Wettbewerber eine besondere Stellung auf dem Markt einnimmt und sich durch seine Markttätigkeit von den anderen Wettbewerbern im Markt abhebt[883].

ddd) Erweiterter Verteidigungsmaßstab beim Effizienzeinwand

Die vierte von der Kommission aufgestellte Voraussetzung betrifft den Verteidigungseinwand der Effizienzen. Wie bereits hinsichtlich der vorherigen Missbrauchstatbestände etabliert die Kommission auch für diese Fallgruppe die neue Rechtfertigungsmöglichkeit nach dem Ansatz des „more economic approach“, wenn die positiven Auswirkungen des konkreten Verhaltens gegenüber den negativen Auswirkungen überwiegen[884]. Die Kommission bemüht sich, auch zu dieser

---

880 “The extent to which the termination of one customer has an impact on the level of competition depends on the pre-existing competition on the downstream market”, vgl. DG Competition Discussion Paper, S. 63.

881 “In some cases, the termination of one customer may have a detrimental effect on the level of competition; in other cases the impact may be small to insignificant. For instance, if there are several competitors in the downstream market and the supplier of the input is not itself active in that market, the impact on competition of the termination may be small unless the exclusion is likely to lead to collusion. However, if the input owner is itself active in the downstream market and terminates supplies to one of its few competitors, it will normally be presumed that there is a negative effect on competition on the downstream market” vgl. DG Competition Discussion Paper, S. 63f.

882 “The identity of the excluded competitor may be important for the assessment of the effect on the level of competition of the exclusion”, vgl. DG Competition Discussion Paper, S. 64.

883 “The exclusion of a particular competitor may have a special effect on competition, for instance if it follows a different business model than the established competitors on the market, while the exclusion of a competitor similar to the established competitors may not have the same negative effect on competition“, vgl. DG Competition Discussion Paper, S. 64.

884 “Possible defences: Objective justifications and efficiencies”, vgl. DG Competition Discussion Paper, S. 64.

Fallgruppe möglichst klare Beispiele als Orientierungsmöglichkeit zu geben. So nennt die Kommission als Beispiel einer Effizienzverteidigung den Nachweis des Marktbeherrschers, dass der Geschäftspartner in seinem Geschäftsgebaren objektiv unzuverlässig war und dadurch die vertraglich vorgegebenen Verpflichtungen aus wirtschaftlicher Sicht nicht erfüllen kann[885]. Dem Marktbeherrscher soll eine Effizienzverteidigung weiterhin auch aus rein subjektiven Gründen ermöglicht werden. So soll der Marktbeherrscher eigene Pläne, selbst in den vertikal nachgelagerten Markt einsteigen zu wollen, unter bestimmten Voraussetzungen erfolgreich einwenden dürfen[886]. Die Beendigung von Geschäftsbeziehungen in einem solchen Zusammenhang soll gerechtfertigt sein, wenn hierdurch die Konsumentenwohlfahrt gesteigert werden kann, wobei der konkrete Vergleich der Effizienzen für die Verbraucher vor dem Abbruch der Geschäftsbeziehung und nach deren Abbruch verglichen werden soll[887].

cc) Zwischenergebnis zu den vorgegebenen Voraussetzungen

Die Kommission versucht auch zu dieser Fallgruppe einen eigenständigen Prüfungsansatz nach den Vorgaben des „more economic approach" zu entwickeln, wobei der Neuansatz insbesondere durch eine Betonung des primären Verbraucherschutzes und der Effizienzeinrede zur Geltung kommt. Es zeigt sich aber erneut, dass eine gänzliche Loslösung vom bisherigen Prüfungsansatz nicht gelingt. Vielmehr werden verschiedene Vorgaben des bisherigen Ansatzes weiterhin berücksichtigt und lediglich um ökonomische Faktoren ergänzt.

dd) Verweigerung neuer Geschäfts- und Lieferbeziehungen

Die Kommission gibt klare Voraussetzungen vor, die den von ihr vorgegebenen Voraussetzungen zur Fallgruppe des Abbruchs bestehender Geschäftsbeziehungen im Wesentlichen gleichen[888].

---

885 "It may be an objective justification for a termination of a supply relationship that an undertaking being terminated is not able to provide the appropriate commercial assurances that it will fulfil its obligations", vgl. DG Competition Discussion Paper, S. 64.

886 "The dominant company may also argue that it is terminating the supply relationship because it wants to integrate downstream and itself perform the downstream activities", vgl. DG Competition Discussion Paper, S. 64.

887 "In such a situation it falls upon the dominant company to show that consumers are better off with the supply relationship terminated. This situation should be compared with both the existing situation continuing and with the situation where the vertically integrated dominant company competes downstream with its input customers", vgl. DG Competition Discussion Paper, S. 64.

888 Die Kommission verlangt dementsprechend zunächst, dass das Verhalten des Marktbeherrschers nach den Vorgaben zum Abbruch bestehender Geschäftsbeziehungen als klare Geschäftsverweigerung im rechtstechnischen Verständnis vorliegen muss, dass eine marktbeherrschende Stellung durch den Verweigerer

aaa) Tatsächlicher Geschäftsabbruch

Zunächst fordert die Kommission ebenfalls das Vorliegen einer eindeutig klassifizierbaren Geschäftsverweigerung entsprechend der Prüfung des Geschäftsabbruchs in der parallelen Fallgruppe. Die in der Fallgruppe des Geschäftsabbruchs zu prüfende Möglichkeit der Kündigung ist in der vorliegenden Fallgruppe zwangsläufig nicht relevant, das Verhalten muss vielmehr durch die Forderung unfairer Handelsbedingungen oder überhöhter Preise als Geschäftsverweigerung feststellbar sein[889].

bbb) Marktbeherrschung

Die marktbeherrschende Stellung besteht nach den Vorgaben der Kommission zumeist auf einem vorgelagerten Markt, kann aber auch auf verbundenen Nebenmärkten gegeben sein, welche der abgelehnte Geschäftspartner erschließen muss, um auf dem eigentlichen relevanten Markt tätig zu werden[890].

---

erfüllt ist, dass ein wahrscheinlich marktverzerrender Abschottungseffekt durch die Verweigerung entsteht und dass keine Rechtfertigungsmöglichkeit durch eine Effizienzverteidigung möglich ist. Zusätzlich verlangt die Kommission, dass die verweigerte Leistung des Marktbeherrschers auf dem Markt unerlässlich ist: "Five conditions normally have to be fulfilled in order for a refusal to start supplying to be abusive: (i) the behaviour can be properly characterized as a refusal to supply; (ii) the refusing undertaking is dominant; (iii) the input is indispensable; (iv) the refusal is likely to have a negative effect on competition; (v) the refusal is not objectively justified", vgl. DG Competition Discussion Paper, S. 64.

889 Die Kommission stellt zu dieser Bedingung eingangs klar, dass wiederum eine genaue Prüfung des Einzelfalls erforderlich ist, weil einige Verhaltensweisen unzweifelhaft als Geschäftsverweigerung qualifizierbar sind, während andere erst durch eine genaue Prüfung der Umstände des konkreten Falls als eine Nichtaufnahme von Geschäftsbeziehungen durch Verweigerung erkennbar und qualifizierbar sind. Neben den auch in der anderen Fallgruppe zu prüfenden unfairen Handelsbedingungen und überhöhten Preisforderungen gibt die Kommission für diese Fallgruppe eine eigenständige Möglichkeit der Geschäftsverweigerung vor. Hiernach ist die Voraussetzung erfüllt, wenn die Nichtaufnahme der Geschäftsbeziehung durch eine Verzögerungstaktik des Marktbeherrschers bei Belieferung des potenziellen Geschäftspartners erreicht wird: "In many cases it is evident that an undertaking is refusing to supply new buyers. In other situations it will have to be established that a certain type of behaviour in reality amounts to a refusal to supply. This can involve evaluating practices such as, for instance, delaying tactics in supplying, imposing unfair trading conditions, or charging excessive prices for the input", vgl. DG Competition Discussion Paper, S. 64.

890 So soll die Erschließung eines Nebenmarktes beispielsweise in Bezug auf die Beschaffung bestimmter Informationen für den abgelehnten Geschäftspartner von Relevanz sein und eine Marktbeherrschung auf einem solchen Nebenmarkt ausreichen: "A refusal to start supplying can only raise competition problems if the undertaking refusing to supply has a dominant position on a defined market. This will often be an 'upstream' input market, but it may also be a distinct market where

ccc) Möglicher Abschottungseffekt

Der marktverzerrende Abschottungseffekt wird entsprechend den Vorgaben zur Fallgruppe des Abbruchs bestehender Geschäftsbeziehungen geprüft. Die alleinige Verweigerung der Aufnahme von Geschäftsbeziehungen erfüllt diese Voraussetzung danach nicht, vielmehr muss die Verweigerung den bestehenden Wettbewerb im nachgelagerten Markt zumindest wahrscheinlich beeinträchtigen[891]. Wiederum muss der Wettbewerb nicht vollständig beseitigt werden, es muss unter Berücksichtigung des vor der Verweigerung bestandenen Wettbewerbs auf dem betroffenen Markt eine umfassende Einzelfallprüfung vorgenommen werden[892].

ddd) Erweiterter Verteidigungsmaßstab beim Effizienzeinwand

Der Prüfungsmaßstab der Effizienzverteidigung ist bei der Fallgruppe der Verweigerung von Geschäftsbeziehungen ein anderer als bei der Fallgruppe des Abbruchs bestehender Geschäftsbeziehungen. Bei der Verweigerung neuer Geschäftsbeziehungen soll eine erfolgreiche Effizienzverteidigung, neben der Möglichkeit des Aufzeigens von überwiegenden Effizienzvorteilen, bereits dann möglich sein, wenn die durch den Marktbeherrscher verweigerte Leistung auf einer Investition beruht, die mit einem Risiko behaftet und der Marktbeherrscher aufgrund dieser

---

access is needed to link this market with another market, for example to interface information", vgl. DG Competition Discussion Paper, S. 64f. Die Kommission stellt zudem heraus, dass gerade im Bereich des geistigen Eigentums die Feststellung des relevanten Marktes, auf welchem die Marktbeherrschung vorliegen muss, schwierig ist, weil es das jeweilige Immaterialgüterecht ausschließlich von dem jeweiligen Rechteinhaber genutzt wird. In diesen Fällen soll nach den Vorgaben der Kommission die Annahme eines potenziellen Marktes ausreichen, auf welchem die Marktbeherrschung dann festgestellt werden muss. Ein solcher potenzieller Markt ist immer dann gegeben, wenn eine eindeutige Nachfrage des abgewiesenen Geschäftspartners für das konkrete Immaterialgüterrecht besteht, weil dieser auf die Nutzung des Rechtes angewiesen ist: "In some circumstances, there may not be an existing market for the input in question as it is used only by the owner in a captive market. For example, an IPR may be nothing more than an input that is not marketed separately from the goods and services to which the IPR relates. However, it is sufficient that a captive market, that is, a potential market, or even a hypothetical market, can be identified. Such is the case where there is actual demand for the input on the part of undertakings seeking to carry out the activity for which the input is indispensable", vgl. DG Competition Discussion Paper, S. 64.

891 "The likely exclusion of one individual competitor from the downstream market does not in itself constitute an abuse. An abuse only may arise when the exclusion of competitors is likely to have a negative effect on competition in the downstream market", vgl. DG Competition Discussion Paper, S. 65.

892 "This should however not be understood to mean the complete elimination of all competition. The extent to which the exclusion of one competitor has an impact on the level of competition depends on the pre-existing competition on the downstream market", vgl. DG Competition Discussion Paper, S. 65.

Investition darauf angewiesen ist, Wettbewerber für einen gewissen Zeitraum von dem relevanten Markt auszuschließen, um einen seinem Risiko entsprechenden, angemessenen Gewinn zu erzielen[893]. Damit gibt die Kommission einen weiteren Verteidigungsrahmen vor als in der parallelen Fallgruppe und berücksichtigt dadurch ein schützenswertes Investitionsinteresse von Marktbeherrschern, welchen durch diese Verteidigungsmöglichkeit der Anreiz für künftige Investitionen auf den Märkten nicht durch eine zu restriktive Anwendung des Art. 102 AEUV und einem damit einhergehenden Kontrahierungszwang genommen werden soll. Auch an diesem Punkt stellt die Kommission keine feststehenden Voraussetzungen zur Prüfung der erweiterten Effizienzverteidigung auf. Vielmehr gibt sie wiederum entsprechend ihrer Linie im Diskussionspapier vor, dass eine genaue Prüfung des Einzelfalls erfolgen muss, wobei insbesondere zu prüfen sein soll, ob der Marktbeherrscher die zur Verteidigung vorgebrachte Investition auch getätigt hätte, wenn er von einem möglichen Kontrahierungszwang nach den Vorgaben der Missbrauchskontrolle ausgegangen wäre oder zumindest Kenntnis von der Möglichkeit einer solchen Verpflichtung gehabt hätte[894].

d) Spannungsverhältnis zum Immaterialgüterrecht

Im Anschluss macht die Kommission konkrete Vorgaben zur künftigen Prüfung der besonderen Situation einer Verweigerung durch den Marktbeherrscher im Bereich des geistigen Eigentums beziehungsweise der Immaterialgüterrechte[895]. Es

---

893 "In the assessment of a refusal to supply it must also be kept in mind that the indispensable input, be it a raw material, an essential facility or an intellectual property right, often is the result of substantial investments entailing significant risks. In order to maintain incentives to invest and innovate, the dominant firm must not be unduly restricted in the exploitation of valuable results of the investment. For these reasons the dominant firm should normally be free to seek compensation for successful projects that is sufficient to maintain investment incentives, taking the risk of failed projects into account. To achieve such compensation, it may be necessary for the dominant firm to exclude others from access to the input for a certain period of time. The risks facing the parties and the sunk investment that must be committed may thus mean that an dominant firm should be allowed to exclude others for a certain period of time in order to ensure an adequate return on such investment, even when this entails eliminating effective competition during this period", vgl. DG Competition Discussion Paper, S. 66.

894 In diesem Fall soll die Verteidigungsmöglichkeit zumindest abgeschwächt sein, weil die Umstände darauf hindeuten, dass die Verteidigung nur vorgeschoben ist und ein Missbrauch zumindest wahrscheinlicher ist: "The circumstances in which a refusal to supply by a dominant company may be abusive are therefore more likely to be present when it is likely that the investments that have led to the existence of the indispensable input would have been made even if the investor had known that it would have a duty to supply", vgl. DG Competition Discussion Paper, S. 66f.

895 "Refusal to licence intellectual property rights", vgl. DG Competition Discussion Paper, S. 67.

ist die Besonderheit zu berücksichtigen, dass der Marktbeherrscher als Inhaber eines Immaterialgüterrechts aufgrund dieser Rechtsposition gerade ein gesetzlich legitimiertes Ausschließlichkeitsrecht hat. Eine durch Art. 102 AEUV mögliche Zwangslizenzierung steht damit dieser durch das Immaterialgüterrecht eingeräumten Rechtsposition grundsätzlich entgegen.

aa) Essential Facilities-Doktrin als Unterfall der Geschäftsverweigerung

Das Spannungsverhältnis zwischen bestehenden Immaterialgüterrechten und dem Kontrahierungszwang im Sinne einer Zwangslizenzierung wurde bislang im Bereich der bereits aufgezeigten Essential Facilities-Doktrin verortet und ist als Untergruppe der Geschäftsverweigerung gesondert zu untersuchen[896]. Die Grundsätze der Essential Facilities-Doktrin wurden herangezogen, um einen Ausgleich zwischen den Ausschließlichkeitsrechten des Rechteinhabers und den gegenläufigen Interessen der Wettbewerber zu finden, ohne dass die Doktrin in der Rechtsprechung explizit als Rechtsinstitut anerkannt wurde[897]. Diese spezielle Fallgruppe des Behinderungsmissbrauchs spielt in der Praxis eine bedeutende Rolle, weil sie aufgrund der betroffenen Immaterialgüterrechte zumeist auf innovativen Märkten verortet ist und sich der größte Teil aller Missbrauchsfälle in der Praxis auf diesen innovativen Märkten ereignet[898]. Aufgrund dieser Bedeutung, welche sich künftig durch die Weiterentwicklung der innovativen Märkte noch vergrößern wird, ist es zunächst erforderlich, aufzuzeigen, wie die Lizenzverweigerung – als Unterfall der Lieferverweigerung – bislang in der Entscheidungspraxis behandelt wurde, insbesondere, welche Voraussetzungen für die Anordnung einer wettbewerbsrechtlichen Zwangslizenzierung aufgestellt wurden. Die Kommission nimmt in ihren Ausführungen Bezug auf die bisherige Entscheidungspraxis zur Fallgruppe der Essential Facilities-Doktrin[899], wobei sie die Ausführungen schwerpunktmäßig unter der Voraussetzung der Unverzichtbarkeit („Indispensability") der verweigerten Leistung verortet und prüft, ob die Verweigerung sich auf den nachgelagerten Markt der Wettbewerber auswirkt[900].

---

896 Vgl. Immenga/Mestmäcker-*Fuchs/Möschel*, Europäisches Kartellrecht, 5. Aufl., Bd. 1, 1.Teil, Art. 102 AEUV, Rn. 331ff.

897 Vgl. Naue, Immaterielle Gegenstände als wesentliche Einrichtungen nach Art. 102 AEUV, S. 128; Sprickmann Kerkerinck, Die Essential-Facilities-Doktrin, S. 31.

898 Vgl. Gauß, Die Anwendung des kartellrechtlichen Missbrauchsverbots nach Art. 82 EG (Art. 102 AEUV) in innovativen Märkten, S. 111; vgl. auch O´Donoghue / Padilla, The Law and Economics of Article 82 EC, S. 197.

899 Vgl. ausführlich zur diesbezüglichen Entscheidungspraxis: Hartmann-Rüppel, Lizenzverweigerung und Zwangslizenzen, S. 55ff.

900 "Indispensability: To be an abuse the refusal to start supplying must concern an input, which is indispensable to carry on normal economic activity in the downstream market. Without this input companies cannot manufacture their products or provide their usual service levels", vgl. DG Competition Discussion Paper, S. 63. Die Kommission nimmt explizit Bezug auf die sogenannte Volvo-

bb) Bisherige Entscheidungen zum Spannungsverhältnis

Das Spannungsverhältnis zwischen Immaterialgüterrechten und Art. 102 AEUV war immer wieder Gegenstand der europäischen Rechtsprechung und ist auch aktuell weiterhin Gegenstand der Diskussion[901]. Anhand der bisherigen Rechtsprechung des EuGH ist zu untersuchen, wie die durch ein Immaterialgüterrecht oder eine wesentliche Einrichtung besonders geschützte Position eines marktbeherrschenden Unternehmens bewertet wird, wenn andere Wettbewerber durch das fragliche Verhalten ausgeschlosssen werden. Unter Berücksichtigung des Regelungsgehalts eines Ausschließlichkeitsrechts und der besonderen Verantwortung des Marktbeherrschers im Hinblick auf einen wirksamen und unverfälschten Wettbewerb aufgrund seiner besonderen Stellung auf dem Markt ist danach aufzuzeigen, wie die Kommission diese Fallkonstellationen künftig nach den Vorgaben des „more economic approach" zu behandeln beabsichtigt[902].

aaa) Magill-Urteil des EuGH

Als wichtige Ausgangsentscheidung für die Beurteilung des Spannungsverhältnisses zwischen den ausschließlich geschützten Positionen des Immaterialgüterrechts und dem Lizenzierungszwang des Missbrauchsverbots gilt das Urteil Magill des EuGH[903]. In dieser Entscheidung beurteilte der EuGH erstmalig die Ausübung

---

Entscheidung des EuGH, vgl. DG Competition Discussion Paper, S. 76, Fn. 140, 142, die Magill-Entscheidung, vgl. DG Competition Discussion Paper, S. 67, Fn. 142, die Bronner-Entscheidung des EuGH, vgl. DG Competition Discussion Paper, S. 65, Fn. 137 und insbesondere die IMS Health-Entscheidung des EuGH, vgl. DG Competition Discussion Paper, S. 65, 67, Fn. 136, 138, 142 und 143. Auch ihre eigene Entscheidung im Microsoft-Verfahren legt die Kommission ihren Ausführungen zum Spannungsverhältnis zischen den Rechtspositionen der Immaterialgüterrechte und der möglichen Zwangslizensierung im Rahmen der Missbrauchskontrolle zugrunde, vgl. DG Competition Discussion Paper, S. 65, Fn. 135.

901 Vgl. Sasinowska, EuZW 2013, S. 539ff.

902 Die besondere Verantwortung marktbeherrschender Unternehmen wird in der Rechtsprechung des EuGH immer wieder im Zusammenhang mit dem Schutz des Restwettbwerbs auf bereits vermachteten Märkten betont und grenzt die durch Ausschließlichkeitsrechte eingeräumten Freiräume entsprechend ein, vgl. Naue, Immaterielle Gegenstände als wesentliche Einrichtungen nach Art. 102 AEUV, S. 49ff; vgl. grundsätzlich zur besonderen Verantwortung marktbeherrschender Unternehmen auch Immenga, ZWeR 2006, S. 351.

903 EuGH, Urteil Slg. 1995, I-743, Magill. Zum besseren Verständnis der rechtlichen Problematik wird kurz der dieser Rechtsproblematik zugrunde liegende Sachverhalt aufgezeigt: In Irland und Nordirland konnten die Fernsehzuschauer in den 80er Jahren neben der Möglichkeit des Satellitenempfangs sechs Fernsehkanäle (RTE 1, RTE 2, BBC 1, BBC 2, ITV und Channel 4) terrestrisch empfangen. Jede Fernsehanstalt veröffentlichte in einem Programmheft ihr eigenes Programm. Die Sender RTE 1 und 2 gaben zusammen das Programmheft „RTE Guide" heraus. BBC 1 und

eines Immaterialgüterrechts durch Lizenzverweigerung als Missbrauch einer marktbeherrschenden Stellung, wobei ausdrücklich klargestellt wurde, dass eine Lizenzverweigerung als solche aufgrund der Rechtsposition des Immaterialgüterrechtsschutzes grundsätzlich gerade nicht missbräuchlich ist[904]. Damit betonte der EuGH die grundlegend zu schützende Position der Ausschließlichkeitsrechte im Verhältnis zur entgegenstehenden wettbewerbsrechtlichen Position[905]. Nach Ansicht des EuGH lag in der eigentlichen Ausübung des Urheberrechts als Immaterialgüterrecht durch die Rechteinhaber kein Missbrauch vor, lediglich durch das Hinzutreten

---

2 veröffentlichten ihr Fernsehprogramm in der „Radio Times". ITV und Channel 4 gründeten zum Zweck der Herausgabe eines Programmhefts zusammen die Gesellschaft ITP und brachten „TV Times" auf den Markt. Die Fernsehanstalten gestatteten den in Großbritannien und Irland erscheinenden Tageszeitungen, durch Erteilung unentgeltlicher Lizenzen die Veröffentlichung einer Übersicht für alle Programme. Diese Übersichten umfassten allerdings lediglich die Fernsehprogramme für die nächsten zwei Tage sowie für die Wochenenden und Feiertage. Dazu wurden noch die Höhepunkte der folgenden Woche abgedruckt. Eine umfassende Fernsehprogrammübersicht, welche die Programme aller Fernsehkanäle für die gesamte Woche wiedergegeben hätte, wurde auf dem Markt nicht angeboten. Die irische Gesellschaft Magill entschied sich daraufhin, einen umfassenden wöchentlichen Programmführer für Irland und Nordirland herauszugeben. Gegen dieses Vorhaben richteten sich die Fernsehsender RTE, BBC und ITV zum Schutze ihrer Programmübersichten und erwirkten vor den nationalen Gerichten obsiegende Urteile, die Magill die Veröffentlichung der wöchentlichen Programmvorschauen untersagten. Die Fernsehsender beriefen sich bei ihren Klagen auf das ihnen hinsichtlich der Programmübersichten nach irischem Recht bzw. nach Recht des Vereinigten Königsreiches zustehende Urheberrecht. Magill seinerseits hatte bereits zuvor bei der Kommission Beschwerde erhoben, mit dem Antrag, feststellen zu lassen, dass die Weigerung der Fernsehanstalten, Magill eine Lizenz zur Veröffentlichung wöchentlicher Programmübersichten zu erteilen, einen Missbrauch einer marktbeherrschenden Stellung sei. In ihrer Entscheidung vom 21.12.1988 stellte die Kommission einen solchen Verstoß gegen das Missbrauchsverbot fest, vgl. Komm. vom 21.12.1988, ABl. 1989, Nr. L 78 / 43, Ziff. 23. Die gegen diese Entscheidung gerichteten Klagen der Fernsehsender vor dem Europäischen Gericht blieben ohne Erfolg, so dass die Fernsehanstalten Revision beim EuGH einlegten, vgl. EuG, Slg., 1991,II-485, RTE; EuG, Slg. 1991, II-535, BBC; EuG, 1991, Slg. 1991, II-575, ITP.

904 Die zuvor ergangene Volvo-Entscheidung des EuGH gilt lediglich als Vorläufer der Magill-Entscheidung, in welcher der EuGH erstmals über die Ausübungen von Immaterialgüterrechten (Geschmacksmusterrechte im Zusammenhang mit dem Missbrauchsverbot zu entscheiden hatte, vgl. EuGH, Slg. 1988, I-6211, Volvo. In diesem Urteil wurde nur grundlegend klargestellt, dass der ausschließliche Charakter eines Immaterialgüterrechts und der damit verbundene Ausschluss Dritter im Wettbewerb gerade die Substanz dieser Ausschließlichkeitsrechte ausmacht, ohne allgemeine Prüfungsvoraussetzungen für diese spezielle Fallgruppe aufzustellen.

905 Vgl. EuGH, Slg. 1995, I-743, Magill unter Bezugnahme auf EuGH, Slg. 1988, 6211, Rn. 8, Volvo.

„außergewöhnlicher Umstände" wurde die Ausübung der Ausschließlichkeitsrechte aber im Ergebnis doch als Missbrauch der marktbeherrschenden Stellung angesehen[906]. Diese besonderen Umstände sind nach Ansicht des EuGH gegeben, wenn

- trotz bestehender Nachfrage durch die Verweigerung das Erscheinen eines neuen Produktes auf dem Markt verhindert werde[907],
- die Verweigerung des Zugangs zudem nicht durch objektive Gründe gerechtfertigt sei[908] und
- die Gewährung des Zugangs objektiv notwendig gewesen sei, um auf dem abgeleiteten Markt wirksamen Wettbewerb sicherzustellen[909].

Der EuGH stellte fest, dass im konkreten Fall diese außergewöhnlichen Umstände vorgelegen haben[910].

---

906 Nach den Ausführungen des EuGH ist das im Verfahren maßgebliche Recht der Vervielfältigung gerade als spezifischer Bestandteil des Urheberrechts geschützt, weshalb ein Missbrauch durch Ausübung dieses ausschließlichen Rechts daher nur dann gegeben ist, wenn besondere Umstände dazukommen, vgl. EuGH, Slg. 1995, I-743, Rn. 50, Magill. Der EuGH machte in seinem Urteil deutlich, dass ein Verstoß gegen das Missbrauchsverbot auch dann vorliegen kann, wenn auf dem betroffenen, abgeleiteten Markt zuvor noch nie Wettbewerb bestanden hat, vgl. Deselaers, EuZW 1995, S. 568.

907 Vgl. EuGH, Slg. 1995, I-743, Rn. 54, Magill.

908 Vgl. EuGH, Slg. 1995, I-743, Rn. 54, 56, Magill.

909 Vgl. EuGH, Slg. 1995, I-743, Rn. 54, 57, Magill.

910 Zunächst gab es nach Ansicht des Gerichtshofs keinen tatsächlichen oder potenziellen Ersatz für einen wöchentlichen Fernsehprogrammführer, der Informationen über die Programme der folgenden Wochen enthielt. Nach einem solchen Führer habe aber eine besondere, ständige und regelmäßige Nachfrage der Verbraucher bestanden. Durch die Verweigerung der Fernsehanstalten werde das Erscheinen eines solchen Programmführers und damit eines neuen Erzeugnisses auf dem Markt verhindert. Dies stelle einen Missbrauch einer marktbeherrschenden Stellung dar, vgl. EuGH, Slg. 1995, I-743, Rn. 52, Magill. Zudem sei die Verweigerung des Zugangs nicht durch objektive Gründe gerechtfertigt. Eine mögliche Rechtfertigung der Fernsehanstalten sei weder durch ihre Ausstrahlung von Fernsehsendungen noch durch die Herausgabe von Fernsehzeitschriften gegeben, vgl. EuGH, Slg. 1995, I-743, Rn. 55, Magill. In Bezug auf den dritten und abschließenden Umstand stellte der Gerichtshof fest, dass die Gewährung des Zugangs objektiv notwendig gewesen sei, um auf dem abgeleiteten Markt wirksamen Wettbewerb sicherzustellen. Die Fernsehanstalten behielten sich durch ihr Verhalten einen abgeleiteten Markt vor, sie schlössen jeden Wettbewerb auf diesem Markt aus, da sie den Zugang zu den Programmdaten als Grundinformation verweigerten. Diese Informationen seien für die Herstellung eines wöchentlichen Programmführers aber unentbehrlich gewesen, vgl. EuGH, Slg. 1995, I-743, Rn. 56, Magill.

bbb) Wertung

Das Urteil des EuGH ist, nach den Hafen-Entscheidungen der Kommission[911], als faktische Einführung der Grundsätze der Essential Facilities-Doktrin durch die Rechtsprechung in das europäische Wettbewerbsrecht zu sehen, auch wenn der Gerichtshof die Doktrin nicht explizit nennt. Das Urteil greift dabei einen bereits zuvor von der Kommission im europäischen Wettbewerbsrecht eingeführten Grundsatz auf. Die Kommissionsentscheidung in der Sache Sealink II[912] hatte klargestellt, dass auch das Verhindern der Einführung eines neuen Produktes auf einem bestimmten Markt grundsätzlich zur Missbräuchlichkeit führen kann. Im Unterschied zur Hafen-Entscheidung der Kommission betrifft das Magill-Urteil aber einen Sachverhalt, in welchem die Verweigerung darüber hinaus durch ein bestehendes Ausschließlichkeitsrecht, nämlich das Urheberrecht, abgesichert war. Das Magill-Urteil war damit das erste Urteil, in welchem die Erteilung einer Zwangslizenz zur Sanktionierung eines Verstoßes gegen das Missbrauchsverbot ausgesprochen wurde[913]. Spätestens seit dem Magill-Urteil steht fest, dass ein marktbeherrschendes Unternehmen als Inhaber einer immaterialgüterrechtlichen Position auch im europäischen Wettbewerbsrecht unter bestimmten Voraussetzungen verpflichtet sein kann, Wettbewerbern den Zugang zu einem konkreten Markt zu eröffnen, und damit die Ausschließlichkeitsfunktion seines Rechts verwirkt[914].

ccc) Bronner-Urteil des EuGH

Nach dem Magill-Urteil wird ebenfalls das Bronner-Urteil des EuGH[915] aus dem Jahre 1998 als erheblich für die Beurteilung des Spannungsverhältnisses zwischen einer grundsätzlich ausschließlich geschützten Rechtsposition und dem Missbrauchsverbot mit seiner der Ausschließlichkeit entgegenstehenden Zwangsfunktion angesehen[916]. Der EuGH stellte in dieser Entscheidung strenge Voraussetzungen für die

---

911 Komm. vom 11.6.1992, EG-Bulletin Nr. 6, 1992 Ziff. 1.3.30, Sealink I, nicht veröffentlicht im ABl., (Kurzdarstellung im XXII. Bericht über die Wettbewerbspolitik 1992, Ziff. 219); Komm. vom 21.12.1993, ABl. 1994, Nr. L 15/8, Sealink II; Komm. vom 21.12.1993, EGABl. 1994, Nr. L 55/52, Hafen von Rødby.

912 Komm. vom 21.12.1993, ABl. 1994, Nr. L 15/8, Sealink II.

913 Vgl. Stapper, Das essential facility Prinzip und seine Verwendung zur Öffnung immaterialgüterrechtlich geschützter de facto Standards für den Wettbewerb, S. 86.

914 Vgl. Deselaers, EuZW 1995, S. 563.

915 EuGH, Slg. 1998, I-7791, Bronner.

916 Trotz der Tatsache, dass diesem Urteil gerade nicht die Ausübung eines Immaterialgüterrechtes zugrunde lag, wird es als wesentlicher Bestandteil für die Beurteilung des Spannungsverhältnisses zwischen Immaterialgüterrechten und dem wettbewerbsrechtlichen Missbrauchsverbot angesehen, weil in der späteren Entscheidungspraxis zu diesem Spannungsverhältnis immer wieder auf das Bronner-Urteil Bezug genommen wurde, vgl. EuGH, Slg. 2004, I-5039 Rn. 28f., 37, 40ff., IMS Health; EuG, Slg. 2007, II-3601, Rn. 325ff., Microsoft.

Anordnung einer Zwangsmaßnahme zur Durchbrechung der Ausschließlichkeit der Position des Rechteinhabers auf[917]. Der Gerichtshof entschied entsprechend

917 Zum besseren Verständnis der rechtlichen Problematik wird kurz der zugrunde liegende Sachverhalt aufgezeigt: Die Oscar Bronner GmbH & Co. KG (nachfolgend: Bronner) verlegte in Österreich die Tageszeitung „Der Standard", die hinsichtlich der Druckauflage einen Marktanteil von 3,6 % und hinsichtlich der Werbeeinnahmen 6 % des Marktanteils der Tageszeitungen des Landes besaß. Diese Zeitung wurde zum damaligen Zeitpunkt im Inland vor allem über Kioske und mittels Postzustellung, nicht aber durch ein Hauszustellungssystem vertrieben. Die Mehrheit der österreichischen Tageszeitungen auf regionaler und lokaler Ebene wurde über diese Wege vertrieben. Das einzige landesweite Hauszustellungssystem betrieb die österreichische Mediaprint Zeitungs- und Zeitschriftenverlag GmbH & Co. KG über ihre hundertprozentige Tochter Mediaprint Zeitungsvertriebsgesellschaft (nachfolgend: Mediaprint-Gruppe). Durch dieses System konnte der Verlag die Auslieferung seiner Zeitungen in den frühen Morgenstunden garantieren. Die Mediaprint-Gruppe gab die beiden Tageszeitungen „Neue Kronen Zeitung" und „Kurier" heraus, die zusammen einen Marktanteil von 46,8 % bei der Auflage und 42 % bei den Werbeeinnahmen der Tageszeitungen des Landes ausmachten. Bronner verlangte von der Mediaprint-Gruppe den Zugang zu deren landesweitem Zustellungssystem für Tageszeitungen, um ebenfalls eine bessere Auslieferung seiner Zeitungen anbieten zu können. Als dem Unternehmen dieser Zugang durch die Mediaprint-Gruppe verweigert wurde, beantragte Bronner vor dem Oberlandesgericht Wien nach § 35 ÖKartG (Österreichisches Kartellgesetz), welcher im österreichischen Kartellrecht den Missbrauch einer marktbeherrschenden Stellung verbietet, der Mediaprint-Gruppe aufzugeben, die Tageszeitung „Der Standard" in ihr Hauszustellungssystem aufzunehmen. Nach Ansicht des Unternehmens Bronner lag in der Verweigerung durch die Mediaprint-Gruppe der Missbrauch einer marktbeherrschenden Stellung. Bronner argumentierte, dass die Postzustellung am späten Vormittag zur Hauszustellung keine gleichwertige Alternative sei. Angesichts der geringen Abonnentenanzahl sei es dem Unternehmen auch nicht möglich, ein eigenes rentables Hauszustellungssystem aufzubauen. Zudem werde das Unternehmen Bronner diskriminiert, als die Tageszeitung „Wirtschaftsblatt", die nicht zur Mediaprint-Gruppe gehört, im Gegensatz zu „Der Standard" in das Zustellungssystem aufgenommen worden sei. Mediaprint entgegnete, dass sie nicht dazu verpflichtet sei, ihre Konkurrenten zu fördern. Sie habe ihr Hauszustellungssystem unter hohem administrativem und finanziellem Aufwand selbst aufgebaut. Außerdem würde es die Kapazität des Zustellungsnetzes überfordern, wenn jede österreichische Tageszeitung aufgenommen würde. Das Oberlandesgericht bewertete die Frage, ob ein Verstoß gegen Art. 102 AEUV vorliegt, als notwendige Vorfrage zur Entscheidung des Rechtsstreits. Ein möglicher Verstoß gegen das europarechtliche Missbrauchsverbot des Art. 102 AEUV beinhalte zwangsläufig auch einen Verstoß gegen das nationale Missbrauchsverbot des § 35 ÖKartG. Es legte dem EuGH den Fall im Wege des Vorabentscheidungsverfahrens nach Art. 234 EGV vor. Maßgeblich war im Wesentlichen die Vorlagefrage, ob die Weigerung der Mediaprint-Gruppe, die Tageszeitung eines konkurrierenden Unternehmens in ihr selbst geschaffenes Hauszustellungssystem aufzunehmen,

der Argumentation des Generalanwalts[918], dass die Weigerung des marktbeherrschenden Unternehmens kein missbräuchliches Ausnutzen darstellt und verneinte damit einen Zwangszugang zur wesentlichen Einrichtung[919]. Hinsichtlich der Missbrauchsprüfung verwendete der EuGH zwar nicht ausdrücklich den, für die Essential Facilities-Doktrin prägenden, Begriff der wesentlichen Einrichtung, er näherte sich durch seine Ausführungen diesem Begriff aber stark an, indem er hinsichtlich des fraglichen Hauszustellungssystems ausführte, dass ein Missbrauch vorliege, wenn der Wettbewerber durch die Verweigerung des Zugangs „um einen für den Verkauf seiner Tageszeitung als wesentlich angesehenen Vertriebsweg“ gebracht werde[920]. Der EuGH nahm in seinem Urteil Bezug auf die Urteile Commercial Solvents[921] und CBEM[922]. Diesen Urteilen entnahm er die Aussage, dass die Weigerung, einem Konkurrenten die für die Ausübung seiner Tätigkeit unerlässlichen Rohstoffe oder Dienstleistungen zu liefern bzw. zu erbringen, nur dann missbräuchlich sei, wenn dadurch jeglicher Wettbewerb ausgeschaltet werde[923]. Zudem bezog sich der Gerichtshof auch auf das Urteil Magill[924], indem er noch einmal festhielt, dass die Verweigerung einer Lizenz durch den Inhaber eines gewerblichen Schutzrechtes nur unter ganz bestimmten, außergewöhnlichen Umständen ein missbräuchliches Verhalten darstellen kann[925]. Im Ergebnis kam nach den Vorgaben des Gerichtshofs ein Missbrauch nur in Betracht, wenn zunächst die Verweigerung der Dienstleistung „Hauszustellung“ durch die Verweigerung der Teilnahme am Hauszustellungssystem geeignet sei, jeglichen Wettbewerb auf dem Tageszeitungenmarkt auszuschalten, was nicht der Fall war. Der Gerichtshof stellte fest, dass die fragliche Dienstleistung für die Tätigkeit des Wettbewerbers auf dem relevanten Tageszeitungenmarkt gerade in dem Sinne unentbehrlich sein muss, dass für das bestehende Hauszustellungssystem kein tatsächlicher oder potenzieller Ersatz bestehe, den der Wettbewerber alternativ nutzen kann. Diese Voraussetzungen lagen nach Ansicht des Gerichtshofs im Fall Bronner nicht vor. Zunächst stünden für Tageszeitungen weitere Vertriebswege, wie beispielsweise die Postzustellung oder der Laden- bzw. Kioskverkauf, zur Verfügung[926]. Dabei übersah der Gerichtshof

---

eine missbräuchliche Ausnutzung einer beherrschenden Stelllung nach Art. 102 AEUV darstelle. Weiterhin war zu klären, ob die von der Mediaprint-Gruppe gestellte Bedingung, ein Gesamtpaket an Leistungen zu übernehmen, einen solchen Verstoß bedeute.

918 Vgl. Schlussanträge des Generalanwalts Jacobs zu EuGH, Slg. 1998, I-7791, 7796ff., Rn. 9ff., 28ff., Bronner.

919 Vgl. EuGH, Slg. 1998, I-7791, 7817 Leitsatz zur ersten Vorfrage, Bronner.

920 Vgl. EuGH, Slg. 1998, I-7791, 7830, Rn. 37, Bronner.

921 EuGH, Slg. 1974, I-223, Commercial Solvents.

922 EuGH Slg. 1985, I-3261, CBEM.

923 Vgl. EuGH, Slg. 1998, I-7791, 7830, Rn. 38, Bronner.

924 Vgl. EuGH, Slg. 1995, I-743, Magill.

925 Vgl. EuGH, Slg. 1998, I-7791, 7830, Rn. 39f, Bronner.

926 Vgl. EuGH, Slg. 1998, I-7791, 7831, Rn. 42f., Bronner.

keinesfalls, dass diese Verkaufswege für den Verkauf von Tageszeitungen weniger vorteilhaft sind, sondern bewertete diesen Nachteil ausdrücklich als unerheblich für die Missbrauchsprüfung[927]. Darüber hinaus waren keine technischen, rechtlichen oder auch nur wirtschaftlichen Hindernisse ersichtlich, die es einem Wettbewerber unzumutbar erschweren würden, ein eigenes landesweites Hauszustellungssystem zur Nutzung für den Vertrieb der eigenen Tageszeitung zu errichten[928]. Es genügte nach Ansicht des EuGH gerade nicht, dass die Schaffung eines eigenen Systems für den Wettbewerber aufgrund der eigenen geringen Auflagenhöhe unrentabel sei. Ein erhebliches Hindernis käme daher nur in Betracht, wenn die Schaffung eines eigenen Systems für ein Unternehmen, das hinsichtlich der Auflagenstärke mit demjenigen vergleichbar ist, welches das System bereits nutzt, unrentabel sei[929]. Im Ergebnis war nach Ansicht des EuGH daher nicht hinreichend dargetan worden, dass der Zugang zum Hauszustellungssystem der Mediaprint-Gruppe für Bronner unentbehrlich sei.

ddd) Wertung

Im Ergebnis wurde durch das Urteil Bronner vor allem die Voraussetzung präzisiert, wann eine Einrichtung als wesentlich und damit als unentbehrlich anzusehen ist. Die Feststellungen des Gerichtshofs lassen sich insofern verallgemeinern, als für die vorhandene wesentliche Einrichtung kein tatsächlicher oder potenzieller Ersatz bestehen darf, den der ausgeschlossene Wettbewerber alternativ nutzen könnte. Es ist ein objektiver Maßstab anzulegen, der darauf abstellt, ob ein Wettbewerber allein oder sogar in Zusammenarbeit mit anderen Wettbewerbern leistungsfähig genug ist, eine entsprechende Einrichtung selbst zu erschaffen. Dabei wird keine Rücksicht auf die Größe und Stärke des Wettbewerbers genommen, das Argument der wirtschaftlichen Unterlegenheit konnte den EuGH nicht überzeugen. Hierdurch wurde klargestellt, dass gerade nicht der einzelne Wettbewerber, sondern vielmehr der Wettbewerb an sich geschützt werden soll. Der EuGH stärkte in seinem Urteil damit explizit den Schutz des Wettbewerbs. Eine zwangsweise Anordnung des Zugangs zu wesentlichen Einrichtungen kommt nach diesem Urteil nur zum Schutz des Wettbewerbs – und nicht zum Schutz einzelner Wettbewerber – in Betracht. Nach den Feststellungen des EuGH in seinem Magill-Urteil stärkte der EuGH mit seinem Bronner-Urteil wiederum die ausschließliche Position der Marktbeherrscher, indem er feststellte, dass diese Position nur unter sehr restriktiv zu prüfenden Voraussetzungen aufzubrechen sei und insbesondere nicht aufgrund der wirtschaftlichen Unterlegenheit eines Wettbewerbers.

---

927 Vgl. EuGH, Slg. 1998, I-7791, 7831, Rn. 43, Bronner.

928 Vgl. EuGH, Slg. 1998, I-7791, 7831, Rn. 44, Bronner.

929 Vgl. EuGH, Slg. 1998, I-7791, 7832, Rn. 45f, Bronner. In diesem Prüfungspunkt erinnert die Wertung des EuGH an den anhand des „as efficient competitor"-Tests im Rahmen des „more eocnomic approach" in die Missbrauchskontrolle eingeführten Prüfungsmaßstab.

eee) IMS Health-Urteil des EuGH

Das IMS Health-Urteil des EuGH[930] aus dem Jahre 2004 gilt als Leitentscheidung des EuGH zum Spannungsverhältnis zwischen den beiden widerstreitenden Rechtspositionen[931]. In Bezug auf die erforderliche Unerlässlichkeit nach den Vorgaben im Bronner-Urteil stellte der EuGH einleitend fest, dass eine intensive Einbeziehung Dritter in die Entwicklung der wesentlichen Einrichtung eine technische Abhängigkeit der Nutzer dieser Struktur in tatsächlicher Hinsicht habe schaffen können. Die

930 Vgl. EuGH, Slg. 2004, I-5039, IMS Health. Zum besseren Verständnis der rechtlichen Problematik wird kurz der dieser Rechtsproblematik zugrunde liegende Sachverhalt aufgezeigt: Die Unternehmen IMS Health GmbH & Co. OHG (nachfolgend: IMS) und NDC Health GmbH & Co. KG (nachfolgend: NDC) befassten sich beide mit der Erstellung und dem Betrieb von Marktberichten über den Absatz von Arzneimitteln und Gesundheitszeugnissen. Die IMS erstellte für Pharmaunternehmen Berichte über den regionalen Absatz von Arzneimitteln in Deutschland. Diese Berichte waren nach einer ganz bestimmten Struktur formatiert, nach welcher das gesamte Bundesgebiet in bestimmte geographische Segmente unterteilt wurde. Diese Struktur bestand aus entweder 1860 oder 2847 Bausteinen, die jeweils einem bestimmten, geographisch definierten, Gebiet der Bundesrepublik Deutschland entsprachen. Die Entwicklung und Verbesserung dieser Strukturen wurden im Rahmen eines Arbeitskreises durch IMS und ihre Kunden stetig weiter vorangetrieben. Die Bausteinstrukturen wurden von IMS an Arztpraxen und Apotheken verkauft und teilweise auch unentgeltlich weitergegeben, damit diese ihre Erfahrungen an das Unternehmen weiterleiten konnten und so die Weiterentwicklung wesentlich mit beeinflussten. Diese effektive Praxis hat dazu beigetragen, dass sich die Strukturen zu einem gebräuchlichen Standard entwickelten, weshalb unter anderem die Abnehmer ihre EDV- und Vertriebsstrukturen nach diesem System ausrichteten. Im Jahre 1988 schied ein Geschäftsführer bei der IMS aus und gründete die Pharma Intranet Information AG (nachfolgend PII), um seinerseits Marktberichte über den regionalen Absatz von Arzneimitteln in Deutschland zu vertreiben. Grundlage dieser Marktberichte war eine andere Struktur mit 2201 Bausteinen. Nachdem PII mit dieser eigenen Struktur keinen Erfolg hatte, ging sie dazu über, Strukturen mit 1860 oder 3000 Bausteinen zu verwenden, die den von IMS verwendeten Strukturen sehr ähnlich waren. Die IMS sah sich hierdurch in ihren Urheberrechten verletzt. Sie beantragte beim Landgericht Frankfurt am Main, der PII und später der NDC, welche das Unternehmen PII gekauft hatte, zu untersagen, irgendeine Struktur zu verwenden, die von der IMS abgeleitet ist. Sie stützte diesen Antrag auf die Ansicht, dass die von ihr verwendete Struktur ein dem Urheberrechtsschutz unterliegendes Datenbankwerk sei. Das Landgericht Frankfurt am Main war der Ansicht, dass zunächst zu klären sei, ob die Weigerung der Erteilung einer Lizenz als Missbrauch einer beherrschenden Stellung anzusehen sei. Es legte dem EuGH seine Fragen hinsichtlich der genauen Bedingungen eines Missbrauchs einer beherrschenden Stellung im Rahmen eines Vorlageverfahrens vor, vgl. EuGH, Slg. 2004, I-5039, IMS Health.

931 Vgl. Naue, Immaterielle Gegenstände als wesentliche Einrichtungen nach Art. 102 AEUV, S. 189ff.

Umstellung auf eine alternative Struktur wäre demnach für die Wettbewerber mit einem enormen technischen und wirtschaftlichen Aufwand verbunden[932]. Diese Situation kann nach den Feststellungen des Gerichtshofs die besondere Situation eines Abhängigkeitsverhältnisses schaffen[933]. Diese Abhängigkeit kann dazu führen, dass die Wettbewerber Alternativangebote ausschließlich zu zwangsläufig unrentablen finanziellen Konditionen anbieten müssen, wenn sie mit dem Marktbeherrscher in vergleichbarem Ausmaß konkurrieren wollen, was wiederum ein Kriterium bei der Beurteilung des Vorliegens außergewöhnlicher Umstände ist[934]. Die Ausübung eines Ausschließlichkeitsrechts kann nach den Feststellungen des Gerichtshofs entsprechend den Feststellungen im Magill-Urteil unter außergewöhnlichen Umständen ausnahmsweise als missbräuchliches Verhalten angesehen werden[935]. Der Gerichtshof stellte hinsichtlich des Vorliegens solch außergewöhnlicher Umstände im Urteil drei allgemeine Voraussetzungen auf, bei deren Vorliegen die Verweigerung eines Unternehmens, das über ein Recht des geistigen Eigentums als Alleinstellungsmerkmal verfügt, einen Missbrauch darstellt[936].

- Zunächst müsse das Unternehmen, welches um eine Lizenz und damit die Einräumung von Nutzungsrechten ersucht hat, beabsichtigen, neue Er zeugnisse oder Dienstleistungen auf dem relevanten Markt anzubieten, die nicht bereits der Marktbeherrscher als Inhaber des betreffenden Aus schließlichkeitsrechts anbiete und für die eine potenzielle Nachfrage der Verbraucher bestehe[937].
- Darüber hinaus dürfe die Verweigerung der Lizenzerteilung nicht aus sachlichen Gründen gerechtfertigt sein[938].
- Zuletzt müsse die Weigerung geeignet sein, dem Marktbeherrscher den betreffenden Markt in der Form vorzubehalten, dass jeglicher Wettbewerb auf dem relevanten Markt ausgeschlossen werde[939]. Als Prüfungsmaßstab des relevanten Marktes wird die Annahme eines potenziellen oder auch nur hypothetischen Marktes als ausreichend angesehen[940].

---

932 Vgl. EuGH, Slg. 2004, I-5069, 5079, Rn. 29, IMS Health.

933 EuGH, Slg. 2004, I-5069, 5082, Rn. 28, IMS Health.

934 EuGH, Slg. 2004, I-5069, 5082, Rn. 28ff, IMS Health.

935 Vgl. EuGH, Slg. 2004, I-5069, 5081, Rn. 35, IMS Health. Der Gerichtshof stellte diesbezüglich noch einmal fest, dass die Verweigerung einer Lizenz als solche kein Missbrauch einer beherrschenden Stellung sein kann. Das ausschließliche Recht der Vervielfältigung gehöre eindeutig zu den Vorrechten des Inhabers eines Urheberrechts als Immaterialgüterrecht, vgl. EuGH, Slg. 2004, I-5069, 5081, Rn. 28ff., IMS Health.

936 Vgl. EuGH, Slg. 2004, I-5069, 5082, Rn. 38, 52, IMS Health.

937 Vgl. EuGH, Slg. 2004, I-5069, 5082, Rn. 48f., IMS Health.

938 Vgl. EuGH, Slg. 2004, I-5069, 5082, Rn. 38, IMS Health.

939 Es sei Sache des nationalen Gerichts, zu prüfen, ob diese Voraussetzungen gegeben sein, vgl. EuGH, Slg. 2004, I-5069, 5082, Rn. 38, 52f, IMS Health.

940 Vgl. EuGH, Slg. 2004, I-5069, 5082, Rn. 44, IMS Health.

fff) Wertung

Der EuGH nimmt in seinem Urteil immer wieder Bezug auf sein vorheriges Magill-Urteil[941]. Im Ergebnis bestätigt und präzisiert das Urteil die im Magill-Urteil aufgestellten Vorgaben. Eine Besonderheit ergibt sich hinsichtlich der Bestimmung des abgeleiteten Marktes. Zunächst ist der Markt für die Lieferung medizinischer Marktdaten ein von der immaterialgüterrechtlich geschützten Bausteinstruktur abgeleiteter Markt. Der EuGH erweitert seine Grundsätze hinsichtlich des abgeleiteten Marktes aber insofern, als er es genügen lässt, dass lediglich ein potenzieller oder auch nur hypothetischer Markt bestimmt werden muss. Dies sei der Fall, wenn Erzeugnisse oder Dienstleistungen für eine bestimmte Tätigkeit unerlässlich seien und nach ihnen eine tatsächliche Nachfrage seitens der potenziellen Lizenznehmer bestehe[942]. Damit genügt es nach Ansicht des EuGH, wenn ein konkreter vorgelagerter Markt bestimmt werden kann, ohne dass ein konkreter nachgelagerter Markt bestimmt werden muss[943]. Zudem müssen nach diesem Urteil der vor- und der nachgelagerte Markt nicht voneinander getrennte Märkte sein[944]. Diese Feststellung ist gerade im Bereich der Ausübung von Immaterialgüterrechten von Relevanz, da bei einem lizenzierbaren Immaterialgüterrecht immer ein potenzieller vorgelagerter Markt besteht[945]. Außerdem ist eine Weiterentwicklung der früheren Rechtsprechung hinsichtlich der Prüfung der Unerlässlichkeit eines Immaterialgüterrechts zu erkennen. Nach dem Bronner-Urteil des EuGH war ein Immaterialgüterrecht unter anderem dann als unerlässlich anzusehen, wenn wirtschaftliche Hindernisse bestehen, die geeignet sind, die Schaffung von Alternativen unmöglich zu machen oder zumindest unzumutbar zu erschweren[946]. Ein solches wirtschaftliches Hindernis war gegeben, wenn die Neuschaffung alternativer Einrichtungen unrentabel war, wobei ein objektivierter Maßstab anzusetzen und gerade nicht auf die Position und die wirtschaftliche Leistungsfähigkeit des konkreten Antragsstellers abzustellen war. In seinem IMS Health Urteil stellt der EuGH nunmehr weitergehend fest, dass bei der Prüfung des Bestehens eines wirtschaftlichen Hindernisses sowohl der Grad der Einbeziehung der Wettbewerber in die Entwicklung des immaterialrechtlich geschützten Gutes als auch deren Aufwand, um ein alternatives Gut zu entwickeln, zu berücksichtigen sind[947]. Das Kriterium der wirtschaftlichen Unmöglichkeit der Entwicklung alternativer Einrichtungen und damit die Voraussetzung der Unerlässlichkeit wurden somit vom Gerichtshof weiter konkretisiert. Zudem

941 Vgl. exemplarisch EuGH, Slg. 2004, I-5069, 5082, Rn. 34ff., IMS Health mit Verweis auf EuGH, Slg. 1995, I-743, Magill.
942 EuGH, Slg. 2004, I-5069, 5082, Rn. 44, IMS Health.
943 Vgl. Kaestner, Missbrauch von Immaterialgüterrechten, S. 268.
944 Vgl. Hoeren, MMR 2004, S. 460.
945 Vgl. Kaestner, Missbrauch von Immaterialgüterrechten, S. 268f.
946 EuGH, Slg. 1998, I-7791, 7831, Rn. 44, Bronner.
947 EuGH, Slg. 2004, I-5069, 5082, Rn. 48f., IMS Health; vgl. auch Kaestner, Missbrauch von Immaterialgüterrechten, S. 269.

wurden die Voraussetzungen des Vorliegens außergewöhnlicher Umstände für die Durchbrechung des Schutzes der Immaterialgüterrechte zu Gunsten des wettbewerbsrechtlichen Missbrauchsschutzes durch drei Konkretisierungen präzisiert, die dennoch so allgemein gehalten wurden, dass sie in künftig zu beurteilenden Fällen herangezogen werden können.

cc) Zwischenergebnis zum Spannungsverhältnis

Die Kommission nimmt im Diskussionspapier intensiv Bezug auf die Rechtsprechung des EuGH zum Spannungsverhältnis zwischen dem Immaterialgüterrecht und der Missbrauchskontrolle[948]. Hierdurch macht sie deutlich, dass sie künftig in ihrer Entscheidungspraxis zur Nichtaufnahme neuer Geschäftsbeziehungen auch die Grundsätze der aufgezeigten Essential Facilities-Doktrin verstärkt berücksichtigen wird[949]. Ein Missbrauch durch die Verweigerung eines Zugangs zu einer wesentlichen Einrichtung durch einen Marktbeherrscher kommt daher auch nach dem Neuansatz der Kommission nur in Frage, wenn die von der Rechtsprechung des EuGH vorgezeichneten Voraussetzungen erfüllt sind, insbesondere die Unerlässlichkeit der von dem Wettbewerber angefragten und durch den Marktbeherrscher verweigerten Leistung nach den präzisierten Vorgaben des EuGH in seinem IMS Health-Urteil[950]. Die Kommission setzt diese Vorgaben aber konsequent wieder in Bezug zu ihrer Prämisse des vorrangigen Schutzes der Verbraucher, indem sie betont, dass eine Verweigerung letztlich dann als missbräuchlich anzusehen ist, wenn sich diese zum Nachteil der Verbraucher auswirkt[951]. Dabei stellt die Kommission auf die Kriterien der Weiterentwicklung und Innovation ab, auf deren Grundlage die Verbraucher durch die Entwicklung neuer Produkte und Dienstleistungen besonders

---

948 Vgl. DG Competition Discussion Paper, S. 67ff.

949 Dies wird auch noch einmal dadurch unterstrichen, dass die Kommission dieser Untergruppe der Geschäftsverweigerung und damit dem Spannungsverhältnis an sich ein eigenes Unterkapitel im Diskussionspapier widmet: „Refusal to licence intellectual property rights“, DG Competition Discussion Paper, S. 67.

950 Der EuGH hat seine diesbezügliche Rechtsprechung in seiner AstraZeneca-Entscheidung vom 6.12.2012 dahingehend präzisiert, dass der Missbrauch einer marktbeherrschenden Stellung auch darin bestehen kann, dass der Inhaber eines Schutzrechts in der Form einer arzneimittelrechtlichen Zulassung dieses widerruft, um die Einfuhr von Generika und Paralleleinfuhren durch Wettbewerber zu behindern, vgl. EuGH, Urt. v. 6.12.2012 – C-457/10 P, AstraZeneca/Kommission, noch nicht in Sammlung veröffentlicht, vgl. diesbezüglich auch Seitz, EuZW 2013, S. 377ff.

951 "For example, the refusal by a dominant company to licence access to the IPR could be considered abusive when the five conditions described above are all fulfilled and, furthermore, the refusal to grant a licence prevents the development of the market for which the licence is an indispensable input, <u>to the detriment of consumers</u>", DG Competition Discussion Paper, S. 67 [Unterstreichung durch den Verfasser].

profitierten[952]. Die Kommission berücksichtigt das bestehende Spannungsverhältnis zwischen dem Immaterialgüterrecht und dem wettbewerbsrechtlichen Missbrauchsverbot dabei im Sinne einer Weiterentwicklung zur Rechtsprechung des EuGH unter der Prämisse des primären Schutzes der Konsumentenwohlfahrt[953]. Während nach den Vorgaben des EuGH ein Kontrahierungszwang grundsätzlich eher damit zu rechtfertigen war, dass die wirtschaftliche Handlungsfreiheit des Marktbeherrschers und damit auch sein eigenes Profitstreben hinter den Grundprinzipien eines freien, redlichen, unverfälschten und wirksamen Wettbewerbs zurückzutreten habe[954], berücksichtigt die Kommission verstärkt, dass ein solcher Kontrahierungszwang den Investitionsanreiz der Marktbeherrscher stark einschränken und sogar beenden kann und damit im Ergebnis der Konsumentenwohlfahrt schadet.

e) Zwischenergebnis zu Geschäftsverweigerungen

Das Diskussionspapier versucht für diese nach dem bisherigen Ansatz nicht einheitlich beurteilte Missbrauchsform einen möglichst allgemein anwendbaren, ökonomisch geprägten Prüfungsansatz zu entwickeln. So stellt sie sowohl für den Abbruch bestehender als auch für die Nichtaufnahme neuer Geschäftsbeziehungen eigenständige Prüfungsrahmen auf, bei denen insbesondere durch die Ausführungen zur jeweiligen Möglichkeit der Efffizienzverteidigung der Gedanke des „more economic approach“ zum Tragen kommt. Die Kommission bedient sich bei der Prägung ihres neuen Ansatzes zu diesen Missbrauchsvarianten wiederum sehr allgemeiner Begriffe und Vorgaben und stellt immer wieder darauf ab, dass diese Vorgaben bei der Prüfung des jeweiligen Einzelfalls durch zugrunde liegende Fakten präzisiert

---

952 “A refusal to licence an IPR protected technology which is indispensable as a basis for follow-on innovation by competitors may be abusive even if the licence is not sought to directly incorporate the technology in clearly identifiable new goods and services. The refusal of licensing an IPR protected technology should not impair consumers’ ability to benefit from innovation brought about by the dominant undertaking’s competitors”, DG Competition Discussion Paper, S. 68.

953 Während die Kommission in ihrer künftigen Beurteilungspraxis zum bestehenden Spannungsverhältnis verstärkt auf die Setzung von innovativen Investitionsanreizen achten will und damit verdeutlicht, dass ein Kontrahierungszwang den Wettbewerb durch Inovationsverlust auch schädigen kann, verortete der EuGH den zu prüfenden Kontrahierungszwang grundsätzlich im Sinne einer „Entweder-Oder-Entscheidung“ ausdrücklich zwischen dem Interesse am Schutz des freien Wettbewerbs auf der einen Seite und der wirtschaftlichen Handlungsfreiheit des Marktbeherrschers auf der anderen Seite, was der klassischen Beurteilung des Spannungsverhältnisses nach dem bisherigen Ansatz entspricht, vgl. exemplarisch EuGH, Slg. 2004, I-5069, 5082, Rn. 48, IMS Health.

954 Vgl. Schröter/Jakob/Mederer-*Schröter*, Kommentar zum Europäischen Wettbewerbsrecht, Art. 82, Rn. 274.

werden müssen[955]. Hierdurch hält sie den Prüfungsrahmen für die künftigen Missbrauchskontrollen auch in dieser Fallgruppe äußerst flexibel und gibt dadurch die Möglichkeit, eine möglichst große Einzelfallgerechtigkeit hinsichtlich ihrer künftigen Entscheidungspraxis zu gewährleisten. Die Kommission schließt ihren Ansatz nach dem „more economic approach" damit auch zur letzten Missbrauchsfallgruppe in sich stimmig ab, indem sie sowohl die grundlegenden Vorgaben der Rechtsprechung des EuGH als auch neue, ökonomisch geprägte Prüfungspunkte einfließen lässt. Wesentlich ist dabei der Fokus auf die Interessen der Verbraucher, welcher durch den von der Kommission in Bezug auf das Spannungsverhältnis zwischen Immaterialgüterrechten und den Vorgaben der Missbrauchskontrolle geforderten Grundsatz der Berücksichtigung eines Innovationsanreizes für die Marktbeherrscher gestärkt wird.

C. Zwischenfazit zum Diskussionspapier

Der Ansatz des „more economic approach" fordert nach den Vorgaben des Diskussionspapiers eine fokussierte und konsequente Ausrichtung der Missbrauchskontrolle auf den Schutz der Konsumentenwohlfahrt. Nach den unmissverständlichen Vorgaben der Kommission soll der Nutzen des nachrangig geschützten Wettbewerbs für den Verbraucher in den Mittelpunkt der Missbrauchskontrolle nach Art. 102 AEUV gestellt werden[956]. Nach Auffassung der Kommission bezweckt Art. 102 AEUV gerade nicht den Schutz des Wettbewerbs schlechthin, den Schutz einer bestimmten Marktstruktur oder sogar den Schutz der Wettbewerber des Marktbeherrschers. Vielmehr soll der Wettbewerb lediglich als sich verändernder und weiterentwickelnder Prozess geschützt werden, der dem übergeordneten Ziel dient, Werte und Vorteile für den Konsumenten zu schaffen[957]. Die Ausführungen der Kommission sind stringent auf die ökonomischen Neuerungen ausgerichtet und greifen hinsichtlich der verschiedenen Grundpfeiler des „more economic approach" weitestgehend ineinander. Um das Ziel des Schutzes der Konsumentenwohlfahrt zu erreichen, greift das Verbot von Art. 102 AEUV nach den Vorgaben des Diskussionspapiers immer dann, wenn die Auswirkungen des Handelns eines Marktbeherrschers letztlich nachteilig für die betroffenen Verbraucher sind. Hier ergänzen sich zwei wesentliche Elemente des „more economic approach", der primäre Schutz der Konsumentenwohlfahrt und der Auswirkungsansatz. Der Auswirkungsansatz ermöglicht es,

---

955 So spricht die Kommission in ihrem Diskussionspapier von unfairen Handelsbedingungen („unfair trading conditions") und überhöhten Preisforderungen („charging excessive prices"), ohne konkret zu bestimmen, wann diese Begrifflichkeiten erfüllt sein sollen, vgl. DG Competition Discussion Paper, S. 63.

956 Vgl. hinsichtlich der Rolle des funktionsfähigen Wettbewerbs lediglich als Mittel zur Steigerung der übergeordneten Verbraucherinteressen auch nochmals ausdrücklich Wettbewerbskommissarin Nellie Kroes, FILJ 2006, S. 596.

957 Vgl. diesbezüglich auch Albers, Der „more economic approach" bei Verdrängungsmissbräuchen, S. 12.

eventuelle Effizienzgewinne eines grundsätzlich schädigenden Verhaltens festzustellen und in die Bewertung der Gesamtsituation einzubeziehen. Nach dem Ansatz des „more economic approach“ ergibt sich erst aus einer Abwägung der positiven und der negativen Effekte, ob das Verhalten im Ergebnis der Konsumentenwohlfahrt tatsächlich überwiegend schadet oder nutzt. Würden allein die wettbewerbsschädigenden Auswirkungen berücksichtigt, bestünde die Gefahr, dass Art. 102 AEUV in seiner Umsetzung auf ein Instrument des Konkurrenzschutzes statt des Konsumentenschutzes reduziert würde[958]. Durch die Akzentverschiebung hinsichtlich der Schutzrichtung will die Kommission einen besseren und effektiveren Schutz vor missbräuchlichem Verhalten durch Marktbeherrscher zugunsten der Verbraucher erreichen. Die starke und transparente Ausrichtung des Verbotstatbestandes von Art. 102 AEUV auf den Verbraucherschutz soll zudem eine größere Akzeptanz und Wahrnehmung der Missbrauchskontrolle als bei der vorherigen Orientierung am abstrakten Institut des Wettbewerbs bewirken[959]. Durch die genaue und umfassende Analyse der konkreten Auswirkungen eines Verhaltens soll letztlich das Risiko einer einheitlichen Bewertung der relevanten Verhaltensformen trotz verschiedener Auswirkungen erheblich verringert und dadurch die Einzelfallgerechtigkeit gesteigert werden[960]. Der Neuansatz des „more economic approach“ nach den Vorgaben der Kommission steht damit für eine angestrebte größere Einzelfallgerechtigkeit.

Zu berücksichtigen ist in diesem Zusammenhang auch der durch die Kommission bereits auf anderen Gebieten des Europäischen Wettbewerbsrechts, wie der Fusionskontrolle, eingeschlagene Weg hin zu einem „more economic approach“. Durch die Erstreckung des ökonomischen Ansatzes auf das gemeinschaftsrechtliche Missbrauchsverbot des Art. 102 AEUV soll zukünftig auch die Kohärenz der Rechtsanwendung gestärkt werden. Bisherige Wertungswidersprüche zwischen Art. 101 und 102 AEUV sollen durch eine Umsetzung des „more economic approach“

---

958 Vgl. diesbezüglich auch bereits die Ausführungen des EAGCP-Reports auf S. 6 und S. 9f. Eine Berücksichtigung nur der wettbewerbsbeschränkenden Auswirkungen übersieht die Möglichkeit, dass durch das Verhalten eines Marktbeherrschers Wettbewerber zwar geschädigt oder sogar vom Markt verdrängt werden können, dies aber unter Umständen wegen gleichzeitiger anderer Auswirkungen überwiegend positiv für die Verbraucher zu werten ist. Der Effizienzeinwand spiegelt auch das Kräfteverhalten im freien Marktwirtschaftssystem wider, in welchem der Wettbewerber nicht grundsätzlich geschützt werden kann, sondern sich im Markt durchsetzen und behaupten muss. Mit der Umorientierung der Schutzrichtung weg vom Schutz des funktionsfähigen Wettbewerbs hin zum Schutz der Konsumentenwohlfahrt wird die Gefahr eines Schutzes der Wettbewerber, der auch bislang ausdrücklich vermieden werden sollte, minimiert.

959 Vgl. diesbezüglich auch Immenga/Mestmäcker-*Fuchs/Möschel*, Europäisches Kartellrecht, 5. Aufl., Bd. 1, 1.Teil, Art. 102 AEUV, Rn. 8.

960 Vgl. auch bereits EAGCP-Report, S. 5f.

beseitigt werden[961]. Die Kommission nutzt das Diskussionspapier letztlich, um den von ihr angestrebten Neuansatz in der Missbrauchskontrolle auf ein breites ökonomisches Fundament zu stellen. Neben der weiteren Verankerung ihrer Grundpfeiler des „more economic approach" greift die Kommission insbesondere die einzelnen Missbrauchsvarianten bei Art. 102 AEUV auf und versucht, unter grundsätzlicher Beachtung des bisherigen Ansatzes, jeweils einen neuartig geprägten Prüfufungsansatz zu skizzieren und dem „more economic approach" somit eine praktischen Bedeutung zukommen zu lassen, ohne sich im Einzelnen hinsichtlich der aufgestellten Voraussetzungen festzulegen und damit zu binden.

4. Kapitel: Die Prioritätenmitteilung der Europäischen Kommission

Im Februar 2009 veröffentlichte die Kommission nach einer im Anschluss an die Veröffentlichung des Diskussionspapiers intensiv und andauernd geführten Auseinandersetzung mit dem „more economic approach"[962] ihre Prioritätenmitteilung zur Anwendung des ökonomischen Neuansatzes bei Behinderungsmissbräuchen[963].

A. Entscheidung gegen Leitlinien

Nach über zehn Jahren Reformprozess setzte die Europäische Kommission mit dieser Mitteilung einen formellen Schlusspunkt in ihrem Bestreben, das europäische Wettbewerbsrecht nach den Vorgaben des „more economic approach" in einen ökonomisch geprägten Prüfungsansatz zu positionieren. Die Kommission wählte für ihre Prioritätenmitteilung ausdrücklich den Begriff der Erläuterungen[964] und hat

961 So ist es nach dem bisherigen Ansatz grundsätzlich möglich, dass ein und dasselbe Verhalten, welches nach Art. 102 AEUV unter Anwendung der Per se-Verbote und ohne Berücksichtigung des Effizienzeinwandes zu untersagen ist, nach den Vorgaben von Art. 101 Abs. 3 AEUV als zulässig eingestuft wird.

962 Vgl. Immenga/Mestmäcker-*Fuchs/Möschel*, Europäisches Kartellrecht, 5. Aufl., Bd. 1, 1.Teil, Art. 102 AEUV, Rn. 11, mit weiteren Nachweisen.

963 Europäische Kommission, „Erläuterungen zu den Prioritäten der Kommission bei der Anwendung von Artikel 82 des EG-Vertrags [jetzt Art. 102 AEUV] auf Fälle von Behinderungsmissbrauch durch marktbeherrschende Unternehmen", Prioritätenmitteilung der Kommission, ABl. 2009, C 45/7. Diese Prioritätenmitteilung der Kommission greift den Gedanken des Diskussionspapiers in einer stark gekürzten Fassung auf: Während die Ausführungen der Kommission im Diskussionspapier 72 Seiten umfassen, hat die Prioritätenmitteilung lediglich 31 Seiten. [Klammerzusatz durch Verfasser].

964 Im Gegensatz zum Begriff der Erläuterungen in der Prioritätenmitteilung hat die Kommission im Bereich des Art. 101 AEUV ausdrücklich den Begriff der Leitlinien verwendet: „Leitlinien zur Anwendbarkeit von Artikel 101 des Vertrags über die Arbeitsweise der Europäischen Union auf Vereinbarungen über horizontale Zusammenarbeit", in: Amtsblatt C 11/1 vom 14.1.2011, S. 1–72. Undifferenziert

sich damit bewusst gegen den Begriff der Leitlinien entschieden[965]. Durch die Wahl der Begrifflichkeit „Erläuterungen“ vermeidet die Kommission die stärkere Indizwirkung der Begrifflichkeit „Leitlinien“[966] und damit eine stärkere Verfestigung des rechtlichen Rahmens aufgrund der starken Selbstbindungswirkung von Leitlinien[967]. Trotz dieser weniger starken Indizwirkung der Erläuterungen wird die Kommission sich künftig durch die Veröffentlichung der Prioritätenmitteilung aber ebenfalls eine Selbstbindung durch ihre eigenen Vorgaben und damit eine gewisse faktische statt rechtlicher Bindung auferlegen[968]. Die Entscheidung gegen die Veröffentlichung ausdrücklicher Leitlinien kann dementsprechend nur als Hinweis darauf gewertet werden, dass sich die Kommission bei der Anwendung des „more economic approach“ bei Art. 102 AEUV im Vergleich zur Anwendung im Rahmen von Art. 101 AEUV und der diesbezüglichen Veröffentlichung von Leitlinien aufgrund der nicht unerheblichen Kritik im Rahmen der Auseinandersetzung mit den Vorgaben des Diskussionspapiers weniger sicher war[969].

---

insoweit Ondrejka, Deutsches und europäisches Kartellrecht unter Berücksichtigung des „more economic approach“, S. 10, der die Erläuterungen der Prioritätenmitteilung der Kommission als Leitlinien bezeichnet.

965 Bei einer von der Kommission organisierten öffentlichen Diskussion des Papiers im Juni 2006 erklärte der damalige Generaldirektor der Europäischen Union für Wettbewerb, Philip Lowe, noch, dass die Umsetzung des Diskussionspapiers in Leitlinien „ein offener Prozess“ sei, vgl. Lowe, Philip: Eröffnungsrede der öffentlichen Anhörung zum Diskussionspapier (2006); http://ec.europa.eu/comm/competition/antitrust/art82/hearing.html (letzter Abruf 10.4.2013).

966 Die konkrete Wahl der Begrifflichkeit der Leitlinie kann als Indiz für einen höheren Grad der Verbindlichkeit im Vergleich zur Begrifflichkeit der Erläuterungen gewertet werden, ohne eine diesbezüglich zwingende Schlussfolgerung zu ermöglichen, vgl. EuGH, Slg. 1989, I-4407, Rn. 14, Grimaldi; EuG, Slg. 2010, II-2027, Rn. 25–31, Deutschland/Kommission, vgl. auch v. Graevenitz, EuZW 2013, S. 170.

967 Auch wenn es sich bei Leitlinien nicht um formal bindende Rechtsakte wie Verordnungen, Richtlinien oder Beschlüsse handelt und diese somit keine Bindungswirkung für die Unionsgerichte entfalten können, erweckt die Kommission gerade bei der Veröffentlichung von Leitlinien besonders hohe Erwartungen an deren Verlässlichkeit, wodurch eine (begrenzte) rechtliche Wirkung entsteht, vgl. v. Graevenitz, EuZW 2013, S. 171. Von einer Bindungswirkung bei der Ausübung des Ermessens durch die Kommission ist bei Leitlinien immer dann auszugehen, wenn diese Vorgaben beinhalten, die auf einen bestimmten Inhalt der Ermessensbindung hinweisen und dabei nicht gegen Regelungen des Vertrages verstoßen, vgl. EuGH, Slg. 1993, I-1125, Rn. 34, 36, IRFS; EuG, Slg. 1997, II-2051, Rn. 61, Ducros.

968 Der jeweilige Grad der Verbindlichkeit hinsichtlich der Selbstbindungswirkung ist immer nach dem konkreten Wortlaut und Zusammenhang zu bestimmen, vgl. Schlussanträge der Generalanwältin Kokott v. 6.9.2012 – C-226/11, Rn. 29f., Expedia.

969 Vgl. Hirsbrunner/Schädle, EuZW 2006, S. 583f, die bereits vor Erlass der Prioritätenmitteilung spekulierten, ob die Kommission durch Vermeidung des Begriffs

B. Vorgaben der Prioritätenmitteilung

Die Kommission bekräftigt auch in der Prioritätenmitteilung, dass sie zukünftig die konkreten Auswirkungen bestimmter Verhaltensweisen von Marktbeherrschern im Rahmen einer Einzelfallanalyse unter Berücksichtigung des Effizienzeinwandes als mögliche Rechtfertigung im Sinne eines primären Schutzes der Konsumentenwohlfahrt untersuchen will[970]. Damit bestätigt die Kommission die insbesondere im Diskussionspapier herausgearbeiteten Grundpfeiler des „more economic approach" und verfestigt ihren Ansatz durch die Prioritätenmitteilung.

I. Allgemeine Ansätze

Die Kommission greift in ihrer Prioritätenmitteilung zunächst den allgemeinen Teil des Diskussionspapiers auf, indem sie ihre Prioritäten bezüglich ihres künftigen Vorgehens bei Fällen des Behinderungsmissbrauchs nochmals aufzeigt[971]. Die Ausführungen der Kommission zur Marktmacht, zur Marktverschließung, zum preisbezogenen Behinderungsmissbrauch und zu den Effizienzvorteilen geben die Vorgaben im Diskussionspapier in gekürzter und strukturierter Form wieder[972]. Insbesondere stellt die Kommission heraus, dass sie entsprechend dem Ansatz des „more economic approach" die verschiedenen Voraussetzungen im jeweiligen Einzelfall anhand ökonomisch geprägter Kriterien entscheiden will und deshalb gerade keine

---

der Leitlinien aufgrund eigener Unsicherheit den Eindruck einer Selbstbindung zu vermeiden beabsichtigte.

970 Vgl. Prioritätenmitteilung der Kommission, ABl. C 45 vom 24.2.2009, S. 4.

971 Vgl. Prioritätenmitteilung der Kommission, ABl. C 45 vom 24.2.2009, S. 5ff.

972 Wesentliche Unterschiede zwischen dem Diskussionspapier und der Prioritätenmitteilung der Kommission sind nicht zu finden, die Kommission stellt lediglich differenzierend fest, dass sie eine Marktmacht eines Unternehmens bei einem Schwellenwert von unter 40 % Marktanteil zukünftig als unwahrscheinlich ansehen wird. Im Diskussionspapier hatte die Kommission einen Schwellenwert von lediglich 25 % genannt, bei welchem eine Marktmacht als unwahrscheinlich anzusehen ist: "[...] although also undertakings with market shares below 40 % could be considered to be in a dominant position. However, undertakings with market shares of no more than 25 % are not likely to enjoy a dominant position on the market concerned", DG Competition Discussion Paper, S. 11. Nach den Feststellungen der Kommission in der Prioritätenmitteilung wird dieser Wert nun deutlich nach oben verschoben, so dass viele Unternehmen, die nach den Vorgaben des Diskussionspapiers als potenzielle Marktbeherrscher in Frage kamen, nach den aktuellen Vorgaben aufgrund ihrer Marktanteile von unter 40 % für eine Missbrauchskontrolle nicht mehr in Betracht kommen: „Geringe Marktanteile sind nach Auffassung der Kommission in der Regel ein zuverlässiger Indikator für die Abwesenheit erheblicher Marktmacht. Erfahrungsgemäß ist eine Marktbeherrschung unwahrscheinlich, wenn ein Unternehmen weniger als 40 % des relevanten Marktes einnimmt", Prioritätenmitteilung der Kommission,ABl. C 45 vom 24.2.2009, S. 8.

feststehenden Prüfungsabläufe bestimmt[973]. Die Kommission gibt sowohl in Bezug auf die Prüfung der Stellung des marktbeherrschenden Unternehmens[974] als auch in Bezug auf die zu prüfenden Bedingungen auf dem relevanten Markt[975] ähnlich wie auch im Diskussionspapier Vorgaben, welche ihr einen sehr weiten Prüfungsrahmen und die Heranziehung zahlreicher ökonomischer Größen im jeweiligen Einzelfall ermöglichen sollen[976]. Trotz dieser allgemein gehaltenen Vorgaben bei der

---

973 Hierdurch bestätigt die Kommission ihre Vorgaben zu den Prüfungsvoraussetzungen aus dem Diskussionspapier. So stellt die Kommission in Bezug auf den Marktanteil als Indiz für eine fehlende Marktmacht fest, dass trotz der generellen Vorgabe, dass ein Marktanteil von unter 40 % gegen eine solche Marktmacht spricht, sehr wohl aufgrund verschiedener anderer Gesichtspunkte eine Marktmacht und damit auch ein Missbrauchsfall durch ein Unternehmen mit einem Marktanteil von unter 40 % vorliegen kann: „Dennoch kann unter bestimmten Umständen der Fall eintreten, dass Wettbewerber (z. B. aufgrund ihrer begrenzten Kapazitäten) nicht in der Lage sind, das Verhalten eines marktbeherrschenden Unternehmens wirksam einzuschränken, selbst wenn dessen Marktanteil weniger als 40 % beträgt. Auch diese Fälle müssen unter Umständen von der Kommission untersucht werden", Prioritätenmitteilung der Kommission, ABl. C 45 vom 24.2.2009, S. 8.

974 „Je stärker die marktbeherrschende Stellung eines Unternehmens, desto größer ist die Wahrscheinlichkeit, dass das Verhalten, welches das Unternehmen zum Schutz dieser Stellung wählt, zu einer wettbewerbswidrigen Marktverschließung führt", Prioritätenmitteilung der Kommission, ABl. C 45 vom 24.2.2009, S. 10.

975 Die Kommission wird, wie auch im Diskussionspapier vorgegeben, unter Berücksichtigung ökonomischer Kriterien wie Größen- und Verbundvorteil sowie Netzeffekte die Markteintritts- und Expansionsmöglichkeiten der Wettbewerber unter Beachtung der für diese entstehenden wirtschaftlichen Kosten prüfen, vgl. Prioritätenmitteilung der Kommission, ABl. C 45 vom 24.2.2009, S. 10f. Auch die Stellung der Wettbewerber und der Anbieter sowie Abnehmer von Inputs, die für einen Markteintritt oder eine Expansion von besonderer Wichtigkeit sind, soll nach den Vorgaben der Kommission in der Prioritätenmitteilung möglichst individuell anhand der konkreten Vorgaben des zu prüfenden Falls geprüft werden: „Selbst ein Wettbewerber, der im Vergleich zu anderen Wettbewerbern nur einen geringen Marktanteil besitzt, kann eine wichtige Rolle im Wettbewerbsprozess spielen, wenn es sich zum Beispiel um den engsten Wettbewerber des marktbeherrschenden Unternehmens oder einen besonders innovativen Wettbewerber handelt oder aber um einen Wettbewerber, der dafür bekannt ist, dass er Preise systematisch senkt. Bei ihrer wettbewerbsrechtlichen Prüfung kann die Kommission, falls angemessen, auf der Grundlage verfügbarer Informationen prüfen, ob die Wettbewerber über realistische, wirksame und zeitnahe Gegenstrategien verfügen, auf die sie bei Bedarf wahrscheinlich zurückgreifen würden", Prioritätenmitteilung der Kommission, ABl. C 45 vom 24.2.2009, S. 11.

976 „Für jeden einzelnen Fall nimmt die Kommission eine Analyse der in Randnummer 20 genannten allgemeinen Faktoren vor und berücksichtigt dabei ebenfalls die besonderen Faktoren, die in den folgenden Abschnitten zu den verschiedenen Formen des Behinderungsmissbrauchs erläutert werden, sowie alle weiteren geeigneten Faktoren. Im Rahmen dieser Beurteilung wird die tatsächliche bzw.

künftigen Prüfung von möglichen Missbrauchsfällen bemüht sich die Kommission, praxisnahe Vorgaben in ihrer Mitteilung zu platzieren, welche eine Umsetzung des „more economic approach" greifbarer und damit umsetzbarer machen sollen[977].

---

voraussichtliche künftige Situation auf dem relevanten Markt (mit dem fraglichen Verhaltens des marktbeherrschenden Unternehmen) unter Berücksichtigung einschlägiger Geschäftspraktiken mit einer geeigneten kontrafaktischen Fallkonstellation, in der das marktbeherrschende Unternehmen nicht auf die fragliche Verhaltensweise zurückgreift oder mit einem anderen realistischen Szenario verglichen", Prioritätenmitteilung der Kommission, ABl. C 45 vom 24.2.2009, S. 12.

977 So macht die Kommission mögliche Vorgaben zur Beweisbarkeit einer Behinderungsstrategie eines Marktbeherrschers. Dabei unterscheidet sie zwischen möglichen Beweisen für eine tatsächliche Marktverschließung und unmittelbaren Beweisen für eine Behinderungsstrategie. Hinsichtlich der möglichen Beweise für eine tatsächliche Marktverschließung bleiben die Ausführungen der Kommission sehr abstrakt und bieten den Rezipienten auf beiden Seiten keinen wirklichen Erkenntnisgewinn: „Sollte das Verhalten über einen längeren Zeitraum angehalten haben, könnte die Marktleistung des marktbeherrschenden Unternehmens und seiner Wettbewerber direkten Aufschluss über eine etwaige wettbewerbswidrige Marktverschließung geben. Aufgrund des mutmaßlich missbräuchlichen Verhaltens kann der Marktanteil des marktbeherrschenden Unternehmens gestiegen sein oder der Rückgang des Marktanteils sich verlangsamt haben. Aus ähnlichen Gründen können vorhandene Wettbewerber an den Rand des Marktes oder vom Markt verdrängt worden sein bzw. potenzielle Wettbewerber sich vergebens um einen Markteintritt bemüht haben", Prioritätenmitteilung der Kommission, ABl. C 45 vom 24.2.2009, S. 11. Auch die Ausführungen der Kommission zu unmittelbaren Beweisen für eine Behinderungsstrategie bringen keinen wirklichen Erkenntnisgewinn und heben damit nicht auf die Ausführungen der Kommission im Diskussionspapier ab. So führt die Kommission in ihrer Prioritätenmitteilung aus, dass interne Unterlagen der Marktbeherrscher dabei helfen können, deren missbräuchliches Verhalten nachzuvollziehen und zu bewerten, falls diese direkte Hinweise auf einen Missbrauch einer marktbeherrschenden Stellung enthalten: „Hierzu zählen interne Unterlagen, die direkte Hinweise auf eine Strategie zur Ausschließung von Wettbewerbern enthalten (zum Beispiel genaue Pläne für bestimmte Vorgehensweisen, um Konkurrenten auszuschließen, den Markteintritt eines Wettbewerbers zu verhindern oder das Entstehen eines Marktes zu verhindern) oder Beweise für die konkrete Androhung behindernder Maßnahmen. Derartige direkte Beweise können helfen, das Verhalten des marktbeherrschenden Unternehmens nachzuvollziehen und zu bewerten", Prioritätenmitteilung der Kommission, ABl. C 45 vom 24.2.2009, S. 11. Eine Vorgabe, wie die Kommission oder sogar von dem Verhalten der Marktbeherrscher betroffene Wettbewerber an solche Unterlagen gelangen können oder entsprechende Auskunftsansprüche durchsetzen können, lässt die Kommission bewusst offen, weil es eine entsprechend erfolgssichernde Handhabe zur Herausgabe der Informationen nicht gibt. Dass entsprechende Informationen zur Bewertung des Verhaltens des Marktbeherrschers herangezogen werden können, wenn sie denn vorliegen, ist keine wirkliche neue Erkenntnis, weshalb diese Ausführungen zur praktischen Umsetzung der Vorgaben, die bereits

II. Schutz der Konsumentenwohlfahrt

Eine der wichtigsten Vorgaben des Diskussionspapiers wird dabei als Leitsatz auch für die Prioritätenmitteilung durch die Kommission übernommen: Höchste Priorität bei der zukünftigen Prüfung möglicher Missbrauchsfälle hat die Konsumentenwohlfahrt, d. h. das Wohl der Verbraucher wird noch einmal explizit über den bis zur Einführung des Ansatzes des „more economic approach" vorrangig zu schützenden Wettbewerb auf dem relevanten Markt gestellt[978].

III. Preisbezogener Behinderungsmissbrauch

Eine wichtige Stellung nimmt in der Prioritätenmitteilung auch wieder der preisbezogene Behinderungsmissbrauch ein, an welchem die Kommission die Umsetzung ökonomisch geprägter Prüfungspunkte nach dem neuen Ansatz des „more economic approach" besonders deutlich aufzeigen kann[979].

1. Der „as efficient competitor"-Test

Dabei hält die Kommission an ihrem im Diskussionspapier aufgestellten Maßstab des „as efficient competitor" fest[980]. Trotz zahlreicher Kritiken im Rahmen der

---

im Diskussionspapier genannt wurden, im Ergebnis als untauglicher Versuch, der Prioritätenmitteilung der Kommission eine Praxisnähe durch konkrete Umsetzungsvorgaben zu geben, anzusehen ist.

978 „Die Kommission will mit ihren Durchsetzungsmaßnahmen in Bezug auf Behinderungsmissbräuche sicherstellen, dass Unternehmen in marktbeherrschender Stellung den wirksamen Wettbewerb nicht beeinträchtigen, indem sie ihre Konkurrenten in wettbewerbswidriger Weise vom Markt ausschließen und auf diese Weise die Verbraucherwohlfahrt beeinträchtigen, sei es indem höhere Preise verlangt werden als ansonsten üblich gewesen wären oder indem die Qualität vermindert oder das Angebot für die Verbraucher eingeschränkt wird", Prioritätenmitteilung der Kommission, ABl. C 45 vom 24.2.2009, S. 10. Ebenso wie Diskussionspapier bleibt der Schutz des unbeeinträchtigten Wettbewerbs beim nunmehr höherrangigen Schutz der Verbraucherwohlfahrt dabei in der Prüfung der Kommission als mittelbares Ziel in unersetzlicher Weise erhalten.

979 Auch hier macht die Kommission wieder deutlich, dass der Fokus der Missbrauchskontrolle zukünftig primär auf den Verbraucherschutz gerichtet sein wird: „Ein intensiver Preiswettbewerb kommt im Allgemeinen den Verbrauchern zugute", Prioritätenmitteilung der Kommission, ABl. C 45 vom 24.2.2009, S. 12.

980 „Die Kommission wird nur dann tätig, um wettbewerbswidrige Marktverschließungen zu verhindern, wenn das fragliche Verhalten andere, genauso effiziente Wettbewerber wie das marktbeherrschende Unternehmen (*„as efficient competitors"*) daran hindert bzw. bereits gehindert hat, am Wettbewerb teilzunehmen", Prioritätenmitteilung der Kommission, ABl. C 45 vom 24.2.2009, S. 12f.

Debatte zum Diskussionspapier[981] verteidigt die Kommission den Maßstab des ebenso effizienten Wettbewerbers und manifestiert dadurch die von ihr selbst vorgegebene ökonomisch geprägte Prüfungsmethodik. Durch diesen strengen Maßstab, der die Marktbeherrscher – wie herausgearbeitet – letztlich entlastet[982], weil nur genauso effziente Wettbewerber wie das fragliche marktbeherrschende Unternehmen als Maßstab zur Beurteilung der Missbräuchlichkeit in Frage kommen, setzt die Kommission ihren eigenen Ansatz des Schutzes der Konsumentenwohlfahrt konsequent um, da sie hierdurch den Anreiz des effizienten Handelns der Marktteilnehmer auf dem betroffenen Markt und damit auch die Dynamik des Wettbewerbs zum Wohle der übergeordneten Konsumentenwohlfahrt aufrechterhalten will, statt einzelne Wettbewerber gegenüber dem Marktbeherrscher zu schützen[983].

2. *Kosten-Preis-Vergleich*

Die Kommission wird bei Anwendung des Tests die im Diskussionspapier vorgegebenen ökonomischen Vorgaben anwenden[984]. Insbesondere die verschiedenen Kostenarten entsprechend den Vorgaben des Diskussionspapiers sollen zukünftig bei

---

981 Vgl. Stellungnahmen zum Diskussionspapier, abrufbar unter: http://ec.europa.eu/comm/competition/antitrust/art82/contributions.html (letzter Abruf 10.4.2013).

982 Vgl. 3. Teil, 3. Kapitel, B. IV.

983 Dieser strenge Maßstab beinhaltet nach Ansicht der Kommission die größte Möglichkeit von Effizienzgewinnen, weil sich die Wettbewerber grundsätzlich an Marktbeherrschern, die nicht missbräuchlich handeln, orientieren sollen, um den Wettbewerb und damit die Konsumentenwohlfahrt zu steigern: „Die Kommission bevorzugt eine dynamische Sichtweise dieses Wettbewerbsdrucks, da ohne missbräuchliches Verhalten einem solchen Wettbewerber nachfragebezogene Vorteile wie Netz- und Lerneffekte zugutekommen können, die seine Leistungsfähigkeit auf dem Markt stärken würden", Prioritätenmitteilung der Kommission, ABl. C 45 vom 24.2.2009, S. 13. Um dennoch auf die erfolgte Kritik an den strengen Voraussetzungen des Tests zu reagieren, räumt die Kommission zumindest ein, dass auch weniger effiziente Wettbewerber nicht gänzlich außer Acht gelassen werden dürfen. So stellt die Kommission klar, dass auch ein weniger leistungsstarker Wettbewerber durch das Verhalten des Marktbeherrschers in einer solchen Form betroffen sein kann, dass ein Missbrauch der marktbeherrschenden Stellung vorliegt: „Die Kommission ist sich der Tatsache bewusst, dass auch ein weniger leistungsfähiger Wettbewerber unter bestimmten Umständen einen gewissen Wettbewerbsdruck ausüben kann, dem bei der Prüfung, ob ein bestimmtes preisbezogenes Verhalten zu einer wettbewerbswidrigen Marktverschließung führen könnte, ebenfalls Rechnung getragen werden muss", Prioritätenmitteilung der Kommission, ABl. C 45 vom 24.2.2009, S. 13.

984 Die entscheidende Beurteilung, ob ein „as efficient competitor" durch das Verhalten des Marktbeherrschers vom Markt ausgeschlossen werden kann, wird nach dem durch die Mitteilung bestätigten Ansatz anhand von Wirtschaftsdaten vorgenommen, welche die Kosten und die Verkaufspreise des Marktbeherrschers unter

der Prüfung konkrete Anwendung finden[985]. Anhand dieser ökonomischen Kriterien macht die Kommission – im Vergleich zu den Ausführungen des Diskussionspapiers in sprachlich vereinfachter Form – deutlich, dass eine fehlende Kostendeckung beim Marktbeherrscher sowohl kurz- als auch längerfristig dazu führen kann, dass ein ebenso effizienter Wettbewerber seine Leistungen auf dem Markt nicht gewinnbringend anbieten und auf diese Weise vom Markt gedrängt werden kann[986]. Die ökonomisch geprägten Prüfungspunkte werden damit zukünftig genutzt, um Indizien für einen Missbrauch herauszuarbeiten und damit eine Vermutung gegen die Zulässigkeit des Verhaltens des Marktbeherrschers zu begründen. Die Kommission bestätigt in ihrer Prioritätenmitteilung abschließend, dass sie künftig diesen Kosten-Preis-Vergleich als einen wesentlichen Prüfungspunkt im Zusammenhang mit der Anwendung des „as efficient competitor"-Tests vornehmen will[987].

Berücksichtigung der Kostendeckung durch die angesetzten Preise ermittelt, vgl. Prioritätenmitteilung der Kommission, ABl. C 45 vom 24.2.2009, S. 13.

985 Dabei führt die Kommission eine weitere Kostenart in ihren Prüfungsansatz nach dem „more economic approach" ein, die sogenannten durchschnittlichen vermeidbaren Kosten. Ausgangspunkt der Prüfung der Kommission werden danach die im Diskusssionspapier eingeführten durchschnittlichen vermeidbaren Kosten („average avoidable costs – AAC") sowie die langfristig durchschnittlichen Grenzkosten („long-run average incremental cost – LRAIC", auch Inkrementelle kosten genannt) sein, vgl. Prioritätenmitteilung der Kommission, ABl. C 45 vom 24.2.2009, S. 13.

986 „Deckt ein marktbeherrschendes Unternehmen seine AAC nicht, deutet dies darauf hin, dass es kurzfristig bewusst Gewinneinbußen hinnimmt und dass ein ebenso effizienter Wettbewerber die Zielkunden nur verlustbringend bedienen kann. Die LRAIC liegen in der Regel über den AAC, da sie im Gegensatz zu den AAC (die fixe Kosten nur dann berücksichtigen, wenn sie im jeweils untersuchten Zeitraum angefallen sind) auch produktspezifische fixe Kosten beinhalten, die vor der Zeit, in der das mutmaßlich missbräuchliche Verhalten stattfand, angefallen sind. Wenn das marktbeherrschende Unternehmen seine LRAIC nicht deckt, deutet dies drauf hin, dass das Unternehmen nicht alle (zurechenbaren) fixen Kosten für die Herstellung der Ware bzw. die Erbringung der Dienstleistungen deckt und dass ein ebenso effizienter Wettbewerber vom Markt ausgeschlossen werden könnte", vgl. Prioritätenmitteilung der Kommission, ABl. C 45 vom 24.2.2009, S. 13f.

987 Anhand dieses von der Kommission vorgegebenen Kosten-Preis-Vergleichs soll festgestellt werden, ob die vom marktbeherrschenden Unternehmen angesetzten niedrigen Preise mindestens die durchschnittlichen vermeidbaren Kosten decken, Prioritätenmitteilung der Kommission, ABl. C 45 vom 24.2.2009, S. 13f. Der Vergleich gibt damit entscheidende Vorgaben für den „as efficient competitor"-Test. Eine Verdrängungswirkung ist demnach immer dann gegeben, wenn eine solche Kostendeckung nicht gegeben ist, weil ebenso effiziente Wettbewerber dann nicht oder nur unter Inkaufnahme erheblicher Verluste im betroffenen Marktsegment mit dem Marktbeherrscher konkurrieren können.

3. *Sacrifice-Test*

Weiterhin bekräftigt die Kommission in ihrer Prioritätenmitteilung, dass sie künftig zur Identifizierung einer Kampfpreisstrategie den im Diskussionspapier eingeführten Sacrifice-Test anwenden wird[988]. Auch hinsichtlich dieser Bestätigung der Vorgaben des Diskussionspapiers bemüht sich die Kommission in der Prioritätenmitteilung um Praxisnähe, indem sie versucht, aufzuzeigen, wie die neuen Ansätze zukünftig in der konkreten Missbrauchsprüfung umzusetzen sind[989]. Dieses

---

988 Nach den Vorgaben dieses Tests soll künftig geprüft werden, ob vermeidbare Verluste erzielt wurden, vgl. Prioritätenmitteilung der Kommission, ABl. C 45 vom 24.2.2009, S. 7.

989 So will die Kommission zur Berechnung der Kostendeckung im besten Fall wiederum die eigenen Daten des Marktbeherrschers verwenden. Da eine solche Herausgabe der entscheidenden Daten durch den Marktbeherrscher aber mangels entsprechender Verpflichtung in den meisten Fällen äußerst unwahrscheinlich ist, gibt die Kommission auch eine alternative Prüfungsmethodik vor, indem sie auch die Heranziehung vergleichbarer Daten für die Beurteilung des Verhaltens des Marktbeherrschers als Praxisumsetzung des ökonomischen Ansatzes für möglich hält: „Dies setzt voraus, dass zuverlässige Daten zur Verfügung stehen. Wo vorhanden verwendet die Kommission Informationen über die Kosten des marktbeherrschenden Unternehmens selbst. In Ermangelung zuverlässiger Angaben zu den Kosten des marktbeherrschenden Unternehmens kann die Kommission entscheiden, die Kostendaten von Wettbewerbern oder aber andere vergleichbare und zuverlässige Daten zugrunde zu legen", Prioritätenmitteilung der Kommission, ABl. C 45 vom 24.2.2009, S. 13. Obwohl der Maßstab des „as efficient competitor" der Kommission in Bezug auf diese Möglichkeit der praktischen Umsetzung der eigenen Vorgaben zugute kommt, da die Daten eines solchen, ebenso effizienten Marktteilnehmers tatsächlich vergleichbar sind, lässt der Ansatz der Kommission einige Fragen offen. So ist zu bezweifeln, dass die Kommission im Falle der Verweigerung der Herausgabe von Daten durch den Marktbeherrscher zuverlässige Vergleichsdaten zur Beurteilung der Preisstrategie des Marktbeherrschers finden kann, die die Gefahr einer gewissen Willkür in Bezug auf das Prüfungsergebnis offen lassen. Gerade die Preispolitik eines Unternehmens kann durch sehr verschiedene Motivationen geprägt sein, so dass ein klares Ergebnis ohne die tatsächlichen Daten des betroffenen Unternehmens nicht mit der erforderlichen Sicherheit ermittelt werden kann. Zudem besteht die Gefahr einer Vorverurteilung der Unternehmen, die ihre eigenen Daten zukünftig nicht für die Prüfung zur Verfügung stellen. Auf der anderen Seite besteht die Gefahr, dass durch den hoch angesetzten Maßstab des ebenso effizienten Wettbewerbers und die Heranziehung abstrakter Vergleichsdaten im Ergebnis viel zu selten ein Verhalten als Indiz für einen Missbrauch herausgearbeitet werden kann, weil die vergleichsweise herangezogenen Daten nicht in der erforderlichen Form auf eine Beeinträchtigung hinweisen. Diese Positionierung zugunsten der Marktbeherrscher scheint die Kommission wissentlich in Kauf zu nehmen: „Wenn aus den Daten eindeutig hervorgeht, dass ein ebenso effizienter Wettbewerber mit dem Preisverhalten des marktbeherrschenden Unternehmens konkurrieren kann, wird die Kommission

Bemühen lässt aber viele Fragen offen, welche wohl erst bei der tatsächlichen Umsetzung des Ansatzes des „more economic approach" durch die Entscheidungspraxis der Kommission geklärt werden können[990].

IV. *Effizienzverteidigung*

Auch die Effizienzverteidigung wird durch die Kommission in ihrer Prioritätenmitteilung bestätigt und damit im Hinblick auf den zukünftigen Prüfungsansatz bei der Missbrauchskontrolle der Kommission als Priorität etabliert[991]. Die Kommission bemüht sich, klarzustellen, dass durch die Anwendung eines strengen Maßstabs die Gefahr vermieden wird, aufgrund einer ausufernden Effizienzverteidigung die Feststellung eines Missbrauchs zu einem Ausnahmefall in der Missbrauchskontrolle

---

in der Regel daraus schließen, dass das Preisverhalten des marktbeherrschenden Unternehmens den wirksamen Wettbewerb wahrscheinlich nicht beeinträchtigt und somit keine nachteiligen Auswirkungen für die Verbraucher hat, und wird folglich wahrscheinlich nicht tätig werden", Prioritätenmitteilung der Kommission, ABl. C 45 vom 24.2.2009, S. 14.

990 So besteht auch ein denklogischer Widerspruch bei der Anwendung des Maßstabes eines ebenso effizienten Wettbewerbers und der Heranziehung von dessen Daten bei der Beurteilung der Missbräuchlichkeit des Verhaltens des Marktbeherrschers. Wenn die Daten eines ebenso effizienten Wettbewerbers hinsichtlich der Preisvorgaben herangezogen werden, ist es unwahrscheinlich, dass die Kommission auf Grundlage dieser Daten zu dem Ergebnis kommt, dass dieser ebenso effiziente Wettbewerber mit der Preispolitik des Marktbeherrschers nicht konkurrieren kann. Zunächst handelt es sich ja gerade um einen vergleichbar marktstarken Wettbewerber, zudem kann der für eine Missbrauchsvermutung entscheidende Unterschied nur sehr schwer herausgearbeitet werden, wenn die herangezogenen Daten gerade die Vergleichsdaten eines solchen ebenso effizienten Marktteilnehmers sind. Die Kommission deutet in ihren Ausführungen in der Prioritätenmitteilung zumindest an, dass sie diese Problematik erkannt hat, indem sie darauf verweist, dass dieser Prüfungspunkt nur eine Alternative zu vielen anderen Beurteilungsmethoden einer wettbewerbswidrigen Marktverschließung ist und zudem nur die Möglichkeit des Herausarbeitens eines Indizes zur Begründung einer Missbrauchsvermutung etabliert werden soll: „Deuten die Daten allerdings eher darauf hin, dass der vom marktbeherrschenden Unternehmen verlangte Preis dazu führen könnte, dass ebenso effiziente Wettbewerber vom Markt ausgeschlossen werden, wird die Kommission dies in die allgemeine Beurteilung der wettbewerbswidrigen Marktverschließung (siehe oben Abschnitt B) unter gleichzeitiger Berücksichtigung anderer relevanter, quantitativer und/oder qualitativer Beweise einfließen lassen", Prioritätenmitteilung der Kommission, ABl. C 45 vom 24.2.2009, S. 14.

991 „Insoweit kann das marktbeherrschende Unternehmen entweder nachweisen, dass sein Verhalten objektiv notwendig ist oder dass dadurch erhebliche Effizienzvorteile erzielt werden, die etwaige wettbewerbsbeschränkende Auswirkungen zulasten der Verbraucher aufwiegen", Prioritätenmitteilung der Kommission, ABl. C 45 vom 24.2.2009, S. 14.

zu machen[992]. Weiterhin stellt sie in Bezug auf die Beweislast bei der Effizienzverteidigung klar, dass diese ohne jeglichen Zweifel und ohne Einschränkung beim Marktbeherrscher liegt[993]. Trotz dieser Vorgabe einer restriktiven Prüfung der Effizienzverteidigung macht die Kommission ebenfalls deutlich, dass bei Vorliegen der aufgestellten Voraussetzungen der neue Ansatz der Verteidigungsmöglichkeit zugunsten der Konsumentenwohlfahrt mit aller Konsequenz durchgesetzt wird. So

---

992 So will die Kommission bezüglich jeder eingebrachten Effizienzverteidigung prüfen, ob das fragliche Verhalten, das gerechtfertigt werden soll, zur Erreichung des vom Marktbeherrscher vorgetragenen Ziels unerlässlich und zudem auch verhältnismäßig ist. Eine Effizienzverteidigung wird damit nicht möglich sein, wenn das Ziel auch auf anderem Wege erreichbar ist oder wenn zwar Effizienzgewinne durch das Verhalten festzustellen sind, diese aber in einer Gesamtschau dennoch durch ein unverhältnismäßiges Verhalten des Marktbeherrschers erreicht werden: „In diesem Zusammenhang prüft die Kommission, ob das fragliche Verhalten für das Erreichen des vom marktbeherrschenden Unternehmen verfolgten Ziels unverzichtbar und verhältnismäßig ist", Prioritätenmitteilung der Kommission, ABl. C 45 vom 24.2.2009, S. 14. Diese im Vergleich zum Diskussionspapier eingeschränkte Auslegung der Effizienzverteidigung ist wohl ebenfalls als Reaktion auf die nicht unerhebliche Kritik hinsichtlich des Ansatzes zur Effizienzverteidigung im Diskusssionspapier zu werten. In diesem Zusammenhang verdeutlicht die Kommission nochmals, dass die Gründe für eine Effizienzverteidigung immer außerhalb des Bereichs des Marktbeherrschers selbst liegen müssen: „Ob das Verhalten objektiv notwendig und verhältnismäßig ist, muss anhand von Faktoren geprüft werden, die außerhalb des marktbeherrschenden Unternehmens liegen", Prioritätenmitteilung der Kommission, ABl. C 45 vom 24.2.2009, S. 14. Die Kommission stellt dadurch klar, dass es dem Marktbeherrscher nicht freigestellt wird, eigenmächtig zu entscheiden, ob beispielsweise der Ausschluss eines Produktes eines Wettbewerbers vom Markt durch das Verhalten des Marktbeherrschers überwiegende Effizienzvorteile mit sich bringt, weil das Produkt nach Ansicht des Marktbeherrschers aus gesundheitlichem Grund für den Verbraucher schädigend sein kann: „So kann marktverschließendes Verhalten in Anbetracht von Produktmerkmalen aus Gründen der Gesundheit und Sicherheit als objektiv notwendig erachtet werden. In Bezug auf die Begründung für das Vorliegen einer objektiven Gesundheitsschutz- und Sicherheitsstandards Aufgabe der zuständigen Behörden sind. Es kommt dem Unternehmen in marktbeherrschender Stellung nicht zu, von sich aus Maßnahmen zu ergreifen, um Produkte vom Markt auszuschließen, die es zu Recht oder zu Unrecht für gefährlich oder im Vergleich zu eigenen Produkte für minderwertig hält", Prioritätenmitteilung der Kommission, ABl. C 45 vom 24.2.2009, S. 14f.

993 „Es obliegt dem marktbeherrschenden Unternehmen, alle Beweise herbeizuschaffen, die notwendig sind, um nachzuweisen, dass sein Verhalten objektiv gerechtfertigt ist. Anschließend obliegt es der Kommission zu prüfen, ob das betreffende Verhalten objektiv nicht gerechtfertigt ist und nach Abwägung der etwaigen offensichtlichen wettbewerbsbeschränkenden Auswirkungen und der vorgebrachten und substantiierten Effizienzvorteile wahrscheinlich zum Schaden der Verbraucher ist", Prioritätenmitteilung der Kommission, ABl. C 45 vom 24.2.2009, S. 15.

führt die Kommission in der Prioritätenmitteilung aus, dass sogar eine vorübergehende und vollständige Ausschließung von Wettbewerbern aus dem Markt durch das Verhalten des Marktbeherrschers – und damit die vorübergehende Schaffung einer monopolartigen Stellung – im Sinne der Effizienzverteidigung gerechtfertigt sein kann, wenn die Vorteile für Verbraucher in dem vorgegebenen Rahmen überwiegen[994].

---

994 „Die Kommission vertritt die Auffassung, dass ein marktbeherrschendes Unternehmen auch ein zur vollständigen Ausschließung von Wettbewerbern führendes Verhalten mit Effizienzvorteilen begründen kann, die ausreichend sind, um zu gewährleisten, dass dadurch wahrscheinlich den Verbrauchern unter dem Strich kein Schaden entsteht", Prioritätenmitteilung der Kommission, ABl. C 45 vom 24.2.2009, S. 15. Die Kommission sieht sich in der Prioritätenmitteilung dazu veranlasst, in Bezug auf das Beispiel eines vorübergehenden Ausschlusses aller Wettbewerber als intensivste Möglichkeit der unmittelbaren Auswirkungen auf den Markt, noch einmal explizit die Voraussetzungen aufzuzeigen, die kumulativ vorliegen müssen, um eine Effizienzverteidigung hinsichtlich dieses heftigen Eingriffs in den Markt möglich zu machen, und stellt dabei deutlich heraus, dass ein solcher Zustand ausschließlich über einen kurzen Zeitraum überwiegende Effizienzvorteile mit sich bringen kann, die an die Verbraucher weitergegeben werden, bevor die negativen Auswirkungen eines solchen Ausschlusses von Wettbewerbern gegenüber der Konsumentenwohlfahrt überwiegen: „ [1.] Die Effizienzvorteile wurden bzw. werden wahrscheinlich als Ergebnis des fraglichen Verhaltens erzielt [...]. [2.] Das Verhalten ist für das Erreichen der Effizienzvorteile unverzichtbar. Es dürfen keine weniger wettbewerbsbeschränkenden Alternativen zu dem betreffenden Verhalten bestehen, mit denen dieselben Effizienzvorteile erzielt werden können. [3.] Die durch das Verhalten herbeigeführten Effizienzvorteile wiegen etwaige negative Auswirkungen auf den Wettbewerb und das Verbraucherwohl auf den betroffenen Märkten auf. [4.] Durch das Verhalten wird der wirksame Wettbewerb nicht ausgeschaltet, indem alle bzw. fast alle bestehenden Quellen tatsächlichen oder potenziellen Wettbewerbs zum Versiegen gebracht werden. Die Rivalität zwischen Unternehmen ist ein wichtiger Faktor wirtschaftlicher Effizienz, u. a. auch für dynamische Effizienzvorteile in Form von Innovationen. Ohne sie hätte das marktbeherrschende Unternehmen keinen Anreiz, sich um Effizienzvorteile zu bemühen und diese weiterzugeben. Gibt es keinen Restwettbewerb und droht in absehbarer Zeit kein Markteintritt, wird dem Schutz der Rivalität und des Wettbewerbsprozesses Vorrang vor möglichen Effizienzvorteilen eingeräumt. Marktverschließendes Verhalten, das eine marktbeherrschende, monopolähnliche Stellung aufrechterhält, schafft oder verstärkt, kann nach Auffassung der Kommission normalerweise nicht mit damit einhergehenden Effizienzvorteilen gerechtfertigt werden", Prioritätenmitteilung der Kommission, ABl. C 45 vom 24.2.2009, S. 15. Die Kommission macht durch dieses Extrembeispiel noch einmal deutlich, dass der Schutz der Verbraucher bei der Prüfung künftig Vorrang gegenüber dem Schutz des Wettbewerbs hat. Als mittelbares Ziel bleibt der Schutz des Wettbewerbs aber unumgänglich, was die Kommission durch die Feststelllung verdeutlicht, dass es bei einem längerfristigen Ausschluss von Wettbewerbern auch zu einem Nachteil für die Verbraucher kommen kann, der durch weitere Effizienzgewinne grundsätzlich

V. Einzelne Missbrauchspraktiken

Im Anschluss geht die Kommission in ihrer Prioritätenmitteilung auf die einzelnen Missbrauchsformen ein, wie sie es bereits im Diskussionspapier getan hat[995]. Dabei bemüht sie sich, die Ausführungen im Vergleich zum Diskussionspapier möglichst kurz, praxisnah und verständlich zu halten[996]. Nach diesem Prinzip erläutert die

---

nicht auszuschließen ist, weil die fehlende Rivalität zu einem Anreizverlust beim Marktbeherrscher führen und aufgrund einer damit einhergehenden Abnahme von Innovation den Verbrauchern ein überwiegender Schaden zugefügt werden kann. Durch die Unterscheidung zwischen dem Ausschluss von Wettbewerbern und dem Ausschluss von Wettbewerb macht die Kommission auch noch einmal deutlich, dass nach wie vor niemals der Schutz von Wettbewerbern das Ziel der Missbrauchskontrolle sein kann. Ein potenzieller Restwettbewerb ist danach auch dann noch möglich, wenn kurzfristig alle Wettbewerber vom Markt gedrängt werden, soweit eine Abschottung des Marktes nicht in der Weise erfolgt, dass keine neuen Wettbewerber auf den Markt zurückdrängen können.

995 Die Ausführungen der Kommission sind im Vergleich zum Diskussionspapier kompakter. Die Kommission bemüht sich bei ihren Ausführungen zu den verschiedenen Missbrauchsfällen insbesondere, möglichst konkrete Beispiele und damit eine Praxisnähe zu bringen, um den Marktteilnehmern die Möglichkeit zu geben, ihr eigenes Verhalten und die entsprechende künftige Bewertung dieses Verhaltens besser einschätzen zu können: „Ein marktbeherrschendes Unternehmen kann versuchen, seine Wettbewerber vom Markt auszuschließen, indem es mit seinen Abnehmern Ausschließlichkeitsbindungen wie Alleinbezugsbindungen oder Rabatte vereinbart und die Wettbewerber so daran hindert, an diese Abnehmer zu verkaufen. In diesem Abschnitt wird dargelegt, unter welchen Umständen es am wahrscheinlichsten ist, dass die Kommission wegen Ausschließlichkeitsbindungen gegen ein marktbeherrschendes Unternehmen vorgehen wird", Prioritätenmitteilung der Kommission, ABl. C 45 vom 24.2.2009, S. 16.

996 So erklärt die Kommission beispielsweise in Bezug auf Ausschließlichkeitsbindungen zunächst die grundlegenden Umstände, die mit einer Ausschließlichkeitsbindung zusammenhängen, um dann die Möglichkeit eines Missbrauchs durch Anwendung einer solchen Ausschließlichkeitsbindung zu erörtern: „Um die Abnehmer zu überzeugen, einer Alleinbezugsbindung zuzustimmen, muss das marktbeherrschende Unternehmen unter Umständen die Abnehmer ganz oder teilweise für den Wettbewerbsnachteil entschädigen, der ihnen durch die Ausschließlichkeitsbindung entsteht. Wird ein solcher Ausgleich gewährt, kann es für den einzelnen Abnehmer von Interesse sein, mit dem marktbeherrschenden Unternehmen eine solche Alleinbezugsvereinbarung einzugehen. Dies bedeutet jedoch keineswegs, dass alle Alleinbezugsbindungen zusammengenommen zum Vorteil der Gesamtheit der Abnehmer, also auch zum Vorteil derjenigen, die nicht beim marktbeherrschenden Unternehmen kaufen, und der Endverbraucher, sind", Prioritätenmitteilung der Kommission, ABl. C 45 vom 24.2.2009, S. 16. Nach diesen grundlegenden Überlegungen, mit welchen die Kommission den betroffenen Marktbeherrschern und deren Wettbewerbern auf anschauliche Art und Weise eine Einführung bei der Erläuterung ihrer Prioritäten bei der künftigen Anwendung

Kommission ihre Prioritäten bei der künftigen Anwendung von Art. 102 AEUV in Bezug auf die häufigsten Formen des Behinderungsmissbrauchs, d. h. Ausschließlichkeitsvereinbarungen, Rabatte, Kopplungen und Bündelungen, Kampfpreise, Lieferverweigerungen und den Sonderfall der Kosten-Preis-Schere[997].

---

von Art. 102 AEUV vermittelt, zeigt die Kommission auf, bei welchen Fällen sie künftig eine genaue Prüfung unter Berücksichtigung der Vorgaben des „more economic approach" einleiten will. Hierbei gibt sie ebenfalls zunächst generelle Vorgaben [1], um diese dann zu konkretisieren [2] und abschließend eine Art Regel aufzustellen [3], an welcher sich die Marktteilnehmer orientieren können: „[1] Die Kommission wird sich schwerpunktmäßig mit den Fällen befassen, in denen den Verbrauchern insgesamt wahrscheinlich kein Vorteil erwächst. Dies wird vor allem dann der Fall sein, wenn es viele Abnehmer gibt und alle Alleinbezugsbindungen des marktbeherrschenden Unternehmens zusammengenommen so wirken, dass sie den Markteintritt bzw. die Expansion konkurrierender Unternehmen verhindern", Prioritätenmitteilung der Kommission, ABl. C 45 vom 24.2.2009, S. 16; „[2] Alleinbezugsbindungen können insbesondere dann zu einer wettbewerbswidrigen Marktverschließung führen, wenn ohne diese Bindung erheblicher Wettbewerbsdruck von Wettbewerbern ausgeht, die zum Zeitpunkt der Vereinbarung der Bezugsbindung entweder noch nicht auf dem Markt vertreten sind oder aber den Abnehmern noch nicht das gesamte benötigte Angebot bieten können. So ist denkbar, dass Wettbewerber nicht den gesamten Bedarf eines Abnehmers decken können, weil das marktbeherrschende Unternehmen zumindest für einen Teil der Nachfrage ein unvermeidlicher Handelspartner ist, etwa weil seine Marke bei vielen Endverbrauchern besonders beliebt ist („*Must Stock Item*") oder weil die Kapazitäten der anderen Anbieter so knapp sind, dass ein Teil der Nachfrage nur vom marktbeherrschenden Unternehmen gedeckt werden kann. Können hingegen die Wettbewerber unter gleichen Bedingungen um die gesamte Nachfrage jedes einzelnen Abnehmers konkurrieren, wird der wirksame Wettbewerb in der Regel durch Alleinbezugsbindungen nicht beeinträchtigt, es sei denn, den Abnehmern wird der Lieferantenwechsel durch die Dauer der Alleinbezugsbindung erschwert", Prioritätenmitteilung der Kommission, ABl. C 45 vom 24.2.2009, S. 16f.; „[3] In der Regel gilt: Je länger die Bezugspflicht, desto stärker die marktverschließende Wirkung. Ist allerdings das marktbeherrschende Unternehmen für alle oder die meisten Abnehmer ein nicht zu umgehender Handelspartner, kann selbst eine Alleinbezugsbindung von kurzer Dauer zu einer wettbewerbswidrigen Marktverschließung führen", Prioritätenmitteilung der Kommission, ABl. C 45 vom 24.2.2009, S. 17.

997 Bei der Darstellung dieses analytischen Rahmens gibt die Kommission auch zu jedem einzelnen Missbrauchsfall möglichst konkrete Vorgaben zu denkbaren Effizienzvorteilen, mit welchen sich die Marktbeherrscher exemplarisch verteidigen können. So gibt die Kommission beispielsweise in Bezug auf eine mögliche Rechtfertigung einer grundsätzlich missbräuchlichen Lieferverweigerung bestimmte Rechtfertigungsansätze der Marktbeherrscher vor: „Die Kommission wird Behauptungen des marktbeherrschenden Unternehmens prüfen, dass eine Lieferverweigerung notwendig ist, damit die Investitionen in den Ausbau seines Inputgeschäfts eine adäquate Rendite erzielen, und auf diese Weise einen Anreiz

VI. Zwischenergebnis zu den Vorgaben der Prioritätenmitteilung

Die Kommission verarbeitet die umfangreichen Vorgaben im Diskussionspapier zum Neuansatz des „more economic approach“ in ihrer Prioritätenmittelung in einer komprimierten, verständlichen Form ohne grundlegende Neuerungen zu entwickeln[998]. Bei der Prioritätenmitteilung handelt es sich um eine Bestätigung der Vorgaben des Diskussionspapiers in einer Fassung, die auf die Marktteilnehmer und Wettbewerbsbehörden zugeschnitten ist und diesen als Orientierung in Bezug auf den künftigen Prüfungsmaßstab der Kommission dienen soll. Hauptanliegen der Kommission ist dabei der Schutz der Verbraucherinteressen und damit der Konsumentenwohlfahrt[999]. Dieser primäre Schutz soll durch den nunmehr dogmatisch nachgestellten Schutz des unbeeinträchtigten Wettbewerbsprozesses gewährleistet werden[1000]. Obwohl die Prioritätenmitteilung als europäisches „Soft Law“ in der

---

besteht, trotz des Risikos von Misserfolgen auch künftig zu investieren. Auch Einwände des marktbeherrschenden Unternehmens, seine eigenen Innovationen würden durch eine Lieferverpflichtung bzw. durch die damit bewirkte strukturelle Veränderung der Marktbedingungen (z. B. Entwicklung von Anschlussinnovationen von Wettbewerbern) beeinträchtigt, werden von der Kommission untersucht werden“, Prioritätenmitteilung der Kommission, ABl. C 45 vom 24.2.2009, S. 31. Anhand dieser Beispiele wird dann aufgezeigt, wie die Kommission ein solches Vorbringen des Marktbeherrschers grundsätzlich prüfen und bewerten wird: „Bei der Bewertung dieser Behauptungen wird die Kommission jedoch sichergehen, dass die Voraussetzungen von Abschnitt III D [Vorgaben der Kommission zur Lieferverweigerung und Kosten-Preis-Schere] erfüllt sind. Insbesondere ist es Sache des marktbeherrschenden Unternehmens, etwaige negative Auswirkungen einer Lieferverpflichtung auf seinen eigenen Innovationsgrad nachzuweisen. Die Tatsache, dass es früher den fraglichen Input geliefert hat, kann für die Bewertung der Behauptung, die Lieferverweigerung sei aus Effizienzgründen gerechtfertigt, maßgeblich sein“, Prioritätenmitteilung der Kommission, ABl. C 45 vom 24.2.2009, S. 31.

998 a.A. Ondrejka, Deutsches und europäisches Kartellrecht unter Berücksichtigung des „more economic approach“, S. 85, der im Zusammenhang mit der Prioritätenmitteilung sinngemäß vom erstmaligen Versuch einer geschlossenen Konzeption des “more economic approach” durch die Kommission spricht, welche zuvor nicht zu erkennen gewesen sei.

999 Dies hebt die Kommission plakativ bereits in der Überschrift der Pressemitteilung IP/08/1877 zur Prioritätenmitteilung hervor: „Kartellrecht: Kommission stellt bei ihrem Vorgehen gegen Behinderungsmissbrauch Verbraucherwohl an oberste Stelle“, Pressemitteilung IP/08/1877 der Europäischen Kommission vom 03. Dezember 2008.

1000 „Dies könnte letztlich den Verbrauchern schaden, da sie weniger Wahlmöglichkeiten hätten, Innovationen unterblieben und/oder niedrigere Preise verhindert werden könnten. In dem Papier lässt die Kommission keinen Zweifel daran, dass sie vorrangig diejenigen Fälle verfolgen wird, in denen abzusehen ist, dass das missbräuchliche Verhalten eines Marktbeherrschers den Verbrauchern schaden wird“, Pressemitteilung IP/08/1877 der Europäischen Kommission vom 03. Dezember

Form von Erläuterungen in Bezug auf den Grad der Bindungswirkung nicht dieselbe Indizwirkung wie Leitlinien entfalten kann[1001], macht sie doch unmissverständlich deutlich, dass der in der Mitteilung wiederholend dargestellte Ansatz künftig bei der Prüfung aller Fälle des Missbrauchs einer marktbeherrschenden Stellung durch die Kommission zugrunde gelegt werden wird[1002].

C. Wertung aus ordnungspolitischer Sicht

Der in der Prioritätenmitteilung als Primärziel manifestierte Schutz der Konsumentenwohlfahrt ersetzt den Schutz des unbeeinträchtigten Wettbewerbs nach den abschließenden Vorgaben der Kommission als primärer Schutzzweck der Missbrauchskontrolle. Die Kommission wird damit künftig ausdrücklich zum Wohle der Verbraucher tätig, deren Wohl aber letztlich wiederum unabtrennbar vom Bestehen eines unbeeinträchtigen Wettbewerbs abhängt, so dass dieses Ziel auch nach den Feststellungen in der Prioritätenmitteilung weiterhin ein wesentliches, wenn auch nachrangiges, Schutzziel bei der Missbrauchskontrolle nach Art. 102 AEUV bleibt[1003]. Damit bleibt die Schutzrichtung des Wettbewerbs aus ordnungspolitischen Gründen der Missbrauchskontrolle als immanter Prüfungspunkt auch nach dem Neuansatz der Kommission erhalten und zwar als mittelbares Ziel zur Erreichung des neuen unmittelbaren Ziels, des Schutzes der Konsumentewohlfahrt. Durch diese Verlagerung eröffnet die Kommission einen aus ordnungspolitischen Gründen erweiterten Prüfungsrahmen, weil neben dem weiterhin bestehenden Freiheitsschutz ein

---

2008, S. 1. Durch den in der Prioritätenmitteilung verfestigten wirkungsorientierten Neuansatz sollen letztlich auch explizit die marktbeherrschenden Unternehmen selbst profitieren können, wenn diese sich als Teil dieses Systems verstehen und es nicht schädigen, vgl. Pressemitteilung IP/08/1877 der Europäischen Kommission vom 03. Dezember 2008, S. 2.

1001 Formell zählen die Leitlinien und die Mitteilungen ebenso wie die Bekanntmachungen allesamt zum Soft Law, dessen jeweiliger Grad der Verbindlichkeit immer nach dem konkreten Wortlaut und Zusammenhang zu bestimmen ist, vgl. Schlussanträge der Generalanwältin Kokott v. 6.9.2012 – C-226/11, Rn. 29f., Expedia; v. Graevenitz, EuZW 2013, S. 171; vgl. diesbezüglich mit anderem Ergebnis auch Immenga/Mestmäcker-*Körber*, Europäisches Kartellrecht, 5. Aufl., Bd. 1, 1.Teil, Einleitung, Rn. 74.

1002 Vgl. Pressemitteilung IP/08/1877 der Europäischen Kommission vom 03. Dezember 2008, S. 2 a. E.; vgl. auch Soltesz, EuZW 2013, S. 881f., der dem Soft Law in der Praxis eine fast noch wichtigere Bedeutung zuschreibt als dem Primär- und Sekundärrecht.

1003 Eine anderweitige Interpretation würde aus ordnungspolitischer Sicht eine Abkehr vom Schutz individueller wirtschaftlicher Freiheiten als auch von einer mit dem Freiheitsgedanken verknüpften gesellschaftspolitischen, entmachtenden Funktion des Wettbewerbs darstellen, vgl. Bundeskartellamt, "Die Zukunft der Missbrauchsaufsicht in einem ökonomisierten Wettbewerbsrecht", Hintergrundpapier zur Tagung des Arbeitskreises Kartellrecht am 20.9.2007, S. 3.

Eingreifen in den Wettbewerb zukünftig auch unter dem Aspekt der viele Punkte tangierenden Konsumentenwohlfahrt möglich sein wird und demnach erweiterte Rahmenbedingungen in Bezug auf die Erhaltung, Anpassung und Verbesserung der Wirtschaftsordnung in Bezug auf die Missbrauchskontrolle nach Art. 102 AEUV gesetzt werden sollen.

4. Teil: Die Missbrauchskontrolle im Verhältnis zwischen Ökonomie und Recht

1. Kapitel: Abschließende Beantwortung der aufgeworfenen Fragestellungen zum „more economic approach“

A. Konkrete Umsetzung des „more economic approach“-Ansatzes der Kommission

Die erste der eingangs in dieser Arbeit aufgeworfenen Fragestellungen zum „more economic approach“ der Kommission lautet: Hat sich der von der Kommission vorgesehene Ansatz des „more economic approach“ in der Entscheidungspraxis durchgesetzt und wird durch die Initiative der Kommission dementsprechend das gesamte System der Missbrauchsaufsicht umgestellt? Wie in der Arbeit aufgezeigt[1004], hat die Kommission ihren ökonomisch geprägten Ansatz letztlich durch die Prioritätenmitteilung in der konkreten Form von Erläuterungen veröffentlicht[1005].

I. Keine Bindung der Unionsgerichte durch die Vorgaben der Kommission

Grundsätzlich entfaltet die Prioritätenmitteilung der Kommission als Soft Law keine Bindungswirkung für die Unionsgerichte[1006].

1. Wettbewerbspolitische Kompetenzübertragung durch den EuGH

Der Europäische Gerichtshof hat in seiner Rechtsprechung aufgrund der im Wettbewerbsrecht zu beurteilenden sehr komplexen Fragen mit wirtschaftlichem Hintergrund entschieden, dass die Kommission für die Durchführung und die Ausrichtung der Wettbewerbspolitik im europäischen Wettbewerbsrecht

---

1004 Vgl. 3. Teil, 4. Kapitel, A.

1005 Dabei war sich die Kommission der eingeschränkten Wirkung der Prioritätenmitteilung vollkommen bewusst und stellt dies auch immer wieder klar, vgl. Komm. vom 13.5.2009 -COMP/C-3 /37.990, ABl. EU (2009), Rn. 916, Intel: “The guidance paper is not intended to constitute a statement of the law and is without prejudice to the interpretation of Article 82 by the Court of Justice or the Court of First Instance.” Eine Zusammenfassung der Entscheidung der Kommission in deutscher Sprache ist abgedruckt in: ABl. 2009, Nr. C 227, S. 13–17. Die gesamte Entscheidung ist in englischer Sprache abrufbar unter: http://ec.europa.eu/competition/antitrust/cases/dec_docs/37990/37990_3581_18.pdf (letzter Abruf:17.4.2013).

1006 Vgl. v. Graevenitz, EuZW 2013, S. 170ff.

verantwortlich sein soll[1007]. Die Kommission hat diese Feststellung des Europäischen Gerichtshofs sukzessive als umfassende Kompetenzenübertragung verstanden, nach welcher sie die grundlegende Frage der Auslegung und Anwendung von Art. 102 AEUV entsprechend ihrem Ansatz des „more economic approach" neu definierte. Die Übertragung der Verantwortung durch den EuGH erfolgte aber gerade nicht vorbehaltlos[1008]. Der EuGH hat in seinem Delimites-Urteil vielmehr klargestellt, dass die Kommission diese übertragene Verantwortung ausdrücklich nur vorbehaltlich einer Nachprüfung durch das Gericht und durch den Gerichtshof selbst ausüben darf[1009].

2. Soft-Law-Kompetenz der Europäischen Kommission

Die Kommission hat entsprechend der Kompetenzübertragung des EuGH bereits in der Vergangenheit verschiedene Leitlinien erlassen[1010], mit welchen sie die Vorgaben für wettbewerbsrechtliche Prüfungen bestimmt. Diese Befugnis der Kommission im Bereich des Wettbewerbsrechts wurde durch die nachfolgende Rechtsprechung auch weiter gestärkt[1011]. Obwohl die Prioritätenmitteilung lediglich eine faktische Selbstbindung der Kommission bewirken kann, wird dem gegenüber dem Primär- und Sekundärrecht formell nachrrangigen Soft Law in der Praxis eine erhebliche

1007 Vgl. EuGH, Slg. 1991, I-991, Rn. 44, Delimites.

1008 Vgl. EuG, Slg. 2008, II-1501, 1573, Rn. 163, AC-Treuhand. Hiernach obliegt die Auslegung der Vorgaben der Unionsverträge allein dem Gemeinschaftsrichter, während die Kommission anhand der Vorgaben dann lediglich die entsprechende Umsetzung zu garantieren hat. Die Kommission scheint diesen Vorbehalt inzwischen im Rahmen ihres Vorstoßes mit dem Ansatz des „more economic approach" wieder stärker verinnerlicht zu haben, indem sie in ihrer Intel-Entscheidung ausdrücklich klarstellt: "The guidance paper is not intended to constitute a statement of the law and is without prejudice to the interpretation of Article 82 by the Court of Justice or the Court of First Instance", vgl. Komm. vom 13.5.2009 – COMP/C-3 / 37.990, ABl. EU (2009), Rn. 916, Intel.

1009 "Hierzu ist zunächst festzustellen, daß die Kommission für die Durchführung und die Ausrichtung der Wettbewerbspolitik der Gemeinschaft verantwortlich ist. Sie hat vorbehaltlich der Nachprüfung durch das Gericht und den Gerichtshof der Europäischen Gemeinschaften Einzelfallentscheidungen nach den geltenden Verfahrensregelungen zu treffen und Freistellungsverordnungen zu erlassen", EuGH, Slg. 1991, I-991, Rn. 44, Delimites.

1010 Vgl. exemplarisch Europäische Kommission, Leitlinien zur Bewertung horizontaler Zusammenschlüsse gemäß der Ratsverordnung über die Kontrolle von Unternehmenszusammenschlüssen, 2004/C31/03.

1011 Hiernach ist die Kommission als Organ am qualifiziertesten, um ökonomisch geprägte Neuerungen aufzugreifen und durch Einzelfallentscheidungen umzusetzen, vgl. exemplarisch EuG, Slg. 2002, II-875, Rn. 348, Atlantic Container Line; EuG, Slg. 2007, II-3601, Rn. 87ff., Microsoft; vgl. auch Dreher, WuW 2008, S. 23.

Bedeutung zugesprochen[1012]. Teilweise wird dem Soft Law, inbesondere in der From von Leitlinien, aufgrund dieser praktischen Bedeutung sogar eine quasi-legislative Wirkung zugesprochen[1013].

3. *Neustrukturierung trotz eingeschränkter Kompetenzen?*

Trotz der Tatsache, dass die Kommission keine formal bindenden Rechtsakte mit Wirkung für die Unionsgerichte erlassen kann, und trotz der nur unter Vorbehalt übertragenen Spezialkompetenzen im Bereich der Auslegung und Anwendung des Wettbewerbsrechts, nach welchen die Kommission gerade nicht im Wege einer neu ordnenden Vorgabe in die Fundamente des Wettbewerbsrechts eingreifen darf[1014], verfolgt die Kommission mit dem „more economic approach" weiterhin einen gänzlich neuen Weg in der Missbrauchskontrolle[1015]. Entsprechend ihren Vorgaben in der Prioritätenmitteilung wird die Kommission ihren Ansatz des „more economic approach" dementsprechend im Rahmen ihres nunmehr faktisch gebundenen Ermessensspielraums weiterverfolgen und versuchen, dieses ökonomische Fundament weiter auf einem sanften Weg in der europäischen Missbrauchskontrolle zu etablieren, wohlwissend, dass die nationalen Kartellbehörden weiterhin an die Vorgaben der europäischen Rechtsprechung gebunden sind[1016]. Da es in der Praxis durchaus Beispiele gibt, in welchen die Rechtsprechung den Vorgaben des Soft Law der Kommission trotz mangelnder rechtlicher Bindungswirkung im Sinne einer tatschlichen Bindungswirkung folgte[1017], ist zu untersuchen, inwieweit die Unionsgerichte auf die Vorgaben der Kommission reagieren.

1012 Vgl. Soltesz, EuZW 2013, S. 881f., der dem Soft Law in der Praxis eine fast noch wichtigere Bedeutung zuschreibt als dem Primär- und Sekundärrecht; vgl. auch v. Graevenitz, EuZW 2013, S. 169ff.

1013 Vgl. Kling/Thomas, Kartellrecht, § 17, Rn. 15; Rittner/Dreher, Europäisches und deutsches Wirtschaftsrecht, § 14, Rn. 90; Bornkamm/Becker, ZWeR 2005, S. 230; Dreher/Adam, ZweR 2006, S. 276f.; Karsten Schmidt, BB 2006, S. 1404.

1014 Vgl. Schuhmacher, Die europäische Wirtschaftsverfassung de lege lata et ferenda, S. 202ff.; Schweitzer, The History, Interpretation and Underlying Principles of Sec. 2 Sherman Act and Art. 82 EC, S. 139; Dreher, WuW 2008, S. 24; Immenga, EuZW 2006, S. 481; Zimmer, WuW 2007, S. 1204; vgl. auch Basedow, WuW 2007, S. 713f.; Behrens, ZweR 2008, S. 39; Thalmann, wbl 2008, S. 154.

1015 Die Wahl der Begrifflichkeit "Erläuterungen" statt "Leitlinien" kann insofern auch dem Umstand geschuldet sein, dass die Vorgaben der Kommission so deutliche Brüche in Bezug auf den bislang durch die Rechtsprechung vertretenen Ansatz aufweisen, dass man durch die möglichst moderate Formulierung, welche weniger Indizwirkung als die Begrifflichkeit der "Leitlinien" hat und damit eine abgeschwächte Bindungswirkung ausdrückt, verdeutlichen wollte, die Vorgaben der Rechtsprechung anzuerkennen.

1016 Vgl. Bulst, RabelsZ 73 (2009), S. 709ff.

1017 Vgl. Soltesz, EuZW 2013, S. 881f.

II. Entscheidungspraxis der Europäischen Kommission

Die durch die Prioritätenmitteilung auferlegte tatsächliche Selbstbindung bei der Anwendung des Neuansatzes wird insbesondere in der Entscheidungspraxis der Kommission Gestalt annehmen.

1. Intel-Entscheidung der Kommission

Die Kommission hat ihre eigenen Vorgaben in Bezug auf den „more economic approach" auch bereits in ihrer Intel-Entscheidung erstmalig umgesetzt.

a) Anwendung des „as efficient competitor"-Tests

In der Intel-Entscheidung aus dem Jahre 2009[1018] wendet die Kommission den von ihr im Diskussionspapier und in der Prioritätenmitteilung eingeführten „as efficient competitor"-Test erstmalig bei der Beurteilung von Rabattsystemen an[1019], um nach ihren eigenen Vorgaben zu prüfen, ob ein hypothetischer Wettbewerber, der genauso effizient ist wie Intel als marktbeherrschendes Unternehmen, aber eine kleinere Verkaufsbasis hat, aufgrund der von Intel gewährten Rabatte bei einem Markteintritt beeinträchtigt bzw. von einem Markteintritt abgehalten werden könnte[1020]. Die Kommission bezieht sich in ihrer Entscheidung explizit auf die bisherige Rechtsprechungspraxis der Unionsgerichte und stellt fest, dass die fraglichen Rabatte nach den Vorgaben des bisherigen Ansatzes, insbesondere den Vorgaben des EuGH in seinem Hoffmann-La Roche-Urteil, die Voraussetzungen eines missbräuchlichen

---

1018 Vgl. Komm. vom 13.5.2009 – COMP/C-3 /37.990, ABl. EU (2009) – Intel. Nach den Feststellungen der Europäischen Kommission in ihrer Entscheidung vom 13.5.2009 hat das Unternehmen INTEL seine marktbeherrschende Stellung auf dem Markt für bestimmte Hauptprozessoren missbraucht, indem es gezielt den auf dem relevanten Markt vorherrschenden Wettbewerb und die vorherrschende Innovation beeinträchtigt und dadurch ebenfalls Wettbewerber gezielt behindert hat. Konkret habe INTEL insbesondere großen Computerherstellern wie Dell, HP und Acer Rabatte unter der Bedingung gewährt, dass sie sämtliche Hauptprozessoren ausschließlich von Intel bezogen. Die Kommission verhängte gegen INTEL die bisher höchste gegen ein einzelnes Unternehmen verhängte Geldbuße in Höhe von 1,06 Milliarden Euro.

1019 Zuvor hatte die Kommission ihren „as efficient competitor"-Test bereits bei der Beurteilung von sogenannten Preis-Kosten-Scheren angewandt, vgl. exemplarisch Komm. vom 04.07.2007 – COMP/38.784, ABl. EU (2008), Erwägungsgründe 311–315 -Wanadoo Espana/Telefónica.

1020 "The as efficient competitor analysis is a hypothetical exercise in the sense that it attempts to analyse whether a competitor which is as efficient as Intel (in terms of producing x86 CPUs and in terms of delivering x86 CPUs that provide the same value to customers as Intel), but which would not have as broad a sales base as Intel, would be foreclosed from entering", vgl. Komm. vom 13.5.2009 – COMP/C-3 / 37.990, ABl. EU (2009), Rn. 1004, Intel.

Verhaltens erfüllen[1021]. Trotz eines anschließenden Hinweises der Kommission, dass die Vorgaben der Prioritätenmitteilung für den vorliegenden Einzelfall formell keine Anwendung finden können[1022], führt die Kommission ihre Prüfung im Anschluss an die Festellung der Voraussetzungen nach dem bisherigen Ansatz entsprechend ihrem Ansatz des „more economic approach" auf einer ökonomischen Grundlage fort[1023]. Nach der grundlegenden Feststellung, dass es sich bei Intel um einen aufgrund der Marktstärke unumgänglichen Handelspartner handelt, führt die Kommission den Test anhand der bereits im Diskussionspapier eingeführten wesentlichen Kriterien, wie des bestreitbaren Nachfrageanteils, des relevanten Zeithorizonts und der Kosten, durch[1024].

b) Anwendung der entwickelten Prüfungsformel bei Rabattsystemen

Im Anschluss an die Prüfung des „as efficient competitor"-Tests wendet die Kommission zudem erstmals und bislang einmalig die von ihr selbst im Diskussionspapier entwickelte Formel zur Prüfung der Missbräuchlichkeit eines Rabattes in ihrer

1021 Vgl. Komm. vom 13.5.2009 – COMP/C-3 /37.990, ABl. EU (2009), Rn. 913ff., Intel.

1022 "In this context, the Commission also takes account of the fact that the guidance paper was published only after Intel had been given the opportunity to make its views known on the 26 July 2007 SO, the 17 July 2008 SSO and the Commission's letter of 19 December 2008. Consequently, the Commission considers that the guidance paper does not apply to this case", vgl. Komm. vom 13.5.2009 – COMP/C-3 / 37.990, ABl. EU (2009), Rn. 916, Intel.

1023 Die Kommission bemüht sich zu betonen, dass der „as efficient competitor"-Test nur eine von verschiedenen Möglichkeiten sei, die Prüfung vorzunehmen, und dementsprechend auch nicht unausweichlich bei der Prüfung des fraglichen Verhaltens vorzunehmen gewesen sei: "One possible way of examining whether exclusivity rebates are capable or likely to cause anticompetitive foreclosure is to conduct an as efficient competitor analysis", vgl. Komm. vom 13.5.2009 – COMP/C-3 / 37.990, ABl. EU (2009), Rn. 1002, Intel; sowie: "Although not indispensable for finding an infringement under Article 82 of the Treaty according to the case law, one possible way of showing whether Intel's rebates and payments were capable of causing or likely to cause anticompetitive foreclosure is to conduct an as efficient competitor analysis", vgl. Komm. vom 13.5.2009 – COMP/C-3 /37.990, ABl. EU (2009), Rn. 925ff., Intel. Die Kommission sieht die Anwendung des Tests in der Entscheidung auch als den Vorgaben ihrer Prioritätenmitteilung entsprechend an: "The Commission nevertheless takes the view that this decision is in line with the orientations set out in the guidance paper", vgl. Komm. vom 13.5.2009 – COMP/C-3 / 37.990, ABl. EU (2009), Rn. 916, Intel.

1024 Vgl. Komm. vom 13.5.2009 – COMP/C-3 /37.990, ABl. EU (2009) Rn. 1005ff., Intel. Die Kommission setzt entsprechend ihren Vorgaben hinsichtlich der durchschnittlichen vermeidbaren Kosten an, vgl. Komm. vom 13.5.2009 – COMP/C-3 /37.990, ABl. EU (2009), Rn. 1037, 1355, Intel.

Entscheidungspraxis an[1025]. Nach der von der Kommission im Diskussionspapier eingeführten Formel[1026] wird die Missbräuchlichkeit eines Verhaltens indiziert, wenn es auf dem relevanten Markt aufgrund einer bestimmten Berechnungsformel unwahrscheinlich ist, dass ein Wettbewerber den errechneten erforderlichen Anteil gegenüber den Abnehmern durchsetzen kann, während eine Vermutung gegen ein missbräuchliches Verhalten vorliegt, wenn der erforderliche Anteil durch den Wettbewerber abgesetzt werden kann[1027].

2. *Wertung zur Intel-Entscheidung*

In der für die Umsetzung des „more economic approach" durch die Kommission als wesentlich einzustufenden Intel-Entscheidung hat die Kommission damit verschiedene Aspekte ihres ökonomischen Ansatzes in ihre Entscheidungspraxis einfließen lassen. Insbesondere hat sie neben der Anwendung des „as efficient competitor"-Tests bei Rabatten auch ihre selbstentwickelte Formel zur Prüfung bedingter Rabattsysteme erstmalig eingebracht, wenn auch in mehrfach modifizierter Form, und damit grundsätzlich verdeutlicht, dass sie weiterhin an dem von ihr vorgegebenen ökonomischen Ansatz in ihrer Entscheidungspraxis festhalten will[1028]. Dabei hat sie

---

1025 "[...] the Commission presented the mathematical formula derived by Professor [...] to calculate the "required share" that an entrant with a unit cost of AVC must obtain in order to compete against an incumbent offering a rebate of size R conditional upon the OEM buying V units at a unit price of ASP", vgl. Komm. vom 13.5.2009 – COMP/C-3 /37.990, ABl. EU (2009), Rn. 1156, Intel.

1026 Vgl. 3. Teil, 3. Kapitel, B., VI., 2., e), dd).

1027 Nach den ursprünglichen Vorgaben der Kommission im Diskussionspapier ist der erforderliche Anteil (RQS) der gewährte Rabatt in Prozent (R), multipliziert mit dem Listenpreis ohne Rabatt (P), geteilt durch den Listenpreis ohne Rabatt (P) abzüglich der durchschnittlichen Gesamtkosten des Marktbeherrschers (ATC), vgl. DG Competition Discussion Paper, S. 47. Wie aufgezeigt, erfährt die Kommission bei der Anwendung ihrer Formel in der Praxis selbst, wie umfangreich und kompliziert eine Einzelfallprüfung unter Berücksichtigung ökonomischer Erkenntnisse ist, wenn sie dem Anspruch der Richtigkeit in Bezug auf die tatsächlichen Vorgaben des Einzelfalls gerecht werden will.

1028 Interessanterweise kommt die Kommission bei der Prüfung des konkreten Einzelfalls selbst zu dem Schluss, dass die von ihr entwickelte Formel keine allgemeine Gültigkeit entfalten kann und dementsprechend immer wieder durch verschiedene Varianten abgewandelt werden muss: „The Commission then noted that this formula was derived for the case in which a [...] rebate is triggered by reaching a given target volume, and [...], Rn. 1156; „The Commission therefore adapted the mathematical derivation of the formula to the specific context of the Dell rebate. It arrived at the conclusion that the "required share" that an entrant with a unit cost of AAC must obtain in order to compete against an incumbent offering a rebate of size R conditional upon the OEM buying V units at a average sales price per unit of ASP is [...], Rn. 1157; "In his report attached to Intel's Reply to the 26 July 2007 SO, Professor [...] has sought to establish a modified formula which seeks to

sich aber entsprechend der aufgezeigten Kompetenzverteilung zunächst bewusst an die Prüfungsvorgaben des EuGH hinsichtlich bedingter Rabatte gehalten und lediglich im Anschluss an das entsprechende Ergebnis – quasi als Zugabe – ihren ökonomischen Prüfungsmaßstab angewendet[1029]. Dieses Ergebnis der nur ergänzenden Anwendung einzelner Aspekte des ökonomischen Neuansatzes widerspricht damit nicht den Vorgaben der ständigen Rechtsprechung des Europäischen Gerichtshofs, an welche die Kommission in Bezug auf die Auslegung des europäischen Primärrechts gebunden ist[1030]. Durch Vermeidung der Benennung des primären Schutzzwecks der Missbrauchskontrolle nach den Vorgaben des Neuansatzes umgeht die

take into account this Intel argument. In order to do so, Professor [...] starts from a formula which he derived and which computes the required share on the basis of a rebate drop expressed in USD rather than percentages [...], Rn. 1196.

1029 Neben dem äußerst hohen Aufwand, den die Kommission bei Anwendung ihrer Formel durch die vorzunehmenden Modifikationen betreiben muss, um ihren alternativen Prüfungsweg aufzuzeigen, der zum selben Ergebnis führt, wie der ursprüngliche Ansatz der Rechtsprechung, ist kritisch anzumerken, dass das marktbeherrschende Unternehmen Intel in seiner Verteidigung eine gänzlich anderen Kostenmaßstab zugrunde legt als die Kommission entsprechend ihrem Ansatz des „more economic approach“. Im Ergebnis kommen die Kommission und Intel zu vollkommen verschiedenen Ergebnissen in Bezug auf den Verdrängungseffekt, welche allein auf die Ausgangsentscheidung des anzusetzenden Kostenmaßstabs zurückzuführen sind: “Secondly, Intel argues that “[a]n above-cost discount should always be deemed justifiable. It confers benefits on customers and, by definition, is incapable of foreclosing an as efficient competitor” and that “discounts that pass muster under the Commission’s required share methodology must be deemed both justifiable and incapable of harming competition.” The validity of this statement must be seen in context with the cost measure that is actually applied when conducting the analysis”, vgl. Komm. vom 13.5.2009 – COMP/C-3 /37.990, ABl. EU (2009), Rn. 1053, Intel.

1030 Nach diesen Vorgaben soll das Missbrauchsverbot primär über die Aufrechterhaltung von Handlungsfreiheiten offene Märkte und den Binnenmarktprozess und damit den Wettbewerb schützen, vgl. bereits EuGH, Slg. 1982, 1409, 1431, Rn. 33, Gaston. Bei der Auslegung der europäischen Wettbewerbsregeln sind hiernach gerade die grundsätzlichen Ziele des Vertrages zu beachten, zu welchen vorrangig die Schaffung des Gemeinsamen Marktes gehört. Grundlegende Aufgabe der wettbewerbsrechtlichen Vorgaben ist es danach, eine nationale Marktabschottung zu verhindern und entsprechend den ursprünglichen Vorgaben der Unionsverträge die Schranken zwischen den Staaten zu beseitigen und zu verhindern, dass diese Schranken durch das Verhalten von Unternehmen in anderer Form wieder neu errichtet werden, vgl. EuGH, Slg. 1966, I-321, 388, Consten und Grundig. Diesen frühen Urteilen des EuGH lässt sich die tiefe Verankerung des primären Schutzes des Wettbewerbs im europäischen Wettbewerbsrecht durch den EuGH entnehmen.

Kommission einen Bruch mit den Vorgaben des EuGH zum primären Schutzzweck von Art. 102 AEUV[1031].

III. Berücksichtigung des „more economic approach" in der Rechtsprechung

Das aus ex-Art. 3 Abs. 1 lit. g) EG[1032] durch den Europäischen Gerichtshof hergeleitete Schutzziel des wirksamen Wettbewerbs, nach welchem die Aufgabe der Gemeinschaft, den Wettbewerb vor Verfälschungen zu schützen, nur durch das Vorhandensein eines solchen wirksamen Wettbewerbs auf dem Markt garantiert werden kann[1033] und welches trotz formeller Umstrukturierung noch immer Bestand hat[1034], wurde bislang in der Rechtsprechung nicht zugunsten der Konsumentenwohlfahrt revidiert, sondern in der aktuellen Rechtsprechung sogar grundlegend noch gestärkt[1035].

1. British Airways-Urteil des EuGH

Das noch vor der Veröffentlichung der Prioritätenmitteilung ergangene British Airways-Urteil des EuGH vom 15.3.2007 ist hinsichtlich der Frage der Berücksichtigung

1031 Unter Bezugnahme auf den nach ex-Art. 3 Abs. 1 lit. g) EG ausdrücklich genannten „wirksamen Wettbewerb" als Schutzzweck des europäischen Wettbwerbsrechts hat sich der Europäische Gerichtshof bereits weit vor der Initiative der Kommission in Bezug auf den primären Schutzzweck kategorisch festgelegt, vgl. exemplarisch EuGH, Slg. 1973, I-215, 244, Rn. 22. Continental Can; EuGH, Slg. 1978, I-207, 286, Rn. 63, 66, United Brands.

1032 Wie aufgezeigt, war als Zielvorgabe der Missbrauchskontrolle die Gewährleistung eines Systems unverfälschten Wettbewerbs bis zum 30.11.2009 vertraglich unmittelbar im Katalog über die Tätigkeit der Gemeinschaft nach ex-Art. 3 Abs. 1 lit. g) EG vorgegeben.

1033 Vgl. grundlegend hierzu auch EuGH, Slg. 1977, 1875, 1905, Rn. 20, Metro.

1034 Nach Inkrafttreten des Vertrags von Lissabon wird der unbeeinträchtigte Wettbewerb als elementarer Baustein des Binnenmarktziels wie bereits dargestellt nicht mehr im Vertrag selbst, sondern im diesebzüglichen Protokoll Nr. 27 über den Binnenmarkt und den Wettbewerb aufgeführt. Da auch das Protokoll als vollwertiger Bestandteil des primären Unionsrechts zu werten ist, hat sich am normativen Rang dieser Schutzzielbestimmung nichts geändert, vgl. Immenga/Mestmäcker-*Fuchs/Möschel*, Europäisches Kartellrecht, 5. Aufl., Bd. 1, 1.Teil, Art. 102 AEUV, Rn. 1.

1035 Während der EuGH vor Geltung des Vertrags von Lissabon in seiner ständigen Rechtsprechung hinsichtlich des vorgegeben primären Schutzziels durchweg auf Art. 3 Abs. 1 lit. g) EG als Ausgangspunkt für eine teleologische Auslegung des Missbrauchsverbots hingewiesen hat, hat er seit Inkrafttreten des AEU-Vertrages zum 1.12.2009 bereits die Fortführung dieses Grundgedankens deutlich gemacht, indem er in seiner Rechtsprechung mit derselben Intention auf die entsprechende Vorgabe im Protokoll Nr. 27 über den Binnenmarkt und den Wettbewerb hingewiesen hat, vgl. vorgreifend EuGH, Slg. 2011, I-527, Rn. 20, TeliaSonera Sverige.

der Vorgaben des „more economic approach“ der Kommission durch die Rechtsprechung als erste wegweisende Weichenstellung anzusehen.

a) Berücksichtigung einer Rechtfertigung durch Effizienzen

Der EuGH hat in dieser Entscheidung erstmals bei der Missbrauchskontrolle eine Rechtfertigung durch Effizienzeinwände ausdrücklich zugelassen[1036]. So führt der Gerichtshof hinsichtlich der zu prüfenden Rabatt- und Prämienregelungen des marktbeherrschenden Unternehmens aus, dass eine mögliche objektive wirtschaftliche Rechtfertigung des grundsätzlich unzulässigen Verhaltens unter Berücksichtigung sämtlicher Umstände des Einzelfalls möglich sei[1037]. Im Anschluss stellt der EuGH explizit auf Effizienzvorteile ab, welche die nachteilige Verdrängungswirkung überwiegen können[1038].

b) Festhalten am formbasierten Ansatz

Der EuGH führt aber in seinem Urteil eingangs auch unmissverständlich aus, dass er grundsätzlich, trotz der Berücksichtigung von Effizienzen, an seinem ursprünglichen, form- und verhaltensorientierten Ansatz festhält[1039]. Hiernach ist primär nach den Vorgaben der Per se-Verbote auf die konkrete Verhaltensweise des marktbeherrschenden Unternehmens abzustellen. Der auswirkungsorientierte Ansatz der Kommission wird damit gleich eingangs vom EuGH durch die Bestätigung des bisherigen Ansatzes zumindest indirekt abgelehnt[1040].

1036 EuGH, Slg. 2007, I-2331, British Airways.

1037 EuGH, Slg. 2007, I-2331, Rn. 86, British Airways.

1038 „Es ist zu ermitteln, ob die für den Wettbewerb nachteilige Verdrängungswirkung einer solchen Regelung durch Effizienzvorteile ausgeglichen oder sogar übertroffen werden kann“, EuGH, Slg. 2007, I-2331, Rn. 86, British Airways.

1039 „Zunächst ist zu der Rüge, das Gericht habe sich für die Beurteilung des missbräuchlichen Charakters der fraglichen Prämienregelungen zu Unrecht nicht auf die Kriterien des Art. 82 Abs. 2 Buchst. b EG gestützt, darauf hinzuweisen, dass die Aufzählung der missbräuchlichen Verhaltensweisen in Art. 82 Abs. 2 EG nicht abschließend ist, so dass es sich bei den dort genannten Verhaltensweisen nur um Beispiele für einen Missbrauch einer beherrschenden Stellung handelt (vgl. in diesem Sinne Urteil vom 14. November 1996, Tetra Pak/Kommission, C-333/94 P, Slg. 1996, I-5951, Randnr. 37). Denn nach ständiger Rechtsprechung enthält diese Bestimmung keine erschöpfende Aufzählung der Arten der nach dem EG-Vertrag verbotenen missbräuchlichen Ausnutzung einer beherrschenden Stellung (Urteile vom 21. Februar 1973, Europemballage und Continental Can/Kommission, 6/72, Slg. 1973, 215, Randnr. 26, und vom 16. März 2000, Compagnie maritime belge transports u. a./Kommission, C-395/96 P und C-396/96 P, Slg. 2000, I-1365, Randnr. 112)“, EuGH, Slg. 2007, I-2331, Rn. 57, British Airways.

1040 „[...] Im Übrigen hat der Gerichtshof im Urteil vom 16. Dezember 1975, Suiker Unie u. a./Kommission (40/73 bis 48/73, 50/73, 54/73 bis 56/73, 111/73, 113/73 und 114/73, Slg. 1975, 1663, Randnr. 523), das Treuerabatte betraf, ausdrücklich auf

c) Festhalten am primären Schutzziel des unbeeinträchtigten Wettbewerbs

Auch ein weiterer Grundpfeiler des „more economic approach", die Verschiebung des primären Schutzziels von einem Schutz des unbeeinträchtigten Wettbewerbs zu einem primären Schutz der Konsumentenwohlfahrt, erfährt in dem Urteil eine klare Ablehnung durch den Europäischen Gerichtshof. Der EuGH nimmt in seinem Urteil indirekt Bezug auf die Vorgaben der Kommission, indem er ausdrücklich feststellt, dass gerade nicht nur solche Verhaltensweisen, die entsprechend dem ökonomischen Neuansatz der Kommission unmittelbar der Konsumentenwohlfahrt schaden, sondern ausdrücklich die vom bisherigen Ansatz umfassten Verhaltensweisen, die die Verbraucher gerade erst mittelbar durch einen Eingriff in die ebenfalls geschützte Struktur des tatsächlichen Wettbewerbs beeinträchtigen, vom Schutzzweck des Missbrauchsverbots erfasst werden[1041]. Damit stellt der EuGH klar, dass eine Verschiebung des primären Schutzziels für ihn nicht in Frage kommt und ein Schutz der Konsumentenwohlfahrt nur nachrangig berücksichtigt wird.

d) Zwischenergebnis zum British Airways-Urteil

Das British Airways-Urteil, welches aufgrund einer unmittelbaren Bezugnahme der Partei British Airways auf das Diskussionspapier dem Gerichtshof grundsätzlich die Möglichkeit eröffnet hat, die Vorgaben des „more economic approach" nach den Vorgaben im Diskussionspapier einer Prüfung zu unterziehen und entsprechend in der Rechtsprechung zu etablieren, kann aufgrund des klaren Bekenntnisses zum verhaltensorientierten Ansatz und zum primären Schutz des Wettbewerbs nach dem bisherigen Ansatz als Grundsatzurteil des EuGH gewertet werden, am bisherigen Prüfungsansatz festzuhalten und dem Neuansatz des „more economic approach" durch Ablehnung zwei der entscheidenden, im Urteil relevanten, Grundpfeiler zumindest als Gesamtkonstrukt eine Absage zu erteilen[1042]. Trotz dieses Bekenntnissses

---

Art. 86 Abs. 2 Buchst. c des EWG-Vertrags Bezug genommen, wonach Verhaltensweisen, mit denen eine beherrschende Stellung missbraucht wird, insbesondere in der Anwendung unterschiedlicher Bedingungen bei gleichwertigen Leistungen gegenüber Handelspartnern bestehen können, wodurch diese im Wettbewerb benachteiligt werden", EuGH, Slg. 2007, I-02331, Rn. 58, British Airways.

1041 "Zudem bezieht sich Art. 82 EG [...] nicht nur auf Verhaltensweisen, durch die den Verbrauchern ein unmittelbarer Schaden erwachsen kann, sondern auch auf solche, die ihnen durch einen Eingriff in die Struktur des tatsächlichen Wettbewerbs, von dem in Art. 3 Abs. 1 lit. g) EG die Rede war, Schaden zufügen", EuGH Slg. 2007, I-2331, Rn. 106, British Airways. Der EuGH stellt ausdrücklich klar, dass das EuG rechtsfehlerfrei allein auf den Schutz des Wettbewerbs anstatt auf den Schutz der Verbraucher abgestellt hat, und bestätigt damit ausdrücklich den Vorrang des Schutzes eines unbeeinträchtigten Wettbewerbs, vgl. EuGH Slg. 2007, I-2331, Rn. 107, British Airways.

1042 Vgl. diese Ansicht ebenfalls tragend auch Zimmer, WuW 2007, S. 1205f.; Künzler, Effizienz oder Wettbewerbsfreiheit?, S. 464f.; Möschel, JZ 2009, S. 1044: Schweitzer, ECRL 2009, S. 183ff.; Behrens, ZWeR 2008, S. 38.

zum bisherigen Ansatz und damit zur Fortführung seiner entsprechenden Rechtsprechung berücksichtigt der EuGH in seiner British Airways-Entscheidung aber auch Aspekte des von der Kommission im Diskussionspapier vorgebrachten Ansatzes des „more economic approach“ und führt diese dadurch in die europäische Rechtsprechung ein. Über die allgemein gehaltene Feststellung, dass eine mögliche Rechtfertigung des Marktbeherrschers unter Berücksichtigung sämtlicher Umstände des Einzelfalls geprüft werden muss, führt der Gerichtshof in seiner Entscheidung die Möglichkeit der Rechtfertigung des grundsätzlich missbräuchlichen Verhaltens des Marktbeherrschers durch Effizienzvorteile ein[1043]. Der EuGH nutzt noch einmal die Gelegenheit, klarzustellen, dass mögliche überwiegende Effizienzvorteile mit dem primär geschützten Restwetttbewerb und nicht mit der Konsumentenwohlfahrt ins Verhältnis zu setzen sind[1044]. Durch diese Formulierung räumt der EuGH letzte Zweifel aus, wonach die Berücksichtigung von Effizienzen ein umfassendes Bekenntnis zum Ansatz des „more economic approach“ sein könnte. Ohne die Effizienzvorteile tiefergehend zu erörtern, erkennt der Gerichtshof diese neue Verteidigungsmöglichkeit und damit zumindest nachgelagert auch die Berücksichtigung der Auswirkungen des Verhaltens des Marktbeherrschers auf die Verbraucher in seiner Rechtsprechung an[1045]. Unter Fortführung des bisherigen Ansatzes wird dadurch die Berücksichtigung von Auswirkungen im Sinne der Effizienzverteidigung, sogar – wenn auch nachrangig – in Bezug auf die Interessen der Verbraucher, Bestandteil der europäischen Rechtsprechung. Diese Teilaspekte des „more economic approach“ ersetzen dabei aber gerade nicht die vorherigen Ansätze, sondern werden nur ergänzend in die Prüfung einbezogen.

Der EuGH zeigt der Kommission in der British Airways-Entscheidung bezüglich der Übernahme der von ihr aufgestellten Vorgaben zum ökonomischen Neuansatz dennoch deutlich ihre Grenzen auf, indem er entgegen den Vorstellungen der Kommission nochmals den Schutz des unbeeinträchtigten Wettbewerbs als vorrangiges Ziel der europäischen Missbrauchskontrolle manifestiert. Darüber hinaus verschließt er sich aber auch nicht vollkommen dem neuen Ansatz des „more economic approach“, indem er die Konsumentenwohlfahrt zumindest als nachgelagerten Schutzzweck neben dem Schutz des Wettbewerbs anerkennt. Weiterhin verändert der EuGH im Sinne des ökonomischen Ansatzes der Kommission die Prüfung der

1043 EuGH Slg. 2007, I-2331, Rn. 86, British Airways.

1044 Die positiven Auswirkungen dieser Effizienzvorteile auf die Konsumentenwohlfahrt schiebt der EuGH in seinen Ausführungen dem Schutz des Wettbewerbs aber ausdrücklich nach: “[Es] ist zu ermitteln, ob die für den Wettbewerb nachteilige Verdrängungswirkung einer solchen Regelung durch Effizienzvorteile ausgeglichen oder sogar übertroffen werden kann, die auch dem Verbraucher zugute kommen”, EuGH Slg. 2007, I-2331, Rn. 86, British Airways.

1045 “Steht die Verdrängungswirkung dieser Regelung in keinem Zusammenhang mit Vorteilen für den Markt und die Verbraucher oder geht sie über dasjenige hinaus, was zur Erreichung solcher Vorteile erforderlich ist, so ist diese Regelung als missbräuchlich anzusehen”, EuGH Slg. 2007, I-02331, Rn. 86, British Airways.

wirtschaftlichen Rechtfertigung des fraglichen Verhaltens eines Marktbeherrschers. Während zuvor eine solche Verteidigung nur unter den eingangs aufgezeigten sehr engen Voraussetzungen ausnahmsweise möglich war, berücksichtigt der EuGH nunmehr durch einen erweiterten Prüfungsrahmen auch mögliche aus dem Verhalten des marktbeherrschenden Unternehmens resultierende Vorteile, mittelbar über den primär geschützten Wettbewerb sogar für die Verbraucher. Nach diesem durch das British Airways-Urteil eingeführten, ergänzenden Prüfungsansatz ist letztlich eine wohlfahrtsökonomische Betrachtungsweise jedes Verhaltens möglich, wonach es grundsätzlich als vereinbar mit dem Gemeinsamen Markt und damit als gerechtfertigt anzusehen sein kann, soweit es zu Effizienzgewinnen führt[1046]. Durch diese Berücksichtigung von Effizienzvorteilen nähert der EuGH die Prüfung der Missbrauchskontrolle den Vorgaben der Kommission zur Prüfung der Fusionskontrolle nach Art. 101 AEUV zumindest an, da Art. 101 Abs. 3 AEUV bei der Prüfung der Ausnahmen des Kartellverbots ebenfalls ausdrücklich die Berücksichtigung von Effizienzvorteilen vorsieht[1047].

2. *Nachfolgerechtsprechung zum British Airways-Urteil*

Auch in der nachfolgenden Rechtsprechung zum British Airways-Urteil wurde die Berücksichtigung von Effizienzvorteilen im Sinne des „more economic approach" in der europäischen Rechtsprechung aufrecht erhalten, ohne dabei vom primären Ziel des Schutzes eines unbeeinträchtigten Wettbewerbs abzurücken.

a) Microsoft-Urteil des EuG

Im Jahre 2007 hat das Europäische Gericht in seiner Microsoft-Entscheidung noch einmal ausdrücklich festgestellt, dass das europäische Missbrauchsverbot primär den Schutz offener, unbeeinträchtigter Märkte und damit die Aufrechterhaltung eines wirksamen Wettbewerbs bezwecke[1048]. Dabei betont das Gericht ausdrücklich die Nachrangigkeit der ebenfalls geschützten Interessen der Verbraucher[1049].

1046 Vgl. Schmidt/Voigt, WuW 2006, S. 1103.

1047 Hiernach unterfällt ein grundsätzlich beeinträchtigendes Verhalten nicht dem Kartellverbot, wenn es unter angemessener Beteiligung der Verbraucher an dem entstehenden Gewinn zur Verbesserung der Warenerzeugung oder -verteilung oder zur Förderung des technischen und wirtschaftlichen Fortschritts beiträgt, vgl. hierzu Roth, The More Economic Approach to European Competition Law, S. 40f.

1048 „Die Feststellung des Vorliegens einer beherrschenden Stellung bedeutet zwar für sich genommen keinen Vorwurf gegenüber dem betreffenden Unternehmen; gleichwohl trägt es unabhängig von den Ursachen für eine solche Stellung eine besondere Verantwortung dafür, dass es durch sein Verhalten einen wirksamen und unverfälschten Wettbewerb im Gemeinsamen Markt nicht beeinträchtigt", EuG, Slg. 2007, II-3601, Rn. 3, Microsoft.

1049 „Art. 82 EG betrifft das Verhalten eines oder mehrerer Wirtschaftsteilnehmer, das in der missbräuchlichen Ausnutzung einer wirtschaftlichen Machtstellung besteht,

Ohne vom verhaltensorientierten Ansatz abzurücken, prüft das Gericht dennoch ergänzend im Sinne der British Airways-Entscheidung die genauen Auswirkungen der Marktbeherrschung durch Microsoft. Die Ausführungen des Gerichts wirken wie eine direkte Stellungnahme zum Ansatz des „more economic approach" der Kommission. Das Gericht führt aus, dass das Missbrauchsverbot gerade nicht entsprechend dem Ansatz der Kommission nur Verhaltensweisen, die den Verbrauchern unmittelbar schaden, verbietet, vielmehr sei es ausreichend, wenn die Verbraucher mittelbar und auf lange Sicht über eine Beeinträchtigung der Marktstruktur benachteiligt werden[1050]. Diese Klarstellung macht deutlich, dass entsprechend dem bisherigen Prüfungsansatz ein Verhalten gerade auch ohne Feststellung negativer Auswirkungen auf die Verbraucher bzw. trotz positiver Auswirkungen einen Missbrauch einer marktbeherrschenden Stellung darstellen kann. Die weiterhin primär erforderliche Beeinträchtigung des Wettbewerbs kann somit nach den Vorgaben der europäischen Rechtsprechung immer auch nachgelagert eine Beeinträchtigung der Verbraucherinteressen bewirken.

b) T-Mobile Netherlands-Urteil des EuGH

Der EuGH selbst hat die Beibehaltung seiner Ausrichtung auf den primären Schutzzweck des unbeeinträchtigten Wettbewerbs noch einmal in der Entscheidung T-Mobile Netherlands aus dem Jahre 2009 bestätigt. Im Urteil führt der Gerichtshof aus, dass die europäischen Wettbewerbsregeln, und damit auch das Missbrauchsverbot, ausdrücklich nicht nur dazu bestimmt seien, die unmittelbaren Interessen der Verbraucher zu schützen, vielmehr soll primär die Struktur des Marktes und damit

---

die es dem betreffenden Wirtschaftsteilnehmer erlaubt, die Aufrechterhaltung eines wirksamen Wettbewerbs auf dem relevanten Markt zu verhindern, indem sie ihm die Möglichkeit verschafft, sich seinen Konkurrenten, seinen Abnehmern und letztlich den Verbrauchern gegenüber in nennenswertem Umfang unabhängig zu verhalten", EuG, Slg. 2007, II-3601, Rn. 3, Microsoft.

1050 Vgl. EuG, Slg. 2007, II-3824, Rn. 664, Microsoft. Als wolle das Gericht diese eigenen Klarstellungen unterstreichen, prüft es anschließend eingehend, wie sich das Verhalten von Microsoft auf die Wettbewerbsstruktur und den -prozess auswirkt, vgl. EuG, Slg. 2007, II-3832, Rn. 692ff., Microsoft. Dabei berücksichtigt es sowohl die Auswirkungen auf die Marktgegenseite als auch die Auswirkungen auf die Wettbewerber, vgl. EuG, Slg. 2007, I-3878ff., Rn. 850ff., Microsoft. Im Ergebnis kommt das EuG aber trotz anderem Prüfungsansatz zur selben Entscheidung wie die Kommission und wertet das Verhalten von Microsoft als missbräuchlich, EuG, Slg. 2007, I-3995, Rn. 1260ff., Microsoft. Microsoft wurde durch das Urteil der Einsatz von Kopplungspraktiken sowie die Weigerung, bestimmte Interoperabilitätsinformationen zu Zwecken der Entwicklung und Vermarktung von Betriebssystemen offenzulegen, untersagt. Das Gericht milderte die vorgehende Entscheidung der Kommission lediglich insofern ab, als es von einer Verpflichtung absah, nach welcher Microsoft nach den Vorgaben der Kommission eigenständig Vorschläge hinsichtlich eines unabhängigen Überwachungstreuhänders machen sollte.

der Wettbewerb als solcher geschützt werden[1051]. Der EuGH wählt eine Formulierung, die den Schutz der Konsumentenwohlfahrt als Schutzzweck im europäischen Wettbewerbsrecht gerade nicht ausschließt, jedoch ausdrücklich nachgelagert zum vorrangigen Schutzzweck des Wettbewerbs.

c) GlaxoSmithKline-Urteil des EuGH

Dass der Gerichtshof diese Vorgabe als feststehende Grundausrichtung der Zielvorgabe in der europäischen Missbrauchsaufsicht verstanden haben will, wird spätestens in einer weiteren Entscheidung von Ende des Jahres 2009 unmissverständlich deutlich. Im GlaxoSmithKline-Urteil hat der EuGH in Bezug auf die Frage des Schutzzwecks der europäischen Wettbebewerbsregeln bestätigend nochmals festgestellt, dass der unbeeinträchtigte Wettbewerb das primäre Schutzziel der europäischen Wettbewerbsregeln und damit auch der Missbrauchskontrolle ist[1052]. Interessant ist in Bezug auf diese Bestätigung, dass der EuGH mit seinen Ausführungen die vorinstanzlichen Feststellungen des EuG korrigiert[1053]. Das Europäische Gericht hatte in der Vorinstanz im Sinne des „more economic approach" ausdrücklich die Konsumentenwohlfahrt als das vorrangige Ziel des Kartellverbots nach Art. 101 AEUV (ex-Art. 81 EG) ausgerufen[1054]. Diese Feststellung korrigiert der EuGH ausdrücklich, indem er – neben der aufgezeigten Bestätigung des primären Schutzes des Wettbewerbs als solchen – weitergehend feststellt, dass es für den Nachweis des Vorliegens eines wettbewerbswidrigen Zwecks nicht zulässig ist, zu prüfen, ob

---

1051 "Jedenfalls ist, wie die Generalanwältin in Nr. 58 ihrer Schlussanträge ausgeführt hat, Art. 81 EG, wie auch die übrigen Wettbewerbsregeln des Vertrags, nicht nur dazu bestimmt, die unmittelbaren Interessen einzelner Wettbewerber oder Verbraucher zu schützen, sondern die Struktur des Marktes und damit den Wettbewerb als solchen", EuGH, Slg. 2009, I-04529, Rn. 38, T-Mobile Netherlands. Obwohl das Urteil ex-Art. 81 EG zum Gegenstand hatte, nutzt der EuGH die Möglichkeit, um die Feststellungen auch auf die übrigen Wettbewerbsregeln des Vertrages, und damit auch die Missbrauchskontrolle, zu erweitern.

1052 "Zum anderen hat der Gerichtshof entschieden, dass Art. 81 EG, wie auch die übrigen Wettbewerbsregeln des Vertrags, nicht nur dazu bestimmt ist, die unmittelbaren Interessen einzelner Wettbewerber oder Verbraucher zu schützen, sondern die Struktur des Marktes und damit den Wettbewerb als solchen. Daher setzt die Feststellung, dass mit einer Vereinbarung ein wettbewerbswidriger Zweck verfolgt wird, nicht voraus, dass dadurch den Endverbrauchern die Vorteile eines wirksamen Wettbewerbs hinsichtlich der Bezugsquellen oder der Preise vorenthalten werden (vgl. entsprechend Urteil T-Mobile Netherlands u. a., Randnrn. 38 und 39)", EuGH, Slg. 2009, I-9291, Rn. 63, GlaxoSmithKline.

1053 Vgl. EuGH, Slg. 2009, I-9291, Rn. 63f., GlaxoSmithKline.

1054 Das Gericht hatte zuvor festgestellt, dass es das primäre Ziel des Kartellverbots nach Art. 101 AEUV (ex-Art. 81 EG) sei, zu verhindern, dass Unternehmen durch eine Einschränkung des Wettbewerbs untereinander oder mit anderen gerade das Wohlergehen des Endverbrauchers der fraglichen Waren mindern, vgl. EuG, Slg. 2006, I-3014, Rn. 118, GlaxoSmithKline.

Nachteile für die Endverbraucher entstehen[1055]. Auch wenn diese sehr deutlichen Feststellungen des EuGH in einem Verfahren hinsichtlich eines Verhaltens nach ex-Art. 81 EG getroffen wurden, sind sie ohne Zweifel auf die Missbrauchskontrolle nach Art. 102 AEUV übertragbar, weil der EuGH in den relevanten Ausführungen gerade betont, dass die Feststellungen auch für die übrigen Wettbewerbsregeln des Vertrages gelten.

d) Tomra-Urteil des EuGH

Mit seinem Tomra-Urteil vom 19.4.2012[1056] hat der EuGH erstmalig nach Veröffentlichung der Prioritätenmitteilung die Möglichkeit bekommen, im Rahmen der Missbrauchskontrolle Treuerabatte eines marktbeherrschenden Unternehmens zu prüfen. Der Gerichtshof hat dabei den bisherigen Prüfungsansatz bei Art. 102 AEUV noch einmal klarstellend bestätigt und damit einer direkten Implementierung des Gesamtansatzes des „more economic approach" in seine Rechtsprechung zu Art. 102 AEUV eine weitere Absage erteilt. Hätte der EuGH den Ansatz der Kommission in seine Rechtsprechung unmittelbar übernehmen wollen oder zumindest explizit dessen Position stärken wollen, hätte es bei der Beurteilung dieses Einzelfalls die Möglichkeit dazu gegeben, da sich die Kommission gerade zur Missbrauchspraktik von Rabatten besonders intensiv im Diskussionspapier und in der Prioritätenmitteilung geäußert hatte[1057].

aa) Festhalten an bisherigen Vorgaben

Stattdessen nimmt der EuGH explizit auf seine bisherige Rechtsprechung Bezug und folgt dabei dem bisherigen Prüfungsansatz bei der Beurteilung von Rabattsystemen anhand qualitativer Voraussetzungen[1058]. So stellt der EuGH bestätigend fest, dass die Gewährung von Rabatten missbräuchlich ist, wenn ein Unternehmen seinen Gesamtbedarf oder einen wesentlichen Teil hiervon bei dem Unternehmen in

---

1055 "Daraus folgt, dass dem Gericht ein Rechtsfehler unterlaufen ist, als es das Vorliegen eines wettbewerbswidrigen Zwecks von dem Nachweis abhängig gemacht hat, dass die Vereinbarung Nachteile für die Endverbraucher beinhalte, und geschlossen hat, dass die Vereinbarung keinen solchen Zweck verfolgt", vgl. EuGH, Slg. 2009, I-9291, Rn. 64, GlaxoSmithKline.

1056 EuGH, Urt. v. 19.4.2012 – C-549/10 P, noch nicht in der Sammlung veröffentlicht, Tomra, abgedruckt in: EuZW 2012, S. 741ff. Der EuGH bestätigte mit seinem Urteil die vorherige Entscheidung des EuG, nach welcher das Unternehmen Tomra Systems ASA mitsamt seinen nationalen Töchterunternehmen durch die Gewährung von Rabatten seine marktbeherrschende Stellung auf dem relevanten Markt der Leergutautomaten mißbräuchlich ausgenutzt hatte.

1057 Vgl. Seitz, GRUR-Prax 2012, S. 245.

1058 Vgl. EuGH, Urt. v. 19.4.2012 – C-549/10 P, noch nicht in der Sammlung veröffentlicht, Rn. 18, Tomra mit Verweis auf das British Airways-Urteil des EuGH: EuGH, Slg. 2007, 2331, Rn. 67, British Airways.

beherrschender Stellung deckt und dabei durch den Einfluss des Marktbeherrschers faktisch gebunden wird[1059]. Konkret lässt der EuGH in Bezug auf die Feststellung der Missbräuchlichkeit des zu prüfenden Rabattsystems die Voraussetzungen genügen, dass Tomra als marktbeherrschendes Unternehmen die fraglichen Rabatte zunächst hinsichtlich der gesamten Bezugsmenge und nicht nur in Bezug auf die Menge oberhalb des eigenen Abnahmeziels gewährt hatte[1060]. Weiterhin sei die Missbräuchlichkeit anhand der Voraussetzung festzustellen, dass die fraglichen Rabatte individuell gestaltet waren und sich dabei an den jeweiligen Kunden orientierten sowie an den zu erwartenden Bedarf angepasst waren[1061]. Diese beiden qualitativen Voraussetzungen der rückwirkenden Rabattgewährung und der individualisierten Rabattschwellen entsprechen den Voraussetzungen, die der EuGH in den Leitentscheidungen British Airways und Michelin I aufgestellt hat, um die Missbräuchlichkeit eines Rabattsystems festzustellen und entsprechen damit vollumfänglich dem traditionellen, verhaltensorientierten Ansatz[1062].

bb) Ablehnung des Auswirkungsansatzes

Der EuGH belässt es aber nicht lediglich bei einer Nichtberücksichtigung der Vorgaben des ökonomischen Ansatzes der Kommission, er stellt nach der Anwendung des bisherigen Prüfunsgsansatzes zudem ausdrücklich fest, dass eine Prüfung der konkreten Auswirkungen der fraglichen Rabatte – entsprechend

---

1059 Vgl. EuGH, Urt. v. 19.4.2012 – C-549/10 P, noch nicht in der Sammlung veröffentlicht, Rn. 70, Tomra, wonach es in diesem Zusammenhang auf eine förmliche Bindung nicht ankommt und eine einseitige Gewährung von Nachlässen durch das marktbeherrschende Unternehmen, unabhängig vom Umfang der Käufe des Abnehmers, im Sinne der traditionnellen Treuerabatte ausreicht. Der EuGH verweist ausdrücklich auf seine Entscheidungen Hoffmann-La Roche, EuGH Slg. 1979, 461, Rn. 89, Hoffmann-La Roche, und Michelin I, EuGH Slg. 1983, 3461, Rn. 71, Michelin I.

1060 Vgl. EuGH, Urt. v. 19.4.2012 – C-549/10 P, noch nicht in der Sammlung veröffentlicht, Rn. 75, Tomra.

1061 Vgl. EuGH, Urt. v. 19.4.2012 – C-549/10 P, noch nicht in der Sammlung veröffentlicht, Rn. 75, Tomra

1062 Vgl. EuGH Slg. 1983, 3461, Rn. 81, Michelin I und EuGH, Slg. 2007, 2331, Rn. 71, 73, British Airways; vgl. auch Bien/Rummel, EuZW 2012, S. 737f. Als zusätzliche Voraussetzung prüft der EuGH noch die gezielte Gewährung der Rabatte ausschließlich gegenüber Großkunden und entwickelt seine eigene Rechtsprechung damit insofern weiter, als das gezielte Einsetzen von niedrigen Preisen, wie vorliegend Rabatte, ebenfalls eine Voraussetzung bezüglich der Missbräuchlichkeit einer Maßnahme sein kann. Diese Erweiterung des eigenen Prüfungsansatzes kann zumindest als indirekte Ablehnung der von der Kommission in Bezug auf die Fallgruppe der Rabatte vorgesehenen Neuerungen angesehen werden, da der Gerichtshof, anstatt die diesbezüglichen Ansätze zu berücksichtigten, seine eigenen Ansätze weiterentwickelt.

dem Auswirkungsansatz der Kommission nach dem „more economic approach“ – ausdrücklich nicht vorzunehmen ist[1063].

cc) Ausdrückliche Ablehnung der Vorgaben zum Kosten-Preis-Verhältnis

Das marktbeherrschende Unternehmen Tomra rügte im Verfahren ausdrücklich als Verfahrensfehler, dass das EuG in der Vorinstanz das Kosten-Preis-Verhältnis nicht nach den Vorgaben des „more economic approach“ der Kommission geprüft habe und zudem rechtsfehlerhaft die konkreten Auswirkungen des Verhaltens des Marktbeherrschers im Verhältnis der angesetzten Preise zu den langfristigen Durchschnittsgrenzkosten entsprechend den Vorgaben des ökonomischen Ansatzes unberücksichtigt gelassen habe[1064]. Dieses Vorbringen nutzt der EuGH in seinem Urteil um unmissverständlich klarzustellen, dass weder die Kommission noch das Europäische Gericht diese Teilaspekte des „more economic approach“ prüfen mussten[1065]. Konkret führt der EuGH aus, dass eine vom Marktbeherrscher eingeforderte Prüfung, ob die Preise des Marktbeherrschers unterhalb von dessen langfristigen Durchschnittsgrenzkosten lagen, wie es nach dem Ansatz des „more economic approach“ vorgegeben ist, neben der Prüfung des Rabattsystems nach dem ursprünglichen Ansatz entbehrlich ist[1066]. In diesem Zusammenhang nimmt der Europäische Gerichtshof ausdrücklich Bezug auf die Prioritätenmitteilung der Kommission, auf welche sich das marktbeherrschende Unternehmen Tomra in seiner Verteidigung berufen hatte, und bestätigt ausdrücklich den Vortrag des Generalanwalts in seinem Schlussantrag, nach welchem der von der Kommission nach dem „more economic approach“ vorgesehene, in der Intel-Entscheidung

1063 Vgl. EuGH, Urt. v. 19.4.2012 – C-549/10 P, noch nicht in der Sammlung veröffentlicht, Rn. 68, 79, Tomra, wonach bereits die Feststellung der Möglichkeit einer wettbewerbsbeschränkenden Wirkung eines vordergründig zu prüfenden bestimmten Verhaltens ausreichend ist.

1064 Vgl. EuGH, Urt. v. 19.4.2012 – C-549/10 P, noch nicht in der Sammlung veröffentlicht, Rn. 61, Tomra

1065 “Daher kann die in dem angefochtenen Urteil angeblich versäumte Prüfung der von den Rechtsmittelführerinnen im ersten Rechtszug vorgebrachten Argumentation zur Notwendigkeit eines Vergleichs ihrer Preise mit ihren Kosten, auf deren Fehlen sowohl die Rüge eines Verfahrensfehlers als auch die eines Rechtsfehlers gestützt wird, nicht zu einem Rechtsfehler des angefochtenen Urteils führen“, EuGH, Urt. v. 19.4.2012 – C-549/10 P, noch nicht in der Sammlung veröffentlicht, Rn. 80, Tomra.

1066 “Die Kommission hat nämlich den Missbrauch einer beherrschenden Stellung auf der Grundlage der übrigen, in den Randnrn. 260 bis 264 des angefochtenen Urteils berücksichtigten Erwägungen [Vorgaben nach dem bisherigen Ansatz] nachgewiesen, und das Gericht hat zu Recht festgestellt, dass diese Analyse für den Nachweis eines solchen Missbrauchs angemessen und ausreichend sei“, EuGH, Urt. v. 19.4.2012 – C-549/10 P, noch nicht in der Sammlung veröffentlicht, Rn. 80, Tomra [Klammerzusatz durch den Verfasser].

bereits angewandte Preis-Kosten-Vergleich im Zusammenhang mit dem „as efficient competitor"-Test streitgegenständlich nicht anwendbar sei[1067].

dd) Zwischenergbnis zum Tomra-Urteil des EuGH

Die Tomra-Entscheidung des EuGH zeigt deutlich auf, dass die europäische Rechtsprechung an ihrer bisherigen Linie festhalten wird und nicht beabsichtigt, den ökonomischen Gesamtansatz der Kommission – insbesondere im Hinblick auf dessen Grundpfeiler des Auswirkungsansatzes und der Verschiebung des primären Schutzzwecks – als festen Bestandteil in die Missbrauchskontrolle nach Art. 102 AEUV zu integrieren. Der EuGH bestätigt in seinem Urteil ausdrücklich, dass eine Erweiterung des bisherigen Prüfungsrahmens nach den Vorgaben des „more economic approach" zumindest in Bezug auf den vorliegenden Fall der gewährten Rabatte nicht erforderlich sei. Unter Bezugnahme auf die vorhergehende Entscheidung der Kommission stellt der Gerichtshof fest, dass weitergehende Prüfungen nach dem Ansatz des „more economic approach" neben den Vorgaben des bisherigen Ansatzes nicht erforderlich gewesen seien[1068].

Durch die Tatsache, dass der EuGH in seinem Tomra-Urteil aber ausdrücklich betont, dass das fragliche Verhalten des marktbeherrschenden Unternehmens Tomra aus dem Zeitraum des Jahres 1998 bis zum Jahr 2002 und die diesbezügliche Entscheidung der Kommission bereits aus dem Jahr 2006 zeitlich vor der Veröffentlichung der Prioritätenmitteilung der Kommission im Jahr 2009 zu verorten sind[1069], hält sich der EuGH bewusst die Möglichkeit offen, in späteren Entscheidungen – entsprechend

1067 "Daran kann auch das Vorbringen der Rechtsmittelführerinnen nichts ändern, dass die Erläuterungen der Kommission [Prioritätenmitteilung] eine vergleichende Analyse der Preise und Kosten vorsähen", vgl. EuGH, Urt. v. 19.4.2012 – C-549/10 P, noch nicht in der Sammlung veröffentlicht, Rn. 81, Tomra [Klammerzusatz durch den Verfasser]. Durch die Bezugnahme auf den Vortrag des Generalanwalts in seinem Schlussantrag, nach welchem die im Jahr 2009 veröffentlichte Prioritätenmitteilung für die rechtliche Beurteilung einer Entscheidung wie der vorliegenden Entscheidung der Kommission, die bereits zuvor im Jahre 2006 erlassen wurde, nicht einschlägig sei, relativiert der EuGH seine ablehnende Haltung gegenüber dem Ansatz des „more economic approach" aber in gewisser Weise auch wieder ein Stück, weil er dadurch zumindest grundsätzlich die Möglichkeit offen lässt, dass er in Bezug auf künftige Entscheidungen der Kommission, die nach der Veröffentlichung der Prioritätenmitteilung ergehen, den ökonomischen Ansatz zumindest in Teilbereichen entgegen den Feststellungen in seinem Tomra-Urteil prüfen könnte.

1068 Vgl. diesbezüglich nochmals verdeutlichend EuGH, Urt. v. 19.4.2012 – C-549/10 P, noch nicht in der Sammlung veröffentlicht, Rn. 80, Tomra: "Somit mussten weder die Kommission noch das Gericht prüfen, ob die Preise des Tomra-Konzerns unter dessen langfristigen Durchschnittsgrenzkosten lagen, so dass dieser Rechtsmittelgrund hier keinen Erfolg haben kann".

1069 vgl. EuGH, Urt. v. 19.04.2012 – C-549/10 P, Rn. 81, Tomra; vgl. auch Seitz, GRUR-Prax 2012, S. 245.

der exemplarischen Feststellungen im British Airways-Urteil zur Effizienzverteidigung – auch künftig verschiedene Kriterien des Ansatzes der Kommission als Ergänzung zum bisherigen Ansatz in die Rechtsprechung einfließen zu lassen und damit dem „more economic approach“ keine umfassende Absage zu erteilen[1070]. Weitere Urteile in der europäischen Rechtsprechung zeigen dementsprechend auch bereits deutlich auf, dass der von der Kommission vorgebrachte Ansatz des „more economic approach“ nicht gänzlich abgelehnt, sondern vielmehr – wie beim British Airways-Urteil in Bezug auf die berücksichtigten Effizienzen – teilweise und anhand einzelner Kriterien sehr wohl durch die Rechtsprechung im Sinne einer Ergänzung zum bisherigen Ansatz aufgegriffen wird.

e) Deutsche Telekom-Urteil des EuG

Bereits im Jahr 2008 hat das EuG in der Rechtssache Deutsche Telekom[1071] bei der Beurteilung einer Preis-Kosten-Schere[1072] den von der Kommission nach den Vorgaben des „more economic approach“ in die Missbrauchskontrolle eingeführten „as efficient competitor“-Test angewandt und diesen Teilaspekt des Ansatzes der Kommission in seine Rechtsprechung übernommen. Bei der Feststellung der Missbräuchlichkeit des fraglichen Verhaltens stellt das EuG explizit auf einen ebenso effizienten Wettbewerber als Prüfungsmaßstab ab und bestätigt damit zumindest für diesen Einzelfall die Vorgabe der Kommission, dass die Missbrauchskontrolle nach dem Maßstab dieses spezifisch ökonomischen Tests gerade nur marktstarke, ebenso effiziente Wettbewerber des marktbeherrschenden Unternehmens geschützt sind, während weniger effizient arbeitende Wettbewerber – und damit nach den Vorgaben der Kommission nicht entsprechend konsumentwohlfahrtsfördernde Unternehmen – nicht unter den Prüfungsmaßstab fallen[1073]. Das Gericht bestätigt

1070 Vgl. Weitbrecht/Mühle, EuZW 2013, S. 259.

1071 EuG, Slg. 2008 II, 485 – Deutsche Telekom AG ./. Kommission.

1072 Bei den bereits erwähnten sogenannten Preis-Kosten-Scheren als besonderer Fallgruppe der preisbezogenen Missbrauchsformen liegen die Vorleistungsentgelte oberhalb der Endkundenentgelte, und das marktbeherrschende Unternehmen wird bei der entsprechenden Vorleistung unmittelbar oder zumindest über Tochterfirmen auf dem relevanten Endkundenmarkt tätig, vgl. Möschel, JZ 2009, S. 1043.

1073 “Da die Vorleistungen der Kl. als unabdingbar dafür anzusehen sind, dass einer ihrer Wettbewerber auf dem nachgelagerten Markt für Endkunden-Zugangsdienste mit ihr in Wettbewerb treten kann, wird eine Preis-Kosten-Schere zwischen den Vorleistungs- und den Endkundenentgelten der Kl. die Entwicklung des Wettbewerbs auf den nachgelagerten Märkten grds. behindern. Sind nämlich die Endkundenpreise der Kl. niedriger als ihre Vorleistungsentgelte oder reicht die Spanne zwischen ihren Vorleistungs- und Endkundenentgelten nicht aus, um einem ebenso effizienten Betreiber wie ihr zu ermöglichen, seine mit der Erbringung der Endkunden-Zugangsdienste spezifischen Kosten zu decken, könnte ein potenzieller Wettbewerber, der ebenso effizient ist wie die Kl., in den Markt für Endkunden-Zugangsdienste nicht eintreten, ohne dabei Verluste zu erleiden

damit ausdrücklich die vorherigen entsprechenden Feststellungen der Kommission in deren Entscheidung[1074].

f) Deutsche Telekom-Urteil des EuGH

Der EuGH hat in seinem Deutsche Telekom-Urteil vom 14.10.2010 ausdrücklich den Prüfungsmaßstab des ebenso effizienten Wettbewerbers nach den Vorgaben des „more economic approach" als Ergänzung zum bisherigen Prüfungsansatz angewandt[1075]. Trotz dieser Bestätigung macht der EuGH deutlich, dass er grundsätzlich an seinen eigenen Vorgaben nach dem bisherigen Ansatz festhält. Durch die lediglich ergänzende Berücksichtigung des entsprechenden Teilkriteriums des Neuansatzes der Kommission wird jegliche Interpretation in Richtung einer verbindlichen Einführung des „more economic approach" als umfassender Neuansatz vermieden[1076].

[Unterstreichungen durch den Verfasser]", EuG, Slg. 2008 II, 485, Rn. 237 – Deutsche Telekom AG/Kommission.

1074 Vgl. EuG, Slg. 2008 II, 485, Rn. 194 – Deutsche Telekom AG ./. Kommission, wonach das EuG explizit festgestellt, dass die Kommission in ihrer vorhergehenden Entscheidung bei der Prüfung der Missbräuchlichkeit der Preispolitik zu Recht das Kriterium des ebenso effizienten Wettbewerbers angewandt hat.

1075 "Folglich verbietet Art. 82 EG einem beherrschenden Unternehmen u. a. eine Preispolitik, die für seine gegenwärtigen oder potenziellen ebenso effizienten Wettbewerber eine Verdrängungswirkung entfaltet, d. h. eine Verhaltensweise, die geeignet ist, seinen Wettbewerbern den Zugang zum Markt und seinen Vertragspartnern die Wahl zwischen mehreren Bezugsquellen oder Handelspartnern zu erschweren oder gar unmöglich zu machen, und damit seine Stellung stärkt, indem andere Mittel als diejenigen eines Leistungswettbewerbs herangezogen werden. Unter diesem Gesichtspunkt kann nicht jeder Preiswettbewerb als zulässig angesehen werden", EuGH, Slg. 2010, I-09555, Rn. 177, Deutsche Telekom. Der Gerichtshof bestätigte damit die Anwendung des „as efficient competitor"-Tests durch das EuG in der Vorinstanz.

1076 Interpretationen der europäischen Rechtsprechung hinsichtlich der Anwendung des „more economic approach" führten bereits in der Vergangenheit zu falschen Vermutungen: "Jüngsten Äußerungen aus der Generaldirektion Wettbewerb zufolge ist damit zu rechnen, dass die Kommission, nachdem ihre Auffassung im Microsoft-Verfahren weitgehend bestätigt wurde, in Kürze Leitlinien zur Anwendung von Art. 82 EG erlassen wird", vgl. Dietrich, MR-Int. 2007, S. 202; "Der darunter subsumierte Lebenssachverhalt ebenso wie die vom EuG verwendeten Formulierungen zeigen jedoch dass der Ansatz des more economic approach in die Urteilsbegründung eingeflossen ist. Auch im Vergleich zur Rechtslage nach British Airways hat sich die europäische Gerichtsbarkeit damit eindeutig in Richtung des more economic approach bewegt", vgl. Dietrich, MR-Int. 2007, S. 204; "Mit dem Microsoft-Urteil hat der more economic approach Eingang in die Rechtsprechung der europäischen Gerichtsbarkeit gefunden", vgl. Dietrich, MR-Int. 2007, S. 206f.

Der EuGH nimmt bei der diesbezüglich relevanten Urteilspassage[1077] intensiv Bezug auf Rechtsprechung, welche gerade als charakteristisch für den bisherigen Ansatz angesehen werden kann. So stellt der Europäische Gerichtshof vor der Bejahung des ebenso effizienten Wettbewerbers als Prüfungsmaßstab zunächst ausdrücklich klar, dass das primäre Schutzziel bei der Missbrauchskontrolle allein der Wettbewerb ist, während die Verbraucherinteressen lediglich nachrangig ebenfalls durch den Schutz des Wettbewerbs mitgeschützt werden, und verweist unter anderem auf sein Hoffmann La-Roche-Urteil aus dem Jahre 1979, das als ein Musterbeispiel und Ausgangspunkt für den bisherigen Prüfungsansatz angesehen werden kann[1078]. Durch dieses klare Bekenntnis zum Kernelement des bisherigen Ansatzes und eine entsprechende Positionierung gegen den „more economic approach" mit seinem primären Schutzziel der Konsumentenwohlfahrt beugt der EuGH einer Diskussion vor, ob durch die Prüfung des „as efficient competitor"-Tests gleichfalls auch die weiteren Vorgaben des ökonomischen Neuansatzes der Kommission anerkannt wurden bzw. der Ansatz des „more economic approach" auf diesem Weg als Gesamtkonstrukt

---

1077 Vgl. EuGH, Slg. 2010, I-09555, Rn. 169ff. – Deutsche Telekom: „Dagegen ist zur Prüfung der Begründetheit der vorliegenden Rüge zu untersuchen, ob das Gericht insbesondere in den Randnrn. 166 und 168 des angefochtenen Urteils zu Recht angenommen hat, dass die Preispolitik der Rechtsmittelführerin selbst dann, wenn diese nicht über einen Handlungsspielraum zu Änderung ihrer Zwischenabnehmerentgelte für Vorleistungszugangsdienste verfügt habe, als missbräuchlich im Sinne von Art. 82 EG eingestuft werden könne, sofern die Spanne zwischen diesen Zwischenabnehmerentgelten und den Endkundenentgelten für Endkundenzugangsdienste unabhängig von der Frage, ob sie jeweils für sich allein missbräuchlich seien, unangemessen sei, sofern also, wie es in diesem Urteil heißt, diese Spanne entweder negativ sei oder nicht ausreiche, um die produktspezifischen Kosten der Rechtsmittelführerin für die Erbringung ihrer eigenen Dienste zu decken, so dass ein ebenso effizienter Wettbewerber wie die Rechtsmittelführerin bei der Erbringung von Endkundenzugangsdiensten nicht mit ihr in Wettbewerb treten kann."

1078 „Hierzu ist darauf hinzuweisen, dass Art. 82 EG nach ständiger Rechtsprechung ein Ausfluss des allgemeinen, der Tätigkeit der Europäischen Gemeinschaft gesetzten Ziels ist, ein System zu errichten, das den Wettbewerb innerhalb des Gemeinsamen Marktes vor Verfälschungen schützt. Mit der beherrschenden Stellung im Sinne von Art. 82 EG ist somit die wirtschaftliche Machtstellung eines Unternehmens gemeint, die dieses in die Lage versetzt, die Aufrechterhaltung eines wirksamen Wettbewerbs auf dem relevanten Markt zu verhindern, indem sie ihm die Möglichkeit verschafft, sich seinen Wettbewerbern, seinen Abnehmern und letztlich den Verbrauchern gegenüber in einem nennenswerten Umfang unabhängig zu verhalten (vgl. Urteile vom 13. Februar 1979, Hoffmann-La Roche/Kommission, 85/76, Slg. 1979, 461, Randnr. 38, und vom 2. April 2009, France Télécom/Kommission, C-202/07 P, Slg. I-2369, Randnr. 103)", EuGH, Slg. 2010, I-09555, Rn. 170 – Deutsche Telekom.

in die europäische Wettbewerbsrechtsprechung eingeführt wurde[1079]. In diesem Zusammenhang spricht sich der europäische Gerichtshof zudem eindeutig gegen den Auswirkungsansatz nach dem „more economic approach" aus, indem er sich unzweifelhaft für den ursprünglichen verhaltensorientierten Ansatz positioniert und dabei ebenfalls auf klassische Rechtsprechung wie nochmals das Hoffmann La-Roche-Urteil oder das AKZO-Urteil Rückgriff nimmt[1080]. Der EuGH hat damit in seiner Deutsche Telekom-Entscheidung erneut aufgezeigt, dass er grundsätzlich an den Wertungen und Vorgaben seines ursprünglichen Ansatzes festhalten, aber in Einzelfällen immer wieder neue ökonomische Prüfungsaspekte ergänzend aufnehmen wird, welche durchaus in diesem Teilbereich dem Ansatz des „more economic approach" entsprechen.

1079 Um die Deutlichkeit seiner Position zugunsten des primären Schutzziels des unbeeinträchtigten Wettbewerbs bei der Missbrauchskontrolle nochmals zu verstärken, nimmt der EuGH kurz darauf noch einmal seine Feststellungen im France Télécom-Urteil auf und stellt wörtlich fest, dass das von der Kommission vorgegebene Kriterium der unmittelbaren Verbraucherschädigung im Sinne des entpsrechenden primären Schutzziels der Konsumentenwohlfahrt ausdrücklich nicht erfüllt sein muss, um eine Missbräuchlichkeit festzustellen: „Da Art. 82 EG somit nicht nur Verhaltensweisen erfasst, durch die den Verbrauchern ein unmittelbarer Schaden erwachsen kann, sondern auch solche, die sie durch die Beeinträchtigung des Wettbewerbs schädigen, trägt das Unternehmen, das eine beherrschende Stellung innehat, eine besondere Verantwortung dafür, dass es durch sein Verhalten einen wirksamen und unverfälschten Wettbewerb auf dem Gemeinsamen Markt nicht beeinträchtigt (vgl. in diesem Sinne Urteil France Télécom/Kommission, Randnr. 105 und die dort angeführte Rechtsprechung)", EuGH, Slg. 2010, I-09555, Rn. 176 – Deutsche Telekom.

1080 „Indem Art. 82 EG die missbräuchliche Ausnutzung einer marktbeherrschenden Stellung verbietet, soweit dadurch der Handel zwischen Mitgliedstaaten beeinträchtigt werden kann, erfasst er die Verhaltensweisen eines beherrschenden Unternehmens, die auf einem Markt, auf dem der Wettbewerb gerade wegen der Anwesenheit des fraglichen Unternehmens bereits geschwächt ist, die Aufrechterhaltung des auf dem Markt noch bestehenden Wettbewerbs oder dessen Entwicklung durch die Verwendung von Mitteln behindern, die von den Mitteln eines normalen Produkt- oder Dienstleistungswettbewerbs auf der Grundlage der Leistungen der Unternehmen abweichen (vgl. in diesem Sinne Urteile Hoffman-La Roche/Kommission, Randnr. 91, Nederlandsche Banden-Industrie-Michelin/Kommission, Randnr. 70, vom 3. Juli 1991, AKZO/Kommission, C-62/86, Slg. 1991, I-3359, Randnr. 69, vom 15. März 2007, British Airways/Kommission, Randnr. 66, und France Télécom/Kommission, Randnr. 104)", EuGH, Slg. 2010, I-09555, Rn. 174 – Deutsche Telekom.

g) TeliaSonera Sverige-Urteil des EuGH

Die Tendenz des grundsätzlichen Festhaltens am ursprünglichen Ansatz und der ergänzenden Hinzufügung von einzelnen, abgetrennten Prüfungsaspekten des „more economic approach“ hat der EuGH in seiner TeliaSonera Sverige-Entscheidung vom 17.2.2011 fortgeführt[1081].

aa) Bestätigung des „as efficient competitor“-Tests

In diesem Urteil hat der EuGH seine Rechtsprechung zu den sogenannten Preis-Kosten-Scheren und eine diesbezüglich ergänzende Anwendung des „as efficient competitor“-Tests nicht nur bestätigt, sondern weiter präzisiert. So stellt er in dem Urteil für die Fallgruppe der Preis-Kosten-Scheren fest, dass es hinsichtlich der Missbräuchlichkeit entscheidend darauf ankomme, ob das marktbeherrschende Unternehmen seine Endkundendienste ohne Verluste hätte anbieten können, wenn es selbst die von seinen Wettbewerbern zu entrichtenden Preise für die entsprechende Vorleistung hätte zahlen müssen[1082]. Durch diese Feststellungen wird der Prüfungsmaßstab des ebenso effizienten Wettbewerbers weiter in Bezug auf diese Form der preisbezogenen Missbrauchsfälle in der Rechtsprechung etabliert und durch den Gerichtshof im Vergleich zu den diesbezüglichen Vorgaben der Kommission nach dem „more economic approach“ eigenständig weiterentwickelt.

1081 „Die Margenbeschneidung kann nämlich angesichts ihrer möglichen Verdrängungswirkung auf zumindest ebenso effiziente Wettbewerber wie das beherrschende Unternehmen mangels jeglicher objektiven Rechtfertigung bereits für sich allein einen Missbrauch im Sinne von Art. 102 AEUV darstellen (vgl. in diesem Sinne Urteil Deutsche Telekom/Kommission, Randnr. 183)“, EuGH, Slg. 2011, I-527, Rn. 31, TeliaSonera Sverige.

1082 “Zur Beurteilung der Zulässigkeit der von einem beherrschenden Unternehmen angewandten Preispolitik ist grundsätzlich auf Preiskriterien abzustellen, die sich auf die dem beherrschenden Unternehmen entstandenen Kosten und seine Strategie stützen (vgl. in diesem Sinne Urteile vom 3. Juli 1991, AKZO/Kommission, C-62/86, Slg. 1991, I-3359, Randnr. 74, und France Télécom/Kommission, Randnr. 108). Insbesondere bei einer Preispolitik, die auf eine Margenbeschneidung hinausläuft, kann anhand dieser Prüfungskriterien festgestellt werden, ob das Unternehmen effizient genug gewesen wäre, um seine Endkundendienste anzubieten, ohne dabei Verluste hinnehmen zu müssen, wenn es vorher seine eigenen Vorleistungspreise für die Vorleistungen hätte zahlen müssen (vgl. in diesem Sinne Urteil Deutsche Telekom/Kommission, Randnr. 201). Falls es dem Unternehmen nicht möglich gewesen wäre, seine Endkundendienste anzubieten, ohne dabei Verluste hinnehmen zu müssen, würde dies bedeuten, dass Wettbewerber, die durch die genannte Preispolitik vom Markt hätten verdrängt werden können, nicht weniger effizient waren als das beherrschende Unternehmen und damit die Gefahr ihrer Verdrängung auf eine Wettbewerbsverzerrung zurückzuführen war. Ein derartiger Wettbewerb würde nämlich nicht allein auf den jeweiligen Leistungen der betreffenden Unternehmen beruhen“, EuGH, Slg. 2011, I-00527, Rn. 41ff., TeliaSonera Sverige.

bb) Bestätigung der Effizienzeinrede

Auch die durch das British Airways-Urteil in die europäische Rechtsprechung eingeführte Effizienzverteidigung, nach welcher marktbeherrschende Unternehmen ihr grundsätzlich missbräuchliches Verhalten durch überwiegende Effizienzvorteile, welche sie selbst nachzuweisen haben, ausnahmsweise ausgleichen können, wird durch den EuGH in diesem Urteil bestätigt und damit als neue, eigenständige Verteidigungsmöglichkeit bei der Missbrauchskontrolle nach Art. 102 AEUV gefestigt[1083].

h) Post Danmark-Urteil des EuGH

Zuletzt hat der EuGH am 27.3.2012 mit seinem Post Danmark-Urteil zur Missbräuchlichkeit selektiver Preissenkungen die Integration ökonomischer Teilsaspekte entsprechend den Vorgaben des „more economic approach" in seiner Rechtsprechung fortgeführt, ohne dabei vom bisherigen Prüfungsansatz abzuweichen[1084].

1083 „Ob die Preispolitik eines Unternehmens in beherrschender Stellung, die eine Verdrängung bewirken kann, wirtschaftlich gerechtfertigt ist, ist anhand sämtlicher Umstände des Einzelfalls zu beurteilen (vgl. in diesem Sinne Urteil Nederlandsche Banden-Industrie-Michelin/Kommission, Randnr. 73). Dabei ist zu ermitteln, ob die Nachteile der Verdrängungswirkung einer solchen Preispolitik für den Wettbewerb durch Effizienzvorteile ausgeglichen oder sogar übertroffen werden können, die auch dem Verbraucher zugutekommen. Steht die Verdrängungswirkung dieser Politik in keinem Zusammenhang mit Vorteilen für den Markt und die Verbraucher oder geht sie über dasjenige hinaus, was zur Erreichung solcher Vorteile erforderlich ist, so ist diese Politik als missbräuchlich anzusehen (Urteil British Airways/ Kommission, Randnr. 86)", EuGH, Slg. 2011, I-00527, Rn. 76, TeliaSonera Sverige.

1084 Der EuGH betont wiederum seine Unerschütterlichkeit in Bezug auf die Beibehaltung des bisherigen Ansatzes als Grundlage der Prüfung eines möglichen Missbrauchs einer marktbeherrschenden Stellung, indem er hinsichtlich seiner Feststellungen zum ebenso effizienten Wettbewerber explizit auch auf sein AKZO-Urteil hinweist und damit betont, dass der neue Maßstab des ebenso effizienten Wettbewerbers gerade keinen Bruch mit dem bisherigen Prüfungsansatz darstellt, sondern diesen nur ergänzt: „Art. 82 EG verbietet einem Unternehmen in beherrschender Stellung insbesondere die Anwendung von Praktiken, die für seine als ebenso effizient geltenden Wettbewerber eine Verdrängungswirkung enthalten und damit seine Stellung stärken, indem andere Mittel als diejenigen eines Leistungswettbewerbs herangezogen werden. Unter diesem Blickwinkel kann nicht jeder Preiswettbewerb als zulässig angesehen werden (vgl. in diesem Sinne Urteile AKZO/Kommission, Randnrn. 70 und 72, France Télécom/Kommission, Randnr. 106, und Deutsche Telekom/Kommission, Randnr. 177)", EuGH, Urt. v. 27.03.2012 – C-209/10, noch nicht in der Sammlung veröffentlicht, Rn. 25, Post Danmark A/S/ Konkurrenceradet.

aa) Ausweitung des Maßstabs des ebenso effizienten Wettbewerbers

Mit diesem Urteil hat der EuGH den bereits zuvor eingeführten Teilaspekt des „as efficient competitor“-Tests auch in Bezug auf die Missbrauchsform der Kampfpreise durch selektive Preissenkungen eines marktbeherrschenden Unternehmens in seinen Prüfungsrahmen übernommen. Der EuGH stellt die Voraussetzung der Missbräuchlichkeit in Bezug zur Preiskostenpolitik des Marktbeherrschers im Verhältnis zu den Kosten in seiner Entscheidung wie folgt auf: Soweit ein ebenso leistungsfähiger Wettbewerber die Möglichkeit hat, mit den angesetzten Preisen zu konkurrieren, ohne langfristig nicht tragbare Verluste zu erleiden, scheidet ein Missbrauch nach Art. 102 AEUV aus. Dies ist nach den Feststellungen des Gerichtshofs der Fall, wenn das Unternehmen in beherrschender Stellung seine Preise in einer Höhe festlegt, die die Kosten für den Vertrieb der betreffenden Ware oder für die Erbringung der betreffenden Dienstleistung im Wesentlichen deckt[1085]. Damit stellt der EuGH klar, dass allein die Tatsache, dass ein marktbeherrschendes Unternehmen seine Preise unter den durchschnittlichen Gesamtkosten, aber über den durchschnittlichen Grenzkosten festlegt, noch nicht für sich allein die Missbräuchlichkeit des Verhaltens indiziert[1086].

bb) Präzisierung der Anwendung der Effizienzverteidigung

Der EuGH verbindet diese Feststellung zur Missbräuchlichkeit erneut mit der Effizienzverteidung als weiterem Teilaspekt des „more economic approach“, welche

1085 “Soweit das Unternehmen in beherrschender Stellung seine Preise in einer Höhe festlegt, die die Kosten für den Vertrieb der betreffenden Ware oder für die Erbringung der betreffenden Dienstleistung im Wesentlichen deckt, hat ein ebenso leistungsfähiger Wettbewerber wie dieses Unternehmen nämlich grundsätzlich die Möglichkeit, mit diesen Preisen zu konkurrieren, ohne Verluste zu erleiden, die langfristig untragbar wären“, EuGH, Urt. v. 27.03.2012 – C-209/10, noch nicht in der Sammlung veröffentlicht, Rn. 38, Post Danmark A/S/Konkurrenceradet.

1086 Vgl. auch EuGH, Urt. v. 27.03.2012 –C-209/10, noch nicht in der Sammlung veröffentlicht, Rn. 44, Post Danmark A/S/Konkurrenceradet: „Nach alledem ist auf die vorgelegten Fragen zu antworten, dass Art. 82 EG dahin auszulegen ist, dass eine Niedrigpreispolitik, die ein Unternehmen in beherrschender Stellung gegenüber einigen wichtigen ehemaligen Kunden eines Wettbewerbers betreibt, nicht allein deshalb als eine missbräuchliche Verdrängungspraxis anzusehen ist, weil der von diesem Unternehmen gegenüber einem dieser Kunden angewandte Preis zwar unter den durchschnittlichen Gesamtkosten, jedoch über den durchschnittlichen inkrementellen Kosten der fraglichen Tätigkeit liegt, wie sie in dem dem Ausgangsrechtsstreit zugrunde liegenden Verfahren geschätzt wurden. Um zu entscheiden, ob unter Umständen wie denen im Ausgangsverfahren wettbewerbswidrige Auswirkungen vorliegen, ist zu prüfen, ob diese Preispolitik ohne eine objektive Rechtfertigung zu einer tatsächlichen oder wahrscheinlichen Verdrängung dieses Wettbewerbers zum Schaden des Wettbewerbs und damit der Verbraucherinteressen führt.“

aufgrund der weiteren Bestätigung in der europäischen Rechtsprechung zur Missbrauchskontrolle als anerkannt angesehen werden kann. Dabei stellt er ausdrücklich fest, dass diese ökonomisch geprägte Verteidigungsmöglichkeit lediglich als Ergänzung zu den bereits zuvor nach dem bisherigen Ansatz gegebenen Verteidigungsmöglichkeiten und nicht als Bruch mit dem alten Ansatz oder zumindest als Neuanfang zu verstehen ist[1087]. In Bezug auf die Effizienzverteidigung präzisiert der Gerichtshof seine vorherigen Vorgaben, indem er zunächst die ursprünglich durch die Kommission vorgegebenen und durch das British Airways-Urteil in die Rechtsprechung eingeführten Voraussetzungen bestätigt und klarstellt, dass auch die Bestimmung wahrscheinlicher Auswirkungen auf den Wettbewerb und auf die ausdrücklich nachgelagerten Interessen der Verbraucher im Rahmen der Effizienzverteidigung als ausreichend angesehen werden[1088]. Der EuGH modifiziert seine Vorgaben zur neuen Verteidigungsmöglichkeit der Effizienzeinrede, indem er klarstellt, dass diese nur dann möglich ist, wenn ein wirksamer Wettbewerb auf dem betroffenen Markt durch das letztlich effizienzfördernde Verhalten nicht ausgeschaltet wird[1089]. Dies stellt eine Weiterentwicklung der Rechtsprechung im Bereich der

---

1087 „Falls das vorlegende Gericht nach Abschluss dieser Untersuchung jedoch feststellen sollte, dass aufgrund des Verhaltens von Post Danmark wettbewerbswidrige Auswirkungen gegeben sind, ist daran zu erinnern, dass ein Unternehmen in beherrschender Stellung Handlungen, die möglicherweise unter das in Art. 82 EG niedergelegte Verbot fallen, rechtfertigen kann (vgl. in diesem Sinne u. a. Urteile vom 14. Februar 1978, United Brands und United Brands Continentaal/Kommission, 27/76, Slg. 1978, 207, Randnr. 184, vom 6. April 1995, RTE und ITP/Kommission, C-241/91 P und C-242/91 P, Slg. 1995, I-743, Randnrn. 54 und 55, und TeliaSonera Sverige, Randnrn. 31 und 75). Ein solches Unternehmen kann dazu insbesondere den Nachweis erbringen, dass entweder sein Verhalten objektiv notwendig ist (vgl. in diesem Sinne Urteil vom 3. Oktober 1985, CBEM, 311/84, Slg. 1985, 3261, Randnr. 27) oder dass die dadurch hervorgerufene Verdrängungswirkung durch Effizienzvorteile ausgeglichen oder sogar übertroffen werden kann, die auch dem Verbraucher zugutekommen (Urteile vom 15. März 2007, British Airways/Kommission, C-95/04 P, Slg. 2007, I-2331, Randnr. 86, und TeliaSonera Sverige, Randnr. 76)", vgl. EuGH, Urt. v. 27.03.2012 – C-209/10, noch nicht in der Sammlung veröffentlicht, Rn. 40f., Post Danmark A/S/Konkurrenceradet.

1088 „In letzterer Hinsicht hat das Unternehmen in beherrschender Stellung nachzuweisen, dass die durch das betreffende Verhalten möglicherweise eintretenden Effizienzvorteile wahrscheinlich negative Auswirkungen auf den Wettbewerb und die Interessen der Verbraucher auf den betroffenen Märkten ausgleichen [...]", EuGH, Urt. v. 27.03.2012 – C-209/10, noch nicht in der Sammlung veröffentlicht, Rn. 42, Post Danmark A/S/Konkurrenceradet.

1089 „In letzterer Hinsicht hat das Unternehmen in beherrschender Stellung nachzuweisen [...], dass diese Effizienzvorteile durch das genannte Verhalten erzielt worden sind oder erzielt werden können und dass dieses Verhalten für das Erreichen der Effizienzvorteile notwendig ist und einen wirksamen Wettbewerb nicht ausschaltet, indem es alle oder die meisten bestehenden Quellen tatsächlichen oder potenziellen Wettbewerbs zum Versiegen bringt", EuGH, Urt. v. 27.03.2012

Effizienzeinrede bei Art. 102 AEUV dar, weil der Europäische Gerichtshof in seinen vorherigen Urteilen lediglich die Voraussetzungen des Ausgleichs der negativen Wettbewerbswirkungen durch die mindestens aufwiegenden, kausalen Effizienzvorteile, die Verbraucherbeteiligung an diesen Vorteilen und die Erforderlichkeit des entsprechenden Verhaltens gefordert hatte[1090]. Mit dieser Modifikation stellt der EuGH klar, dass ein wesentlicher Eingriff in die Marktstruktur, durch welchen der Wettbewerb auf dem relevanten Markt zum Erliegen kommt, selbst durch deutlich überwiegende Effizienzvorteile nicht ausgeglichen werden könne[1091].

cc) Zwischenergebnis zum Post Danmark-Urteil des EuGH

Trotz der weiteren Klarstellung, am bisherigen Ansatz festhalten zu wollen, ist eine klare Tendenz zu erkennen, dass der Gerichtshof verschiedene Teilaspekte des ökonomischen Neuansatzes der Kommission immer stärker in seine rechtlichen Vorgaben übernehmen wird. Durch die wiederholende Bestätigung der Effizienzverteidigung bei dieser Missbrauchsform befasst sich der EuGH in seinem Post Danmark-Urteil auch zwangsläufig mit der von der Kommission im Rahmen des „more economic approach" geforderten, umfassenden Beurteilung der Auswirkungen eines Verhaltens unter Berücksichtigung sämtlicher Umstände des Einzelfalls. Eine Abkehr vom verhaltensorientierten Ansatz lehnt der Gerichtshof aber weiterhin kategorisch ab und stellt dies auch noch einmal in diesem Urteil klar[1092].

– C-209/10, noch nicht in der Sammlung veröffentlicht, Rn. 42, Post Danmark A/S/Konkurrenceradet.

1090 Vgl. EuGH, Slg. 2007, I-2373, Rn. 86, British Airways und EuGH, Slg. 2011, I-527, Rn. 76, TeliaSonera Sverige.

1091 So würde nach dieser Klarstellung durch den Europäischen Gerichtshof spätestens bei der Entstehung einer monopolähnlichen Stellung des marktbeherrschenden Unternehmens durch die verdrängende und wettbewerbsbeeinträchtigende Maßnahme die Möglichkeit einer Effizienzverteidigung ausscheiden.

1092 „Nach ebenfalls ständiger Rechtsprechung trägt das Unternehmen, das eine beherrschende Stellung innehat, eine besondere Verantwortung dafür, dass es durch sein Verhalten einen wirksamen und unverfälschten Wettbewerb auf dem Gemeinsamen Markt nicht beeinträchtigt (vgl. Urteil vom 2. April 2009, France Télécom/Kommission, C-202/07 P, Slg. 2009, I-2369, Randnr. 105 und die dort angeführte Rechtsprechung)", EuGH, Urt. v. 27.03.2012 – C-209/10, Rn. 23, Post Danmark A/S/Konkurrenceradet, noch nicht in der Sammlung veröffentlicht: „Art. 82 EG erfasst insbesondere die Verhaltensweisen eines beherrschenden Unternehmens, die zum Nachteil der Verbraucher die Aufrechterhaltung oder den Ausbau des auf dem Markt noch bestehenden Wettbewerbs oder die Entwicklung dieses Wettbewerbs durch die Verwendung von Mitteln behindern, die von den Mitteln eines normalen Wettbewerbs auf der Grundlage der Leistungen der Unternehmen abweichen (vgl. in diesem Sinne Urteile AKZO/Kommission, Randnr. 69, France Télécom/Kommission, Randnrn. 104 und 105, und vom 14. Oktober 2010, Deutsche Telekom/Kommission, C-280/08 P, noch nicht in der amtlichen Sammlung veröffentlicht, Randnrn. 174, 176 und 180 sowie die dort angeführte Rechtsprechung)", EuGH,

i) Änderung der Rechtsprechung zum Missbrauch durch Niedrigpreise

Das Post Denmark-Urteil des EuGH enthält darüber hinaus eine wesentliche Änderung der vorherigen Rechtsprechung hinsichtlich des Einsatzes von Niedrigpreisen durch marktbeherrschende Unternehmen, indem klargestellt wird, dass eine Missbräuchlichkeit auch dann gegeben sein kann, wenn der Nachweis einer Verdrängungsabsicht bezüglich des Einsatzes von Niedrigpreisen nicht möglich ist[1093].

aa) Bisherige Vorgaben des EuGH nach der AKZO-Formel

Bislang bejahte der Europäische Gerichtshof die Missbräuchlichkeit durch eine unwiderlegbare Vermutung hinsichtlich des Einsatzes von Niedrigpreisen nach den Vorgaben in seinem AKZO-Urteil, wenn der durch den Marktbeherrscher angesetzte Preis unterhalb der durchschnittlich variablen Kosten lag, während in dem Fall, dass der angesetzte Preis die durchschnittlichen Gesamtkosten, nicht aber die durchschnittlichen variablen Kosten, unterschritt, zusätzlich der Nachweis einer Verdrängungsstrategie des Marktbeherrschers erforderlich war[1094].

Urt. v. 27.03.2012 – C-209/10, noch nicht in der Sammlung veröffentlicht, Rn. 24, Post Danmark A/S/Konkurrenceradet. Es ist festzustellen, dass der Gerichtshof die Interessen der Verbraucher als Schutzziel explizit benennt, durch die gewählte Formulierung aber deutlich macht, dass sich der Verbraucherschutz mittelbar aus dem Schutz des unbeeinträchtigten Wettbwerb ergibt. Um jegliche Missverständnisse zu vermeiden, unterstreicht der Gerichsthof diese Aussage durch die Verweisung auf sein AKZO-Urteil noch einmal. Auch in seinen späteren Ausführungen im Urteil stellt er diese Nachrangigkeit des Schutzes der Verbraucherinteressen gegenüber dem Schutz des unbeeinträchtigten Wettbewerb noch einmal klar: „[...], ist zu prüfen, ob diese Preispolitik ohne eine objektive Rechtfertigung zu einer tatsächlichen oder wahrscheinlichen Verdrängung dieses Wettbewerbers zum Schaden des Wettbewerbs und damit der Verbraucherinteressen führt“, EuGH, Urt. v. 27.03.2012 – C-209/10, noch nicht in der Sammlung veröffentlicht, Rn. 44, Post Danmark A/S/Konkurrenceradet.

1093 „Zu der Frage, ob Post Danmark möglicherweise eine wettbewerbswidrige Strategie verfolgte, ergibt sich aus den Akten, dass die Beschwerde, die dem Ausgangsverfahren zugrunde lag, davon ausging, dass Post Danmark durch seine Politik niedriger Preise gegenüber einigen wichtigen Kunden ihres Konkurrenten diesen Konkurrenten eventuell vom betreffenden Markt hätte verdrängen können. Wie sich jedoch aus dem Vorlagebeschluss ergibt, konnte Post Danmark die Absicht, diesen Konkurrenten auszuschalten, nicht nachgewiesen werden“, EuGH, Urt. v. 27.03.2012 – C-209/10, noch nicht in der Sammlung veröffentlicht, Rn. 29, Post Danmark A/S/Konkurrenceradet. Der Nachweis einer solchen Absicht wird auch nachfolgend im Urteil durch den EuGH nicht gefordert.

1094 In seinem AKZO-Urteil, bei dem es um die Frage ging, ob ein Unternehmen Verdrängungspreise angewandt hat, hat der Gerichtshof zunächst festgestellt, dass Preise, die unter den durchschnittlichen „variablen“ Kosten liegen, d. h., unterhalb der je nach der produzierten Menge variierenden Kosten, grundsätzlich als missbräuchlich anzusehen sind, da davon auszugehen ist, dass ein Unternehmen

bb) Modifizierung durch subjektives Element

Diese Vorgabe modifiziert der EuGH in seinen Tetra Pak- und France Télécom-Urteilen bereits dahingehend, dass auch in dem Fall, dass zwischen den durchschnittlichen variablen Kosten und den durchschnittlichen Gesamtkosten angesetzte Preise ebenfalls nur dann als missbräuchlich anzusehen sind, wenn eine entsprechende Verdrängungsabsicht tatsächlich nachgewiesen werden kann[1095].

cc) Weitere Modifizierung durch Berücksichtigung von Auswirkungen

Diese Voraussetzungen für das Feststellen eines Missbrauchs durch das Ansetzen von Niedrigpreisen hat der EuGH mit seinem Post Danmark-Urteil nunmehr nochmals erweitert und dabei in abgewandelter Form einen Auswirkungsansatz zur Etablierung der Effizienzeinrede aufgegriffen[1096]. Wiederum im Sinne eines ergänzenden Prüfungskriteriums stellt der EuGH auf die konkreten Auswirkungen der Preispolitik des Marktbeherrschers ab und ermöglicht auf diese Weise die Einführung der Effizienzverteidigung für den Preismissbrauch[1097]. Ohne seinen bisherigen Ansatz aufzugeben, erweitert der EuGH das bisherige Prüfungsschema der Missbräuchlichkeit durch Niedrigpreise damit dahingehend, dass eine Missbräuchlichkeit auch dann gegeben sein kann, wenn eine Verdrängungsabsicht nicht

---

in beherrschender Stellung mit der Anwendung derartiger Preise keinen anderen wirtschaftlichen Zweck verfolgt, als seine Wettbewerber zu verdrängen. Weiterhin hat der Gerichtshof entschieden, dass Preise, die unter den durchschnittlichen Gesamtkosten, jedoch über den durchschnittlichen variablen Kosten liegen, als missbräuchlich anzusehen sind, wenn sie im Rahmen eines Plans festgesetzt wurden, der die Ausschaltung eines Konkurrenten zum Ziel hat, vgl. EuGH, Slg. 1991, I-3359, Rn. 71f., AKZO.

1095 EuGH, Slg. 1996, I-5951, Rn. 41, Tetra Pak; EuGH, Slg. 2009, I-2369, Rn. 109, France Télécom.

1096 Der EuGH betont ausdrücklich, dass er an den Vorgaben des AKZO-Urteils festhalten wird, weshalb auch zukünfitg vorrangig auf die durchschnittlichen variablen Kosten und hilfsweise auf die durchschnittlichen Gesamtkosten mit der erforderlichen Berücksichtigung des subjektiven Kriteriums abzustellen ist, vgl. EuGH, Urt. v. 27.03.2012 – C-209/10, noch nicht in der Sammlung veröffentlicht, Rn. 29f., Post Danmark A/S/Konkurrenceradet. Demnach bleibt es bei der Anwendung des bisherigen, verhaltensorientierten Ansatzes, wobei der Fokus auf die Auswirkungen anschließend in Bezug auf die Neuerung der Effizienzverteidigung bei dieser Missbrauchsform zum Tragen kommt.

1097 „[...] Um zu entscheiden, ob unter Umständen wie denen im Ausgangsverfahren wettbewerbswidrige Auswirkungen vorliegen, ist zu prüfen, ob diese Preispolitik ohne eine objektive Rechtfertigung zu einer tatsächlichen oder wahrscheinlichen Verdrängung dieses Wettbewerbers zum Schaden des Wettbewerbs und damit der Verbraucherinteressen führt“, EuGH, Urt. v. 27.03.2012 – C-209/10, noch nicht in der Sammlung veröffentlicht, Rn. 44, Post Danmark A/S/Konkurrenceradet.

nachweisbar ist[1098]. Während bislang das subjekitve Element der Verdrängungsabsicht und ein entsprechender Nachweis erforderlich waren, wenn die angesetzten Preise die durchschnittlichen Gesamtkosten, nicht aber die durchschnittlichen variablen Kosten, unterschritten bzw. die Preise zwischen den durchschnittlich variablen Kosten und den durchschnittlichen Gesamtkosten angesetzt wurden, genügt nach den Vorgaben des Post Denmark-Urteils, die Feststellung einer tatsächlichen oder wahrscheinlichen Verdrängungswirkung als Auswirkung des Verhaltens des Marktbeherrschers[1099].

j) Keine Übernahme des Auswirkungsansatzes

Dieses ergänzende Abstellen auf die Auswirkungen eines Verhaltens im Post Danmark-Urteil des EuGH kann aber weiterhin nicht als Bruch mit dem bisherigen Ansatz im Sinne eines Paradigmenwechsels weg von einem formbasierten hin zu einem auswirkungsbasierten Ansatz gewertet werden. Vielmehr fügt sich diese Rechtsprechung ebenfalls nahtlos in die bisherige Rechtsprechung des EuGH ein und kann als sinnvolle Weiterentwicklung unter verstärkter Berücksichtigung ökonomischer Aspekte bei der Missbrauchskontrolle gewertet werden[1100].

aa) Maßstab der wahrscheinlichen Auswirkungen

Dadurch, dass der EuGH auch in diesem Urteil explizit feststellt, dass es keiner Analyse der konkreten tatsächlichen Auswirkungen bedarf, spricht er sich mittelbar sogar gegen den Auswirkungsansatz der Kommission aus. Der EuGH stellt in alter Tradition auf mögliche und damit hypothetische Voraussetzungen ab, welche schon

---

1098 "Zu der Frage, ob Post Danmark möglicherweise eine wettbewerbswidrige Strategie verfolgte, ergibt sich aus den Akten, dass die Beschwerde, die dem Ausgangsverfahren zugrunde lag, davon ausging, dass Post Danmark durch seine Politik niedriger Preise gegenüber einigen wichtigen Kunden ihres Konkurrenten diesen Konkurrenten eventuell vom betreffenden Markt hätte verdrängen können. Wie sich jedoch aus dem Vorlagebeschluss ergibt, konnte Post Danmark die Absicht, diesen Konkurrenten auszuschalten, nicht nachgewiesen werden", EuGH, Urt. v. 27.03.2012 – C-209/10, noch nicht in der Sammlung veröffentlicht, Rn. 29, Post Danmark A/S/Konkurrenceradet.

1099 „Aus diesen Gründen hat der Gerichtshof (Große Kammer) für Recht erkannt: [...] Um zu entscheiden, ob unter Umständen wie denen im Ausgangsverfahren wettbewerbswidrige Auswirkungen vorliegen, ist zu prüfen, ob diese Preispolitik [...] zu einer tatsächlichen oder wahrscheinlichen Verdrängung dieses Wettbewerbers zum Schaden des Wettbewerbs und damit der Verbraucherinteressen führt", EuGH, Urt. v. 27.03.2012 – C-209/10, noch nicht in der Sammlung veröffentlicht, Rn. 45, Post Danmark A/S/Konkurrenceradet.

1100 Die neuen Aspekte kommen in Anlehnung an den Ansatz des „more economic approach" lediglich in Ergänzung des bisherigen Ansatzes zur Anwendung und führen im Ergebnis zu keinem anderen Ergebnis, sondern verschärfen lediglich dessen Konturen.

mehrfach als nach dem bisherigen Ansatz ausreichend in seiner Rechtsprechung anerkannt wurden[1101]. Die notwendige Berücksichtigung von wahrscheinlichen Auswirkungen im Rahmen der vom EuGH in Einzelfällen durchaus gewollten Effizienzverteidigung wurde auch bereits hinschtlich des prägenden British Airways-Urteils des EuGH diskutiert[1102]. Der EuGH führte in seinem Urteil aus, dass der Beweis einer tatsächlichen, quantifizierbaren Auswirkung auf den Markt nicht erbracht werden muss, wenn eine Gesamtschau der Umstände bereits für einen Missbrauch spricht[1103]. Das British Airways-Urteil des EuGH ist trotz der Bejahung einer Effizienzverteidigung als klare Ablehung des auwirkungsorientierten Ansatzes nach dem „more economic approach" zu verstehen. Dieses Vorgehen berücksichtigt, dass eine konkrete Untersuchung aller möglichen Auswirkungen oftmals im Einzelfall praktisch nicht möglich ist, bzw. nur mit unverhältnismäßigem Aufwand verbunden wäre[1104].

bb) Relativierung des Auswirkungsansatzes durch die Kommission selbst

Selbst die Kommission hat diese Problematik in Bezug auf die Feststellung der tatsächlichen Auswirkungen früh erkannt und bereits in ihrem Diskussionspapier auch die Möglichkeit der Berücksichtigung von wahrscheinlichen Auswirkungen

---

1101 Vgl. exemplarisch EuGH, Slg. 1979, 461, Rn. 91, Hoffmann-La Roche; EuGH, Slg. 1975, 1163, Rn. 526f., Suiker Unie.

1102 Bereits im Schlussantrag führte Generalanwältin Kokott aus: „[...] dass es nicht erforderlich ist, in jedem Fall die tatsächlichen wettbewerbswidrigen Auswirkungen eines Rabatt- und Prämiensystems auf Wettbewerber nachzuweisen. Schon der Aufwand, den Wettbewerbsbehörden, Gerichte und gegebenenfalls private Kläger leisten müssten, um einen solchen Nachweis auch nur ansatzweise führen zu können, wäre in vielen Fällen völlig unverhältnismäßig", Schlussantrag GA Kokott, EuGH, Slg. 2007, I-2331, British Airways.

1103 „Nichts hindert daran, die Diskriminierung von Handelspartnern, die sich in einer Wettbewerbsbeziehung befinden, als missbräuchlich anzusehen, wenn das Verhalten des Unternehmens in beherrschender Stellung angesichts des gesamten Sachverhalts darauf gerichtet ist, eine Wettbewerbsverzerrung zwischen diesen Handelspartnern herbeizuführen. In einer solchen Situation kann nicht verlangt werden, dass zusätzlich der Beweis einer tatsächlichen, quantifizierbaren Verschlechterung der Wettbewerbsstellung einzelner Handelspartner erbracht wird", EuGH, Slg. 2007, I-2331, Rn. 145, British Airways.

1104 Um die tatsächlichen Auswirkungen nachzuweisen, müsste zunächst berücksichtigt werden, dass viele verschiedene Ursachen kumulativ die Auswirkungen auf den Markt bestimmen. Es ist schwierig den Anteil der Verursachung durch das Verhalten des Marktbeherrschers herauszufiltern. Zudem müsste im konkreten Fall die Kausalität des konkreten Verhaltens des marktbeherrschenden Unternehmens für die tatsächliche Auswirkung nachgewiesen werden, was sich aufgrund zu berücksichtigender Opportunitäten und Anreizwirkungen auf Wettbewerber äußerst schwierig gestalten würde, vgl. Engelsing, Modernisierung von Art. 82 EG, S. 94.

des Verhaltens eines Marktbeherrschers genannt, die sogenannten „likely effects“[1105]. Die Kommission beabsichtigt, ihren Auswirkungsansatz in Einzelfällen einzuschränken und die Feststellung wahrscheinlicher Auswirkungen ausreichen zu lassen. Sie stellt diesbezüglich aber im Sinne ihres neuen Ansatzes ausdrücklich klar, dass es sich hierbei um einen Ausnahmefall handeln soll, der nur greift, wenn aufgrund der besonderen Umstände des Einzelfalls ausnahmsweise nicht ausreichend Informationen zu beschaffen sind, um die tatsächlichen Umstände berücksichtigen zu können[1106].

k) Ablehnung des Sacrifice Tests

Während der EuGH in seinem Post Danmark-Urteil aufgezeigt hat, dass er verschiedene Teilaspekte des „more economic approach“ im Sinne einer moderaten und angemessenen Berücksichtigung ökonomischer Erkenntnisse in der Missbrauchsaufsicht in seine Prüfung ergänzend eingliedert, wird der von der Kommission im Diskussionspapier eingeführte und in der Prioritätenmitteilung bestätigte Sacrifice-Test vom Gerichtshof bewusst nicht übernommen.

aa) Vorgaben der Kommission

Die Kommission will anhand des Sacrifice-Tests eine Selbstschädigung des marktbeherrschenden Unternehmens durch billigende Inkaufnahme von Verlusten bzw. Gewinneinbußen prüfen. Liegt nach dem Ergebnis des Tests der Angebotspreis unter den durchschnittlichen vermiedenen Kosten, will die Kommission hieraus eine Indizwirkung für ein missbräuchliches Verhalten des Marktbeherrschers ableiten[1107].

1105 “The concern is to prevent exclusionary conduct of the dominant firm which is likely [Unterstreichung durch den Verfasser] to limit the remaining competitive constraints on the dominant company, including entry of newcomers, so as to avoid that consumers are harmed”, vgl. DG Competition Discussion Paper, S. 17; “It secondly implies that, in the specific market context, a likely [Unterstreichung durch den Verfasser] market distorting foreclosure effect must be established. By foreclosure is meant that actual or potential competitors are completely or partially denied profitable access to a market. Foreclosure may discourage entry or expansion of rivals or encourage their exit”, vgl. DG Competition Discussion Paper, S. 18.

1106 “Where in a particular case it proves not possible to apply the more detailed principles and tests, for instance because of insufficient access to relevant data, the Commission will analyse the case using the general principles in view of the central concern described above”, vgl. DG Competition Discussion Paper, S. 18.

1107 Das maßgebliche Kriterium beim Sacrifice-Tests sind die vermeidbaren Verluste des marktbeherrschenden Unternehmens, welche wiederum anhand des Kostenmaßstabs der durchschnittlichen vermeidbaren Kosten zu messen sind, vgl. Prioritätenmitteilung der Kommission, ABl. C 45 vom 24.2.2009, S. 23f.; vgl. eingehend zu diesem Ansatz: Pries, Kampfpreismissbrauch im ökonomisierten EG-Kartellrecht, S. 92f.

bb) Keine Prüfung der durchschnittlichen vermiedenen Kosten

Der EuGH prüft in seiner aufgrund der Umstände des Einzelfalls für eine Anwendung des Sacrifice-Tests grundsätzlich sehr gut geeigneten Post Danmark-Entscheidung aber gerade nicht, ob vermeidbare Verluste erzielt wurden. Vielmehr stellt der Gerichtshof darauf ab, dass das marktbeherrschende Unternehmen hinsichtlich bestimmter Kunden die Preise oberhalb der durchschnittlichen Gesamtkosten festgesetzt hat und deshalb, trotz der Selektivität bei der Preisgestaltung, keine wettbwerbsschädigenden Auswirkungen zu erwarten sind[1108]. Durch die anschließende Bezugnahme auf weitere Kostenmäßstäbe unter Aussparung der nach den Vorgaben der Kommission für den Sacrifice-Test wesentlichen durchschnittlichen vermiedenen Kosten lehnt der Gerichtshof eine Übernahme des Sacrifice-Tests zur Identifizierung einer unzulässigen Kampfpreisstrategie ab, ohne dies ausdrücklich auszusprechen[1109].

cc) Berücksichtigung der inkrementellen Kosten

Dennoch berücksichtigt der EuGH in diesem Urteil trotz der Ablehnung des Sacrifice-Tests mit den sogenannten inkrementellen Kosten einen neuen Kostenmaßstab, den die Kommission im Rahmen ihrer Prioritätenmitteilung als Teilaspekt des „more economic approach“ eingeführt hat[1110]. Weil im vorliegenden Fall keinerlei Verdrängungsabsicht nachweisbar war, hat die zuständige dänische Wettbewerbsbörde auf

---

1108 “Außerdem steht fest, dass die Preise, die im vorliegenden Fall den Konzernen Spar und SuperBest vorgeschlagen wurden, höher angesetzt worden waren als die genannten durchschnittlichen Gesamtkosten, wie sie von den genannten Behörden geschätzt worden waren. Unter diesen Umständen kann nicht angenommen werden, dass solche Preise wettbewerbswidrige Auswirkungen haben“, EuGH, Urt. v. 27.03.2012 – C-209/10, noch nicht in der Sammlung veröffentlicht, Rn. 36, Post Danmark A/S/Konkurrenceradet.

1109 Der EuGH vermeidet es ausdrücklich die vermeidbaren Verluste des marktbeherrschenden Unternehmens und damit den Maßstab der durchschnittlichen vermeidbaren Kosten entsprechend der Vorgaben der Kommission zum Sacrifice-Tests zu berücksichtigen: “Was die gegenüber dem Coop-Konzern angewandten Preise angeht, ist eine Preispolitik wie die im Ausgangsfall in Rede stehende nicht allein deshalb als missbräuchliche Verdrängungspraxis anzusehen, weil der Preis, der von dem Unternehmen in beherrschender Stellung bei einem einzigen Kunden angewandt wird, zwar unter den durchschnittlichen Gesamtkosten, jedoch über den durchschnittlichen inkrementellen Kosten der fraglichen Tätigkeit liegt, wie sie im Ausgangsverfahren geschätzt wurden”, EuGH, Urt. v. 27.03.2012 – C-209/10, noch nicht in der Sammlung veröffentlicht, Rn. 38, Post Danmark A/S/Konkurrenceradet.

1110 Bei den inkrementellen Kosten handelt es sich um die langfristigen durchschnittlichen Grenzkosten, vgl. Prioritätenmitteilung der Kommission, ABl. C 45 vom 24.2.2009, S. 12, mit einem Vergleich zu den anderen Kostenarten auf derselben Seite der Mitteilung in Fn. 18.

diese im Rahmen der Missbrauchskontrolle neuartige Kostenart abgestellt[1111]. Der EuGH hat daraufhin die inkrementellen Kosten als weiteren Teilaspekt des „more economic approach" in seine Rechtsprechung aufgenommen[1112]. Durch diese Ergänzung modifiziert und präzisiert der EuGH seine Entscheidungspraxis zu den Fällen missbräuchlicher Preisgestaltung marktbeherrschender Unternehmen, weil er über die Berücksichtigung von Auswirkungen nunmehr auch in den Fällen eine Missbräuchlichkeit feststellen kann, in denen zuvor der Nachweis einer Verdrängungsstrategie zu erbringen war.

l) Telefónica-Urteil des EuG

aa) Der „as efficient competitor"-Tests bei Preis-Kosten-Scheren

Unmittelbar nach der Post Danmark-Entscheidung des EuGH hat das EuG mit seiner Telefónica-Entscheidung die Anwendung des „as efficient competitor"-Tests für die preisbezogene Missbrauchsform der sogenannten Preis-Kosten-Scheren nochmals in seine Rechtsprechung zu Art. 102 AEUV übernommen[1113]. Das Europäische Gericht erkennt die ursprünglichen Vorgaben des Europäischen Gerichtshofs im TeliaSonera-Urteil zum Maßstab des ebenso effizienten Wettbewerbers damit als allgemeine Vorgabe bei der Bewertung der Preispolitik eines marktbeherrschenden Unternehmens für den streitgegenständlichen Fall der Preis-Kosten-Schere an[1114]. Der Maßstab des ebenso effizienten Wettbewerbers ist damit klarer Bestandteil der europäischen Rechtsprechung bei der Beurteilung von Preis-Kosten-Scheren durch marktbeherrschende Unternehmen geworden.

1111 Im Rahmen der Revision des marktbeherrschenden Unternehmens wurden dem EuGH dann entsprechende Fragen zur Auslegung vorgelegt, vgl. Emmerich, JuS 2012, S. 1133ff.

1112 Vgl. EuGH, Urt. v. 27.03.2012 – C-209/10, noch nicht in der Sammlung veröffentlicht, Rn. 38, Post Danmark A/S/Konkurrenceradet; vgl. auch Emmerich, JuS 2012, S. 1134, der dieser Berücksichtigung der inkrementellen Kosten eine große praktische Tragweite zumisst.

1113 „Wie nämlich der Gerichtshof bereits festgestellt hat, verbietet Art. 82 EG u. a. einem beherrschenden Unternehmen eine Preispolitik, die für seine gegenwärtigen oder potenziellen ebenso effizienten Wettbewerber eine Verdrängungswirkung entfaltet", EuG, Urt. v. 29.03.2012, T-336/07, Rn. 189, Telefónica und Telefónica de Espana/Kommission, noch nicht in Sammlung veröffentlicht.

1114 „Ein Unternehmen missbraucht seine beherrschende Stellung daher auch dann, wenn es eine Preispolitik verfolgt, durch die Unternehmen vom Markt verdrängt werden sollen, die vielleicht ebenso leistungsfähig sind wie dieses Unternehmen, wegen ihrer geringeren Finanzkraft jedoch nicht dem auf sie ausgeübten Konkurrenzdruck standhalten können (vgl. in diesem Sinne Urteil TeliaSonera, oben in Randnr. 146 angeführt, Randnrn. 39 f. und die dort angeführte Rechtsprechung)", EuG, Urt. v. 29.03.2012, T-336/07, Rn. 189,Telefónica und Telefónica de Espana/Kommission, noch nicht in Sammlung veröffentlicht.

bb) Offene Entwicklung in Bezug auf weitere Missbrauchsformen

Ob dieser Test wie von der Kommission vorgesehen auch in Bezug auf weitere Missbrauchsformen von der europäischen Rechtsprechung aufgegriffen wird, bleibt abzuwarten, da die Kommission den von ihr entwickelten Test in ihrer Intel-Entscheidung erstmalig auch für Rabattsysteme angewandt hat[1115].

IV. Ergebnis zur ersten Fragestellung

Der von der Kommission angestrebte ökonomische Neuansatz des „more economic appraoch" wurde im Ergebnis von der Rechtsprechung als Gesamtkonstrukt nicht übernommen.

1. Festhalten am primären Schutzzweck des Wettbewerbs

Der Gerichtshof hält am herkömmlichen, primären Schutzzweck des unbeeinträchtigten Wettbewerbs und dem verhaltensorientierten Ansatz mit seinen grundsätzlichen Per se-Verboten fest. Dennoch hat der Gerichtshof ökonomisch geprägte Teilansätze der Kommission in seiner Rechtsprechung aufgegriffen und auch das Leitbild der Konsumentenwohlfahrt findet in der neueren Rechtsprechung verstärkt seinen Platz, wenn auch nachgelagert zum weiterhin primären Schutzziel des Wettbewerbs. Der Gerichtshof hat einer Verschiebung vom primären Schutz des Wettbewerbs hin zu einem primären Schutz der Konsumentenwohlfahrt durch seine aktuelle Entscheidungspraxis eine deutliche Absage erteilt. Entgegen dem Bestreben der Kommission bleibt damit auch im Rahmen der Missbrauchskontrolle nach Art. 102 AEUV der ursprüngliche Schutzzweck als unmittelbares Ziel der Prüfung eines potenziell missbräuchlichen Verhaltens eines marktbeherrschenden Unternehmens bestehen.

2. Der „more economic approach" innerhalb der Ermessensausübung

Entsprechend ihren Vorgaben in der Prioritätenmitteilung wird die Kommission aber trotz dieses grundlegenden Festhaltens der Rechtsprechung am bisherigen Ansatz künftig weiterhin den Ansatz des „more economic approach" im Rahmen des ihr zustehenden Aufgreifermessens beibehalten und dadurch versuchen, zumindest weitere Teilaspekte ihres Ansatzes in die europäische Rechtsprechung zu integrieren[1116]. Gerade diese punktuelle Berücksichtigung von Einzelpunkten des „more economic approach" durch die Rechtsprechung wird die Kommission ermutigen, ihren Weg hin zum ökonomisch geprägten Prüfungsansatz weiter zu verfolgen, auch wenn gerade die wesentlichen Grundpfeiler des auswirkungsorientierten Ansatzes und des primären Schutzziels der Konsumentenwohlfahrt und damit der ökonomische Neuansatz als Gesamtkonstrukt durch den EuGH abgelehnt wurden.

1115 Vgl. Komm. vom 13.5.2009 – COMP/C-3 /37.990, ABl. EU (2009), Rn. 1002ff., Intel.
1116 Vgl. Bulst, RabelsZ 73 (2009), S. 709ff.

3. Keine Systemumstellung durch den „more economic approach"

Der grundsätzliche Prüfungsansatz und damit das System der Missbrauchskontrolle werden im Ergebnis mangels einer Übernahme der Vorgaben der Kommission zum „more economic approach" durch die Rechtsprechung nicht umgestellt. Dennoch haben durch den Vorstoß der Kommission neue, wirtschaftlich geprägte Prüfungskriterien Einzug in die Prüfung des Art. 102 AEUV gefunden und den Prüfungsmaßstab durch diese Ergänzung leicht verändert und dadurch den Prüfunshorizont bei der Missbrauchskontrolle erweitert.

B. Verschiebung des primären Schutzziels zugunsten der Konsumentenwohlfahrt

Die zweite in der Arbeit aufgeworfene Fragestellung zum ökonomischen Neuansatz bei der Missbrauchskontrolle nach Art. 102 AEUV lautete: Ist die nach dem Ansatz des „more economic approach" vorgesehene Verschiebung des primären Schutzziels des unbeeinträchtigten Wettbewerbs hin zu einem primären Schutz der Konsumentenwohlfahrt zur Beurteilung wettbewerbsrechtlicher Verfahren ein adäquateres Mittel und ist dementsprechend eine diesbezügliche Neuausrichtung für das gesamte System der Missbrauchsaufsicht erforderlich?

I. Vorgaben und Erwartungen der Kommission

Der von der Kommission eingeforderte neue Weg des „more economic approach" fordert eine deutlich ökonomischere Absicherung von wettbewerbsrechtlichen Entscheidungen und damit zwangsläufig einen Umbruch im Rahmen der Missbrauchskontrolle. Das Ziel der Kommission ist es dabei, durch die intensivere ökonomische Betrachtung die Interessen der Verbraucher und damit den Schutz der Konsumentenwohlfahrt in den Mittelpunkt der Anwendung der Missbrauchskontrolle zu rücken. Dieses von der Kommission vorgebrachte Ziel soll durch eine konsequente Ausrichtung der Missbrauchsaufsicht an aktuellen und wissenschaftlich anerkannten Vorgaben der industrieökonomischen Theorie erreicht werden. Ob diese verstärkte Berücksichtigung gesicherter ökonomischer Erkenntnisse und Modelle bei der Entscheidungsfindung entsprechend den Erwartungen der Kommission und der damit einhergehenden Abkehr vom bislang primären Schutz des unbeeinträchtigten Wettbewerbs bei der Beurteilung wettbewerbsrechtlicher Verfahren ein adäquateres Mittel darstellen, ist anhand der nachfolgenden Wertung nachdrücklich zu bezweifeln.

II. Argumente für den neuen Ansatz der Kommission

Nach Ansicht der Kommission ist die eigentliche Funktion des Wettbewerbs die Ausrichtung der Produktion an den Wünschen der Verbraucher, welche durch den neuen Ansatz unmittelbar gefördert werde[1117]. Zudem könne nach dem neuen Ansatz eine unerwünschte Verwechslung des Schutzes des Wettbewerbs mit dem Schutz von Wettbewerbern endgültig ausgeschlossen werden. Zuletzt werde eine deutlich höhere Einzelfallgerechtigkeit erreicht, weil im Interesse der Verbraucher nach dem Auswirkungsansatz Verhaltensweisen mit den gleichen Wirkungen zukünftig immer auch gleich behandelt werden[1118]. Hierdurch werde im Vergleich zu den bisherigen Per se-Verboten vermieden, dass marktbeherrschende Unternehmen ihr Verhalten an starren Regelungen ausrichten können, um verbotene Praktiken dann in Missbrauchsabsicht formal zu umgehen und dadurch dann unsanktioniert die Konsumentenwohlfahrt zu schädigen[1119].

III. Bisheriger Ansatz des nachrangigen Schutzes der Verbraucherinteresses

Die Befürworter des ursprünglichen Ansatzes halten dem entgegen, dass es primär allein auf den Schutz des unbeeinträchtigten Wettbewerbs ankommen kann und diese Schutzzielvorgabe die Interessen der Verbraucher bereits ausreichend berücksichtigt[1120]. Eine missbräuchliche Beeinträchtigung des Wettbewerbs führt danach letztlich immer auch nachgelagert zu einer Beeinträchtigung von Verbrauchern. Durch Praktiken mit Behinderungswirkung, wie das missbräuchliche Einsetzen von Rabatten, Kampfpreisen oder Kopplungen, reduzieren sich damit zumindest mittelbar die Auswahlmöglichkeiten der Verbraucher. Dies führt zu einer größeren Abhängigkeit, welche die Konsumentenwohlfahrt einschränkt. Der Fokus auf den unbeeinträchtigen Wettbewerb entsprechend dem bisherigen Prüfungsansatz berücksichtigt demnach immer nachrangig, aber ausreichend, die Interessen der Verbraucher[1121]

IV. Wertung

1. Unbeeinträchtigter Wettbewerb als Voraussetzung

Zunächst wird bereits aus den vertraglichen Vorgaben ersichtlich, dass das vorrangige Ziel des Wettbewerbsrechts und damit auch der Missbrauchskontrolle allein der Wettbewerb sein kann. Art. 102 AEUV bleibt auch nach dem am 1.12.2009 in

1117 Vgl. Kroes, FILJ 2006, S. 596.
1118 Vgl. zusammenfassend Schmidtchen, FS Schäfer, S. 473, 485.
1119 Vgl. Schmidtchen, FS Schäfer, S. 473, 485.
1120 Vgl. exemplarisch Schmidt, Kernpunkte des Referates zum More Economic Approach, S. 1ff., abrufbar unter: http://www.diw.de/documents/dokumentenarchiv/17/diw_01.c.76025.de/20071129_schmidt-rtiw2.pdf, (letzter Abruf: 20.4.2013).
1121 Vgl. Diskussionspapier des Bundeskartellamts für die Sitzung des Arbeitskreises Kartellrecht, „Wettbewerbsschutz und Verbraucherinteressen im Lichte neuerer ökonomischer Methoden“ vom 27.09.2004, S. 26, Zusammenfassung abgedruckt in WuW 2005, S. 49–55.

Kraft getretenen Reformvertrag von Lissabon ein wesentlicher Pfeiler des – nach der vorherigen Vertragsvorgabe gemäß ex-Art. 3 Abs. 1 lit. g) EG – zu errichtenden, zu erhaltenden und zu schützenden Systems, welches wiederum den Wettbewerb innerhalb des Binnenmarktes vor Verfälschungen schützen soll[1122]. Dieses vorgegebene System des unverfälschten Wettbewerbs ist im Rahmen der Änderungen des Vertrags von Lissabon nunmehr auch noch einmal explizit als Vorgabe der Europäischen Union im Vertragswerk verankert worden. Nach Art. 3 Abs. 1 lit. b) AEUV hat die Union die ausschließliche Zuständigkeit bei der Festlegung der für das Funktionieren des Binnenmarktes erforderlichen Wettbewerbsregeln. Diese Vorgabe impliziert das Funktionieren des Binnenmarktes und damit des Wettbewerbs auf dem Binnenmarkt und unterstreicht die primäre Zielrichtung der Wettbewerbsregeln und damit ebenfalls der Missbrauchsaufsicht auch in der Fassung des Reformvertrags von Lissabon.

2. Wohlfahrtsschützende Wirkung des unbeeinträchtigten Wettbewerbs

Dem entscheidenden Argument, dass die Interessen der Verbraucher bereits ausreichend nach dem bisherigen Ansatz als nachrangiges Ziel der Missbrauchskontrolle berücksichtigt werden, ist im Ergebnis zuzustimmen. Das Leitziel der Konsumentenwohlfahrt wird mittelbar bereits durch den bisherigen, primären Schutz des Wettbewerbs erreicht[1123]. Dem durch die Missbrauchskontrolle des Art. 102 AEUV geschützten Leistungswettbewerb kommt mittelbar gerade auch eine wohlfahrtsfördernde und wohlfahrtsschützende Wirkung zu[1124]. Auf grundsätzlich jedem Markt, insbesondere aber auf einem Markt mit einem marktbeherrschenden Unternehmen,

---

1122 Wie bereits aufgezeigt, wurde ex-Art. 3 Abs. 1 lit. g) EG im Rahmen der Änderungen des Vertrags von Lissabon in ein Protokoll verschoben. Das Bekenntnis zu einem "Binnenmarkt mit freiem und unverfälschtem Wettbewerb" taucht damit nicht mehr unmittelbar im Vertragstext auf, sondern in einem vorgelagerten Protokoll. Dieses Protokoll, in welchem das Bekenntnis zu einem System, das primär ausdrücklich den Wettbewerb schützt, weiterhin zu finden ist, ist ausdrücklich Bestandteil des Vertrags und damit weiterhin völkerrechtlich verbindlich, vgl. Wurmnest, Marktmacht und Verdrängungsmissbrauch, S. 241. Weil auch das Protokoll ein vollwertiger Bestandteil des primären Unionsrechts ist, hat sich am normativen Rang der Bestimmung und damit an der Vorgabe des primären Schutzes des Wettbewerbs nichts geändert, vgl. Immenga/Mestmäcker-*Fuchs/Möschel*, Europäisches Kartellrecht, 5. Aufl., Bd. 1, 1.Teil, Art. 102 AEUV, Rn. 1.

1123 Die im aufgehobenen ex-Art. 2 EG genannten Ziele waren gerade solch wohlfahrtsbezogenen Ziele, die die Konsumentenwohlfahrt schützten, nämlich u. a. die Hebung der Lebenshaltung und der Lebensqualität. Der in ex-Art. 3 EG und neuerdings im Protokoll vorgegebene Schutz des Wettbewerbs dient gerade auch der Verwirklichung solcher wohlfahrtsbezogenen Ziele wie der Hebung der Lebenshaltung und der Lebensqualität, vgl. Fleischer/Zimmer-*Fuchs*, Effizienz als Regelungsziel im Handels- und Wirtschaftsrecht, S. 69, 76.

1124 Vgl. Eilmannsberger, ZWeR 2009, S. 440.

können Verbraucherinteressen letztlich nur dann geschützt werden, wenn ein System vorherrscht, in welchem Wettbewerber neben dem Marktbeherrscher bestehen können, unbeeinträchtigt ihre Leistungskraft einsetzen und damit eine entsprechende Qualität hinsichtlich ihrer Produkte garantieren können, wodurch letztlich eine größtmögliche Ausgewogenheit im Interessse der Konsumenten garantiert wird[1125]. Der zu schützende Wettbewerb garantiert damit einen bestmöglichen Einsatz und eine bestmögliche Verteilung der auf dem Markt vorhandenen Ressourcen und damit eine bestmögliche Versorgung der Verbraucher, wenn er die vorgesehene Steuerungsfunktion durch die Vorgaben der Wettbewerbspolitik ausüben kann[1126]. Im Rahmen der Missbrauchskontrolle nach Art. 102 AEUV ist es damit erforderlich, dass die den Wettbewerb beeinträchtigenden Verbotshandlungen unmittelbar in Bezug auf die Funktionsvoraussetzungen des Wettbewerbs abgeleitet werden, um diese als Grundvoraussetzung unmittelbar zu schützen und damit mittelbar die Konsumentenwohlfahrt garantieren zu können[1127]. Der unbeeinträchtigte Wettbewerb als primär zu schützendes Ziel erzeugt somit im Ergebnis genau das Fundament, auf welchem die Konsumentenwohlfahrt am effektivsten berücksichtigt werden kann. Wettbewerb ist damit nicht ein der Konsumtenwohlfahrt nachgeordnetes Ziel, welches nur geschützt wird, wenn es die vorrangig geschützen Verbraucher schützen kann, wie es die Kommission im Sinne des „more economic approach" vorgibt, sondern vielmehr zu Recht das primäre Schutzziel der Missbrauchskontrolle, weil es neben weiteren Zielen auch den Schutz der Verbraucher bestmöglich garantieren kann.

V. Ergebnis zur zweiten Fragestellung

Der unbeeinträchtigte Wettbewerb als fortschreitender und aufrechtzuerhaltender Prozess wird damit vollkommen zu Recht primär geschützt und stellt zur Beurteilung wettbewerbsrechtlicher Verfahren ein adäquates Mittel dar. Nur ein solch unbeeinträchtigter Restwettbewerb kann letztlich durch das Aufrechterhalten der Wettbewerbsstruktur die entscheidenden Werte für das Wohl der Verbraucher schaffen, welche die Kommission mit ihrer Verschiebung des Schutzziels im Interesse der Verbraucher zu erreichen versucht. Diese Leitbildvorgabe nach dem

1125 Die Kommission selbst kann sich dieser Logik trotz der Fixierung auf einen unmittelbaren Schutz der Verbraucher nicht gänzlich verschließen und stellt ungewollt durch ihre eigene Formulierung bereits im Diskussionspapier klar, dass der Schutz der Verbaucherinteressen dem Schutz des Wettbwerbs nachfolgt, und nicht umgekehrt: „The central concern of Article 82 with regard to exclusionary abuses is thus foreclosure that hinders competition and thereby harms consumers", DG Competition Discussion Paper, S. 18.

1126 Vgl. Behrens, ZWeR 2008, S. 39; Zimmer, WuW 2007, S. 1198ff.; Basedow, WuW 2007, S. 714; Eilmannsberger, ZWeR 2009, S. 440.

1127 Vgl. Behrens, ZWeR 2008, S. 39; Zimmer, WuW 2007, S. 1198ff.; Basedow, WuW 2007, S. 714; Eilmannsberger, ZWeR 2009, S. 440.

bisherigen Ansatz wird dementsprechend auch konsequent durch den Europäischen Gerichtshof weitergetragen, der den Schutz des unbeeinträchtigten Wettbewerbs als primäres Ziel der Missbrauchsaufsicht immer wieder nach Einführung des „more economic approach“ durch die Kommission bestätigt hat[1128]. Entgegen dem Ansatz des „more economic approach“ ist daher das ursprüngliche Leitbild des primären Schutzes des unbeeinträchtigten Wettbewerbs als am besten geeignetes Schutzziel zur Durchsetzung der Wettbewerbsregelung nach Art. 102 AEUV aufrechtzuhalten und ein primärer Schutz der Verbraucherinteressen abzulehnen. Dies bedeutet nicht, dass dem Schutz der Konsumentenwohlfahrt bei der Missbrauchsaufsicht keine oder nur eine geringwertige Bedeutung zukommt. Dieser Schutz ist vielmehr ebenfalls ein wichtiges Ziel bei der Prüfung von Art. 102 AEUV, welches über das primäre Ziel des Wettbewerbsschutzes ebenfalls durch das wettbewerbspolitische Instrument der Missbrauchskontrolle geschützt wird[1129].

C. Einzelfallgerechtigkeit im Verhältnis zu Praktikabilität und Rechtssicherheit

Die dritte zu beantwortende Fragestellung wurde am Anfang der Arbeit wie folgt aufgeworfen: Wie sind die weiteren Neuerungen des „more economic approach“ im Spannungsverhältnis zwischen der angestrebten Einzelfallgerechtigkeit auf der

---

1128 Selbst in dem British Airways-Urteil, welches viele Befürworter des „more economic approach“ aufgrund der vorgenommenen Berücksichtigung von Effizienzen und damit auch der Auswirkungen des fraglichen Verhaltens auf die Verbraucher als Einführung des ökonomischen Neuansatzes in die Rechtsprechung des EuGH sehen wollten, betonte der EuGH ausdrücklich, dass weiterhin gerade die Struktur des tatsächlichen Wettbewerbs primär geschützt werde, EuGH Slg. 2007, I-2331, Rz. 106, British Airways. Auch die vielzitierten France Télécom-Entscheidung aus dem Jahr 2009 bestätigt den primären Schutz des Wettbewerbs, EuGH, Slg. 2009, I-2369, Rn. 105 – France Télécom. Die Bestätigungen des EuGH gehen zurück auf die grundlegenden Feststellungen des EuGH zum primären Wettbwerbsschutz in der Missbrauchskontrolle in seiner Hoffmann-La Roche Entscheidung aus dem Jahr 1979: “Der Begriff des Missbrauchs ist [...] ein objekiver Begriff. Er erfasst die Verhaltensweisen eines Unternehmens in beherrschender Stellung, die die Struktur eines Marktes beeinflussen können, auf dem der Wettbewerb gerade wegen der Anwesenheit des fraglichen Unternehmens bereits geschwächt ist und die die Aufrechterhaltung des auf dem Markt noch bestehenden Wettbewerbs oder dessen Entwicklung durch die Verwendung von Mitteln behindern, welche von den Mitteln eines normalen Produkt- und Dienstleistungswettbewerb auf der Grundlage der Leistungen der Marktbürger abweichen”, EuGH Slg. 1979, 461, Rz. 91 – Hoffmann-La Roche.

1129 Vgl. vertiefend zum Verhältnis zwischen Wettbewerbsfreiheit und Wohlfahrt im übergeordneten Verhältnis zwischen Recht und Ökonomie aus einem rechtsphilosophischen Blickwinkel: Mestmäcker, Wettbewerbsfreiheit und Wohlfahrt, S. 429ff.

einen Seite und der Praktikabilität und Rechtssicherheit auf der anderen Seite zu bewerten?

I. Durchsetzung der Missbrauchskontrolle

Zur Beantwortung der Fragestellung, ist auf die Anwendung der Missbrauchskontrolle nach den Vorgaben des bisherigen Ansatzes und des Neuansatzes in der Praxis abzustellen und die für beide Ansätze essentielle Durchsetzung der Missbrauchskontrolle anhand der Vor- und Nachteile abwägend zu vergleichen. Bei dieser Abwägung kristallisiert sich ein Zielkonflikt zwischen der durch den Ansatz des „more economic approach" angestrebten Einzelfallgerechtigkeit mittels einer ökonomisch geprägten Analyse aller Umstände des Einzelfalls einerseits und der Praktikabilität sowie der Rechtssicherheit[1130] durch Erlangung zeitnaher, belastbarer Ergebnisse anhand einer begrenzten Analyse nach dem bisherigen Ansatz andererseits heraus.

1. Praktikabilität des ökonomischen Neuansatzes

Die Umsetzung des von der Kommission angestrebten „more economic approach" in der Missbrauchsaufsicht stellt hohe Anforderungen an den Wissensstand und die analytische Fähigkeit von Wettbewerbsbehörden und von Gerichten. Es stellt sich die Frage, ob der Neuansatz der Kommission in der Praxis ohne unverhältnismäßigen Aufwand – und damit aus einer ökonomischen Perspektive ohne unverhältnismäßige Kosten – praktikabel umgesetzt und dabei noch das erforderliche Maß an Rechtssicherheit für die betroffenen Marktteilnehmer garantiert werden kann[1131]. Die Frage der praktischen Durchsetzbarkeit ist anhand einer Prüfung verschiedener, repräsentativer Kriterien des ökonomischen Ansatzes des „more economic approach" im Hinblick auf deren Durchsetzbarkeit bei der Missbrauchskontrolle zu beantworten.

1130 Rechtsicherheit kann unter vielen Aspekten bei der Missbrauchskontrolle nach Art. 102 AEUV eine wichtige Rolle spielen. Aus wettbewerbsrechtlicher Sicht, übertragen auf die europäische Ebene, kann die Rechtsicherheit allgemein als grundlegende Vorgabe zum Schutz der betroffenen Adressaten, sprich der Marktteilnehmer, vor überraschenden hoheitlichen Eingriffen gesehen werden, welche diesen insbesondere eine Vorhersehbarkeit in Bezug auf die Beurteilung des eigenen Handelns und des Handelns der anderen Marktteilnehmer gewähren soll, vgl. die entsprechende Definition für das deutsche Wettbewerbsrecht von Rittner: „Die Rechtsssicherheit soll den Staatsbürger vor überraschenden staatlichen Eingriffen schützen", Rittner, WuW 1969, S. 76.

1131 Vgl. Schmidtchen, WuW 2006, S. 12.

a) Praktikabilität des SSNIP-Tests

Ein repräsentatives Kriterium des „more economic approach" ist der von der Kommission zur Marktabgrenzung neu in die Missbrauchskontrolle nach Art. 102 AEUV eingführte SSNIP-Test[1132]. Dieser Teilaspekt des Neuansatzes ist als neue, ökonomische Prüfungsmethodik in Bezug auf seine Praktikabilität unter Berücksichtigung des Spannunsgverhältnisses zwischen der Einzelfallgerichtigkeit und der Praktikabilität und damit letztlich der Rechtssicherheit zu untersuchen. Signifikant sind hinsichtlich der Anwendung des von der Kommission zur Abgrenzung des relevanten Marktes vorgebrachten SSNIP-Tests gerade umfangreiche ökonomische Kriterien[1133].

aa) Problematik der Fehleranfälligkeit

Die Kommission räumt in Bezug auf den von ihr vorgebrachten SSNIP-Test selbst eine Fehleranfälligkeit wegen einer zu weiten Marktabgrenzung ein (sogenannte „cellophane fallacy")[1134]. Obwohl es zunächst, wie bereits bei der Untersuchung des Diskussionspapiers aufgezeigt[1135], überzeugend wirkt, dass die Kommission selbst auf eine mögliche Fehlerquelle ihres eigenen Vorschlags hinweist, ist festzuhalten, dass daneben auch noch weitere Fehlerquellen gegeben sind, die die Kommission gerade nicht nennt. Neben der zu weiten Marktabgrenzung besteht gerade auch die Gefahr zu enger, und damit ebenfalls fehlerhafter, Marktabgrenzungen im Rahmen der Anwendung des SSNIP-Tests. Eine zu enge Marktabgrenzung bei der

---

1132 Der SSNIP-Test – oder auch der sogenannte hypothetische Monopolistentest – nimmt im Ansatz der Kommission eine wichtige Rolle ein und kann als Vorzeigebeispiel für die Neuausrichtung anhand eines ökonomisch geprägten Prüfungsansatzes bei der Missbrauchskontrolle gesehen werden. Der große Umfang der diesbezüglichen Ausführungen im Diskussionspapier zeigt, dass die Kommission anhand dieses Tests auch exemplarisch verdeutlichen will, dass die Ökonomie bei der Analyse und Prüfung wirtschaftlich komplexer Zusammenhänge – wie die Abgrenzung des relevanten Marktes – im Rahmen von Art. 102 AUV die zentrale Stellung einnehmen soll.

1133 Zu prüfen sind das Ausmaß nachfrageseitiger und angebotsseitiger Substitution, die Veränderung der Kosten als Folge von Output-Veränderungen, die Profitmarge und deren Veränderung bei Output-Veränderungen, die Art und das Ausmaß von Marktzutrittsbarrieren, die Größe der Überkapazitäten, die Reaktion von Kunden, Wettbewerbern und interessierten sowie informierten Dritten auf Fragen bezüglich Konsumentenverhalten und SSNIP-Test, die Größe monetärer und nicht monetärer "switching costs", die Geschichte des Marktes bezüglich Struktur, Verhalten und in Bezug auf Marktergebnisse, die Ergebnisse ökonometrischer Studien bezüglich Preis- und Einkommenselastizitäten, die Informationen, die die betroffenen Unternehmen und Dritte benutzt haben, um vergangene oder zukünftige unternehmerische Entscheidungen zu fällen, sowie die Eregbnisse von Simulationen und Vergleichsmarktstudien, vgl. Schmidtchen, WuW 2006, S. 12f.

1134 Vgl. DG Competition Discussion Paper, S. 7.

1135 Vg. 3. Teil, 3. Kapitel, A., III., 2., d), e).

Anwendung des Tests durch die zuständige Wettbewerbsbehörde kann beispielsweise dann auftreten, wenn ein marktbeherrschendes Unternehmen versucht, durch den Einsatz von Kampfpreisstrategien einen Wettbewerber aus dem Markt zu drängen, und dadurch das auf dem relevanten Markt herrschende Preisniveau zu niedrig ist (sogenannte „reverse cellophane fallacy“)[1136]. Diese weitere, im engen Zusammenhang mit der sogenannten „cellophane fallacy“ stehende, potenzielle Fehlerquelle wird von der Kommission nicht erörtert, so dass der vermeintlich gute Ansatz der Auseindersetzung mit Kritikpunkten am eigenen Ansatz wieder relativiert wird.

bb) Einseitigkeit trotz Komplexität

Der SSNIP-Test ist trotz seiner ökonomischen Komplexität aufgrund der immensen Vielseitigkeit von Marktsituationen in seiner Anwendung teilweise zu einseitig und kann bestimmte Marktsituationen nicht zutreffend werten, weshalb eine Anwendung des Tests die große Gefahr einer fehlerhaften Analyse mit sich bringt. Auf Märkten mit einer hohen technischen Veränderung und einer dynamischen Innovation greift die Prüfung kurzfristiger Reaktionen auf hypothetische Preiserhöhungen beispielsweise in den Fällen nicht, in denen die typischen Eigenschaften des Produktes, wie die besondere Qualität, aufgrund des technischen Fortschritts gerade nicht im Preis ihren Niederschlag finden[1137].

cc) Problematik des rein hypothetischen Ansatzes

Eine weitere Schwachstelle des SSNIP-Tests ist der ausschließlich hypothetische Ansatz[1138]. Gerade diese von der Kommission angedachte, verstärkte Einbindung

---

1136 In einer solchen Marktsituation ist eine signifikante Preiserhöhung für den Marktbeherrscher durchaus vorteilhaft, weil die Verbraucher nicht zu anderen Wettbewerbern wechseln und die Anwendung des SSNIP-Tests den Markt zu eng abgrenzt, vgl. Crocioni, ECLR 2002, S. 361f.

1137 In diesen Fällen würde der SSNIP-Test im Ergebnis von zwei vollkommen verschiedenen Märkten ausgehen, weil er nicht unterscheiden kann, wenn bestimmte Eigenschaften eines Produktes wichtiger sind als der Preis, und er diese Eigenschaften ausschließlich nur dann berücksichtigt, wenn sie durch den Preis wiedergegeben werden, vgl. Klaue/Schwintowski, Marktabgrenzung und Marktbeherrschung im Telekommunikationssektor, S. 34ff. Dass ökonomisch geprägte Prüfungsverfahren zu problematischen Ergebnissen führen können, wenn der Wettbewerb auf dem betroffenen Markt nicht über den Preis, sondern über andere Kriterien ausgefochten wird, hat der EuG bereits in seiner Hilti-Entscheidung aus dem Jahr 1991 festgestellt, vgl. EuG, Slg. 1991, 1439ff., Hilti, bestätigt durch EuGH, Slg. 1994, 667ff., Hilti.

1138 Wenn man nach einem ökonomischen Ansatz die Wohlfahrtsmaximierung in Bezug auf die Verbraucher zum neuen primären Ziel der Missbrauchsaufsicht erklärt, werden die Prüfungen von missbräuchlichem Verhalten und die wettbewerbspolitischen Entscheidungen grundsätzlich auch auf Prognosen über Auswirkungen

solcher Prognosen birgt aber die Gefahr von Fehlern[1139]. Die Ergebnisse basieren nach den Vorgaben der Kommission auf hypothetischen Reaktionen der Marktteilnehmer, welche wiederum durch Umfragen im Markt ermittelt werden[1140]. Mit der Umfrage konfrontierte Verbraucher werden ihre tatsächliche Reaktion auf die vom Test vorgegebene, hypothetische Preiserhöhung nur schwer und grob einschätzen können, weiterhin besteht aufgrund mangelnder Objektivierbarkeit die Gefahr der vorsätzlichen Manipulation von Testergebnissen durch absichtlich falsche Angaben, um die durch den Testablauf gegebene Einflussmöglichkeit zu nutzen und beispielsweise einem marktbeherrschenden Unternehmen durch eine im Ergebnis zu enge Marktabgrenzung zu schaden oder anderweitig das Ergebnis subjekitv zu manipulieren[1141]. Im Ergebnis tragen die für den Test erforderlichen Daten damit immer die Unsicherheit in sich, dass sie die tatsächlichen Umstände des relevanten Markts falsch wiedergeben und damit der Test zu einem falschen Ergebnis führt.

dd) Problematik der Rechtssicherheit

Auf einem Markt mit einem marktbeherrschenden Unternehmen ist immer damit zu rechnen, dass die Marktpreise durch das Verhalten des Marktbeherrschers bereits deutlich erhöht sind und dadurch zunächst die beim SSNIP-Test erforderliche Feststellung, ob das marktübliche Preisniveau dem Monopolpreis entspricht, nicht rechtssicher beantwortet werden kann. Weiterhin sind aufgrund der Beherrschungssituation auf dem Markt die Gefahr manipulierter Angaben der übrigen Marktteilnehmer mit Schädigungsabsicht gegenüber dem Marktbeherrscher ebenfalls wahrscheinlicher als auf einem Markt mit einem unbeeinträchtigten Wettbewerb[1142]. Die im Falle der Implementierung des SSNIP-Tests mit der Prüfung befassten Kartellbehörden und Gerichte stünden vor der Herausforderung, solch bewusst verfälschte oder ungenaue Ergebnisse durch eine umfangreiche Datenerhebung oder andere Methodik zu vermeiden[1143]. Aufgrund der bestehenden Unsicherheitsfaktoren bei

---

und auf wirtschaftswissenschaftlichen Kosten-Nutzen-Analysen basieren, vgl. Schmidtchen, WuW 2006, S. 16.

1139 Vgl. Dreher, WuW 2008, S. 25.

1140 Vgl. Mestmäcker/Schweitzer, Europäisches Wettbewerbsrecht, § 16, Rn. 8.

1141 Vgl. zu dieser Problematik bei Marktumfragen: Neumann/Weigand-*Geroski/Griffith*, The International Handbook of Competition, S. 290ff.

1142 Diese mit dem SSNIP-Test einhergehende Rechtsunsicherheit scheidet in den Fällen aus, in denen das marktbeherrschende Unternehmen seine Marktmacht durch das fragliche Verhalten nicht auf dem bereits beherrschten, sondern auf einem vor- oder nachgelagerten Markt durchsetzen will, weil in diesem Fall das Preisniveau auf dem betroffenen benachbarten Markt noch nicht durch die marktbeherrschende Stellung verfälscht ist, vgl. hierzu Langen/Bunte-*Bulst*, Europäisches Kartellrecht, Art. 82 EG, Rn. 40.

1143 Zur Beantwortung der Frage, ob der beim Test wesentliche Monopolpreis zutreffend durch das ermittelte marktübliche Preisniveau wiedergegeben ist, müssten beispielsweise der wettbewerbsanaloge Preis und die korrespondierende

der Datenerhebung besteht die Gefahr eines Verlustes der Rechtssicherheit bei der Anwendung des Tests zur Marktabgrenzung bei Art. 102 AEUV.

ee) Zwischenfazit zum SSNIP-Test

Der von der Kommission als neues ökonomisches Prüfungsinstrument im Rahmen der Marktabgrenzung vorgebrachte SSNIP-Test birgt damit weitaus mehr Unsicherheiten und Fehlerquellen als von der Kommission in ihrem Diskussionspapier dargestellt. Im Ergebnis überwiegen die aufgezeigten Nachteile gegenüber den Vorteilen deutlich. Der ökonomisch geprägte Test hat nur einen äußerst geringen Anwendungsbereich, in welchem überhaupt ein Ergebnis mit höherer Einzelfallgerechtigkeit erreicht werden kann[1144]. Unter Berücksichtigung des unverhältnismäßigen Aufwands der Datenbeschaffung, der rein hypothetischen Grundlage des Tests und der möglichen Fehlerquellen in Bezug auf das anzusetzende Preisniveau kann der neue Ansatz in diesem Punkt gegenüber dem bisherigen Ansatz damit nicht überzeugen[1145]. Der bisherige Ansatz des erweiterten Bedarfsmarktkonzeptes zur Marktabgrenzung kann deshalb durch den neuen Ansatz des „more economic approch“ mit seinem SSNIP-Test nicht ersetzt werden. Dennoch gibt der neue SSNIP-Test bei der Prüfung des relevanten Marktes durchaus neue Impulse, die nicht außer Acht gelassen werden sollten und im Einzelfall, beispielsweise bei der Ausweitung der Marktmacht eines Marktbeherrschers auf einen vor- oder nachgelagerten Markt, durchaus präzisere Ergebnisse als der bisherige Ansatz liefern können[1146]. Mit diesem Verständnis kann der von der Kommission eingebrachte SSNIP-Test zukünftig im Einzelfall bei der Missbrauchskontrolle als mögliche Präzisierung beziehungsweise als konzeptionelle Erweiterung des bisherigen Ansatzes herangezogen werden. Hiernach kann der durch die Kommission eingebrachte SSNIP-Test durch eine einzelfallbezogene Anwendung als Teilaspekt des „more economic approach“ eine Verfeinerung des bisherigen Ansatzes bringen – ohne diesen zu ersetzen, sondern vielmehr im Sinne einer Ergänzung und damit einer Horizonterweiterung[1147].

Nachfragekurve unter Rückgriff auf ältere Preisdaten aus der Zeit vor Erlangung der marktbeherrschenden Stellung durch das fragliche Unternehmen ermittelt werden, vgl. Wurmnest, Marktmacht und Verdrängungsmissbrauch, S. 308.

1144 So sind lediglich die Produkte klar definierbar, die im Rahmen des Tests als eindeutig zu weit vom Ausgangsprodukt entfernt angesehen werden müssen und damit zu weit entfernte Substitute sind. Anhand dieser zu weit entfernten Substitute können dann wiederum lediglich die äußersten Marktgrenzen abgeleitet werden, während eine klare Abgrenzung des gesamten relevanten Marktes nicht möglich erscheint, vgl. Wurmnest, Marktmacht und Verdrängungsmissbrauch, S. 309.

1145 So im Ergebnis auch: Mestmäcker/Schweitzer, Europäisches Wettbewerbsrecht, § 16 Rn. 8.

1146 a. A. Behrens, Der Marktbeherrschungsbegriff in Artikel 82 EG, S. 40f.

1147 a. A. Frenz, NKart 7/2013, S. 287, der den SSNIP-Test abschließend im Rahmen von Art. 102 AEUV als gänzlich „ungeeignet“ bezeichnet.

Genau diese Interpretation des neuen Ansatzes des „more economic approach“ wählte das EuG bereits in seiner France Télécom-Entscheidung im Jahr 2007 durch ergänzende Anwendung des SSNIP-Tests auf Grundlage des bisherigen Ansatzes. In dieser Entscheidung machte das Europäische Gericht deutlich, dass sich die europäische Rechtsprechung den modernen ökonomisch geprägten Prüfungsansätzen der Kommission nicht gänzlich verschließen, sondern die entsprechenden Vorgaben neben den Vorgaben des bisherigen Ansatzes als weiteres Indiz für oder gegen einen Missbrauchs einer marktbeherrschenden Stellung berücksichtigen wird[1148].

b) Zwischenergebnis zur Praktikabilität des SSNIP-Tests

Der SSNIP-Test als wichtiges Beispiel einer ökonomisch fundierten Prüfungsmethode nach dem Ansatz des „more economic approach“ kann bei näherer Betrachtung aufgrund der aufgezeigten Fehlerquellen bei der Marktabgrenzung und aufgrund des hohen Aufwandes an Informationsbeschaffung den bisherigen Prüfungsansatz bei der Marktabgrenzung im Rahmen von Art. 102 AEUV nicht ersetzen. Der Zielkonflikt zwischen der von der Kommission angestrebten Erlangung einer höheren Einzelfallgerechtigkeit auf der einen Seite und der Rechtssicherheit und Praktikabilität auf der anderen Seite ist damit in Bezug auf den für den „more economic approach“ repräsentativen SSNIP-Test eindeutig zugunsten des bisherigen Ansatzes zu entscheiden. Wie herausgearbeitet, darf man den neuen ökonomischen Ansatz der Kommission aber nicht als unbedingte Alternative und damit als „Entweder-oder-Lösung“ in Bezug auf den bisherigen Ansatz sehen. Vielmehr ist auch der SSNIP-Test trotz der aufgezeigten Probleme in Einzelfällen eine sehr brauchbare Ergänzung zum bisherigen Ansatz und kann damit künftig durchaus sinnvoll in die Prüfung der Marktabgrenzung eingeflochten werden, insbesondere wenn eine genaue Kenntnis der möglichen Fehler das Risiko von falschen Ergebnissen von Anfang an minimiert und der Prüfungsumfang aufgrund der tatsächlichen

---

1148 Das EuG hat in dieser Entscheidung, ausdrücklich unter Berufung auf den SSNIP-Test der Kommission, die Ergebnisse der nach dem „more economic approach“ ökonomisch geprägten Prüfungsverfahren als Indiz für das Bestehen hinreichender Substitutionsbeziehungen berücksichtigt, wenn die den Ergebnissen zugrunde liegenden Umfragen und Studien unter Berücksichtigung der konkreten Wettbewerbsbedingungen auf dem betroffenen Markt dem Gericht als belastbar erschienen, vgl. EuG, Slg. 2007, 107, 145, Rn. 87ff., France Télécom (Wanadoo Interactive). Das Urteil wird teilweise unzutreffend auch als Wanadoo Interactive-Urteil bezeichnet. Wanadoo Interactive war ursprünglich ein rechtlich selbstständiges Tochterunternehmen der France Télécom. Nach einer Eingliederung der selbstständigen Tochterfirma im Jahre 2004 in den Mutterkonzern ist France Télécom jedoch Rechtsnachfolgerin von Wanadoo Interactive geworden, so dass ganz überwiegend vom France Télécom-Urteil gesprochen wird. Die dem Urteil des EuG zugrunde liegende Entscheidung der Kommission aus dem Jahr 2003 wird hingegen konsequent als Wanadoo Interactive-Entscheidung behandelt, vgl. Komm. vom 16.07.2003, COMP/38.233, Wanadoo Interactive.

Begebenheiten den Rahmen der Verhältnismäßigkeit nicht sprengt[1149]. Der vom EuG in dem Urteil France Télécom gewählte Weg verdient entsprechend Zuspruch. Ohne sich dem neuen ökonomischen Ansatz zu verschließen, hält das Gericht an dem bisherigen Ansatz fest und präzisiert durch eine ökonomisch geprägte Ergänzung in der Form des angewendeten SSNIP-Tests seine Prüfung der Marktabgrenzung in Bezug auf den vorliegenden Einzelfall[1150].

c) Praktikabilität des „as efficient competitor"-Test

Neben dem SSNIP-Test symbolisiert der „as efficient competitor"-Test aufgrund der eindeutigen ökonomischen Bezüge besonders intensiv den Ansatz des „more economic approach". Der „as efficient competitor"-Test, den die Kommission ausführlich im Diskussionspapier eingeführt, in ihrer Prioritätenmitteilung bestätigt und zuletzt in ihrer Intel-Entscheidung auch bereits in der Einzelfallpraxis angewandt hat, kann dementsprechend als ein wesentliches Kernelement ihres neuen ökonomischen Ansatzes des „more economic approach" angesehen werden[1151]. Ebenso wie der SSNIP-Test weist aber auch dieser ökonomisch fundierte Test bei der Umsetzung in die Praxis teilweise nicht unerhebliche Probleme auf.

aa) Problematik des Informationsdefizites

Bei Anwendung des Tests besteht immer die Gefahr eines Informationsdefizites, welches letztlich nicht adäquat durch hypothetische Annahmen aufgefangen werden kann. Das von der Kommission vorgesehene Abstellen auf verschiedene Kostenmaßstäbe hinsichtlich verschiedener Wirtschaftssektoren, die diesbezüglich erforderlichen Informationen und das alternative Abstellen auf die hypothetischen Kosten eines sogenannten „apparently efficient competitor"[1152] für den Fall, dass

---

1149 a. A. Frenz, NKart 7/2013, S. 287.

1150 Wie bereits aufgezeigt, birgt gerade diese Missbrauchsform das Risiko, dass das Preisniveau auf dem betroffenen Markt verfälscht ist, weil gerade durch die Kampfpreisstrategie die Preise unterhalb der Wettbewerbspreise liegen. Dadurch kann es zu einer unzutreffenden, zu engen Marktabgrenzung kommen, welche nicht berücksichtigt, dass die Verbraucher gerade aufgrund des zu niedrigen Preisniveaus bei einer für den Test wesentlichen signifikanten Preiserhöhung nicht zu einem Wettbewerber wechseln. Um diese Fehlerquelle zu umgehen, waren im Fall France Télécom neben der üblichen Befragung der Verbraucher über ihre Reaktionen auf eine entsprechende Preiserhöhung nach den Vorgaben des SSNIP-Tests weitere Daten und Studien hinzuzunehmen, aus welchen sich ergab, dass die Verbraucher im konkreten Fall dem fraglichen Produkt des Breitband-Internetzugangs eine solch hervorgehobene Werthaftigkeit zusprachen, dass im Ergebniss trotz des zu niedrigen Preisniveaus und der damit verbundenen engen Marktabgrenzung zutreffend von einem abgetrennten Markt auszugehen war, vgl. Wurmnest, Marktmacht und Verdrängungsmissbrauch, S. 339.

1151 Vgl. Kellerbauer, ECLR 2010, S. 184.

1152 Vgl. DG Competition Discussion Paper, S. 21, 30 und 50.

keine verlässlichen Informationen bezüglich der tatsächlichen Kosten des Marktbeherrschers vorliegen, führen wiederum zu einer, in der Praxis nicht tragbaren, Rechtsunsicherheit. Einheitliche Maßstäbe sind zur Vermeidung widersprüchlicher Entscheidungen im Rahmen der Missbrauchsaufsicht unabdingbar[1153]. Aufgrund der Tatsache, dass es nicht ersichtlich ist, in welchen Fällen genau ein Abstellen auf die Kosten des „apparently efficient competitors" erforderlich ist und inwiefern sich eine Berechnung dieser sehr abstrakten Kosten überhaupt gestalten soll, ist die Praktikabilität dieses Aspektes des Neuansatzes unter der Prämisse der Rechtssicherheit äußerst fraglich.

bb) Problematik bei zunehmenden Skalenerträgen

Der „as efficient competitor"-Test muss sich weiterhin der Kritik stellen, dass er scheitert, sobald ein Unternehmen mit zunehmenden Skalenerträgen arbeitet. Dies ist immer dann der Fall, wenn das fragliche Unternehmen bei steigender Produktionsmenge die Durchschnittskosten senken kann[1154]. In der Situation einer möglichen Marktbeherrschung liegt es nahe, dass der Marktbeherrscher eine größere Produktion vorweisen kann als seine Wettbewerber. Trotz dieser höheren Produktionszahlen können die Durchschnittskosten des Marktbeherrschers aber gerade unterhalb der Durchschnittskosten der Wettbewerber liegen[1155]. In einer solchen Marktsituation bringt der Test in der Praxis keine zutreffenden Ergebnisse und ist als unpraktikabel abzulehnen.

cc) Abhängigkeit von Einzelfaktoren

Zudem berücksichtigt der Test nicht, dass einzelne Faktoren in verschiedenen Konstellationen die Wirksamkeit des Tests beziehungsweise dessen Ergebnis verfälschend beeinflussen können. Ein solcher Faktor kann zum Beispiel eine Marktzutrittsschranke sein. Wenn der zu untersuchende Markt hohe Zutrittschranken aufweist, können gerade auch weniger effiziente, bereits auf dem Markt vorhandene Wettbewerber für die Wettbewerbssituation auf dem Markt von wesentlicher Bedeutung sein[1156]. Solange neben einem missbräuchlichen Verhalten auch hohe Zutrittsschranken auf einem Markt verhindern, dass ebenso effiziente Wettbewerber in den Markt eintreten, verhindert die Anwendung des Tests eine Berücksichtigung der auf dem Markt bereits vorhandenen Wettbewerber, die nach den Vorgaben des

---

1153 Vgl. Stellungnahme Deutsche Telekom AG, S. 9f., abrufbar unter: http://ec.europa.eu/comm/competition/antitrust/art82/contributions.html (letzter Abruf 10.4.2013).

1154 Vgl. Steven/Weerth, Gabler Wirtschaftslexikon, abrufbar unter: http://wirtschaftslexikon.gabler.de/Archiv/14510/zunehmende-skalenertraege-v7.html.

1155 Obwohl die Kostenfunktion des Marktbeherrschers dabei immer über der jeweiligen Kostenfunktion der Wettbewerber liegt, vgl. Engelsing, Modernisierung von Art. 82 EG, S. 95.

1156 Vgl. Engelsing, Modernisierung von Art. 82 EG, S. 95.

Tests (noch) nicht die erforderliche Stärke erreicht haben. Die Anwendung des „as efficient competitor"-Tests würde in diesen Fällen dazu führen, dass das grundsätzlich klar missbräuchliche Verhalten aufgrund der Parameter des Tests nicht als solches qualifiziert würde[1157].

dd) Problematik bei der Kostenanalyse

Ein weiterer Problempunkt bei der Anwendung des „as efficient competitor"-Tests in der Praxis ist die erforderliche Kostenanalyse. Um den dem Test immanenten Vergleich mit einem ebenso effizienten Wettbewerber vornehmen zu können, muss – wie von der Kommission vorgegeben – eine Analyse der Kosten des marktbeherrschenden Unternehmens vorgenommen werden. Selbst wenn Informationen vorliegen und ein Rückgriff auf hypothetische Angaben nicht erforderlich wird, besteht ein nicht unerhebliches Fehlerrisiko. Eine solche Kostenanalyse ist sehr komplex, zeit- und ressourcenintensiv, insbesondere weil die Definition und die genaue Kalkulation der Kosten sowohl in der Theorie als auch in der Praxis umstritten sind[1158]. Es besteht die Gefahr, dass die den Ergebnissen zugrunde liegenden Berechnungen in der Praxis nicht belastbar und damit angreifbar sind. So müssen die Unionsgerichte bei ihrer Urteilsfindung in der Ökonomie grundsätzlich strittige Kalkulations- und Definitionsmethoden berücksichtigen und sind darüber hinaus auch abhängig von den der Berechnung zugrunde liegenden Daten[1159].

ff) Ansatz der Kommission zu den Problematiken

Die Kommission ist sich dieser Problematiken durchaus bewusst. So wird bereits im Diskussionspapier festgestellt, dass der „as efficient competitor"-Test in den Fällen nicht angewandt werden soll, wenn keine verlässlichen Daten zu Kosten vorliegen. Es wird in Zukunft aber äußerst schwierig sein, die Grenze zu ziehen, ab wann die zur Verfügung gestellten Daten im Einzelfall als nicht verlässlich eingestuft werden können[1160]. Die Kommission führt in diesem Zusammenhang aus,

---

1157 Möglich ist auch, dass die hohen Marktzutrittsschranken, gerade bereits starke, effiziente Wettbewerber von einem Markteintritt abhalten und stattdessen weniger effiziente Unternehmen in den Markt eintreten, vgl. hierzu die Ausführungen der OECD in der Kurzfassung des 94. Treffens des Competition Committee vom 1.bis 2. Juni 2005: „Der Test wäre unzureichend, wenn man ihn dahingehend auslegen würde, dass er die Verdrängung neuer Unternehmen zulässt, die zwar zu dem Zeitpunkt weniger effizient sind, die aber mit der Zeit ebenso effizient, wenn nicht effizienter als etablierte Unternehmen würden, gäbe man ihnen die Chance zu überleben" (Roundtable-Diskussion zu Competition on the Merits), DAF / COMP / M(2005)2 / ANN5 vom 7. Dezember 2005.

1158 Vgl. Vgl. Engelsing, Modernisierung von Art. 82 EG, S. 96.

1159 Vgl. Vgl. Engelsing, Modernisierung von Art. 82 EG, S. 96.

1160 Die Kommission gibt ein mehrstufiges System vor: In einem ersten Schritt stellt die Kommission fest, dass die Kosten und auch die Einkünfte in einem weit gezogenen

dass es im Einzelfall („sometimes") auch möglich sein soll, den Test flexibel anzuwenden, um Wettbewerber zu schützen, die (noch) nicht so effizient sind wie das marktbeherrschende Unternehmen[1161]. So soll der Test unter Berücksichtigung konkreter Marktverhältnisse und weiterer Faktoren[1162] angewandt werden, um im konkreten Fall zu verhindern, dass lediglich aufgrund der geringen Marktstärke der Wettbewerber das Verhalten des marktbeherrschenden Unternehmens nicht als missbräuchlich eingestuft werden kann[1163]. Die Kommission begründet diese variable Anwendungsmöglichkeit des „as efficcient competitor"-Tests mit Gründen des Verbraucherschutzes[1164].

d) Zwischenergebnis zur Praktikabilität des „as efficient competitor"-Tests

Die aufgezeigten Problembereiche bei der praktischen Anwendung des „as efficient competitor"-Tests machen deutlich, dass dieser neue Maßstab nicht generell als eigenständiges Prüfungskriterium in die Missbrauchskontrolle einbezogen werden kann. Der Test birgt im Ergebnis zu viele Unsicherheiten, um den bisherigen Prüfungsansatz ersetzen zu können, weshalb lediglich eine ergänzende Anwendung im Einzelfall in Betracht kommt. Im Ergebnis ist eine grundsätzliche Anwendung des „as efficient competitor"-Tests im Sinne einer effektiven Missbrauchskontrolle damit ebenso wie eine vergleichbare Anwendung des SSNIP-Tests als nicht praktikabel anzusehen. Eine genaue Berechnung der Kosten ist im Einzelfall aufgrund der dargelegten Umstände oftmals nicht oder nur mit einem unverhältnismäßigen

---

Umfang zu betrachten sind. So soll berücksichtigt werden, ob sich das konkrete Verhalten eines Marktbeherrschers auch auf anderen Märkten oder hinsichtlich anderer Produkte auswirkt. Im zweiten Schritt stellt die Kommission fest, dass für den Fall, dass nicht genügend verlässliche Informationen hinsichtlich der Kosten des Marktbeherrschers vorliegen, auf den sogenannten „apparently efficient competitor" abgestellt werden soll. Es sollen also anhand des „as efficient competitor"-Tests vergleichsweise Daten eines ähnlich starken Wettbewerbers genutzt werden. Im dritten Schritt zeigt die Kommission dann die Möglichkeit auf, dass eine Bewertung im Einzelfall auch ohne Anwendung des Tests möglich sein soll. Für den Fall, dass keinerlei Informationen vorliegen, die Kommission aber andere Ansatzpunkte für das Vorliegen eines Missbrauchs hat, soll das marktbeherrschende Untenehmen beweisen, dass es keinen Preismissbrauch betreibt, vgl. DG Competition Discussion Paper Rn. 67.

1161 Vgl. DG Competition Discussion Paper, Rn. 67.

1162 Berücksichtigt werden sollen nach den Vorgaben der Kommission komplexe ökonomische Kriterien wie Skaleneffekte, Diversifikationsvorteile und Kurveneffekte, vgl. DG Competition Discussion Paper Rn. 67.

1163 "[...] but will apply the as efficient competitor test in its specific market context, for instance taking account of economies of scale and scope, learning curve effects or first mover advantages...", vgl. DG Competition Discussion Paper, Rn. 67.

1164 "[...], it may sometimes be neccessary in the consumers´ interest to also protect competitors that are not (yet) as efficient as the dominant company.", DG Competition Discussion Paper, Rn. 67.

Aufwand möglich. Solange keine genauen Ergebnisse erzielt werden können, kann der Test in seiner Grundform damit nicht als standardisierter Prüfungsaspekt im Rahmen der Missbrauchskontrolle herangezogen werden. Vielmehr müssen weitere Kriterien in die Analyse einbezogen werden, um dem Einzelfall gerecht werdende Ergebnisse zu erzielen. Ein solches Ausweiten des Tests beinhaltet aber wiederum das Risiko von Rechtsunsicherheit, weil es keine klaren Strukturen gibt, welche weiteren Kriterien in welchem konkreten Fall zusätzlich zu berücksichtigen sind. Zudem macht das Hinzuziehen weiterer Faktoren, insbesondere wenn es sich um komplexe ökonomische Aspekte handelt, die Untersuchung wiederum komplexer und damit zeit- und ressourcenintensiver. Um diesen Befürchtungen effektiv entgegenzuwirken, müsste ein klares Repertoire an Zusatzfaktoren vorgegeben werden, welche im Einzelfall ausschließlich für eine Ausweitung des Tests in Anspruch genommen werden dürfen. Möglich wäre insofern eine Begrenzung auf verschiedene fundierte Erfahrungswerte, wie zum Beispiel Kosten-Benchmarks, wodurch der feststehende Rahmen einer zweistufigen Prüfung zunächst der Kosten und dann der Erfahrungswerte vorgegeben wäre[1165].

Die bereits für bestimmte Missbrauchsformen erfolgte Anwendung des Maßstabs des ebenso effzienten Wettbewerbers in der Rechtsprechung zeigt aber auch auf, dass dieser Test in Einzelfällen eine durchaus sinnvolle Ergänzung des bisherigen Ansatzes ist, mit welchem die entsprechenden Ergebnisse noch präziser herausgearbeitet werden können. Gerade im Bereich der sogenannten Kosten-Preis-Scheren kann der ökonomisch geprägte Test der Kommission dementsprechend bereits im Sinne einer Ergänzung des bisherigen Ansatzes als in der europäischen Wettbewerbsrechtsprechung etabliert angesehen werden.

2. *Zwischenergebnis zur Praktikabilität ökonomisch geprägter Prüfungsaspekte*

Im Ergebnis ist nach der Prüfung dieser für den „more economic approach" repräsentativen Prüfungsaspekte festzustellen, dass ein intensives Spannungsverhältnis zwischen der generellen Praktikabilität und der Einzelfallgerechtigkeit besteht. Dabei überwiegen bei einer unterstellten generellen Anwendung dieser ökonomisch geprägten Tests eindeutig die Bedenken der Praktikabilität gegenüber den Vorzügen der größeren Einzelfallgerechtigkeit. Wenn man die Teilaspekte des „more economic approach" aber entsprechend den Vorgaben der jüngsten Rechtsprechung der Unionsgerichte im Sinne einer punktuellen Ergänzung des bisherigen Prüfungsansatzes sieht, kann eine Anwendung in Einzelfällen durchaus sinnvoll sein und die Ergebnisse des bisherigen Ansatzes ökonomisch fundiert noch präziser herausgearbeitet werden. Nach einem solchen Verständnis der Umetzung der Vorgaben des Neuansatzes wird das Spannungsverhältnis zwischen der Einzelfallgerechtigkeit

1165 Ein solches zweistufiges Vorgehen im Rahmen des „as efficient competitor"-Tests geht zurück auf einen Vorschlag von Paul Joskow und Alwin Klevorick, die das Hinzuziehen von Erfahrungswerten für alle Fälle missbräuchlicher Preisbildung bereits 1979 vorsahen, vgl. Joskow/Klevorick, YLJ 1979, S. 213ff.

und der Praktikabilität aufgehoben, weil beide Vorgaben eingehalten werden. Damit ist letztlich eine Praktikabilität bei Anwendung dieser Teilsaspekte immer dann gegeben, wenn sie aufgrund der Gegebenheiten des zu bewertenden Einzelfalls als zusätzliche Prüfungsaspekte die Missbrauchskontrolle nach Art. 102 AEUV erweitern können, ohne dass die aufgezeigten Problematiken zu bedenklichen Ergebnissen führen. Wann genau eine solche Heranziehung der Tests möglich ist, wird durch die Rechtsprechung wie in den Fällen der Preis-Kosten-Scheren herauszuarbeiten sein.

3. Operabilität des Auswirkungsansatzes

Neben der Praktikabilität einzelner Prüfungsaspekte sind auch die Vor- und Nachteile einer praktischen Umsetzung des Auswirkungsansatzes als eines der wesentlichen Grundpfeiler des „more economic approach“ in einer abschließenden Betrachtung zu untersuchen.

a) Ziel der Einzelfallgerechtigkeit

Die Kommission argumentiert für die umfassende Untersuchung mit dem Hinweis auf die gebotene Einzelfallgerechtigkeit, die in letzter Konsequenz nur bei Berücksichtigung aller Umstände des Einzelfalls erreicht werden könne[1166]. Hierfür ist sie bereit, einen entsprechenden Mehraufwand und zusätzlichen Einsatz von Resourcen in Kauf zu nehmen[1167].

b) Rule of Reason-Standard statt Per se-Verbot

Wie eingangs aufgezeigt[1168], soll nach dem Ansatz der Kommission ein Rule of reason-Standard in die Missbrauchskontrolle eingeführt werden, nach welchem ein bestimmtes Verhalten nur dann missbräuchlich ist, wenn nach einer detaillierten Untersuchung der Umstände des Einzelfalls unter Berücksichtigung sämtlicher positiven und negativen Auswirkungen auf die Konsumentenwohlfahrt ein Überwiegen der schädigenden Auswirkungen durch die Wettbewerbsbehörde oder das zuständige Gericht festgestellt werden kann[1169].

aa) Förderung und Steigerung der Effizienz

Dieser neue Ansatz soll zu einer Steigerung der Effizienz auf dem betroffenen Markt führen. Der in den Fokus gestellten Effizienz komme in Bezug auf die Interessen der Verbraucher, aber auch hinsichtlich der Funktionalität des Wettbewerbs eine gesteigerte Bedeutung zu. Nach dem Vorbringen der Kommission ist diese Effizienz

1166 Vgl. Bueren, WRP 2004, S. 573ff.; Engelsing, Modernisierung von Art. 82 EG, S. 93.
1167 Vgl. Wils, NZKart 1/2014, S. 7f.
1168 Vgl. 1. Teil, 2. Kapitel, B., III.
1169 Vgl. Ben-Zie, Zulässigkeit von Kopplungsgeschäften aus ökonomischer und kartellrechtlicher Sicht, S. 132; vgl. Albers, Der „more economic approach“ bei Verdrängungsmissbräuchen, S. 14.

nur zu erreichen, wenn einzelne Verhaltensweisen, die nach dem Ansatz des „more economic approach" insgesamt überwiegend positive Effekte haben, entgegen den Vorgaben des bisherigen Ansatzes im Interesse der Verbraucher als zulässig bewertet werden[1170]. Nach Ansicht der Unterstützer des Ansatzes der Kommission ist die Abkehr von den bisherigen Per se-Verboten aufgrund der Komplexität möglicher Strategien von Marktbeherrschern und von deren Auswirkungen insofern sogar unabdingbar[1171].

bb) Problematik der Komplexität

Gerade die Komplexität möglicher Auswirkungen des Verhaltens eines Marktbeherrschers beinhaltet aber auch die gewichtigsten Bedenken gegen den Auswirkungsansatz. Gegen den effektbasierten Ansatz der Kommission sprechen insofern die Gründe der Praktikabilität und auch der Rechtssicherheit[1172]. Die Rechtssicherheit könnte unter sich ausweitenden Verfahrensdauern leiden, da ein abschließendes, Rechtssicherheit gebendes Urteil durch immer weitere zu berücksichtigende Faktoren auch bewusst durch den verfahrensbeteiligten Marktbeherrscher herausgezögert werden könnte. Weiterhin ist für alle betroffenen Marktteilnehmer aufgrund der Vielzahl der zu berücksichtigenden Faktoren, der unterschiedlichen ökonomisch fundierten Bewertungsmöglichkeiten und der sich daraus ergebenden Komplexität keine verlässliche Einschätzung des fraglichen Verhaltens mehr möglich, was ebenfalls zu einer Unsicherheit in Bezug auf den einzuhaltenden rechtlichen Rahmen bei den betroffenen Marktteilnehmern führt. Dadurch, dass weder die marktbeherrschenden Unternehmen ihr eigenes Verhalten in Bezug auf eine mögliche Missbräuchlichkeit einschätzen und entsprechend abstimmen können, noch die Wettbewerber bestimmte, entsprechend dem bisherigen Ansatz per se verbotene Verhaltensweisen als missbräuchlich nach Art. 102 AEUV einstufen können, besteht aufgrund der eintretenden Unsicherheitsfaktoren letztlich die erhöhte Gefahr einer Ausuferung wettbewerbsschädigenden Verhaltens durch die Marktbeherrscher.

cc) Gefahr der Förderung wettbewerbsschädigenden Verhaltens

Zunächst besteht die Gefahr, dass marktbeherrschende Unternehmen ihren Handlungsspielraum in Bezug auf mögliche missbräuchliche Verhaltensstrategien vorsätzlich ausweiten könnten, weil ihr Verhalten nicht mehr vereinfacht durch bestimmte Per se-Verbote als missbräuchlich klassifiziert und untersagt werden kann. Diese Gefahr kann durch ein Nachlassen der Vollzugsintensität bei der europäischen Missbrauchskontrolle aufgrund des erhöhten Prüfungsaufwands noch intensiviert werden. Wenn die nationalen Wettbewerbsbehörden die mit einem

1170 Vgl. v. Weizsäcker, ZWeR 2003, S. 59f.
1171 Vgl. exemplarisch Hildebrand, WuW 2005, S. 518.
1172 Vgl. ausführlich: Schmidt, in: WuW 2005, S. 97f.

erheblichen Aufwand verbundenen Zusatzprüfungen für einen Nachweis der Verbraucherschädigung führen müssen und den marktbeherrschenden Unternehmen gleichzeitig mit der Effizienzeinrede ein zusätzliches Verteidigungsmittel gewährt wird, geht dies letztlich zu Lasten der Vollzugsintensität bei der Bekämpfung des Missbrauchs von marktbeherrschenden Stellungen[1173]. Die von der Kommission geforderte, komplizierte Untersuchung des Einzelfalls unter Zugrundelegung verschiedener möglicher ökonomischer Ansätze und unter Berücksichtigung möglicher Effizienzgewinne hat damit im Ergebnis eine weniger abschreckende Wirkung auf marktbeherrschende Unternehmen als die Prüfung von Per se-Verboten. Der neue Prüfungsansatz kann damit dazu führen, dass marktbeherrschende Unternehmen zumindest nicht mehr in der Form von einem missbräuchlichen Verhalten abgehalten werden, wie es nach dem bisherigen Ansatz der Fall war, und birgt letztlich sogar die Gefahr, dass missbräuchliches Verhalten gefördert wird.

dd) Vorteile der starren Vorgaben bei Per se-Verboten

Ein weiterer entscheidender Vorteil des bisherigen Ansatzes mit entsprechenden Per se-Verboten kann im Vergleich zum differenzierteren Auswirkungansatz entsprechend einer „rule of reason" gerade in der nicht gegebenen Flexibilität gesehen werden. Aufgrund der Starrheit des bisherigen Ansatzes gibt es keinen diskretionären, dem Entscheidungsträger überlassenen, Entscheidungsspielraum. Durch die Anwendung von Per se-Verboten wird von vornherein die Gefahr einer Bevorzugung einzelner Interessengruppen ausgeschlossen[1174]. Das Fehlen von diskretionärer Entscheidungsgewalt führt zu mehr Rechtssicherheit, weil die Möglichkeit, dass eine grundsätzlich objektive Entscheidung durch bestimmte Interessengruppen, wie beispielsweise die marktbeherrschenden Unternehmen, beeinträchtigt oder sogar verhindert werden könnte, ausgeschlossen wird. Insofern garantiert der bisherige Ansatz sämtlichen Marktteilnehmern einen nicht unerheblichen Zugewinn an Rechtssicherheit bei gleichzeitiger hoher Transparenz und Operabilität der Regelungen in der Praxis[1175].

c) Rechtssicherheit statt Einzelfallgerechtigkeit

Auch in Bezug auf die Operabilität des Auswirkungsansatzes bei einer praktischen Umsetzung des „more economic approach" ist damit die Rechtssicherheit ein wesentliches Kriterium bei der Wertung.

aa) Zentrales Bedürfnis im europäischen Wettbewerbsrecht

Rechtssicherheit, die neben dem generellen Anliegen in der Gesellschaft – insbesondere auch im europäischen Wettbewerbsrecht aufgrund der Komplexität der

---

1173 Vgl. Dreher, WuW 2008, S. 23, 26; vgl. Eilmannsberger, ZWeR 2009, S. 438.
1174 Vgl. Baum, WuW 1982, S. 912f.
1175 Vgl. Schmidt, Wie ökonomisch ist der „more economic approach"?, S. 6.

wirtschaftlichen Zusammenhänge – ein Grundbedürfnis ist und anstelle einer Diffusität eine handhabbare Ausgangsposition zur Lösung wettbewerbsrechtlicher Konflikte darstellt, kann sich letztlich nur auf einer Grundlage von klar strukturierten, konstanten und möglichst einheitlichen Regelungen entwickeln[1176].

bb) Vorrang der Rechtssicherheit als allgemeiner Rechtsgrundsatz

Der Vorrang der Rechtssicherheit vor der von der Kommission angestrebten Einzelfallgerechtigkeit kann bereits aus dem in Art. 6 des EU-Vertrags verankerten Rechtsstaatsprinzip entnommen werden, aus welchem der EuGH die Rechtssicherheit als allgemeinen Rechtsgrundsatz entwickelt hat[1177]. Der Grundsatz der Rechtssicherheit verlangt, dass die Regeln für die Rechtsunterworfenen klar und deutlich sind[1178]. Damit widerspricht der Grundsatz grundsätzlich einer Anwendung des „more economic approach" nach den Vorgaben der Kommission mit seiner umfassenden Einzelfallanayse, welche sich nach den Vorgaben der Kommission ohne klaren, festgesetzten Prüfungsrahmen und unter Berücksichtigung sämtlicher moderner ökonomischer Methoden und Erkenntnisse mit den Umständen des Einzelfalls auseinanderzusetzen hat. Hinter diesem Rechtsgrundsatz, der vor überraschenden Eingriffen schützen soll, hat das Ziel der Einzelfallgerechtigkeit zurückzutreten, soweit dieses nur unter unverhältnismäßigem Aufwand zu erreichen ist.

cc) Wahrnehmung der Marktteilnehmer

Auch die Möglichkeit der Wahrnehmung eines missbräuchlichen Verhaltens durch die weiteren Marktteilnehmer steht einer Anwendung des Auswirkungsansatzes entgegen. Nach dem ursprünglichen Ansatz mit den starren Per se-Verboten können die Marktteilnehmer das fragliche Verhalten gerade aufgrund der nicht gegebenen Flexibilität grundsätzlich einschätzen und den Wettbewerbsbehörden als möglichen Missbrauch melden, wodurch eine gewisse Kontinuität im Sinne der Rechtssicherheit erreicht wird. Eine solch klare Einschätzung ist in Bezug auf die Bewertung der Auswirkungen nicht mehr möglich, was zu einer Unsicherheit auf dem Markt führen kann, weil Wettbewerber gehemmt sein können, ein fragliches Verhalten als tatsächlich missbräuchlich einzustufen.

dd) Problematik der erforderlichen ökonomischen Kenntnis

Die nach dem Ansatz der Kommission vorgesehene Einzelfallprüfung basiert zudem überwiegend auf ökonomischen Vorgaben, welche allesamt eine besondere Kenntnis der modernen Industrieökonomie erfordern. In komplizierteren Fällen ist zudem, wie in Bezug auf die Intel-Entscheidung der Kommission aufgezeigt[1179],

---

1176 vgl. Christiansen, WuW 2005, S. 287.
1177 Vgl. hierzu Schilling, EuGRZ 2000, S. 3.
1178 Vgl. Dreher, WuW 2008, S. 25.
1179 Vgl. 4. Teil, 1. Kapitel, A., II., 1. und 2.

eine Modifikation der Vorgaben, Modelle und Gleichungen erforderlich, wenn man den Umständen des Einzelfalls tatsächlich gerecht werden will. Diese Erfordernisse sind durch die Wettbwerbsbehörden und die Gerichte nur schwer erfüllbar. Zwar ist es denkbar, Ökonomen als Berater in Einzelfällen hinzuzuziehen, die Einrichtung einer ständigen Position eines Chefökonomen auf der Richterbank bei den Europäischen Gerichten würde aber die unabhängige Position der Richter und damit der gesamten Justiz in Frage stellen[1180]. Auch die Entscheidungspraxis würde durch eine Ökonomisierung entscheidend modifiziert. Der Neuansatz der Kommission fußt auf Entscheidungen, die anhand umfangreicher Prüfungen der Umstände des Einzellfalls durch wissenschaftliche Erkenntnisse abgeleitet werden. Dies bedeutet überspitzt formuliert, dass die Fallentscheidungen nur noch logische Ableitungen aus den herangezogenen ökonomischen Theorien wären[1181]. Die von der Kommission mit ihrem neuen Ansatz des „more economic approach" angepriesene Flexibilität könnte somit im Ergebnis ins Gegenteil verkehrt werden, wenn die Entscheidungen durch die Gerichte nicht mehr oder nur äußerst eingeschränkt überprüfbar wären, weil bereits die Wettbewerbsbehörden bzw. die Kommission zu einem nach den zugrunde liegenden ökonomischen Theorien unabweichbaren, weil durch Vorgaben und Ableitungen deduzierten Ergebnis gekommen sind[1182].

1180 Vgl. eingehend dazu Wurmnest, Marktmacht und Missbrauch, S. 261ff. Für eine solche Berufung eines Ökonomen auf die Richterbank zur Stärkung des kartellökonomischen Sachverstands spricht sich hingegen Schmidt aus, vgl. Schmidt, FS Bechthold, S. 413. Die Position eines Chefökonomen wurde durch die Kommission bereits im Jahre 2003 in der Generaldirektion Wettbewerb eingeführt. Die Schaffung einer solchen Position durch die Kommission selbst entspricht ihren eigenen Vorgaben, nach welchen bei der Missbrauchskontrolle künftig ökonomisch komplexe Problemstellungen bearbeitet werden müssen.

1181 Vgl. Christiansen, WuW 2005, S. 289.

1182 Diese Problematik zeigt lediglich zugespitzt auf, dass eine größere Flexibilität im Rahmen der Prüfung nicht zwangsläufig zu einer größeren Flexibilität in der Entscheidung und insbesondere bei der Überprüfung einer Entscheidung führen muss. Es darf in diesem Zusammenhang natürlich nicht unberücksichtigt bleiben, dass es auch in der Ökonomie letztlich keine eindeutigen Vorgaben und Aussagen zu den Wirkungen eines bestimmten Verhaltens gibt und sich dementsprechend auch keine eindeutigen Ableitungen als Ergebnisse oder Beurteilungen finden können. Bereits die Vielfältigkeit der aufgezeigten wettbewerbspolitischen Leitbilder zeigt den Dissens in der Ökonomie, der sich durch den "Konkurrenzcharakter des theoretischen Wissens" definieren lässt, vgl. Besters-*Watrin*, Theoretische und institutionelle Grundlagen der Wirtschaftspolitik, S. 3f. Hiernach sind theoretische Vorgaben, wie sie auch den ökonomischen Vorgaben des „more economic approach" überwiegend zugrunde liegen, notwendigerweise und dauerhaft umstritten, so dass es niemals immer nur eine Ableitung aus einer bestimmten Vorgabe in der Ökonomie geben wird.

ee) Zeitliche Dimension

Auch die zeitliche Dimension spielt eine nicht unbeachtliche Rolle bei der Beurteilung der Operabilität des Auswirkungsansatzes nach den Vorgaben des „more economic approach".

aaa) Anspruch des effektiven Rechtsschutzes

Die Entscheidungen der Wettbewerbsbehörden in Bezug auf ein Verhalten eines Marktbeherrschers müssen sich dem Anspruch stellen, kurzfristig und präzise zu ergehen, um möglichst schnell im Sinne eines effektiven Rechtsschutzes gerichtlich überprüft werden zu können[1183]. Aufgrund der Vielzahl der industrieökonomischen Prüfungsmodelle, welche zudem als unbestimmt zu bewerten sind, weil sie im Einzelfall modifiziert werden müssen, würde der Prüfungsumfang und bereits das Repertorie der verschiedenen möglichen Prüfungsansätze und -aspekte für die Wettbewerbsbehörden und die Gerichte enorm steigen und ein Hinzuziehen von Ökonomen erforderlich machen. Die jeweiligen Entscheidungsträger müssten zudem auch sämtliche Informationen der weiteren Marktteilnehmer berücksichtigen, wenn diese eine Relevanz für die ökonomischen Prüfungsvorgaben haben[1184]. Diese zusätzlichen Erfordernisse bergen die Gefahr, der Effektivität des Rechtsschutzes bei der Missbrauchskontrolle entgegenzustehen.

bbb) Problematik des „underenforcement"

Neben der möglichst allumfassenden Berücksichtigung der Umstände des Einzelfalls wird insbesondere durch die Möglichkeit der Effizienzverteidigung die zeitliche Dimension eines Missbrauchskontrolleverfahrens ausgeweitet. Diese neuartige Verteidigungsmöglichkeit ist als Einzelfallprüfung mit einer Beweislast für die marktbeherrschenden Unternehmen vorgesehen. Eine umfassende, generelle Anwendung der Effizienzverteidigung kann, im Gegensatz zu der bislang punktuell bereits erfolgten Anwendung dieser Verteidigungsmöglichkeit im Sinne einer Ergänzung des bisherigen Ansatzes durch die Rechtsprechung, aber wiederum in Bezug auf die Operabilität des Neuansatzes bei der Anwendung in der Praxis zu nicht unerheblichen Problemen führen. Es besteht die Gefahr eines sogenannten „underenforcement", wonach es aufgrund der zusätzlichen Verteidigungsmöglichkeit für marktbeherrschende Unternehmen zu einem Nachlass der Vollzugsintensität kommen kann[1185]. In diesem Zusammenhang stellt inbesondere die erforderliche

---

1183 Vgl. Christiansen, WuW 2005, S. 288.

1184 Auf eine Beteiligung von Wettbewerbern und Verbrauchern neben den Marktbeherrschern als weitere Marktteilnehmer an wettbewerbsrechtlichen Verfahren legt die Kommission ausdrücklich Wert, weil nur eine umfasssende Berücksichtigung aller Informationen eine möglichst hohe Einzelfallgerechtigkeit gewährleisten könne, vgl. insoweit zur Fusionskontrolle: Drauz, WuW 2002, S. 449.

1185 Vgl. Eilmannsberger, ZWeR 2009, S. 438.

Ausweitung des Verfahrens einen wesentlichen Kritikpunkt dar. Es obliegt nach den Vorgaben der Kommission zur Beweislast den betroffenen Unternehmen, eine möglichst konkrete Berechnung der Effizienzgewinne vorzunehmen und eine Aufschlüsselung nach den verschiedenen von der Kommission vorgegebenen Kostenarten und sonstigern Parametern zu berücksichtigen, um zu beweisen, dass die herausgearbeiteten Effizienzgewinne auch tatsächlich den Verbrauchern zugute kommen und warum diese Vorteile nicht auch durch alternative Verhaltensweisen in weniger wettbewerbsschädlicher Art und Weise erzielt werden können. Ein diesbezügliches Vorbringen ist wiederum umfassend von den Unionsgerichten zu prüfen. Der damit verbundene Anstieg des Verfahrensaufwands zieht sich durch sämtliche Prüfungsinstanzen. Sowohl die nationalen Wettbewerbsbehörden als auch die Kommission und die europäischen Instanzgerichte, einschließlich des Europäischen Gerichtshofes, werden bei einer konsequenten Umsetzung des „more economic approach" in der Praxis die umfassenden Umstände des Einzelfalls überprüfen müssen. Der Verfahrensaufwand wird durch die von sämtlichen involvierten Marktteilnehmern eingereichten und eingeholten Unterlagen und Informationen sowie deren Berücksichtigung und Würdigung in Bezug auf Vollständigkeit und Richtigkeit erheblich gesteigert. Durch diese entsprechend hohen Ansprüche an die Prüfung nach dem Auswirkungsansatz, die sich zumindest die Kommission in Bezug auf die Prüfung sämtlicher relevanter Umstände des Einzelfalls generell auferlegt hat, wird eine erhebliche Aufblähung des Verfahrens initiiert, welche die Vollzugsintensität nicht unerheblich mindern kann[1186]. Im schlimmsten Fall sind entsprechende Prüfungsergebnisse nicht belastbar und damit angreifbar, wenn sie den vorgegebenen Maßstab nicht erfüllen. So ist es denkbar, dass die Kommission ebenso wie die Wettbewerbsbehörden und die Gerichte aufgrund der Flut von zu berücksichtigenden Informationen und einer damit einhergehenden, zumindest punktuellen Überforderung gewisse formelle Vorgaben nicht einhalten, weshalb die jeweilige Entscheidung nachträglich angreifbar wird[1187]. Ein solches

1186 So ist es zumindest denkbar, dass ein marktbeherrschendes Unternehmen die neue Möglichkeit der Effizienzverteidigung dazu nutzt, immer neue Faktoren in das Verfahren einzubringen, um im Rahmen der auferlegten Beweislast mögliche Effizienzvorteile nachzuweisen und das Verfahren dadurch künstlich hinauszuzögern.

1187 Im Bereich der Fusionskontrolle gibt es bereits verschiedene Aufhebungsurteile gegen die Kommisssion, weil diese die vorgegebenen Formalien in Bezug auf die Berücksichtigung von Umständen des Einzelfalls nicht eingehalten hat. So wurde im Jahre 2002 eine Entscheidung der Kommission gegen das Unternehmen Schneider Electric durch das Gerich tder Europäischen Union aufgehoben, weil die Kommission in ihrer vorhergehenden Verbotsentscheidung durch Nichtberücksichtigung von Kritierien in Bezug auf die relevanten Produktmärkte die Verteidigungsrechte des betroffenen Unternehmens verletzt hatte. In der Sache selbst hatte das EuG der Entscheidung nichts entgegenzusetzen und hob diese dementsprechend allein aufgrund des Verfahrensfehlers durch mangelnde Anhörung auf, vgl. EuG, Slg. 2002, II-4071, Schneider Electric.

„underenforcement" spricht gegen die Operabilität des Auswirkungsansatzes nach den Vorgaben der Kommission.

ccc) Problematik der ex post-Kontrolle

Eine weiterer Kritikpunkt am Ansatz der Kommission in Bezug auf die zeitliche Komponente ist die Tatsache, dass die angestrebte Untersuchung der konkreten Auswirkungen im Einzelfall grundsätzlich immer erst stattfinden kann, wenn das fragliche Verhalten des marktbeherrschenden Unternehmens bereits abgeschlossen ist und sich dementsprechend die negativen Konsequenzen bereits realisieren konnten. Im Gegensatz zum bisherigen Ansatz mit den Per se-Verboten, welche bereits bei Beginn eines bestimmten verbotenen Verhaltens greifen, würde die Missbrauchskontrolle bei einer konsequenten Umsetzung des Grundgedankens des Auswirkungsansatzes zu einer lediglich reaktiven ex post-Kontrolle degradiert werden[1188]. Auch für die Marktteilnehmer bedeutet eine solche Interpretation des Auswirkungsansatzes im Sinne einer ex post-Prüfung wiederum eine Ungewissheit in Bezug auf die Einschätzung eines fraglichen Verhaltens. Selbst für solche marktbeherrschenden Unternehmen, die sich streng an den Vorgaben der Entscheidungsträger orientieren wollen, um sich wettbewerbskonform auf dem Markt zu verhalten, geht die Rechtssicherheit weitgehend verloren, weil eine Bewertung des Verhaltens nach dem Ansatz des „more economic approach" gerade erst im Nachhinein im Sinne einer ex post-Betrachtung der Auswirkungen möglich ist[1189].

ff) Kumulierung der Unsicherheiten

Die umfassende ökonomische Analyse unter Einbeziehung möglichst aller Einflussgrößen verbindet somit in Bezug auf alle einzelnen, in die Prüfung einfließenden Faktoren die jeweiligen Unsicherheiten. Entsprechend der Haltung der europäischen Gerichte, nach welcher im Zweifel für die Freiheit und damit für den Marktbeherrscher zu entscheiden ist, besteht aufgrund der vielen Unsicherheiten, die der neue Prüfungsansatz mit sich bringt, damit die Gefahr unzutreffender Prüfungsergebnisse, welche wiederum die Aufrechterhaltung einer wirksamen Missbrauchskontrolle in Frage stellen[1190].

1188 Vgl. Dreher, WuW 2008, S. 26.

1189 Wie bereits dargelegt, umschifft die Kommission diese, sich bei einem stringenten Verständnis des Auswirkungsansatzes ergebende, Klippe, indem sie lapidar ihren eigenen Auswirkungsansatz in Zweifelsfällen konterkarieren und dementsprechend lediglich auf wahrscheinliche Auswirkungen („likely-effects") eines Verhaltens abstellen will, vgl. exemplarisch DG Discussion Paper, S. 18.

1190 Vgl. Schmidt, WuW 2005, S. 877.

4. Ökonomische Kosten-Nutzen-Abwägung und der „effet utile“

Der neue Ansatz des „more economic approach“ bringt bei einer umfassenden Berücksichtigung der Vorgaben der Kommission eine deutliche Aufwandserhöhung für alle Verfahrensbeteiligten unter gleichzeitigen Einbußen bei der Rechtssicherheit.

a) Kostenaufwand und Nutzenverlust nach ökonomischer Betrachtung

Nach den Vorgaben der Ökonomie kann der neue Ansatz der Kommission selbst einem wirtschaftswissenschaftlichen Kosten-Nutzen-Vergleich unterzogen werden[1191]. Hiernach sind die jeweiligen Kosten, also Nachteile, mit den jeweiligen Nutzen, also Vorteilen, einer bestimmten Vorgehensweise gegeneinander abzuwägen. Wenn man den Ansatz der Kommission demnach unter dieser Vorgabe untersucht, stellt der weit erhöhte Verfahrensaufwand aus ökonomischer Betrachtungsweise eine deutliche Erhöhung der Kosten dar, während der Verlust im Bereich der Rechtssicherheit und der Praktikabilität nach ökonomischen Kriterien einen Verlust des Nutzens darstellt[1192]. Eine Kosten-Nutzen-Abwägung nach ökonomischem Vorbild würde demnach ebenfalls zu einer Ablehnung des Ansatzes des „more economic approach“ führen. Dies gilt zumindest für den Fall, dass der Neuansatz nicht als mögliche Ergänzung und damit Erweiterung oder Verfeinerung des bisherigen Prüfungsansatzes, sondern als umfassendes Austauschmodell zum bisherigen Ansatz angesehen wird.

b) Widerspruch zum Grundsatz des „effet utile“

Der Ansatz des „more economic approach“ steht zudem dem Grundsatz des „effet utile“ im europäischen Wettbewerbsrecht entgegen. Nach diesem Grundsatz sind die Anwendung und der Vollzug des Rechts der Europäischen Union mit Blick auf die Gesetzgebung, aber auch die Justiz und die Behörden möglichst wirksam zu gestalten, weshalb auch von einem Effektivitätsgrundsatz gesprochen wird[1193]. Neben dem Grundsatz der unittelbaren Wirkung[1194] und dem Prinzip des Anwendungsvorrangs des Unionsrechts gegenüber dem Recht der Mitgliedstaaten[1195] betrifft der „effet utile“ gerade auch die Ebene des materiellen Rechts und des Prozessrechts der Europäischen Union und ihrer Institutionen[1196]. Damit ist der Grundsatz des „effet utile“ gerade auch in Bezug auf die Auslegung des europäischen Wettbewerbsrechts und damit der Missbrauchskontrolle nach Art. 102 AEUV durch die europäischen

1191 Vgl. Schmidt, Wie ökonomisch ist der „more economic approach“?, S. 8ff.
1192 Vgl. Immenga, EuZW 2006, S. 361ff.; Schmidt, WuW 2005, S. 877.
1193 Vgl. Roth, WRP 2013, S. 257. Vgl. eingehend zum effet utile im europäischen Recht: Schroeder, Das Gemeinschaftsrechtssystem, S. 434ff.
1194 Vgl. EuGH, Slg. 1963, 3, van Gend en Loss.
1195 Vgl. EuGH, Slg. 1964, 1141, Costa.
1196 Vgl. Roth, WRP 2013, S. 257.

Gerichte, die Europäische Kommission und auch die nationalen Wettbewerbsbehörden bei der Konkretisierung des materiellen Rechts, der prozesssualen Instrumente und letztlich bei der effektiven Durchsetzung der Missbrauchskontrolle zu beachten. Da der mit der uneingeschränkten Anwendung des „more economic approach" verbundene unverhältnismäßige Aufwand und der damit einhergehende Verlust an Rechtssicherheit und Praktikabilität damit letztlich der Justiziabilität entgegenstehen, widerspricht der neue ökonomische Ansatz der Kommission in seiner Gesamtheit zugleich dem wichtigen Grundsatz des „effet utile".

II. Ergebnis zur dritten Fragestellung

Im Ergebnis besteht damit unter Berücksichtigung der Faktoren der Rechtssicherheit, der Praktikabilität und der Justiziablität ein Zielkonflikt mit der nach dem neuen Ansatz angestrebten Einzelfallgerechtigkeit. Neben der Ausweitung des Verfahrens mit einer entsprechenden Mehrbelastung der Behörden und Gerichte könnte die Rechtssicherheit beispielsweise insofern belastet werden, als Missbrauchskontrollverfahren aufgrund der umfassenden Bewertung der konkreten Umstände des Einzelfalls und der damit einhergehenden Aufgabe der Per Se-Verbote weniger prognostizierbar werden und dadurch sogar das Verfahren der Datenauswahl und Datenanalyse selbst zum Gegenstand rechtlicher Auseinandersetzung wird. Die mit dem bisherigen Ansatz einhergehende abgeschwächtere Form der Einzelfallgerechtigkeit ist insofern im Interesse einer effektiven Missbrauchskontrolle hinzunehmen. Aufgrund des durch die Rechtsprechung bereits praktizierten Ansatzes, verschiedene Einzelaspekte des „more economic approach" als Ergänzung zum bisherigen Prüfungsansatz heranzuziehen, wird es zukünftig aber sehr wohl möglich sein, ein im Sinne der Einzelfallgerechtigkeit auf den fraglichen Fall präziser zugeschnittenes Ergebnis zu erzielen. Der Zielkonflikt kann damit im Sinne einer ergänzenden Umsetzung von Teilaspekten des „more economic approach" nur durch eine individuelle Handhabung jedes Einzelfalles beseitigt werden. Komplexe Fallanalysen unter Berücksichtigung moderner mikroökonomischer Grundsätze und empirischer Methoden der Wirtschaftswissenschaften stehen den Behörden und Gerichten dabei grundsätzlich zur Verfügung, müssen aber nicht in jedem zu prüfenden Fall angewandt werden[1197]. Eine solche zurückhaltende Vorgehensweise entspricht auch gerade den ursprünglichen Grundsätzen der Wirtschaftswissenschaften, da eine komplexe Analyse jedes Einzelfalls unabhängig von seiner wirtschaftlichen Relevanz auch in der Ökonomie nicht gefordert wird[1198].

1197 Vgl. Röller/Friederiszick, Ökonomische Analyse in der EU Wettbewerbspolitik: Ein erstes Résumé, S. 5f.

1198 Röller, Der ökonomische Ansatz in der europäischen Wettbewerbspolitik, S. 37.

D. Völlige Neuausrichtung oder lediglich Weiterentwicklung des bisherigen Ansatzes?

Die letzte Fragestellung zum „more economic approach" bei der Missbrauchskontrolle nach Art. 102 AEUV wurde eingangs in der Arbeit wie folgt eingebracht: Wie neu ist der ökonomische Ansatz nach dem „more economic approach" in der Missbrauchskontrolle tatsächlich und wie sieht es mit der Umsetzbarkeit des Ansatzes aus ökonomischer Perspektive unter Berücksichtigung entsprechender Wertungskriterien aus?

Es ist insofern aufzuzeigen, inwieweit die Rechtsprechung bei der Missbrauchskontrolle auch bereits nach dem bisherigen Ansatz ökonomische Aspekte berücksichtigte und inwieweit der neue ökonomische Ansatz der Kommission nach wirtschaftswissenschaftlichen Kriterien in die Praxis übertragbar ist.

I. Grundlegende Neuausrichtung durch Kommission

Auch wenn die Kommission in Bezug auf ihren ökonomisch geprägten Neuansatz im Rahmen der Missbrauchskontrolle immer wieder Bezug nimmt auf den bisherigen Ansatz und diesen zum Teil mit den neuen ökonomischen Prüfungsansätzen verbinden will, kann man doch den Eindruck gewinnen, dass die Kommission mit Hilfe des „more economic approach" einen radikalen Umbruch oder sogar einen gänzlichen Neustart bei der Prüfung von Art. 102 AEUV vollziehen will[1199].

1. Ökonomisch geprägtes System nach dem Neuansatz

Das generelle Verbot bestimmter Verhaltensweisen, wie Preisdifferenzierungen, Kampfpreisstrategien, Kopplungen und Rabattsysteme, welche in ihrer Rigorosität mit der besonderen Verantwortung der marktbeherrschenden Unternehmen für die Aufrechterhaltung des Wettbewerbs auf dem jeweils relevanten Markt begründet werden, hat nach dem Ansatz des „more economic approach" einem effizienzorientierten, okönomisch geprägten System zu weichen. Hierdurch soll zukünftig verhindert werden, dass bislang vermeintlich missbräuchliche Verhaltensweisen, welche tatsächlich effizienzsteigernd sind, weil sie im Ergebnis die Konsumentenwohlfahrt mehr fördern als schädigen, nicht mehr per se verboten werden und damit insgesamt Effizienzgewinne im Sinne der angestrebten Ökonomisierung der Missbrauchskontrolle erreicht werden.

1199 So führte Böge als damaliger Präsident des deutschen Kartellamtes im Rahmen der Neueinführung des „more economic approach" in einer Stellungnahme bereits im Jahr 2004 etwas überspitzt aus: "Der sogenannte „more economic approach" in der Wettbewerbsaufsicht ist derzeit in aller Munde. Dabei kann man manchmal den Eindruck gewinnen, es solle nun endlich – nach Jahrzehnten der Kartellrechtspraxis in der Dunkelheit – das Licht der Ökonomie in der Wettbwerbsaufsicht entzündet werden", vgl. Böge, WuW 2004, S. 726.

a) Ausrichtung am aktuellen Stand der Industrieökonomie

Die Kommission geht im Vergleich zum bisherigen Ansatz tatsächlich einen nicht unerheblich veränderten Weg. Die hinter der Begrifflichkeit des „more economic approach" stehende Reformbewegung kann als konsequente Ausrichtung der gesamten Wettbewerbspolitik – und damit auch der hier relevanten Missbrauchskontrolle – am aktuellen und wissenschaftlich anerkannten Stand der industrieökonomischen Theorie festgehalten werden[1200]. Der damit beabsichtigte Reformprozess unter dem Leitbild des primären Schutzes der Konsumentenwohlfahrt, des Einsatzes ökonomischer Modelle und dem mit dem Auswirkungsansatz verbundenen Anstiegs der Bedeutung quantifizierbarer Preis- und Mengeneffekte in ihrem zeitlich relevanten Rahmen bedeutet eine erhebliche Kursänderung in Bezug auf den bisherigen Ansatz in der Missbrauchsaufsicht[1201].

b) Verengung des Schutzbereichs

So wird beispielsweise anhand des „as efficient competitor"-Tests festgestellt, dass ein fragliches Preisverhalten nicht missbräuchlich sein kann, wenn ein ebenso effizienter Wettbewerber wie der Marktbeherrscher durch das Verhalten nicht verdrängt oder beeinträchtigt wird. Im Umkehrschluss bedeutet dies eine erhebliche Kursänderung in der Missbrauchsaufsicht. Bei konsequenter Umsetzung des neuen Ansatzes werden lediglich noch solche Wettbewerber in der Prüfung berücksichtigt, die als vergleichbar effizient und damit wirtschaftlich quasi als ebenbürtig mit dem marktbeherrschenden Unternehmen eingestuft werden können. Dieser darwinistisch anmutende Maßstab wird damit begründet, dass weniger effiziente Wettbewerber insoweit nicht zu berücksichtigen seien, als sie keinen ausreichend konsumentenwohlfahrtsfördernden Beitrag leisten würden und damit der entsprechenden Marktselektion unterlägen[1202]. Während der „more economic approach" in seiner Anwendung also durchaus grundlegende Änderungen mit sich bringt, ist fraglich, ob die damit nach dem Vorbringen der Kommission immer wieder als unbedingt erforderlich betonte Ökonomisierung der Missbrauchsaufsicht tatsächlich eine vollkommene Neuausrichtung im Sinne eines kompletten Umbruchs erfordert oder ob nicht bereits nach dem bisherigen Ansatz, in anderer Ausprägung, ein ausreichend ökonomisch geprägtes Fundament im Prüfungsansatz verankert war[1203]

1200 Vgl. Budzinski. FS Eickhof, S. 15.

1201 Vgl. Budzinski. FS Eickhof, S. 15.

1202 Vgl. Budzinski, FS Eickhof, S. 21.

1203 Die intensiven Bemühungen zur Durchsetzung des „more economic approach" und das Vorbringen der Kommission wirken teilweise so, als seien zuvor fehlerhaft keinerlei ökonomische Aspekte in der Missbrauchskontrolle berücksichtigt worden, vgl.Böge, WuW 2004, S. 726; vgl. Dreher, WuW 2008, S. 24, der kritisch und ablehnend feststellt, dass vor dem Hintergrund der besagten Forderung nach einem neuen, ökonomisierten Wettbewerbsrecht nach den Vorgaben des „more

2. *Ökonomische Vorgaben nach dem bisherigen Ansatz*

Es ist klar festzustellen, dass in der Missbrauchskontrolle auch nach dem bisherigen formal-juristischen Ansatz schon immer ökonomische Aspekte und Wertungen eine Rolle gespielt haben und der Rückgriff auf die ökonomische Wissenschaft bei der Prüfung eines möglichen Missbrauchs einer marktbeherrschenden Stellung somit keine Revolution darstellt[1204].

a) Vorrang des Rechts vor der Ökonomie

Im Gegensatz zum Neuansatz der Kommission nimmt die ökonomische Wertung dabei aber gerade nicht die vorherrschende Stellung ein, sondern ordnet sich in den Grenzen der Erforderlichkeit dem Recht unter. Die Anwendung von Art. 102 AEUV ist damit immer vorrangig eine Rechtsanwendung, so dass die rechtlichen Vorgaben die prägende Gestaltungskraft bei der Missbrauchskontrolle darstellen, während die ökonomischen Aspekte nur bedarfsweise hinzugezogen werden und als eine Art dienendes Vollzugsinstrument angesehen werden können. Die Eigengesetzlichkeiten des Rechts erfordern gerade eine Abstraktion, da rechtliche Regeln nicht für den Einzelfall, der gerade im Fokus des „more economic approach" steht, sondern generell gelten. Der vorherrschende rechtliche Prüfungsrahmen muss demnach zwingend eine Reduzierung der Berücksichtigung der Gesamtumstände zur Erreichung der erforderlichen Abstraktheit beinhalten.

b) Ökonomische Aspekte in der bisherigen Rechtsprechung

Auch die Rechtsprechung der Unionsgerichte weist die eindeutige Einbeziehung ökonomischer Aspekte in die Prüfung der Missbrauchskontrolle auch bereits vor der Reformbestrebung der Kommission auf.

---

economic approach" mit Blick auf die Vergangenheit der Missbrauchsaufsicht offensichtlich alles falsch gemacht worden sei.

1204 Vgl. exemplarisch Dreher, WuW 2008, S. 23, wonach bereits gemäß dem bisherigen Prüfungsansatz bei der Missbrauchskontrolle im Sinne einer differenzierten Betrachtung missbräuchlichen Verhaltens ökonomische Kriterien berücksichtigt wurden. Diese Feststellung gilt zunächst grundsätzlich für das Verhältnis von Ökonomie und Recht in der wettbwerbsrechtlichen Missbrauchskontrolle, auch wenn das Ausmaß der Berücksichtigung industrieökonomischer Wertungen nach den Vorgaben des „more economic approach" unter Berücksichtigung der damit einhergehenden Verschiebung des wettbewerbspolitischen Leitbilds und der Abkehr weg von einem formbasierten Ansatz hin zu einem flexiblen auswirkungsbasierten Ansatz und das damit einhergehende Ausmaß der angestrebten Ökonomisierung einen klaren Bruch in Bezug auf den bisherigen formal-juristischen Ansatz darstellen.

aa) Bisheriger Schutz der Verbraucherinteressen

Zunächst stellt die vom ökonomischen Ansatz des „more economic approach" in den Fokus gestellte Schutzrichtung der Missbrauchskontrolle zugunsten der Verbraucher keine absolute Neuigkeit dar. Der Schutz der Verbraucher hat schon immer eine Rolle bei der Bewertung eines möglichen Missbrauchs einer marktbeherrschenden Stellung gespielt. Diese Rolle war der Rolle des Schutzes des Wettbewerbs als primäres Schutzziel nur immer untergeordnet. So stellte der EuGH bereits in seinem viel beachteten Continental Can-Urteil aus dem Jahre 1973 fest, dass die Missbrauchskontrolle auch gerade gegen solche Verhaltensweisen Schutz gewähren soll, durch die den Verbrauchern ein unmittelbarer Schaden erwachsen kann[1205]. Gerade weil der Verbraucherschutz ein immanenter Bestandteil des Schutzes des Wettbewerbs ist und der Schutz der Konsumentenwohlfahrt am effektivsten über einen primären Schutz des Wettbewerbs erreicht werden kann, war der Schutz der Verbraucher nach den Vorgaben der Rechtsprechung schon immer ein wichtiger – wenn auch nicht der primäre – Schutzzweck bei der Missbrauchskontrolle[1206].

bb) Ergänzende ökonomische Aspekte in der Kontextanalyse

Auch bei der konkreten Prüfung der Missbräuchlichkeit eines Verhaltens wurden in der Rechtsprechung schon vor Einführung des Neuansatzes durch die Kommission ökonomisch geprägte Prüfungsaspekte von der Rechtsprechung berücksichtigt. So hat der EuGH hinsichtlich der Beurteilung von Niedrigpreisstrategien verschiedene Kostenarten aufgegriffen und sogar eine Art eigene Formel, die sogenannte AKZO-Formel, entwickelt[1207]. Der später von der Kommission nach dem „more economic approach" entwickelte und in der Intel-Entscheidung bereits angewandte Preis-Kosten-Vergleich wurde insofern in anderer Form und mit anderen Kostenbezügen durch den EuGH bereits im Jahre 1991 in der AKZO-Entscheidung angewandt[1208].

1205 Die Missbrauchskontrolle bezieht sich danach "nicht nur auf Verhaltensweisen, durch die den Verbrauchern ein unmittelbarer Schaden erwachsen kann, sondern auch auf solche, die ihnen durch einen Eingriff in die Struktur des tatsächlichen Wettbewerbs, von dem Artikel 3 Buchstabe f des Vertrags handelt, Schaden zufügen", EuGH, Slg. 1973, 215, Rn. 26 – Continental Can.

1206 Vgl. auch Eilmansberger, ZWeR 2009, S. 456.

1207 Vgl. Immenga/Mestmäcker-*Fuchs/Möschel*, Europäisches Kartellrecht, 5. Aufl., Bd. 1, 1.Teil, Art. 102 AEUV, Rn. 234.

1208 "Preise, die unter den durchschnittlichen variablen Kosten (d. h. den Kosten, die je nach den produzierten Mengen variieren) liegen und mit deren Hilfe ein beherrschendes Unternehmen versucht, einen Konkurrenten auszuschalten, sind als mißbräuchlich anzusehen. Ein beherrschendes Unternehmen hat nämlich nur dann ein Interesse, derartige Preise zu praktizieren, wenn es seine Konkurrenten ausschalten will, um danach unter Ausnutzung seiner Monopolstellung seine Preise wieder anzuheben, denn jeder Verkauf bringt für das Unternehmen einen Verlust in Höhe seiner gesamten Fixkosten (d. h. der Kosten, die ungeachtet der produzierten Mengen konstant bleiben) und zumindest eines Teils der variablen

Der EuGH hat in diesem Urteil nach eindeutig ökonomischen Kriterien durch Anwendung eines Preis-Kosten-Vergleichs das Vorliegen missbräuchlicher Kampfpreise festgestellt und damit die Relevanz von ökonomischen Prüfungskriterien in der Missbrauchskontrolle bereits weit vor der Einführung des „more economic approach" in die Missbrauchskontrolle durch die Kommission bestätigt.

Auch in Bezug auf die Missbrauchsform der Rabatte waren die Prüfungsvorgaben der Rechtsprechung schon immer auch ökonomischer Natur[1209]. Es lässt sich insofern festhalten, dass – entgegen dem durch die Kommission vermittelten Eindruck – die Missbrauchskontrolle nach Art. 102 AEUV auch bislang keine ausschließlich juristisch geprägte Prüfung war. Aufgrund der diesbezüglichen Berücksichtigung der Einzelfallumstände des konkret zu beurteilenden Sachverhalts wurde letztlich auch kein rein formbasierter Ansatz mit starren Vorgaben ausschließlicher Per Se-Verbote ohne jede Kontextanalyse durch die Rechtsprechung angewendet[1210]. Die aktuelle Berücksichtigung ökonomisch geprägter Kriterien durch die Rechtsprechung im Sinne einer differenzierten Betrachtungsweise kann dementsprechend durchaus als Fortführung des bisherigen Ansatzes angesehen werden und stellt damit letztlich gerade keinen Bruch mit dem bisherigen Ansatz und der diesen Ansatz stützenden Rechtsprechung dar. Vielmehr ist die ergänzende Verbindung des Wettbewerbsrechts mit der Ökonomie ein seit jeher bestehender Zustand[1211].

3. Zwischenfazit zum Ausmaß der ökonomischen Neuausrichtung

Auf den ersten Blick stellen das Ausmaß und die konkret durch die Kommission in Position gebrachten ökonomischen Modelle und Methodiken in ihrer Gesamtheit zwar einen Bruch mit dem bisherigen Ansatz dar, was allein durch den grund-

Kosten je produzierte Einheit mit sich. Auch Preise, die unter den durchschnittlichen Gesamtkosten — das heißt Fixkosten plus variable Kosten —, jedoch über den durchschnittlichen variablen Kosten liegen, sind als mißbräuchlich anzusehen, wenn sie im Rahmen eines Plans festgesetzt wurden, der die Ausschaltung eines Konkurrenten zum Ziel hat. Diese Preise können nämlich Unternehmen vom Markt verdrängen, die vielleicht ebenso leistungsfähig sind wie das beherrschende Unternehmen, wegen ihrer geringeren Finanzkraft jedoch nicht dem auf sie ausgeübten Konkurrenzdruck standhalten können. Anhand dieser Kriterien ist der vorliegende Fall zu beurteilen", EuGH Slg. 1991, I 3359, 3450, Rn. 71ff., AKZO. Der vom EuGH durchgeführte Preis-Kosten-Vergleich stellt eine vereinfachte Form des später von der Kommisssion eingebrachten Preis-Kosten-Vergleichs dar, weil lediglich die Kosten mit den Durchschnittspreisen als Bezugsgrößen miteinander verglichen werden (s.o.).

1209 So wurden beispielsweise Anreiz- und Sogwirkungen oder Umsatz- und Abnahmeziele innerhalb bestimmter Referenzzeiträume hinsichtlich Jahresumsatzrabatten oder Zielrabatten geprüft, vgl. EuGH, Slg. 2001, I-5333, Irish Sugar; EuGH, Slg. 2003, II-4071, Michelin.

1210 Vgl. Eilmansberger, ZWeR 2009, S. 470.

1211 Vgl. bestätigend Böge, WuW 2004, S. 726.

sätzlichen Wechsel von einem verhaltensorientierten zu einem auswirkungsorientierten Ansatz und der Verschiebung des primären Schutzzwecks ausreichend dokumentiert wird. Auf den zweiten Blick wird aber deutlich, dass der von den Befürwortern des „more economic approach" immer wieder erweckte Eindruck, das europäische Wettbewerbsrecht habe ökonomische Prüfungsaspekte in der Missbrauchskontrolle bislang sträflich vernachlässigt, nicht zutreffend ist. Vielmehr wurden schon immer ökonomische Aspekte in die Prüfung der Missbrauchskontrolle durch die Wettbewerbsbehörden eingebunden. Diese Aspekte finden sich auch konsequent in der entsprechenden Rechtsprechung des EuGH nach dem bisherigen Ansatz wieder, so dass im Ergebnis nicht von einer ökonomsichen Revolution durch den „more economic approach" in der Missbrauchskontrolle gesprochen werden kann.

II. Fehlertypen erster und zweiter Ordnung nach der ökonomischen Theorie

Die Kommission bemüht bei der Argumentation für ihren Neuansatz gezielt ökonomische Parameter, um die Vorteile des auf die Konsumentenwohlfahrt und den Auswirkungsansatz fokussierten „more economic approach" zu bewerben: Durch den Neuansatz könnten nach den Vorgaben der ökonomischen Terminologie sogenannte Fehler erster und zweiter Ordnung verhindert werden[1212].

1. Unterscheidung von zwei Fehlertypen

Es wird zwischen Fehlern erster Ordnung und Fehlern zweiter Ordnung unterschieden, welche bei der Missbrauchsaufsicht unterlaufen können. Bei Fehlern erster Ordnung handelt es sich um solche Fehler, bei denen aufgrund eines unterlaufenen Irrtums ein eigentlich zulässiges Verhalten untersagt wird. Bei Fehlern zweiter Ordnung werden irrtümlich Verhaltensweisen, die unzulässig sind, nicht sanktioniert[1213].

2. These der doppelten Fehlervermeidung

Die Ansicht, dass beide Fehlertypen durch den „more economic approach" verhindert oder zumindest wesentlich verringert werden können, basiert auf der Ausgangsposition der Kommission, dass durch umfassende Einzelfallbetrachtung als Resultat des auswirkungsorientierten Ansatzes das Risiko einer unterschiedlichen Beurteilung verschiedener Verhaltensformen trotz gleicher Auswirkungen drastisch reduziert werden kann und damit insbesondere Fehler erster Ordnung verhindert

1212 "Es können dadurch – in der Sprache der Ökonomen ausgedrückt – Fehler erster und zweiter Ordnung besser vermieden werden. Aus Konsumentensicht wünschenswertes Marktverhalten wird seltener untersagt und wettbewerbsbeschränkendes Verhalten seltener freigegeben", Albers, Der „more economic approach" bei Verdrängungsmissbräuchen, S. 13.

1213 Schmidtchen, WuW 2006, S. 16.

werden können[1214]. Diese Fehler sind nach Ansicht der Kommission bei dem bisherigen Ansatz insbesondere deshalb systemimmanent, weil eine Orientierung am Leitbild des unbeeinträchtigten Wettbewerbs eine erhebliche Verzerrung zugunsten einer überdurchschnittlich aktiven Missbrauchskontrolle begründe und dadurch zu einer Übergewichtung von Fehlern erster Ordnung und einer reziproken Untergewichtung von Fehlern zweiter Ordnung führe[1215]. Fehler zweiter Ordnung werden nach Ansicht der Befürworter des „more economic approach" dadurch vermieden, dass verschiedene Praktiken, die die gleichen Wirkungen haben, auch gleich behandelt werden und aufgrund der genauen Untersuchung dieser Auswirkungen bei gleichzeitiger Nichtberücksichtigung der starren Per se-Verbote missbräuchliches Verhalten nicht unsanktioniert bleibt, weil es nicht ausschließlich anhand des Verhaltensmusters, sondern vielmehr anhand der unerwünschten Wirkung beurteilt wird[1216]. Nach der These der doppelten Fehlervermeidung bewirkt der Rückgriff auf ökonomische Theorien und Methoden durch eine stärkere und transparentere Ausrichtung der Missbrauchskontrolle auf den Konsumentenschutz eine höhere Transparenz der Entscheidungen. Hierdurch könne auch eine höhere Akzeptanz und bessere Einschätzung der Rechtmäßigkeit des fraglichen Verhaltens durch die betroffenen Marktteilnehmer zugunsten der Rechtssicherheit erreicht werden[1217].

3. Widerlegung der These

Diese These der Kommission wurde in dieser Arbeit bereits widerlegt. Bei einer konsequenten Anwendung des Gesamtkonstrukts des „more economic approach" überwiegen die möglichen Fehlerquellen und die damit einhergehenden Unsicherheiten gegenüber den angestrebten Vorteilen.

a) Förderung von Fehlern zweiter Ordnung

Fehler zweiter Ordnung werden durch den Ansatz des „more economic approach" nicht vermieden, sondern sogar gefördert, weil aufgrund der Komplexität der ökonomischen Grundlagen sowie der umfassenden Berücksichtigung der Umstände des Einzelfalls eine Unsicherheit der Marktteilnehmer gefördert und damit die Rechtssicherheit geschwächt wird. Es besteht die Gefahr, dass irrtümlich Verhaltensweisen, die unzulässig sind, nicht sanktioniert werden[1218].

1214 Vgl. EAGCP-Report, S. 9f; Albers, Der „more economic approach" bei Verdrängungsmissbräuchen, S. 13.

1215 Vgl. Paul, Behinderungsmissbrauch nach Art. 82 EG und der „more economic approach", S. 140.

1216 Vgl. Schmidtchen, FS Schäfer, S. 485.

1217 Vgl. Christiansen, WuW 2005, S. 287; Albers, Der „more economic approach" bei Verdrängungsmissbräuchen, S. 13.

1218 Ein solcher Irrtum kann beispielsweise darauf basieren, dass aufgrund einer Überforderung der Wettbewerbsbehörden durch die Masse der zu verarbeitenden

aa) Fehlerabhängigkeit von Informationslage

Eine Fehlerquelle, die der These der doppelten Fehlervermeidung entgegensteht, ist die Abhängigkeit von der Informationslage. Belastbare Ergebnisse anhand ökonomisch geprägter Prüfungen erfordern einen umfassenden Kenntnisstand in Bezug auf den konkreten Wettbewerbsprozess und die beteiligten Unternehmen sowie weit überdurchschnittliches Verständnis der anzuwendenden industrieökonomischen Erkenntnisse. Dieser Informationsstatus ist in der Praxis kaum erreichbar. Zudem kommt es selbst bei Erlangung der erforderlichen Informationen zu einem möglichen Nachweisproblem hinsichtlich der Missbräuchlichkeit, weil die Wettbewerbsbehörden nicht mehr lediglich ein bestimmtes Verhalten nachweisen müssen, sondern darüber hinaus anhand einer Einzelfallprüfung ermitteln müssen, ob ein bestimmtes Verhalten kausal zu überwiegend negativen Auswirkungen für die Konsumentewohlfahrt führt. Weiterhin wird dem Marktbeherrscher durch die Effizienzverteidigung die Möglichkeit gegeben, eine Fülle von weiteren Informationen in das Verfahren einzubringen, um dadurch sein Verhalten als effizienzsteigernd zu verteidigen. Es ist eine logische Konsequenz, dass mit der steigenden Anszahl der zu berücksichtigenden Informationen parallel auch das entsprechende Fehlerrisiko steigt. Zudem kann sich insbesondere auch durch die falsche Auswahl innerhalb der zur Verfügung stehenden Informationen eine selbstständige Fehlerquelle ergeben.

bb) Folge des „underenforcement"

Durch die mit dem Neuansatz einhergehende Diffizilität bei der Rechtsanwendung von Art. 102 AEUV kommt es zwangsläufig auch zu Schwierigkeiten bei der Rechtsdurchsetzung, weshalb ein Anstieg von Fehlern zweiter Ordnung vorprogrammiert ist. Aufgrund der Komplexität und der damit einhergehenden Gefahr der irrtümlichen Nichtsanktionierung missbräuchlichen Verhaltens in der Rechtsanwendung stellt eine konsequente Umsetzung des Neuansatzes damit ein Risiko für die Rechtsdurchsetzung der Missbrauchskontrolle da. Damit ist entgegen der Ansicht der Befürworter des „more economic approach" festzustellen, dass eine Anwendung ihrer Vorgaben gerade die Gefahr eines sogenannten „underenforcement", also eine nicht effektive Missbrauchkontrolle durch die übermäßige Nichtsanktionierung von missbräuchlichen Verhaltensweisen, schürt. Während eine Verminderung von Fehlern zweiter Ordnung bei einer umfassenden Umsetzung des Ansatzes der Kommission damit grundsätzlich nur schwer zu realisieren ist, wird das Risiko einer Erhöhung der Fehlerquellen wahrscheinlicher.

cc) Wettbewerb als ergebnisoffener Prozess

Gegen eine Minimierung von Fehlern zweiter Ordnung entsprechend der These der Kommission spricht aus ökonomischer Perspektive zudem, dass es sich bei der

Informationen Wertungs- oder Formfehler auftreten, weil in Bezug auf den Einzelfall falsche ökonomische Parameter angesetzt werden.

Institution Wettbewerb um einen ergebnisoffenen Prozess handelt, dessen Verlauf nicht im Detail unter Einbindung aller Umstände des Einzelfalls, sondern praktisch nur als Muster vorhergesagt und aufgegriffen werden kann. Aus diesem Grund ist eine einzelfallbezogene Auswirkungsanalyse nach den Vorgaben der Kommission grundsätzlich weniger geeinigt, eine möglichst weitgehende Minimierung beider Fehlertypen herbeizuführen, als die Anwendung allgemeiner Regeln, welche auf bestimmte Verhaltensmuster abstellen und damit weitestgehend rechtssicher sind[1219]. Gerade aufgrund der Tatsache, dass der Wettbewerb ein je nach Einzelfall unterschiedlicher Prozess ist, werden klare Anwendungsregeln im Sinne des bisherigen Prüfungsansatzes als Gegenpol benötigt, um verlässliche und belastbare Ergebnisse zu erzielen und damit Fehler beider Typen weitestgehend zu vermeiden. Auf der Basis dieses verlässlichen Fundaments ist es dann wiederum möglich, einzelne Teilaspekte des ökonomischen Neuansatzes ergänzend heranzuziehen, um das Ergebnis anhand der Vorgaben des Einzelfalls und unter Berücksichtigung moderner ökonomischer Erkenntnis noch zu präzisieren.

b) Keine gesicherte Minderung der Fehler erster Ordnung

Auch in Bezug auf Fehlertypen erster Ordnung erweist sich die These der Kommission als angreifbar.

aa) Offener Beurteilungsspielraum ohne Vorgaben der Gewichtung

Die Basis des Plädoyers der Kommission für den auswirkungsorientierten Ansatz samt der damit im Zusammenhang stehenden Möglichkeit der Effizienzverteidigung ist gerade die Eröffnung eines möglichst flexiblen und offenen Bewertungsspielraums in Bezug auf die Prüfung der Auswirkungen auf die Konsumentenwohlfahrt. Der sich hierdurch ergebende weite Beurteilungsrahmen benötigt aber zur Handhabung in der Praxis eine gewisse Strukturierung. Die Kommission gibt keinerlei Vorgaben, inwiefern sie verschiedene Auswirkungen als besonders stark oder eher schwach konsumentenwohlfahrtsschädigend oder -fördernd einstufen will. Damit ist nicht klar, welche Auswirkung mit welchem Gewicht im Verhältnis zu anderen Auswirkungen in einer abwägenden Prüfung berücksichtigt werden sollen. Durch diesen offenen Wertungsspielraum steigt gerade wieder das Gefahrenpotenzial einer Sanktionierung eigentlich zulässigen Verhaltens entsprechend dem Fehlertyp erster Ordnung, weil einer bestimmten Auswirkung in einem Fall eine andere Gewichtung zugesprochen wird als in einem anderen Fall bzw. bestimmte Kriterien im Gegensatz zu anderen Kriterien nicht berücksichtigt werden.

bb) Selektions- und Abwägungsproblem

Fügt man der Annahme, dass Konsumentenwohlfahrtseffekte gerade nicht schematisch determinierbar sind, die Intention hinzu, dass die Kommission eine unbegrenzte

1219 Vgl. Budzinski, FS Eickhof, S. 22.

Anzahl möglicher Effizienzeinflüsse sowohl hinsichtlich der eigenen Bewertung als auch hinsichtlich der möglichen Verteidigung eines fraglichen Verhaltens nach ihrem eigenen Vorhaben in die Prüfung einbeziehen will, kommt man zwangsläufig zu dem Ergebnis eines massiv verstärkten Selektions- und Abwägungsproblems für die wettbewerbspolitisch zuständigen Entscheidungsträger[1220]. Es obliegt damit letztlich den nationalen Wettbewerbsbehörden, der Kommission und auch den Unionsgerichten, nicht nur zu bewerten, in welchem Verhältnis die jeweils relevanten Auswirkungen untereinander stehen, sondern zudem, welche Auswirkungen letztlich überhaupt bei der Prüfung der Effizienzen eine Rolle spielen und damit in die Prüfung des Missbrauchsverbots nach Art. 102 AEUV als relevant einbezogen werden. Die Frage der Zulässigkeit eines bestimmten Verhaltens hängt ganz wesentlich von dieser Einstufung ab, da die Auswahl und verschiedene Gewichtungen verschiedener Auswirkungen auch gänzlich verschiedene Ergebnisse produzieren werden. Dieser diskretionäre Entscheidungsspielraum eröffnet neben dem erhöhten Fehlerrisiko auch die Gefahr, dass wettbewerbsfremde Interessen beispielsweise durch Lobbyismusaktivitäten in die Entscheidungen einfließen könnten[1221]. Das von der Kommission angestrebte Resultat einer Vermeidung von Verboten eigentlich effizienzsteigernden – und damit nach den Vorgaben des „more economic approach" zulässigen – Verhaltens entsprechend dem Fehlertyp erster Ordnung erscheint unter Berücksichtigung des Fehlerpotenzials und der Manipulationsgefahr bei einem nicht determinierbaren Auswahl- und Bewertungsspielraum im Ergebnis äußerst zweifelhaft.

cc) Keine Gefahr des „overenforcement"

Zuletzt sprechen bereits allein die tatsächlichen Fallzahlen der nach dem bisherigen Ansatz eingeleiteten Missbrauchskontrollverfahren eindeutig gegen „bias", also eine Verzerrung zugunsten einer übermäßig aktiven Missbrauchskontrolle mit der Folge eines sogenannten „overenforcement", welches wiederum zu einer Sanktionierung eigentlich zulässigen Verhaltens führt[1222]. Die Anzahl der förmlichen Entscheidungen zu Art. 102 AEUV ist verhältnismäßig gering, so dass es nur selten zur Feststellung eines Missbrauchs einer marktbeherrschenden Stellung kommt[1223]. Aufgrund dieser geringen Fallzahl im Bereich der Missbrauchskontrolle ist die Gefahr, dass

---

1220 Vgl. Budzinski, FS Eickhof, S. 26.

1221 Diese Gefahr der Beeinflussung wird auch aus der ökonomischen Perspektive gestützt, wonach sowohl Wettbewerbspolitiker als auch Entscheidungsträger – welche wiederum als nationale Behörden zum Teil konkurrierenden Politikbereichen und Interessenseinflüssen der verschiedenen Mitgliedsstaaten ausgesetzt sind – sowie die Marktteilnehmer selbst allesamt als eigennutzenmaximierende Akteure angesehen werden, vgl. Budzinski, FS Eickhof, S. 26.

1222 Vgl. Dreher, WuW 2008, S. 25.

1223 Immenga/Mestmäcker-*Fuchs/Möschel*, Europäisches Kartellrecht, 5. Aufl., Bd. 1, 1.Teil, Art. 102 AEUV, Rn. 32.

zulässiges Verhalten durch Fehlentscheidungen unzutreffend als Verstoß gegen Art. 102 AEUV beurteilt wird, folglich von vornherein als begrenzt einzustufen. Die Argumentation der Befürworter des „more economic approach" wird damit bereits allein durch das Abstellen auf die Statistik der Missbrauchsverfahren relativiert.

4. Zwischenergebnis zu den Fehlertypen erster und zweiter Ordnung

Der Anspruch der Kommission an ihren Ansatz des „more economic approach" ist die Verbesserung der Entscheidungsqualität in der wettbewerbsrechtlichen Missbrauchskontrolle durch deutliche Verringerung der Fehlentscheidungen der Wettbewerbsbehörden und der weiteren Entscheidungsträger, durch welche sowohl wettbewerbskonformes Verhalten unzutreffend als wettbewerbswidrig als auch wettbewerbswidriges Verhalten falsch als wettbewerbskonform bewertet wird. Die Kommission will dies durch eine genaue Analyse sämtlicher Umstände des Einzelfalls unter ausgeprägter Beachtung ökonomischer Modelle und ökonometrischer Methoden und damit über einen im Ergebnis unverhältnismäßigen Ressourcenaufwand erreichen. Ganz wesentlich in Bezug auf diesen Neuansatz ist die ökonomische Vorgabe, dass viele Verhaltensweisen je nach Einzelfallbetrachtung sehr unterschiedliche Auswirkungen haben können. Diese Erkenntnis lässt den Schluss der Kommission zu, dass nach dem bisherigen Ansatz oftmals eine bestimmte Verhaltensweise als per se wettbewerbswidrig eingestuft wird, obwohl tatsächlich die Vorteile für die Verbraucher überwiegen[1224]. Die vorgenommene Prüfung hat hingegen ergeben, dass eine Einzelfallprüfung bei der Missbrauchskontrolle nach Art. 102 AEUV nach den Vorgaben der Kommission zu einem Anstieg der Fehlerquellen und Unsicherheiten führt. Selbst bei der Annahme, dass trotz der aufgezeigten Probleme bei der Anwendung ökonomischer Methodiken bestimmte Einzelfälle nach dem Rule of reason-Standard tatsächlich einzelfallgerechter entschieden werden könnten, steht diese geringfügige Verbesserung in keinem angemessenen Verhältnis zu dem zu betreibenden Mehraufwand bei der Einzelfallprüfung. Bei Übertragung des von der Kommission bemühten ökonomischen Maßstabs der Effizienz auf ihre eigenen Vorgaben wäre demnach die konsequente Umsetzung des Auswirkungsansatzes nach einem Rule of reason-Standard gerade nicht effizienzfördernd, sondern effizienzsenkend. Diese Feststellungen lassen sich auch auf die Vermeidung von Fehlern erster und zweiter Ordnung übertragen. Während eine Minderung der Fehler erster Ordnung durch die aufgezeigten Problemkreise zweifelhaft erscheint, hat die Prüfung ergeben, dass die Anzahl der Fehler zweiter Ordnung sogar durch eine umfassende und pauschale Anwendung der Vorgaben des „more economic approach" noch steigen wird. Damit spricht auch eine Untersuchung aus ökonomischer Perspektive unter Heranziehung der Fehlertypologisierung der Ökonomie gegen eine solche konsequente Umsetzung des Neuansatzes als Gesamtkonstrukt.

1224 Vgl. nochmals Schmidt/Voigt, WuW 2006, S. 1100f.

III. Vorgaben der Industrieökonomie zum Begriff des Wettbewerbs

Wettbewerb ist ein ergebnisoffener Prozess[1225]. Die eingangs in der Arbeit aufgezeigten wettbewerbstheoretischen Kontroversen und ständigen Wandlungen[1226] machen deutlich, dass der Wettbewerb und damit auch der Wettbewerbsprozess sich nicht durch eindeutige ökonomische Erkenntnisse anhand von Prüfungsergbnissen wiedergeben oder in einer Prüfung mit Allgemeingültigkeit greifen lassen.

1. Fehlende Vorhersehbarkeit von Wettbewerbsprozessen

Die mangelnde Antizipierbarkeit von evolutorischen Wettbewerbsprozessen stellt eine grundsätzliche, auch durch den größten methodischen Aufwand nicht aufhebbare Beschränkung in der Ökonomie dar, welche durch die auch weiterhin anhaltenden Kontroversen zu wettbewerbspolitischen Leitbildern prägnant manifestiert wird[1227]. Einer solchen Unvorhersehbarkeit kann im Ergebnis nur durch einen möglichst festgelegten Prüfungsrahmen als Korrelat zum offenen Wettbewerbsprozess begegnet werden. Der offene Wettbewerbsprozess benötigt einen festen Beurteilungsrahmen, um durch klare und von allen am Verfahren Beteiligten nachvollziehbare und damit auch umsetzbare und im Zweifelsfall pragmatisch und operabel überprüfbare Vorgaben die erforderliche Rechtssicherheit zu garantieren.

2. Vorgabe der Konstanz nach dem ordoliberalen Leitbild

Die als wesentliche Voraussetzung einer funktionierenden Wettbewerbspolitik herausgearbeitete und vom Europäischen Gerichtshof als allgemeiner Rechtsgrundsatz manifestierte Rechtssicherheit wird in der wettbewerbspolitschen Diskussion unter ökonomischen Gesichtspunkten am ehesten vom ordoliberalen Leitbild der Neuklassik getragen[1228]. Wesentliches Kriterium dieses ordnungsökonomischen Ansatzes ist dabei die Konstanz. Die Wirtschaftspolitik hat demnach einen grundsätzlichen Rahmen für den Wirtschaftsprozess sicherzustellen, an welchem sie anschließend, wenn möglich ohne weitere Eingriffe oder Änderungen, festzuhalten hat[1229]. Für diesen nach dem ordoliberalen Leitbild vorgegebenen, verlässlichen Ordnungsrahmen sind die Vorhersehbarkeit des staatlichen Handelns und damit auch die Vorhersehbarkeit der Vorgaben bei der Missbrauchskontrolle nach Art. 102 AEUV für die Rechtssicherheit eine unabdingbare Voraussetzung[1230]. Diesen ordnungsökonomischen Vorgaben ist im Sinne einer funktionierenden Missbrauchskontrolle nach Art. 102 AEUV zuzustimmen. Das die europäische Wettbewerbspolitik bislang

---

1225 Vgl. Heitzer, Orientierungen zur Wirtschafts- und Gesellschaftspolitik 114 (4/2007), S. 5ff.
1226 Vgl. 2. Teil, 2. Kapitel.
1227 Vgl. Okruch, FS Oberender, S. 168, vgl. auch 2. Teil, 2. Kapitel, K., I.
1228 Vgl. Christiansen, WuW 2005, S. 288.
1229 Vgl. Eucken, Grundsätze der Wirtschaftspolitik, S. 289.
1230 Vgl. Christiansen, WuW 2005, S. 288.

prägende ordoliberale Leitbild steht einer umfassenden Umsetzung des „more economic approach“ mit seinem Auswirkungsansatz und den damit einhergehenden Einbußen bei der Rechtssicherheit entgegen.

3. Dissens in der ökonomischen Theorie

Eine weitere Problematik hinsichtlich der von der Kommission angestrebten Ökonomisierung ergibt sich aus der Tatsache, dass die Industrieökonomie gerade keine eindeutigen Vorgaben liefert und sich damit bei einer konsequenten Umsetzung dieser Vorgaben nach dem „more economic approach“ auch nur schwerlich eindeutige und belastbare Ergebnisse erzielen lassen.

a) Erfordernis der Anpassung der Vorgaben an den Einzelfall

In der Praxis sind keine feststehenden ökonomischen Modelle oder sonstigen Prüfungsansätze für eine generelle Anwendung formulierbar. Vielmehr müssen diese immer jeweils nach den Vorgaben des Einzelfalls modifiziert werden[1231]. Damit ist zunächst festzustellen, dass eine allgemeine, feststehende Ableitung des erwünschten Ergebnisses in Bezug auf die relevanten Auswirkungen des Verhaltens eines marktbeherrschenden Unternehmens nicht möglich ist. Das jeweilige Ergebnis hängt nach den Vorgaben der ökonomischen Theorie damit grundsätzlich von den in die konkrete Prüfung eingespeisten Kriterien ab[1232].

b) Umstrittene ökonomische Vorgaben

Selbst bei einer Annahme homogener, feststehender Kriterien bei der Prüfung nach den Vorgaben des „more economic approach“ sind keine eindeutigen und belastbaren Ergebnisse durch Anwendung eines ökonomisch geprägten Prüfungsrahmen garantiert. Dies liegt daran, dass die den Ergebnissen zugrunde liegenden konkreten Berechnungen und Modelle in der ökonomischen Theorie allesamt strittig sind[1233].

1231 Röller/Friederiszick, Ökonomische Analyse in der EU Wettbewerbspolitik: Ein erstes Résumé, S. 4ff.

1232 Röller/Friederiszick, Ökonomische Analyse in der EU Wettbewerbspolitik: Ein erstes Résumé, S. 5.

1233 Es bestehen bereits hinsichtlich der wettbewerbspolitischen Leitbilder erhebliche Divergenzen, aber auch die Umsetzung der wettbewerbspolitischen Vorgaben in der Praxis ist auf ökonomischer Ebene gerade in Bezug auf die Vorgaben des „more economic approach“ wie die Prüfung von Effizienzen höchst umstritten: “Contrary to some contemporary arguing, competition economics are characterized by a considerable pluralism of theories and policy paradigms. This includes deviating views on core concepts like the nature of competition, the meaning of efficiency, or the goal of antitrust”, Budzinski, Pluralism of Competition Policy Paradigms and the Call for Regulatory Diversity, Abstract; “The previous chapter clarifies the current status of economic competition theory, identifying a considerable diversity of theories and related policy paradigms with significant incompatibilities among

Das bedeutet, dass per defintionem niemals eine einheitliche ökonomische Grundlage für die von der Kommission vorgesehene umfassende Anwendung des „more economic approach" bei der Missbrauchskontrolle nach Art. 102 AEUV gefunden werden kann. Jegliches im Rahmen der Missbrauchskontrolle herangezogene ökonomische Wissen ist dementsprechend aufgrund des bestehenden dauerhaften Dissenses in der Industrieökonomie zwangsläufig und beständig als strittig anzusehen[1234]. Aufgrund dieses der Ökonomie immanenten Dissenses kann bei einer konsequenten Anwendung des „more economic approach" nach den Vorgaben der Kommission niemals eine einheitliche ökonomische Basis für die Missbrauchskontrolle gefunden werden, weil je nach wissenschaftlichem Standpunkt immer auch unterschiedliche Berechnungsmodelle und Prüfungskriterien herangezogen werden können und daraus auch zwangsläufig verschiedene Handlungsempfehlungen resultieren[1235]. Diese grundlegende Feststellung zur Anwendbarkeit der Vorgaben der ökonomischen Theorie macht deutlich, dass die erforderliche Rechtssicherheit durch eine Übergewichtung der ökonomischen Prüfungsansätze nach den Vorgaben der Kommission nicht mehr garantiert werden kann.

c) Zwischenergebnis zum Dissens in der ökonomischen Theorie

Die nach dem Vorbringen der Kommission angestrebte Verbesserung der Missbrauchskontrolle nach Art. 102 AEUV nach dem „more economic approach" ist damit aufgrund des prinzipiell bestehenden und per definitionem nicht auszuräumenden Meinungsstreits in der ökonomischen Theorie letztlich – bei einer umfassenden Umgewichtung der Missbrauchskontrolle hin zu einem ökonomisch geprägten Prüfungsansatz – nicht zu erreichen. Das angestrebte Ziel der Einzelfallgerechtigkeit ist damit in Frage zu stellen, weil es unwahrscheinlich ist, ein einheitliches und justiziables Prüfungsergebnis zu erzielen, welches von sämtlichen Verfahrensbeteiligten zur Erreichung eines Rechtsfriedens auch entsprechend akzeptiert werden kann.

---

them – both in terms of theory and policy implications. This includes a number of core concepts of competition economics like the meaning of efficiency, the nature of competition and the goal of antitrust policy which are all far from unambiguous and clear-cut", Budzinski, Pluralism of Competition Policy Paradigms and the Call for Regulatory Diversity, S. 25.

1234 Dies liegt, wie bereits aufgezeigt, am bestehenden Konkurrenzcharakter des theoretischen Wissens, welcher der ökonomischen Theorie als Grundlage der nach dem Ansatz der Kommission vorzunehmenden Missbrauchskontrolle innewohnt, vgl. Albert/Bauer/Besters-*Watrin*, Theoretische und institutionelle Grundlagen der Wirtschaftspolitik, S. 3.

1235 Vgl. Christiansen, WuW 2005, S. 289f., der vergleichbare Feststellungen bereits für den Bereich der Fusionskontrolle trifft.

IV. Ergebnis zur vierten Fragestellung

Im Ergebnis ist festzustellen, dass auch nach dem bisherigen Ansatz schon immer ökonomische Aspekte in der Missbrauchskontrolle eine wichtige Rolle gespielt haben und insbesondere auch vom EuGH eigenständig entwickelt und in die Rechtsprechung eingeführt wurden. Ohne den Einsatz solcher ökonomisch geprägter Prüfungskriterien wäre eine effektive Missbrauchskontrolle nach dem bisherigen Ansatz letzlich überhaupt nicht durchführbar gewesen. Die Ökonomie und ihre Methoden sind, waren und bleiben damit auch ohne eine umfassende Berücksichtigung der Vorgaben des „more economic approach" eine wesentliche Voraussetzung zum Verständnis, zur Darstellung und insbesondere auch zur Beurteilung von wettbewerbsrechtlichen Problemen und damit auch zur Beurteilung eines potenziellen Missbrauchs einer marktbeherrschenden Stellung nach Art. 102 AEUV[1236]. Dabei werden sich auch weiterhin sämtliche ökonomischen Aspekte im Rahmen der Prüfung gemäß Art. 102 AEUV nach den entsprechenden rechtlichen Rahmenbedingungen des bisherigen Prüfungsansatzes zu richten haben, und nicht umgekehrt, wie es von der Kommission entsprechend ihrem Neuansatz vorgesehen ist.

Die dem Ansatz des „more economic approach" durch die Kommission wie ein ökonomisches Fundament als Grundpfeiler gegebenen Voraussetzungen der Verschiebung des wettbewerbspolitischen Leitbilds hin zu einem primären Schutz der Verbraucherwohlfahrt und der Einführung einer auswirkungsorientierten Prüfung nach den Vorgaben eines Rule of reason-Standards können als grundlegender Bruch mit dem bisherigen Ansatz angesehen werden und werden durch die Rechtsprechung dementsprechend bislang kategorisch abgelehnt[1237]. Weitere ökonomische Prüfungsaspekte des Neuansatzes, darunter auch der weitere Grundpfeiler der Effizienzverteidigung, wurden hingegen bereits von der Rechtsprechung in den bisherigen Prüfungsrahmen bei der Missbrauchskontrolle ergänzend integriert. Aus ökonomischer Perspektive erscheint der Ansatz des „more economic approach" als Gesamtkonstrukt als nicht rentabel und kann insofern aufgrund eines Überwiegens der Nachteile nicht überzeugen. Die Übernahme dieser Teilaspekte des „more economic approach" in die Unionsrechtsprechung kann daher auch aus einem ökonomischen Blickwinkel lediglich als stringente Weiterführung des bisherigen Ansatzes angesehen werden, welcher schon immer den strengen rechtlichen Vorgaben bei der Missbrauchskontrolle im erforderlichen Maß ergänzend die notwendigen ökonomischen Erwägungen zur Seite gestellt hat. Ökonomische Prüfungsanspekte wurden in der Missbrauchskontrolle damit schon immer nach dem bisherigen Ansatz berücksichtigt, jedoch nicht in der umfassenden und vorrangigen Maßgabe des

---

1236 Vgl. bereits Böge, WuW 2004, S. 733.

1237 Vgl. nochmals exemplarisch EuG, Slg. 2003, II-3275, Rn. 1112 – Atlantic Container Line: „Da jedoch Artikel 86 EG-Vertrag [Art. 102 AEUV] die Möglichkeit einer Freistellung nicht vorsieht, sind die missbräuchlichen Verhaltensweisen unabhängig von den Vorteilen, die sie dem Urheber dieser Verhaltensweisen oder Dritten gewähren mögen, verboten."

„more economic approach". Eine solch dominierende Berücksichtigung ökonomischer Prüfungsvorgaben ist im Ergebnis auch aus ökonomischer Perspektive unter Berücksichtigung entsprechender Wertungskriterien abzulehnen.

2. Kapitel: Schlussbetrachtung

Innerhalb des letzten Jahrzehnts wird in der europäischen Wettbewerbspolitik ein durch die Kommission eingeleiteter Reformprozess hin zu einem stark ökonomisierten Verständnis des Wettbewerbsrechts diskutiert, welcher nach den durch den EAGCP-Report eingeführten, im Diskussionspapier vertieften und schließlich in der Prioritätenmitteilung der Europäischen Kommission formell abschließend dargestellten Voraussetzungen des „more economic approach" auch bei der Missbrauchsaufsicht nach Art. 102 AEUV Einzug gefunden hat. Nach diesem ökonomisch geprägten Neuansatz will die Europäische Kommission zukünftig im Rahmen der Missbrauchsaufsicht die konkreten Auswirkungen bestimmter Verhaltensweisen im Rahmen einer Einzelfallanalyse untersuchen und dabei das bislang vorherrschende Leitbild mit einem primären Schutz des Wettbewerbs, durch das neue Leitbild des „more economic approach" mit einem primären Schutz der Konsumentenwohlfahrt austauschen. Im Zusammenhang mit dem auswirkungsorientierten Ansatz wird zudem eine neue Verteidigungsmöglichkeit eingeführt, welche ein grundsätzlich unzulässiges Verhalten bei einem Überwiegen der Effizienzen zugunsten der Verbraucherinteressen ausnahmsweise rechtfertigen kann. Neben diesen Grundpfeilern des Neuansatzes sollen bei der Prüfung eines möglichen Missbrauchs einer marktbeherrschenden Stellung ganz verstärkt ökonomische Formeln, Modelle und Analysemethoden zur Anwendung kommen. Die Kommission setzt dabei hohe Erwartungen in die von ihr mit viel Einsatz forcierte, deutlich verstärkte Berücksichtigung moderner, industrieökonomisch geprägter Erkenntnisse und Methodiken bei der Prüfung und Durchsetzung der Missbrauchskontrolle nach Art. 102 AEUV. Das grundlegende Fundament dieses Ansatzes ist die Abkehr von den bislang vorherrschenden Per se-Verboten und die Einführung einer vollkommenen Fokussierung auf die Auswirkungen des Verhaltens eines Marktbeherrschers auf die Konsumentenwohlfahrt[1238]. Damit modifiziert die Kommission das wettbewerbspolitische Leitbild, indem sie ihr Vorgehen nicht mehr an der Schaffung und Sicherung eines unbeeinträchtigten Wettbewerbs ausrichtet, sondern stattdessen den Wettbwerbsprozess nur noch insoweit schützen will, wie dieser den Zielen der Konsumentenwohlfahrt dient. Das neue Leitbild soll auf Grundlage eines streng ökonomisch geprägten Prüfungsrahmens etabliert werden. Der Ansatz des „more economic approach" erfordert dementsprechend eine genaue, dem Einzelfall angepasste Prüfung, um die nachteiligen Auswirkungen eines bestimmten unternehmerischen Handelns unter Berücksichtigung aller Umstände des Einzelfalls zunächst zu erfassen und

1238 Vgl. Albers, Der „more economic approach" bei Verdrängungsmissbräuchen, S. 11ff.

dann ökonomisch zutreffend zu werten[1239]. Neben dem Hauptziel einer Steigerung der Konsumentenwohlfahrt soll vor allem eine höhere Einzelfallgerechtigkeit für den Neuansatz der Kommission sprechen.

Das Ergebnis der Arbeit hat aufgezeigt, dass die von der Kommission angestrebten Ziele überwiegend nur unter einem unverhältnismäßigen Aufwand zu erreichen sind. Zudem ist die Belastbarkeit der entsprechenden Prüfungsergebnisse aufgrund der Unsicherheiten und des großen Fehlerpotenzials nicht in derselben Form gegeben, wie es nach dem bisherigen Ansatz der Fall ist. Im Ergebnis überwiegen bei einer konsequenten Umsetzung des Neuansatzes als Gesamtkonstrukt aufgrund von Verlusten bei der Praktikabilität, der Rechtssicherheit und damit letztlich bei der Justiziabilität die Nachteile gegenüber den angestrebten Vorteilen[1240]. Um zukünftig Missbrauchskontrollverfahren nach Art. 102 AEUV nicht unlösbaren ökonomie-theoretischen Meinungsstreitigkeiten auszusetzen und die Missbrauchskontrolle durch umfassende Wirkungsanalysen in jedem Einzelfall aufgrund drohender Informationsüberlastung und endlosen Gutachterauseinandersetzungen zu einem stumpfen Schwert verkommen zu lassen, muss demnach der Neuansatz hinter dem bisherigen Ansatz zurücktreten. Der Neuansatz des „more economic approach“ führt im Ergebnis als Gesamtkonstrukt zu einer Verschlechterung der wettbewerbsrechtlichen Missbrauchsaufsicht und birgt die Gefahr eines Verlustes der praktischen Durchsetzbarkeit dieser wettbewerbsrechtlichen Kontrollregelung nach Art. 102 AEUV. Das Erfordernis verlässlicher Regeln ist letztlich im europäischen Wettbewerbsrecht zumindest in der Praxis nicht zu ersetzen.

Wesentliche Pfeiler des „more economic approach“ können gegenüber dem bisherigen Ansatz nicht überzeugen. Zunächst sehten dem von der Kommission eingeforderten Auswirkungsansatz sowohl das Erfordernis der Praktikabilität als auch der Rechtssicherheit entgegen, weil sie eine Begrenzung der zu berücksichtigenden Tatsachen, einfach anzuwendende Rechtssätze und eine kurze Verfahrensdauer erfordern[1241]. Obwohl die Kommission heftig für ihren ökonomischen Neuansatz geworben hat, waren ihr letztlich diese Schwachpunkte des „more economic approach“ selbst nicht ganz unbewusst. Den von ihr geförderten Auswirkungsansatz, für dessen Durchführung eine enorm hohe Informationsbeschaffung erforderlich ist, schränkt sie selbst in ihren Vorgaben ein, indem sie angesichts der in der Praxis oft nicht zu beschaffenden Informationen sogenannte „second-best“-Lösungen akzeptiert, wonach beispielsweise auf die Kostenstrukturen eines hypothetischen „apparently efficient competitors“, auf wahrscheinliche Auswirkungen eines Verhaltens oder auf allgemeine Grundsätze zu Wettbewerbswirkungen bestimmter Verhaltensweisen statt auf die tatsächlichen Auswirkungen abgestellt wird. Diese relativierenden Vorgaben führen den Grundsatz des Auswirkungsansatzes nach den

1239 Vgl. Engelsing, Modernisierung von Art. 82 EG, S. 93.
1240 a. A. Albers, Der „more economic approach“ bei Verdrängungsmissbräuchen, S. 17f.
1241 Vgl. Bueren, WRP 2004, S. 573ff.; Schmidt, WuW 2005, S. 877; a. A. Schmidtchen, WuW 2006, S. 12ff.

Vorgaben des „more economic approach" streng genommen ad absurdum, indem sie sich letztlich dem ursprünglichen, verhaltensorientierten Ansatz wieder annähern. Zwar betont die Kommission, dass diese hypothetischen Vorgaben, welche in bestimmten Fällen auch schon immer von der Rechtsprechung nach dem bisherigen Ansatz herangezogen wurden, nur in Ausnahmefällen genutzt werden sollen, nämlich wenn die tatsächlichen Umstände im jeweiligen Einzelfall nicht festzustellen sind. Diese vermeintliche Ausnahme wird aber bei Berücksichtigung der zu erwartenden Informationsdefizite im Rahmen einer konsequenten Umsetzung des „more economic approach" in der Praxis wohl eher zur Regel werden. Im Ergebnis ist eine konsequente Anwendung des Auswirkungsansatzes im Sinne einer Abkehr vom bisherigen, verhaltensorientierten Ansatz damit nicht praxistauglich[1242].

Ebenso wenig ist der bislang primäre Schutzzweck des unbeeinträchtigten Wettbewerbs durch den geforderten neuen Schutzzweck der Konsumentenwohlfahrt als Primärziel des Missbrauchsverbots auszutauschen. Die Interessen der Verbraucher werden nach dem Ergebnis der Arbeit am effektivsten durch einen funktionierenden, unbeeinträchtigten Wettbewerb entsprechend dem bisherigen Ansatz geschützt. Nach den aktuellen Vorgaben der Rechtsprechung wird damit auch weiterhin dieser Wettbewerbsschutz als primäres Schutzziel aufrechterhalten, gerade weil er wirtschaftlich effiziente Ergebnisse erzeugt, indem die Versorgung der Verbraucher mit qualitativ hochwertigen Produkten und Dienstleistungen zu attraktiven Preisen in der bestehenden Konkurrenzsituation im unbeeinträchtigten Wettbewerb gewährleistet wird. Wettbewerb ist damit das beste Mittel zur Erzielung effizienter Marktergebnisse. Soweit ein funktionierender Wettbewerb sichergestellt wird, sind auch die Voraussetzungen und Anreize für marktbeherrschende Unternehmen gegeben, die Qualität ihrer Produkte und Dienstleistungen zu erhöhen, neue Produkte zu entwickeln beziehungsweise Dienstleistungen innovativ weiterzuentwickeln und damit die Geschäftsabläufe und Produktionen effizient zu organisieren, wodurch letztlich gerade auch Effizienzvorteile an die Verbraucher weitergegeben werden[1243]. Ein Eingreifen der Wettbewerbsbehörden kann daher nicht primär davon abhängen, ob Verbraucherinteressen beeinträchtigt werden. Die Interessen der Verbraucher werden vielmehr nachgelagert auch immer durch einen Schutz des unbeeinträchtigten Wettbewerbs berücksichtigt[1244].

1242 Vgl. im Ergebnis übereinstimmend: Engelsing, Modernisierung von Art. 82 EG, S. 93ff; a. A. Ahrens, Belieferungsverweigerung und Zugangsbeschränkung: Missbrauchsvermutung gegen Marktbeherrscher?, S. 43, der die Auswirkungsanalyse als zentralen Punkt des „more economic approach" bezeichnet und grundsätzlich begrüßt.

1243 Vgl. im Ergebnis übereinstimmend: Engelsing, Modernisierung von Art. 82 EG, S. 92.

1244 Ein im Rahmen dieser Arbeit nicht zu behandelndes Thema, nämlich die aktuell im Rahmen von Art. 102 AEUV diskutierte Durchsetzung zivilrechtlicher Schadensersatzklagen, muss abschließend kurz in diesem Zusammenhang angeführt werden. Wegweisend ist diesbezüglich das Courage und Crehan-Urteil des EuGH,

Zwischenzeitlich liegen zu den Vorgaben der Kommission verschiedene Entscheidungen der europäischen Gerichte vor. Sie stehen teilweise deutlich in Widerspruch zu der von der Kommission verfolgten ökonomischen Neuausrichtung der Missbrauchskontrolle, so dass abschließend festzuhalten ist, dass der von der Kommission unter der Begrifflichkeit des „more economic approach" eingeführte Ansatz von der Rechtsprechung weder vollumfänglich noch strukturell übernommen wurde. Aufgrund der von den Unionsgerichten in Bezug auf den verhaltensorientierten Ansatz und den primären Schutz des unbeeinträchtigten Wettbewerbs als wesentliche Pfeiler des bisherigen Ansatzes erfolgten Bestätigung und der damit einhergehenden Positionierung ist im Ergebnis sogar von einer Ablehnung des „more economic approach" als ökonomisches Gesamtkonstrukt durch die europäische Rechtsprechung auszugehen. Dennoch hat die intensive und langwierige Diskussion um den „more economic approach" auch bereits konstruktive Errungenschaften mit einem ökonomischen Bezug für die Missbrauchskontrolle gebracht. So hat die europäische Rechtsprechung Einzelaspekte des Neuansatzes auf eine solche Weise in ihre Rechtsprechung integriert, dass diese Übernahme ohne Zweifel als maßvolle Weiterentwicklung der bestehenden Prüfungstradition gewertet werden kann. Im Sinne einer Fortführung des bisherigen Prüfungsansatzes werden hiernach zeitgemäße, ökonomische Erkenntnisse in die Prüfung der Missbrauchskontrolle nach Art. 102 AEUV eingebaut und die auf dem bisherigen Ansatz beruhenden

---

nach welchem zivilrechtliche Schadensersatzansprüche im Rahmen von Art. 101 und Art. 102 AEUV bei entsprechenden Wettbewerbsrechtsverstößen gegen Unternehmen durch Privatpersonen durchgesetzt werden können, vgl. EuGH, Slg. 2001, I-6297, 6323, Rn. 25ff., Courage und Crehan. Geschädigte Privatpersonen, die die grundsätzlich gegebene Möglichkeit eines Schadensersatzanspruches gegen ein marktbeherrschendes Unternehmen durchsetzen wollen, haben bereits nach dem bisherigen Ansatz erhebliche Probleme bei der Erlangung der für die Anspruchsbegründung wesentlichen Informationen, Roth, WRP 2013, S. 264. Insbesondere die Ermittlung des konkreten Schadens stellt weiterhin eine beachtliche Hürde in wettbewerbsrechtlichen Schadensersatzprozessen dar, vgl. Bernhard, NZKart 12/2013, S. 488. Aufgrund der mit dem Ansatz des „more economic approach" verbundenen erheblichen Steigerung des Informationsbedürfnisses aufgrund der Berücksichtigung aufwendiger ökonomischer Analysen und Methoden würde die von der Kommission geforderte Ökonomisierung der Missbrauchskontrolle die Durchsetzung zivilrechtlicher Schadensersatzansprüche noch einmal wesentlich erschweren, so dass der „effet utile" im europäischen Wettbewerbsrecht auch in Frage gestellt würde. Die ökonomisch geprägten Prüfungsansätze nach den Vorgaben des „more economic approach" erfordern in den meisten Fällen eine umfassende Erhebung von empirischen Daten. Da eine solche Informationsbeschaffung grundsätzlich mit erheblichen Kosten verbunden ist, ist es wahrscheinlich, dass private Kläger nicht nur aufgrund der tatsächlichen Probleme in Bezug auf die Anspruchsbegründung, sondern bereits aufgrund der Kostenlast davon abgehalten werden können, ein Schadensersatzverfahren gegen ein marktbeherrschendes Unternehmen durchzuführen, vgl. Roth, WRP 2013, S. 265.

Ergebnisse dadurch noch weiter präzisiert[1245]. Insbesondere wurden im Laufe der anhaltenden Diskussion durch den Europäischen Gerichtshof Effizienzgesichtspunkte bei der Beurteilung von wettbewerbsrechtlich relevanten Verhaltensweisen stärker berücksichtigt. So wurde insbesondere die neue Möglichkeit der Effizienzverteidigung durch den EuGH in die Rechtsprechung übernommen und in der jüngsten Rechtsprechung immer weiter bestätigt[1246]. Auch konkrete ökonomische Prüfungsmodelle, wie der „as efficient competitor"-Test, werden in Einzelfällen – und damit moderat – durch den Europäischen Gerichtshof und das Gericht der Europäischen Union angewandt und können teilweise bereits als etabliert angesehen werden[1247]. Während eine generelle Anwendung des „as efficient competitor"-Tests als repräsentativer Teilaspekt des ökonomischen Neuansatzes nach den Vorgaben der aktuellen Rechtsprechung nicht in Betracht kommt, kann in Bezug auf die Fallgruppe der Kosten-Preis-Scheren der „as efficient competitor"-Test bereits als fester Bestandteil in der Rechtsprechung angesehen werden[1248].

Die europäische Rechtsprechung erkennt die Ökonomie und ihre Prüfungsmethoden damit weiterhin als wesentliches Kriterium zum Verständnis und zur Analyse von wettbewerblichen Problemen auch im Rahmen der Missbrauchskontrolle nach Art. 102 AEUV an und entwickelt diesen Ansatz anhand moderner Vorgaben im Sinne des „more economic approach" punktuell fort. Dennoch verdeutlicht sie durch die Ablehnung des Gesamtkonstrukts nach den Vorgaben der Kommission, dass ökonomische Aspekte im Prüfungsrahmen der Missbrauchskontrolle gerade kein Selbstzweck sein dürfen, sondern im jeweiligen Einzelfall nur die bei Art. 102 AEUV vorrangige Rechtsanwendung im erforderlichen und sinnvollen Maße ergänzen können[1249]. Die wettbewerbliche Gesamteinschätzung bleibt demnach immer vorrangig der Rechtsanwendung vorbehalten. Ökonomische Modelle können dementsprechend immer nur präzise gestellte Einzelfragen innerhalb der rechtlichen Prüfung ergänzend beantworten[1250]. Damit hat sich die ökonomische Orientierung im Bereich von Art. 102 AEUV gerade nach den Eigengesetzlichkeiten des Rechts zu richten, und nicht umgekehrt. Im Spannungsverhältnis zwischen dem Recht und der Ökonomie in der Missbrauchskontrolle bleibt das Recht damit entgegen dem Anliegen des „more economic approach" die prägende Gestaltungskraft, während die Ökonomie nur als dienendes Prüfungs- und Vollzugsinstrument angesehen werden kann. Unter dieser Prämisse können die Leistungen der modernen

---

1245 Diesbezüglich zurückhaltend: Bien/Rummel, EuZW 2012, S. 740.

1246 So auch Fritzsche/Marquier, ZWeR 2012, S. 538f.

1247 Vgl. Tschammler, WuW 2013, S. 1076, der die Anwendung des „as efficient competitor"-Tests im Zusammenhang mit der AstraZeneca-Entscheidung des EuGH als sachgerecht im Interesse einer präventiven Missbrauchskontrolle bezeichnet; in diesem Sinne auch bereits Engelsing, Modernisierung von Art. 82 EG, S. 96f.; diesbezüglich missverständlich Krah, EuZW 2012, S. 207f.

1248 a. A. wohl Bien/Rummel, EuZW 2012, S. 739.

1249 So im Ergebnis auch Weitbrecht/Mühle, EuZW 2013, S. 259.

1250 Vgl. Böge, WuW 2004, S. 733.

Wirtschaftswissenschaft nach den Vorgaben der Industrieökonomie ein ergänzendes und vertiefendes Verständnis für die Abläufe von Wettbewerbsprozessen vermitteln und damit die Missbrauchsaufsicht als adäquates und letztlich sogar unverzichtbares Hilfsmittel zur Erfassung und Bewertung wettbewerblicher Sachverhalte bereichern.

Der „more economic approach" kann daher im Ergebnis im Sinne einer Herausforderung an die europäische Wettbewerbspolitik im Bereich von Art. 102 AEUV gewertet werden, nach welcher – trotz des Festhaltens an einem grundsätzlich formalistischen Ansatz – auch zukünftig immer die erforderlichen ökonomischen Prüfungsaspekte nach dem jeweils aktuellen Stand mit in die Prüfung einbezogen werden müssen. Dabei muss diese Verbindung von rechtlich starren Vorgaben und ökonomisch flexibleren Einzelfallprüfungen auf eine solch moderate und maßvolle Weise geschehen, dass die Rechtssicherheit, die Praktikabilität und die Justiziabilität bei der Missbrauchskontrolle in der wettbewerbsrechtlichen Praxis nicht gefährdet werden[1251]. Die Herausforderung besteht damit darin, auch zukünftig gesicherte ökonomische Erkenntnisse in einer für rechtsförmliche Verfahren angemessenen Art und Weise in die Rechtsanwendung und Durchsetzung ergänzend zu integrieren. Dabei muss die ökonomisch geforderte Einzelfallgerechtigkeit im Zweifelsfall immer hinter den Vorgaben des Rechts zurücktreten[1252]. Eine Ergänzung dieser Rechstanwendung nach dem bisherigen Ansatz durch eine sorgfältige und maßvolle ökonomische Analyse anhand von Einzelaspekten des „more economic approach" kann im Spannungsfeld von Rechtssicherheit und Einzefallgerechtigkeit durchaus Synergie-Effekte mit sich bringen, welche die Missbrauchskontrolle im Einzelfall durch die ergänzende Präzisierung sogar noch verbessern kann[1253]. Durch eine solche Symbiose der beiden sich nach dem Ergebnis der Arbeit gerade nicht aussschließenden, sondern sich im Rahmen von Art. 102 AEUV sinnvoll ergänzenden Bereiche des Rechts und der Ökonomie kann damit auch zukünftig eine funktionierende Missbrauchskontrolle als wichtiger Pfeiler des europäischen Wettbewerbsrechts gewährleistet werden.

1251 So auch Behrens, FS Möschel, S. 126.

1252 Während die Ökonomie versucht, die Komplexität und Kompliziertheit einer Wettbewerbshandlung durch eine individuelle Berücksichtigung sämtlicher Umstände im Einzelfall aufzugreifen, sind rechtliche Regeln generell formuliert, um durch die notwendige Abstraktion sämtliche denkbaren Einzelfälle erfassen zu können und damit eine Durchsetzbarkeit in der Praxis zu garantieren, vgl. Immenga, ZWeR 2006, S. 347f.

1253 a. A. Ondrejka, Deutsches und europäisches Kartellrecht unter Berücksichtigung des „more economic approach", S. 207, 231, der den Reformversuch der Kommission nach den Vorgaben des „more economic approach" im Rahmen der Missbrauchskontrolle zusammenfassend als kontraproduktiv bezeichnet.

Beiträge zum nationalen und internationalen öffentlichen Recht

Herausgegeben von Burkhard Schöbener

Band 1 Solveig Haß: Die Urteile des Europäischen Gerichtshofs für Menschenrechte. Charakter, Bindungswirkung und Durchsetzung. 2006.

Band 2 Angela Werner: Die Grundrechtsbindung der Bundeswehr bei Auslandseinsätzen. 2006.

Band 3 Florian Stork: Das Anti-Diskriminierungsrecht der Europäischen Union und seine Umsetzung in das deutsche Zivilrecht. 2006.

Band 4 Regine Gerards: Die Europäische Menschenrechtskonvention im Konstitutionalisierungsprozess einer gemeineuropäischen Grundrechtsordnung. 2007.

Band 5 Christian Baudewin: Der Schutz der öffentlichen Ordnung im Versammlungsrecht. 2007.

Band 6 André Scheidtmann: Wirtschafts- und berufsständische Kammern im europäischen Gemeinschaftsrecht. 2007.

Band 7 Marnie Silny: Die binnenmarktbezogene Rechtsangleichungskompetenz des Art. 95 EG. Reichweite und Grenzen der Harmonisierungskompetenz sowie ihre Stellung in der gemeinschaftsrechtlichen Kompetenzverfassung. 2007.

Band 8 Thomas Mösinger: Auswahlkriterien der Standplatzvergabe unter rechtlicher und ökonomischer Analyse. Staatliche Verteilungsentscheidungen als Gegenstand der ökonomischen Analyse des Rechts. 2007.

Band 9 Henning Schwier: Der Schutz der „Unternehmerischen Freiheit" nach Artikel 16 der Charta der Grundrechte der Europäischen Union. Eine Darstellung der tatsächlichen Reichweite und Intensität der grundrechtlichen Gewährleistung aus rechtsvergleichender Perspektive. 2008.

Band 10 Jens-Peter Eickhoff: Das Funktionsrecht des Europäischen Parlaments. 2008.

Band 11 Burkhard Schöbener (Hrsg.): Junge Rechtswissenschaft: Völker- und Europarecht. Bemerkenswerte Seminararbeiten aus dem Schwerpunktstudium. 2009.

Band 12 Maximilian Robert Jahn: Die Handelshemmnis-Verordnung (Verordnung EG Nr. 3286/94). 2009.

Band 13 Stefan Haeder: Die Neuordnung des Zugangs zum Anwaltsnotariat in Deutschland. 2009.

Band 14 Ursula Hoppe: Die Kunstfreiheit als EU-Grundrecht. 2011.

Band 15 Kathrin F. Baltes: Die demokratische Legitimation und die Unabhängigkeit des EuGH und des EuG. 2011.

Band 16 Sonja Bocek: Die völkerrechtlichen Wirkungen einseitiger Erklärungen der UN-Generalversammlung. 2011.

Band 17 Nadja Gaus: Materiell-rechtliche Gewährleistungen und verfahrensrechtliche Durchsetzbarkeit völkerrechtlich garantierter Menschenrechte. Zur rechtlichen Stellung des Einzelnen im Völkerrecht. 2011.

Band 18 Robin Falk Lengelsen: Aktuelle Probleme der Staatenimmunität im Verfahren vor den Zivil- und Verwaltungsgerichten. Unter besonderer Berücksichtigung des „UN-Übereinkommens über die Immunität des Staaten und ihres Vermögens von der Gerichtsbarkeit". 2011.

Band 19 Maike Friedrich: WTO und Klimaschutz. Konflikte und Synergien zwischen nationalen Klimaschutzmaßnahmen und dem WTO-Recht. 2012.

Band 20 Michael Rafii: Institutionalisierte Kooperationsformen zwischen staatlichen und nichtstaatlichen Akteuren im internationalen Bereich. Internationale Public-Private Partnerships und ihre rechtlichen Herausforderungen für das Völkerrecht und das deutsche Verfassungsrecht. 2013.

Band 21 Anna Müller: Die *Zugehörigkeit zu einer bestimmten sozialen Gruppe* als zentrales Verfolgungsmotiv des Flüchtlingsbegriffs im Lichte des rechtsnormativen Mehrebenensystems. 2014.

Band 22 Ralf Reuter: Die Auswirkungen des unionsrechtlichen Altersdiskriminierungsverbots auf das deutsche Beamtenrecht. 2015.

Band 23 Niklas Haberkamm: Art. 102 AEUV im Lichte eines ökonomisch geprägten Prüfungsansatzes. 2015.

www.peterlang.com

www.ingramcontent.com/pod-product-compliance
Ingram Content Group UK Ltd.
Pitfield, Milton Keynes, MK11 3LW, UK
UKHW021831290926
8980IPUK00004B/376

9 783631 659519